Springer-Lehrbuch

Springer
Berlin
Heidelberg
New York
Barcelona
Hongkong
London
Mailand
Paris
Tokio

Arnold Heertje · Heinz-Dieter Wenzel

Grundlagen der Volkswirtschaftslehre

Sechste, überarbeitete Auflage

Mit 123 Abbildungen und 37 Tabellen

 Springer

Professor Dr. Arnold Heertje
Universität Amsterdam
Lehrstuhl Volkswirtschaftslehre
Roeterstraat 11
1018 WB Amsterdam
Niederlande
joab@simplex.nl

Professor Dr. Heinz-Dieter Wenzel
Universität Bamberg
Lehrstuhl Finanzwissenschaft
Feldkirchenstrasse 21
96045 Bamberg
Deutschland
heinz-dieter.wenzel@sowi.uni-bamberg.de

ISBN 3-540-42436-9 Springer-Verlag Berlin Heidelberg New York
ISBN 3-540-62952-1 5. Auflage Springer-Verlag Berlin Heidelberg New York

Die Deutsche Bibliothek – CIP-Einheitsaufnahme
Heertje, Arnold: Grundlagen der Volkswirtschaftslehre / Arnold Heertje; Heinz-Dieter Wenzel
– 6., überarb. Aufl. – Berlin; Heidelberg; New York; Barcelona; Hongkong; London; Mailand;
Paris; Tokio: Springer, 2001
  (Springer-Lehrbuch)
  ISBN 3-540-42436-9

Springer-Verlag Berlin Heidelberg New York
ein Unternehmen der BertelsmannSpringer Science+Business Media GmbH

http://www.springer.de

© Springer-Verlag Berlin Heidelberg 1997, 2002
Printed in Germany

Umschlaggestaltung: Design & Production GmbH, Heidelberg
SPIN 10734059   42/2202-5 4 3 2 1 0 – Gedruckt auf säurefreiem Papier

Vorwort zur sechsten Auflage

Das vorliegende Lehrbuch richtet sich an alle an der Volkswirtschaftslehre interessierten Studierenden. Es verfolgt die Absicht, einen umfassenden Überblick über den Gegenstand der Volkswirtschaftslehre zu geben.

Es ist als einführendes Lehrbuch konzipiert und setzt keinerlei ökonomisches Vorwissen voraus. Auch mathematische Grundkenntnisse vom schulischen Oberstufenniveau reichen völlig zum Verständnis aus. Dass aber eine strengere formalanalytische Vorgehensweise und damit eine Beschäftigung mit der symbolhaften Sprache der Mathematik in der Volkswirtschaftslehre durchaus nützlich sein kann, wird an manchen Stellen in der Form ergänzender Exkurse deutlich.

Das Buch ist im Laufe der Zeit „gewachsen". Die erste Auflage erschien als Heidelberger Taschenbuch „Grundbegriffe der Volkswirtschaftslehre" in 1970 mit Arnold Heertje als Autor. Die dritte Auflage wurde vollständig überarbeitet und erweitert und in der Mitautorenschaft von Heinz-Dieter Wenzel umbenannt in „Grundlagen der Volkswirtschaftslehre". Ein Anliegen dieser 1991 erschienenen Neuauflage war es, aufzuzeigen, dass Volkswirtschaftslehre als Wissenschaft einen Bogen spannt von den zu erklärenden empirischen ökonomischen Phänomenen bis hin zu den theoretischen Erklärungsmustern, und dass in diesem Spannungsfeld dem Staat als Träger des wirtschaftspolitischen Instrumentariums eine besondere Aufgabe zukommt. Dass auch in modernen marktwirtschaftlichen Wettbewerbsökonomien westlicher Volkswirtschaften der staatliche Handlungsbedarf nicht gering ist, war Anlaß dafür, der Beschreibung und Begründung der Staatswirtschaft viel Raum zu geben.

Gleiches gilt für die Rolle der internationalen Wirtschaftsbeziehungen, deren wachsende Bedeutung sich im Laufe der Neuauflagen in einer Zunahme der Seitenzahl des Teils „Internationale Wirtschaft" niederschlug, was sich auch in der vorliegenden Auflage bemerkbar macht.

Sehr bewährt hat sich nach Ansicht vieler Leser, dass es seit der fünften Auflage ein Kapitel „Was ist Volkswirtschaftslehre?", eine Einführung in die Fragestellung, den Gegenstand und die Methoden der Volkswirtschaftslehre gibt, die als Leseleitfaden für das ganz Buch dienen kann.

In einem ersten Durchgang kann sich der Leser somit mit den wesentlichen Grundlagen der in diesem Buch behandelten Stoffbereiche vertraut machen.

Gleichzeitig soll er erkennen, dass Volkswirtschaftslehre kein Nebeneinander heterogener Fragestellungen und konkurrierender Erklärungsansätze darstellt, sondern sich durch eine sehr systematische Behandlung untereinander verzahnter und gegenseitig überlappender Problembereiche auszeichnet. Für den eiligen Leser kann das erste Kapitel auch als Kurzfassung des Inhaltes aller achtzehn Kapitel dienen.

Die in der fünften Auflage vorgenommenen Einführung des Kapitels „Volkswirtschaftliche Ideengeschichte" beruht auf den Anregungen einiger Leser. Durch einen Einblick in die ideengeschichtliche Entwicklung volkswirtschaftlicher Leitbilder und Paradigmen soll – aufbauend auf dem im ersten Kapitel vermittelten Basiswissen – dem Leser das Verständnis moderner ökonomischer Theorien erleichtert werden. Beide Erweiterungen sind von den Lesern sehr dankbar aufgenommen worden, wie viele Zuschriften beweisen.

Sehr bewährt hat sich das didaktische Konzept der Verwendung von Leitfragen zu Beginn eines jeden Abschnitts mit ausführlichem Resümee und Schlüsselwörtern am Ende eines jeden Abschnitts, was das Nachvollziehen der Argumentation erleichtert. Ein Glossar am Ende des Buches nimmt die wichtigsten Schlüsselwörter auf und gibt in der Abfolge der Kapitel eine chronologisch geordnete Kurzerläuterung.

Die Fragen und Aufgaben am Ende eines Kapitels mit Lösungshinweisen im Anhang sind rigoros überarbeitet und aktualisiert worden, und auf Wunsch vieler Leser sind in dieser Auflage die Lösungshinweise sehr viel ausführlicher geraten.

Während die genannten Ergänzungen auf die Lehrbuchfunktion abzielen, wird mit dem weiter ausgebauten Sachregister, dem Abbildungs- und Tabellenverzeichnis, dem kommentierten Verzeichnis der bisherigen Nobelpreisträger für Ökonomie und dem neu aufgenommenen Verzeichnis nützlicher Internetadressen bewusst die Funktion des Buches als Nachschlagewerk unterstützt.

Die vorliegende Neuauflage wurde durch viele nützliche Anregungen von Studierenden, Mitarbeitern und Kollegen bereichert. Hierfür sei ausdrücklich gedankt. Weiterer Dank geht an Doris Kubicek und Jörg Lackenbauer für die Unterstützung bei der Datenrecherche und an Toman Omar Mahmoud für die mit der Neuformatierung dieser Auflage verbundene technische Umsetzung in ein neues Design von Tabellen und Graphiken.

Ein ganz besonderer Dank jedoch gilt den Lehrstuhlassistenten Stefan Hopp, Michael Nusser und Volker Treier, deren umfangreiche Recherche- und Layoutarbeiten Inhalt und Form der Neuauflage wesentlich prägen.

Nicht zu vergessen ist die Arbeit von Christel Könes, der für ihre Geduld und Sorgfalt bei der Manuskripterstellung herzlich gedankt sei.

Naarden, im Juli 2001   Bamberg, im Juli 2001

Arnold Heertje   Heinz-Dieter Wenzel

Inhaltsverzeichnis

Teil I Einführung

KAPITEL 1 WAS IST VOLKSWIRTSCHAFTSLEHRE?

KAPITEL 2 VOLKSWIRTSCHAFTLICHE IDEENGESCHICHTE

Teil II Grundlagen der Mikroökonomie

Teil III Grundlagen der Makroökonomie

Teil IV Einkommen, Produktion, Preise und Beschäftigung

Teil V Der Staat

Teil VI Internationale Wirtschaft

Anhang

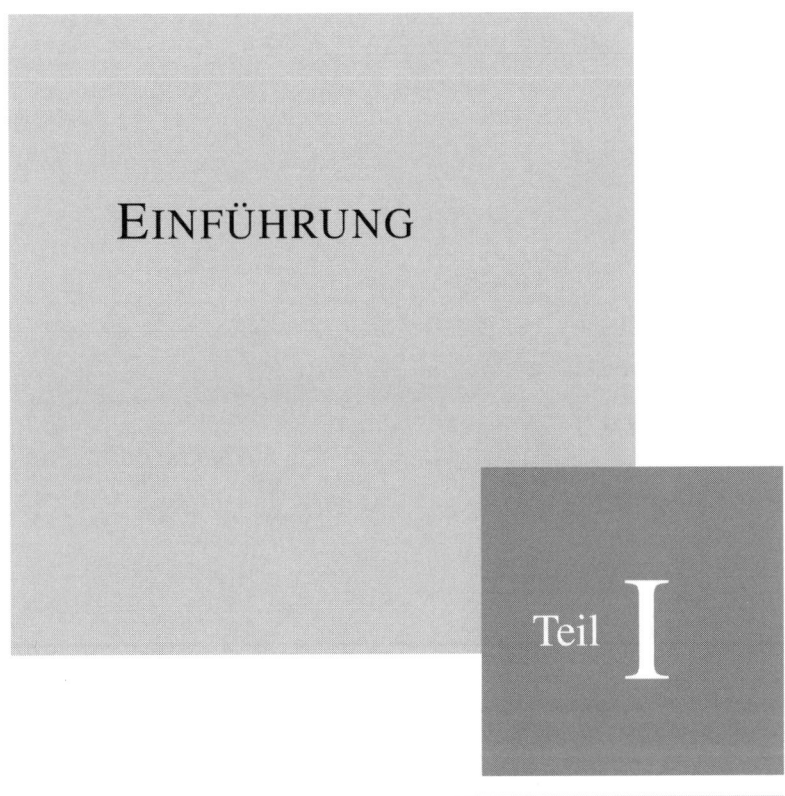

EINFÜHRUNG

Teil I

Kapitel 1
Was ist Volkswirtschaftslehre?

Kapitel 1 Was ist Volkswirtschaftslehre?

1. Gegenstand der Volkswirtschaftslehre

> Woraus ergibt sich die Notwendigkeit wirtschaftlichen Handelns? Welches sind die Grundfragestellungen der Volkswirtschaftslehre?

Der Mensch kommt mit verschiedenen Phänomenen in Berührung, deren Wesen er nicht ohne weiteres ergründen kann. Die Wissenschaften bemühen sich gemeinsam um eine Erklärung der verschiedenen Ereignisse. Dies bedeutet, dass versucht wird, die Erscheinungen logisch zu ordnen und Zusammenhänge zwischen den einzelnen Fakten offenzulegen.

Jede einzelne Wissenschaft betrachtet gewisse Gegenstände und Erscheinungen aus einem besonderen Blickwinkel. So untersucht die Biologie z.B. das Phänomen "Mensch" auf andere Weise als etwa die Psychologie. Die Beiträge, die einzelne Wissenschaften zu unserem Weltbild leisten, sind deswegen immer insoweit begrenzt, als die Einblicke, die eine Wissenschaft zu geben imstande ist, nicht zugleich ein totales Verständnis der Erscheinung sein können. Stets wird derjenige Aspekt schlecht beleuchtet, der am Rande der jeweiligen Wissenschaft liegt.

Wissenschaft treiben bedeutet, immer und immer wieder die Frage "Warum?" zu wiederholen. Wenn jemand, ausgehend von einem willkürlichen Problem, fortwährend diese Frage stellen würde, müsste er alsbald die Gebiete einer ganzen Anzahl von Wissenschaften betreten. Aus dieser Tatsache ergibt sich, dass jede einzelne Wissenschaft sich auf die Analyse spezieller Probleme beschränkt.

Aufgabe der Volkswirtschaftslehre ist es, menschliche **Wahlhandlungen** im Spannungsfeld individueller **Bedürfnisse** und deren **Befriedigung** zu erklären. Ausgangspunkt der Betrachtung sind einerseits die prinzipiell unbegrenzten individuellen menschlichen Bedürfnisse wie z.B. nach Nahrung, Kleidung, Theatervorstellungen oder Versicherungen und andererseits die Tatsache der Knappheit der Mittel zur Befriedigung der Bedürfnisse.

Mittel zur Befriedigung von Bedürfnissen sind **Güter**. Die Knappheit von Gütern wird meistens, aber nicht immer, durch einen Preis widergespiegelt. Frische Luft und gutes Wasser können auch knapp sein, ohne dass diese Knappheit in Preisen zum Ausdruck kommt. Wohl aber bringt die Befriedigung durch diese Güter ein Opfer an Mitteln mit sich, und genau hier liegt dann der ökonomische Aspekt. Die begrenzt verfügbare Menge führt zu der Erfordernis, diese Güter nach einem Schlüssel zu verteilen. Hier entsteht jetzt das **Spannungsverhältnis zwischen Bedürfnis und Befriedigung**, da ein Bedürfnis nicht mehr vollständig befriedigt werden kann.

Das Wort "knapp" muss genau vom Begriff "selten" unterschieden werden. "Weniges" ist selten, da es nur in beschränktem Maße vorhanden ist. So sind faule

Eier im Allgemeinen selten. Da unter normalen Umständen kein Bedürfnis nach eben solchen Eiern vorhanden ist, sind diese Produkte nicht knapp. Knapp werden diese Eier erst, wenn das Auftreten eines schlechten Redners ein spontanes Bedürfnis nach faulen Eiern entstehen lässt.

Knappheit an sich ist noch kein hinreichender Grund für das Entstehen einer Wissenschaft von der Wirtschaft. Ein brachliegendes Stück Land kann etwa für den Wohnungsbau verwendet werden, ebenso aber zur landwirtschaftlichen Nutzung oder zu Erholungszwecken. Wir müssen also zusätzlich berücksichtigen, dass, abhängig vom Grad ihrer Bearbeitung, die Güter noch in unterschiedlicher Weise verwendet werden können. Wir sagen, sie sind alternativ verwendbar. Die **Knappheit** und alternative Verwendbarkeit der Mittel zwingt die Wirtschaftssubjekte dazu, eine Wahl zu treffen. Die Volkswirtschaftslehre untersucht die Mechanismen, nach denen die Wirtschaftssubjekte Wahlentscheidungen treffen, um die persönlichen Bedürfnisse zu befriedigen.

Der Grundtatbestand aller ökonomischen Wahlhandlungen ist also die **Knappheit** in zweierlei Hinsicht:

- die Knappheit der Ressourcen, die zur Produktion von Gütern benötigt werden, oder mit anderen Worten: die **Verwendungskonkurrenz** bei der Produktion von Gütern um die knappen volkswirtschaftlichen Produktionsfaktoren Arbeit, Umwelt (z.B. Boden) und Kapital,

- die Knappheit der verfügbaren Güter, um die potentiell unbegrenzten menschlichen Bedürfnisse zu befriedigen.

Die Volkswirtschaftslehre könnte daher auch als die **"Lehre von den Wahlhandlungen bei Knappheit und Verwendungskonkurrenz von Mitteln im Hinblick auf die Bedürfnisbefriedigung"** bezeichnet werden.

Neben der Volkswirtschaftslehre (VWL) gibt es noch die Betriebswirtschaftslehre (BWL). Beide Bereiche formen zusammen die **Wirtschaftswissenschaften**. Die Aufgabe der **Betriebswirtschaftslehre** ist es dabei, das "reale Wirtschaftsleben" von der betrieblichen oder unternehmerischen Seite zu untersuchen. Dabei steht im Besonderen die Erforschung praktischer Aspekte, die mit der Führung von Unternehmen verbunden sind im Vordergrund.

Die Wirtschaftswissenschaften versuchen nun den Teil der sozialen Phänomene zu erklären, der sich auf die ökonomischen Aspekte des Wirtschaftsleben beschränkt. Diese "Welt der Wirtschaft" ist also das Erkenntnisobjekt der Wirtschaftswissenschaften. Die Komplexität des realen Wirtschaftslebens ergibt sich aus dem Zusammenwirken vieler Einflussfaktoren. Zu diesen zählen

- Technische Vorgänge wie z.B. die Entwicklung und Nutzung von Produktionstechnologien,

- Rechtliche Ausgestaltungen wie z.B. das Arbeits- und Sozialrecht,

- Soziale Aspekte, wie z.B. die soziale Reintegration von Langzeitarbeitslosen,

und schließlich die

- Gründe, warum eine Gesellschaft sich in einer bestimmten Weise für technische, rechtliche und soziale Ausgestaltungen entscheidet.

Diese Einflussfaktoren ihrerseits werden wiederum von ökonomischen Entscheidungen beeinflusst. Hieraus wird ebenfalls ersichtlich, dass die Wirtschaftswissenschaften zahlreiche Berührungspunkte zu anderen Wissenschaften aufweisen, die sich ebenfalls mit der Organisation der Gesellschaft befassen. Insbesondere sind hier die Rechtswissenschaften, die Politologie und die Soziologie zu nennen.

Resümee: *Die Volkswirtschaftslehre ist die "Lehre von den Wahlhandlungen bei Knappheit und Verwendungskonkurrenz von Mitteln".*

Schlüsselwörter: Wahlhandlungen, Bedürfnisse, Güter, Knappe Güter, Knappheit, Verwendungskonkurrenz, Wirtschaftswissenschaften.

2. Güterknappheit und Wohlfahrt

Die Individuen in eine Volkswirtschaft müssen also innerhalb der Rahmenbedingungen der Knappheit und Verwendungskonkurrenz ihre wirtschaftlichen Entscheidungen treffen. In der Volkswirtschaftslehre wird in der Regel davon ausgegangen, dass das zentrale Ziel der Individuen bei ihrer Entscheidungsfindung die Befriedigung ihrer Bedürfnisse ist. Wie oben herausgestellt, dient der Konsum von Gütern als Mittel zum Erreichen dieses Ziels. Für die Kennzeichnung der Bedürfnisbefriedigung einer wirtschaftlichen Aktivität wird der Begriff des Nutzens von Gütern gewählt. Dadurch, dass Güter zur Befriedigung der Bedürfnisse beitragen, stiften sie **Nutzen**. Je stärker der Grad der Bedürfnisbefriedigung, desto höher ist der Nutzen den ein Individuum aus einem Gut ziehen kann. Aus dem jeweiligen Nutzenniveau eines Individuums wird dann auf seine **individuelle Wohlfahrt** geschlossen.

Oftmals wird vorschnell der Inhalt des Begriffs der individuellen Wohlfahrt eingegrenzt auf die Verfügbarkeit stofflicher Güter wie z.B. den Besitz einer Wohnung oder eines Autos. Zwar ist richtig, dass all diese Güter im Allgemeinen Nutzen stiften und aus diesem Grund ihren Beitrag zur Wohlfahrt leisten. Daraus abzuleiten, die Wohlfahrt hänge ausschließlich von stofflichen Dingen ab, wäre jedoch unzulässig. So könnte beispielsweise das persönliche Wohlbefinden eines Individuums größer sein, wenn es vermehrt das Gut Freizeit konsumierte, anstatt zu arbeiten, obgleich ihm in diesem Fall natürlich weniger Einkommen zum Konsum anderer Güter zur Verfügung stünde. Hier kommt wieder das oben hervorgehobene Knappheitsproblem zum Ausdruck: Das Individuum muss sich zwischen dem Gut Konsumgut und dem Gut Freizeit entscheiden.

Diese Art der Entscheidungsprozesse lassen sich in einem gewissen Sinne auch auf Gruppen von Individuen und Gesellschaften übertragen. Durch eine Vielzahl von unterschiedlichen Mechanismen treffen Gesellschaften Entscheidungen, die die **kollektive Wohlfahrt** beeinflussen. Auch diese müssen die zur Verfügung stehenden Alternativen bewerten und angesichts knapper Mittel die Frage nach der bestmöglichen Verwendung von Gütern lösen.

Dass Wohlfahrt im Sinne von Bedürfnisbefriedigung mehr umfasst als materielle Güter oder Geld zu deren Erwerb, wird auch ersichtlich, wenn wir daran denken, dass neuerdings saubere Luft, reines Wasser und Ruhe knapp werden. Dies sind alles nichtmaterielle Güter, die zum menschlichen Wohlbefinden beitragen.

Auch die **Natur**, die alternativ als Konsumgut oder über Umweltnutzung zur Produktion verwendet werden kann, trägt dementsprechend zur Bedürfnisbefriedigung bei. Aus den genannten Beispielen wird ersichtlich, dass die Maximierung der Wohlfahrt (einer Gesellschaft) nicht auf materielle Güter beschränkt sein kann, sondern alle nutzenstiftenden Güter einbeziehen muss.

Resümee: Konfrontiert mit Güterknappheit und Verwendungskonkurrenz treffen Individuen oder Gesellschaften ihre Entscheidungen so, dass sie eine möglichst hohe individuelle oder gesellschaftliche Wohlfahrt erreichen.

Schlüsselwörter: Nutzen, Individuelle Wohlfahrt, Kollektive Wohlfahrt.

3. Das Koordinationsproblem

Innerhalb einer Volkswirtschaft treffen eine Vielzahl von **Wirtschaftssubjekten** gleichzeitig ganz unterschiedliche Wahlhandlungen. Um die komplexen Verflechtungen simultan ablaufender Wahlhandlungen sinnvoll beschreiben und analysieren zu können, bedarf es einer systematischen Gruppierung und Zuordnung von Wahlhandlungen und ökonomischen Akteuren.

Eine gängige und an den typischen Wahlhandlungen orientierte Systematik unterteilt vier Gruppen von Wirtschaftsakteuren in verschiedene Sektoren: die **Unternehmen,** die Güter zur Bedürfnisbefriedigung bereitstellen, die **Haushalte,** die durch Güterverzehr Bedürfnisse befriedigen (Konsumenten) und als Anbieter der Produktionsfaktoren Arbeit (Arbeitnehmer), Kapital und Boden auftreten, den **Staat,** der hoheitliche Gewalt ausüben kann, um Wahlhandlungen zu beeinflussen und Güter oder die Verfügung darüber umzuverteilen, und das **Ausland** als Summe der ökonomischen Akteure außerhalb der betreffenden Volkswirtschaft.

Um nun einen ersten Eindruck vom Zusammenspiel der ökonomischen Wirtschaftsakteure in einer Gesamtwirtschaft zu gewinnen, betrachten wir eine Darstellung des Wirtschaftsprozesses, in dem einige typische Aktivitäten der vier Gruppen und deren Vernetzung am Beispiel der aus Wahlhandlungen resultierenden Zahlungsvorgänge verdeutlicht werden. Hierbei soll kein Anspruch auf Vollständigkeit erhoben werden. Die Absicht ist es, dem Leser eine erste Vorstellung davon zu geben, wie komplex sich die Realität des Wirtschaftsprozesses gestalten kann.

Abbildung 1.1:   *Monetäre Wirtschaftsverflechtungen*

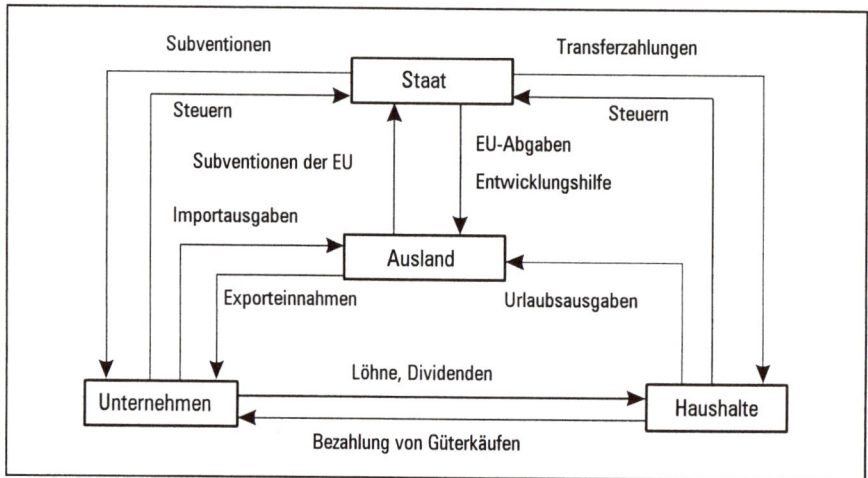

Aus dem bisher Gesagten lässt sich bereits ableiten, dass sich die **Volkswirtschaftslehre** mit **drei grundlegenden Fragestellungen** und einem sich daraus ergebenden **Koordinationsproblem** auseinander zu setzen hat:

- **WAS?** Hierbei geht es um die Frage, welche Güter in welchen Mengen produziert werden sollen oder letztendlich um die gesamtwirtschaftliche Güterstruktur, d.h. um die Zusammensetzung der Güterproduktion in einer Volkswirtschaft.

- **WIE?** Hierbei geht es um die Fragestellung, auf welche Weise ein gewünschtes Gut produziert werden soll. Die Problemstellungen können wie folgt lauten: Welches Unternehmen sollte welche Güter produzieren? Wie können die in der gesamtwirtschaftlichen Güterstruktur enthaltenen Güter mit einem möglichst geringen Kostenaufwand erstellt werden? Soll man sich für ein eher arbeitsintensives oder eher kapitalintensives Produktionsverfahren entscheiden?

- **FÜR WEN?** Hier stellt sich die Frage nach der Verteilung der vorhandenen knappen Güter auf einzelne Konsumenten, auf bestimmte soziale Gruppen, auf Regionen, aber auch auf verschiedene Generationen. Die Problemstellungen können wie folgt lauten: Sollen bei der Verteilung der knappen Güter nur die Konsumenten mit ausreichender Kaufkraft zum Zuge kommen? oder mit anderen Worten: Soll gemäß dem **Leistungsprinzip** gelten "Wer viel leistet, bekommt viel!" oder sollten beispielsweise aus Gründen der sozialen Gerechtigkeit auch nur eingeschränkt Leistungsfähige wie z.B. Kranke und Behinderte

entsprechend dem **Bedürfnisprinzip** einen Anspruch auf einen Teil des Güter-
spektrums einer Volkswirtschaft erhalten?

Das **Koordinationsproblem** besteht darin, dafür zu sorgen, dass die Vielzahl der
Wahlentscheidungen, die zu jeder der drei obigen Fragen in der Realität durch
Abertausende von Konsumenten, Unternehmern, Managern und staatlichen Stellen
tagtäglich getroffen werden, so zu koordinieren, dass die Produktionspläne auf die
Konsumpläne abgestimmt sind.

Erfolgt die Koordination der Wirtschaftspläne zugleich in optimaler Weise derart,
dass knappe Ressourcen an den Ort des höchsten gesellschaftlichen Nutzens
gemäß den Präferenzen der Individuen gelenkt werden, so bezeichnet man eine
solche Verwendung der Ressourcen als "bestmöglich". In diesem Fall spricht man
auch von **effizienter Allokation**. In der Volkswirtschaftslehre wird der Begriff der
effizienten Allokation über das **Pareto-Kriterium** operationalisiert. Dieses
Kriterium besagt, dass eine Allokation genau dann bestmöglich – und wir sagen
dazu **paretooptimal** bzw. paretoeffizient – ist, wenn es keine andere Allokation
gibt, bei der ein Wirtschaftssubjekt besser gestellt werden könnte, ohne dass es
einem anderen Wirtschaftssubjekt schlechter geht. Eine Situation, bei der sich
mindestens ein Individuum besser stellen lässt, ohne dass ein anderer schlechter
gestellt werden muss, bezeichnet man im Vergleich zum Pareto-Optimum als
paretoinferior.

Wie und mit welchem Erfolg in einer Ökonomie das Koordinationsproblem
bewältigt wird, hängt von der zugrundeliegenden **Wirtschaftsordnung** ab. Hierbei
lassen sich die zwei Extremformen der Marktwirtschaft und der Zentralverwaltungswirtschaft mit gegensätzlichen Koordinationsmechanismen unterscheiden.

Eine **Marktwirtschaft** ist dadurch gekennzeichnet, dass, abhängig von ihren
jeweiligen Zielsetzungen, die Konsumenten bzw. Produzenten ihre Konsum- bzw.
Produktionspläne erstellen und auf den Märkten untereinander abgleichen. Die
dezentrale Koordination der Wirtschaftspläne erfolgt auf Märkten über den
Preismechanismus, wobei die Preise die jeweiligen Knappheiten der Güter und
Produktionsfaktoren widerspiegeln. Eine ausführliche Darstellung dieses Koordi-
nationsmechanismus findet sich in den Kapiteln 3 bis 6 (Teil II: Grundlagen der
Mikroökonomie).

Im Gegensatz zur Marktwirtschaft ist für eine **Zentralverwaltungswirtschaft** eine
zentrale Koordination aller Wirtschaftspläne einer gesamten Volkswirtschaft
charakteristisch. Die drei grundlegenden Fragestellungen der Volkswirtschaftslehre und das sich daraus ergebende Koordinierungsproblem werden in der Weise
gelöst, dass ein zentraler Plan festlegt, welche Güter in welchen Mengen auf
welche Art produziert und an wen sie verteilt werden sollen. Hier wäre anzumerken, dass die Wirtschaftsordnung der Zentralverwaltungswirtschaft in den letzten
Jahren, vor allem aufgrund des Überganges der ost- und mitteleuropäischen
Staaten zu marktwirtschaftlichen Systemen, in der wirtschaftlichen Realität an
Bedeutung verloren hat.

Die Volkswirtschaftslehre ist nun bestrebt, die **Gesetzmäßigkeiten** der oben beschriebenen Wahlhandlungen zur Lösung der drei grundlegenden Fragestellungen zu erkennen und diese in Form von **Kausalabhängigkeiten** zwischen den jeweiligen ökonomischen Größen zu beschreiben. Ziel ist es dabei, wirtschaftliche Phänomene und Ereignisse zu erklären und zu prognostizieren. Was uns an dieser Stelle interessiert, ist die Frage, auf welcher Ebene die obigen Gesetzmäßigkeiten und Kausalabhängigkeiten analysiert werden können. Hierbei lassen sich in der Volkswirtschaftslehre zwei Teilgebiete unterscheiden:

- Die **Mikroökonomie** (vgl. Teil II dieses Buches) befasst sich mit einzelwirtschaftlichen Sachverhalten wie z.B. individuellen Konsumentscheidungen der Haushalte oder Produktionsentscheidungen einzelner Unternehmen und deren Zusammenspiel auf **Märkten**. Darunter verstehen Ökonomen nicht Gemüse- oder Flohmärkte, sondern im übertragenen Sinn den gedanklichen Ort der "Begegnung unterschiedlicher Pläne bezogen auf gleiche Objekte". Auf Märkten bilden sich **Preise**. Und dieser Preisbildungsprozess bei vielfältig vernetzten Wahlentscheidungen ist das, was in der Mikroökonomie im Vordergrund des Interesses steht.

- Die **Makroökonomie** (vgl. Teil III dieses Buches) beschäftigt sich hingegen mit **volkswirtschaftlichen Aggregaten** wie z.B. den Investitionen, dem Sparen, dem aggregierten Güterangebot aller Unternehmungen oder der aggregierten Güternachfrage aller – privaten, öffentlichen, inländischen und ausländischen – Haushalte und den Kausalbeziehungen zwischen diesen ökonomischen Aggregaten. Es handelt sich also um eine **aggregierte** oder **gesamtwirtschaftliche Betrachtungsweise.** Mögliche Fragestellungen können hierbei sein: Warum gibt es Konjunkturschwankungen? Was sind die Ursachen für Arbeitslosigkeit und wie können sie beseitigt werden? Welche Bedeutung hat der Außenhandel für eine Volkswirtschaft? Welcher Zusammenhang existiert zwischen der Geldpolitik und der Inflationsrate?

Hierbei muss allerdings immer im Auge behalten werden, dass es das einzelwirtschaftliche oder mikroökonomische Verhalten einer Vielzahl von Wirtschaftsakteuren ist, das sich in aggregierten Zusammenhängen niederschlägt. Gemäß dem "Gesetz der großen Zahl" können aber trotz unterschiedlicher einzelwirtschaftlicher Verhaltensweisen sehr "stabile" makroökonomische Zusammenhänge existieren, da sich oftmals die Abweichungen einzelwirtschaftlichen Verhaltens ausgleichen. Eine Übertragung einzelwirtschaftlicher Aussagen auf die gesamtwirtschaftliche Ebene kann jedoch zu einem **"Trugschluss der Verallgemeinerung"** führen. So mag es z.B. für den einzelnen Zuschauer bei einem Fußballspiel vorteilhaft sein, auf den Zehenspitzen zu stehen, um dadurch eine bessere Sicht zu erhalten. Dem Leser bleibt es überlassen, zu bewerten, ob es vorteilhaft wäre, wenn alle Zuschauer auf den Zehenspitzen stehen würden.

> *Resümee:* Die Volkswirtschaftslehre ist die "Lehre von den Wahlhandlungen bei Knappheit und Verwendungskonkurrenz von Mitteln". Sie befasst sich sowohl auf der Mikro- wie auch auf der Makroebene mit den drei grundlegenden Fragestellungen: „Was, Wie und Für Wen" produziert wird und dem daraus resultierenden Koordinationsproblem.

Schlüsselwörter: Wirtschaftssubjekte, Koordinationsproblem, Effiziente Allokation, Pareto-Kriterium, Paretooptimal, Wirtschaftsordnung, Marktwirtschaft, Preismechanismus, Zentralverwaltungswirtschaft, Volkswirtschaftslehre, Mikroökonomie, Makroökonomie, Trugschluss der Verallgemeinerung.

4. Methoden der Volkswirtschaftslehre

Wie unterscheiden sich die Vorgehensweisen der Induktion und Deduktion? Wofür werden in der Volkswirtschaftslehre Modelle und Theorien benötigt? Weshalb sollten Modelle die Wirklichkeit nicht vollständig widerspiegeln? Was bedeutet die Ceteris-paribus-Regel?

Die Volkswirtschaftslehre hat ebenso wie andere Wissenschaften eigene, für ihre Belange geeignete Arbeitsmethoden entwickelt. Diese wissenschaftlichen Arbeitsmethoden lassen sich im Wesentlichen in zwei Schritte bzw. Fragenkomplexe untergliedern:

- **ERKENNEN**: Hier stellt sich die Frage, mit welchen Methoden bzw. Verfahren Erkenntnisse gewonnen werden und in welcher Weise die Erkenntnisse am zweckmäßigsten geordnet und zusammengestellt werden.

- **DARSTELLEN**: Hier muss man sich die Frage stellen, auf welche Art die Erkenntnisse am besten dargestellt werden können, so dass sie für andere relativ einfach nachzuvollziehen sind.

Wenden wir uns zunächst der ersten Frage nach der richtigen Methode des **Erkennens** zu. Diese Frage wurde in der Volkswirtschaftslehre kontrovers diskutiert. Der Ursprung dieser Auseinandersetzung bezüglich des "richtigen Erkennens" wurde in der ökonomischen Literatur Ende des vorigen Jahrhunderts als **Erster Methodenstreit** bezeichnet. Geführt wurde er insbesondere von GUSTAV SCHMOLLER (1838-1917), einem Vertreter der sogenannten Historischen Schule als Verfechter der Methode der **Induktion** und CARL MENGER (1840-1921), einem Vertreter der sogenannten Grenznutzenschule als Verfechter der **Deduktion**.

Unter **Induktion** versteht man, dass man aufgrund einzelner Beobachtungen aus der Realität Rückschlüsse auf allgemeine Gesetzmäßigkeiten ziehen kann (d.h. **vom Einzelfall zum Allgemeinen**). Man versucht also stets zu ergründen, was in den einzelnen Erscheinungen der wirtschaftlichen Realität an Grundsätzlichem enthalten ist. Das Verfahren ist dabei weitgehend dem empirischen (deskriptiven) statistischen Verfahren verwandt.

Die **Deduktion** verfährt dagegen umgekehrt. Sie geht von bestimmten Grundannahmen bzw. allgemeinen Grundsätzen aus und erklärt dann einzelne Erscheinungen durch logische Kombination und Ableitung (d.h. **vom Allgemeinen zum Einzelfall**). Dreh- und Angelpunkt deduktiv gewonnener Erkenntnisse sind die Annahmen. Nur wenn diese mit der Realität im Einklang stehen, kann eine deduktive Erkenntnis auch mit der Wirklichkeit übereinstimmen.

Im Laufe der Zeit hat man in den Wirtschaftswissenschaften erkannt, dass sich diese Verfahren nicht unbedingt ausschließen, d.h. je nach Erkenntnisobjekt oder Aufgabe ist das eine oder andere Verfahren vorteilhafter. Somit ist die heutige wirtschaftswissenschaftliche Forschung sowohl ohne Deduktion wie auch ohne Induktion nicht mehr denkbar.

Wenn man in der Zeitung beispielsweise zu den Ursachen von Arbeitslosigkeit einen Artikel liest, dann fällt auf, dass es für ein ökonomisches Problem zahlreiche Ursachen und Einflussfaktoren geben kann. Will man jetzt aber **Ursache-Wirkungs-Zusammenhänge** analysieren, so wird das Problem sehr unübersichtlich und schwer fassbar. Um nun doch eine Aussage über Zusammenhänge machen zu können, bildet man eine **Theorie**, die man als **Modell** quantifiziert.

Die Theorie ist dabei nicht als Gegensatz zur Praxis bzw. Realität zu betrachten, sondern sie stellt ein stark vereinfachtes Bild der Realität dar, d.h. es handelt sich bei einer Theorie stets um eine **Abstraktion der Wirklichkeit**. Man verzichtet in einer Theorie auf viele Einzelheiten und beschränkt sich lediglich auf die wichtigsten Größen oder mit anderen Worten: Die **Qualität** einer ökonomischen Theorie hängt nicht davon ab, ob alle in der Realität auftretenden Phänomene in ihr berücksichtigt werden. Das Gegenteil ist richtig. Eine gute Theorie, und damit ein gutes ökonomisches Modell verwendet nur wenige, dafür aber **relevante Wirkungszusammenhänge**. Relevante Zusammenhänge sind Kausalstrukturen, die der jeweiligen Fragestellung angemessen sind. Eine umfassende Theorie oder ein großes, alle denkbaren Einflussfaktoren berücksichtigendes Modell wäre genauso wenig nützlich wie eine Landkarte im Maßstab eins zu eins.

Die Vorgehensweise bei der Entwicklung und Prüfung einer Theorie kann wie folgt in fünf Teilschritte untergliedert werden:

1. **Induktives Faktensammeln:** Beobachtung der wirtschaftlichen Realität.

2. **Aufstellung von Hypothesen:** Da man bei einem Problem zumeist die Ursachen für ein Ereignis, d.h. die zugrunde liegenden Kausalabhängigkeiten, erforschen möchte, formuliert man aus den induktiv gesammelten Fakten eine Beziehung zwischen Ereignis und auslösendem Faktor, d.h. man stellt eine **Hypothese** auf.

3. **Deduktive Entwicklung von Theorien:** Aus einer Summe teilweise induktiv gewonnener Hypothesen werden in einem zweiten deduktiven Schritt durch logische Ableitungen Konklusionen gebildet, d.h. man entwickelt eine Theorie. Damit sind sowohl Induktion wie auch Deduktion Bestandteile einer Theorie.

4. **Prüfung der Theorie:** Im ersten Teilschritt wird mittels eines **Konsistenztests** zunächst geprüft, ob die aufgestellten Hypothesen bezüglich der entwickelten Theorie in sich logisch sind. Daraufhin wird in einem **empirischen Test** geprüft, ob die Theorie oder die Schlussfolgerung mit den empirischen Fakten in Einklang zu bringen sind, d.h. ob sie in der Lage sind, die Realität widerzuspiegeln.

5. **Annahme oder Ablehnung der Theorie:** Hat eine Theorie die beiden unter Punkt 4 aufgeführten Tests bestanden, so kann sie als **vorläufig** richtige Theorie angesehen werden. Vorläufig deshalb, weil die wirtschaftliche Realität stets gewissen Wandlungen unterworfen ist, die eventuell einmal, unter den damaligen wirtschaftlichen Rahmenbedingungen, richtige Theorien umwerfen können. Wird mindestens ein Test nicht bestanden, so ist eine Theorie abzulehnen. Hier stellt sich dann die Frage, ob die Theorie endgültig zu verwerfen ist, oder ob eine "Nachbearbeitung" der Schritte 1 bis 3 als sinnvoll erscheint, d.h. es wird dann ein neuer, verbesserter Ansatz entwickelt.

Aus dem oben Gesagten wird deutlich, dass jede Theorie nur als vorläufig bestätigt gilt, bis sie durch eine bessere Theorie abgelöst wird. So kann es vorkommen, dass gleichzeitig mehrere Theorien mit entgegengesetzten Aussagen existieren. Der Grund dafür liegt meist in den **unterschiedlichen Annahmen**, die der Theorie zugrunde liegen. Daher existieren in den Wirtschaftswissenschaften eine Reihe verschiedener Lehrmeinungen, die sich teilweise auch widersprechen, nebeneinander.

Worin bestehen nun die wesentlichen Schwierigkeiten bei der Entwicklung einer volkswirtschaftlichen Theorie im Verhältnis zu den Theorien anderer Wissenschaften?

Das Kernproblem liegt in der der wirtschaftlichen Realität. Um dem anfangs angedeuteten Problem zahlreicher Einflussfaktoren auf eine ökonomische Größe zu begegnen, verhält sich der Wirtschaftswissenschaftler ähnlich wie andere Wissenschaftler. Will man in der Physik ein Phänomen erklären, so konstruiert man ein Experiment, bei dem möglichst alle störenden Nebeneinflüsse ausgeschlossen werden. Der Luxus eines solchen Experimentes unter kontrollierten Bedingungen ist dem Volkswirt aber nicht gegeben. Seine Experimente finden "in der freien Natur" statt. Er kann ein Experiment weder anhalten, noch unter absolut gleichen Bedingungen wiederholen. Die Bedingungen, unter denen eine ökonomische Aussage gelten soll, sind meistens eng an bestimmte wirtschaftliche Rahmengegebenheiten geknüpft. Möchte man nun den Einfluss einzelner Größen bzw. Variablen auf die Entwicklung der komplexen wirtschaftlichen Entwicklung herausarbeiten, so ist es sinnvoll, die sogenannte **Ceteris-paribus-Bedingung** (d.h. unter sonst gleichen Umständen) anzuwenden.

Die Ceteris-paribus-Klausel (im Folgenden durch c.p. abgekürzt) nimmt bis auf eine oder wenige variable Größen alle anderen Einflussfaktoren als konstant an und simuliert eine real nicht existierende Experimentsituation.

Dies soll an einem ökonomischen Problem kurz dargestellt werden: Will man den Einfluss einer Preiserhöhung eines Gutes auf das Nachfrageverhalten nach diesem Gut untersuchen, so könnte man durch eine c.p.-Betrachtung beispielsweise ausschließen, dass gleichzeitig eine Einkommenserhöhung den Effekt der Preiserhöhung kompensiert.

Angesichts der Komplexität der Realität kommt man nicht umhin, diese Klausel in der ökonomischen Analyse zu verwenden. Die Allgemeingültigkeit dieser vereinfachten Theoriebetrachtung wird dadurch aber eingeschränkt. Eine weitere Schwierigkeit für die Volkswirtschaftslehre folgt aus der **Vielzahl der Zielsetzungen** der handelnden Wirtschaftssubjekte, die sich zum Teil widersprechen können. Konfligieren Ziele miteinander, so spricht man in der Volkswirtschaftslehre von einem **"Trade-off"** zwischen den betreffenden wirtschaftspolitischen Ziele. Mit anderen Worten, nähert man sich einem Ziel durch den Einsatz entsprechender wirtschaftspolitische Maßnahmen, dann entfernt man sich gleichzeitig immer weiter von der Erreichung anderer Ziele.

Für die praktische Wirtschaftspolitik ist es daher unerlässlich, gewisse Prioritäten unter den Zielen festzulegen. Dies setzt bestimmte Werturteile voraus. Dies ist zum Beispiel immer dann der Fall, wenn Politiker, Manager oder andere Personen an den Wirtschaftswissenschaftler herantreten und sich eine optimale Empfehlung wünschen. Diese sogenannte beste Lösung ist dann stets durch bestimmte Normen determiniert.

Wenden wir uns nun der zweiten Ausgangsfrage nach den **Darstellungsmöglichkeiten** von Erkenntnissen zu. Die Sachzusammenhänge innerhalb der Volkswirtschaftslehre lassen sich prinzipiell auf drei verschiedene Arten zum Ausdruck bringen: **verbal, geometrisch** und **mathematisch**. Vor allem die ersten beiden sind dem Verständnis eines Lesers volkswirtschaftlicher Literatur leicht zugänglich und meist leicht verständlich. Die mathematische Darstellung hat insbesondere nach dem zweiten Weltkrieg stark an Bedeutung zugenommen. Der große Vorteil der Mathematik in der Ökonomie liegt auf der Hand: Je komplizierter die ökonomische Struktur wird, um so komplexer wird das Hypothesensystem und um so schwieriger ist die Deduktion innerhalb einer Theorie. Derartige komplexe Sachverhalte können verbal oder graphisch oftmals nicht mehr exakt erfasst werden. Die mathematische Darstellung zwingt den Forscher zu einer präzisen Formulierung und gewährleistet, dass eine Theorie in sich logisch ist. Die Mathematik erfüllt somit die Funktion einer Sprache für die Volkswirtschaftslehre.

Zum Abschluss dieses Abschnittes wollen wir uns noch einigen **speziellen Darstellungsformen** bzw. **modelltheoretischen Analyseverfahren** zuwenden, insbesondere den Begriffspaaren:

- Statik versus Dynamik,

- Ex-post - versus Ex-ante-Betrachtung,

- Partial - versus Totalanalyse und dem Prinzip der

- Marginalanalyse.

Statik und **Dynamik** beschreiben Analyseverfahren unter Berücksichtigung des Zeitaspektes. Von einer **statischen Analyse** wird dann gesprochen, wenn der **Zeit keine Bedeutung** beigemessen wird, d.h. der Zeitaspekt vollständig ausgeschlossen wird. Mit anderen Worten: Es handelt sich um eine Zeitpunktbetrachtung oder eine Periodenbetrachtung, bei der sich sämtliche ökonomische Größen auf gleiche Zeitpunkte oder Perioden beziehen. Vergleicht man **zwei Zeitpunkte** oder zwei Perioden bzw. die dazugehörigen Zustände miteinander, ohne sich für die Anpassungsvorgänge zwischen diesen beiden Zeitpunkten zu interessieren, d.h. ohne nach dem Weg von ... nach ... zu fragen, so spricht man von einer **komparativ statischen Analyse**. Von einer **dynamischen Analyse** wird dann gesprochen, wenn untersucht wird, wie sich ein Zustand Schritt für Schritt aus einem anderen Zustand entwickelt hat, d.h. man betrachtet den **Weg** der Anpassung von einem Zustand zu einem anderen und die Entwicklung der betrachteten Größen während des Anpassungszeitraumes.

Eine **Ex-post-Analyse** beschäftigt sich mit Vergangenheitswerten. So ist beispielsweise jede Statistik wie z.B. die Entwicklung des Außenhandels eine Ex-post-Betrachtung. Eine **Ex-ante-Analyse** hingegen arbeitet mit Zukunftswerten, d.h. sie will die Größenordnung geplanter Werte erklären.

Der in der Volkswirtschaftslehre sehr häufig anzutreffenden **Partialanalyse** liegt die Idee einer isolierten Betrachtung zugrunde, d.h. es werden nur Problemausschnitte wie z.B. ein Markt für ein Gut betrachtet. Bei derartigen Analysen wird typischerweise die Ceteris-paribus-Regel angewendet. Somit ist auch die Aussagekraft dieser Analyse eingeschränkt, da die ökonomischen Verflechtungen zwischen den Märkten nicht berücksichtigt werden. Die Darstellung ökonomischer Zusammenhänge anhand eines Preis-Nachfrage-Diagramms für ein Gut in der Haushaltstheorie (vgl. Kapitel 3) ist beispielsweise ein typisches Partialmodell. Demgegenüber versucht die **Totalanalyse,** die Gesamtheit aller in Betracht kommenden relevanten Variablen und ihre Zusammenhänge zu erfassen. Je komplexer das zugrundeliegende Problem ist, desto sinnvoller ist die Anwendung der Totalanalyse.

Bei ökonomischen Wahlhandlungen geht es in der Regel um die Frage: "Lohnt es sich?". Das **Marginalprinzip** spezifiziert dies dahingehend, dass ökonomische Aktivitäten solange ausgedehnt werden, wie jede zusätzliche Aktivität noch

"Nettovorteile" ermöglicht. In Anlehnung an das Konzept der **Differentialrechnung** werden zusätzliche Aktivitäten im Sinne infinitesimaler – wir sagen auch marginaler – Änderungen verstanden. Die **Marginalanalyse** wendet also typischerweise die Techniken der klassischen mathematischen Optimierungstheorie auf ökonomische Entscheidungsprobleme an. So ist auch der Sprachgebrauch "Grenzkosten" oder "Grenznutzen" der Grenzwertbetrachtung der Infinitesimalrechnung entlehnt.

Ziel der Marginalanalyse ist es, diejenigen Entscheidungen der Wirtschaftssubjekte zu charakterisieren, für die gilt, dass eine minimale Veränderung der betreffenden Aktivität keinen Nettovorteil erbringt. Mit anderen Worten: Der **Grenzvorteil entspricht dem Grenznachteil.** In solchen Fällen haben Wirtschaftsakteure ihre Wahlhandlungen optimiert und damit ihr Entscheidungsproblem gelöst. Da es c.p. bei einer solchen ökonomischen Konstellation für die Wirtschaftsakteure keinen Anlass mehr zu Änderungen gibt, charakterisiert man diesen Zustand auch als partielles **Gleichgewicht**.

***Resümee:** In der Volkswirtschaftslehre werden wissenschaftliche Methoden zur Untersuchung der wirtschaftlichen Realität angewandt. Man spricht von induktivem Faktensammeln und deduktiver Auswertung. Ökonomische Theorien sind Erklärungsmuster, die versuchen, ein stark vereinfachtes Bild der Realität wiederzugeben, indem sie wenige, aber relevante Ursache-Wirkungs-Zusammenhänge aufzeigen. Werturteile sollten streng von kausalen Feststellungen getrennt werden.*

Schlüsselwörter: Erster Methodenstreit, Induktion, Deduktion, Theorie, Modell, Abstraktion, Hypothesen, Ceteris-paribus-Bedingung, Statik, Dynamik, Ex-post-Analyse, Ex-ante-Analyse, Partialanalyse, Totalanalyse, Marginalprinzip, Marginalanalyse, Grenzvorteil, Grenznachteil, Gleichgewicht.

5. Konsum und Produktion

Inwiefern erhöht der Konsum von Gütern die Wohlfahrt? Welcher Zusammenhang besteht zwischen Konsum und Produktion? Was sind die wesentlichen Produktionsfaktoren? Wodurch werden die Möglichkeiten und Grenzen des gesamtwirtschaftlichen Wachstums bestimmt?

Wie wir wissen, entsteht aufgrund des Knappheitsproblems ein Spannungsverhältnis zwischen den prinzipiell unbegrenzten Bedürfnissen und deren Befriedigung durch Güter. Die Summe der Bedürfnisse bezeichnen wir als **Bedarf**. Über den Markt wird ein Bedarf als **Nachfrage** geäußert. Der Kauf der Güter durch die Konsumenten wird **Konsum** genannt. Neben den materiellen **Sachgütern** wie Brot, Wein und Käse sind **Dienstleistungen** und **Rechte** andere Erscheinungsformen von Konsumgütern.

Der Konsum von Gütern stiftet dem Menschen einen Nutzen. Dieser **Nutzen** – der auch als individuelle Wohlfahrt bezeichnet werden kann – ist in der Volkswirtschaftslehre ein Maß der Wertschätzung von Gütern durch individuelle Konsumenten. Die (gesellschaftliche) **Wohlfahrt** kennzeichnet dagegen das Maß der Bedürfnisbefriedigung der Gesamtheit der Konsumenten.

Konsumgüter fallen nicht vom Himmel, sondern sind in der Regel das Ergebnis der **Produktion**, eines Prozesses der Umwandlung von Gütern in Güter. So kann man also Güter nach dem Verwendungszweck unterscheiden in **Produktionsgüter** und **Konsumgüter**. Erstere dienen der Herstellung von Gütern und gehen somit direkt in die Produktion mit ein, wohingegen zu den Konsumgütern alle Güter gehören, die nicht der Produktion dienen, sondern direkt an den Endverbraucher zur unmittelbaren Bedarfsdeckung gelangen. Von den nur kurzfristig verwendbaren Produktionsgütern wie z.B. den Rohstoffen sind die langfristig verwendbaren zu unterscheiden. Sie werden zu Investitionszwecken verwandt und Investitions- oder **Kapitalgüter** genannt. Die Menge an Kapitalgütern in einer Gesellschaft wird als **Kapitalstock** bezeichnet. Um bei "Kapital" abzugrenzen, dass es sich nicht um eine Geldsumme handelt, fügt man das Wort "Real" hinzu. **Realkapital** sind dann alle Gebäude, Maschinen, Telephone usw., die in der Produktion eingesetzt werden. Zu beachten wäre, dass die gleiche Waschmaschine, die im Haushalt als Konsumgut verwendet wird, für einen Waschsalon ein Kapitalgut ist.

Neben dem Realkapital gibt es mit Arbeit und Umwelt zwei andere wichtige **Produktionsfaktoren** im Produktionsprozess.

Unter dem Produktionsfaktor **Arbeit** versteht man sowohl die körperliche als auch geistige menschliche Arbeit. Bei diesem Faktor ist neben der Quantität auch noch die Qualität besonders bedeutsam. Die entscheidenden Bestimmungsgrößen zur Beeinflussung der **Quantität** sind die Entwicklung der Arbeitszeit und die Anzahl derjenigen, die arbeiten können. Letztere Einflussgröße, welche auch Erwerbstätigenpotential genannt wird, wird langfristig durch das Bevölkerungswachstum determiniert, welches wiederum durch die Geburtenhäufigkeit, sowie Sterbewahrscheinlichkeiten und Wanderungsbewegungen beeinflusst wird. Die **Qualität** wird entscheidend durch das Ausbildungs- und Weiterbildungssystem beeinflusst. Die Qualität des Produktionsfaktors Arbeit ist beispielsweise eine entscheidende Einflussgröße für die unternehmerische Standortwahl oder die Anpassungsgeschwindigkeit bei einem Strukturwandel.

Der Produktionsfaktor **Umwelt** umfasst die Produktionsfaktoren Boden, Gewässer, Luft und belebte Natur (z.B. Holz). Häufig wird dieser Faktor nur auf den Produktionsfaktor Boden begrenzt. Bezüglich der produktiven Nutzungsarten dient der Boden als Anbauboden bei der land- und forstwirtschaftlichen Nutzung, Abbauboden bei der Gewinnung von Rohstoffen wie z.B. im Bereich des Kohlebergbaus oder Standort für die Produktion von Gütern und Dienstleistungen. Zusätzlich dient er ebenfalls der konsumtiven Nutzung durch die privaten Haushalte wie z.B. im Falle eines Parks. Die Besonderheiten des Produktionsfaktors Boden liegen in seiner Unvermehrbarkeit und räumlichen Immobilität, so dass bestimmte Aktivitäten, die örtlich an ihn gebunden sind, zu Lage- und Standortvorteilen führen können.

Als Produktionsfaktor **Kapital** bezeichnet man alle bei der Güterproduktion verwendeten Produktionsmittel außer Umwelt und Arbeit. Wie wir wissen, ist entgegen der gängigen Umgangssprache hierunter nicht das Geldkapital, sondern das Sach- bzw. Realkapital zu verstehen. Dies liegt daran, dass Geld für sich genommen nicht produktiv sein kann. Daher muss man volkswirtschaftlich das (unproduktive) Geldkapital vom unmittelbar produktiven Realkapital, d.h. den Maschinen, Gebäuden usw., trennen.

Wenden wir uns nun noch kurz der Frage zu, wie Kapital gebildet wird. Jegliche Kapitalbildung erfolgt durch Sparen und Investieren. **Sparen** bedeutet letztendlich nichts anderes als Konsumverzicht. Dieser Konsumverzicht setzt Ressourcen für Produktionszwecke frei. Geschieht dies in Form von langlebigen Produktionsgütern, um abgenutztes Kapital zu ersetzen, oder den vorhandenen Kapitalstock zu erweitern, so spricht man von **Investitionen**.

Die alleinige Verfügbarkeit der Produktionsfaktoren Arbeit, Kapital und Umwelt reicht noch nicht aus, den Produktionsprozess optimal auszugestalten. Hierzu bedarf es eines umfassenden technischen Wissens, in welcher Weise die Produktionsfaktoren Arbeit, Kapital und Umwelt am besten einzusetzen sind. Dem zunehmenden technischen Wissen, welches sich als **technische Fortschritt** äußert, kommt daher eine erhebliche Bedeutung bezüglich der Produktivität des Produktionsprozesses zu. Dies wird um so deutlicher, wenn man bedenkt, dass die Produktionsfaktoren Arbeit, Kapital und Umwelt knapp sind. Die knappen Produktionsfaktoren setzen daher den Produktionsmöglichkeiten einer Volkswirtschaft Wachstumsgrenzen. Verbessertes technisches Wissen führt dazu, dass diese Produktionsmöglichkeiten erweitert werden können. Ebenso führt die technische Entwicklung zur Produktion von neuen Gütern, so dass auch der qualitative Aspekt technischer Entwicklungen zu berücksichtigen ist.

Die im Produktionsprozess anwendbaren technischen und organisatorischen Verfahren werden als **Technologie** bezeichnet. In Bezug auf den Umwandlungsprozess der Produktionsfaktoren in neue Güter sind für den Ökonomen vor allem die mengenmäßigen Beziehungen, die zwischen Input und Output existieren, von besonderem Interesse. Wie wir später noch sehen werden, kann diese mengenmäßige Input-Output Beziehung auch analytisch und graphisch durch eine Funktion, die sogenannte **Produktionsfunktion**, dargestellt werden.

Kennzeichnend für moderne Produktionsprozesse ist die **Mehrstufigkeit**. Outputs einer Produktionsstufe werden als Input der nächsten Stufe eingesetzt. In diesem Fall wird der Output der vorausgegangenen Stufe auch als **Vorleistungsgut** bezeichnet.

So ist das **Bruttonationaleinkommen** (früher: Bruttosozialprodukt) einer geschlossenen Volkswirtschaft der Wert aller in einer Periode (einem Jahr) produzierten Güter abzüglich des Wertes der Vorleistungsgüter. Somit ist das Bruttonationaleinkommen ein auf die Konsumtionsmöglichkeiten bezogenes Maß der Leistungsfähigkeit einer Volkswirtschaft. An früherer Stelle wurde bereits erwähnt, dass die Maximierung der Wohlfahrt (einer Gesellschaft) nicht allein auf materielle Güter beschränkt werden darf, sondern alle nutzenstiftende Güter, also z.B. auch Natur, miteinbeziehen muss. Dies macht deutlich, dass das Bruttonationaleinkommen und dessen Wachstum nur begrenzt taugliche Indikatoren für die Entwicklung des gesellschaftlichen Wohlbefindens sind.

Dennoch ist, nicht zuletzt aus statistischen Gründen, das Bruttonationaleinkommen der gebräuchliche Indikator für das Wachstum einer Volkswirtschaft. Die Möglichkeiten und Grenzen von **Wirtschaftswachstum** werden sowohl durch die technische Entwicklung als auch durch die Quantität und Qualität der volkswirtschaftlichen Produktionsfaktoren determiniert.

Abschließend soll noch einmal betont werden, dass letzten Endes jede Produktion auf den Konsum gerichtet ist. Lange Umwege, die bei der Produktion eingeschlagen werden, lenken die Aufmerksamkeit leicht von dieser Tatsache ab. Aber letztendlich gewinnt der Fabrikant von Teigmaschinen seine Bedeutung ebenso aus dem Konsum wie der Bäcker, der das Brot backt und der Einzelhändler, der es verkauft. Dabei ist auch zu beachten, dass "Produktion" nicht ausschließlich technische Formveränderungen beinhaltet, sondern beispielsweise auch Transport, Lagerung und Verpackung. Denn jede Handlung, die den Verwendungswert oder Nutzen eines Gutes erhöht, ist produktiv.

Resümee: Die Mittel zur Bedürfnisbefriedigung werden als Güter bezeichnet. Der Konsum von Gütern erhöht die individuelle und gesellschaftliche Wohlfahrt. Zur Produktion von Gütern werden Produktionsfaktoren als Inputs eingesetzt und miteinander kombiniert, um neue Güter, die auch als Output des Produktionsprozesses bezeichnet werden, zu produzieren. Auch wenn produzierte Güter nicht direkt zum Konsum verwendet werden, sondern als Vorleistungsgüter wieder in der Produktion eingesetzt werden, ist letztlich jede Produktion auf den Konsum gerichtet.

Schlüsselwörter: Bedarf, Nachfrage, Konsum, Sachgüter, Dienstleistungen, Rechte, Nutzen, Wohlfahrt, Natur, Produktion, Produktionsgüter, Konsumgüter, Kapitalstock, Realkapital, Produktionsfaktoren, Arbeit, Umwelt, Kapital, Sparen, Investitionen, Technischer Fortschritt, Technologie, Produktionsfunktion, Mehrstufigkeit, Vorleistungsgut, Bruttonationaleinkommen, Wirtschaftswachstum.

6. Arbeitsteilung und Tausch

> Was versteht man unter Arbeitsteilung, welche Arten der Arbeitsteilung gibt es, und inwiefern führt Arbeitsteilung zu Produktivitätssteigerungen? Welche Probleme ergeben sich innerhalb einer arbeitsteiligen Wirtschaftsorganisation? Was ist die wichtigste Bedingung für die Funktionsfähigkeit einer arbeitsteiligen Wirtschaftsorganisation?

Arbeitsteilung bedeutet **Spezialisierung**. Alle existierenden Volkswirtschaften sind mehr oder weniger arbeitsteilig organisiert. Dies ist nicht verwunderlich, wenn man bedenkt, dass der Übergang zur Arbeitsteilung mit erheblichen Steigerungen der **Arbeitsproduktivität** verbunden ist, was wiederum den Wohlstand eines Volkes erhöht. Bezogen auf den letzten Abschnitt würde dies bedeuten, dass sich die Produktionsmöglichkeiten einer Volkswirtschaft durch Arbeitsteilung erweitern würden, oder anders ausgedrückt: Das Wirtschaften nach dem Rationalprinzip erfordert eine **Arbeitsteilung**.

Eine mögliche Form der Arbeitsteilung ist die **betriebsinterne** Arbeitsteilung. Hierbei wird der interne Produktionsprozess einer Unternehmung in eine Reihe getrennter Arbeitsgänge zerlegt, die zu einer fachlichen Spezialisierung in den jeweiligen Abteilungen führt. Eine Zerlegung der Arbeitsgänge in Beschaffung, Produktion und Absatz wäre z.B. eine Möglichkeit, betriebliche Arbeitsteilung zu betreiben. Die Folge der Spezialisierung ist eine Steigerung der Arbeitsproduktivität, da sich "jeder" sozusagen zu einem Spezialisten in seinem Zuständigkeitsbereich entwickelt. Von dieser betrieblichen Arbeitsteilung ist die überbetriebliche und internationale Arbeitsteilung zu unterscheiden.

Unter der **überbetrieblichen** Arbeitsteilung versteht man die Bildung von einzelnen Berufssparten. Diese Berufsteilung führt zu einer gesamtwirtschaftlichen Arbeitsteilung, welche wiederum in eine vertikale und horizontale Arbeitsteilung untergliedert werden kann. Von **vertikaler** Arbeitsteilung spricht man, wenn sich die Gesamtwirtschaft in verschiedene getrennte Stufen bzw. Sektoren untergliedern lässt. Der **primäre Wirtschaftssektor** (der Land- oder Forstwirtschaft), der **sekundäre Wirtschaftssektor** (der Konsum- oder Investitionsgüterindustrie) sowie der **tertiäre Wirtschaftssektor** (der Dienstleistungsbetriebe) charakterisieren eine solche vertikale Arbeitsteilung. Unter **horizontaler** Arbeitsteilung versteht man, dass sich innerhalb einzelner Sektoren verschiedene Bereiche herausbilden. So findet beispielsweise innerhalb des tertiären Sektors eine Arbeitsteilung in der Weise statt, dass sich einzelne Bereiche wie z.B. Banken, Versicherungen oder freie Berufe herausgebildet haben.

Die zunehmende **internationale** Arbeitsteilung in den letzten Jahren geht Hand in Hand mit einer zunehmenden **Globalisierung** bzw. Öffnung der Weltmärkte. Hierbei konzentrieren sich einzelne Volkswirtschaften auf die Erstellung von Gütern, bei denen sie Kosten- und/oder Qualitätsvorteile gegenüber anderen Ländern haben.

Wo liegen nun die Probleme einer arbeitsteiligen Wirtschaftsorganisation? Eine Arbeitsteilung führt zwangsläufig zu einer Vielzahl von Produktions- und Konsumplänen der einzelnen Wirtschaftssubjekte (private und öffentliche Haushalte, Unternehmen und Ausland). Diese Wirtschaftspläne sind bei ihrer Realisierung miteinander verzahnt. Dies führt zu enormen **Lenkungs- und Koordinationsproblemen**. Eine arbeitsteilige Wirtschaftsorganisation erfordert daher einen funktionsfähigen Koordinations- bzw. Lenkungsmechanismus. Wie wir bereits wissen, gibt es zwei grundlegende Wirtschaftsordnungen mit unterschiedlichen Koordinationsmechanismen, nämlich die Marktwirtschaft und die Zentralverwaltungswirtschaft. An dieser Stelle begnügen wir uns mit dem bloßen Aufzeigen des Problems, da die Frage, welcher Koordinationsmechanismus zu welchen Ergebnissen führt, Gegenstand des nachfolgenden Abschnittes ist.

In arbeitsteilig organisierten Ökonomien ist deutlich zu erkennen, dass die Auslastung der vorhandenen Produktionskapazitäten im Zeitablauf schwankt. Diese als **Konjunkturen** bezeichneten Phänomene stellen eine spezielle Ausprägung des Koordinations- bzw. Lenkungsproblems dar, da Abweichungen vom Normalauslastungsgrad des Kapitalstocks und Arbeitslosigkeit auf eine unbefriedigende Koordination der Produktions- und Konsumpläne zurückzuführen sind. In solchen Situationen kann es sinnvoll sein, wenn der Staat durch eine geeignete Konjunkturpolitik eine Verstetigung des Konjunkturverlaufes anstrebt.

In einer arbeitsteiligen Wirtschaft muss nun die gemeinsam in spezialisierten Tätigkeiten erstellte gesamtwirtschaftliche Produktion unter den Wirtschaftssubjekten aufgeteilt werden. Es stellt sich also die Frage nach einem angemessenen **Verteilungsverfahren**, nach welchem die knappen Güter auf die Wirtschaftseinheiten verteilt werden. Fragen dieser Art sind Gegenstand der **Verteilungstheorie**, und werden in Teil IV dieses Buches unter dem Punkt "Einkommen und Einkommensverteilung" ausführlicher behandelt. An dieser einführenden Stelle möchten wir uns darauf beschränken, die beiden Verteilungsverfahren der Bedarfsgerechtigkeit und Leistungsgerechtigkeit als Beispiele für denkbare Verteilungsverfahren darzustellen. Die Beantwortung der Verteilungsfrage geht immer einher mit einer Vorstellung von Verteilungsgerechtigkeit. Orientiert man sich am Prinzip der **Bedarfsgerechtigkeit**, so bedeutet dies, dass jeder nach seinen Bedürfnissen bei der Verteilung der knappen Güter berücksichtigt wird. Bei Güterknappheit ist dies offensichtlich nicht realisierbar. Eine mögliche Interpretation lautet daher, dass besondere Bedarfslagen wie z.B. Krankheit oder Bedürftigkeit stärker berücksichtigt werden. Ein typisches Beispiel für die Anwendung dieses Bedarfsgerechtigkeitsprinzips ist die Sozialhilfe. Dem entgegen steht das Prinzip der **Leistungsgerechtigkeit**, wonach nur demjenigen knappe Güter zugeteilt werden, der sich an der Produktion der Güter durch Leistung, d.h. durch den Einsatz des Produktionsfaktors Arbeit, Kapital oder Umwelt, beteiligt. Die **Soziale Marktwirtschaft**, die in einem der folgenden Abschnitte noch ausführlicher behandelt wird, stellt einen Ansatz dar, die beiden Prinzipien der Leistungs- und Bedarfsgerechtigkeit miteinander zu verbinden.

Durch die Arbeitsteilung entstehen aber auch noch andere Nachteile. So kann sie beispielsweise zu einer **Entfremdung** führen dergestalt, dass sich der einzelne in einer hochgradig spezialisierten Wirtschaft als unbedeutendes Rädchen in einem undurchschaubaren Produktionsprozess empfindet. Des Weiteren führt Arbeitsteilung zu starken wirtschaftlichen **Abhängigkeiten,** da Wirtschaftsakteure in einer arbeitsteilig organisierten Wirtschaft nicht unabhängig voneinander agieren können.

Ein entscheidender Aspekt für die Funktionsfähigkeit einer arbeitsteiligen Ökonomie ist schließlich die Notwendigkeit zum **Tausch.** Der Grund liegt darin, dass der einzelne mit dem von ihm erstellten Gut nicht überlebensfähig ist. Er ist daher auf Tauschbeziehungen angewiesen oder anders: **Arbeitsteilung führt zu Tausch.**

Die Wirtschaftssubjekte in einer Tauschwirtschaft sind (inländische und ausländische) **Haushalte** und **Unternehmen.** In den Unternehmen findet die Produktion statt (vgl. Kapitel 4) und von den Haushalten wird konsumiert (vgl. Kapitel 3). Die Unternehmen sind die Anbieter der produzierten Güter und Nachfrager nach den Produktionsfaktoren, wohingegen die Haushalte als Nachfrager nach Gütern und Anbieter der Produktionsfaktoren auftreten.

Eine mögliche, früher weit verbreitete Form des Tausches ist die **Naturaltauschwirtschaft.** In dieser werden Güter direkt gegen Güter getauscht. Diese Form ist jedoch sehr umständlich und verursacht hohe Informationskosten, da für jeden Tausch der richtige Tauschpartner gefunden werden muss. Dies wiederum vermindert natürlich die Arbeitsproduktivität einer Volkswirtschaft. Das obige Problem kann dadurch umgangen werden, dass man ein allgemein akzeptiertes Tauschmittel einführt. Ein solches allgemein akzeptiertes Tauschmittel wird als **Geld** bezeichnet, und die entsprechende Wirtschaft als **Geldwirtschaft.** In einer solchen Wirtschaft wird nicht mehr Gut gegen Gut getauscht, sondern Gut gegen Geld und Geld gegen Gut. Hierdurch wird es ermöglicht, den Verkauf vom Kauf zu trennen. Eine Geldwirtschaft erhöht daher die Arbeitsproduktivität einer Volkswirtschaft, da die Wirtschaftssubjekte keine Zeit mehr mit der Suche nach einem geeigneten Tauschpartner verschwenden müssen. Hieraus dürfte auch ersichtlich werden, wie außerordentlich wichtig ein funktionsfähiges Geldsystem innerhalb einer arbeitsteiligen Tauschwirtschaft ist.

Resümee: Die Arbeitsteilung führt zu Produktivitätssteigerungen und erweitert damit die Produktionsmöglichkeiten einer Volkswirtschaft. Allerdings kann die Arbeitsteilung auch mit Koordinations- und Verteilungsproblemen verbunden sein. Zudem können Entfremdungseffekte und wirtschaftliche Abhängigkeiten gefördert werden. Eine wichtige Bedingung für die Arbeitsteilung ist der Tausch. Die am weitesten entwickelte Form des Tausches ist die, in der Geld als Tauschmittel eingeführt ist.

Schlüsselwörter: Spezialisierung, Arbeitsproduktivität, Arbeitsteilung, Globalisierung, Lenkungs- und Koordinationsprobleme, Konjunkturen, Verteilungsverfahren, Bedarfsgerechtigkeit, Leistungsgerechtigkeit, Tausch, Naturaltauschwirtschaft, Geldwirtschaft.

7. Die Wirtschaftsordnung

> Welches ist das zentrale Koordinierungsinstrument einer Zentralverwaltungswirtschaft und woraus resultieren die Mängel dieser Wirtschaftsorganisation? Weshalb kommt dem Preismechanismus eine zentrale Bedeutung innerhalb einer Marktwirtschaft zu? Inwiefern kann individuelle Nutzen- oder Gewinnmaximierung zu einer gesellschaftlichen Wohlfahrtsmaximierung führen? Welches sind die Voraussetzungen für ein reibungsloses Funktionieren des Marktmechanismus?

Wie wir bereits wissen, treten in jeder Volkswirtschaft aufgrund des Knappheitsproblems die folgenden ökonomischen Grundprobleme auf:

- Was wird produziert? (**Produktionsstruktur**)

- Wie wird produziert? (**Faktorallokation**)

- Für wen wird produziert? (**Verteilung**).

Wie diese Probleme gelöst werden, hängt von der zugrundeliegenden Wirtschaftsordnung ab. Darauf wurde an anderer Stelle schon hingewiesen.

Jetzt soll am Beispiel der beiden idealtypischen Wirtschaftsordnungen der Marktwirtschaft und der Zentralverwaltungs- oder Zentralplanwirtschaft etwas genauer verdeutlicht werden, auf welche Art und Weise die **Koordinierung** zur Lösung der Grundprobleme erfolgt.

Betrachten wir zunächst die Funktionsweise der **Zentralverwaltungswirtschaft**, die gedanklich leichter nachzuvollziehen ist als die der Marktwirtschaft. In einer Zentralverwaltungswirtschaft wird von einer zentralen (staatlichen) Planungsbehörde ein **zentraler Plan** erstellt, der die Produktionsstruktur, Faktorallokation und Verteilung determiniert. Den Wirtschaftssubjekten werden die entsprechenden Teile des Plans als Vorschrift für ihr wirtschaftliches Handeln vorgegeben. Oder anders ausgedrückt: Die wirtschaftlichen Transaktionen sind nicht das Ergebnis von Abstimmungen zwischen den Wirtschaftssubjekten, sondern sie resultieren aus den Ausführungen der Planvorschriften einer zentralen Planungsbehörde.

Um nun ein optimales Ergebnis der Koordinierung bzw. Lenkung aller wirtschaftlichen Transaktionen im Sinne einer effizienten Allokation zu erreichen, ist es notwendig, dass der Staat **vollständige Informationen** zum einen über sämtliche Ressourcen und Technologien der Unternehmen und zum anderen über sämtliche Bedürfnisse und Präferenzen der Haushalte besitzt. In diesem und nur in diesem Fall wäre es der zentralen Instanz möglich, die volkswirtschaftlichen Produktionsfaktoren in ihre effiziente Verwendung zu lenken und die Güter derart an die Haushalte zu verteilen, dass der daraus resultierende Güterkonsum die gesellschaftliche Wohlfahrt, welche sich aus der Aggregation der individuellen Wohlfahrt ergibt, maximieren würde. Von diesem Fall kann man allerdings in einer sehr komplexen wirtschaftlichen Realität kaum ausgehen, so dass die existierenden **Informationsmängel** zu erheblichen Ineffizienzen bei der Koordinierung von Produktionsstruktur, Faktorallokation und Verteilung führen. Dies ist ein entscheidender Nachteil dieser Form der Wirtschaftsorganisation.

Weshalb kommt es zu derartigen Informationsmängeln? Im Wesentlichen dadurch, dass dem Preis nicht die Funktion als Informationsträger, der Knappheiten von Gütern und Faktoren signalisiert, zugewiesen wird.

In dem in Zentralverwaltungswirtschaften üblichen Prozess der zentralen **Mengenplanung** sind weder Preise noch Märkte notwendig, da durch einen zentralen Plan genau und endgültig festgelegt wird, wieviel Produktionsfaktoren eingesetzt werden, mit welchen Produktionsverfahren welche Güter hergestellt werden, und wie die hergestellten Güter an die einzelnen Mitglieder einer Gesellschaft verteilt werden. In einem derartigen System zeigen **Preise** somit auch nicht die Knappheit der Produktionsfaktoren oder eines Gutes an und erfüllen somit auch **keine Koordinierungsfunktion**. Ineffizienzen in der Produktionsstruktur, Faktorallokation, Verteilung und Koordinierung sind daher vorprogrammiert. Weitere Mängel sind, dass die zentrale Entscheidungsfindung bei der Planerstellung und die strikte Befehlshierarchie bei der Plandurchführung die persönliche Freiheit – nicht nur die ökonomische – der Gesellschaftsmitglieder stark einschränkt. Es kommt hinzu, dass aufgrund **fehlender** interner **Anreizmechanismen** und der **Schwerfälligkeit bürokratischer Systeme** die planungserstellenden Behörden in der Regel nicht in der Lage sind, flexibel und schnell auf wirtschaftliche Veränderungen zu reagieren. Bedenkt man, dass die heutigen Volkswirtschaften, nicht zuletzt aufgrund zunehmender internationaler Verflechtungen, einer wachsenden wirtschaftlichen Dynamik ausgesetzt sind, so lässt sich erahnen, dass eine inflexible Wirtschaftsorganisation zu erheblichen Ineffizienzen führt.

Betrachten wir nun demgegenüber die viel komplexere Funktionsweise einer **Marktwirtschaft**. Die Koordinationsprobleme werden hier **dezentral auf Märkten** gelöst. Anbieter und Nachfrager von Gütern planen Konsum- und Produktionsmengen auf der Grundlage von für beide Marktseiten gültigen Preisen. Wie können Preise aber das Zusammenspiel von Angebot und Nachfrage koordinieren?

Die Wirkungsweise des **Preismechanismus** soll an einem Beispiel verdeutlicht werden. Gehen wir zunächst von einem niedrigen Preis für ein Gut (wie kubanische Zigarren) aus und unterstellen wir, dass Zigarrenraucher bei niedrigen Preisen mehr nachfragen als bei hohen Preisen und Tabakproduzenten bei hohen Preisen mehr produzieren und anbieten als bei niedrigen Preisen. Wir nehmen nun an, dass beim gegebenen Preis die Nachfrage das Angebot übersteigt. In einer solchen Situation gibt es Raucher, deren Bedürfnisse aufgrund eines zu geringen Angebots nicht befriedigt werden. Diese sind nun bereit, einen höheren Preis zu bezahlen und äußern dies am Markt. Es kommt zu einem Preisanstieg, der sowohl auf der Nachfrageseite als auch auf der Angebotsseite Anpassungsreaktionen nach sich zieht. Auf der Angebotsseite führt ein Preisanstieg zu einer Mehrproduktion, da ein höherer Preis c.p. einen höheren Gewinn bedeutet. Andererseits führt ein Preisanstieg zu einem Rückgang der Nachfrage nach kubanischen Zigarren, da weniger geraucht wird oder Substitutionsvorgänge stattfinden, indem z.b. mehr dominikanische und weniger kubanische Zigarren geraucht werden. Dieser Preisanstieg setzt sich solange fort, bis ein Preis erreicht ist, bei dem die Nachfrage gleich dem Angebot ist. Für den Fall, dass das Angebot die Nachfrage übersteigt, führt dies mit gleicher Logik zu einer Preissenkung, und zwar ebenfalls solange, bis sich Angebot und Nachfrage angleichen.

Es gilt also: Die Konsumpläne der Haushalte und die Produktionspläne der Unternehmen verändern sich solange, bis die Nachfrage nach einem Gut gleich dem Angebot ist. Die oben beschriebenen **Anpassungsprozesse über den Preis** sind das Ergebnis der Optimierungskalküle der Wirtschaftssubjekte aufgrund gegebener Präferenzen und Technologien. Erst ein Zustand, in dem die Nachfrage dem Angebot entspricht, führt dazu, dass keines der Wirtschaftssubjekte, weder die Haushalte, noch die Unternehmen, ein Interesse mehr daran hat, seine Wahlhandlungen zu verändern. Solche Situationen sind also gekennzeichnet durch die **Kompatibilität der Wirtschaftspläne aller beteiligten Wirtschaftssubjekte.** Ein solcher Zustand wird als **Marktgleichgewicht** bezeichnet und der dazugehörige Preis, bei dem das Angebot gleich der Nachfrage ist, als **Gleichgewichtspreis.**

Das obige Beispiel verdeutlicht, dass aufgrund des Eigeninteresses der Marktakteure auf beiden Seiten des Marktes **der Markt- bzw. Preismechanismus ein adaptives, sich selbst regulierendes System ist.**

Entscheidend für die Funktionsfähigkeit solcher marktwirtschaftlich organisierter Systeme ist, dass das Eigeninteresse der Marktakteure, Kauf- oder Verkaufsoptionen wahrzunehmen und bei Preisveränderungen zu revidieren, nicht eingeschränkt wird. Genauso wichtig aber ist es, dass bei konfligierenden Interessen ein Interessenausgleich über Preisanpassungen zu **beiderseitigem** Vorteil ist. Die Wirkung solcher **Anreiz- und Sanktionsmechanismen** erfordert insbesondere, dass Märkte **frei** sind, **Wettbewerb** herrscht und jede Form von **Marktmacht** ausgeschlossen ist.

In solchen Fällen wirkt also der Preismechanismus in zweierlei Hinsicht:

- Preise haben eine Signalfunktion für konfligierende Interessen der Akteure auf beiden Seiten des Marktes und

- Preisflexibilität führt zu einem Interessenausgleich und einer Planungskompatibilität.

Verdeutlichen wir uns diese **Koordinierungsfunktion der Preise** noch einmal an den drei ökonomischen Grundproblemen.

In Bezug auf die **Faktorallokation** gibt es einen Anreizmechanismus in der Weise, dass Unternehmen Gewinne maximieren. Und dies tun sie, indem sie die knappen Produktionsfaktoren am kostengünstigsten einsetzen. Gleichzeitig erfüllt der Preis eine Rolle als Sanktionsmechanismus auf Märkten dadurch, dass Unternehmen mit ineffizienten Produktionstechnologien und damit zu hohen Produktionskosten einen zu hohen Verkaufspreis setzen müssen und damit aufgrund der Konkurrenz unter den Unternehmen aus dem Markt gedrängt werden. Das **Gewinnmaximierungskalkül** der Unternehmen führt also zu einer technisch effizienten Faktorallokation, da nur die Unternehmen mit einer entsprechend effizienten Produktionstechnologie überleben.

Für die **Produktionsstruktur** gilt, dass die Unternehmen diejenigen Güter produzieren werden, mit denen sie den maximalen Gewinn erzielen. Letztendlich entscheiden also die Verbraucher darüber, **was** produziert werden soll, da sich bekanntlich nur die Güter absetzen lassen, die von den Konsumenten zur Bedürfnisbefriedigung gewünscht werden. Mit anderen Worten: Es findet aufgrund des **Gewinnmaximierungskalkül** der Unternehmen eine Anpassung der Produktionsstruktur an die Konsumentenwünsche statt. Dies wird als das **Prinzip der Konsumentensouveränität** bezeichnet.

Die **Verteilungsfrage** wird dadurch gelöst, dass nur diejenigen Güter produziert werden, für die die Nachfrager bereit sind, etwas zu bezahlen. Hierzu benötigt man jedoch Einkommen, welches man wiederum durch das Anbieten der volkswirtschaftlichen Produktionsfaktoren wie z.B. Arbeit erhält. In einer Marktwirtschaft gilt also das **Prinzip der Leistungsgerechtigkeit,** d.h. wer viel leistet, bekommt viel.

Welche Rolle fällt dem Staat in einer den Eigeninteressen der Wirtschaftsakteure gehorchenden "freien" Marktwirtschaft zu?

Ohne dem nachfolgenden Abschnitt vorgreifen zu wollen kann hier schon festgehalten werden: Der Preismechanismus kann nur dann regulierend wirken, wenn die Wirtschaftssubjekte selbständig und eigenverantwortlich über die Verwendung der Produktionsfaktoren und der Güter entscheiden können. So wird ein Unternehmen nur dann gegründet, wenn der Unternehmer über seine Maschinen und seinen Gewinn verfügen kann oder ein Haushalt fragt nur dann Güter nach, wenn er darüber verfügen kann. Entscheidend ist daher, dass **Eigentumsrechte** sowohl über die volkswirtschaftlichen Produktionsfaktoren und deren Ertrag als auch über die Güter genau definiert sind.

Privateigentum und individuelle Rechte an der Eigentumsnutzung widersprechen aber der Logik von Zentralverwaltungsökonomien. Das für diese charakteristische Prinzip des **Kollektiveigentums** setzt also sowohl die Anreiz- wie die Sanktionsfunktion des Preismechanismus außer Kraft.

Kommen wir abschließend auf die gänzlich andersartige Rolle des Staates in Marktökonomien zurück, so kann festgehalten werden, dass auch in sogenannten "freien" Marktwirtschaften der Staat eine Funktion hat. Diese besteht darin, diejenigen rechtlichen und institutionellen Rahmenbedingungen zu schaffen, die es dem Preismechanismus erlauben, seine Koordinierungsfunktion in optimaler Weise zu erfüllen. Insbesondere gehört dazu, die Eigentumsrechte klar zu definieren und zu schützen und das Entstehen von Marktmacht zu verhindern.

> *Resümee: Zur Organisation des Wirtschaftslebens und damit zur Lösung der ökonomischen Grundprobleme gibt es die Extremformen der Marktwirtschaft und der Zentralverwaltungswirtschaft. Die Koordinierung und Lenkung in einer Zentralverwaltungswirtschaft erfolgt durch die zentrale Planung einer staatlichen Planungsinstanz. Die Marktwirtschaft ist durch eine dezentrale Koordinierung gekennzeichnet, wobei die entscheidende Koordinierungs- und Lenkungsfunktion dem Preismechanismus zufällt. Die Voraussetzung für dessen Funktionieren ist die staatliche Festlegung und Gewährleistung eines institutionellen und rechtlichen Rahmens.*

Schlüsselwörter: Zentralverwaltungswirtschaft, Mengenplanung, Marktwirtschaft, Preismechanismus, Marktgleichgewicht, Gleichgewichtspreis, Anreiz- und Sanktionsmechanismen, Wettbewerb, Marktmacht, Koordinierungsfunktion der Preise, Prinzip der Konsumentensouveränität, Prinzip der Leistungsgerechtigkeit, Eigentumsrechte, Kollektiveigentum.

8. Der Staat in der Marktwirtschaft

> Was ist die Maxime staatlichen Handelns? Welches sind die Bereiche der wirtschaftspolitischen Aktivität? Weshalb sollte der Staat durch Umverteilung in die sich aus dem Marktprozess ergebende Verteilung von Einkommen und Gütern eingreifen?

Wir haben gesehen, dass auch die Wirtschaftsorganisation der Marktwirtschaft nicht ohne staatliches Handeln auskommt. So ist beispielsweise das Festlegen eines institutionellen und rechtlichen Rahmens als primäres Regelungssystem, und hier insbesondere die Determinierung und der Schutz von Eigentumsrechten, eine notwendige Voraussetzung für das "Funktionieren von Märkten". In diesem Abschnitt wollen wir uns fragen, wie allgemeine Spielregeln für die Rolle des Staates in marktwirtschaftlich organisierten Ökonomien aussehen könnten. In einer auf Freiheit und Demokratie basierenden Wirtschaftsordnung – das ist die Basis, auf welcher wir im Weiteren argumentieren werden – ist es notwendig, dass staatliche Eingriffe einer Rechtfertigung bedürfen.

Wie schon deutlich wurde, sind Marktunvollkommenheiten wie Preisinflexibilitäten oder fehlende Eigentumsrechte eine Rechtfertigung für staatliches Handeln.

Greift der Staat nun in den Wirtschaftsprozess ein, so muss er sich an Zielen orientieren. Welche sind das? Als das grundsätzliche Oberziel staatlichen Handelns kann die **Maximierung der gesamtwirtschaftlichen Wohlfahrt** angesehen werden. Diese sehr abstrakte Zielsetzung zu formalisieren und zu operationalisieren, ist Aufgabe der Theorie der Wirtschaftspolitik und teilweise der **Wohlfahrtsökonomik**. Was uns an dieser Stelle interessiert ist die Frage, welche abgeleiteten Ziele sich aus dem obigen Oberziel für eine konkrete staatliche **Wirtschaftspolitik** ergeben.

Grundsätzlich unterscheidet die **Wirtschaftspolitik** hierbei die drei Zielbereiche der

- Allokation,

- Distribution und

- Stabilisierung.

Diese lassen sich nicht vollständig trennscharf voneinander abgrenzen. Überdies können sie partiell konfligieren, so dass für die Wirtschaftspolitik **Zielkonflikte** entstehen.

Das Ziel der **Allokation** ist es, Produktionsfaktoren effizient einzusetzen und die Produktionsstruktur in optimaler Weise auf die Bedürfnisstruktur der Konsumenten abzustimmen. Im letzten Abschnitt wurde bereits gezeigt, dass der Markt unter gewissen Umständen diese Koordinierungsfunktion erfüllt. Voraussetzung hierfür sind freie und flexible Preisbildungsprozesse auf einem durch Wettbewerb gekennzeichneten Markt und Gewinne als Anreiz- und Verluste als Sanktionsmechanismus. Der Staat sieht es als seine Aufgabe, die Elemente der freien Preisbildung und Gewinnerzielung durch einen rechtlichen und institutionellen Rahmen zu sichern. Die wesentliche gesetzliche Grundlage in Deutschland ist hierfür das Grundgesetz und das Gesetz gegen Wettbewerbsbeschränkungen, in denen Privateigentum, Rechtssicherheit und Wettbewerb gesichert werden.

Die wirtschaftliche Realität ist durch eine Reihe von Unvollkommenheiten gekennzeichnet, deren Gemeinsamkeit darin liegt, dass das freie Spiel der Kräfte auf Märkten nicht zu bestmöglichen Ergebnissen führt. Solch eine **Marktunvollkommenheit** stellt z.B. die bereits angesprochene

- **Marktmacht** dar, die zu Konzentrationsprozessen und Wohlfahrtsverlusten führt. Kennzeichnend dafür ist, dass fehlende Konkurrenz unter Anbietern überhöhte Preise auf Märkten erlaubt und damit eine effiziente Allokation verhindert.

- Ein anderes Beispiel sind die sogenannten **externen Effekte**. Darunter versteht man, dass wirtschaftliche Aktivitäten eines Wirtschaftssubjektes die wirtschaftlichen Aktivitäten eines anderen Wirtschaftssubjektes positiv oder negativ beeinflussen, **ohne dass dies über den Preismechanismus abgegolten wird**. Der Kerngedanke ist, dass fehlende Eigentumsrechte dazu führen, dass sich für cin bestimmtes Gut überhaupt kein Markt bildet, auf dem das Gut gehandelt wird. Fehlt jedoch der Markt, so gibt es auch keinen Preismechanismus, der die Wirtschaftspläne koordiniert. Ein typisches Beispiel hierfür sind die fehlenden Eigentumsrechte für das Gut Umwelt, weshalb es zu erheblichen Wohlfahrtsverlusten durch Umweltverschmutzung kommt.

- Ein drittes Beispiel sind die **öffentlichen Güter (Kollektivgüter)**, die durch Nichtrivalität im und Nichtausschließbarkeit vom Konsum gekennzeichnet sind. Kann es für Wirtschaftsakteure rational sein, z.B. ein Gut "Landesverteidigung" zu produzieren? Sicherlich nicht, denn wegen der Nichtausschließbarkeit kann jeder der möchte am Konsum partizipieren, und wegen der Nichtrivalität im Konsum wird keiner der anderen Konsumenten dadurch beeinträchtigt. Für solche Güter wie z.B. die Landesverteidigung, die Schutzimpfung oder auch die Rechtssicherheit oder den Rechtsschutz gibt es zwar einen Bedarf, aber aufgrund der Ratio individueller Akteure typischerweise eine Unterversorgung. Diese später im einzelnen begründete **Rationalitätsfalle** rechtfertigt übergeordnetes, staatliches Handeln also wiederum aus Gründen der Allokationseffizienz.

Wie wir später in Kapitel 15 noch sehen werden, kann der Staat durch geeignete wirtschaftspolitische Interventionen derartige Marktunvollkommenheiten und die daraus resultierenden Wohlfahrtsverluste beseitigen. Von ganz entscheidender Bedeutung ist die Tatsache, dass **bei Vorliegen von Marktunvollkommenheiten der Preis nicht mehr die Knappheit des Gutes widerspiegelt**, so dass der Preis seine Koordinationsfunktion nicht mehr in optimaler Weise erfüllen kann.

Bei dem zweiten wirtschaftspolitischen Zielbereich der **Distribution** steht das Ziel der Umverteilung durch den Staat im Mittelpunkt des Interesses. Zunächst muss man sich die Ausgangsfrage stellen, welche Motivation der Staat überhaupt zu einer Umverteilung der sich aus den Marktprozessen ergebenden leistungsgerechten Verteilung von Einkommen und Gütern hat oder mit anderen Worten: Was ist der Grund für den Übergang von einer "freien" Marktwirtschaft zu einer durch Umverteilung gekennzeichneten "sozialen" Marktwirtschaft. Zumeist werden **Gerechtigkeitsüberlegungen** wie z.B. eine Nivellierung (nicht zu verwechseln mit Gleichheit) der Einkommen oder **soziale Erfordernisse** wie z.B. Bedürftigkeit als Rechtfertigungsgründe staatlicher Umverteilungsaktivitäten angeführt. Dabei wird aber übersehen, dass ein sozialer Friede und eine politische Stabilität auch allokative Vorteile bringen. Grundsätzlich ist hier jedoch anzumerken, dass die Verteilungskorrekturen des reinen Marktleistungsprinzips so durchgeführt werden sollten, dass der Marktleistungsanreiz möglichst wenig beeinträchtigt wird.

Welches Instrumentarium steht dem Staat zur Umverteilung zur Verfügung? Auf der **Einnahmeseite** des Staatsbudgets sind dies Zahlungen von Haushalten und Unternehmen in Form von Einkommensteuern, Sozialversicherungsabgaben, Umsatzsteuern und Verbrauchsteuern.

Über die **Ausgabenseite** des Staatsbudgets wird umverteilt durch Transferzahlungen wie z.b. Sozialhilfe, durch Subventionen an Unternehmen oder strukturschwache Regionen, durch das Angebot öffentlicher Dienstleistungen wie z.b. Schulen oder Museen und durch die Bereitstellung öffentlicher Güter wie z.b. Landesverteidigung und Rechtssystem.

Im dritten wirtschaftspolitischen Zielbereich der **Stabilisierung** versucht der Staat durch Stabilisierungsmaßnahmen, sowohl

* **Preisniveaustabilität**

* **Vollbeschäftigung**

* ein **angemessenes und stetiges Wachstum** und

* ein **außenwirtschaftliches Gleichgewicht**

sicherzustellen. Diese vier Ziele werden auch als das **Magische Viereck** bezeichnet. Die gesetzliche Grundlage für eine darauf ausgerichtete Wirtschaftspolitik in Deutschland ist das Gesetz zur Förderung der Stabilität und des Wachstums der Wirtschaft von 1967. Dessen Idee ist es, mittels einer staatlichen antizyklischen **Fiskalpolitik** in Zeiten des konjunkturellen Abschwungs die Güternachfrage durch Steuersenkung und staatliche Ausgabenerhöhung anzuregen. In Zeiten eines konjunkturellen Aufschwungs mit einer überhitzten Nachfrage soll hingegen über die Güternachfrage die Konjunktur durch Steuererhöhungen und staatliche Ausgabenkürzungen gedrosselt werden. Diese Idee der aktiven staatlichen Konjunkturstabilisierung ist eng mit dem Namen JOHN MAYNARD KEYNES (1883-1946) verbunden.

Während die (antizyklische) Fiskalpolitik eher kurzfristig an der Konjunkturstabilisierung orientiert ist, ist das Ziel der **Wachstums- und Strukturpolitik** daran ausgerichtet, den langfristigen Entwicklungstrend der Wirtschaft zu beeinflussen. Entscheidend für das Wirtschaftswachstum ist der technische Fortschritt. Daher sind viele wirtschaftspolitische Maßnahmen wie Investitionen in die Aus- und Weiterbildung, steuerliche Investitionsförderung oder Investitionen in öffentliche Infrastruktur darauf ausgerichtet, die technische Entwicklung anzuregen. Die Strukturpolitik umfasst alle Maßnahmen, die dazu dienen, dass ein Strukturwandel – wie z.b. der vom Industriesektor hin zum Dienstleistungssektor – reibungslos vonstatten geht. Hierzu werden beispielsweise staatliche Anpassungssubventionen gezahlt oder Mobilitätsförderungsprogramme durchgeführt. Der Staat muss hierbei jedoch vermeiden, Erhaltungssubventionen zu zahlen, die überkommene Strukturen oder Märkte künstlich am Leben erhalten.

Deutschland ist eine in hohem Grade mit dem Ausland verflochtene **offene Volkswirtschaft**, wobei das regionale Schwergewicht im Bereich der Europäischen Union (EU) liegt. Die zunehmenden internationalen Verflechtungen erhöhen die Notwendigkeit einer **international ausgerichteten Wirtschaftspolitik**.

Die in den letzten Jahrzehnten zunehmende Außenverflechtung ist die Folge der ökonomischen Vorteilhaftigkeit des Freihandelsprinzips. Dieses beruht darauf, dass bei internationalen Unterschieden in den Produktionsverhältnissen und Bedürfnisstrukturen eine Spezialisierung im Sinne einer internationalen Arbeitsteilung und Freihandel zu Wohlstandssteigerungen aller beteiligten Nationen führt. Wenn sich die Einzahlungen für Exportgüter (an das Ausland verkaufte Güter) und die Auszahlungen für Importgüter (vom Ausland bezogene Güter) im Verkehr mit dem Ausland etwa die Waage halten, dann spricht man von einem Zahlungsbilanzgleichgewicht, das auch als **außenwirtschaftliches Gleichgewicht** bezeichnet wird. In diesem Fall ist mit keiner protektionistischen Handelspolitik seitens eines Handelspartners zu rechnen. Der Staat versucht durch eine internationale Wirtschaftspolitik zur Realisierung eines außenwirtschaftlichen Gleichgewichts beizutragen.

Es soll nicht verschwiegen werden, dass in der ökonomischen Profession die Einschätzung des Stellenwertes der drei wirtschaftspolitischen Zielbereiche sehr unterschiedlich ausfällt. Während hinsichtlich der allokativen Aktivitäten die Beurteilung noch homogen ist, gilt das kaum für die distributiven und noch weniger für die Stabilisierungsaktivitäten des Staates. Während das Meinungsspektrum für Stabilisierungspolitik des Staates bis hin zu völliger "staatlicher Enthaltsamkeit" reicht, ist in der Einschätzung distributiver Aktivitäten allerdings ein Trend zu erkennen, diese auch als Determinante gesellschaftlichen Fortschritts und ökonomischen Wachstums zu begreifen.

In der Bundesrepublik Deutschland war diese Einschätzung schon früh ein Kerngedanke beim Aufbau der heute Soziale Marktwirtschaft genannten Wirtschaftsordnung eines marktwirtschaftlichen Mischsystems durch Ludwig Erhard (1897-1977) und Alfred Müller-Armack (1901-1978) im Jahre 1948.

Parallel dazu wurde in der ehemaligen DDR das Modell einer Zentralplanwirtschaft verwirklicht. Dieses "Experiment" zweier gegensätzlicher Wirtschaftsordnungen auf deutschem Boden ist nach über vierzig Jahren durch die "Revolution" von 1989/90 beendet worden. Das Ergebnis vierzigjähriger sozialistischer Zentralplanung war ein Desaster: ein wirtschaftliches Trümmerfeld verbunden mit einem äußerst bescheidenen Lebensstandard der Bevölkerung, ein aufgeblähter und überorganisierter Staatsapparat und ein unproduktiver Kapitalstock sowie Umweltverschmutzung und -zerstörung schlimmsten Ausmaßes.

Im Wettbewerb der Wirtschaftsordnungen hat sich in Deutschland also die Soziale Marktwirtschaft durchgesetzt. Sie ist mittlerweile nicht nur eine wichtige Komponente für den Wirtschaftsstandort Deutschland, sondern darüber hinaus sogar ein Exportmodell für Länder im ökonomischen Transformationsprozess in vielen Teilen der Welt geworden.

Resümee: Ausgehend von der Theorie der Wirtschaftspolitik ist die oberste staatliche Handlungsmaxime die Maximierung der gesellschaftlichen Wohlfahrt. Wirtschaftspolitischer Handlungsbedarf erwächst daraus in den Bereichen der Allokation, Distribution und Stabilisierung. Zunehmende internationale Verflechtungen machen eine nur national ausgerichtete Wirtschaftspolitik immer stärker obsolet.

Schlüsselwörter: Wirtschaftspolitik, Zielkonflikte, Allokation, Marktunvollkommenheit, Marktmacht, Externe Effekte, Öffentliche Güter (Kollektivgüter), Rationalitätsfalle, Distribution, Stabilisierung, Preisniveaustabilität, Vollbeschäftigung, angemessenes und stetiges Wachstum, Außenwirtschaftliches Gleichgewicht, Magisches Viereck, Soziale Marktwirtschaft.

9. Die offene Volkswirtschaft

Welches sind die Ursachen des internationalen Handels? Weshalb führt internationaler Handel für alle beteiligten Volkswirtschaften zu Wohlfahrtssteigerungen?

Das heutige Wirtschaftsleben ist durch eine zunehmende internationale Verflechtung gekennzeichnet, so dass die Bezeichnung "Nationalökonomie" für Volkswirtschaftslehre eigentlich zu kurz greift. Will man den internationalen Aspekt betonen, spricht man auch von Volkswirtschaftslehre in einer **offenen Volkswirtschaft**. Wir wollen uns an dieser Stelle darauf beschränken, die Entwicklung und die Ursachen des **internationalen Handels** und der internationalen Handelspolitik kurz darzustellen. Eine vertiefende Darstellung der Grundprobleme in offenen Volkswirtschaften findet sich in Kapitel 16.

Wie wir bereits wissen, versteht man unter **Export** den Absatz der im eigenen Wirtschaftsgebiet, d.h. im Inland produzierten Konsum- und Produktionsgüter (hierzu gehören auch die Dienstleistungen) in fremde Wirtschaftsgebiete, d.h. ins Ausland. Unter **Import** hingegen versteht man den Bezug von (Konsum- und Produktions-) Gütern aus dem Ausland. Hieraus wird ersichtlich, dass der Export eines Landes gleich dem Import eines anderen Landes sein muss. Daher wird der Umfang des Weltaußenhandels üblicherweise an den aggregierten Exportwerten gemessen. Gemessen an den Exporten in US-Dollar hat sich der Weltaußenhandel in den letzten 40 Jahren um über das 30fache vervielfacht. Das Welthandelsvolumen wuchs doppelt so stark wie die Weltproduktion, so dass man von der Lokomotiv-Rolle des Außenhandels sprach. Aufgrund der Ölpreisschocks der 70er Jahre kam es allerdings wieder zu einer Zunahme der Handelsbeschränkungen. Dabei wurden weniger die traditionell protektionistischen Instrumente der Handelspolitik wie z.B. **Importzölle** angewendet, sondern eher sogenannte protektionistische **nichttarifäre Handelshemmnisse** wie z.B. die Subventionierung einheimischer Wirtschaftszweige, nationale Sicherheitsbestimmungen, komplizierte Grenzabfertigungsformalitäten usw. In der zweiten Hälfte der neunziger Jahre stieg mit jährlichen Wachstumsraten von fast 10 Prozent der Welthandel jedoch wieder stärker.

Eine mögliche Systematik bezüglich der **Struktur des Weltaußenhandels** ist die Einteilung der am Welthandel beteiligten Staaten in Industrieländer, ölexportierende Entwicklungsländer, Entwicklungsländer, Schwellenländer und Transformationsländer. Hierbei ist anzumerken, dass starke regionale Unterschiede zu erkennen sind. So beträgt der Anteil der OECD-Länder an dem gesamten Weltaußenhandel derzeit mehr als 70 Prozent, wobei eine Tendenz zu erkennen ist, dass die anderen Länder aufgrund ihrer Kostenvorteile zunehmend in den Weltaußenhandel integriert werden.

Ein häufig verwendeter Indikator für das Ausmaß der nationalen Verflechtungen einer Volkswirtschaft in den Welthandel ist der **Offenheitsgrad** einer Volkswirtschaft. Dies ist der Anteil des Durchschnitts aus Güterex- und -importen am Bruttonationaleinkommen. Dieser stieg in Deutschland von ca. 12 Prozent im Jahr 1950 auf über 30 Prozent in den 90er Jahren. Ein derartig hoher Offenheitsgrad bedeutet, dass die nationale Volkswirtschaft in hohem Maße von der wirtschaftlichen Entwicklung im Ausland abhängig ist, was wiederum eine national ausgerichtete Wirtschaftspolitik erschwert. Kleine Staaten haben aufgrund eines kleinen Binnenmarktes meist einen hohen Offenheitsgrad (z.B. Belgien), wohingegen Länder mit einem großen Binnenmarkt einen niedrigen Offenheitsgrad aufweisen (z.B. USA). Die **internationale Arbeitsteilung** führt zu erheblichen nationalen **Produktivitätssteigerungen**, weshalb alle am Freihandel beteiligten Staaten Wohlfahrtsgewinne verzeichnen können. Der im Zeitablauf zu erkennende Anstieg des Offenheitsgrades in nahezu allen Ländern ist ein Ausdruck einer liberalen Außenwirtschaftspolitik mit dem Ziel, diese Wohlfahrtsgewinne aus dem Freihandel abzuschöpfen.

Alle Einflussgrößen, die das Angebot und die Nachfrage im In- und Ausland beeinflussen, können letztendlich Ursachen des internationalen Handels sein. Auf der Nachfrageseite kann dies die **Verfügbarkeit** von Gütern z.B. Rohstoffen sein oder die **Produktdifferenzierung** aufgrund von internationalen Qualitätsunterschieden in der Güterproduktion.

Auf der Angebotsseite spielen **Kostenunterschiede** die entscheidende Rolle. Die Grundidee ist jene, dass, wenn ein Land gegenüber einem anderen Land Kostenvorteile bei der Produktion eines Gutes besitzt, sich dieses Land auf die Produktion dieses Gutes spezialisiert. Grund für diese Kostenvorteile können in der unterschiedlichen quantitativen und qualitativen Ausstattung eines Landes mit Produktionsfaktoren begründet sein. Dies führt beispielsweise zu einer internationalen Arbeitsteilung, bei der sich Länder mit einer guten Kapitalausstattung auf eine kapitalintensive Produktion und Länder mit einer guten Arbeitsausstattung auf eine arbeitsintensive Produktion spezialisieren. Somit kann z.B. der internationale Handel zwischen Industrieländern mit reichlicher Kapitalausstattung und Entwicklungsländer mit reichlicher Arbeitsausstattung erklärt werden. Dieser internationale Handel führt bei allen Beteiligten zu Wohlstandssteigerungen, da die durch eine internationale Arbeitsteilung induzierten nationalen Produktivitätssteigerungen dazu führen, dass bei gleichbleibendem Einsatz der Produktionsfaktoren mehr Güter zur Verfügung stehen.

Resümee: *Offene Volkswirtschaften sind in zunehmendem Maße der Gegenstand volkswirtschaftlicher Betrachtung. Internationale Arbeitsteilung und ein wachsender internationaler Handel bringen Wohlfahrtsgewinne für alle Beteiligten.*

Schlüsselwörter: Offene Volkswirtschaft, Internationaler Handel, Export, Import, Importzölle, Nichttarifäre Handelshemmnisse, Struktur des Weltaußenhandels, Offenheitsgrad, Internationale Arbeitsteilung.

10. Schlussbemerkung

Die Volkswirtschaftslehre versucht, Phänomene zu erklären, die aus der Knappheit, d.h. aus der Spannung zwischen Bedürfnissen und den verfügbaren Mitteln zu ihrer Befriedigung entstehen. Durch einen effizienten Einsatz der volkswirtschaftlichen Produktionsfaktoren und der daraus resultierenden bestmöglichen Produktion von Gütern wird nun versucht, dieses Spannungsverhältnis aufzulösen. Es scheint so, als würden sich die Bedürfnisse stets weiter entwickeln und verfeinern, abhängig von den Präferenzen und Wertungen der Individuen. Die Güterproduktion ihrerseits kann die Umwelt auf eine Weise beeinflussen, die neue Knappheit an reiner Luft und klaren Gewässern entstehen lässt.

Das Streben nach Wohlfahrt im Sinne einer subjektiven Bedürfnisbefriedigung kann dazu führen, die Produktion einzuschränken, umweltfreundlicher zu gestalten oder gar vollständig einzustellen. Die ökonomische Logik einer solchen Entscheidung liegt in der Tatsache begründet, dass mit knappen Gütern gewirtschaftet wird, die alternativ verwendbar sind. Vor diesem Hintergrund kann auch eine Verlangsamung des wirtschaftlichen Wachstums zugunsten einer intakten Umwelt zielkonform mit dem Wunsch nach höherer Wohlfahrt sein. Die Umwelt ist nicht allein Produktionsfaktor, sondern auch Konsumgut.

Im Zielkonflikt zwischen Wachstum der Produktion und dem Bedürfnis nach natürlichen Lebensverhältnissen oder mehr "Freizeitqualität" können die Vor- und Nachteile nur rudimentär in Geldeinheiten ausgedrückt werden. Die Volkswirtschaftslehre beschränkt sich jedoch nicht nur auf Fragestellungen, die in monetären Größen quantifizierbar sind. Sie umfasst sämtliche Wahlhandlungen, die die Verwendung knapper Güter zum Inhalt haben. In welcher Weise die Wahl getroffen werden muss, kann die Ökonomie als Wissenschaft nicht vorschreiben. Solche Entscheidungen beruhen auf Überlegungen, die in politischer und ethischer Lebensanschauung wurzeln und ihren Ursprung nicht in der Ökonomie haben.

Wir wollen dieses einführende Kapitel aber nicht damit abschließen, was Volkswirtschaftslehre nicht ist, sondern im Sinne der Ausgangsfrage des Abschnittes "Was ist Volkswirtschaftslehre?" uns die wesentlichen Punkte noch einmal vor Augen führen.

Dem komplexen Zusammenspiel der miteinander verzahnten Wahlentscheidungen, welche die Mitglieder einer Gesellschaft hinsichtlich der Verwendung knapper Ressourcen mit alternativer Verwendbarkeit treffen, lassen sich typische Handlungen typischer Wirtschaftsakteure zuordnen. Ein Beispiel sind die Konsum- und Produktionsentscheidungen der **privaten Haushalte** – also der Konsumenten und Arbeitnehmer – und der **Unternehmen** und deren Verflechtungen. Eine weitere Verzahnung ergibt sich durch den **Staat** als Wirtschaftsakteur, der durch legislative und wirtschaftspolitische Maßnahmen die Wirtschaftsordnung prägt und damit auf Wahlhandlungen und deren Ergebnis Einfluss nimmt. Dabei ist vereinfachend unterstellt worden, dass "Staat" für eine heterogene Menge unterschiedlicher Akteure mit möglicherweise abweichenden Zielsetzungen steht. Berücksichtigt man, dass durch internationale Arbeitsteilung und internationalen Handel das **Ausland** als weiterer typischer Akteur auf das Wirtschaftsgeschehen wachsenden Einfluss nimmt, gibt es in unserem Modell des Wirtschaftskreislaufes somit vier Arten typischer Akteure: die Haushalte, die Unternehmen, den Staat und das Ausland.

Diese Charakterisierung typischer Akteure, die auch schon im Aufbau des einführenden Kapitels deutlich wurde, prägt auch den Aufbau des Hauptteils dieses Buches. Zunächst wird in dem mikroökonomischen Grundlagenteil II das Verhalten der Haushalte (Kapitel 3) und der Unternehmen (Kapitel 4) und dessen Koordinierung auf vollkommenen Märkten (Kapitel 5) und auf unvollkommenen Märkten (Kapitel 6) dargestellt. In dem darauffolgenden makroökonomischen Grundlagenteil III wird gezeigt, wie sich das Verhalten der Wirtschaftssubjekte, insbesondere das der Unternehmen und der privaten Haushalte, auf der Makroebene auswirkt, wo sich das individuelle Verhalten in volkswirtschaftlichen Aggregaten widerspiegelt. Im Teil IV werden besondere makroökonomische Aspekte vertieft und im darauffolgenden Teil V wird die Rolle des Staates explizit berücksichtigt. Um den "Kreislauf" zu schließen, wird im abschließenden Teil VI das Ausland in die Betrachtung mit aufgenommen und das Verhalten der Wirtschaftssubjekte im Kontext einer offenen Volkswirtschaft analysiert.

Fragen und Aufgaben zum 1. Kapitel

1. Verdeutlichen Sie, in welcher Weise das Knappheitsproblem in den unterschiedlichen ökonomischen Wahlhandlungen der typischen Wirtschaftsakteure in den Bereichen Konsum und Produktion in arbeitsteilig organisierten offenen Volkswirtschaften zum Ausdruck kommt?

2. Welches ist der entscheidende Mechanismus zur Koordinierung der ökonomischen Wahlhandlungen und damit zur Lösung der drei grundlegenden Fragestellungen der Volkswirtschaftslehre in marktwirtschaftlich organisierten Ö-
   konomien? Verdeutlichen Sie die Funktionsweise dieses Mechanismus in Bezug auf die Abstimmung der Produktion auf den Konsum in arbeitsteilig organisierten Ökonomien.

3. Welche Rolle wird dem Staat innerhalb marktwirtschaftlich und arbeitsteilig
   organisierter Ökonomien zuteil?

Literatur zum 1. Kapitel

Überblickartige Einführungen zu den verschiedenen Teilgebieten der Volkswirtschaftslehre finden sich in:

Albers, Willi u.a.A. Handwörterbuch der Wirtschaftswissenschaft (HdWW). G.
Fischer Verlag u.a. Stuttgart u.a.O. 1988.

Bender, Dieter u.a.A. Vahlens Kompendium der Wirtschaftstheorie und Wirtschaftspolitik. Siebte Auflage. Vahlen Verlag. München 1999.

Eatwell, John u.a.A. The New Palgrave: A Dictionary of Economics. Macmillan
Verlag. London u.a.O. 1987.

Kapitel 2
Volkswirtschaftliche Ideengeschichte

Kapitel 2 Volkswirtschaftliche Ideengeschichte

1.Wozu Ideengeschichte?

> Wie hat sich ökonomisches Denken entwickelt? Was ist der historische Hinter-
> grund? Was waren die zentralen Ideen und was ist geblieben?

Die menschliche Gesellschaft unterliegt einem beständigen Wandel. Dieser betrifft
die Geistes- und Ideengeschichte genauso wie das wirtschaftliche Umfeld menschlicher Gesellschaften und dessen jeweilige Wahrnehmung im Lichte ökonomischer
Bedürfnisse und verfügbarer technologischer Optionen. Auch Wissenschaften
wandeln sich somit mit dem gesellschaftlichen Umfeld. Insbesondere trifft das für
Sozialwissenschaften und so auch für die Volkswirtschaftslehre zu. In viel
stärkerem Maße als dies für die Naturwissenschaften gilt, entwickelt sie sich raum-
und zeitabhängig. Ihre **Ideengeschichte** ist das Spiegelbild eines sich wandelnden
wirtschaftlichen Umfeldes.

Die Beschäftigung mit der Entwicklung der Ideen hilft zu verstehen, dass Volkswirtschaft nicht mit Naturgesetzen dienen kann. Dass sie aber dennoch ihren Beitrag als Wissenschaft leisten kann, folgt auch oder gerade weil sie menschliches
Verhalten, dessen Entwicklung und Beeinflussung als Richtschnur zur Erklärung
ökonomischer Phänomene heranzieht.

Lässt man die Entwicklung volkswirtschaftlicher Paradigma Revue passieren, so
stellen sich immer drei entscheidende Fragen:

- Was sind der historische Hintergrund und die geltenden gesellschaftlichen
  Leitlinien? Ein gewisses Maß an historischem Wissen ist notwendig, um nachzuvollziehen, weshalb Menschen in der Weise dachten und handelten, wie sie
  es tatsächlich taten.

- Was sind die zentralen Gedanken und die Innovationen einer jeweiligen
  ökonomischen Schule? Die Beantwortung dieser Frage liefert einen Versuch,
  die Leitideen der jeweiligen "Ideenschule" herauszufiltern. Natürlich bringt
  ein derartiges Vorgehen vor allem Probleme der Auswahl mit sich, die aber
  bewusst hingenommen werden.

- **Was ist geblieben?** Gewisse Ideen und Konzepte haben ihre Zeit überstanden
  und beeinflussen bis in die Gegenwart die volkswirtschaftliche Theoriebildung
  und die aktuelle Wirtschaftspolitik. Andere hingegen, die in ihrer Zeit durchaus gültig waren, wurden zu "Auslaufmodellen", als sich die ökonomischen
  Bedingungen änderten.

Abbildung 2.1: *Ideengeschichtliche Entwicklung im Zeitablauf*

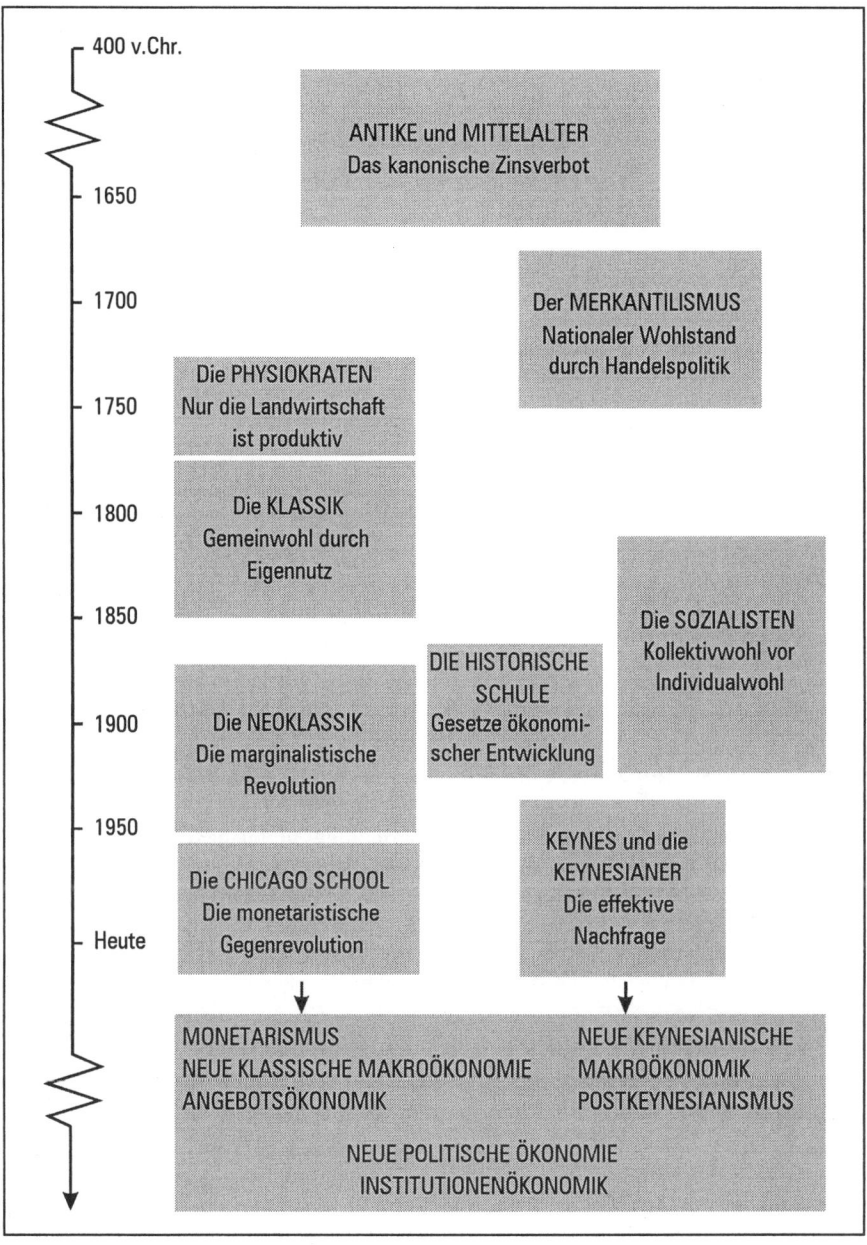

Vornehmlich diese drei Fragen sollen in den einzelnen Abschnitten dieses Kapitels beantwortet werden. Die Darstellung orientiert sich hierbei häufig an den herausragenden Persönlichkeiten einer jeweiligen Lehrmeinung oder Schule, die, soweit möglich, in zeitlicher Reihenfolge dargestellt werden.

Resümee: Die Volkswirtschaftslehre liefert nur begrenzt universell anwendbare Theorien. Ihre Theoriegeschichte gibt ein Spiegelbild des sich wandelnden wirtschaftlichen und gesellschaftlichen Umfeldes.

Schlüsselwörter: Ideengeschichte, Historischer Hintergrund, Gesellschaftliche Leitlinien, Ökonomische Schulen.

2. Antike und Mittelalter: Das kanonische Zinsverbot

Was sind die Vorläufer der modernen ökonomischen Theoriebildung? Was sind die Hauptmerkmale frühgeschichtlicher wirtschaftlicher Gedankenbildung und welche Gedanken spielen noch heute eine große Rolle?

In der Dogmengeschichte dauert der Prozess, in dem sich die Ökonomie zu einer allgemein anerkannten Wissenschaft emanzipiert, von der Mitte des 16. bis zum Ende des 18. Jahrhunderts. Am Ende dieser Entwicklung zur autonomen Wissenschaft steht das Werk von ADAM SMITH (1723-1790) "An Inquiry into the Nature and Causes of the Wealth of Nations" (1776). Die Zeitspanne vor diesem Prozess war über viele Jahrhunderte nahezu ohne Bedeutung für die Entwicklung der ökonomischen Analyse, wobei die Betonung hier auf dem Wort "Analyse" liegt. Gleichwohl beschäftigten sich die Menschen zu allen Zeiten mit wirtschaftlichen Problemen, betrieben aber kaum Volkswirtschaftslehre als solche. Die Zeit von der Antike bis zur Reformation kannte keine Ökonomen; vielmehr haben Philosophen und Theologen zu wirtschaftlichen Einzelfragen Stellung genommen. Indes haben einige dieser Beiträge vor ADAM SMITH als geschichtliche Wurzeln oder wenn man will als "embryonale Gehversuche" der Wirtschaftstheorie Bedeutung.

Wir beginnen die Geschichte des ökonomischen Denkens bei den Griechen. Die Wirtschaft der **Antike** (5. Jh. v. Chr. bis 4. Jh. n. Chr.) ist gekennzeichnet durch eine landwirtschaftliche Produktion und durch die Stadtkultur der griechischen Städte, Roms und Konstantinopels. Die Stadt gibt den Bürgern eine herausragende Stellung im politisch-wirtschaftlichen Entscheidungsprozess, wobei Haussklaven als qualifizierte Handwerker und Hauslehrer eingesetzt werden. Es wird ein umfangreicher Fernhandel unter anderem zur Absicherung der Nahrungsmittelzufuhr betrieben, der vorzugsweise im Mittelmeerraum stattfindet und staatlich gelenkt ist. Auch besteht in der Antike schon eine Vereinheitlichung bzw. Konvertibilität der Währungen der am Handel beteiligten Völker mit dem byzantinischen **Goldsolidus** als Leitwährung. Mit anderen Worten: Auch in der Antike wird schon versucht, durch ein **Währungssystem**, bei dem Geld gegen Gold eingelöst werden kann, das **Währungsrisiko** zu begrenzen und somit Stabilität in den Fernhandel zu bringen.

Ähnlich den Römern, den Scholastikern und den Naturrechtsphilosophen behandeln die Griechen ökonomische Probleme stets im Zusammenhang mit anderen Wissenschaften, sei es der Rechtswissenschaft, der Ethik oder der politischen Philosophie. In seinem Werk "Politeia" (Der Staat) leitet PLATON (427-347 v.Chr.) die Regeln für ökonomisches Handeln aus seiner Vision eines idealen Staates ab. Dabei sieht PLATON Gerechtigkeit sowohl als Aufgabe des einzelnen als auch als Aufgabe des Staates an. Demnach ist jegliches Profitstreben zu verwerfen: Durch das Gewinnstreben werden eigennützige Interessen verfolgt, die sich gegen die Gemeinschaft richten. Da es in der Gemeinschaft weder Armut noch Reichtum geben soll, muss das Profitstreben durch Gesetz eingedämmt werden. Zudem behandelt Platon den Gütertausch zwischen Mitgliedern der Gemeinschaft, der sich als Folge der unterschiedlichen Fähigkeiten der Menschen ergibt. Dabei spricht er dem Geld einen Symbolwert zu, das diesen Tausch erleichtert. In der Dogmengeschichte ist man sich uneinig, ob PLATON schon eine eigene Geldtheorie entwickelt. Jedenfalls wird PLATON unterstellt, den Unterschied zwischen **Nominalismus** und **Metallismus** erkannt zu haben. Während unter dem Begriff "Nominalismus" die Unabhängigkeit des Geldes von seiner stofflichen Substanz verstanden wird, bedeutet "Metallismus", dass das Geld, wie beispielsweise Goldmünzen, unabhängig seiner monetären Funktion einen Tauschwert haben muss. Platon entscheidet sich dabei für die erste Auffassung. In diesem Zusammenhang äußert er sich auch über den **Preis** eines Gutes: Der Preis soll durch den sogenannten "wirklichen" Wert bestimmt werden. Dieser wirkliche Wert wird von PLATON nicht näher konkretisiert, doch neigt man zu der Auffassung, dass bei Platon dieser von den Produktionskosten bestimmt wird.

ARISTOTELES (384-322 v.Chr.) unterscheidet bei Gütern den **Gebrauchswert**, d.h. die individuelle Nützlichkeit von Gütern, und den **Tauschwert**, d.h. das Austauschverhältnis von Gütern mit anderen Gütern oder mit Geld. Ebenso wie PLATON verurteilt er den berufsmäßigen Handel mit Gewinnabsicht, eine Auffassung, die sich im christlichen Abendland bis ins Mittelalter, im Bereich des Islams bis heute gehalten hat. Da das Geld gemäß ARISTOTELES nur dazu dient, den Gütertausch zu erleichtern und als Wertmaßstab für andere Güter keinen Wert an sich darstellt, wird auch der Gewinn aus dem Verleihen von Geld, der **Zins**, verdammt. Seine Charakterisierung der Natur des Zinses, dass das Geld um des Tausches Willen geschaffen wurde, der Zins es aber vermehre, kann als eine Theorie zur Erklärung von **Inflation** verstanden werden.

ARISTOTELES Auffassung über den Zins ist auch ein bedeutsames Merkmal der Einstellung zum Geld im **Mittelalter** (4. Jh. bis 16. Jh.). Eine wirtschaftliche Theoriebildung vollzieht sich hier im Rahmen der geistlichen Herrschaft, die ethisch-moralische Maßstäbe im Rahmen der **Scholastik** setzt. Doch Schritt für Schritt:

Die bäuerliche Dorfwirtschaft des frühen Mittelalters (4. Jh. bis 7. Jh.) ist gekennzeichnet durch eine Wirtschaftsordnung, die man als geschlossene Hauswirtschaft mit den Bereichen Produktion und Konsum bezeichnen kann. Die Arbeitsteilung ist gering ausgeprägt und entspricht den standörtlichen Bedingungen sowie einer geschlechtsspezifischen Funktionsteilung. Das Privateigentum an Grund und Boden, das aus dem römisch-griechischen Kulturkreis schon bekannt ist, hat für die nomadisierenden germanischen Stämme nur geringe Bedeutung. Erst mit deren Sesshaftwerden und dem Übergang zu landwirtschaftlichen Anbaumethoden wird Land zum knappen Gut und familieneigenes Bodeneigentum entsteht. Die aus damaliger Zeit stammende Vorstellung von Grund und Boden als Gemeineigentum, die sogenannte **Allmende**, hat Spuren bis in die Neuzeit hinterlassen. Gemeindliches Weideland wurde in der Bundesrepublik Deutschland bis in die fünfziger Jahre des 20. Jahrhunderts genutzt.

Ein Wechsel der Wirtschaftsordnungen vollzieht sich, als die **Karolinger** an die Herrschaft kommen. Sie führen die in der Zeit vom 8. bis zum 13. Jahrhundert bestehende **Grundherrschaft** ein, die als mittelalterliche arbeitsteilige Herrschafts- und Wirtschaftsordnung sowohl auf dem Eigentum an Grund und Boden als auch auf der Berechtigung, innerhalb bestimmter räumlicher Grenzen zu gebieten und verbieten, aufbaut.

Diese frühchristliche Zeit ist gekennzeichnet durch das Fehlen von Beiträgen zur analytischen Ökonomie. Das kann damit erklärt werden, dass die christliche Kirche Sozialreformen nur in dem Sinne angestrebt hat, als sie die Lebensführung des Einzelnen erneuern wollte. Zudem hat die Kirche nie von einem Paradies vor dem Tode gesprochen, sondern alles Denken auf das Jenseits ausgerichtet. Erst die Schulmänner oder **Scholastiker** wie THOMAS VON AQUIN (1225-1274) beginnen wieder ökonomische Fragen in die Lehre einzubinden. Allerdings fragen sie nicht nach den Gesetzen der Wirtschaft, sondern nach der Verträglichkeit der wirtschaftlichen Realität mit der religiösen Lehre. THOMAS VON AQUIN verbindet die Lehren von ARISTOTELES) mit denen der Kirchenväter und kommt dabei zur Auffassung, dass Handel verwerflich ist, sofern er die Allgemeinheit oder einen Schwächeren schädigt. THOMAS VON AQUIN baut auch die Lehre vom gerechten Preis weiter aus. Die Lohn- und Preisbildung muss sich dabei nach Maßgabe der Bedürfnisse der Individuen aber unter Berücksichtigung der in ein Gut geflossenen Arbeit vollziehen. Darüber hinaus entsteht in dieser Zeit, in Anlehnung an das von ARISTOTELES eingeführte Unfruchtbarkeitsargument des Geldes, das **kanonische Zinsverbot**, das es einem Christen nicht erlaubt, Geld gegen Zins zu verleihen. Die Folge war, dass sich vor allem Juden der als anrüchig angesehenen Arbeit als Händler und Geldverleiher widmen.

Im ausgehenden Mittelalter kommt eine Entwicklung in Gang, die das wirtschaftliche Leben vollkommen verändert. Mit den **Reformatoren** erfolgt eine Trennung in christliche und ökonomische Ethik. Traditionelles wird durch rationales wirtschaftliches Handeln ersetzt. Der Reformator JOHANNES CALVIN (1509-1564) erkennt die Relevanz des Kapitals für die wirtschaftliche Entwicklung. Seine

Argumentation zugunsten des Zinses hat weitreichende Auswirkungen auf die Herausbildung des modernen Wirtschaftslebens. CALVIN argumentiert, dass man mit Geld ein Stück Land kaufen kann, das einen Ertrag abwirft. Aus CALVINs Sicht darf nun ein Kaufmann, der sein Geld in einem anderen Wirtschaftszweig anlegt und auch hier einen Ertrag erwartet, Zinsen fordern.

Die ökonomischen Ansätze der Vorläufer der eigentlichen Nationalökonomie sind weder systematische Reflexionen noch in sich geschlossene Theoreme bezüglich des Erkenntnisobjektes Wirtschaft. Vielmehr geht es darum, wirtschaftliche Einzelprobleme aufzugreifen und in ein übergeordnetes Gedankengebäude einzuordnen. Basis der Überlegungen bildet immer die Beobachtung der Wirklichkeit. Bei der Einschätzung von Handel und Preisbildung lässt sich eine Entwicklung in Richtung der heute geltenden Auffassung feststellen.

> ***Resümee***: *Die Vorläufer der Volkswirtschaftslehre behandeln ökonomische Fragen zumeist in Verbindung mit anderen Bereichen. Ökonomisches Denken lässt sich schon in der Antike feststellen. Auffallend ist die ablehnende Haltung gegenüber dem Zins, die erst in der Reformationszeit aufgegeben wurde.*

Schlüsselwörter: Antike, Nominalismus, Metallismus, Gebrauchswert, Tauschwert, Zins, Mittelalter, Allmende, Karolinger, Grundherrschaft, Scholastiker, Kanonisches Zinsverbot, Reformatoren.

3. Der Merkantilismus: Nationaler Wohlstand durch Handelspolitik

> Wie lässt sich nationale Macht durch Handel vergrößern? Sollte nationale Handelspolitik auf Exportförderung beschränkt bleiben?

Unter dem Begriff des **Merkantilismus** werden verschiedene Denkansätze zusammengefasst, die in Europa in der Zeit zwischen 1500 und 1776 die Wirtschaftspolitik dominieren und die abgeleitet aus der Bedeutung des Begriffs "merkantil", das "den Handel betreffend" bedeutet, häufig über den Außenhandel auf die Industrie abzielen. Es gibt folglich keine in sich geschlossene merkantilistische Theorie, sondern eine Sammlung von Beobachtungen ökonomischer Vorgänge und daraus abgeleiteter wirtschafts- und finanzpolitischer Handlungsempfehlungen verschiedener Autoren, deren Grundideen sich jedoch sehr ähneln.

Während des Mittelalters gewinnt die **Arbeitsteilung** an Bedeutung. Immer weniger Menschen produzieren ihre Konsumgüter selbst, sondern sie üben einen Beruf aus, erhalten von ihrem Arbeitgeber den Lohn in Geld und kaufen sich davon, was sie zum Leben brauchen. Der Umfang von Geldwirtschaft und Handel nimmt mit dem Wachstum der Städte zu.

Parallel zu diesen ökonomischen Änderungen entstehen in Europa **Nationalstaaten**, die um internationalen wirtschaftlichen Einfluss konkurrieren. Ihre Macht versuchen sie unter anderem durch die Kolonialisierung neu entdeckter Länder zu erweitern.

Diese beiden Entwicklungsströmungen bilden den Rahmen für das Denken der merkantilistischen Ökonomen. Zwar unterscheiden sich die Vorstellungen der Merkantilisten in den europäischen Nationen deutlich, doch lassen sich drei zentrale merkantilistische Prinzipien identifizieren: die Betonung der Bedeutung des internationalen Handels, des Edelmetallerwerbs und der Bevölkerungspolitik.

Handel ist für die Merkantilisten ein Mittel zur Vergrößerung des nationalen Reichtums. Daher sollte der Handel mit allen zur Verfügung stehenden Mitteln gefördert werden. Die **Handelspolitik** zielt darauf ab, einen möglichst großen Handelsbilanzüberschuss – das ist der Überschuss der in Geld bewerteten Exporte über die in Geld bewerteten Importe – zu Lasten der Handelspartner zu erzielen. Um die Importe möglichst gering zu halten, wird der Import von Fertigwaren mit hohen Zöllen belegt oder ganz verboten, während im eigenen Land nicht vorkommende Rohstoffe zollfrei importiert werden. Der Export von heimischen Rohstoffen ist verboten. Sie sollen im Inland zu Fertigwaren verarbeitet und anschließend exportiert werden. Auch die Kolonien müssen für den Wohlstand ihrer Mutterländer herhalten: Sie dürfen ihre Rohstoffe nur in das Mutterland exportieren und ihre Fertigwarenimporte nur von dort beziehen. In England muss sogar der gesamte Handel mit den Kolonien auf Schiffen der englischen Flotte abgewickelt werden.

In der Geldwirtschaft messen die Merkantilisten dem Edelmetallerwerb große Bedeutung zu. Der Reichtum eines Landes bemisst sich nach merkantilistischer Ansicht am Umfang seines Bestandes an Gold- und Silberbarren, dem internationalen Zahlungsmittel der damaligen Zeit. Exportüberschüsse führen über die Vergrößerung des Edelmetallbestandes zu einer Steigerung der **Geldmenge** der jeweiligen Nation und der Beschäftigung in einer unterbeschäftigten Wirtschaft. Die somit gestiegene Kaufkraft erhöht über die Güternachfrage die Produktion und die Beschäftigung im Inland. Dies wird positiv beurteilt, da die erhöhte Inlandsproduktion die Abhängigkeit vom Import ausländischer Waren reduziert und so zu einer stärkeren internationalen Stellung beiträgt.

Um ein hohes, am besten ständig steigendes Angebot an **Arbeitskräften** zur Verfügung zu haben, zielt die merkantilistische **Bevölkerungspolitik** auf ein stetiges Bevölkerungswachstum ab. Das hohe Angebot an Arbeit – Arbeitnehmer sind Anbieter von Arbeit, während Arbeitgeber Arbeit nachfragen – soll das Lohnniveau niedrig halten, um die Wettbewerbsfähigkeit auf den internationalen Märkten aufrechtzuerhalten. Durch niedriges Lohnniveau wird der Zwang für die Bevölkerung ohnehin vergrößert, viel und hart zu arbeiten, um ihren Lebensunterhalt zu bestreiten. Müßiggang und Bettelei hingegen werden mit drakonischen Maßnahmen bestraft.

Der englische Merkantilismus hat seinen Schwerpunkt in der beschriebenen protektionistischen Handelspolitik, die für einen möglichst großen Zustrom an Edelmetallen sorgen soll. Die englische Variante wird daher in Anlehnung an das englische Wort für Edelmetallbarren, bullion, als **Bullionismus** bezeichnet. In Frankreich fördert der Finanzminister des Sonnenkönigs LOUIS XIV., JEAN BAPTISTE COLBERT (1619-1683), die gewerbliche Wirtschaft zu Lasten der Landwirtschaft. Er führt Steuerreformen und -erhöhungen zur Sanierung der Staatsfinanzen durch und erlässt umfangreiche Vorschriften zur Sicherung der Qualität der exportierten Waren; außerdem führt er Kinderarbeit ein und schafft zahlreiche Feiertage ab, damit die Bevölkerung insgesamt mehr arbeite. Die französische Ausprägung wird nach ihm als COLBERTismus bezeichnet. Der deutsche **Kameralismus** zielt darauf ab, Bevölkerung und Staatsfinanzen auszuweiten, da geglaubt wird, dass diese beiden Größen den Reichtum eines Landes bestimmen. Die merkantilistische Politik in Deutschland ähnelt der französischen sehr stark. Allerdings stehen die Prozeduren der Verwaltung der erworbenen Gelder stärker im Mittelpunkt und so wird die später entstehende **Finanzwissenschaft** von den Merkantilisten beeinflusst.

Welche Beiträge von bleibender Bedeutung haben die Merkantilisten der ökonomischen Theorie nun geliefert? Sie haben als erste die Bedeutung des internationalen Handels für die Wohlfahrt eines Landes erkannt; dabei ist ihnen jedoch entgangen, dass selbst bei ausgeglichener Handelsbilanz der Wohlstand steigt, da Handel eben kein Nullsummenspiel ist. Mit ihrer detaillierten Erfassung aller Warenim- und exporte haben sie außerdem die Grundlage für die moderne **Zahlungsbilanzstatistik** und für die **Außenhandelstheorie** geliefert. Weitere wesentliche Beiträge zur ökonomischen Theorieentwicklung haben die Merkantilisten nicht geleistet. Aber sie haben in ihrer Zeit eine sehr dirigistische Wirtschafts- und Finanzpolitik geprägt und damit den konträren Ansichten von Ökonomen nachfolgender Denkschulen den Weg bereitet.

> *Resümee: Die Merkantilisten favorisieren zur Stärkung der Macht des Staates eine aktive Handelspolitik mit dem Ziel, Handelsbilanzüberschüsse zu erwirtschaften. Mit protektionistischen Maßnahmen wird der Import von Fertigwaren und der Export von heimischen Rohstoffen bekämpft. Den Merkantilisten ist entgangen, dass Handel kein Nullsummenspiel ist. Den Merkantilisten ist entgangen, dass Handel kein Nullsummenspiel ist. Ihre wissenschaftliche Leistung liegt in der Grundlegung einer Außenhandelstheorie.*

Schlüsselwörter: Merkantilismus, Arbeitsteilung, Nationalstaaten, Handelspolitik, Bevölkerungspolitik, Bullionismus, COLBERTismus, Kameralismus, Finanzwissenschaft, Zahlungsbilanzstatistik, Außenhandelstheorie.

4. Die Physiokraten: Nur die Landwirtschaft ist produktiv

Wie funktioniert der Wirtschaftsprozess? Wo findet Wertschöpfung statt?

Mit der Periode physiokratischen Denkens beginnt 1756 in Frankreich die Geschichte der modernen ökonomischen Theorie. Doch die physiokratische Schule ist nur ein Zwischenschritt auf dem Weg zur klassischen Periode, deren Beginn auf das Jahr 1776 datiert wird.

Die gewerbefördernde Politik des Merkantilismus hat in der französischen Landwirtschaft deutliche Spuren hinterlassen. Die Bauern haben Land von Adel und Klerus gepachtet und müssen einen Großteil seines Ertrages als Pacht abführen. Vom Rest müssen hohe Steuern gezahlt werden, so dass eine Kapitalbildung in der Landwirtschaft kaum möglich ist. Zum Teil kann vorhandenes Realkapital nach Verschleiß nicht einmal ersetzt werden. Im Gegensatz zu den Bauern unterliegen Adel und Klerus keiner Besteuerung, obwohl sie hohe Erträge aus der Verpachtung ihres Grundeigentums erzielen. Wegen der Politik der Lohnsenkungen zum Zweck der Exportförderung ist das Wachstum der Binnenmärkte nur in beschränktem Umfang möglich.

Im Sinne der Bedeutung des Begriffs "Physiokratie" als "Herrschaft der Natur" haben die **Physiokraten** die Vorstellung, dass die Gesellschaft grundsätzlich nach einer natürlichen Ordnung, der **Ordre Naturel**, funktionieren sollte, also ebenso wie die Physik nach Naturgesetzen, die unveränderlich und vollkommen sind. Die **Ordre Positif** sollte zwischenzeitlich den zeitbedingten und vorübergehenden Bedürfnissen dienen, da sie nicht Werk Gottes, sondern der Menschen war. Die Ordre Positif sollte sich der Ordre Naturel nähern. Die Physiokraten sehen es dabei als ihre Aufgabe an, die den Wirtschaftsprozess bestimmenden Gesetze aufzuspüren.

FRANÇOIS QUESNAY (1694-1774) ist der Begründer und bekannteste Verfechter physiokratischen Denkens. Er entwickelt eine geschlossene Konzeption einer Volkswirtschaft mit drei Sektoren, die er als Klassen bezeichnet. In seinem **Tableau Économique** (1758) stellt er die Geldströme dieser Volkswirtschaft dar. Jeder Klasse entspricht ein Pol dieses Diagramms. Die Bauern, **la classe productive**, pachten Land von den Grundeigentümern und bezahlen aus dem Ertrag ihre Pacht. Die Grundeigentümer, **la classe distributive**, verteilen den Ertrag, indem sie Nahrungsmittel von den Bauern und Waren von der dritten Klasse der Handwerker und Händler beziehen. Handwerker und Händler erwerben Nahrungsmittel bei den Bauern, die im Gegenzug Waren kaufen. Die Arbeit der Landwirte ist die einzig wertschöpfende, da sie den Güterbestand der Volkswirtschaft vermehrt. Das Handwerk ist für die Gesellschaft zwar nützlich, aber nicht in der Lage, zur Wertschöpfung beizutragen, da lediglich bereits vorhandene Rohstoffe verändert werden. Handel und Handwerk werden daher als **la classe stérile** bezeichnet. Das System ist geschlossen, da am Ende einer Rechnungsperiode in jedem Sektor die monetären Zuflüsse gleich den monetären Abflüssen sind.

Aus dieser Theorie leiten die Physiokraten ihre wirtschaftspolitischen Forderungen ab, die in krassem Gegensatz zur merkantilistischen Politik stehen: Der Staat soll sich so weit wie möglich aus dem Wirtschaftsgeschehen heraushalten. Die Landwirtschaft als einziger produktiver Sektor soll gefördert werden, so dass leistungsfähige Großbetriebe die vorherrschenden kleineren Einheiten ablösen können. Das marktbehindernde Exportverbot für Nahrungsmittel soll aufgehoben und die Besteuerung reformiert werden. Insbesondere soll die Besteuerung des Ertrags der Bauern entfallen, um ihnen die Akkumulation von Realkapital zu ermöglichen. Nur Grund und Boden als einzige Wertschöpfungsquelle sollen besteuert werden.

Obwohl die Physiokraten die Wirtschaftstheorie nur für sehr kurze Zeit beeinflussten, haben sie doch bahnbrechende Beiträge zur weiteren Entwicklung geliefert. Sie führten die Methode der **Aggregation** einzelner Wirtschaftssubjekte zu **Sektoren** ein und begannen erstmals auch heute noch verwandte **Kreislaufanalysen** durchzuführen. Das Tableau Économique kann als Vorläufer der **Volkswirtschaftlichen Gesamtrechnung** betrachtet werden. Die Physiokraten versuchten außerdem, die monetären Ströme des Tableau Économique mit statistischem Zahlenmaterial zu quantifizieren. Sie boten so zumindest ansatzweise die Grundlage dafür, ihre Theorie an der Realität zu überprüfen. Sie betonten bereits in diesem frühen Stadium die Bedeutung des sich an **Gleichgewichten** orientierenden ökonomischen Konzepts, einer sich in der Ökonomie für lange Zeit als sehr fruchtbar erweisenden Idee. Die Physiokraten leiteten ihre wirtschaftspolitischen Forderungen aus ihrer Theorie ab. Bis dahin waren z.B. Steuern willkürlich dort erhoben worden, wo hohe Einnahmen zu erwarten waren. Nun ordnete man die Besteuerungspraxis den wirtschaftspolitischen Zielen unter. Somit leisteten die physiokratischen Denker auch einen frühen Beitrag zur späteren **Finanzwissenschaft**.

Resümee: Die Physiokraten liefern mit dem Tableau Économique die erste geschlossene Theorie der Volkswirtschaftslehre. Landwirtschaftlich genutzten Boden sehen sie als einzige Quelle der Wertschöpfung an, während das verarbeitende Gewerbe als nützlich aber unproduktiv gilt.

Schlüsselwörter: Physiokraten, Ordre Naturel, Ordre Positif, Tableau Économique, La Classe Productive, La Classe Distributive, La Classe Stérile, Aggregation, Sektoren, Kreislaufanalyse, Volkswirtschaftliche Gesamtrechnung, Gleichgewichte, Finanzwissenschaft.

5. Die Klassik: Gemeinwohl durch Eigennutz

> Was ist die Quelle des Wohlstands? Wie bestimmt sich der Preis eines Gutes?
> Was hat die wirtschaftliche Entwicklung mit dem Bevölkerungswachstum zu
> tun? Stecken in internationalen Handelsbeziehungen mehr Chancen als die
> Merkantilisten sahen?

Gegen Ende des 18. Jahrhunderts ermöglicht die Erfindung der Dampfmaschine –
man würde sie heute wohl als Basisinnovation bezeichnen – eine kontinuierliche
Verbesserung der Produktionsmethoden durch zunehmenden Einsatz von Maschinen. Die **Industrielle Revolution** hat gerade begonnen und wird in den nächsten
100 Jahren die Wirtschaft einschneidend verändern.

Von größerer Bedeutung für die Entwicklung der ökonomischen Theorie ist jedoch
die wissenschaftliche Revolution, die 1687 von ISAAC NEWTON (1643-1727) mit
der Entdeckung der **Gravitationsgesetze** eingeläutet wurde. Physikalische Erscheinungen werden durch Naturgesetze erklärt, so dass man nicht mehr länger
einen göttlichen Willen hinter allen Dingen vermuten muss. NEWTON wird so zu
einem der Wegbereiter für das Zeitalter der Aufklärung. Die neue Annahme einer
Vernunftstruktur der ganzen Welt, die Überzeugung von natürlicher Freiheit und
Gleichheit aller Menschen sind mit der bisherigen merkantilistischen Politik nicht
vereinbar.

In diese Zeit fallen die Veröffentlichungen der Werke "Theory of Moral Senti-
ments" (1759) und "An Inquiry into the Nature and Causes of the Wealth of
Nations" (1776) des schottischen Moralphilosophen ADAM SMITH (1723-1790).
Das Letztere wird als der Beginn der Periode klassischen volkwirtschaftlichen
Denkens betrachtet. Die **Klassiker** sind keine homogene Gruppe, sondern haben
durchaus unterschiedliche Ansichten und Forschungsschwerpunkte. Gemeinsam
glauben sie jedoch an die natürliche Freiheit des Menschen und betonen die
Bedeutung des wirtschaftlichen Wachstums für eine Verbesserung der menschli-
chen Lebensbedingungen.

SMITH ist davon überzeugt, dass alle Menschen ihr **Eigeninteresse** verfolgen und
dass ihnen ein Hang zum Tauschen angeboren ist. Eigeninteresse ist in den Augen
SMITHs nicht mit Egoismus gleichzusetzen, denn es wird durch Wettbewerb nicht
nur gesellschaftsverträglich, sondern steigert die Wohlfahrt aller Beteiligten. Er
illustriert das am Beispiel eines Bäckers, der seine Brötchen nicht aus Altruismus
anbietet, sondern aus Eigeninteresse: Der Bäcker erhält das gewünschte Geld und
der Kunde die gewünschten Brötchen. Beide verfolgen nur ihre eigenen Interessen
und fördern so wie von einer unsichtbaren Hand – der klassischen **Invisible hand**
– geleitet das Gemeinwohl. Auf diesem Menschenbild baut SMITH seine Theorien
auf. Für den aktiven Staat der Merkantilisten gibt es in diesem Rahmen keinen
Platz. SMITH sieht für den Staat nur wenige Aufgaben, nämlich ein Rechtssystem
bereitzustellen, um Gerechtigkeit zu schaffen, für die nationale Verteidigung zu

sorgen und gewisse Unternehmen zu unterhalten, deren Bestand im öffentlichen Interesse steht.

SMITH interessiert sich besonders für Fragen der Preisbildung in Wettbewerbsökonomien, der betrieblichen Arbeitsteilung und des Wachstums. Hauptanliegen der Klassischen Schule insgesamt ist jedoch die Erklärung der makroökonomischen Phänomene Produktion, Beschäftigung, Verteilung und Wachstum. Die Erklärungen, welche die Klassiker bieten, beziehen sich stets auf die lange Frist.

In einer "einfachen" Volkswirtschaft, in der Kapital und Boden freie Güter sind, wird das Tauschverhältnis bzw. das Preisverhältnis zweier Güter durch das Verhältnis der zur Produktion notwendigen Arbeitszeiten bestimmt. Der **natürliche Preis** eines Gutes ergibt sich aus der Bewertung der zur Produktion aufgewandten Arbeitszeit mit dem Lohnsatz. SMITH erkennt, dass zwischen dem subjektiven **Gebrauchswert** und dem objektiven **Tauschwert** eines Gutes ein großer Unterschied bestehen kann. Er illustriert diese Erkenntnis am Beispiel von Diamanten mit hohem Tausch- aber geringem Gebrauchswert, und Wasser mit geringem Tausch-, aber hohem Gebrauchswert. Der – objektive – **Arbeitswert** ist seiner Ansicht nach der richtige Tauschwert eines Gutes. SMITH vertritt somit eine **objektivistische Wertlehre**.

In "entwickelten" Volkswirtschaften setzt sich der natürliche Preis aus den Kosten für Löhne, für den Kapitaldienst, d.h. Zins und Profit, und für die Bodennutzung, d.h. der Rente, zusammen. Der **Marktpreis** oszilliert um den natürlichen Preis. Liegt der Marktpreis eines Gutes über dem natürlichen Preis, wird mehr produziert, so dass der Preis auf sein natürliches Niveau fällt. Dieser **Marktmechanismus** bewirkt einerseits, dass die natürlichen Preise realisiert werden und andererseits, dass die Märkte stets geräumt sind. Langfristig hat die Nachfrage keinerlei Einfluss auf den Preis eines Gutes.

Sehr anschaulich schildert SMITH die betriebliche **Arbeitsteilung** am Beispiel einer Nadelfabrik, in dem er für Outputsteigerungen bei gleichem Arbeitseinsatz drei Ursachen anführt. Erstens nimmt die Geschicklichkeit eines Arbeiters zu, der sich auf eine Teilaufgabe konzentriert, die er immer wieder ausführt. Zweitens entfällt der Zeitverlust beim Übergang von einer Teilaufgabe auf die nächste. Schließlich ermöglicht die Zerlegung einer Gesamtaufgabe in Teilschritte den Maschineneinsatz, der die Arbeitsproduktivität erhöht.

Die betriebliche Arbeitsteilung ist in SMITHs Theorie die Voraussetzung für wirtschaftliches **Wachstum**. Er beschreibt einen Kreislauf des Wachstums, der den "Wealth of Nations" begründet. Da mit der Arbeitsteilung die **Produktivität** steigt, wird mit dem Einsatz der gleichen Arbeitsmenge mehr Output produziert. Mit dem Output steigen die Löhne, so dass die Pro-Kopf-Einkommen und in der Folge der Konsum steigen. Da sich die Mehrproduktion auf Konsum- und Kapitalgüter aufteilt, nimmt der Kapitalstock ebenfalls zu. Mit dem Kapitalstock nimmt der Maschineneinsatz, damit die Arbeitsteilung und die Produktivität zu usw. Die **Kapitalakkumulation** bzw. das Wachstum des Kapitalstocks ist der Motor der

Wachstumsdynamik bei SMITH. Die Grenze des Wachstums ist erreicht, wenn keine rentablen Investitionsprojekte mehr zur Verfügung stehen.

Die innerhalb eines Jahres auf dem Boden eines Landes mit Hilfe der inländischen Arbeit produzierten Güter, bewertet zu Tauschpreisen, entsprechen nach seiner Vorstellung dem **Wohlstand** einer Nation. So ist sein Konzept des Wohlstands mit dem heutigen Konzept des Volkseinkommens vergleichbar. SMITH steht damit in krassem Gegensatz zu den Merkantilisten, in deren Vorstellung sich der Wohlstand einer Nation an ihrem Vorrat an Edelmetallen bemisst.

Ganz andere Fragen beschäftigen den englischen Geistlichen THOMAS ROBERT MALTHUS (1766-1834). Er befasst sich ausführlich mit dem **Bevölkerungswachstum**. In seinem 1798 erstmals und anonym erscheinenden "An Essay on the Principles of Population" beschreibt er die sich seiner Meinung nach zwingend ergebende Diskrepanz zwischen dem Wachstum der Bevölkerung und dem Wachstum des Nahrungsmittelangebotes. Die Bevölkerung wächst in Gestalt einer geometrischen Reihe und verdoppelt sich unter günstigen Bedingungen alle 25 Jahre. Das Nahrungsmittelangebot wächst aber in der Form einer arithmetischen Reihe und nimmt unter ebenso günstigen Bedingungen alle 25 Jahre nur um eine bestimmte feste Menge zu. Das Nahrungsmittel-Angebot pro Kopf verringert sich daher und beschränkt das Bevölkerungswachstum sogar bei günstigsten Bedingungen. Die Bevölkerung kann nur solange wachsen, bis das **Subsistenzniveau** erreicht ist.

Dieses **Bevölkerungsgesetz** wird mit der herrschenden Lohntheorie in Verbindung gebracht: Der Lohn im Sinne des natürlichen Preises für eine Arbeitsstunde entspricht den Kosten für deren Reproduktion. Er wird niemals über das Niveau des Existenzminimums steigen, da anderenfalls die resultierende Bevölkerungszunahme über eine Vermehrung des Arbeitsangebots die Löhne wieder drückt, bis der Prozess auf dem Niveau des Existenzminimums zum Stillstand kommt. Konsequenz dieser Theorie ist, dass die Menschen ihren Lebensstandard nicht über das Subsistenzniveau hinaus steigern können.

Während sich SMITH besonders mit der **Entstehung** des Wohlstands befasst, widmet sich DAVID RICARDO (1772-1823) vor allem dem Studium seiner **Verteilung**. Er übernimmt die Theorie vom natürlichen Lohnsatz, entwickelt eine eigene Theorie der **Grundrenten** und entwickelt Vorstellungen über die Entstehung des Profits, die bis heute eine wichtige Rolle spielen.

RICARDO beschreibt die Bodennutzung einer Volkswirtschaft wie folgt. Die besten, d.h. ertragreichsten Böden werden zuerst bewirtschaftet. Wächst die Bevölkerung, müssen zunehmend weniger ertragreiche Böden kultiviert werden, um eine ausreichende Versorgung mit Nahrungsmitteln zu gewährleisten. Da für das Getreide unabhängig davon, auf welchem Boden es angebaut wird, stets der gleiche Preis erzielt wird, entsteht für den Eigentümer des besseren Bodens eine Rente, deren Höhe sich aus der Differenz der Anbaukosten auf den beiden Böden ergibt. Daher spricht man von der **Differentialrententheorie**. Mit dem Grenzboden, d.h. dem schlechtesten Boden, der gerade noch bewirtschaftet wird, wird ein Erlös erzielt, der die Lohnkosten und die Kapitalverzinsung deckt. Eine Rente, die dem Grundeigentümer zufallen würde, fällt hier nicht mehr an.

Bei wachsender Bevölkerung müssen zunehmend weniger fruchtbare Böden bestellt werden, was steigende Grundrenten zur Folge hat. Gleichzeitig bleibt der Reallohn der Arbeitnehmer – aufgrund der Existenzminimumtheorie von MALTHUS – konstant; der Profit wird als Restgröße ermittelt. Damit erklärt RICARDO als erster die **funktionelle Einkommensverteilung**, d.h. die Verteilung des Produktes auf die drei Inputfaktoren Arbeit, Boden und Kapital.

Da sich der Profit als Residuum nach Lohn und Grundrente ergibt, muss er bei steigenden Renten folglich kontinuierlich sinken. Wenn keine Profite mehr erwirtschaftet werden, wird die Investitionstätigkeit eingestellt. Die Volkswirtschaft geht dann in den stationären Zustand über. RICARDO sieht darin zwar eine langfristige Gefahr, aber keine unmittelbare Bedrohung.

Wie auch SMITH vertritt RICARDO die **relative Arbeitswerttheorie**, derzufolge das Tauschverhältnis zweier Güter dem Verhältnis der zu ihrer Produktion notwendigen Arbeitsinputs entspricht. Auf dieser Theorie bauen seine Ausführungen zur Vorteilhaftigkeit eines ungehinderten internationalen Handels auf. In seiner Darstellung mit zwei Ländern und zwei Gütern weist er nach, dass beide Länder durch die Aufnahme des Handels ihre Wohlfahrt erhöhen können, selbst wenn ein Land beide Güter mit geringerem Arbeitseinsatz, also billiger, produzieren kann. Jedes Land wird sich auf das Gut spezialisieren, bei dem es einen **komparativen Kostenvorteil** hat: Das produktivere Land wird nur das Gut produzieren und exportieren, bei dem sein Kostenvorsprung am größten ist. Das weniger produktive Land wird das Gut produzieren und exportieren, bei dem sein Kostennachteil am geringsten ist. Aus der Tatsache, dass auch Länder, die in der Produktion aller international gehandelten Güter teurer sind als alle ihre Konkurrenten, durch die Aufnahme internationaler Handelsbeziehungen ihren Wohlstand mehren können, zieht RICARDO die wirtschaftspolitische Schlussfolgerung, dass **Freihandel** jeder Handelsbeschränkung durch Zölle etc. vorzuziehen ist.

JEAN BAPTISTE SAY (1767-1832) lehnt die Arbeitswerttheorie als Erklärung für die Höhe des Preises ab und setzt an ihre Stelle Angebot und Nachfrage. Das **Angebot** wird durch die Produktionskosten bestimmt und die **Nachfrage** durch den Nutzen, den die Güter zu stiften vermögen. Des Weiteren argumentiert er, dass eine Überproduktion in einer Volkswirtschaft unmöglich sei. Die Produzenten verfolgen mit ihrem Angebot nur den einen Zweck, von dem Erlös andere Güter zu erwerben. Die Arbeitnehmer wollen ihre Löhne ebenso verwenden. Somit ist der Wert der angebotenen Güter immer gleich dem Wert der nachgefragten Güter. Ein Angebot, für das keine Nachfrage besteht, kann es daher auf Dauer nicht geben. Die Vorstellung, dass "sich jedes Angebot seine Nachfrage selbst schafft", bezeichnet man als **SAYsches Gesetz**. Es setzt voraus, dass es keine Hortung monetärer Mittel gibt. Das Geld spielt dabei nur die Rolle eines Schleiers vor den realen Vorgängen, das keinen eigenständigen Wert besitzt.

Die scharfe Trennung zwischen geld- und güterwirtschaftlicher Ebene ist zugleich die Basis für die **Quantitätstheorie** des Geldes. Alleine die Höhe der Geldmenge bestimmt bei gegebener Umlaufgeschwindigkeit und gegebenen Transaktionsvolumen die Höhe des Preisniveaus. Eine Erhöhung der Geldmenge lässt das Preisniveau steigen, ohne die Preisstruktur zu verändern. Die Geldmengenveränderung kann die güterwirtschaftliche Sphäre daher nicht beeinflussen, Geld ist nur ein "Schleier".

Von SAY stammt die Dreiteilung der Nationalökonomie in die Erzeugung, die Verteilung und den Verbrauch des Reichtums. Als erster betont er die Rolle des Unternehmers, der die Produktionsfaktoren kombiniert.

JOHN STUART MILL (1806-1873) ist der letzte der großen klassischen Ökonomen. Sein Verdienst ist in erster Linie die systematische Einteilung und Darstellung der Lehren von SMITH, MALTHUS und RICARDO. MILL veröffentlicht seine "Principles of Political Economy" im Jahr 1848. Er will damit eine Art Neufassung von ADAM SMITHs "Wealth of Nations" schreiben, die den aktuellen Stand der Wirtschaftstheorie darstellen soll. Das Werk behandelt die fünf Bereiche "Production", "Distribution", "Exchange", "Social Progress" und "The Influence of Government". Diese Einteilung bleibt für die Volkswirtschaftslehre bis heute von Bedeutung.

Stünde die wirtschaftswissenschaftliche Theorie heute an der gleichen Stelle, hätte es die Periode der Klassik nicht gegeben? Oder weniger spekulativ gefragt: Welche Beiträge von bleibender Bedeutung haben die Klassiker der ökonomischen Theorie geliefert? Die Klassiker haben die Grundlagen für die moderne Volkswirtschaftslehre gelegt. Generationen nachfolgender Ökonomen haben ihre Theorien darauf aufgebaut. Wichtigste Erkenntnis der Klassiker war die optimistische Vorstellung des ständigen Ausgleichs von Angebot und Nachfrage, d.h. eines stabilen makroökonomischen Gleichgewichts, für dessen Existenz Geld eine nachgeordnete Bedeutung hat. SMITH hat wohl erkannt, dass es Marktunvollkommenheiten geben kann, die verhindern, dass ein stabiles Gleichgewicht erreicht wird, doch konnte er noch keine Lösungsvorschläge anbieten.

Dieses **Gleichgewichtsdenken** sollte die theoretischen Diskussionen dominieren, bis KEYNES in den dreißiger Jahren des zwanzigsten Jahrhunderts die ökonomische Bühne betritt und völlig konträre Positionen vertritt. Einzelne von den Klassikern entdeckte ökonomische Gesetzmäßigkeiten haben noch heute Bedeutung für die Volkswirtschaftslehre. Dazu zählen abnehmende Ertragszuwächse bei steigender Produktion, die Bedeutung der Kapitalakkumulation für das wirtschaftliche Wachstum und die Theorie komparativer Kostenvorteile. In den siebziger Jahren des 20. Jahrhunderts erleben Teile der klassischen Lehre eine Renaissance in der Denkschule der **Neuen Klassischen Makroökonomie**.

> *Resümee: Die Klassische Lehre weist der Angebotsseite einer Volkswirtschaft die zentrale Rolle für langfristige wirtschaftliche Entwicklungen zu. Der Marktmechanismus sorgt über den Preis für den Ausgleich von Angebot und Nachfrage, wobei das Geld die realen Vorgänge nicht beeinflusst.*

Schlüsselwörter: Industrielle Revolution, Gravitationsgesetze, Klassiker, Eigeninteresse, Invisible hand, Natürlicher Preis, Gebrauchswert, Tauschwert, Arbeitswert, Objektivistische Wertlehre, Marktpreis, Marktmechanismus, Arbeitsteilung, Wachstum, Wohlstand, Bevölkerungswachstum, Bevölkerungsgesetz, Verteilung, Grundrenten, Differentialrententheorie, Funktionelle Einkommensverteilung, Relative Arbeitswerttheorie, Komparative Kostenvorteile, Freihandel, SAYsches Gesetz, Quantitätstheorie, Gleichgewichtsdenken, Neue Klassische Makroökonomie.

6. Die Sozialisten: Kollektivwohl vor Individualwohl

> Warum geht gemäß den Anhängern des wissenschaftlichen Sozialismus der Kapitalismus zugrunde? Welche Rolle spielt hierbei der sogenannte Mehrwert? Was ist das größte Problem bei der Umsetzung einer sozialistischen Wirtschaftsordnung?

Ebenso wie der Liberalismus ist auch der Sozialismus zunächst eine Idee, die zu allen Zeitepochen, wenn auch unter anderem Namen, existierte. Die Bezeichnung **Sozialismus** taucht zu Beginn des 19. Jahrhunderts auf, doch gibt es bis heute keine wirklich operationale Definition von Sozialismus und sozialistischer Wirtschaftstheorie. Dies hängt vor allem mit der Vielzahl sich sozialistisch bezeichnender Theorierichtungen zusammen, innerhalb derer die **MARXsche Theorie** die bedeutendste Rolle spielt.

Die **Industrielle Revolution** Anfang des 19. Jahrhunderts führt zu Steigerungen in den Arbeitsproduktivitäten, die in der Geschichte ohne Beispiel sind. Die klassische Nationalökonomie ist produktionsorientiert, da hier der entscheidende Punkt für die Wohlstandsvermehrung liegt. Die materielle Basis dafür liefern der Bau von Fabriken und der umfassende Einsatz von Maschinen. Die Priorität in der Kapitalgüterproduktion bringt dabei in der frühen industriellen Phase soziale Kosten mit sich, die darin liegen, dass vor allem die Arbeiterklasse den Hauptteil des zur Industrialisierung notwendigen Konsumverzichts zu leisten hat. Darüber hinaus zerstört das neue Fabriksystem die traditionelle Lebensweise der arbeitenden Bevölkerung.

Mit dieser zu Beginn der Industriellen Revolution einhergehenden sozialen Not regt sich die erste Kritik an der neuen Ordnung durch die sogenannten **Frühsozialisten**, wie CHARLES FOURIER (1772-1837) und ROBERT OWEN (1771-1858), die vor allem mehr Gerechtigkeit und Gleichheit bei der Güterverteilung anstreben. KARL MARX (1818-1883), der alle seine sozialistischen Vorläufer als utopische Sozialisten bezeichnet, gilt als Begründer des **wissenschaftlichen Sozialismus**.

Der Sozialismus ist danach kein utopisches Fernziel, sondern wird aufgrund historischer Gesetzmäßigkeiten zwangsläufig kommen. Das Werk von MARX enthält zwar auch philosophische, soziologische und politische Aspekte, doch wollen wir uns auf die ökonomische Dimension beschränken.

Die kapitalistische Wirtschaftsordnung ist bei MARX durch die Klassentrennung Kapitalisten-Proletarier charakterisiert. Für die Unterscheidung der beiden Klassen ist das Eigentum bzw. das Nichteigentum an den Produktionsmitteln entscheidend. Den Fortlauf der Geschichte sieht MARX dabei folgendermaßen: Der **Kapitalismus** ruft die Produktivkräfte der Ökonomie hervor und trägt dabei seine eigene Negation, den Sozialismus, bereits in sich. Die **proletarische Revolution**, als Geburtsstunde des **Sozialismus**, vernichtet das, was spezifisch kapitalistisch ist, nämlich das Privateigentum an Produktionsmitteln. Gleichzeitig bewahrt sie dessen gesellschaftliche Errungenschaften, wie eine hohe Produktivität, eine geschulte Arbeiterklasse und Großbetriebe. Letztendlich findet sich dann die Menschheit ohne "Ausbeutung" und ohne Grenzen in einer "Welt des ewigen Friedens" zusammen: im **Kommunismus**. MARX übernimmt hierbei die an dem Philosophen GEORG WILHELM FRIEDRICH HEGEL (1770-1831) orientierte Vorstellung, dass alle Dinge und Verhältnisse Widersprüche in sich tragen und eben durch diese Widersprüche bewegt werden. Der durch Widersprüche vorwärts getriebenen Weltgeschichte liegt ein ganz bestimmter Plan zugrunde, den es aufzudecken gilt, wenn die Zukunft nicht nur prognostiziert, sondern auch gesteuert werden soll.

Seine Argumentation untermauert MARX mit Hilfe der **Arbeitswerttheorie** der englischen Klassiker, die er an die Methoden der modernen Produktionsweise anpasst und damit vollendet. Wie RICARDO sucht MARX nach einer gemeinsamen Eigenschaft der Waren, um mit deren Hilfe qualitativ unterschiedliche Waren vergleichbar machen zu können. Nach MARX erhalten knappe Güter ihren Wert ausschließlich über die auf sie verwandte Arbeitsmenge gemäß der gegebenen Technologie. Während SMITH diesen Zusammenhang nur für sich entwickelnde Ökonomien als richtig ansieht, behauptet MARX, dass dies auch in hochentwickelten Industriestaaten gilt. Demzufolge lässt sich hierbei von der **absoluten Arbeitswerttheorie** sprechen. Die Besonderheit des kapitalistischen Systems besteht nun darin, dass sich auch der Wert der Arbeitskraft durch das zu ihrer Erhaltung und Reproduktion notwendige Arbeitsquantum bestimmt. Der besitzlose Arbeiter muss nun seine Arbeitskraft auf dem Arbeitsmarkt verkaufen und erhält dafür vom Unternehmer einen Lohn, der den Reproduktionskosten entspricht. Entscheidend für das Verständnis der **MARXschen Ausbeutungstheorie** ist die Unterscheidung zwischen **Gebrauchs-** und **Tauschwert der Arbeit**. Da der Gebrauchswert, d.h. der Wert, den der Arbeiter im Laufe eines Tages produziert, höher ist als der Tauschwert, d.h. der Wert den der Arbeiter kostet, entsteht nach Verkauf der Waren auf den Märkten ein **Mehrwert**, der dem Kapitalisten zufällt. Das ist die kapitalistische Aneignung und Ausbeutung der Arbeiterklasse.

Die Kapitalisten können von ihren Arbeitern mehr profitieren, wenn sie erstens die Arbeitszeit erhöhen, d.h. es steigt der absolute Mehrwert, oder zweitens, wenn sie mit und an Maschinen arbeiten lassen, d.h. es steigt der relative Mehrwert. Die Konkurrenten müssen, um nicht aus dem Markt gedrängt zu werden, mitziehen, so dass in der Folge die Kapitalgüterindustrie boomt. Wenn der Bedarf an Kapitalgütern gesättigt ist und die Überkapazitäten auf die Märkte drücken, werden **Krisen** folgen. Durch den vermehrten Einsatz an Kapital und durch Rationalisierung, die auch durch den arbeitssparenden technischen Fortschritt entsteht, werden einerseits Arbeitskräfte entlassen und es entsteht eine **industrielle Reservearmee**. Andererseits können infolge des technischen Fortschritts auch mehr Güter produziert werden, denen bei zunehmender Arbeitslosigkeit keine adäquate Nachfrage gegenübersteht. Zudem werden schwächere Unternehmen durch die "Peitsche der Konkurrenz" aus dem Markt ausscheiden und die Konzentration des Kapitals wird zunehmen. Dieser Mechanismus wiederholt sich, wenn der relative Mehrwert über neue Kapitalgüter wieder gesteigert werden kann. Doch die Aufschwünge werden immer schwächer, die Krisen immer stärker und die **Profitrate**, die das Verhältnis des erzielten Mehrwertes zum eingesetzten Kapital angibt, wird fallen. Der Versuch, die Profitraten zu erhöhen und die Produktivität zu steigern, wird zu sinkenden Löhnen, Arbeitslosigkeit, Absatzkrisen durch Nachfrageausfall und schließlich zum Zusammenbruch der bürgerlichen Ordnung führen. Das ist die **Zusammenbruchsthese**.

Die Krisenanfälligkeit des kapitalistischen Systems entsteht hierbei vor allem aus dem Widerspruch zwischen gesellschaftlicher Produktion und privater Aneignung. Erst nach der proletarischen Revolution, wenn das Privateigentum an den Produktionsmitteln abgeschafft ist und das Proletariat das wirtschaftliche Schicksal über einen umfassenden Plan in die eigenen Hände genommen hat, kann dieser Gegensatz gelöst werden. Nach MARX kommt es nach dem Übergang zum Sozialismus deshalb zu einem Produktivitätssprung, da die Arbeiter nun nicht mehr für ihre Ausbeuter, sondern für sich selbst arbeiten.

Warum ist aber der Sozialismus der Staaten des ehemaligen Warschauer Paktes zusammengebrochen bzw. worin liegt der Fehler in der Marxschen Argumentation? Eine fundamentale Kritik am Sozialismus wird im sogenannten **Sozialismus-Streit** der dreißiger Jahre von den österreichischen Ökonomen LUDWIG VON MISES (1881-1973) und FRIEDRICH VON HAYEK (1899-1992) wie folgt formuliert: Da MARX die zukünftige sozialistische Gesellschaft wie eine einzelne Person auffasst, vernachlässigt er, von welch entscheidender Bedeutung die marktmäßige Lösung der Informations- und Motivationsprobleme für eine effiziente Allokationslösung ist. Durch den Wegfall der Märkte und damit der Marktpreise entfallen die Informationen für die Knappheit, die für Wirtschaftlichkeit in Produktion und Konsum sorgen. MARX hat also keine Antwort zur Lösung des Allokationsproblems, genauer gesagt auf die zentrale Frage, woher wir wissen, was wir, für wen, mit welchen Methoden zu produzieren haben, geben können. Und genau dieses Problem charakterisierte den untergegangenen Sozialismus in Osteuropa: Es gab kein funktionierendes Preissystem mit der Folge, dass nicht nur die Arbeitsproduktivität zu niedrig war, sondern dass auch Anreize zu sparsamer Wirtschaftsführung systematisch ausgeschaltet wurden. Die Folge war ein extremer Mangel an technischer Entwicklung.

Der Sozialismus als Utopie scheiterte bei seiner Umsetzung in der Realität. Behauptungen, die die Sozialisten für das marktwirtschaftliche System machten, wurden durch die Realität nicht bestätigt. So ist z.B. der technische Fortschritt im Gegensatz zu den Ankündigungen von MARX in seiner Gesamtheit nicht arbeitssparend gewesen. Zudem war und ist die Implementierung sozialistischer Vorschläge nicht frei von Problemen: Wie soll eine Gesellschaft eine gleiche Einkommensverteilung erreichen, ohne gleichzeitig die Anreize zu nehmen, den Kuchen, d.h. das Einkommen selbst, überhaupt herzustellen? Und ist Gleichheit auch Gerechtigkeit? Oder wie soll ein einzelner (der Staat) über die Präferenzen aller Bescheid wissen und die dann auch noch so koordinieren, dass alle Pläne miteinander kompatibel sind? Trotzdem haben sich Politikempfehlungen, die von der sozialistischen Denkschule zumindest beeinflusst sind, nicht nur in rein sozialistischen Staaten, wenn es die heute überhaupt noch gibt, sondern auch in marktwirtschaftlichen Systemen etabliert. Man denke hierbei an institutionelle Regelungen wie die soziale Sicherung, Arbeitslosenunterstützung und Institutionalisierung von Mindestlöhnen. Der utopische Sozialist MARX wird heute zwar sehr kontrovers beurteilt, aber er bleibt sicher eine der großen Gestalten in der Geschichte der Volkswirtschaftslehre. Er kann als Vorläufer zahlreicher später ausgebauter Theorien, so z.B. der Kreislauf- und Wachstumstheorie, angesehen werden. Das Schicksal der MARXschen Lehre jedoch ist, dass der Versuch, diese Theorie der wissenschaftlichen Kritik zu entziehen, gerade zu ihrer Sterilität geführt hat. Die Annahmen der Sozialisten, dass im Sozialismus individuelle und kollektive Wertschätzungen zusammenfallen würden, ging von einem falschen Menschenbild aus.

> **Resümee:** *Die Sozialisten glauben, dass der Kapitalismus aufgrund der Diskrepanz zwischen gesellschaftlicher Produktion und privater Aneignung, d.h. der Aneignung des Mehrwertes durch den Kapitalisten, zugrunde geht. Das große Manko einer sozialistischen Wirtschaft ist die Nichtexistenz eines funktionierenden Preissystems, das Anreize setzt und Informationen überträgt. Die ineffiziente sozialistische Zentralplanung verhindert eine Wohlstandssteigerung.*

Schlüsselwörter: MARXsche Theorie, Industrielle Revolution, Frühsozialisten, Kapitalismus, Proletarische Revolution, Sozialismus, Kommunismus, Absolute Arbeitswerttheorie, MARXsche Ausbeutungstheorie, Industrielle Reservearmee, Profitrate, Zusammenbruchsthese, Sozialismus-Streit.

7. Die Neoklassik: Die marginalistische Revolution

> Was sind die Innovationen der Neoklassik? Was versteht man unter dem Grenznutzen eines Gutes? Was ist der Grenznutzen des Geldes? Welche Erklärung gibt man für die "unsichtbare Hand"? Was ist der Methodenstreit?

Auch hundert Jahre nach der industriellen Revolution sind viele ökonomische und soziale Probleme ungelöst. Obwohl die Produktivität beachtliche Fortschritte macht und auch der durchschnittliche Lebensstandard ansteigt, ist Armut ein weitverbreitetes Phänomen. Die extreme Ungleichheit in der Einkommensverteilung, gefährliche und ungesunde Arbeitsbedingungen, die fehlende materielle Absicherung nach Arbeitsunfällen und im Alter, etc. sind einige der Härten, denen die Arbeitnehmer gegenüberstehen. In Deutschland glaubt man, nur durch Einbindung des Staates, d.h. durch seine Verpflichtung zur Lösung der sozialen Frage, einer drohenden sozialistischen Revolution zu entgehen. In diesem Zusammenhang fallen das Sozialistengesetz von 1878 zur Bannung der Gefahr des Sozialismus sowie eine weltweit beispielhafte Sozialpolitik mit der **Sozialgesetzgebung** unter Reichskanzler OTTO FÜRST VON BISMARCK (1815-1889). Die Notwendigkeit der Lösung der sozialen Frage durch staatliche Aktivität scheint unumgänglich. Auf der Unternehmensseite wird das Problem der Güterproduktion als gelöst betrachtet, Schwierigkeiten bereitet dagegen die Frage des kostendeckenden Absatzes, die Gewinnung von Märkten. Absatzprobleme und ausländische Konkurrenz führen einerseits zur Abkehr von der liberalen Außenhandelspolitik und andererseits zu einem Kartellierungs- und Konzentrationsprozess der Wirtschaft.

Trotz dieser Tendenzen, die weg von liberalen und klassischen Grundsätzen hin zu staatlichen Eingriffen und protektionistischer Politik führen, verteidigt die neoklassische Schule die Allokation und die Distribution über den Markt. Was ist nun aber das Neue an der Neoklassik, die als Nachfolgerin der Klassik gezählt wird?

Klassik und Neoklassik werden üblicherweise durch die sogenannte **marginalistische Revolution** abgegrenzt. Der **Marginalismus**, der sich in Begriffen wie Grenznutzen oder Grenzkosten wiederfindet, ist zweifellos die bedeutsamste Innovation der Neoklassik. Die Klassiker hatten bei ihrer Betonung der Kosten der Produktion den Nutzen und die Nachfrage vernachlässigt. Während die Klassiker den Wert eines Gutes durch die Produktionskosten bestimmt sehen, gehen die frühen Neoklassiker davon aus, dass der Preis, den die Nachfrager zu zahlen bereit sind, durch den **Grenznutzen** dieses Gutes determiniert wird. Das ist der Nutzenzuwachs, der sich für ein Individuum aus der Nutzung der letzten Einheit eines Gutes ergibt. Im Gegensatz zur objektiven Wertlehre der Klassik ist dieser Ansatz der **subjektiven Wertlehre** zuzurechnen, da sich der Wert eines Gutes durch subjektiv bestimmte, individuelle Grenznutzen ergibt. Durch den marginalistischen Ansatz wird es nun möglich, ökonomische Verhaltensweisen auf individuelle Optimierungskalküle zurückzuführen. Das bedeutet, dass die neoklassische Analyse den Wirtschaftsprozess mikroökonomisch, also ausgehend vom individuellen Verhalten, beschreibt, während die Klassik eher makroökonomisch ausgelegt ist. Befasst sich die klassische Theorie mit der Erklärung über die Entstehung, Verteilung und Verwendung eines volkswirtschaftlichen Überschusses, so steht jetzt die Frage, nach welchen Gesetzen gegebene knappe Ressourcen auf alternative Verwendungsmöglichkeiten verteilt werden, also das **Allokationsproblem**, im Mittelpunkt des Interesses.

Noch bevor sich die **Grenznutzenschule** in den 70er Jahren des 19. Jahrhunderts durchsetzt, nimmt HERMANN HEINRICH GOSSEN (1810-1858) die subjektive Wertlehre mit den GOSSENschen Gesetzen vorweg. Während das **Gesetz vom abnehmenden Grenznutzen** besagt, dass der Nutzen eines Gutes mit jeder zusätzlich konsumierten Einheit abnimmt, postuliert das **Gesetz vom Ausgleich der Grenznutzen**, dass ein Wirtschaftssubjekt verschiedene Güter in der Weise konsumiert, dass die Grenznutzen aller letzten Einheiten gleich sind. Ansonsten würden sich Umschichtungen aufgrund möglicher Nutzenerhöhungen lohnen. Da deswegen die letzte Geldeinheit, die für den Kauf eines Gutes ausgegeben wird, den gleichen zusätzlichen Nutzen stiften muss wie die letzte zum Kauf eines anderen Gutes, wird in diesem Zusammenhang auch vom Ausgleich der **Grenznutzen des Geldes** gesprochen.

Nahezu gleichzeitig und unabhängig voneinander wird die marginalistische Revolution von drei Autoren eingeleitet: dem Briten WILLIAM STANLEY JEVONS (1835-1882), als Vertreter der **Cambridge-Schule**, dem Österreicher CARL MENGER (1840-1921) von der **Österreichischen** oder **Wiener Schule** und dem Franzosen LEON WALRAS (1834-1910) der **Lausanner Schule**. Alle drei Autoren sehen in den Nutzeneinschätzungen der Konsumenten Ursache und Bestimmungsgrund für den Wert und den Tauschwert eines Gutes. Kernstück ihrer Schriften ist der Begriff des Grenznutzens, also der auf den Verbrauch einer letzten marginalen Gütereinheit entfallende Nutzen. Somit konnte das **Klassische Wertparadox** gelöst werden: Während ein reichlich vorhandenes Gut wie Wasser, zwar einen hohen Gebrauchswert, jedoch nur einen geringen Nutzen bei Konsum der letzten Einheit stiftet und der Wert, der sich nach diesem Grenznutzen richtet, damit sehr gering ist, hat ein knappes Gut wie Diamanten einen geringen Gebrauchswert, aber hohen Grenznutzen und damit einen hohen Wert.

Neben seinem Beitrag zur "Entdeckung" des Grenznutzens liefert WALRAS mit seinem statischen **Allgemeinen Gleichgewichtsmodell** ein **mikroökonomisches Totalmodell** und damit einen grundlegenden Baustein für die mathematische, theoretische Ökonomie. WALRAS zeigt, dass in einer Wirtschaft alle Wirtschaftssubjekte ihre individuellen Interessen verfolgen können und sich wegen flexibler Preise durch das Wechselspiel von Angebot und Nachfrage ein Gleichgewicht ergibt, das der bestmöglichen Güterversorgung entspricht. Er unterscheidet in diesem Zusammenhang zwei Problemkreise, nämlich die Frage der **Existenz** eines Gleichgewichts und die Frage der **Stabilität** dieses Gleichgewichts. Die Erklärung der Stabilität des Gleichgewichts erfolgt mit Hilfe eines sogenannten **WALRASianischen Auktionators**, der innerhalb eines Abstimmungs- oder **Tâtonne-**

ment-Prozesses die unterschiedlichen Pläne der Wirtschaftssubjekte zum Ausgleich bringt. Dahinter steckt die Vorstellung, dass ein Auktionator Preise ausruft und die dazu abgegebenen Nachfrage- und Angebotsgebote sammelt. Je nachdem, ob ein Nachfrage- oder Angebotsüberschuss vorliegt, erhöht oder senkt er den Preis. Ein Kaufabschluss erfolgt erst dann, wenn mit dem markträumenden Preis das Angebot gleich der Nachfrage ist. Diesen Gedanken überträgt WALRAS auch auf die Produktion, indem er postuliert, dass der Produzent seine Nachfrage nach Produktionsfaktoren solange steigert, bis sich zusätzlicher Ertrag und zusätzliche Kosten entsprechen. WALRAS kann somit als erster eine Vorstellung darüber geben, wie die unsichtbare Hand SMITHs den Zustand schafft, bei dem sich kein Marktteilnehmer mehr besser stellen kann, ohne einen anderen schlechter zu stellen.

Die Begründer der subjektiven Wertlehre fassen Nutzen und Grenznutzen eines Gutes als **kardinal** messbare Größe auf, so dass für ein Individuum die Nutzen für eine Kombination verschiedener Güter zu einem Gesamtnutzen addierbar sind. VILFREDO PARETO (1848-1923) zeigt, dass es für die subjektive Wert- und Preistheorie ausreicht, einen **ordinalen Nutzen**, d.h. Vergleichbarkeit zweier beliebiger Güterkombinationen im Sinne von besser, schlechter oder gleich gut, zu unterstellen. In PARETOS **Theorie der Wahlakte** ist das Individuum alleiniges Subjekt des Handelns. Es bestimmt darüber, welche Güter es produziert, welche es verbraucht, wie viele Stunden seines Tages es für produktive Tätigkeiten und wie viele es für Freizeit verwendet. Dieser Ansatz lässt schnell Einsichten gewinnen: Wenn jemand ausschließlich Äpfel produziert, aber auch gern ab und zu eine Birne essen möchte, dann ist er auch bereit, Äpfel herzugeben, wenn er dafür eine ihm ausreichend erscheinende Zahl von Birnen bekommt. Zudem wird er immer mehr Äpfel anbauen, wenn er weiß, dass er Äpfel gegen Birnen eintauschen kann. Dem Birnenhersteller geht es ähnlich. Es kommt zu einer sinnvollen Arbeitsteilung, zu Tausch und zur Preisbildung Birnen gegen Äpfel. PARETOs Modell ist über diese Einsichten hinaus noch fähig, bei gegebener Anfangsausstattung einen als Marktergebnis optimalen Zustand, das sogenannte **PARETO-Optimum**, anzugeben. Als Optimum bezeichnet PARETO eine durch die Wahlhandlungen der Wirtschaftssubjekte selbst hervorgebrachte Verteilung von Gütern, die einem strengen Kriterium entsprechen: Im PARETO-Optimum ist es nicht mehr möglich, ein Individuum besser zu stellen, ohne ein anderes schlechter zu stellen. Wir haben solche Pareto-Optima an anderer Stelle schon als "effiziente Allokationen" spezifiziert. Somit kann PARETO als Begründer der **Allokationstheorie** und der daraus entwickelten **Wohlfahrtsökonomie** bezeichnet werden, zwei ganz wichtiger Teilgebiete moderner Ökonomik.

War man in der Klassik der Auffassung, dass der Preis eines Gutes von den Herstellkosten bestimmt ist, so gebrauchen die Neoklassiker eine subjektivistische, grenznutzenbestimmte Erklärung für die Preisfindung. ALFRED MARSHALL (1842-1924) versucht, aufbauend auf SAY, beide Auffassungen zu versöhnen: Seine Synthese des objektiven und subjektiven Wertes findet ihren Niederschlag in den geometrischen Darstellungen sich schneidender Angebots- und Nachfragekurven. Hierbei verkörpert die steigende Angebotskurve den objektiven, kostenbestimmten, die fallende Nachfragekurve den subjektiven, grenznutzenbestimmten Teil. Im Schnittpunkt beider Kurven ergibt sich der Gleichgewichtspreis. Zudem unterscheidet er zwischen kurzfristiger und langfristiger Preisbildung. Kurzfristig wird die Preisbildung von der Nachfrage und langfristig von den Herstellkosten bestimmt. Mit seiner Methode der **Partialanalyse** argumentiert MARSHALL, dass im **Preis-Mengen-Diagramm**, das auf ihn zurückgeführt werden kann, die Angebotskurve kurzfristig senkrecht verläuft, die Produzenten mithin auf Nachfrageänderungen nicht schnell mit Produktionsausweitung reagieren, während langfristig der Zustrom zusätzlicher Ressourcen in die Produktion eines Gutes die Angebotskurve in Höhe der minimalen Herstellkosten waagrecht verlaufen lässt, so dass nur sie den Preis bestimmt. Die Verbraucher haben den Vorteil, dass sie stets nur den Marktpreis bezahlen, auch wenn der Nutzen eines Gutes von ihnen viel höher bewertet wird. Die Differenz zwischen Gleichgewichtspreis und dem tatsächlichen Nutzenzugewinn wird seit MARSHALL **Konsumentenrente** genannt. Auch die Relevanz des **Elastizitätsbegriffs**, d.h. dass man bei der Variation einer ökonomischen Größe nicht die in der Folge auftretende absolute Reaktion einer anderen Variablen, sondern stets die relative Reaktion als wichtig erachten muss, hat MARSHALL als erster erkannt.

Ein weiteres wichtiges Merkmal des neoklassischen Paradigmas ist die von dem amerikanischen Ökonomen JOHN BATES CLARK (1847-1938) entwickelte **Grenzproduktivitätstheorie** der Verteilung. Die Grenzproduktivitätstheorie postuliert, dass im Gleichgewicht jeder Produktionsfaktor gemäß seines zu Marktpreisen bewerteten Beitrags am Produktionsprozess, d.h. gemäß seines **Wertgrenzprodukts** entlohnt wird. Das Grenzprodukt bemisst sich danach, um wieviel sich das Gesamtprodukt ändert, wenn die eingesetzte Menge des Faktors um eine Einheit erhöht wird. Am Beispiel des Faktors Arbeit bedeutet das, dass im Gleichgewicht der Lohnsatz nicht größer ist als das Wertgrenzprodukt, d.h. Grenzprodukt multipliziert mit dem Preis des hergestellten Gutes. Dabei wird deutlich, dass die Grenzproduktivitätstheorie sowohl eine Verteilungstheorie als auch eine Theorie der Nachfrage nach Produktionsfaktoren ist. Die Produzenten fragen solange Faktoren nach, bis die Regel Lohn gleich Wertgrenzprodukt gilt. Aus verteilungstheoretischer Sicht bedeuten CLARKs Ergebnisse, dass das Nationaleinkommen unter gewissen Umständen der Summe der Faktoreinkommen entspricht und dass deshalb im Gleichgewicht kein Gewinneinkommen im Sinne einer Residualgröße erzielt werden kann. Insofern wird in diesem Fall dem **Prinzip der Leistungsgerechtigkeit** Rechnung getragen.

Ein weiterer wichtiger Vertreter der Neoklassik ist der Brite ARTHUR CECIL PIGOU (1877-1959), der mit seinen Arbeiten zur Wohlfahrtsökonomie die Grenzen des staatlichen Laissez-faire aufzeigt und erstmals eine Theorie dafür liefert, wann und warum der Staat ins Wirtschaftsgeschehen einer Marktwirtschaft eingreifen sollte. Die Grenznutzentheoretiker haben gezeigt, dass ein Gleichgewicht dann vorliegt, wenn das Verhältnis der Grenznutzen zweier Güter für alle Haushalte gleich groß ist. In diesem Fall bringt weiterer Tausch keinen Nutzenzuwachs. PIGOU erkennt nun, dass es Fälle gibt, in denen der Staat dem Markt helfen müsse, diesen Ausgleich der Grenznutzen auch zu schaffen. Der wichtigste Grund für das Divergieren von individueller und kollektiver Rationalität ist das Vorliegen von **externen Effekten**. Hierbei führt individuell rationales Verhalten nicht zum gesamtwirtschaftlich besten Ergebnis. Denn kollektiv abgestimmtes Verhalten könnte zu einem Ergebnis führen, bei dem sich alle Beteiligten ökonomisch besserstellen. So gibt es eine Divergenz zwischen den "privaten" und den "sozialen" Kosten, wenn negative Auswirkungen ökonomischen Handelns auf andere nicht in den Marktpreisen berücksichtigt sind. In solchen Fällen hat der Staat gemäß PIGOU dem Verursacher des negativen externen Effekts eine Steuer aufzuerlegen, die sogenannte **PIGOU-Steuer**, um den Ausgleich zwischen privaten und sozialen Kosten bzw. Erträgen herbeizuführen.

Der Schwede KNUT WICKSELL (1851-1926) fragt, welche Rolle Geld im Wirtschaftsprozess spielt. Die Klassiker sowie die marxistische Schule haben Geld als einen Schleier angesehen, der die fundamentalen ökonomischen Prozesse überdeckt. WICKSELL hingegen verbindet die Vorgänge auf dem Geldmarkt mit denen auf dem Gütermarkt, indem er Gründe für die in der Realität existierenden Preisniveauschwankungen, die es bei einem Ausgleich zwischen gesamtwirtschaftlichem Angebot und Nachfrage nicht geben dürfte, sucht. Ausgangspunkt seiner Überlegungen ist die Unterscheidung zwischen **natürlichem Zins** und **Geldzins**. Der natürliche Zins entspricht der Nettoertragsrate des physischen Kapitals, während der Geldzins der Zins für aufgenommene Kredite ist. Im Gleichgewicht sind beide Zinsraten identisch. Weichen beide voneinander ab, so kommt es zu einem kumulativen Prozess, dem sogenannten **WICKSELLschen Prozess**. Liegt beispielsweise der natürliche Zins über dem Geldzins, so führt dies zu einer Ausweitung der Investitionen, was bei unterstellter Vollbeschäftigung in Inflation mündet. Der kumulative Inflationsprozess, bei dem zuerst die Preise und später auch die Löhne steigen, wird erst unterbrochen, wenn entweder der natürliche Zins sinkt oder der Geldzins erhöht wird. Das Bankensystem, welches den Geldzins festlegt, beeinflusst damit wesentlich die konjunkturellen Bewegungen in einer Volkswirtschaft. Der Gedankengang des WICKSELLschen Prozesses öffnet den Weg für die Entwicklung monetärer Konjunkturtheorien bzw. für die moderne Makroökonomik.

Im deutschsprachigen Raum gibt es Ende des 19. und Anfang des 20. Jahrhunderts zwei gegenläufige wissenschaftliche Strömungen, die sich im sogenannten **Zweiten Methodenstreit** einen Konkurrenzkampf liefern. Während in Österreich am "Lehrgebäude" der Grenznutzenschule durch die **Österreichische** oder **Wiener Schule** gebaut wird und somit der Weg für die Neoklassik geebnet wird, herrscht in Deutschland die **Historische Schule**, die sich der axiomatisch deduktiven Vorgehensweise der Neoklassik verwehrt und von der die These aufgestellt wird, dass alle wirtschaftlichen Erscheinungen raum- und zeitabhängig sind und deshalb keine allgemeingültigen, abstrakten, geschichtslosen Theorien aufgestellt werden können. Die Kontroverse über die wissenschaftliche Vorgehensweise führt dazu, dass die Leistung der Historischen Schule für die Nachwelt verwischt und gleichzeitig auch die Entfaltung der axiomatisch deduktiven Wirtschaftstheorie in Deutschland behindert wird.

Herausragender Vertreter der Historischen Schule ist GUSTAV VON SCHMOLLER (1838-1917), der Mitbegründer und langjährige Vorsitzende des **Vereins für Socialpolitik**. SCHMOLLERs zentrale Botschaft ist, dass wirtschaftliche Zusammenhänge erst aus der Kenntnis der geschichtlichen Wirklichkeit des Wirtschaftslebens zu verstehen seien. Er betrachtet Staat und Verwaltung von vornherein als integrale Bestandteile der Ökonomie. Daraus leitet er ab, dass der Staat gefordert ist, das ökonomische Geschehen aktiv mitzugestalten.

Die Problematik, die aus dieser Sicht der Zusammenhänge entstehen kann, liegt darin, dass ohne einen gesicherten theoretischen Referenzrahmen daraus leicht ein konzeptionsloser oder willkürlicher, staatlicher Interventionismus resultiert. Ein abschreckendes Beispiel für einen solchen konzeptionslosen, staatlichen Interventionismus war die Wirtschafts- und Finanzpolitik in der DDR.

EUGEN VON BÖHM-BAWERK (1851-1914), ein Schüler MENGERs, dem Begründer der österreichischen Grenznutzenschule, hingegen strebt nach einer "reinen Ökonomie", die alle sozialen Fragen ausschaltet. Die Forschung habe sich auf diese reine ökonomische Theorie zu beschränken, da die Gesetze der Wirtschaft stets stärker sind als jedes politische Machtgebot. Dem Ausbau der Grenznutzenschule dient er durch die Vertiefung verschiedener Teilprobleme, so z.B. der Frage nach der Bewertung eines Gütervorrats. Der Wert ergibt sich dabei aus der Addition der unterschiedlich bewerteten Grenznutzen, wobei jede den Vorrat vermehrende Einheit einen niedrigeren Grenznutzen hat als die vorhergehende. Zudem erklärt BÖHM-BAWERK, dass Gütern, die erst in der Zukunft einen Nutzen stiften, ein geringerer Wert beigemessen wird als Gütern, die in der Gegenwart zur Verfügung stehen. Aus der Unterschiedlichkeit der Bewertung entsteht ein "Aufgeld", auf dem der Kapitalzins beruht. Der Zins wird somit für die Hergabe von Gegenwartsgütern gezahlt, wegen der **Minderschätzung zukünftiger Bedürfnisse**. BÖHM-BAWERK baut auch die subjektive Wertlehre durch die Zurechnungstheorie bei den Produktionsmitteln aus.

Die Neoklassik ist in die moderne ökonomische Theorie eingemündet, so dass heute häufig Neoklassik und moderne Wirtschaftstheorie in einem Atemzug genannt werden. Infolge der Nichtbestreitbarkeit der Existenz von langanhaltenden wirtschaftlichen Ungleichgewichtssituationen hat sich ihre Bedeutung ab Mitte der dreißiger Jahre relativiert. Kritik entstand auch dadurch, dass das einfache neoklassische Modell oft vollkommene Information aller Wirtschaftssubjekte voraussetzt. Dennoch bleibt sie bis heute aber ein wichtiger und notwendiger Bestandteil für alle Formen der modernen ökonomischen Analyse. Da die Neoklassik eine Weiterentwicklung der klassischen Lehre ist, steht in ihr wie auch in der heutigen

Wirtschaftstheorie die Idee des vom Selbstinteresse geleiteten Individuums im Vordergrund. Alles ökonomische Geschehen wird auf das Verhalten von Individuen zurückgeführt. Die neoklassische Analysetechnik mit der **Maximierung unter Berücksichtigung von Restriktionen**, in welcher ein in seinen Handlungsmöglichkeiten beschränktes Individuum aus der Menge der Möglichkeiten diejenige Alternative auswählt, die seinen von ihm selbst definierten Interessen am besten entspricht, und dem **Gleichgewichtskonzept** ist in der ökonomischen Theorie bis heute vorherrschend. Dies gilt auch für die subjektive Werttheorie und das Marginalkalkül. Zudem gelingt erstmals WALRAS die Darstellung eines geschlossenen mathematischen ökonomischen Totalmodells, das noch heute für die ökonomische Theorie von zentraler Bedeutung ist. Neben den verbalen Ausdrucksmitteln hat sich also bis heute die mathematische Methode als geeignetes Instrument zur Analyse und Darstellung ökonomischer Zusammenhänge etabliert.

Es darf aber nicht übersehen werden, dass die Ergebnisse der neoklassischen Schule auf sehr restriktiven Annahmen beruhen. Der Marktmechanismus funktioniert offenbar dann nicht in der gewünschten Art, wenn man **Marktunvollkommenheiten** zulässt. Nicht zuletzt aufgrund der um die Jahrhundertwende an Bedeutung gewonnenen Monopole wird die Annahme eines **unvollkommenen** Wettbewerbs ins Neoklassische Paradigma mit eingearbeitet. Aufbauend auf frühere Arbeiten des Franzosen ANTOINE A. COURNOT (1801-1877) haben diesen Zweig vor allem EDWARD H. CHAMBERLIN (1899-1967) und JOAN V. ROBINSON (1903-1983) vorangetrieben. Mit diesen Arbeiten gelingt es, die Marktformen zwischen vollkommenem Wettbewerb und Monopol theoretisch zu erfassen.

Fundamentale Kritik an der Neoklassik bzw. an deren Argumentation bezüglich der Wirkungsweise des Marktmechanismus und des Arbeitsmarktes kam vor allem von JOHN M. KEYNES (1883-1946). Mit folgendem Beispiel verdeutlicht er, dass die auf individueller Optimierung beruhende Argumentation der Neoklassik durchaus an Grenzen stoßen kann, wenn eine aggregierte Betrachtungsweise gefordert ist: Wenn ein Unternehmen seine Löhne kürzt, so kann es möglicherweise mehr Güter zu geringeren Preisen verkaufen. Kürzen jedoch alle Unternehmen die Löhne, so reduziert das die Kaufkraft der Individuen und eine Mehrproduktion bleibt aufgrund der gesunkenen Nachfrage aus.

Ein bedeutender Vertreter einer mehr dynamischen Sichtweise, der im Gegensatz zur ursprünglichen Intention der Neoklassiker die Ökonomie nicht durch gleichgewichtige Modelle beschreibt, ist der ehemalige österreichische Finanzminister und spätere Harvard Professor JOSEPH A. SCHUMPETER (1883-1950). Über die Idee des **dynamischen Unternehmers**, der mittels Durchsetzung neuer Produkte, neuer Produktionsmethoden, neuer Beschaffungs- und Absatzmärkte und neuer Marktstrukturen ständig Innovationen schafft, versucht er die Dynamik des Kapitalismus "aus sich selbst heraus" zu erklären. Durch die Innovation streicht der Unternehmer **Pioniergewinne** ein, die durch Imitation anderer im Zeitablauf dem Wettbewerb zum Opfer fallen. Seiner Meinung nach sind kapitalistische Märkte folglich immer im Ungleichgewicht. Das Anliegen SCHUMPETERs, das Wirtschaftsgeschehen als einen Prozess von Wandel und Dynamik zu begreifen, wird in heutiger Zeit vor allem innerhalb der **evolutorischen** oder **SCHUMPETERianischen Ökonomik** weitergeführt.

Fortentwicklung erfährt der neoklassische Ansatz durch Einbeziehung einer Vielzahl von Fragestellungen und realen ökonomischen Phänomenen. So betont der deutsche Ökonom WALTER EUCKEN (1891-1950) die Rolle von Institutionen, die eine Wettbewerbsordnung konstituieren und funktionsfähig erhalten sollen. Aufbauend auf dem Gedanken der Vorteilhaftigkeit marktwirtschaftlich organisierter Ökonomien analysiert EUCKEN insbesondere die Ausgestaltungsprobleme solcher Wirtschaftsordnungen.

Gleichermaßen wie die Anhänger der Neoklassik glaubt er an die Überlegenheit wettbewerblicher Märkte, doch sieht er die Gefahr, dass die Dynamik einer Marktwirtschaft zu immer größeren Machtkonzentrationen durch beispielsweise Fusionen und Kartelle führt und dadurch zu ihrer eigenen Bedrohung wird. Nach EUCKEN tritt dann an die Stelle freier Willensentscheidungen eine unkontrollierbare Verflechtung ökonomischer Herrschaft. Daraus zieht er die Schlussfolgerung, dass der Staat mittels **Ordnungspolitik** – deren konstitutiver Bestandteil die **Wettbewerbspolitik** ist – wirtschaftliche Macht auflösen oder sie begrenzen soll, um den Wettbewerb zu garantieren. EUCKENS Konzept wird folglich als **Ordoliberalismus** bezeichnet.

Einen anderen Aspekt behandelt der amerikanische Ökonom PAUL A. SAMUELSON (*1915). Er entwickelt eine **Theorie öffentlicher Güter**, innerhalb derer das Problem der paretooptimalen Allokation privater **und** öffentlicher Güter gelöst wird. Vertreter der **Neuen Politischen Ökonomie** sehen die Rolle des Staates in der Gesellschaft wiederum anders und betonen insbesondere den Aspekt, dass der Staat aus Individuen besteht, die durch Eigeninteresse geleitet sind. Sie rücken somit von der Annahme ab, der Staat sei ein "wohlwollender Diktator". Die Vertreter der **Institutionenökonomik** analysieren innerhalb des Neoklassischen Paradigmas die institutionellen Einflüsse, wie beispielsweise Eigentums- und Verfügungsrechte auf die Wahlakte der Individuen und untersuchen dabei auch, welche Institutionen überlebensfähig sind und wie sie sich entwickeln.

Resümee: Die Neoklassik beginnt mit der marginalistischen Revolution. Als Weiterentwicklung der Klassik folgt sie dem klassischen Gleichgewichtsansatz und den Gedanken eines vom Selbstinteresse geleiteten Individuums. Im Gegensatz zur Klassik ist ihre Betrachtungsweise aber nicht makro- sondern mikroökonomisch. Anstelle von Produktion und Wachstum treten alternative Fragestellungen in den Vordergrund. Die Erkenntnisse der neoklassischen Schule spielen in der ökonomischen Theorie eine herausragende Rolle und der neoklassische Ansatz hat auf eine Vielzahl der Volkswirtschaftslehre benachbarter Forschungsgebiete befruchtend gewirkt.

Schlüsselwörter: Sozialgesetzgebung, Marginalistische Revolution, Marginalismus, Grenznutzen, Subjektive Wertlehre, Grenznutzenschule, GOSSENsche Gesetze, Klassisches Wertparadox, Allgemeines Gleichgewichtsmodell, WALRASianischer Auktionator, Tâtonnement-Prozess, Ordinaler Nutzen, Allokationstheorie, Partialanalyse, Preis-Mengen-Diagramm, Konsumentenrente, Grenzproduktivitätstheorie, Wertgrenzprodukt, Natürlicher Zins, Geldzins, WICKSELLscher Prozess, Zweiter Methodenstreit, Verein für Socialpolitik, Dynamischer Unternehmer, Pioniergewinne, Evolutorische Ökonomik, Ordnungspolitik, Wettbewerbspolitik, Ordoliberalismus.

8. KEYNES und die KEYNESianer: Die effektive Nachfrage

> Warum gibt es trotz funktionierendem Marktmechanismus dauerhaft hohe Arbeitslosigkeit? Welche Bedeutung kommt der Nachfrage zu und welche Faktoren bestimmen ihren Umfang? Was kann der Staat gegen die Arbeitslosigkeit tun?

Mit der **Weltwirtschaftskrise** der Jahre 1929 bis 1933, die durch Produktionsrückgänge, Unternehmenszusammenbrüche, Massenarbeitslosigkeit sowie sinkende Löhne und Preise gekennzeichnet ist, steht die ökonomische Theorie einer neuen Herausforderung entgegen. Solche langanhaltenden und ungleichgewichtigen Situationen sind in der herrschenden klassisch-neoklassischen Lehre nicht vorgesehen und können mit ihren Instrumenten nicht erklärt werden.

Im Jahre 1936 veröffentlicht der britische Ökonom JOHN MAYNARD KEYNES (1883-1946) seine berühmte "The General Theory of Employment, Interest and Money". Hierin rechnet KEYNES mit der neoklassischen Denktradition ab, indem er einerseits wesentliche Grundannahmen der klassisch-neoklassischen Orthodoxie – von ihm unter dem Begriff "Klassik" subsumiert – zurückweist und andererseits eine ganze Reihe neuer analytischer Instrumente einführt.

KEYNES widerspricht der klassischen Auffassung, dass Geld nur ein Schleier über den realen Vorgängen sei, diese aber nicht zu beeinflussen vermag. Nach ihm hat Geld eine **Wertaufbewahrungsfunktion**, welche die Ungültigkeit des SAYschen Theorems bewirkt. Für KEYNES hängen Konsum und Ersparnis von der Höhe des Einkommens ab. Dieser Zusammenhang wird in der KEYNESianischen **Konsumfunktion** bzw. der KEYNESianischen Sparfunktion ausgedrückt. Die Klassiker nahmen an, dass jede der gesparten Geldeinheiten investiert wird. Wenn Geld aber eine Wertaufbewahrungsfunktion hat, kann ein Teil dieser Ersparnis in Geld gehalten werden, d.h. er wird nicht sofort angelegt bzw. investiert. Wie hoch dieser Anteil ist, hängt von der **Liquiditätspräferenz** der Haushalte ab. Die marginale Konsumquote, d.h. der Teil einer zusätzlichen Geldeinheit Einkommen, der nachfragewirksam wird, ist kleiner eins. Wenn dies so ist, dann schafft sich nicht mehr jedes Angebot seine Nachfrage selbst, sondern die durch zusätzliche Produktion induzierte Nachfrage ist geringer als das zusätzliche Angebot. Die **effektive Nach-**

frage aus Konsum-, Investitions- und Staatsausgaben determiniert die Höhe von Output, Volkseinkommen und Beschäftigung. Bei den Klassikern dagegen war der Produktionsumfang von der Verfügbarkeit der Ressourcen bestimmt.

Die **Investitionsnachfrage** wird von den aus den Investitionen erwarteten Gewinnen und dem Zinssatz, der sich aus Angebot und Nachfrage am Geldmarkt ergibt, als abhängig betrachtet. KEYNES spricht von "Animal spirits", welche die **Erwartungsbildung** bewirken. Da die Investitionserwartungen schwanken, wirken die Investitionsausgaben im Wirtschaftsprozess destabilisierend.

Ein Nachfrageausfall, z.B. aufgrund schlechterer Investitionserwartungen, führt über einen kontraktiven **Multiplikatorprozess** (vgl. Kapitel 7) zu einer Reduktion von Output, Volkseinkommen und Beschäftigung, die ein Vielfaches des ursprünglichen Nachfrageausfalls beträgt. Am Ende dieses Multiplikatorprozesses befindet sich die Volkswirtschaft in einem **Unterbeschäftigungsgleichgewicht**, d.h. einem Gleichgewicht, in dem Arbeitslosigkeit statt Vollbeschäftigung herrscht. Genauso sind natürlich expansive Multiplikatorprozesse bei Nachfrageausweitungen denkbar.

Infolge der instabilen effektiven Nachfrage treten **konjunkturelle Schwankungen** in Output, Volkseinkommen und Beschäftigung auf. Unter, wie er betont, realitätsnäheren Annahmen kann KEYNES mit Hilfe seines theoretischen Konzeptes verdeutlichen, wie selbst bei funktionierendem Marktmechanismus **andauernde Unterbeschäftigung**, d.h. Arbeitslosigkeit mit Beharrungsvermögen, auftreten kann. Ein solches Phänomen war für die neoklassische Denkweise unmöglich. KEYNES beschreibt aber auch, welche politischen Gegenmaßnahmen zu ergreifen seien. Dem Staat kommt eine wichtige Funktion zu: Er muss aktive **Stabilisierungspolitik** betreiben. Als Instrumente stehen ihm die Geld- und die Fiskalpolitik zur Verfügung. KEYNES hält die **Fiskalpolitik**, die auf die Höhe und Zusammensetzung der Staatsausgaben abzielt, für erfolgversprechender als die **Geldpolitik**, da erstere die Nachfrage direkt beeinflusst, während letztere eine mittelbare Steuerung der Investitionsnachfrage über das Zinsniveau anstrebt.

In den sechziger und siebziger Jahren hat die KEYNESianische Forderung nach einer **Globalsteuerung** der Wirtschaft großen Einfluss auf die Politik. Dem US-Präsident RICHARD W. NIXON wird der Ausspruch "Wir sind jetzt alle KEYNESianer" zugeschrieben. In der Bundesrepublik tritt 1967 das Stabilitäts- und Wachstumsgesetz in Kraft, mit dem die von KEYNES propagierte Globalsteuerung der Wirtschaft umgesetzt wird. In Zeiten der Hochkonjunktur soll der Staatshaushalt dämpfend wirken, während im Konjunkturtal durch **Deficit spending**, d.h. mit kreditfinanzierten staatlichen Konsum- und Investitionsausgaben expansive Impulse gesetzt werden sollen. Diese Art von Finanzpolitik wird als **antizyklisch** bezeichnet.

Aufgrund der Erfahrungen der Weltwirtschaftskrise wird KEYNES' Theorie auch von der ökonomischen Profession begeistert aufgenommen. Zahlreiche Ökonomen entwickeln den KEYNESschen Ansatz weiter; diese Positionen werden als KEYNESianisch bezeichnet.

Die zeitlich erste unter den KEYNESianischen Interpretationen ist das sogenannte **IS-LM-Konzept**, das JOHN R. HICKS (1904-1989) ein Jahr nach Erscheinen der "General Theory" entwickelt. Es ermöglicht die graphische und analytische Beschreibung und Analyse des simultanen Gleichgewichts am Güter- und Geldmarkt. Der Gütermarkt ist im Gleichgewicht, wenn Investition und Ersparnis sich ausgleichen; der Geldmarkt ist im Gleichgewicht, wenn Geldangebot und Geldnachfrage gleich groß sind.

Auf der Grundlage des IS-LM-Modells leisten HICKS und ALVIN HANSEN (1887-1975) später eine Integration neoklassischer Positionen und KEYNESianischen Denkens. Die **Neoklassische Synthese** ist als Erweiterung des IS-LM-Modells um einen Arbeitsmarkt neoklassischer Provenienz entstanden. Sie geht von der prinzipiellen Funktionsfähigkeit und somit langfristigen Stabilität des Marktsystems aus, beschreibt aber verschiedene Unvollkommenheiten, die zu Unterbeschäftigung führen können, zum Beispiel völlig zinsunabhängige Investitionen. Die Neoklassische Synthese hat seit den sechziger Jahren eine immense Bedeutung in der ökonomischen Theorie.

Nach KEYNES sind Löhne und Preise nicht so flexibel, wie von der Orthodoxie angenommen. Vielmehr gibt es **Lohn- und Preisstarrheiten**, insbesondere nach unten, die einen Ausgleich von Angebot und Nachfrage zu einem markträumenden Preis verhindern. Auf diesem Teil der General Theory aufbauend haben ROBERT W. CLOWER (*1926) und AXEL LEIJONHUFVUD (*1933) eine **Neue KEYNESianische Makroökonomik** entwickelt. Ein Ungleichgewicht zwischen Angebot und Nachfrage wird dieser Theorie zufolge nicht über eine Preisanpassung beseitigt, sondern über eine Mengenanpassung. Für den unwissenden Beobachter sieht es aus, als sei der Markt im Gleichgewicht; man spricht daher von einem **Mengengleichgewicht**, in dem zu falschen, weil nicht markträumenden Preisen, getauscht wird. In einem Modell mit Güter- und Arbeitsmarkt können verschiedene Ungleichgewichtskonstellationen realisiert werden, für deren Beseitigung jeweils eine spezifische wirtschaftspolitische Strategie notwendig ist.

Eine recht heterogene Gruppe von Ökonomen wird der Denkschule des **PostKEYNESianismus** zugerechnet. Seine Vertreter sind insbesondere MICHAL KALECKI (1899-1970) und NICHOLAS KALDOR (1908-1986). Sie knüpfen direkt an die KEYNESsche Lehre an und lehnen die Neoklassische Theorie wie auch die Neoklassische Synthese strikt ab. Für die PostKEYNESianer ist der langfristige Trend eine Abfolge temporärer Gleichgewichte und Ungleichgewichte, die insbesondere durch das auf Unsicherheit basierende Investitionsverhalten der Unternehmer bestimmt wird. Sie versuchen in ihren Modellen spezielle Aspekte von Marktunvollkommenheiten, z.B. unvollkommene Konkurrenz, zu berücksichtigen. Trotz ihrer starken Orientierung an der Realität der Märkte führen die PostKEYNESianer bis heute eher ein Schattendasein innerhalb der Volkswirtschaftslehre.

Für eine abschließende Beurteilung des Einflusses von KEYNES und den KEYNESianern auf die Weiterentwicklung der ökonomischen Theoriebildung ist es wohl noch zu früh. Klar ist jedoch, dass nach KEYNES die bis zu dieser Zeit von der klassischen Angebotsbetrachtung dominierte Makroökonomie neu geschrieben wurde. Er hat eine Reihe neuer analytischer Instrumente in die Makroökonomie implementiert, z.B. die Konsum- und die Investitionsfunktion, die marginale Konsum- und Sparquote und die Multiplikatoranalyse. Die KEYNESianischen Makroansätze stehen heute neben klassisch orientierten, ohne dass eine Einteilung in richtig und falsch möglich wäre.

Die in das KEYNESianische Kalkül gesetzten Erwartungen waren hoch. Mit der Zeit wurde jedoch offenkundig, dass die von KEYNES propagierte aktive Stabilisierungspolitik den Konjunkturverlauf nicht in der erhofften Weise glättet. Bis zum Erkennen der wirtschaftlichen Problemlage, bis zum Einsatz des Instrumentariums und bis zu dessen Wirkung vergeht jeweils Zeit; diese Verzögerungen werden als **Lags** bezeichnet. So besteht die Gefahr, dass zum Zeitpunkt des Wirksamwerdens einer expansiven Stabilisierungspolitik die Nachfrage sich bereits ohne staatliche Unterstützung erholt hat und eine antizyklisch konzipierte Politik dann **prozyklisch** wirkt, indem sie die konjunkturellen Schwankungen verstärkt. Dieserart Erfahrungen mit KEYNESianischer Wirtschafts- und Finanzpolitik haben das Pendel in die Gegenrichtung umschlagen lassen und die Basis für die Entwicklung von extrem liberalen Ansätzen wie den **Monetarismus** geschaffen.

Resümee: Die KEYNESianische Revolution stellt die Nachfrageseite der Volkswirtschaft in das Zentrum des Interesses. Ist die effektive Nachfrage zu gering, kann ein stabiles Gleichgewicht bei Unterbeschäftigung entstehen. Für Anhänger des KEYNESianischen Denkens kann und soll der Staat solchen Situationen mit aktiver Stabilisierungspolitik vorbeugen.

Schlüsselwörter: Weltwirtschaftskrise, Wertaufbewahrungsfunktion, Konsumfunktion, Liquiditätspräferenz, Effektive Nachfrage, Erwartungsbildung, Multiplikatorprozess, Unterbeschäftigungsgleichgewicht, Globalsteuerung, Deficit spending, IS-LM-Konzept, Neoklassische Synthese, Neue KEYNESianische Makroökonomik, PostKEYNESianismus, Lags, Monetarismus.

9. Die Chicago School: Die monetaristische Gegenrevolution

Welche Rolle spielen die Erwartungen der Wirtschaftssubjekte? Ist Geldpolitik überhaupt wirksam? Kann man mit Steuersenkungen das Wachstum ankurbeln?

An der University of Chicago entstehen in der zweiten Hälfte dieses Jahrhunderts einige für die weitere Entwicklung der Ökonomie bedeutsame Ansätze. Den größten Bekanntheitsgrad erlangt der eng mit dem Namen MILTON FRIEDMAN

(*1912) verbundene **Monetarismus**. Die **Chicago School** schafft aber auch die Grundlagen für die Neue Klassische Makroökonomie und die Angebotsökonomik.

Die Chicagoer Ökonomen (Chicago boys) stehen in klassischer Tradition und somit in scharfer Opposition zu den KEYNESianern. Sie gehen davon aus, dass sich alle am Wirtschaftsprozess Beteiligten streng rational verhalten und ihre ökonomische Position in Kenntnis aller relevanten ökonomischen Zusammenhänge zu optimieren versuchen. Für sie ist die Allokation über den Markt am besten geregelt und der Privatsektor von Natur aus stabil, so dass sich der Staat folglich am besten ganz aus dem Wirtschaftsgeschehen herauszuhalten hat.

Diese **monetaristische Gegenrevolution** zum vorherrschenden KEYNESianischen Denken beginnt in den fünfziger Jahren. FRIEDMAN argumentiert, dass die Konsumfunktion von KEYNES falsch sei, da sich die Einkommensbezieher mit ihrem Konsumverhalten nicht an ihrem aktuellen Einkommen orientieren, sondern ein längerfristiges Durchschnittseinkommen zugrunde legen. Diese **permanente Einkommenshypothese** hat die Unwirksamkeit KEYNESianischer Fiskalpolitik zur Folge, da der Multiplikatoreffekt, auf dem der größte Teil der Beschäftigungswirkung der Stabilisierungspolitik basiert, dann entfällt. Außerdem gibt es einen großen zeitlichen Abstand zwischen dem Auftreten eines Nachfrageausfalls und dem Wirken der Fiskalpolitik. FRIEDMAN zufolge soll der Staat daher auf jegliche Fiskalpolitik zur Stabilisierung verzichten. Expansive Geldpolitik in Form einer Beschleunigung des Geldmengenwachstums ist ebenfalls abzulehnen, da sie langfristig nur eine höhere Inflationsrate zur Folge haben wird, ohne die realen Vorgänge der Volkswirtschaft günstig zu beeinflussen.

Stabilisierungspolitik soll allein darin bestehen, eine kontinuierlich wachsende Geldmenge bereitzustellen, um ein reales Wachstum bei Preisstabilität monetär zu ermöglichen. Im Einklang dazu, aber im Gegensatz zu den meisten anderen Zentralbanken verfolgt die Deutsche Bundesbank seit 1974 ein Konzept der **Geldmengensteuerung**. Das **Europäische Währungsinstitut (EWI)** empfahl Anfang 1997 zwei Strategien für die Stabilität des Euro, der 1999 eingeführt wurde und Mitte 2002 endgültig die nationalen Zahlungsmittel in den Ländern der Europäischen Währungsunion ersetzen wird: die Festlegung eines Geldmengenziels, sowie die Festlegung auf ein direktes Inflationsziel, damit der Euro eine stabile und international angesehene Währung wird.

Die **Neue Klassische Makroökonomie** wird seit Mitte der siebziger Jahre vor allem von ROBERT E. LUCAS JR. (*1937), THOMAS J. SARGENT (*1943) und ROBERT J. BARRO (*1944) vertreten. Es ist ihnen ein zentrales Anliegen, ihrer klassisch orientierten Makroökonomie eine **mikroökonomische Fundierung** zu geben, d.h. sie aus dem Kalkül der Marktteilnehmer heraus zu erklären.

In ihrer Theorie haben alle Wirtschaftssubjekte **Rationale Erwartungen**. Sie werten alle verfügbaren Informationen über das wirtschaftliche Geschehen richtig aus und können daher wirtschaftliche Entwicklungen richtig prognostizieren. Alle Preise und Löhne sind vollständig **flexibel**, so dass alle Märkte ständig geräumt sind. Diese Annahmen haben weitreichende Konsequenzen bezüglich der vermuteten Wirksamkeit stabilisierungspolitischer Maßnahmen. Expansive Geldpolitik wird den Output und damit das Beschäftigungsniveau bzw. die Arbeitslosenquote nur dann günstig beeinflussen, wenn sie von den Akteuren des Wirtschaftsgeschehens nicht erwartet wurde. Anderenfalls sind diese Informationen sofort in den Preisen enthalten, so dass die Geldpolitik nicht einmal kurzfristig einen realen Effekt hat, sondern unmittelbar das Preisniveau erhöht. Die Antizipierung der Wirkungen einer geldpolitischen Maßnahme konterkariert das ursprüngliche Ziel.

Die Erfahrung anhaltender Arbeitslosigkeit trotz relativ hoher Inflationsraten – die sogenannte **Stagflation** – und die Betonung der Unwirksamkeit der Stabilisierungspolitik durch die Neue Klassische Makroökonomie führen dazu, dass man sich in den achtziger Jahren von der bis dahin dominierenden Politik KEYNESianischer Nachfragesteuerung abwendet. Das theoretische Konzept, an dem sich die Wirtschaftspolitik seither stärker orientiert, betont statt dessen die Angebotsseite der Volkswirtschaft und wird daher als **Angebotsökonomik** oder Supply Side Economics bezeichnet.

Die Angebotsökonomik ist kein geschlossenes theoretisches Konzept, sondern die Kombination mehrerer theoretischer Ansätze und wirtschaftspolitischer Leitlinien. Die Position der Angebotsökonomik kann gut durch eine nach ARTHUR B. LAFFER (*1940) benannte Darstellung der **LAFFER-Kurve** verdeutlicht werden, in welcher Steuersatz und -aufkommen zueinander in Beziehung gesetzt werden. Mit steigendem Steuersatz steigt zunächst das Steueraufkommen, erreicht ein Maximum und nimmt dann wieder ab. Für Angebotsökonomen ist es unstrittig, dass sich alle westlichen Industrienationen rechts des Maximums befinden. Daher empfehlen sie drastische **Steuersenkungen**, eine deutliche Reduzierung der Staatsquote – das ist der Anteil des Staatshaushalts am Bruttonationaleinkommen – bei ausgeglichenem staatlichen Budget und umfangreiche Deregulierungsmaßnahmen. Sie glauben, dass steigende Nach-Steuer-Unternehmensgewinne, somit höhere Investitionsanreize und eine durch die Investitionstätigkeit steigende Produktivität in der Volkswirtschaft einen Wachstumsschub auslösen werden. Dadurch ergeben sich Steuermehreinnahmen, welche die Steuerausfälle aufgrund der vorangegangenen Steuersenkungen mehr als kompensieren. Das Programm, das US-Präsident RONALD REAGAN bei seinem Amtsantritt 1980 vorstellt, aber auch die im US-amerikanischen Wahlkampf 1996 angekündigten Steuersenkungspläne der Republikaner liegen auf der Linie der Angebotsökonomen. Angebotsorientierte Wirtschaftspolitik wird daher oft als **REAGANomics** oder nach der britischen Regierungschefin MARGARET THATCHER, die in den achtziger Jahren eine ähnliche Politik verfolgt, als **THATCHERismus** bezeichnet.

Resümee: Ausgehend von der Chicago School werden mit Ende der siebziger Jahre anti-KEYNESianische Positionen entwickelt, in denen klassische Ideen wiederaufgegriffen und ausgebaut werden.

Schlüsselwörter: Monetarismus, Chicago School, Monetaristische Gegenrevolution, Permanente Einkommenshypothese, Neue Klassische Makroökonomie, Mikroökonomische Fundierung, Rationale Erwartungen, Stagflation, Angebotsökonomik, LAFFER-Kurve, REAGANomics, THATCHERismus.

10. Neuere Entwicklungen in der Volkswirtschaftslehre

> Welche Aspekte beeinflussen derzeit vor allem die volkswirtschaftliche Theorien- und Modellbildung?

Der Unterschied zwischen volkswirtschaftlicher Ideengeschichte und aktueller volkswirtschaftlicher Forschung ist fließend. Welche Ideen und Personen als notwendiger Bestandteil der Dogmengeschichte zu nennen sind, zeigt sich oftmals erst viele Jahre oder Jahrzehnte nach der Veröffentlichung des originalen Beitrags. Die in diesem Abschnitt skizzierten Entwicklungstendenzen der Forschung ab Anfang der achtziger Jahre des letzten Jahrtausends sind daher nicht Gegenstand der volkswirtschaftlichen Ideengeschichte im engeren Sinne, sondern geben Einblicke in den gegenwärtigen Stand der Wissenschaft.

Die Bedeutung des gesellschaftlichen Wandels für die Wahrnehmung der ökonomischen Wirklichkeit und seine Wechselwirkungen mit der Theorien- und Modellbildung wurde bereits am Anfang dieses Kapitels erörtert. So reagierte die volkswirtschaftliche Forschung auf die in den achtziger und neunziger Jahren rapide zunehmende Verwendung von Informations- und Kommunikationstechnologien mit der Entwicklung von Modellen, welche die spezifischen Eigenschaften der neu entstandenen Industriezweige, wie zum Beispiel die Existenz von Netzwerkexternalitäten, berücksichtigen. Einige Vertreter dieser **"New Economy"-Theorien** sprechen sogar von einer umfassenden technologischen Revolution, mit der Folge, dass die traditionellen Modelle und Theorien (gemeint sind damit neoklassisch und KEYNESianisch orientierte Denkgebäude) nicht mehr hinreichend für die Erklärung des tatsächlichen Wirtschaftsgeschehens sind. Die "New Economy" wird von Unternehmen aus dem Dienstleistungssektor, wie Technologie, Telekommunikation und Medien beherrscht, für deren Produkte gänzlich andere "Gesetze" gelten als für die klassischen Unternehmen der "Old Economy", wie zum Beispiel Chemie und Automobile.

Neben der Weiterentwicklung von Modellen und Theorien nutzen Volkswirte in verstärktem Maße Laborexperimente, um die Tauglichkeit ihrer Modelle unter kontrollierten Bedingungen zu prüfen. Obwohl schon gegen Mitte des letzten Jahrhunderts solche Experimente von Ökonomen durchgeführt wurden, fand eine breitere Verwendung dieser Methode erst Anfang der achtziger Jahre statt, welche heute den Bereich der **experimentellen Volkswirtschaftslehre** konstituiert. Die Hoffnung, die sich an diese Methode knüpft, ist, dass Volkswirte, ähnlich wie Naturwissenschaftler, den Aussagegehalt von Theorien, insbesondere hinsichtlich der den Wirtschaftssubjekten unterstellten Verhaltensannahmen, überprüfen können. Die bisherige Bilanz ist ernüchternd. Auch wenn sich der Einsatz der experimentellen Methode in einigen Gebieten, zum Beispiel bei der Bewertung unterschiedlicher Auktionsverfahren, bewährt hat, muss man dennoch feststellen, dass ihr Nutzen hinter den Erwartungen der Wissenschaftler zurückblieb und die erhoffte Klarheit hinsichtlich der Eignung konkurrierender Theorien ausblieb.

Ein anderer Aspekt der Weiterentwicklung von Modellen, Theorien und Methoden resultiert aus der allgemeinen Verfügbarkeit von Computerkapazitäten, Datenbanken und Datenanalyseverfahren. Sie hat nicht nur zu einem unüberschaubaren Anstieg von Veröffentlichungen zu allen nur erdenklichen Fragestellungen geführt, sondern auch die Entwicklung von weiteren Spezialdisziplinen innerhalb der Volkswirtschaftslehre gefördert, welche die bestehenden Modelle und Methoden für ihre Zwecke weiterentwickelt haben. In der Folge entstand eine Wissenschaft, wie in anderen Bereichen auch, deren Gegenstand und Methode nicht mehr eindeutig zu bestimmen ist. Zu groß und zu unterschiedlich ist die Zahl derer, die heute am großen Unternehmen "Volkswirtschaftslehre" arbeiten.

Trotz der unterschiedlichen Fragestellungen, mit denen sich die verschiedenen Teildisziplinen der Volkswirtschaftslehre auseinandersetzen, kann festgehalten werden, dass die **methodische Basis** für die Mehrzahl der Modelle und Theorien in der zweiten Hälfte des letzten Jahrhunderts immer mehr vereinheitlicht wurde. Einen wesentlichen Beitrag hierzu leistete die zunehmende Mathematisierung der volkswirtschaftlichen Theorie, welche im Laufe der Zeit auch die angewandten Teildisziplinen erfasste. Heute, so kann man sagen, sprechen die Volkswirte weitestgehend eine einheitliche "Sprache", welche auf wenige, zentrale ökonomische Prinzipien aufbaut, wie Rationalität, Zweckdenken, Gleichgewicht und Opportunitätskostenkalkül. Obwohl die formal-abstrakte Arbeitsweise der Ökonomen oft kritisiert wird, ist es doch gerade der umfassende Einsatz mathematischer Methoden, welcher die hohe Reputation der Volkswirtschaftslehre innerhalb der Sozial- und Wirtschaftswissenschaften begründet. So finden ökonomische Konzepte in steigendem Maße auch in den Arbeiten von Wissenschaftlern benachbarter Disziplinen Verwendung.

> *Resümee: Starken Einfluss auf die aktuelle Theorien- und Modellbildung in der Volkswirtschaftslehre hat die rasante Entwicklung der "New Economy" und die zunehmende Verfügbarkeit von Computerkapazitäten.*

Schlüsselwörter: "New Economy"-Theorien, Experimentelle Volkswirtschaftslehre, Methodische Basis der Volkswirtschaftslehre.

11. Schlussbemerkung

Die ökonomische Ideengeschichte kommt in der volkswirtschaftlichen Lehre häufig zu kurz. Dies ist bedauerlich, weil es eine ungemein spannende Beschäftigung sein kann. Es ist aber auch deswegen ein Nachteil, weil unser heutiges ökonomisches Verständnis sich ideengeschichtlich allmählich entwickelt hat und das Nachvollziehen der Evolution der Ideen in der Dogmengeschichte das Verständnis der modernen Ökonomen erleichtert.

Im weiteren Verlauf der Lektüre dieses Buches wird man auf Begriffe und Paradigmen treffen, die im vorliegenden Kapitel schon angesprochen wurden und die somit leichter verständlich werden und einzuordnen sind. Da moderne Ökonomie durch eine Vielzahl nebeneinander existierender und vielschichtig verzahnter Paradigmen gekennzeichnet ist, braucht gerade der Anfänger eine Orientierungshilfe, um sich mit den "Botschaften" konkurrierender Lehrmeinungen eine eigene Meinung bilden zu können. Dazu ist ein dogmenhistorischer Exkurs sehr nützlich.

Die bisherige Darstellung hat uns gezeigt, dass jede ökonomische Theorie – wie jede andere sozialwissenschaftliche – nur begrenzt universell anwendbar ist. Die Anpassung der ökonomischen Paradigmen an die Gegebenheiten der Realität führt bei neuen Prämissen zu neuen Ergebnissen. Dadurch werden "alte" Ergebnisse nicht falsch, sie sind lediglich nicht mehr relevant. So gesehen ist der heutige Stand der ökonomischen Erkenntnis nur eine Zwischenstation auf einem Weg, der durch die "Umwelt" der herrschenden Wirtschaftsordnung, der Prioritäten im menschlichen Bewusstsein, der aktuellen Probleme und der technologischen Entwicklung geprägt wird.

Es gibt aber auch eine umgekehrte Beeinflussung der menschlichen Realität aufgrund ökonomischer Erkenntnisbildung. So ist die zur Zeit herrschende liberale Wirtschaftsordnung in vielen Ländern der Welt, die Tendenz zum Freihandel und Globalisierung der Märkte bei höchstmöglicher Freiheit individueller Willensentscheidungen, die Gesetzgebung, die individuelle Eigentumsrechte mit sozialer Verpflichtung betont und Leistungsanreize schafft, sicher in hohem Maße durch die ökonomische Denkschule der Neoklassik geprägt. Ökonomische Theoriebildung und eine sich verändernde ökonomische Realität beeinflussen sich also wechselseitig

Dieses einführende Kapitel mag als Wegweiser für das Studium der Ökonomie dienen und zugleich ein Anreiz sein, sich intensiver als in den üblichen volkswirtschaftlichen Curricula gefordert, mit der ökonomischen Dogmengeschichte auseinanderzusetzen.

Fragen und Aufgaben zum 2. Kapitel

1. Welche zentralen gesellschaftlichen Fragen stehen in allen Epochen ökonomischer Theoriebildung im Vordergrund?

2. Welche Gemeinsamkeiten im ökonomischen Verständnis gibt es zwischen den Philosophen der Antike und den Scholastikern? Durch wen und auf welche Weise erfolgt nach der Periode der Scholastiker ein Bruch im ökonomischen Denken?

3. Was steuern die Merkantilisten und Physiokraten für die weitere Entwicklung der Volkswirtschaftslehre bei?

4. Vergleichen Sie die Einschätzung der internationalen Wirtschaftsbeziehungen durch die Merkantilisten mit der RICARDOs!

5. Wie sehen die Physiokraten den Wirtschaftskreislauf? Warum kann dieses System als geschlossen bezeichnet werden?

6. Aus welchem Grund kann es einen Konflikt zwischen individuellen und kollektiven Bedürfnissen geben und wie wird dieser nach Meinung der Klassiker gelöst?

7. MALTHUS' Bevölkerungsgesetz in Verbindung mit der Lohntheorie des natürlichen Preises lässt eine Steigerung des Wohlstands über das Niveau des Existenzminimums nicht zu. SMITH sah die betriebliche Arbeitsteilung als Quelle für Wohlstandssteigerungen. Wie kann dieser Widerspruch aufgelöst werden?

8. Was verbindet und was trennt die sozialistische und die klassische Lehre?

9. Wie erklärt MARX den Zusammenbruch des kapitalistischen Systems? Warum ist es nicht zu diesem Zusammenbruch, sondern zum Zusammenbruch des sozialistischen Systems im ehemaligen Ostblock gekommen?

10. Inwiefern ist die Neoklassik eine Weiterführung der Klassischen Theorie?

11. Welche neuen Ideen bringt die Grenznutzenschule und warum sind diese so bedeutsam für die weitere Theoriebildung?

12. Wie erklärt WALRAS die unsichtbare Hand von SMITH?

13. Was ist der generelle Konflikt zwischen Historischer Schule und Grenznutzenschule?

14. Was sind die Hauptkritikpunkte am ursprünglichen Neoklassischen Vorgehen und welche Fortentwicklungen resultierten daraus?

15. Inwieweit hat KEYNES das klassisch-neoklassische Denken revolutioniert und auf welche Frage lässt sich der Konflikt zwischen Neoklassiker und KEYNESianer reduzieren?

16. Inwieweit ist der Monetarismus eine Gegenrevolution zu KEYNES?

17. Warum ist man von einer rein KEYNESianischen Wirtschaftspolitik abgegangen und was ist an ihre Stelle getreten? Erläutern Sie in diesem Zusammenhang die ökonomische Bedeutung der sogenannten LAFFER-Kurve!

18. Was sind die Gründe dafür, dass Stabilisierungspolitik nach Meinung der Vertreter der neuen klassischen Makroökonomie wirkungslos ist?

Literatur zum 2. Kapitel

Als ein Klassiker zur Geschichte der Nationalökonomie muss an dieser Stelle

Schumpeter, Joseph A. Epochen der Dogmen- und Methodengeschichte. Tübingen 1914.

genannt werden.

Zum Weiterlesen bieten

Oser, Jacob; Brue, Stanley L. The Evolution of Economic Thought. Fourth Edition. Harcourt, Brace, Jovanovich Verlag. San Diego u.a.O. 1988.

einen leicht verständlichen und locker geschriebenen Überblick über die Theoriegeschichte der VWL. Die Darstellung von

Ekelund, Robert B. Jr.; Hébert, Robert F. A History of Economic Theory and Method. Third Edition. Mc Graw-Hill Verlag. New York u.a.O. 1990.

ist dagegen stärker an den jeweiligen Theorien orientiert. Besonders schön ist der ausführliche Teil über die modernen Ansätze der Volkswirtschaftslehre. Empfehlenswert ist auch die Aufsatzsammlung aus der Zeitschrift **WiSt** in:

Issing, Otmar (Hrsg.). Geschichte der Nationalökonomie. Zweite Auflage. Vahlen Verlag. München 1988.

Weitere deutschsprachige Nachschlagewerke über die verschiedenen Epochen der Volkswirtschaftslehre sind

Starbatty, Joachim (Hrsg.). Klassiker des ökonomischen Denkens. Erster Band. Von Platon bis Stuart Mill. Beck Verlag. München 1989.

Brandt, Karl. Geschichte der Volkswirtschaftslehre. Band 2. Vom Historismus bis zur Neoklassik. Haufe Verlag. Freiburg 1993.

und beginnend mit der Grenznutzenschule

Winkel, Harald. Die Volkswirtschaftslehre der neueren Zeit, Dritte Auflage. Wissenschaftliche Buchgesellschaft. Darmstadt 1985.

Die Geschichte der Außenwirtschaftstheorie wird dagegen bei

Niehans, Jürg. Geschichte der Außenwirtschaftstheorie im Überblick. J.C.B. Mohr. Tübingen 1995.

sehr anschaulich dargestellt.

Weniger an den verschiedenen volkswirtschaftlichen Denkschulen orientiert, sondern an der Geschichte der Wirtschaft als solche, ist die ausführliche Darstellung

Borchardt, Knut (Hrsg.). Europäische Wirtschaftsgeschichte (Originalausgabe: The Fontana Economic History of Europe, Herausgegeben von Carlo M. Cipolla). Fünf Bände. Fischer Verlag. Stuttgart u.a.O. 1983-1986.

Ein spezieller Aspekt, nämlich die Entwicklung der Wirtschaftsordnung und -politik in Deutschland in diesem Jahrhundert ab 1933, wird vorzüglich in der Aufsatzsammlung von

Schneider, Jürgen; Harbrecht, Wolfgang. Wirtschaftsordnung und Wirtschaftspolitik in Deutschland (1933-1993). Steiner Verlag. Stuttgart 1996.

behandelt.

GRUNDLAGEN DER MIKROÖKONOMIE

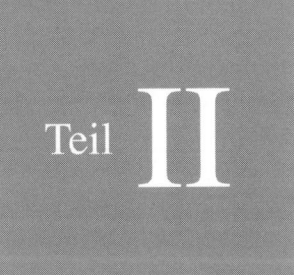

Teil **II**

Kapitel 3
Theorie des Haushalts

Kapitel 3 Theorie des Haushalts

1. Einführung

> Was behandelt die Mikroökonomie? Welche Entscheidungen haben Haushalte, welche haben Unternehmen zu treffen? Welche Funktion kommt den Preisen innerhalb einer Marktwirtschaft zu?

Wir wissen, dass die grundlegende ökonomische Problemstellung in der Knappheit der zur Befriedigung von Bedürfnissen benötigten Güter liegt. Mit diesem Knappheitsproblem ist der Mensch als Verbraucher wie auch als Produzent von Gütern konfrontiert. Als Verbraucher spürt er die Knappheit an der Begrenztheit seines Einkommens, was sich in seiner **Budgetrestriktion** manifestiert. Diese Begrenztheit der monetären Mittel als Knappheit des Geldes bezeichnen zu wollen, wäre jedoch ein Trugschluss. Das Gegenteil ist richtig. Das Geld ist knapp, weil Güter knapp sind. Und Güter sind knapp, weil die Ressourcen zu ihrer Produktion knapp sind. Die menschliche Arbeitskraft ist eine solche Ressource, wir sprechen hier auch von **Produktionsfaktor**. Die Entlohnung dieses Produktionsfaktors stellt das Einkommen des Verbrauchers dar und bestimmt damit seine Budgetrestriktion.

Ein repräsentativer Haushalt fällt somit zwei für ihn wichtige Entscheidungen: Die des Verbrauches an Gütern – wir sprechen hier von **Konsumentscheidung** – und die der Beteiligung an der Gütererzeugung – wir sprechen hier von **Arbeitsangebotsentscheidung**.

Eine Arbeitsangebotsentscheidung wird jedoch dann erst zu Einkommen, wenn die menschliche Arbeitskraft in der Produktion eingesetzt und eine Güternachfrage erst dann zu Konsum, wenn die gewünschten Güter tatsächlich produziert werden. In einer **Robinson-Crusoe-Ökonomie** werden alle diese Entscheidungen von einem einzigen Haushalt getroffen. In einer arbeitsteiligen Ökonomie fallen Verbrauchs- und Produktionsentscheidungen jedoch auseinander. Werden Entscheidungen über die Gütererzeugung und dessen Ressourcenverbrauch getroffen, sprechen wir daher von **Unternehmung**.

Die **Mikroökonomie** befasst sich mit den Entscheidungen von Haushalten und Unternehmungen sowie deren Zusammenwirken. Die Koordination der Pläne einzelner Haushalte und Unternehmungen erfolgt über **Märkte**. Bestehen Differenzen zwischen Angebots- und Nachfragewünschen, so spielt der **Preis** die Rolle eines Steuerungsinstrumentes. Ist z.B. die Brötchenproduktion eines Bäckers bei hohen Brotpreisen größer als die Nachfrage der Haushalte, so stimmen Angebots- und Nachfragepläne erst dann überein, wenn bei sinkendem Brötchenpreis mehr gekauft und weniger produziert wird. Die Preise fungieren also als Richtschnur für die Entscheidungen der Unternehmungen und Haushalte in Bezug auf die Produktion und den Konsum. Zugleich wird dabei über den Faktoreinsatz alternativ verwendbarer, knapper Faktoren entschieden. Wenn beispielsweise der Preis eines

Gutes hoch ist, weil große Nachfrage nach ihm herrscht, ist dies ein Signal für die Produzenten, die Produktion dieses Gutes zu steigern. Die Unternehmer erblicken Gewinnmöglichkeiten und setzen Produktionsfaktoren ein, die alternativer Verwendung entzogen werden, um auf diese Weise stark gefragte Artikel erzeugen zu können. Ist die Koordination ökonomischer Aktivitäten über Märkte und durch Preise dominant in einer Volkswirtschaft, so spricht man von **Marktwirtschaft**.

Obwohl in den Preisen oft Knappheitsverhältnisse zum Ausdruck kommen, so gibt es doch Fälle, in denen dies nicht der Fall ist. Bereits in der Einführung kamen Umweltprobleme zur Sprache. Die Knappheit an sauberer Luft, reinem Wasser und Naturschutzgebieten kommt nicht oder nur mangelhaft in den Preisen zum Ausdruck. Eine Schwierigkeit besteht auch darin, dass sich die Bedürfnisse künftiger Generationen an Erholung und natürlicher Umwelt nicht in den heutigen Preisen widerspiegeln, obwohl doch diesen zukünftigen Verhältnissen ebenfalls Rechnung getragen werden sollte. Es gibt deshalb häufige Diskussionen über die Wirkungsweise des Preismechanismus, die Rolle des Staates und der Notwendigkeit, die Resultate des **Preismechanismus** zu korrigieren. Will man sich an dieser Diskussion auf fruchtbare Weise beteiligen, dann setzt dies den Einblick in die Art und Weise voraus, in der die Preise in unserer Gesellschaft zustande kommen.

> *Resümee: Ein Haushalt fragt Güter nach und bietet Arbeit an; eine Unternehmung bietet Güter an und fragt Arbeit nach. Die Koordination der Angebots- und Nachfragepläne erfolgt über Märkte. Als Steuerungsinstrument fungiert der Preis. Eine Marktwirtschaft nennen wir eine Ökonomie, bei der die Koordination ökonomischer Aktivitäten über Märkte und Preise erfolgt. Auf dieser Annahme baut unsere weitere Argumentation auf.*

Schlüsselwörter: Budgetrestriktion, Produktionsfaktor, Haushalt, Konsumentscheidung, Arbeitsangebotsentscheidung, Robinson-Crusoe-Ökonomie, Unternehmung, Mikroökonomie, Märkte, Preis, Marktwirtschaft, Preismechanismus.

2. Die Wahlmöglichkeiten des Haushalts

> Was ist der Konsumplan eines Haushalts, und welche Konsumpläne lassen sich verwirklichen?

Ein Haushalt ist Verbraucher von Gütern und Bezieher von Einkommen. In der Verwendung seines Einkommens trifft der Haushalt eine Entscheidung über seinen Güterverbrauch heute und morgen, oder anders ausgedrückt, über **Konsum** und **Sparen**. So gesehen ist Sparen eine **intertemporale Verbrauchsentscheidung**. Wenn wir im Folgenden die Grundprinzipien der Verbrauchsentscheidung betrachten, können wir uns auf den Konsum beschränken. Die Konsumentscheidung erfolgt natürlich nicht unabhängig von der Entscheidung über die **Einkommensentstehung**. In der Realität sind indes die Wahlmöglichkeiten eines Haushalts über

Art und Umfang seiner Arbeitstätigkeit sehr eingeschränkt. Deshalb wollen wir schrittweise vorgehen und zunächst das Arbeitsangebot und damit das Einkommen eines Haushalts als gegeben betrachten.

Abbildung 3.1:   *Konsumplan und Budgetrestriktion*

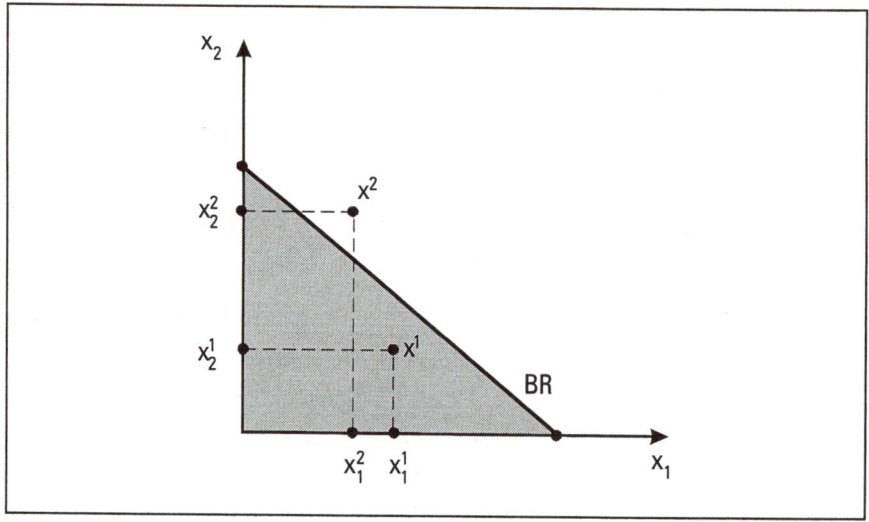

Wenn ein Haushalt nicht spart, wie wir hier annehmen wollen, kann das gesamte Einkommen für Konsumzwecke verwandt werden. Der **Konsumplan** als Kombination der Güterverbrauchswünsche des Haushalts ist bei gegebenen Güterpreisen der finanziellen Restriktion des Einkommens, der **Budgetrestriktion**, unterworfen. Dies verdeutlicht die Abbildung 3.1.

Im Falle zweier Güter x_1 und x_2 sind die Konsumpläne in der geometrischen Interpretation alle Kombinationen (x_1, x_2) im positiven Orthanten des Koordinatensystems. Der Konsumplan $x^1 = (x_1^1, x_2^1)$ besteht aus x_1^1 Mengeneinheiten des Gutes 1 und x_2^1 Mengeneinheiten des Gutes 2. Nicht jeder Konsumplan ist vom Haushalt finanzierbar, wenn das Einkommen gegeben ist und Güter Geld kosten. Für unser Zwei-Güter-Beispiel seien p_1, p_2 die dem Haushalt vorgegebenen und nicht vom Konsumplan abhängigen Güterpreise und Y das Haushaltseinkommen. Dann ist

(1) $$Y = p_1 x_1 + p_2 x_2$$

die Gleichung der Budgetrestriktion. In der geometrischen Darstellung entspricht der Budgetrestriktion die **Budgetgerade** *BR* in der obigen Abbildung. Diese Gerade ist also der geometrische Ort aller Konsumpläne (x_1, x_2), bei denen das Einkommen Y voll verausgabt wird. Jeder zusätzliche Konsum und damit alle Konsumpläne, die wie x^2 oberhalb der Bilanzgerade liegen, sind mit dem Einkommen des Haushalts nicht finanzierbar. Also beschränken sich die Konsumwahlmöglichkeiten eines Haushalts auf die in Abbildung 3.1 schraffierte **Budgetmenge**.

Resümee: Die Wahlmöglichkeiten eines Haushalts beziehen sich auf den Konsum, die Ersparnisbildung und das Arbeitsangebot. Die Wahl erfolgt simultan. Zur Beschreibung und Analyse empfiehlt sich eine gedankliche Trennung. Da Sparen als intertemporale Verbrauchsentscheidung aufgefasst werden kann, beschränken wir uns im Folgenden auf die Konsumwahl und das Arbeitsangebot.

Schlüsselwörter: Konsum, Sparen, Intertemporale Verbrauchsentscheidung, Einkommensentstehung, Konsumplan, Budgetrestriktion, Budgetgerade, Budgetmenge.

3. Die Präferenzen des Haushalts

Wie lassen sich individuelle Präferenzen im Zwei-Güter-Raum graphisch darstellen? Was ist der Nutzenpreis eines Gutes?

Ein Konsument, der etwas kauft, hat bewusst oder unbewusst verschiedene Kaufmöglichkeiten gegeneinander abgewogen und schließlich eine Wahl, d.h. eine Vorliebe für das Güterbündel, das er sich anschafft, ausgesprochen. Die Theorie des Konsumentenverhaltens basiert somit auch auf dem Gedanken, dass der Konsument Präferenzen ausdrücken kann. Zur Verdeutlichung wollen wir annehmen, dass es sich in unserem bestimmten Fall stets um zwei Güter, nämlich Äpfel und Birnen, dreht. Der Konsument sagt z.B., dass er lieber 10 Äpfel und 2 Birnen als 9 Äpfel und 4 Birnen hat. Er drückt dann eine **Präferenz** für die erstgenannte Kombination von Äpfeln und Birnen aus.

Das Erklären von Präferenzen ist kein Untersuchungsziel der Mikroökonomie, wohl aber die Beschreibung der Eigenschaften dieser Präferenzen. Ist ein Konsument in der Lage, alle Konsumpläne von z.B. Äpfeln und Birnen gemäß seiner Präferenzen zu unterscheiden, sprechen wir von der **Präferenzordnung** des Haushalts im Güterkonsum. Ein Konsument, der Präferenzen ausdrücken kann, kann auch Indifferenzen deutlich machen. Jemand, der sagen kann, dass er das eine dem anderen vorzieht, kann auch sagen, dass ihm eine Güterkombination so lieb ist wie eine andere. Das Aussprechen von Indifferenzen für verschiedene Güterkombinationen bedeutet, dass der Konsument allen diesen Kombinationen denselben **Nutzen** zuerkennt.

Wenn wir entlang der Abszisse der Abbildung 3.2 die Menge der Birnen auftragen und auf der Ordinate die Menge der Äpfel, dann stellt jeder Punkt dieses Schaubildes eine bestimmte Kombination von Birnen und Äpfeln dar. Die Güterkombination OA Birnen und OH Äpfel (Punkt P) stiftet einem bestimmten Konsumenten ebensoviel Nutzen, wie Kombination *OB* Birnen und *OG* Äpfel (Punkt *Q*). Verbinden wir nun alle Punkte, die Güterkombinationen darstellen, welche denselben Nutzen stiften, dann erhalten wir eine **Indifferenzkurve.** Die oben bereits genannten Punkte liegen auf der Indifferenzkurve I_1.

Die Kombination *OB* Birnen und *OH* Äpfel (Punkt *T*) wird dem Konsumenten einen höheren Nutzen stiften als die Kombination *P*, die auf der Kurve I_1 liegt. Alle Güterkombinationen, die dem Konsumenten denselben Nutzen stiften wie die Güterkombination im Punkt *T*, liegen auf der Indifferenzkurve I_2. Eine weiter vom Ursprung *O* entfernte Indifferenzkurve stellt also die Güterkombinationen dar, die mehr Nutzen stiften als die Kurven, die dichter am Ursprung liegen. Dies setzt jedoch voraus, dass bei allen denkbaren Konsumplänen ein Haushalt lieber mehr als weniger konsumiert. Diese Annahme der **Nichtsättigung** dürfte in der Realität nicht in allen Fällen so plausibel sein, wie es im ersten Moment zu sein scheint. Dennoch ist sie zur Beschreibung der Präferenzen, bezogen auf "normale" Konsumpläne, sehr nützlich, wie wir im Folgenden sehen werden.

Abbildung 3.2:   *Indifferenzkurven*

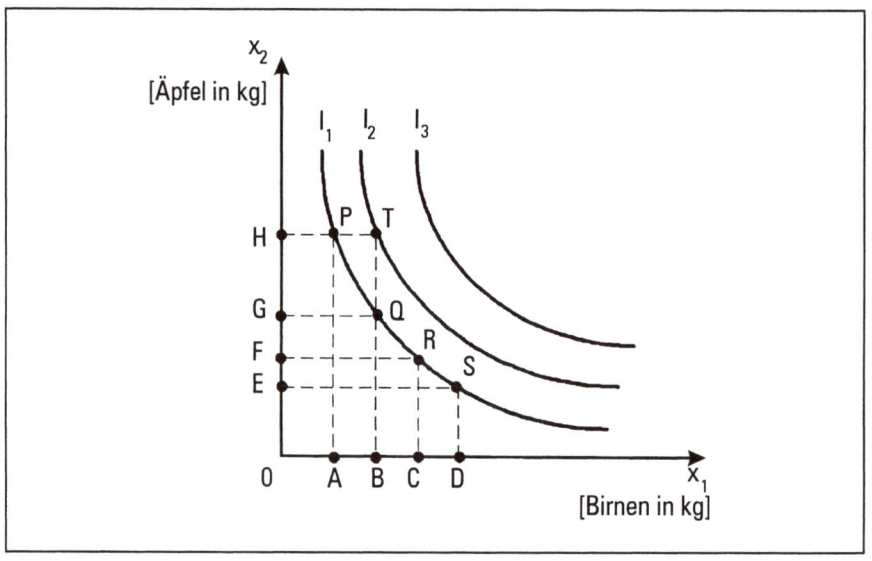

Wenn Indifferenzkurven Ausdruck der Gleichbewertung durch den Konsumenten darstellen, so kann man unterschiedliche Indifferenzkurven nach dem "Grad" der Nützlichkeit indizieren. In der Mikroökonomie spricht man auch vom **Nutzenindex**. Für unser Beispiel von Abbildung 3.2 wäre dann

(2) $$u_{I_1} < u_{I_2} < u_{I_3}$$

wenn u für den Nutzen steht und der Index I_1, I_2, I_3 die zugehörigen Indifferenzkurven kennzeichnet. In der Nutzentheorie der Mikroökonomie lässt sich nachweisen, dass man den Nutzenindex als Funktionswert einer wohldefinierten **Nutzenfunktion** darstellen kann, die jeder Güterkombination eine reellwertige Zahl zuordnet. Dies ist von dem französischen Nobelpreisträger GÉRARD DEBREU (*1921) nachgewiesen worden. Wir können damit Ungleichung (2) umformen zu

$$(3) \qquad\qquad u(x^1) < u(x^2) < u(x^3),$$

wenn x^1, x^2, x^3 für beliebige Güterkombinationen der jeweiligen Indifferenzkurve I_1, I_2, und I_3 stehen. In der **ordinalen** Nutzentheorie ist der Funktionswert einer Nutzenfunktion völlig unerheblich. Wichtig ist nur, dass die ordinale Reihung der Indifferenzkurven auch in den Funktionswerten zum Ausdruck kommt. So muss eine weiter rechts liegende Indifferenzkurve einen höheren Nutzenwert haben als eine weiter links liegende.

In der **kardinalen** Nutzentheorie ist dies anders. Hier hat auch die Größe des Abstandes zwischen zwei Indifferenzkurven eine Bedeutung. In der Mikroökonomie ist diese Annahme umstritten. Wir versuchen daher mit den Annahmen der ordinalen Nutzentheorie auszukommen.

Eine noch nicht beantwortete Frage ist, warum in der obigen Abbildung die Indifferenzkurven zum Ursprung hin gekrümmt – wir sagen auch **konvex** zum Ursprung – sind.

Zu diesem Zweck betrachten wir die Güterkombination P, Q, R und S auf der Indifferenzkurve I_1. Während die Menge Birnen von P nach Q, von Q nach R und von R nach S um je eine Einheit zunimmt, nimmt die Apfelmenge um eine unterschiedliche Anzahl Einheiten ab. Was bedeutet dies? Da P, Q, R und S Güterkombinationen sind, die denselben Nutzen stiften, ist der Konsument offenbar bereit, das erste Mal mehr Äpfel zu geben, um eine zusätzliche Birne einzutauschen (von P nach Q) als im zweiten Fall (von Q nach R) usw. Nun ist im zweiten Fall sein Apfelvorrat geringer als im ersten Fall, wohingegen für die Birnen das umgekehrte gilt. Wir müssen daraus schließen, dass der Konsument den Verlust eines Apfels im zweiten Fall als schwerwiegender empfindet als in der vorigen Situation. Wir sagen, dass der zusätzliche Nutzen, den ein Konsument einer Einheit seines Vorrats zuerkennt, sich in dem Maße vergrößert wie der Vorrat sich verkleinert. Wenn man von den Birnen ausgeht, kann man auch sagen, dass der Konsument einer zusätzlichen Birne in dem Maße weniger Nutzen zuerkennt, in dem er über einen größeren Birnenvorrat verfügt. Kurz formuliert: Die relative Wertschätzung von Birnen, gemessen in Äpfeln, sinkt mit größerem Birnenvorrat.

Diese Überlegung gilt für jede gegebene Indifferenzkurve analog. Akzeptiert man diese Überlegung als Erfahrungssatz, so ist die Konvexität der Indifferenzkurven gerechtfertigt.

Abbildung 3.3:   *Nutzenpreis der Birnen*

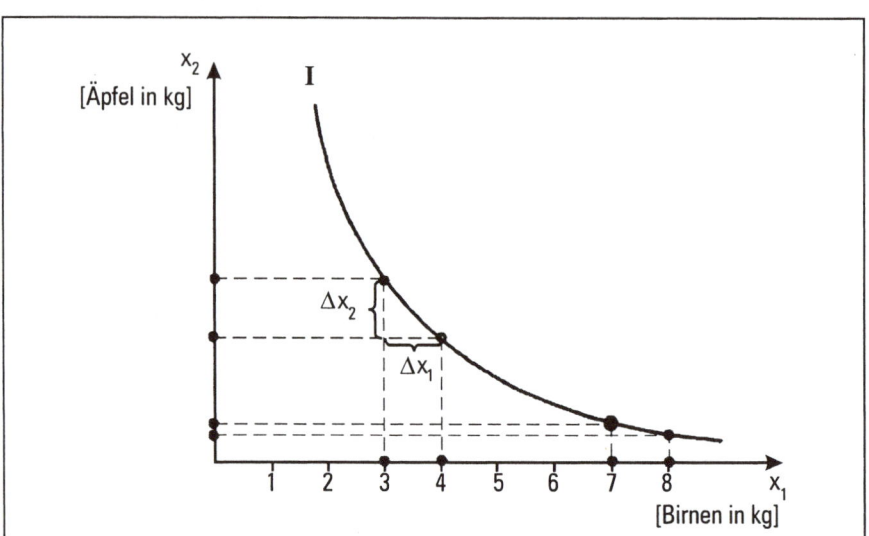

In der Sprache der Mikroökonomie heißt es: Wir setzen die Eigenschaft der abnehmenden Grenzrate der Substitution voraus. Das bedeutet nichts anderes, als dass bei unverändertem Nutzen das Austauschverhältnis Äpfel gegen Birnen oder damit äquivalent der **Nutzenpreis** der Birnen in Apfeleinheiten mit zunehmendem Birnenvorrat abnimmt. Der Nutzenpreis der Birnen entspricht dem Substitutionsverhältnis $\Delta x_2 / \Delta x_1$ zwischen Äpfeln (x_2) und Birnen (x_1). Im Grenzfall bei beliebiger Teilbarkeit der Gütermengen ist daher der Nutzenpreis gleich der **Grenzrate der Substitution** und diese mit

(4) $$GRS_{x_1,x_2} = \left| \frac{dx_2}{dx_1} \right|$$

nichts anderes als der positive Wert der Steigung der Indifferenzkurve.

Für mehr als zwei Güter gelten diese Überlegungen analog. Es gibt Präferenzen, somit Indifferenzkurven und Grenzraten der Substitution, zwischen jeweils zwei Gütern als Ausdruck der Nutzenbewertung ihrer gegenseitigen Substitution.

Resümee: *Die Präferenzordnung eines Haushalts lässt sich über Indifferenz-kurven beschreiben, die den geometrischen Ort der Güterkombinationen glei-chen Nutzens darstellen. In der ordinalen ist im Gegensatz zur kardinalen Nutzentheorie nur die Reihung und nicht der Abstand von Indifferenzkurven von Bedeutung. In der Konvexität der Indifferenzkurve steckt die Annahme, dass der Nutzenpreis eines Gutes, gemessen in Einheiten eines anderen Gutes, abnimmt, je mehr von einem Gut verfügbar ist.*

Schlüsselwörter: Präferenzen, Präferenzordnung, Nutzen, Indifferenzkurve, Nichtsättigung, Nutzenindex, Nutzenfunktion, Ordinale und kardinale Nutzentheo-rie, Nutzenpreis, Grenzrate der Substitution.

4. Der optimale Konsumplan

Wie lässt sich der optimale Konsumplan bei einem Haushalt, dessen Budget Restriktionen unterliegt, graphisch ausdrücken? Welcher Zusammenhang be-steht zwischen Nutzenpreis und Kostenpreis eines Gutes im optimalen Kon-sumplan?

Ein Haushalt erstellt seinen Konsumplan unter Beachtung seiner Budgetsituation. Damit beschränken sich seine Wahlmöglichkeiten auf die Budgetmenge, die wir im Zwei-Güter-Fall von Abbildung 3.1 als schraffierte Fläche aller Gütermengen-kombinationen auf oder unterhalb der Budgetgerade charakterisiert hatten.

Nehmen wir die Präferenzordnung des Haushalts hinzu, so lässt sich der Nutzen jeder der möglichen Konsumpläne über die zugehörige Indifferenzkurve mit dem Nutzen anderer Konsumpläne vergleichen. Unterstellen wir, dass Konsumenten nach maximaler Bedürfnisbefriedigung streben, so ist der **optimale Konsumplan** derjenige, der zu maximalem Nutzen führt.

In der Geometrie des Zwei-Güter-Falles lässt sich der optimale Konsumplan gra-phisch leicht ermitteln, wenn das Haushaltseinkommen und die Güterpreise gege-ben sind. Kombinieren wir dazu die Abbildungen 3.1 und 3.2 zu 3.4.

Die **Budgetgerade** AE begrenzt die Menge der schraffiert eingezeichneten Kon-sumpläne nach oben. Jeder Konsumplan auf und unterhalb der Budgetgeraden ist vom Haushalt finanzierbar; Konsumpläne oberhalb AE sind dagegen bei gegebe-nem Einkommen und festen, vom Konsumplan unabhängigen Güterpreisen nicht finanzierbar. Das erkennt man aus (1), der Gleichung der Budgetrestriktion. Löst man diese nach x_2 auf, so erhält man mit

$$(5) \qquad x_2 = -\frac{p_1}{p_2}x_1 + \frac{Y}{p_2}$$

einen Ausdruck für diejenige Menge an Äpfeln, die vom Budget Y gekauft werden kann, falls zum Preis p_1 schon x_1 Birnen in der Einkaufstasche liegen.

Abbildung 3.4:   *Optimaler Konsumplan*

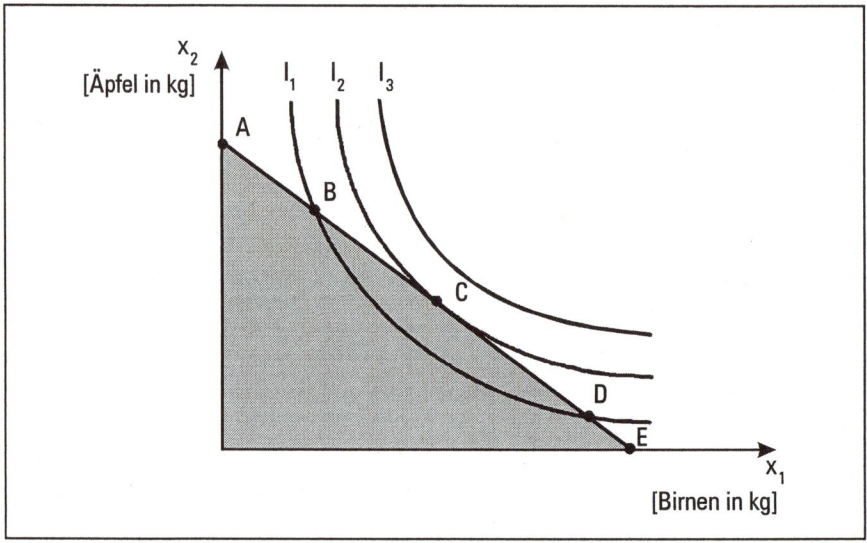

Offensichtlich bleibt zum Apfelkauf nichts übrig, wenn bereits $x_1 = Y/p_1$ kg Birnen gekauft wurden. Damit ist $x_2 = 0$. Durch den Konsumplan E $(x_1 = Y/p_1, x_2 = 0)$ kann diese Konstellation charakterisiert werden. Für den nur in Äpfel eingesetzten Konsumplan steht A $(x_1 = 0, x_2 = Y/p_2)$ völlig analog. Mischungen im Konsumplan sind genau dann finanzierbar, wenn mit

(6) $$p_1 \Delta x_1 = -p_2 \Delta x_2$$

ein mehr an Birnen $(\Delta x_1 > 0)$, bewertet zu den Birnenpreisen p_1, den Einsparungen $-p_2 \Delta x_2$ im Apfelkauf äquivalent ist. Alle Mischungen im Konsumplan müssen daher mit dem **Kostenpreis**

(7) $$\frac{\Delta x_2}{\Delta x_1} = -\frac{p_1}{p_2}$$

bewertet werden. Dies gerade ist die Steigung der Budgetrestriktion AE. Wird also das gegebene Budget voll verausgabt, liegen alle Konsumpläne auf AE. Sie liegen darunter, wenn eingedenk der Mühen eines Einkaufganges aus dem Budget auch noch ein Entspannungsschoppen Wein gezahlt werden soll.

Wo liegt nun auf der Budgetgerade der für den Haushalt optimale Konsumplan? Sicherlich dort, wo er den höchsten Nutzen realisieren kann. Das wird nicht in A

oder E sein, auch nicht in B, denn jede weitere Umschichtung von Äpfeln gegen Birnen vergrößert den Nutzen bis in C die **Indifferenzkurve** I_2 erreicht ist.

Hier stimmen die Steigungen der Indifferenzkurve und der Budgetrestriktion überein und damit auch der Nutzen- und der Kostenpreis der Substitution von Äpfeln gegen Birnen. Also ist mit

(8) $$GRS_{x_1,x_2} = p_1 / p_2$$

das Übereinstimmen von Grenzrate der Substitution und Preisverhältnis die charakteristische Bedingung für den optimalen Konsumplan.

> **Resümee:** *Strebt ein Haushalt nach maximal möglicher Bedürfnisbefrie-digung, so ist es rational, ausschließlich Konsumpläne auf der Budgetgeraden zu realisieren. Der optimale Konsumplan ist derjenige, der zu maximalem Nutzen führt. Er liegt dort, wo Budgetgerade und Indifferenzkurve sich tangie-ren. Für diesen Konsumplan stimmen Kosten- und Nutzenpreise überein. Damit entspricht die Grenzrate der Substitution zweier Güter deren Preisver-hältnis.*

Schlüsselwörter: Optimaler Konsumplan, Kostenpreis.

5. Der optimale Konsumplan bei Preis- und Einkommensänderungen

> Wie ändert sich die nachgefragte Menge eines Gutes bei einer Preisänderung eines anderen Gutes und wie bei einer Erhöhung des Einkommens?

Bei der Wahl des Konsumplanes sind Preise und Einkommen für den Haushalt ein Datum. Wir gehen davon aus, dass das Einkommen des Konsumenten 100,- DM pro Woche und die Preise für Äpfel und Birnen jeweils 1,- DM bzw. 2,- DM pro kg betragen und dass der Konsument sein ganzes Einkommen in Äpfeln und Birnen anlegt. Zudem soll für den Konsumenten gelten, dass ihm bei Mehrkauf kein Rabatt eingeräumt wird. Wenn er also z.B. 4 oder 40 kg Äpfel einkauft, so muss er doch stets 1 kg Äpfel mit 1,- DM bezahlen.

Wenn dies so ist, sagen wir, dass der Konsument **Mengenanpasser** ist. Der Preis ist gegeben, er kann allein bestimmen, welche Menge er kaufen will.

Wir unterstellen, dass obengenannter Konsument Mengenanpasser ist. Gibt er sein ganzes Einkommen für Äpfel aus, dann kauft er 100 kg Äpfel; kauft er aber aus-schließlich Birnen, dann würde die entsprechende Menge Birnen 50 kg betragen. In der Abbildung 3.5 sind diese Mengen entsprechend auf der x_2 - und x_1 - Achse aufgezeichnet, angedeutet mit den Buchstaben A und E.

Abbildung 3.5:   *Optimaler Konsumplan bei Preisänderungen*

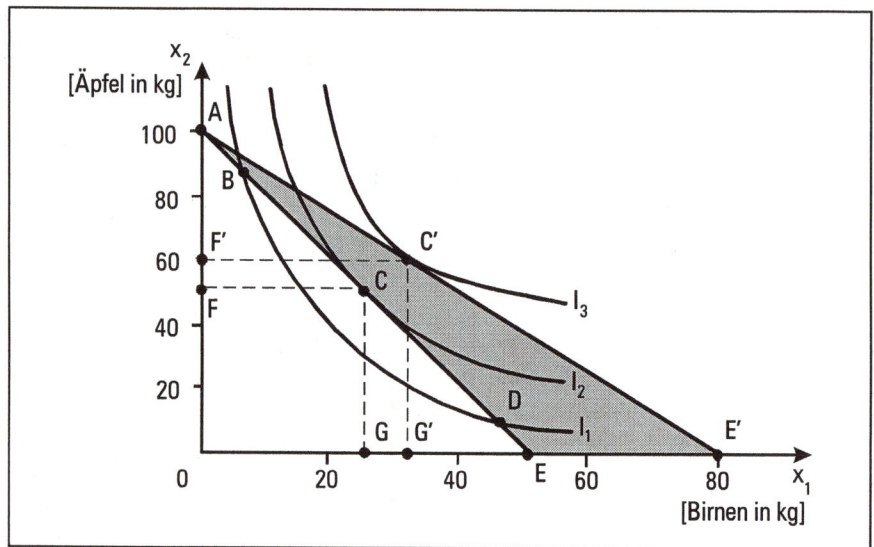

Der **optimale Konsumplan** liegt in *C* auf der Budgetgeraden *AE*. Der Nutzen ist am größten, wenn *OF* kg Äpfel und *OG* kg Birnen gekauft werden. Wir wollen nun annehmen, dass die Gemüsehändler den Preis für Birnen auf 1,25 DM pro kg festsetzen. Die Birnen werden also billiger. Wie wird unser Konsument auf die Preissenkung reagieren?

Gibt der Konsument sein ganzes Einkommen für Birnen aus, dann kann er hierfür nun 80 kg Birnen kaufen.

Der Punkt *E* verschiebt sich auf der Abszisse nach rechts. Die Quantität Äpfel, die er kaufen kann, wenn er sein ganzes Einkommen für Äpfel ausgibt, bleibt dagegen unverändert.

Die neue Budgetgerade ist also *AE'* und die schraffierte Fläche zwischen der alten und neuen Budgetgerade verdeutlicht die Menge der zusätzlichen Konsumoptionen. Den neuen optimalen Konsumplan finden wir, indem wir die Indifferenzkurve aufsuchen, die die neue Budgetgerade *AE'* gerade tangiert. Der Tangentialpunkt ist *C'*. Die optimale Kombination besteht nun aus *OF'* Äpfeln und aus *OG'* Birnen.

Wenn ausschließlich der Birnenpreis sinkt, fällt auf, dass der Konsument in diesem Fall sowohl mehr Birnen als auch mehr Äpfel kaufen wird. Der Birnenpreis scheint also nicht allein die Quantität der nachgefragten Birnen, sondern auch die nachgefragte Menge Äpfel zu beeinflussen. Wir sagen, dass die nachgefragte Menge Birnen eine Funktion des Birnenpreises **und** des Apfelpreises ist. Genauso gilt, dass die nachgefragte Apfelmenge von **beiden** Preisen abhängig ist.

Dieses auf den ersten Blick merkwürdige Resultat ist die Folge des Umstandes, dass jede Preisänderung auch das Realeinkommen der Konsumenten verändert. Das **Realeinkommen** gibt das Güterpaket an, das mit dem nominalen Einkommen gekauft werden kann. Wenn der Preis für Rasierklingen fällt, ist es nicht nur möglich, mehr Rasierklingen zu kaufen, sondern es entsteht auch Spielraum, um von anderen Artikeln mehr zu erwerben. Ergo: Das Realeinkommen steigt.

Allgemein: Die nachgefragte Menge eines jeden Gutes ist eine Funktion aller Güterpreise.   □

Als Gedankenexperiment lassen sich die aus Preisänderungen resultierenden Konsumplanänderungen in einen **Einkommenseffekt** und einen **Substitutionseffekt** zerlegen. Der erste gibt die Konsumänderung wieder, die durch die Veränderung des Realeinkommens bzw. der Kaufkraft bedingt ist. Der zweite dagegen gibt die Substitution zwischen teurer und billiger gewordenen Gütern an. In der angewandten Mikroökonomie ist diese Unterscheidung von großem Nutzen. Darauf können wir im Rahmen dieses Buches aber nicht weiter eingehen.

Abbildung 3.6: *Optimaler Konsumplan bei Einkommensänderungen*

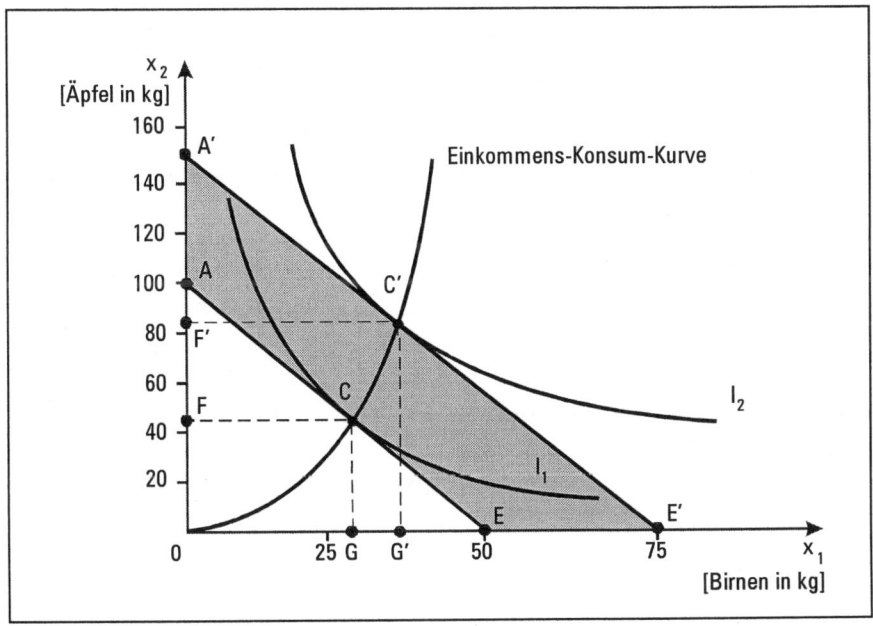

Der optimale Konsumplan ändert sich auch, wenn sich bei gleichbleibenden Preisen das **Einkommen** ändert. Steigt es von 100,- DM auf 150,- DM pro Woche, verschiebt sich die Budgetgerade parallel nach rechts und die schraffierte Fläche zwischen der alten und neuen Budgetgerade verdeutlicht die Menge der zusätzlichen Konsumoptionen. Gesetzt den Fall, der Apfelpreis betrage wieder 1,- DM pro kg und der Birnenpreis 2,- DM pro kg, dann kann der Konsument, indem er sein ganzes Einkommen für Äpfel ausgibt, 150 kg Äpfel kaufen. Gibt er sein ganzes Einkommen für Birnen aus, vermag er 75 kg Birnen zu erwerben. Der Tangentialpunkt der neuen Budgetgerade mit der höchsten erreichbaren Indifferenzkurve ist der Punkt C' in Abbildung 3.6. Ausgehend vom selben Preisverhältnis von Äpfeln und Birnen und dem größeren Einkommen wird der Konsument nun eine Güterkombination wählen, bei der er sowohl über mehr Äpfel (von OF nach OF') als auch über mehr Birnen (von OG nach OG') verfügt.

> **Allgemein**: Die nachgefragte Menge eines jeden Gutes ist eine Funktion des Einkommens.   □

Verbindet man alle Tangentialpunkte C bei variierendem Einkommen, so erhält man die **Einkommens-Konsum-Kurve** (*EKK*) . Diese hat eine positive Steigung, wenn beide Güter bei steigendem Einkommen mehr nachgefragt werden. In diesem Fall spricht man von **superioren** Gütern. Güter, die bei einer Einkommenserhöhung in geringerer Menge als vorher nachgefragt werden, bezeichnet man als **inferior**. Dieser Fall ist gar nicht so selten, wie es auf den ersten Blick scheint. Ein Beispiel ist die Substitution von Margarine gegen Butter bei steigendem Haushaltseinkommen. Solche Substitutionsprozesse von "minderwertigen" gegen "höherwertige" Konsumgüter bei steigendem Wohlstand gibt es in der Realität sogar sehr häufig. Aus der *EKK* lassen sich für die nachgefragten Mengen jeder der beiden betrachteten Güter sogenannte **Einkommensnachfragekurven** ermitteln, die man als Graph von Nachfragefunktionen interpretieren kann. Die nachgefragten Mengen variieren dabei nur mit dem Einkommen, während die Preise konstant gehalten werden. Die Einkommensnachfragekurve wird zu Ehren des deutschen Statistikers CH. L. ERNST ENGEL (1821-1896), der Mitte des 19. Jahrhunderts den Zusammenhang zwischen Nahrungsmittelnachfrage und Einkommensentwicklung untersuchte, auch **Engel-Kurve** genannt.

> *Resümee: Der optimale Konsumplan und damit die nutzenmaximale Nachfrage nach jedem Gut ist sowohl eine Funktion der Güterpreise wie eine Funktion des Haushaltseinkommens. Die Einkommens-Konsum-Kurve stellt den geometrischen Ort aller optimalen Konsumpläne bei Variation des Haushaltseinkommens dar. In Abhängigkeit von ihrem Verlauf unterscheidet man superiore und inferiore Güter.*

Schlüsselwörter: Mengenanpasser, Realeinkommen, Einkommenseffekt, Substitutionseffekt, Einkommens-Konsum-Kurve, Superiore und inferiore Güter, Einkommensnachfragekurven.

6. Die Güternachfragefunktion

> Welche Beziehung beschreibt eine Nachfragefunktion? Wie kommt eine Gesamtnachfragekurve zustande?

Aus dem Vorhergehenden ist zu ersehen, welche Güterkombination, bestehend aus Äpfeln und Birnen, der Konsument bei gegebenem Einkommen, gegebenen Güterpreisen und gegebener Präferenzordnung kaufen wird.

Ändert sich einer der beiden Preise, so wird sich auch die optimale Kombination von Birnen und Äpfeln ändern, wie wir gesehen haben.

Betrachten wir nun die Birnen: Es lässt sich feststellen, wieviele davon ein Konsument bei alternativen Birnenpreisen nachfragen wird. Die Beziehung zwischen Preis und nachgefragter Menge des betreffenden Gutes nennt man **Nachfragefunktion** und ihre geometrische Darstellung **Nachfragekurve**. Die Nachfragekurve hat zumeist einen von links nach rechts fallenden Verlauf: Aus einem höheren Preis resultiert eine geringere nachgefragte Menge und aus einem niedrigeren Preis dementsprechend eine höhere nachgefragte Menge.

Abbildung 3.7: *Nachfragekurve nach Birnen*

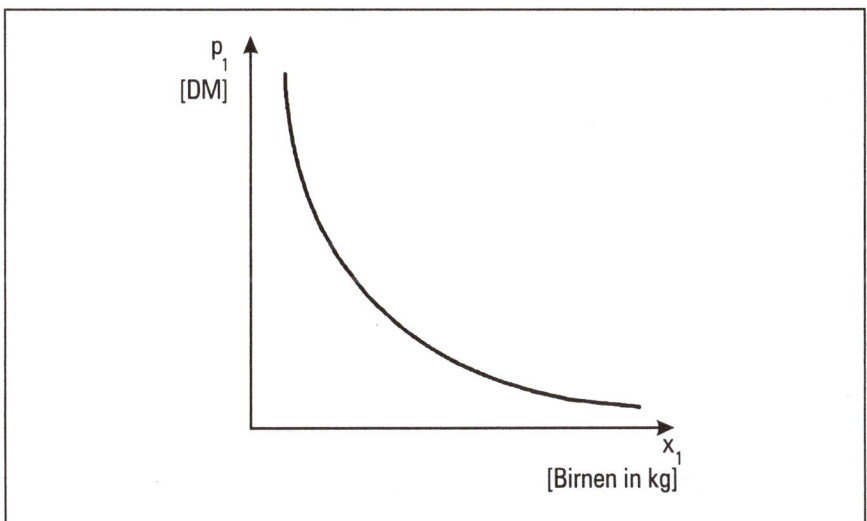

Die in Abbildung 3.7 dargestellte Nachfragefunktion nach Birnen ist jedoch nicht unabhängig von den anderen Güterpreisen. In unserem Zwei-Güter-Beispiel von Abbildung 3.5 wird ersichtlich, dass eine Preissenkung für Birnen zu einer Mehrnachfrage nach Birnen und Äpfeln führt. Deshalb beschreibt die obige Nachfragefunktion nur ceteris paribus das individuelle Nachfrageverhalten eines Haushalts.

Die **allgemeine Nachfragefunktion** für Birnen und Äpfel lässt sich für einen Haushalt dann schreiben als

(9.1) $$x_1 = x_1(p_1, p_2, Y),$$

(9.2) $$x_2 = x_2(p_1, p_2, Y).$$

Dabei haben wir berücksichtigt, dass – wie uns die ENGEL-Kurve zeigt – auch das Haushaltseinkommen Y die Nachfrage nach Birnen und Äpfeln beeinflusst.

Ist ein Haushalt Mengenanpasser, so wird er bei von ihm nicht veränderbaren Preisen p_1 und p_2 auf der Grundlage des Haushaltseinkommens Y seine individuelle allgemeine Nachfrage nach Gütern so äußern, dass er mit

(10) $$p_1 x_1(p_1, p_2, Y) + p_2 x_2(p_1, p_2, Y) = Y$$

seiner Budgetrestriktion genügt und zugleich die Mischung zwischen x_1 und x_2 nutzenmaximal ist.

Nun ist die Nachfrage nur eines Konsumenten nach Birnen ein Bruchteil der Gesamtnachfrage aller Konsumenten nach Birnen. Wollen wir wissen, wieviel Birnen auf dem Markt für Birnen insgesamt bei alternativen Preisen nachgefragt werden, so können wir mit Hilfe der **horizontalen Aggregation** der individuellen Nachfragekurven eine **Gesamtnachfragekurve** bilden. Dabei wird c.p. der Preis aller anderen Güter und das Einkommen der jeweiligen Konsumenten konstant gelassen.

Abbildung 3.8: *Gesamtnachfragekurve nach Birnen*

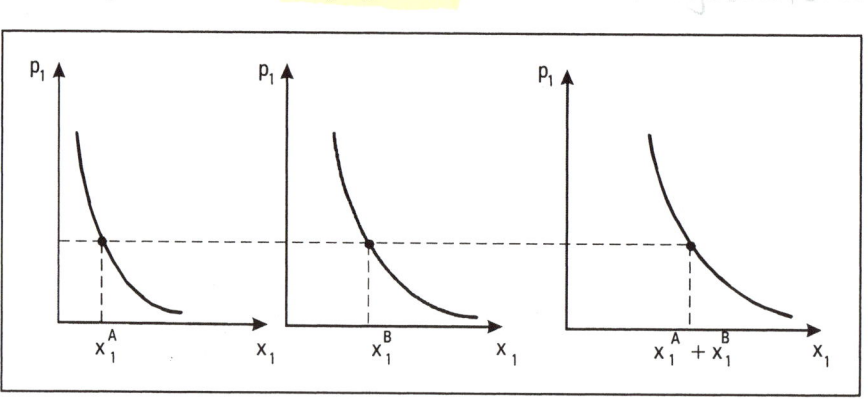

Die aggregierte Nachfragekurve als Bild der Gesamtnachfragefunktion sagt uns noch nicht, welcher Preis sich auf dem Markt für Birnen de facto einstellen wird. Es wird nur festgestellt, was die Konsumenten bei alternativen Preisen kaufen werden. Einer dieser Preise kommt in Wirklichkeit zustande. Auf welche Weise dies geschieht, werden wir in Kapitel 5 sehen.

Resümee: Die Haushaltsnachfrage nach einem Gut hängt ab von den Preisen aller Güter und dem Haushaltseinkommen. Diese funktionale Abhängigkeit wird als allgemeine Nachfragefunktion bezeichnet. Betrachtet man c.p. nur die Abhängigkeit der Güternachfrage vom eigenen Preis des Gutes, so spricht man von der Nachfragefunktion für ein Gut. Deren zweidimensionale graphische Darstellung ergibt die Nachfragekurve. In der Ökonomie hat es sich eingebürgert, den Preis auf der Ordinate und die Menge auf der Abszisse abzutragen. Die Gesamtnachfrage für ein Gut auf einem Markt erhält man durch horizontale Aggregation der einzelnen Nachfragekurven.

Schlüsselwörter: Nachfragefunktion, Nachfragekurve, Allgemeine Nachfragefunktion, Horizontale Aggregation, Gesamtnachfragekurve.

7. Die Arbeitsangebotsfunktion

Wie bestimmt sich das Einkommen eines Haushalts? Was sind die Opportunitätskosten der Freizeit?

Bisher haben wir in der Entscheidung des Haushalts die Höhe des Haushaltseinkommens als gegeben betrachtet. Dies entspricht in vielen ökonomischen Situationen durchaus der Realität, da kurzfristig die Anpassung des Arbeitseinkommens eines Haushalts durch Mehrarbeit nur sehr begrenzt möglich ist. Mittel- und langfristig dürfte das schon weniger richtig sein. Deshalb wollen wir in diesem Abschnitt überlegen, wie sich das Entscheidungsproblem des Haushalts ändert, wenn neben dem Konsumgüterbündel auch das Haushaltseinkommen **endogen** bestimmt wird.

Das Haushaltseinkommen werde ausschließlich über Arbeit erzielt. Arbeit bedeutet aber Freizeitverzicht, und Freizeit sei ein positives Gut in der Präferenzstruktur des Haushalts. Damit ist die Haushaltsentscheidung zwischen Freizeit und einem beliebigen anderen Gut wieder geometrisch als Zwei-Güter-Fall darstellbar, und unsere Aufgabe ist, den optimalen Konsumplan für Freizeit und ein anderes Gut zu bestimmen.

Wir brauchen dazu eine Darstellung der Präferenzen mittels Indifferenzkurven und Budgetrestriktion. Angenommen, pro Arbeitseinheit – dies mag eine Stunde, ein Monat oder ein Jahr sein – wird ein **Lohnsatz** in Höhe von w Geldeinheiten als Preis für die Arbeit gezahlt. Dann ist im Zwei-Güter-Fall die Budgetrestriktion durch

$$(11) \qquad p_1 x_1 = w(F^{\max} - F)$$

gegeben. Auf der linken Seite stehen die Ausgaben für das Gut x_1 und auf der rechten Seite die Einnahmen, die dem Haushalt daraus erwachsen, dass er in Höhe von $F^{\max} - F$ auf Freizeit (in Stunden, Monaten oder Jahren gemessen) verzichtet. Dabei ist F^{max} die maximal mögliche Freizeit (z.B. 24 Stunden auf Tagesbasis) und F die tatsächlich realisierte. Schreiben wir (11) um zu

(12) $$p_1 x_1 + wF = wF^{max},$$

so wird die völlige Analogie zum bisher betrachteten Zwei-Güter-Fall offenkundig.

Auf der rechten Seite steht nunmehr eine feste Einkommensgröße, da sowohl der Lohnsatz wie die maximale Freizeit konstant sind. Auf der linken Seite steht der mit Preisen bewertete Konsum für zwei Güter, die nutzenstiftend für den Haushalt sind. Warum aber ist w der Preis für Freizeit? Doch gerade deswegen, weil jede "konsumierte" Freizeiteinheit den Verzicht auf das mit w entlohnte Arbeitsangebot bedeutet. Man spricht deshalb von **Opportunitätskosten** der Freizeit. Damit lässt sich der optimale Konsumplan wieder graphisch bestimmen.

Abbildung 3.9:   *Optimaler Konsumplan mit Freizeit*

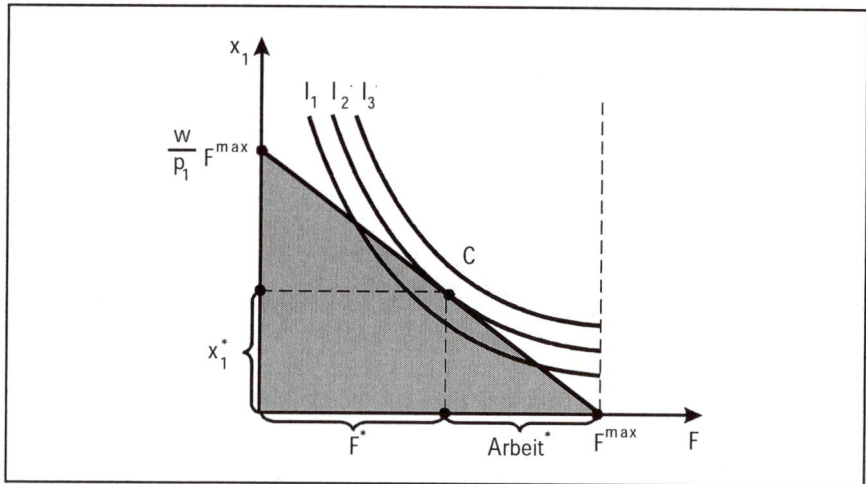

Im nutzenmaximalen Punkt C wird die optimale Menge x_1^* eines Gutes x_1 und die optimale Freizeit F^* nachgefragt. Spiegelbildlich dazu ergibt sich auch das optimale **Arbeitsangebot** Arbeit* gerade als Residuum zur maximal möglichen Freizeit.

Offenkundig verändert sich der optimale Konsumplan und damit auch das Arbeitsangebot mit den Preisen, oder genauer gesagt, mit dem Preisverhältnis. Dabei wirkt sich eine Veränderung des Lohnsatzes in einer Drehung der Budgetgeraden um den Abszissenabschnitt aus. Das Verhältnis von Lohnsatz und Güterpreis wird als **Reallohnsatz** bezeichnet und dient als Preis in der Darstellung der **Arbeitsangebotskurve**, die den unter der Ceteris-paribus-Bedingung abgeleiteten Zusammenhang zwischen der Höhe des Reallohnsatzes und der vom Haushalt angebotenen Menge an Arbeitsleistung geometrisch angibt.

Abbildung 3.10: *Arbeitsangebotskurve des Haushalts*

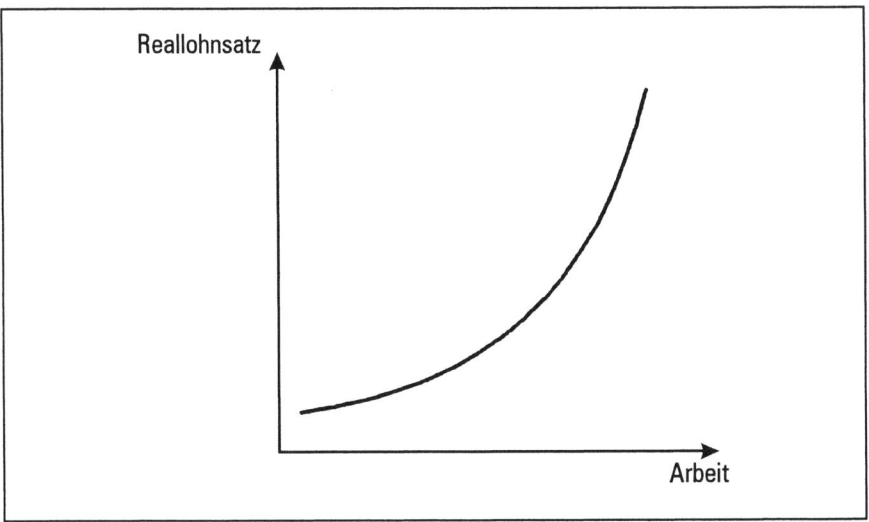

Den typischen Verlauf dieser Kurve verdeutlicht die Abbildung 3.10. Mit steigendem Reallohnsatz steigt die Bereitschaft des Haushalts, Arbeit anzubieten. Auch hier hängt die **allgemeine Arbeitsangebotsfunktion** eines Haushalts, wie im Konsumnachfragefall, von allen Güterpreisen und dem Lohnsatz ab. Die obige Arbeitsangebotskurve ist nur die geometrische Darstellung der **Arbeitsangebotsfunktion**, die c.p. alle anderen Preise als gegeben betrachtet. Sind also alle Güterpreise und der Lohnsatz für den Haushalt ein Datum, wird er sich als Mengenanpasser auch im Arbeitsangebot verhalten. Damit liegt als Produkt von Lohnsatz und eingesetzter Arbeit auch das Haushaltseinkommen fest.

> *Resümee: Das Haushaltseinkommen bestimmt sich endogen über das Arbeitsangebot eines Haushalts. Der Preis für eine eingesetzte Arbeitseinheit ist der Lohnsatz, er entspricht den Opportunitätskosten der Freizeit.*

Schlüsselwörter: Lohnsatz, Opportunitätskosten, Arbeitsangebot, Reallohnsatz, Arbeitsangebotskurve, Allgemeine Arbeitsangebotsfunktion, Arbeitsangebotsfunktion.

8. Die Analytik der Haushaltsoptimierung

> Wie lässt sich der optimale Konsumplan analytisch herleiten? Was sind Kenn-
> ziffern für die Reagibilität der nachgefragten Menge eines Gutes auf Preisver-
> änderungen?

Die in diesem Kapitel behandelte Fragestellung lässt sich mit Hilfe einiger mathematischer Beziehungen auch analytisch lösen. Wir beschränken uns dabei wieder
auf den Zwei-Güter-Fall. Die Verallgemeinerung auf den n-Güter-Fall ist intuitiv
einsichtig.

Wir führen zunächst eine reellwertige **Nutzenfunktion**

$$(13) \qquad\qquad u = u(x_1, x_2)$$

mit positiven ersten partiellen Ableitungen $\partial u/\partial x_1$, $\partial u/\partial x_2 > 0$ ein. Wie bereits
erwähnt, existiert eine solche reellwertige ordinale Ordnung der Präferenzen des
Haushalts, wie GÉRARD DEBREU gezeigt hat, unter ganz schwachen Voraussetzungen über die Präferenzordnung.

Abbildung 3.11: *Indifferenzkurve*

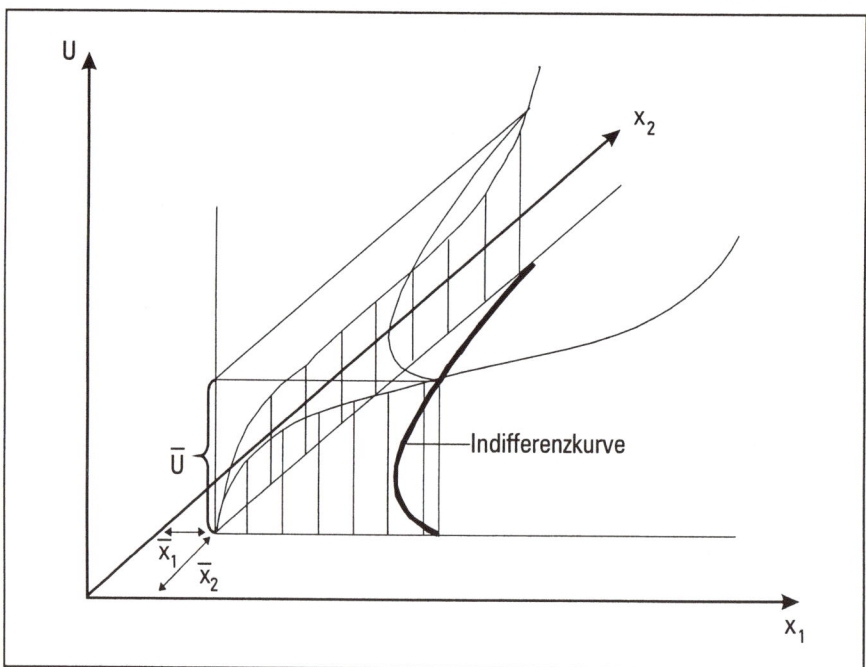

Eine **Indifferenzkurve** ist dann nichts anderes als eine graphische Darstellung der
Beziehung zwischen x_1 und x_2 bei Konstanz des Funktionswertes u. In dreidimen-

sionaler Darstellung ist die Indifferenzkurve also die Projektion eines Schnittes durch das **Nutzengebirge** bei vorgegebenem Nutzenwert auf die Gütergrundfläche x_1, x_2. Wir wollen annehmen, dass die Indifferenzkurven **konvex** zum Ursprung sind. Wie Abbildung 3.11 zeigt, können die Indifferenzkurven konvex sein, auch wenn der Grenznutzen im Konsum eines Gutes nicht abnimmt, sondern zunimmt. Das ersieht man aus dem Verlauf der Schnittflächen parallel zur x_1- und x_2-Achse. Also wäre an dieser Stelle die Forderung des **Ersten GOSSENschen Gesetzes**, einen abnehmenden Grenznutzen im Konsum eines jeden Gutes vorauszusetzen, völlig unnötig, ganz abgesehen davon, dass man damit das Gebäude der **ordinalen Nutzentheorie** verließe.

Zurück zum Entscheidungsproblem des Haushaltes: Dieser versucht denjenigen Konsumplan (x_1^*, x_2^*) zu finden, der seinen Nutzen $u(x_1, x_2)$ unter der Nebenbedingung seiner Budgetrestriktion

$$(1) \qquad Y = p_1 x_1 + p_2 x_2$$

maximiert. Zur Lösung dieses Problems verwendet man in der Regel die Methode der **LAGRANGE-Multiplikatoren**.

Wir kommen an dieser Stelle aber auch ohne diese Technik zum Ziel. Wenn wir die nach x_2 aufgelöste Nebenbedingung (1) in die zu maximierende Funktion u einsetzen, vereinfacht sich die Optimierungsaufgabe zu:

$$\text{maximiere } u(x_1, Y/p_2 - x_1 p_1 / p_2)$$

durch geeignete Wahl von x_1. Da x_1 die einzige Variable unseres Problems ist, erhalten wir die notwendige Optimalbedingung über die Ableitung nach x_1 mit $u_{x_i} = \partial u / \partial x_i$, $i = 1,2$, als

$$u_{x_1} + u_{x_2}(-p_1 / p_2) = 0$$

oder damit äquivalent

$$(14) \qquad \frac{u_{x_1}}{u_{x_2}} = \frac{p_1}{p_2}.$$

Diese Beziehung bezeichnet man als **Zweites GOSSENsches Gesetz**: Das Verhältnis der Grenznutzen entspricht dem Verhältnis der Güterpreise. Im Gegensatz zum ersten ist also das zweite GOSSENsche Gesetz eine notwendige Optimalbedingung.

Wenn wir uns klar machen, dass die linke Seite von (14) nichts anderes darstellt als die **Grenzrate der Substitution** von x_1 gegen x_2, haben wir damit den Bogen gespannt zur Bedeutung der Konvexität einer Indifferenzkurve. Schreiben wir dazu die Bedingung der Nutzenkonstanz als

(15) $$\bar{u} = u(x_1, x_2)$$

so erhalten wir als sogenanntes **totales Differential**

$$0 = u_{x_1} dx_1 + u_{x_2} dx_2$$

oder umgeformt

(16) $$-\frac{dx_2}{dx_1}\bigg|_{\bar{u}} = \frac{u_{x_1}}{u_{x_2}}$$

als negative Steigung der Indifferenzkurve. Wie wir nach (4) wissen, ist diese aber nichts anderes als die Grenzrate der Substitution von x_1 gegen x_2. Die Konvexität der Indifferenzkurve sichert uns die ökonomisch sinnvolle Lösung des Entscheidungsproblems. Dies aber wird gerade gewährleistet durch die Forderung der abnehmenden Grenzrate der Substitution. Wie gewinnen wir aus der Optimalbedingung (14) die Nachfragefunktion für den nutzenmaximierenden Haushalt?

Indem wir beachten, dass (14) in mathematisch exakter Schreibweise lautet:

(14) $$\frac{u_{x_1}(x_1, x_2)}{u_{x_2}(x_1, x_2)} = \frac{p_1}{p_2}$$

Gemeinsam mit der Budgetrestriktion (1) haben wir also zwei Gleichungen mit zwei Unbekannten, den optimalen Konsummengen x_1^* und x_2^*. Je nach Nutzenfunktion kann man also Nachfragefunktionen spezifizieren. Und es ist an dieser Stelle auch keine Überraschung, dass bestimmte Typen von Nutzenfunktionen auch bestimmte Typen von Nachfragefunktionen ergeben werden. Aber das ist ein Thema der **Angewandten Mikroökonomie**.

Zum Schluss noch ein kurzer Exkurs zu einer in der Angewandten Mikroökonomie besonders wichtigen Eigenschaft von Nachfragefunktionen: Der Reagibilität der Haushaltsnachfrage auf Veränderungen des Preises des gleichen Gutes.

Beziehen wir marginale Preisänderungen auf marginale Mengenänderungen wie z.B. mit dx/dp, so beschreiben wir über die erste Ableitung die Steigung der Nachfragefunktion. Selbst bei einfachen Typen von Nachfragefunktionen variiert diese Kennziffer der Reagibilität in der Regel sehr stark.

Die Frage ist nun, gibt es Kennziffern, die in dem Sinne "stabiler" sind, als dass sie auf Preis- oder Mengenänderungen weniger stark reagieren? Solche Kennziffern erhalten wir, wenn wir relative Nachfrageänderungen auf relative Preisänderungen beziehen. Wir nennen sie **Elastizitäten**. So ist z.B.

$$\varepsilon(x, p) = \frac{dx/x}{dp/p}$$

die Elastizität der Nachfrage in Bezug auf den Preis oder auch **Preiselastizität der Nachfrage**. Sie gibt uns an, um wieviel Prozent sich die Nachfrage nach Gut x verändert, wenn sich der Preis p dieses Gutes um ein Prozent verändert. In der Schreibweise

$$(17) \qquad \varepsilon(x,p) = \frac{dx}{dp}\frac{p}{x}$$

wird deutlich, dass die Steigung der Nachfragekurve das Vorzeichen der Elastizität der Nachfrage bestimmt, so dass bei typischen Funktionsverläufen die Preiselastizitäten negativ sind.

Elastizitäten werden wir auch noch an anderen Stellen kennenlernen. Sie haben eine große Bedeutung in empirischen Untersuchungen der Mikro- und Makroökonomie. So können sie beispielsweise dem Staat Anhaltspunkte darüber geben, wie sich dessen Einnahmensituation verändert, wenn die Mineralölsteuer und damit der Preis für Benzin erhöht wird. Die mit der Steuererhöhung verbundene Veränderung im Steueraufkommen wird von der Preiselastizität der Nachfrage bestimmt. Sie kann positiv oder negativ, groß oder klein sein.

Ist die Nachfrage relativ preiselastisch, dann können aus einer Steuererhöhung im Resultat möglicherweise wenig, gar keine oder auch negative zusätzliche Einnahmen resultieren.

> ***Resümee:*** *Mit Hilfe mathematischer Formulierungen lassen sich ökonomische Zusammenhänge und Fragestellungen kurz und bündig darstellen.*

Schlüsselwörter: Nutzenfunktion, Indifferenzkurve, Erstes GOSSENsches Gesetz, Ordinale Nutzentheorie, LAGRANGE-Multiplikatoren, Zweites GOSSENsches Gesetz, Grenzrate der Substitution, Angewandte Mikroökonomie, Elastizitäten.

9. Schlussbemerkung

In diesem Kapitel haben wir die Theorie des Haushalts behandelt. Für die Wahlmöglichkeiten eines Haushalts haben sich die Präferenzen als entscheidungswichtig herausgestellt. Präferenzen können geometrisch in Form von Indifferenzkurven oder analytisch als Nutzenfunktion verdeutlicht werden.

Der Nutzen wird gemäß PARETO als ordinal und nicht kardinal messbar vorausgesetzt. Damit ist das erste GOSSENsche Gesetz für den konvexen Verlauf der Indifferenzkurven unbrauchbar, aber auch unnötig. Nimmt man das Streben nach maximaler Bedürfnisbefriedigung eines Haushalts als Verhaltensmaxime an, so lässt sich derjenige Konsumplan herleiten, der bei gegebenem Haushaltseinkommen zu größtmöglichem Nutzen führt. Diesen nennen wir optimalen Konsumplan. Verhält sich der Haushalt als Mengenanpasser, d.h. sind die Preise für ihn als gegeben zu betrachten, so lässt sich der optimale Konsumplan und dadurch die nachgefragte Menge als Funktion der Güterpreise definieren. Zugleich hängen diese Größen auch von der Höhe des Einkommens ab, das wir in einem ersten Schritt als exogene Größe betrachtet haben.

Aber die Frage der Einkommensentstehung lässt sich ebenso als ein Entscheidungsproblem modellieren, das dem des Zwei-Güter-Falls ähnlich ist. Dabei entscheidet der Haushalt zwischen den Alternativen Güterkonsum und Freizeit. Als Ergebnis erhält man den optimalen Konsumplan mit Freizeit, der zugleich die Höhe des Arbeitsangebots und dadurch bei gegebenem Lohnsatz die Höhe des Haushaltseinkommen angibt.

Die kurz aufgezeigten Grundprinzipien des analytischen Instrumentariums zur Herleitung des optimalen Konsumplans können bei einer Vielzahl von Modellerweiterungen verwendet werden. Beispielsweise kann man unser bisheriges, einfaches Modell zu einem **Mehrperiodenmodell**, innerhalb dessen die Ersparnisbildung der Haushalte berücksichtigt werden kann, erweitern. Das individuelle Entscheidungsproblem besteht dann darin, zwischen heutigem und zukünftigen Konsum zu wählen. Man spricht in diesem Zusammenhang von einem **intertemporalen Nutzenkalkül**, da Sparen oder Verschuldung in der Gegenwart das Wohlergehen in der Zukunft beeinflusst. Im Rahmen dieses Buches soll dieser Aspekt nur erwähnt werden, um Erweiterungsmöglichkeiten des bisher Gesagten aufzuzeigen.

Fragen und Aufgaben zum 3. Kapitel

Die mit *Aufgabe gekennzeichneten Fragen sind weiterführende Fragen für den besonders interessierten Leser; dies gilt auch für die Fragen in allen weiteren Kapiteln. Zur vollständigen Beantwortung dieser *Aufgaben ist die weiterführende Literatur mit heranzuziehen.

1. Diskutieren Sie den Zusammenhang zwischen der Budgetgerade und den Konsummöglichkeiten eines Haushaltes?

2. Was versteht man unter einer Indifferenzkurve? Warum unterstellt man normalerweise konvexe Indifferenzkurven?

3. Wodurch ist der optimale Konsumplan eines Haushaltes gekennzeichnet?

4. Was versteht man unter Grenznutzen? Warum ist der Grenznutzen für die Herleitung des optimalen Konsumplans so bedeutsam?

5. Wie verändert sich der optimale Konsumplan bei einer Einkommens- bzw. einer Preisänderung? Was ist eine Einkommens- bzw. Preis-Konsumkurve?

6. Was ist eine individuelle und was eine Gesamtnachfragekurve? Auf welche Weise werden die Kurven jeweils hergeleitet? Wodurch entsteht eine Bewegung auf der Kurve, und was sind Ursachen für eine Verschiebung von Kurven?

7. Worin besteht der Unterschied zwischen der Bestimmung des optimalen Konsumplans und der Bestimmung des optimalen Arbeitsangebotes? Was versteht man in diesem Zusammenhang unter dem Konzept der Opportunitätskosten?

8. *Aufgabe:

   a) Formulieren Sie die in diesem Kapitel dargestellte Theorie, indem Sie von einer Nutzenfunktion mit drei Gütern x, y und z ausgehen.

   b) Wie verändert sich das Entscheidungsproblem eines Haushalts, wenn man den intertemporalen Aspekt berücksichtigen würde?

Literatur zum 3. Kapitel

Einen guten ersten Überblick über die Haushaltstheorie bietet der Artikel von

Gabisch, Günter. Haushalte und Unternehmen. In: D. Bender u.a.A. Vahlens Kompendium der Wirtschaftstheorie und Wirtschaftspolitik. Band 2. Siebte Auflage. S. 1-61. Vahlen Verlag. München 1999.

Als Standardwerke der mikroökonomischen Theorie und damit als weiterführende Literatur für die Haushaltstheorie können vor allem folgende Lehrbücher empfohlen werden:

Böventer, Edwin von. Einführung in die Mikroökonomie. Neunte Auflage. R. Oldenbourg Verlag. München u.a.O. 1997.

Schumann, Jochen; Meyer, Ulrich; Ströbele, Wolfgang. Grundzüge der mikroökonomischen Theorie. Siebte Auflage. Springer Verlag. Berlin u.a.O. 1999.

Varian, Hal R. Grundzüge der Mikroökonomik. (Aus dem Amerikanischen von R. Buchegger). Vierte Auflage. R. Oldenbourg Verlag. München u.a.O. 1999.

Ein vorzügliches Arbeitsbuch für die mikroökonomische Theorie, das sich inhaltlich an das Werk von Schumann anlehnt, ist

Meyer, Ulrich; Diekmann, Jochen. Arbeitsbuch zu den Grundzügen der mikroökonomischen Theorie. Springer Verlag. Vierte Auflage. Berlin u.a.O. 1995.

Zu speziellen Aspekten der Preis- und Allokationstheorie finden sich in

Albers, Willi u.a.A. Handwörterbuch der Wirtschaftswissenschaft (HdWW). G. Fischer Verlag u.a. Stuttgart u.a.O. 1988.

überblicksartige und einführende Artikel.

Für den Leser mit fortgeschrittenen mathematischen Kenntnissen wird die formale, axiomatische Theorie umfassend bei

Debreu, Gérard. Theory of Value: An Axiomatic Analysis of Economic Equilibrium. Wiley Verlag. New York 1959. (Deutsche Ausgabe: Werttheorie: Eine axiomatische Analyse des ökonomischen Gleichgewichts. Springer Verlag. Berlin u.a.O. 1976.)

präsentiert.

Kapitel 4
Theorie der Unternehmung

Kapitel 4 Theorie der Unternehmung

1. Einführung

> Was ist das Entscheidungsproblem der Unternehmung, und welche Faktoren spielen dabei eine Rolle?

In der Theorie des Haushalts haben wir die beiden zentralen Entscheidungsprobleme des Haushalts diskutiert: die Bestimmung des optimalen Konsumplanes und des dazu notwendigen Arbeitseinkommens. Für gegebene Preise konnten wir eine Lösung beider Probleme ableiten und aufzeigen, wie der Haushalt als Mengenanpasser auf Variationen dieser Preise reagiert. Das Ergebnis nannten wir Güternachfrage- und Arbeitsangebotsfunktion. Durch Aggregation dieser auf den individuellen Entscheidungen eines repräsentativen Haushalts beruhenden Funktionen konnten wir die auf einen ganzen Markt bezogene Gesamtnachfrage nach einem Gut oder das Gesamtangebot des Faktors Arbeit als Funktion des Preises darstellen.

Wenn wir nun als **Unternehmung** diejenige Instanz verstehen, die spiegelbildlich zu den Haushaltsentscheidungen Güter anbietet und Arbeitsleistungen nachfragt, so liegt es nahe, auch diese Entscheidungen in Angebots- und Nachfragefunktionen zu übersetzen und dann für einen ganzen Markt wieder zu aggregieren. Voraussetzung dafür ist, dass die Unternehmung ein Ziel verfolgt. Als solches wollen wir das Streben nach **Gewinnmaximierung** unterstellen. Wie entsteht ein Gewinn für eine Unternehmung? Doch dadurch, dass die von der Unternehmung produzierten Güter zu Preisen angeboten und verkauft werden, die die Entstehungskosten dieser Güter übersteigen. Für die Unternehmung sind also zwei Dinge von zentraler Bedeutung: erstens die physischen Bedingungen der Produktion, d.h. die technologischen Beziehungen der Umwandlung von **Produktionsfaktoren** in Güter, und zweitens die **Kosten** dieser Transformationen.

Was beim Haushalt der Konsum war, ist also in der Unternehmung die Produktion. Was bei ersterem die Nutzenmaximierung war, ist bei letzterem die Gewinnmaximierung. Das bedeutet auch, dass sich die Theorie der Unternehmung sehr viel einfacher darstellt als die des Haushalts. Denn das Rationalprinzip der Gewinnmaximierung benötigt keine komplizierte Präferenzstruktur. Für eine Unternehmung ist ein Güterbündel nur hinsichtlich des daraus erzielbaren Gewinnes von Interesse. Somit spielt nicht die Zusammensetzung, sondern der in Geld dimensionierte Verkaufswert abzüglich der in Geld dimensionierten Kosten die entscheidende Rolle. Wir sprechen daher auch von einem **eindimensionalen Entscheidungsproblem** der Unternehmung.

> **Resümee:** *Das Entscheidungsproblem der Unternehmung ist zu dem des Haushalts dual. Es ist überdies sehr viel weniger komplex, da die Zielfunktion der Gewinnmaximierung nur eindimensional ist.*

Schlüsselwörter: Unternehmung, Gewinnmaximierung, Produktionsfaktoren, Eindimensionales Entscheidungsproblem, Kosten.

2. Die Produktion

> Was beschreibt eine Produktionsfunktion? Wodurch ist die ertragsgesetzliche Produktionsfunktion gekennzeichnet?

Unter **Produktion** verstehen wir die Umwandlung von Produktionsfaktoren in Güter. Dabei können Güter Waren und Dienstleistungen und Faktoren Arbeit und Kapitalgüter sein. Letzteres bedeutet, dass auch bereits produzierte Güter wieder als Produktionsfaktoren in die Produktion eingehen können. Jede Produktion ist also durch Input- und Outputmengen charakterisiert.

Abbildung 4.1: *Produktionspläne und Produktionsfunktion* (neoklassisch)

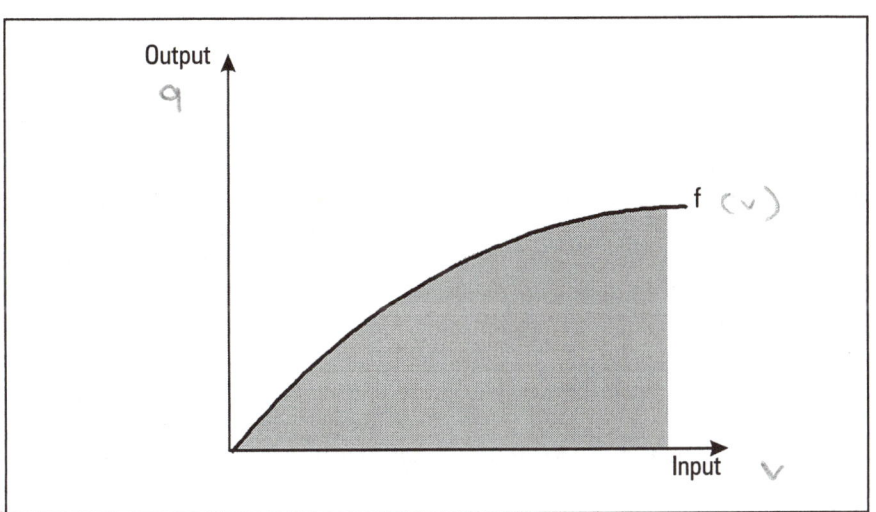

Jede Kombination dieser beiden Mengen bezeichnen wir in Analogie zum Konsumplan als **Produktionsplan**. Wenn wir die von einer Unternehmung technisch realisierbaren Produktionspläne als schraffierte Fläche in der Input-Output-Ebene verdeutlichen, so wird offenkundig, dass die für die Unternehmung interessanten Produktionspläne auf dem oberen Rand f der Fläche der realisierbaren Produktionspläne liegen. Denn dies ist die Menge der **effizienten Produktionspläne**, die bei gegebenem Input einen maximalen Output realisieren. Eine solche Beziehung zwischen Input und Output nennen wir **Produktionsfunktion**.

Es gibt viele Typen von Produktionsfunktionen. Wir wollen uns hier auf die durch das klassische **Ertragsgesetz** beschriebene Technologie im Ein-Faktor-Fall beschränken. Aus Erfahrung wissen wir, dass, wenn ein konstanter Produktionsfaktor (z.B. Boden) sukzessive mit Einheiten eines variablen Produktionsfaktors (z.B. Arbeit) kombiniert wird, der **Gesamtertrag** (z.B. Korn) zuerst über-, später unterproportional zum variablen Faktor ansteigt. Kombiniert man stets mehr Einheiten des variablen Produktionsfaktors (Arbeit) mit dem konstant gehaltenen Produktionsfaktor (Boden), dann wird schließlich der Gesamtertrag (Korn) nicht mehr steigen, sondern möglicherweise sogar abnehmen. Eine solche Beziehung zwischen Gesamtproduktion und variablem Produktionsfaktor gilt nicht nur für die Agrarwirtschaft, sondern auch für viele Bereiche der industriellen Fertigung.

In Tabelle 4.1 haben wir die oben genannte Erfahrungstatsache anhand eines Zahlenbeispiels demonstriert. Wir gehen dabei davon aus, dass auf einem genau umrissenen Stück Land Getreide angebaut wird und dass sukzessive mehr Arbeiter auf diesem Stück Land beschäftigt werden. Wir sehen dann, dass, wenn z.B. drei Arbeiter beschäftigt sind, der Gesamtertrag sich auf 25 Zentner beläuft, bei Beschäftigung von neun Arbeitern aber auf 106 Zentner Getreide (siehe Spalte 2). Wenn nacheinander ein zweiter, dritter, ... fünfter Arbeiter eingesetzt wird, steigt der physische Gesamtertrag mehr als proportional. Nach dem fünften Arbeiter nimmt der physische Gesamtertrag unterproportional zu und fällt sogar ab dem fünfzehnten Arbeiter.

Anstatt den physischen Gesamtertrag zu betrachten, kann man auch die Zunahme des physischen Gesamtertrages, den **Grenzertrag,** untersuchen. Der Grenzertrag drückt aus, wie viel eine zusätzliche Arbeitskraft dem Gesamtertrag zuzufügen vermag. Nimmt der Gesamtertrag überproportional zu, dann sprechen wir von steigenden Grenzerträgen. In Spalte 3 sind dies die Werte 5, 8, 12, 14 und 16. Vom sechsten Arbeiter an fällt der Grenzertrag, bis dieser beim fünfzehnten Arbeiter Null wird. Vom fünfzehnten Arbeiter an ist der Grenzertrag negativ, d.h. der Gesamtertrag nimmt ab. In der vierten Spalte der Tabelle wurde der **Durchschnittsertrag** berechnet. Man erhält diese Werte, indem man den physischen Gesamtertrag durch die Anzahl der eingesetzten Arbeitskräfte dividiert. Bis einschließlich dem siebten Arbeiter nimmt der Durchschnittsertrag stets zu. Die Anstellung eines neunten (oder weiteren) Arbeitnehmers wird einen geringeren physischen Durchschnittsertrag zur Folge haben.

Tabelle 4.1: *Ertragsgesetz*

Arbeiter	Physischer Gesamtertrag (in Ztr.)	Grenzertrag (in Ztr.)	Durchschnittsertrag (in Ztr.)
1	5	5	5,0
2	13	8	6,5
3	25	12	8,3
4	39	14	9,7
5	55	16	11,0
6	70	15	11,7
7	84	14	12,0
8	96	12	12,0
9	106	10	11,8
10	114	8	11,4
11	121	7	11,0
12	126	5	10,5
13	130	4	10,0
14	132	2	9,4
15	132	0	8,8
16	130	-2	8,1
17	127	-3	7,5

Den höchsten Wert der Spalte 3 haben wir bei fünf Arbeitern, den höchsten Wert in Spalte 4 bei acht (sieben) Arbeitern. Das bedeutet also, dass der durchschnittliche Ertrag noch steigt, während der physische Grenzertrag bereits fällt. Dies verwundert nicht, wenn man bedenkt, dass der siebente Arbeiter dem Gesamtertrag noch 14 Zentner hinzufügt und der Durchschnittsertrag der ersten sechs Arbeiter niedriger ist, nämlich 11,7 Zentner. Die Vergrößerung des Gesamtertrages durch den Einsatz eines siebenten Arbeiters ist also größer als der Durchschnittsertrag, mit der Folge, dass der Durchschnittsertrag von sieben Arbeitern größer ist als der von nur sechs. Solange der physische Grenzertrag größer ist als der Durchschnittsertrag, wird letzterer steigen. Der Durchschnittsertrag fällt, wenn der Grenzertrag kleiner als der Durchschnittsertrag ist.

Die Werte der Tabelle sind in Abbildung 4.2 graphisch wiedergegeben. Im oberen Teil dieser Graphik ist auf der Abszisse die Zahl der eingesetzten Arbeitskräfte v_1 und auf der Ordinate die Ertragsfunktion f des physischen Gesamtertrages unter Berücksichtigung der Konstanz des zweiten Produktionsfaktors Boden aufgetragen.

Abbildung 4.2:   *Ertragsgesetzlicher Verlauf*

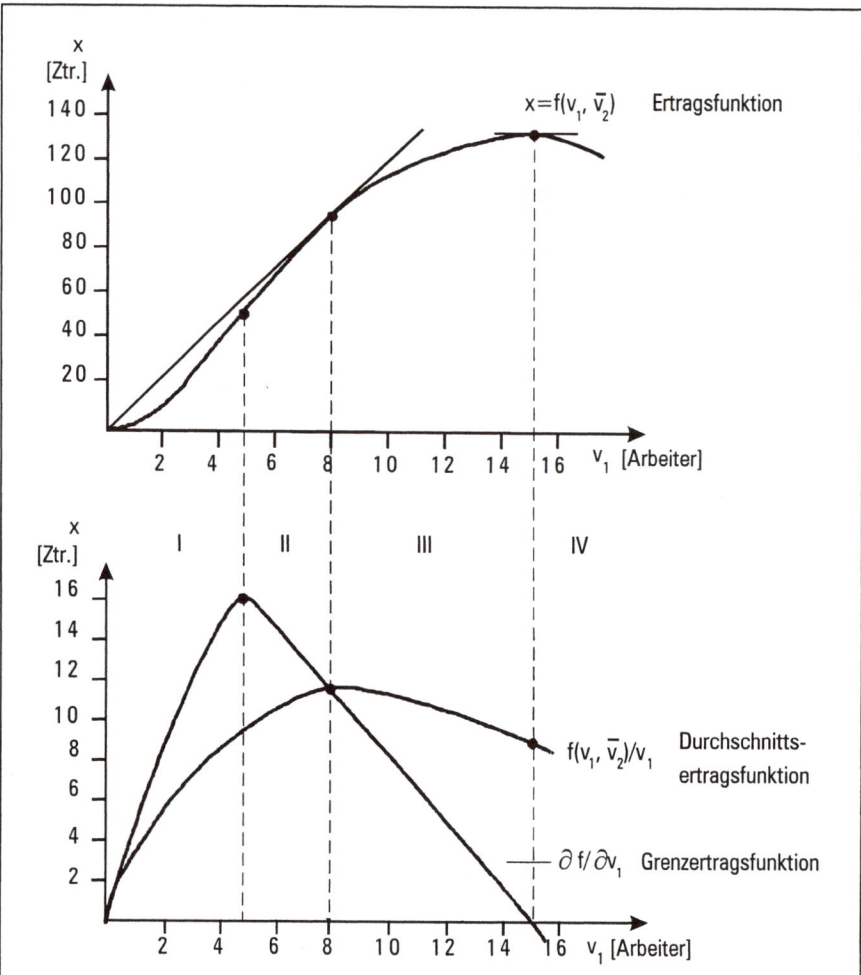

Im unteren Teil der Graphik ist horizontal die Zahl der Arbeiter und vertikal der physische Grenzertrag sowie der Durchschnittsertrag aufgezeichnet.

Die Unterteilung der Abszisse erfolgte in beiden Schaubildern im gleichen Maßstab. Wir können so aus der Graphik unmittelbar ableiten, dass bei 4 Arbeitern der Gesamtertrag 39, der Grenzertrag 14 und der Durchschnittsertrag 9,7 Zentner beträgt.

Überproportional steigt der Gesamtertrag im Bereich *I*, proportional bzw. unterproportional im Bereich *II* bzw. *III*. Im Bereich *IV* fällt schließlich der Gesamtertrag mit steigendem Einsatz des Faktors Arbeit. Der Grenzertrag ist dann negativ.

Weiter sehen wir, dass die Grenzertragskurve die Durchschnittsertragskurve im höchsten Punkt schneidet. Also sind dort, wo der Durchschnittsertrag maximal ist, Grenz- und Durchschnittsertrag gleich.

Ziehen wir wieder den schon im letzten Kapitel verwandten Elastizitätsbegriff zur Kennzeichnung der unterschiedlichen Produktionsphasen der ertragsgesetzlichen Technologie heran, so sehen wir, dass die **partielle Produktionselastizität**

$$(1) \qquad \eta(f, v_1) = \frac{\partial f / f}{\partial v_1 / v_1}$$

des Faktors Arbeit, und das heißt, das Verhältnis von relativer Änderung des Ertrages bei relativer Änderung des Faktoreinsatzes, in den Bereichen *I* bis *III* positiv und im Bereich *IV* negativ ist. In den Bereichen *I* und *II* ist η größer als eins. Im Maximum des Durchschnittertrages ist η gleich eins und für alle Produktionspläne rechts kleiner als eins. Der "produktivste" Produktionsplan maximaler Produktionselastizität liegt also irgendwo links davon.

Dies muss aber keineswegs derjenige sein, der von der Unternehmung gewählt wird. Denn wenn als Rationalprinzip die Gewinnmaximierung gewählt ist, lohnen sich Produktionsausdehnungen solange, wie die Kosten in geringerem Ausmaß steigen als die Produktionserlöse.

> *Resümee: Unternehmen wählen unter den technisch realisierbaren die effizienten Produktionspläne. Die Gesamtheit aller technisch effizienten Produktionspläne stellen wir mittels der Produktionsfunktion dar. Die ertragsgesetzliche Produktionsfunktion ist in der ökonomischen Praxis von besonderer Bedeutung.*

Schlüsselwörter: Produktion, Produktionsplan, Effiziente Produktionspläne, Produktionsfunktion, Ertragsgesetz, Gesamtertrag, Grenzertrag, Durchschnittsertrag, Partielle Produktionselastizität.

3. Die Kosten der Produktion

> Welcher Zusammenhang besteht zwischen der Produktionsfunktion und den Kosten einer Produktion?

Im vorausgegangenen Abschnitt haben wir die Technologie der Produktion betrachtet und dazu Input- und Outputmengen gegenübergestellt. Den dort in den Vordergrund gestellten ertragsgesetzlichen Produktionsfunktionsverlauf wollen wir auch hier wieder heranziehen, um uns das unternehmerische Entscheidungsproblem zu verdeutlichen. Dieses baut zwar auf Beziehungen zwischen **Mengen** von Inputs und Outputs auf, ist aber letztendlich auf **Werte** ausgerichtet. Denn die Produktion dient der Gewinnerzielung, wobei der **Gewinn als Differenz** zwischen

Erlös aus dem Produktverkauf und den **Kosten** des Faktoreinsatzes eine Wertgröße darstellt. Die Kosten ergeben sich als Produkt von Preis und Menge des eingesetzten Faktors. In unserem Ein-Faktor-Beispiel des letzten Paragraphen können wir die Mengenkomponente der Kosten durch Umkehrung der Kausalstruktur im ertragsgesetzlichen Produktionsverlauf darstellen. Die zur Produktion erforderliche Quantität des variablen Faktors nimmt zuerst unter- und später überproportional zum physischen Gesamtertrag zu. Den Bereich *IV* aus Abbildung 4.2 lassen wir im Folgenden außer Acht.

Anfänglich erfordert eine zusätzliche Einheit des Endproduktes weniger Einheiten des variablen Faktors als in einem späteren Stadium. In Abbildung 4.3 ist dieser Zusammenhang bildlich dargestellt. Dabei ist der physische Gesamtertrag horizontal und die erforderliche Menge des variablen Faktors vertikal abgebildet. Dabei wurde angenommen, dass v_1 der variable Faktor menschliche Arbeit ist. Wenn man die Anzahl der Arbeiter mit ihrem Lohn multipliziert, erhält man die **Lohnsumme**, die bezahlt werden muss, um eine bestimmte Quantität des Endproduktes herzustellen.

Wir wollen annehmen, dass der Lohn pro Arbeiter stets 500,- DM pro Woche betrage, unabhängig von der Frage, ob viele oder wenige Arbeiter beschäftigt werden. Der Produzent ist in diesem Fall als Nachfrager auf dem Markt für Produktionsfaktoren **Mengenanpasser**: Der Preis (der Lohn) ist gegeben, der Produzent passt die nachgefragte Faktormenge an.

Abbildung 4.3:   *Inverses Ertragsgesetz*

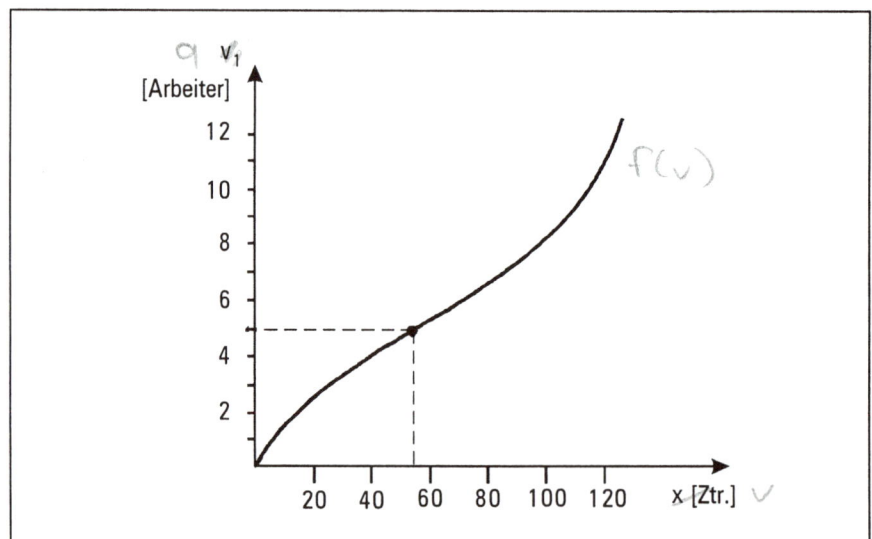

Weiter nehmen wir an, dass die Variable v_1 in Abbildung 4.3 so dimensioniert ist, dass sie für eine 20-Wochen-Arbeitszeit eines Arbeiters steht. Um beispielsweise 55 Zentner Getreide zu erzeugen, muss dann $5 \cdot 20 \cdot 500$,- DM = 50 Tausend DM an Löhnen ausbezahlt werden. Auf diese Weise kann man für jede Produktionsmenge errechnen, welcher Betrag an Löhnen aufzuwenden ist.

Abbildung 4.4: *Kostenfunktion der variablen Kosten*

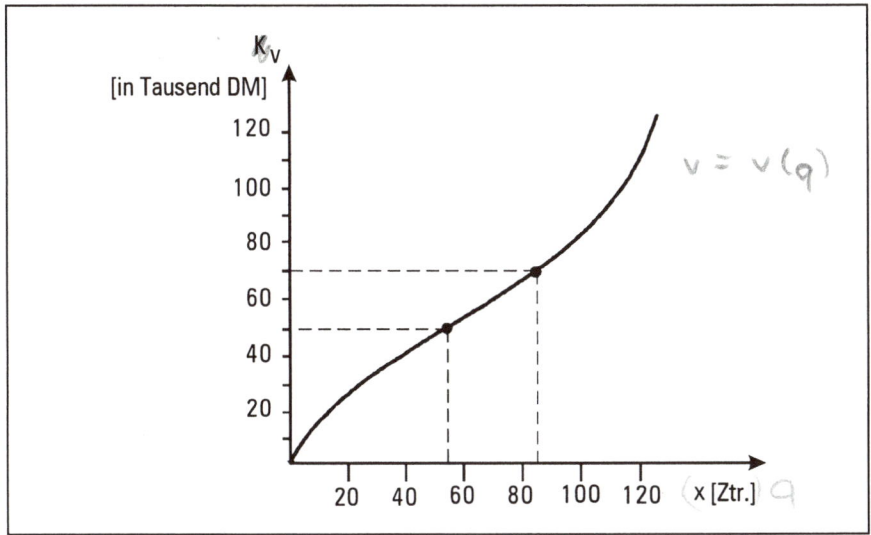

Da die erforderliche Anzahl Arbeitskräfte stets mit der gleichen Zahl $20 \cdot 500$,- DM = 10 Tausend DM multipliziert wird, wird der Verlauf der Kurve in Abbildung 4.3 nicht durch diese Multiplikation beeinflusst. Die Abbildung 4.4 zeigt somit auch genau denselben Verlauf der Kurve wie die in Abbildung 4.3 gezeichnete, mit dem Unterschied, dass auf der Ordinate nun der Geldbetrag abgetragen ist, der eingesetzt werden muss, um eine bestimmte Produktion zu verwirklichen.

Wir haben jetzt den Verlauf der Kurve der variablen Kosten K_v abgeleitet. Man spricht von **variablen Kosten**, weil diese von der Produktionsmenge abhängig sind. Von diesen (gesamten) variablen Kosten zu unterscheiden sind die durchschnittlichen variablen Kosten, die auch als variable Stückkosten bezeichnet werden. **Fixe Kosten** K_f dagegen ändern sich nicht, wenn die Produktion eine Änderung erfährt. Im angeführten Fall sind die Ausgaben für Grund und Boden fixe Kosten. Ob nun viel oder wenig Getreide angebaut wird, beeinflusst die Kosten für Grund und Boden nicht. Wenn wir diese Komponente der Gesamtkosten mit 20 Tausend DM annehmen, ist es uns möglich, die **Gesamtkostenfunktion** $K(x)$ abzubilden.

Abbildung 4.5:　　*Gesamtkostenfunktion*

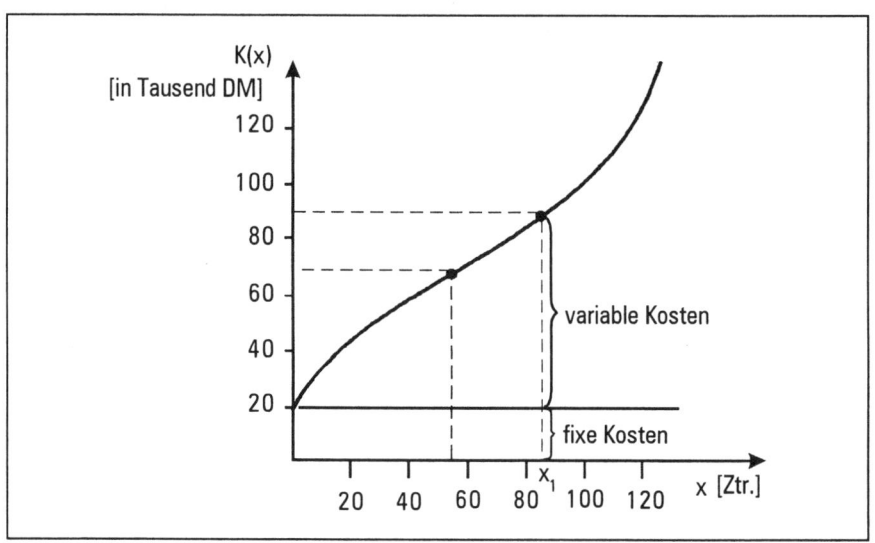

Für die Produktionsmenge x_1 beispielsweise können wir sowohl den Fixkostenbetrag mit 20 Tausend DM als auch den Betrag der variablen Kosten mit 70 Tausend DM angeben.

Um feststellen zu können, welchen Verlauf die Durchschnitts- und Grenzkosten haben werden, wollen wir zuerst in Tabellenform die variablen Kosten angeben. Sie werden aus den Zahlen der Tabelle 4.1 und der Annahme berechnet, dass jede Arbeitskraft 20 Wochen gegen eine Entlohnung von 0,5 Tausend DM pro Woche arbeitet.

Tabelle 4.2:　　*Variable Kosten K_v*

Produktion (in Ztr.)	Variable Kosten (in Tausend DM)	Produktion (in Ztr.)	Variable Kosten (in Tausend DM)
5	10	106	90
13	20	114	100
25	30	121	110
39	40	126	120
55	50	130	130
70	60	132	140
84	70	132	150
96	80		

Wenn man diese Daten graphisch wiedergibt, entsteht ein Punktdiagramm.

Abbildung 4.6: *Punktdiagramm*

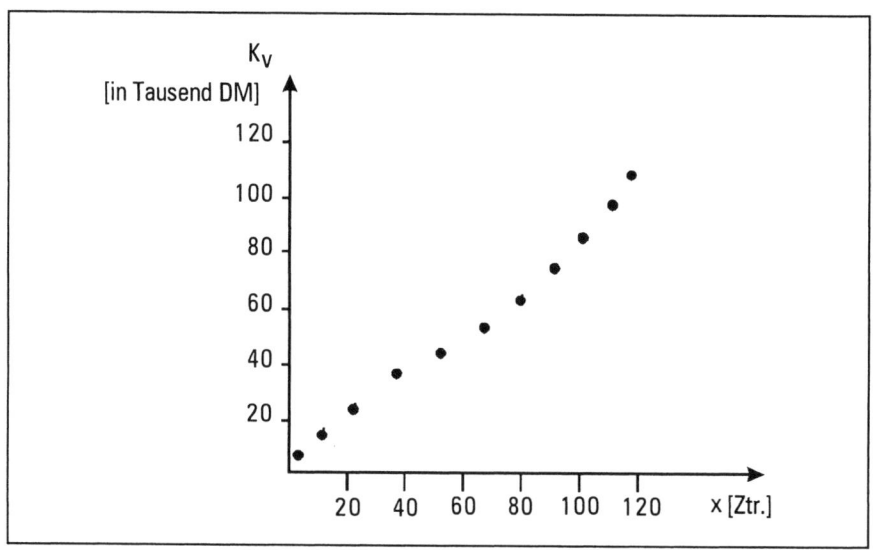

Zieht man durch die eingezeichneten Punkte eine stetige Kurve, dann erhält man die Kurve der variablen Kosten, die in der Abbildung 4.4 bereits eingezeichnet ist. Das Durchlegen einer stetigen Kurve bedeutet, dass wir für dazwischenliegende Produktionsmengen ermitteln, wie hoch die Kosten wären.

Die Berechnung der **durchschnittlichen variablen Kosten** K_v/x ist nun recht einfach. Man dividiert die variablen Kosten durch die Produktionsmenge. So betragen etwa die variablen Kosten bei einer Produktion von 5 Zentnern Getreide 10 Tausend DM. Die variablen Durchschnittskosten sind also 10 Tausend DM : 5 = 2 Tausend DM. Auf dieselbe Art und Weise kann man berechnen, dass die durchschnittlichen variablen Kosten bei einer Produktionsmenge von 25 Zentnern gleich 1,2 Tausend DM sind. Im Intervall von 0 bis 132 Zentner können wir so für jede Produktionsmenge die durchschnittlichen variablen Kosten berechnen. Stellt man das Ergebnis dieser Berechnungen graphisch dar, dann erhalten wir die Kurve der durchschnittlichen variablen Kosten, die in Abbildung 4.7 gezeichnet ist.

Woraus kann man nun die **marginalen Kosten** oder sogenannten **Grenzkosten** ableiten? Unter den Grenzkosten K' versteht man die zusätzlichen Kosten, die aufgewendet werden müssen, um die Produktion um eine Einheit auszudehnen. Wenn die Erzeugung eines Zentners Getreide beispielsweise 2,5 Tausend DM kostet, hingegen die variablen Kosten für 2 Zentner Getreide 4,5 Tausend DM betragen, belaufen sich die Grenzkosten für den zweiten Zentner auf 2 Tausend DM.

Abbildung 4.7:   *Grenzkosten und durchschnittliche variable Kosten*

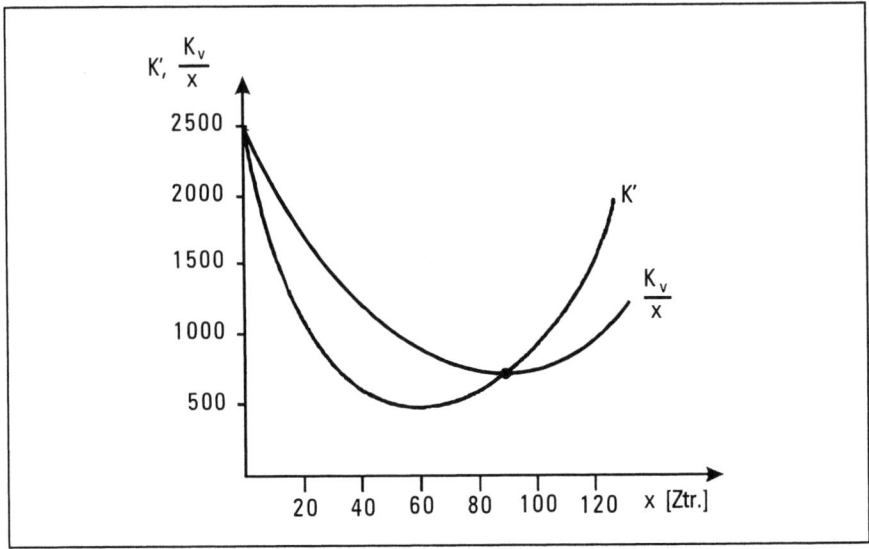

Neben den durchschnittlichen variablen Kosten K_v/x kann man nun für jede willkürliche Produktionsmenge die marginalen Kosten K' errechnen. Die Grenzkosten sind ebenfalls in Abbildung 4.7 eingezeichnet.

Die variable Durchschnittskostenkurve K_v/x und die Grenzkostenkurve $dK/dx = K'$ schneiden einander im tiefsten Punkt von K_v/x. Solange die Grenzkosten niedriger sind als die durchschnittlichen variablen Kosten, haben letztere einen fallenden Verlauf. Wenn die Grenzkosten höher sind als die durchschnittlichen variablen Kosten, steigen die durchschnittlichen variablen Kosten. Hieraus folgt, dass die Grenzkosten bei einer Produktionsmenge, bei der die durchschnittlichen variablen Kosten weder steigen noch fallen, gleich den durchschnittlichen variablen Kosten sind. Dieser Fall ist im Minimum der durchschnittlichen variablen Kosten gegeben.

Schließlich können wir noch die **durchschnittlichen fixen Kosten** berechnen. In Abbildung 4.5 nahmen wir für unser Beispiel Fixkosten K_f in Höhe von 20 Tausend DM an. Die durchschnittlichen fixen Kosten fallen sehr schnell, wenn eine größere Produktionsmenge in Angriff genommen wird. Bei 10 Zentnern Getreide belaufen sich diese auf 2 Tausend DM, bei 100 Zentnern auf 0,2 Tausend DM. In Abbildung 4.8 ist die Beziehung zwischen durchschnittlichen fixen Kosten und Produktionsmenge x graphisch dargestellt.

Abbildung 4.8: *Durchschnittliche Fixkosten*

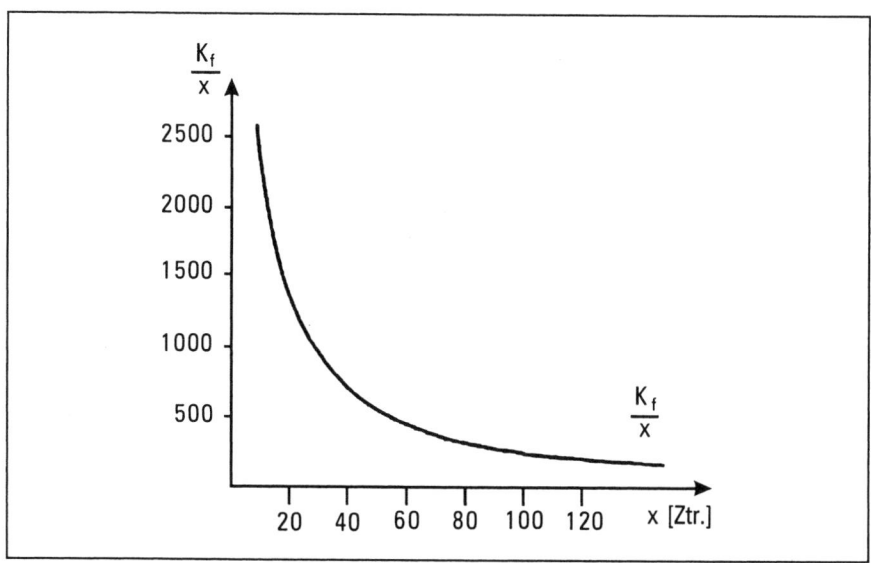

In Abbildung 4.9 sind neben den Grenzkosten und den durchschnittlichen variablen Kosten noch die **durchschnittlichen Gesamtkosten** K/x eingezeichnet.

Abbildung 4.9: *Grenz- und Durchschnittskosten*

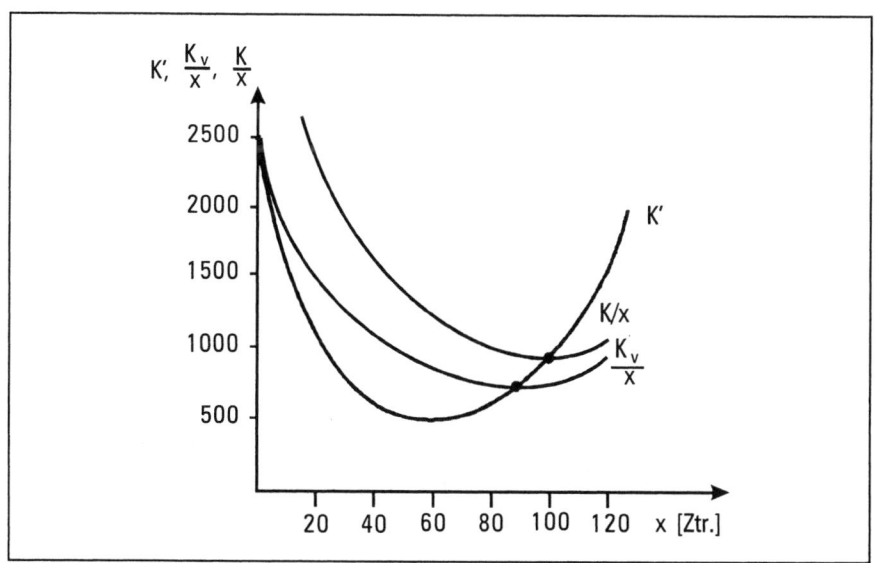

Diese ergeben sich aus der Summe der durchschnittlichen variablen und der durchschnittlichen fixen Kosten.

(2)
$$\frac{K(x)}{x} = \frac{K_v(x)}{x} + \frac{K_f}{x}.$$

Im selben Schaubild sieht man, dass die marginale Kostenkurve K' sowohl die Kurve der durchschnittlichen Gesamtkosten als auch die durchschnittliche variable Kostenkurve im tiefsten Punkt der betreffenden Kurven schneidet. Der Abstand zwischen K/x und K_v/x wird um so kleiner, je größer die Produktionsmenge x ist, weil die durchschnittlichen fixen Kosten dann abnehmen.

Bisher haben wir die Kostenkurven unter der Annahme diskutiert, dass die Faktorpreise und die Produktionstechnik unverändert bleiben. Kostenkurven sind damit der geometrische Ort von Kostenfunktionen, die einem Produktionsergebnis die Produktionskosten gegenüberstellen. Verändern sich jedoch die Produktionstechnik und/oder die Faktorpreise, so ändern sich auch die Kostenfunktionen, was sich in einer Verschiebung der Kostenkurven äußert.

> **Resümee:** *Mit der Analyse der Kostensituation einer Unternehmung haben wir einen zweiten wichtigen Aspekt der Theorie der Unternehmung beleuchtet. Kostenfunktionen ergeben sich aus Produktionsfunktionen, wenn die Preise der variablen Faktoren und die Fixkosten bekannt sind.*

Schlüsselwörter: Mengen, Werte, Gewinn, Erlös, Kosten, Lohnsumme, Mengen-anpasser, Variable Kosten, Fixe Kosten, Gesamtkostenfunktion, Durchschnittliche variable Kosten, Marginale Kosten, Grenzkosten, Durchschnittliche fixe Kosten, Durchschnittliche Gesamtkosten.

4. Der optimale Produktionsplan

Wie lässt sich die gewinnmaximale Produktionsmenge bestimmen?

Nehmen wir an, der **optimale Produktionsplan** sei der gewinnmaximale. Der Gewinn ist mit

(3) $$G(x) = E(x) - K(x)$$

die Differenz zwischen Erlösen E und Kosten K. Die richtige Strategie besteht darin, sowohl Erlöse als auch Kosten im Blick zu behalten und die Produktion dann auszuweiten, wenn die Erlöse schneller steigen als die Kosten.

Wenn wir unterstellen, dass der Unternehmer **Mengenanpasser** ist und für jede abgesetzte Menge seines Produktes einen Preis p erzielt, so kann man die für die Unternehmung optimale Outputmenge graphisch ableiten. Die Erlösgerade

(4) $$E(x) = px \quad \text{(Outputpreis × Outputmenge)}$$

hat die Steigung p und schneidet die ertragsgesetzliche Gesamtkostenkurve $K(x)$ in zwei Punkten x_2 und x_3. Bei beiden Outputmengen sind Erlöse gleich Kosten und somit die Gewinne gleich null. In dem Bereich zwischen x_2 und x_3 sind positive Gewinne und links und rechts davon nur negative Gewinne, also Verluste, realisierbar.

Abbildung 4.10: *Der gewinnmaximale Produktionsplan*

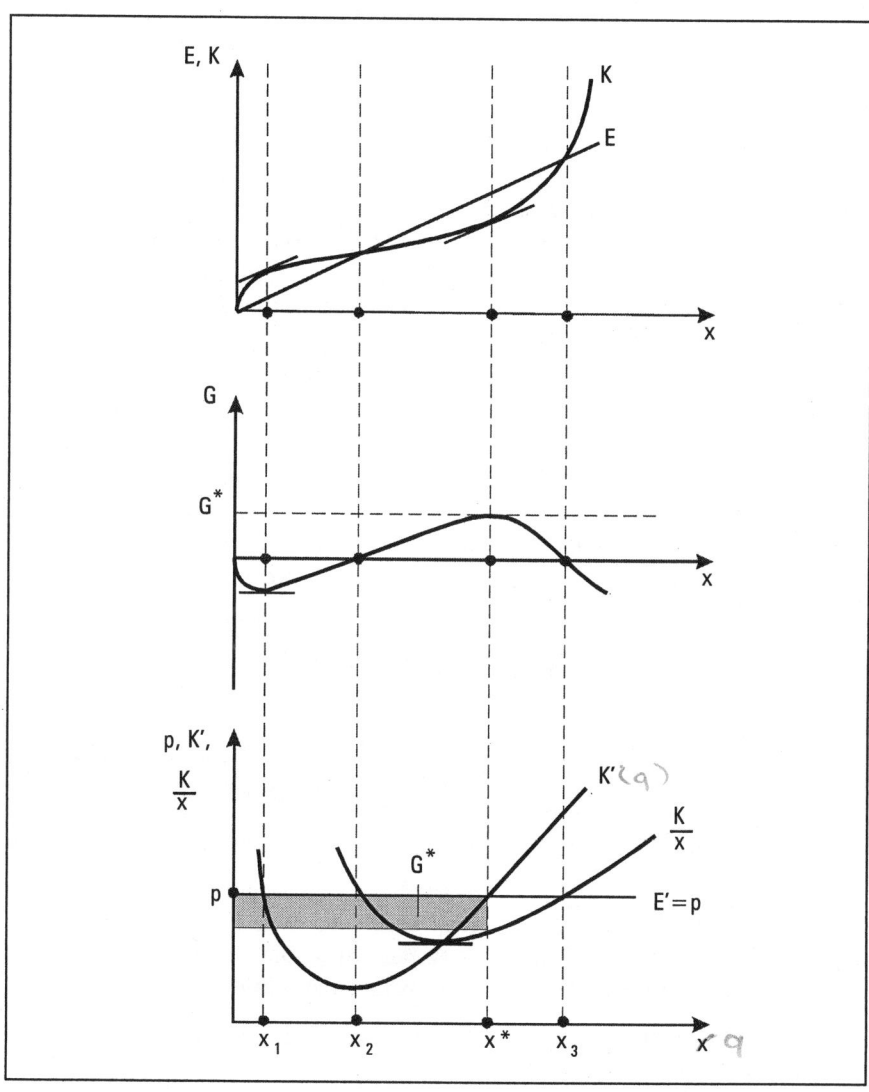

Betrachten wir die Gewinnzone in den Outputbereichen zwischen x_2 und x_3 und versetzen wir uns in die Lage eines Unternehmers, der sich fragt, wie weit er, ausgehend von x_2, seinen Output vergrößern soll, um einen maximalen Gewinn zu erreichen. Er wird seine Produktionsmenge genau dann erhöhen, wenn die Kosten einer zusätzlichen Outputmenge geringer sind als die damit verbundenen Erlöse. Mit anderen Worten: Die Zusatzkosten pro Mengeneinheit müssen niedriger sein als die Zusatzerlöse. Dies können wir schreiben als

(5)
$$\frac{dK}{dx} < \frac{dE}{dx}.$$

Also wird er seine Produktion ausdehnen bis zur Menge x^*, aber auch nicht weiter, denn jede darüber hinausgehende Produktion ist durch höhere Zusatzkosten als Zusatzerlöse gekennzeichnet. Damit liegt der gewinnmaximale Produktionsplan bei der Outputmenge x^*. Wenn der Unternehmer aber einen Output in Höhe von x^* verkauft, erzielt er einen Erlös von $E^* = px^*$. Pro Outputeinheit entstehen aber nur Kosten in Höhe von K/x^* gemäß dem Durchschnittskostenverlauf. Also bleibt ein Gewinn G^* in Höhe der schraffierten Fläche. Die Festlegung des optimalen Produktionsplanes über die Bestimmung der gewinnmaximalen Outputmenge bezeichnet man auch als **Outputregel**.

> *Resümee: Nach der Outputregel ist der optimale Produktionsplan eines Unternehmers so zu wählen, dass die Grenzkosten den Grenzerlösen entsprechen. Als Mengenanpasser sind die Outputpreise für den Unternehmer ein Datum. Somit entspricht der Grenzerlös dem Güterpreis p. Die Gewinne sind maximal, wenn der Schnittpunkt von K' und p im aufsteigenden Ast von K' liegt; sie sind minimal – und es entstehen Verluste – wenn der Schnittpunkt im absteigenden Ast der Grenzkostenkurve liegt.*

Schlüsselwörter: Optimaler Produktionsplan, Outputregel.

5. Die Güterangebotsfunktion

> Woraus lässt sich die Güterangebotsfunktion einer Unternehmung und woraus die Gesamtangebotsfunktion ableiten?

Variiert man den Produktpreis p, der für den mengenanpassenden Unternehmer den Grenzerlös einer Outputveränderung bestimmt, so reagiert ein gewinnmaximierender Unternehmer mit einer Outputveränderung. Die Zuordnung von Preis zu optimaler Outputmenge bezeichnen wir als **Angebotsfunktion**.

Nach der **Outputregel** des letzten Paragraphen ist deren Bestimmung für uns kein weiteres Problem.

Das Angebotsverhalten eines gewinnmaximierenden Unternehmers wird ja gerade durch den aufsteigenden Ast der **Grenzkostenkurve** K' beschrieben. Jeder Schnittpunkt von K' und **Grenzerlöskurve** – der horizontalen Preisgerade – beschreibt eine bei gegebenem Preis optimale Preis-Mengen-Kombination.

Es existiert also eine Angebotsfunktion, die angibt, welche Mengen ein einzelner Anbieter bei alternativen Preisen anbietet. Diese Angebotsfunktion fällt mit der Grenzkostenkurve zusammen, soweit diese oberhalb des Schnittpunktes mit der durchschnittlichen variablen Kostenkurve liegt. Wenn der Preis unter das Minimum der Gesamtkosten fällt, wird zwar Verlust gemacht, doch ein Teil der Fixkosten wird noch getragen. Da die Fixkosten aus Ausgaben für Gebäude und Maschinen resultieren, die faktisch bereits getätigt wurden, wird versucht, einen möglichst großen Teil davon wieder zu erwirtschaften. Indem man also die Produktion weiterführt, kann man den Verlust in Grenzen halten. Fällt der Preis unter das Minimum der durchschnittlichen variablen Kosten, dann wird die Produktion stillgelegt, weil jede nun zu produzierende Gütereinheit den Verlust vergrößern würde.

Abbildung 4.11: *Die Angebotsfunktion der Unternehmung*

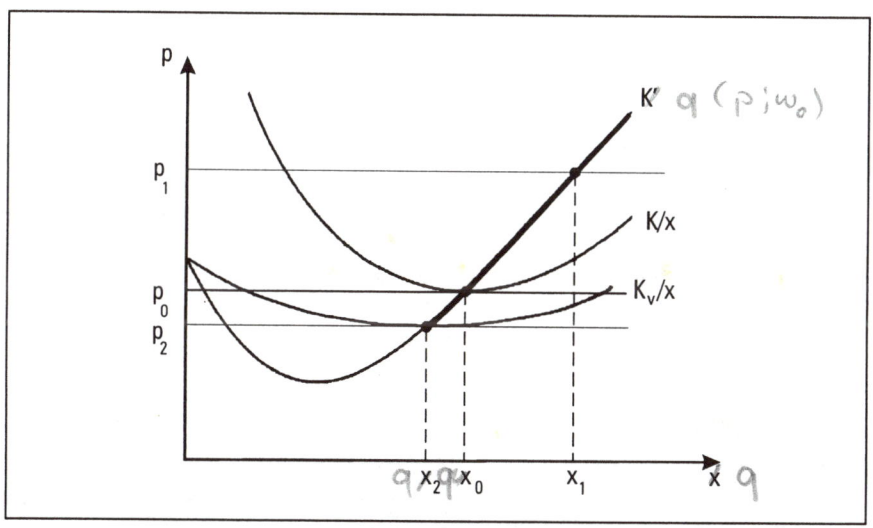

Da die Angebotsfunktion einer Unternehmung mit dem positiven Ast der Grenzkostenkurve identisch ist, verschiebt sie sich auch aus denselben Gründen: durch Veränderungen der Technik und durch Preisänderungen der Produktionsmittel wie z.B. Lohnerhöhungen.

Aus den Angebotsfunktionen aller Unternehmungen auf einem Markt kann die **Gesamtangebotskurve** auf dem Wege **horizontaler Aggregation** abgeleitet werden. Für zwei Anbieter wird dies in Abbildung 4.12 demonstriert.

Abbildung 4.12: *Horizontale Aggregation*   / Nachfragefunktion
                                                          3.8

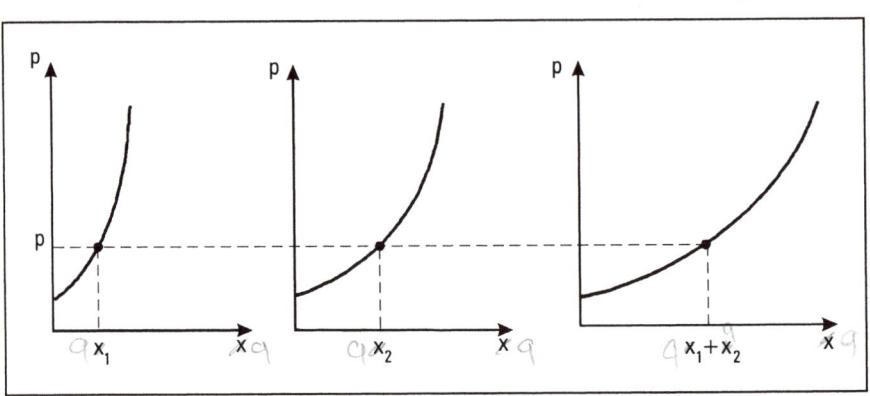

Markt

Die **Gesamtangebotsfunktion** bringt zum Ausdruck, welche Mengen durch die Summe aller Anbieter bei unterschiedlichen Preisen angeboten werden. Wie für die Gesamtnachfragefunktion gilt auch hier die Bemerkung, dass es nicht möglich ist, mit dieser Funktion allein den Preis zu bestimmen. Wir wissen aber jetzt, wie sich die Produzenten verhalten werden, d.h. welche Mengen sie bei alternativen Preisen anbieten werden. Die Angebotsfunktion hat einen ansteigenden Verlauf. Dadurch wird zum Ausdruck gebracht, dass bei einem höheren Preis von den Unternehmern eine größere Menge angeboten wird.

> *Resümee: Nach der Outputregel ist die Güterangebotsfunktion einer Unternehmung als Mengenanpasser mit dem aufsteigenden Ast der Grenzkostenkurve identisch. Die Gesamtangebotsfunktion ergibt sich aus horizontaler Aggregation über alle Angebotsfunktionen eines Marktes.*

Schlüsselwörter: Angebotsfunktion, Outputregel, Grenzkostenkurve, Grenzerlöskurve, Gesamtangebotskurve, Horizontale Aggregation, Gesamtangebotsfunktion.

6. Die Arbeitsnachfragefunktion

> Welchen Zusammenhang beschreibt die Arbeitsnachfragefunktion einer Unternehmung? Wie lässt sich diese Funktion ableiten?

Beziehen wir den Gewinn einer Unternehmung nicht auf die produzierte Menge, sondern auf die dazu eingesetzten variablen Faktoren, so kann man mit der sogenannten Inputregel das Gewinnmaximum charakterisieren. Durch Variation der Inputpreise unter Konstanthaltung der Güterpreise gewinnen wir die **Faktornachfragefunktionen**.

Gehen wir wieder aus von der klassische ertragsgesetzlichen Produktionsfunktion von Paragraph zwei, die wir als

(6) $$\dot{x} = f(v_1, \bar{v}_2)$$

schreiben können. Hier steht v_1 für den variablen Faktor Arbeit (in 20 Mann-Wochen gemessen). Der zweite Faktor sei wie bisher in unserer Argumentation fix und stehe z.B. für die Nutzung von Grund und Boden.

Ist der Produzent **Mengenanpasser im Güterangebot und in der Arbeitsnach-frage,** so sind der Güterpreis p und der Lohnsatz w (Preis für eine Arbeitseinheit von 20 Mann-Wochen) für ihn unveränderlich vorgegeben. Er hat seinen Produktionsplan nun so zu gestalten, dass der Gewinn maximal ist. Zum Produktionsplan gehören aber sowohl die Festlegung der Output- wie der Inputmenge.

Bei einer Produktionsfunktion vom Typ (6) mit nur einem variablen Faktor – der Arbeit – ist somit die Festlegung einer gewinnmaximalen Inputmenge äquivalent zur Festlegung der gewinnmaximalen Outputmenge.

Formen wir die Gewinngleichung (3) mit dem Erlös $E = px$ und den Kosten $K = wv_1$ um zu

(7) $$x = \frac{G}{p} + \frac{w}{p} v_1 \,,$$

so können wir die Inputregel geometrisch verdeutlichen.

In Analogie zur Haushaltstheorie führen wir **Isogewinnkurven** als geometrischen Ort gleicher Gewinne in die x, v_1-Ebene ein. Jede Kombination von Input v_1 und Output x, die auf einer solchen Kurve liegt, führt zu gleichen Gewinnen. Deren Höhe kann man ablesen am Schnittpunkt der Isogewinnkurve mit der Ordinate.

Abbildung 4.13: *Inputregel*

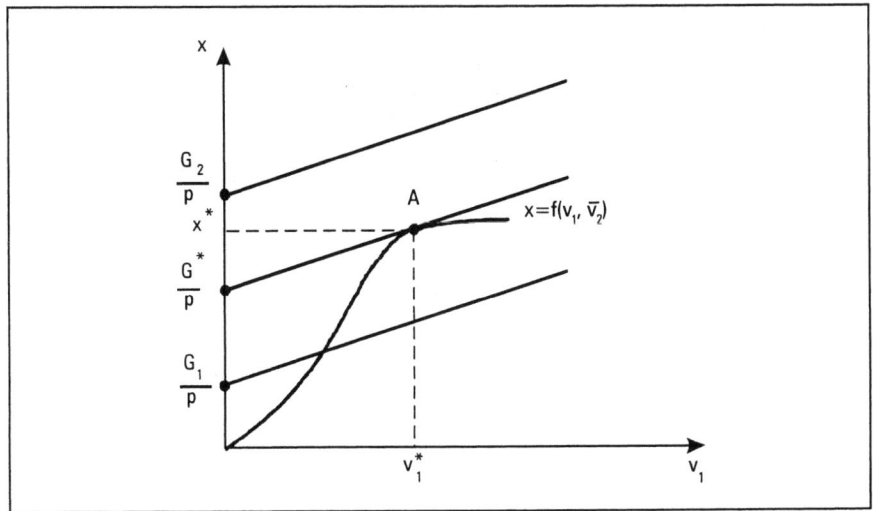

Dies ist eine Konsequenz der Gewinngleichung (7). Wir wissen sogar noch mehr: Jede Isogewinnkurve ist eine Gerade mit positiver Steigung, die Steigung entspricht dem Lohnsatz w dividiert durch das Preisniveau p, und die Isogewinngeraden verschieben sich mit steigendem Gewinn nach oben.

Der maximale Gewinn wird also durch diejenige Isogewinngerade festgelegt, die die Produktionsfunktion $x = f(v_1, \bar{v}_2)$ tangiert. Also beschreibt $A = (x^*, v_1^*)$ die gewinnmaximale Input-Output-Kombination. In A sind die Steigungen von Isogewinngerade und Produktionsfunktion gleich. Also gilt im Optimum

$$(8) \qquad \frac{w}{p} = \frac{\partial f}{\partial v_1} .$$

Auf der rechten Seite steht die **Grenzproduktivität** des Faktors v_1, auf der linken Seite seine Entlohnung in realen Einheiten, der **Reallohnsatz**.

In der zu (8) alternativen Schreibweise in Wertgrößen

$$(9) \qquad w = p \; \partial f / \partial v_1$$

können wir die **Inputregel** auch formulieren als: **Im Gewinnmaximum entspricht der Faktorpreis seinem Wertgrenzprodukt.** Dabei stellt das **Wertgrenzprodukt** denjenigen Betrag in Geldeinheiten dar, den eine Unternehmung durch den zusätzlichen Einsatz einer Einheit v_1 erlösen kann. Es ist nicht weiter verwunderlich, dass im Optimum dieser marginale Erlös den marginalen Kosten einer Faktoreinheit entsprechen muss. Und genau das ist Inhalt der Inputregel der Form (9).

Wie wir aus Abbildung 4.13 weiter ablesen können, verändert sich der optimale Produktionsplan A und damit auch die Arbeitsnachfrage mit dem Preis des Faktors Arbeit, genauer gesagt, mit dem Reallohnsatz. Steigt der Reallohnsatz, so drehen sich die Isogewinngeraden um ihren Schnittpunkt mit der Ordinate nach oben. Also können die Isogewinngeraden nur im Bereich links von A die Produktionsfunktion tangieren. Das bedeutet aber: Der optimale Arbeitseinsatz in der Produktion sinkt mit steigendem Faktorpreis. Dieser Zusammenhang ist auch intuitiv plausibel. Unternehmen werden die Nachfrage nach Arbeit c.p. einschränken, wenn die Kosten, die sie für diesen Faktor aufwenden müssen, steigen.

Abbildung 4.14: *Arbeitsnachfragefunktion*

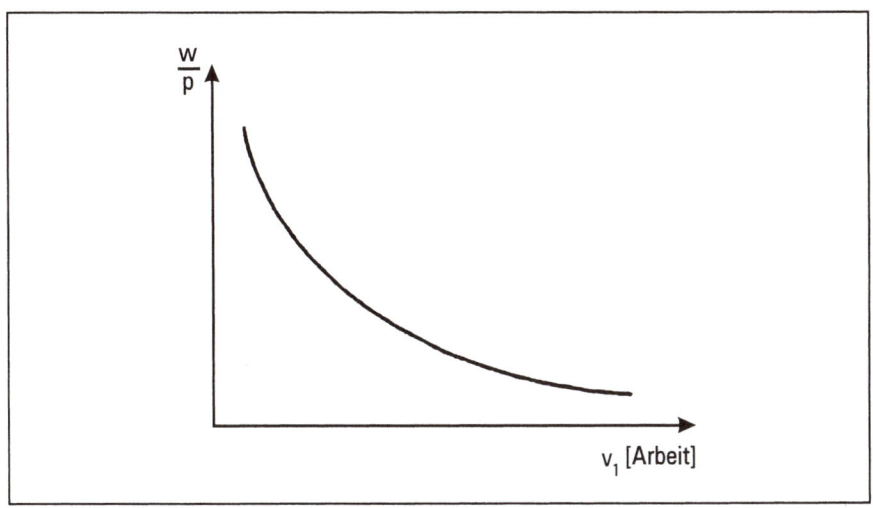

Der auf diese Weise abgeleitete Zusammenhang zwischen Faktorpreis und Arbeitseinsatz, den wir **Arbeitsnachfragefunktion** nennen, ist in Abbildung 4.14 dargestellt. Auch hier ließe sich wieder durch **horizontale Aggregation** eine **Gesamtnachfragefunktion nach Arbeit** herleiten. Diese bringt zum Ausdruck, welche Mengen durch die Summe der Nachfrager bei unterschiedlichen Löhnen nachgefragt werden.

> **Resümee:** *Über die Inputregel kann man die Arbeitsnachfragefunktion der mengenanpassenden Unternehmung ableiten. Über alle Unternehmungen als Arbeitsnachfrager könnte man durch horizontale Aggregation die Gesamtnachfrage nach Arbeit ermitteln.*

Schlüsselwörter: Faktornachfragefunktionen, Mengenanpasser, Isogewinnkurven, Grenzproduktivität, Reallohn, Inputregel, Faktorpreis, Wertgrenzprodukt, Arbeitsnachfragefunktion, Horizontale Aggregation, Gesamtnachfragefunktion nach Arbeit.

7. Die Analytik der Unternehmungsoptimierung

Wie lässt sich der optimale Produktionsplan einer Unternehmung analytisch bestimmen?

Wir wollen zunächst den gewinnmaximalen Produktionsplan mit der **Outputregel** ableiten. Gehen wir von der Gewinngleichung der Form

(10) $G(x) = p\,x - K(x)$

aus, so ist bei festem Güterpreis p das Gewinnmaximum durch die Optimalbedingung erster Ordnung

(11) $0 = G'(x) = p - K'(x)$

und damit durch die Gleichheit von Preis und Grenzkosten

(12) $p = K'(x)$

bestimmt. Nur jene Ausbringungsmenge kann gewinnmaximal sein, bei der jede zusätzliche Einheit genauso viel kostet wie sie erlöst. $K(x)$ ist dabei die Kostenfunktion, die wir spiegelbildlich aus der ertragsgesetzlichen Produktionsfunktion ableiten konnten.

Wie wir in Abbildung 4.10 sehen konnten, reicht die Bedingung (12) aber nicht aus, um ein Gewinnmaximum zu realisieren. Denn die **Preis-gleich-Grenzkosten-Regel** könnte uns auch in das Gewinnminimum und damit in die Verlustzone führen. Wir brauchen also eine zusätzliche hinreichende Bedingung. Und diese ist, wie wir wissen, bei Maximierungsproblemen

(13) $G''(x) < 0.$

Diese Bedingung ist mit

(14) $K''(x) > 0$

äquivalent, und damit wissen wir, dass das Gewinnmaximum durch den aufsteigenden Ast der Grenzkostenfunktion bestimmt wird.

Als Angebotsfunktion kommt jedoch nur derjenige Teil des aufsteigenden Astes der Grenzkostenkurve in Frage, der oberhalb der Durchschnittskosten liegt.

Wenn wir nun zeigen, dass im Minimum der Durchschnittskosten diese gleich den Grenzkosten sind, oder geometrisch ausgedrückt, dass die Grenzkostenkurve die Durchschnittskostenkurve im Minimum schneidet (vergleiche dazu auch Abbildung 4.10), ist auch dieser Forderung Genüge getan.

Bestimmen wir mit

(15) $\dfrac{d}{dx}\dfrac{K(x)}{x} = 0$

das Minimum, so erhalten wir daraus mit Hilfe der Quotientenregel

$$\frac{K'(x)x - K(x)}{x^2} = 0$$

oder in äquivalenter Schreibweise

(16) $$K'(x) = \frac{K(x)}{x}.$$

Damit haben wir über die Outputregel mit Hilfe der Kostenfunktion den optimalen Gewinn und die optimale Produktion charakterisiert. Über die Produktionsfunktion könnten wir den dazugehörigen Faktoreinsatz berechnen.

Wir wollen nun umgekehrt vorgehen und über die **Inputregel** den gewinnmaximalen Produktionsplan mit Hilfe des **optimalen Faktoreinsatzes** bestimmen.

Auch hier gehen wir von der Gewinngleichung (10) aus. Schreiben wir diese in der Form

(17) $$G(v_1) = p f(v_1, \bar{v}_2) - wv_1,$$

indem wir sowohl den Output wie die Kosten direkt als Funktion des Faktoreinsatzes des variablen Faktors v_1 schreiben, so erhalten wir die Optimalbedingung

(18) $$0 = G'(v_1) = p \frac{\partial f}{\partial v_1}(v_1, \bar{v}_2) - w$$

und daraus die graphisch abgeleitete Bedingung der **Gleichheit von Faktorpreis und Wertgrenzprodukt**

(19) $$w = p \frac{\partial f}{\partial v_1}(v_1, \bar{v}_2).$$

Resümee: Den gewinnmaximalen Produktionsplan kann man über die Input-und die Outputregel mit einem mathematischen Maximierungsansatz kurz und schmerzlos bestimmen.

Schlüsselwörter: Outputregel, Preis-gleich-Grenzkosten-Regel, Inputregel, Optimaler Faktoreinsatz.

8. Schlussbemerkung

In diesem Kapitel haben wir die Theorie der Unternehmung dargestellt. In ihr werden die Wahlmöglichkeiten der Unternehmung hinsichtlich Güterangebot und Arbeitsnachfrage diskutiert. Nimmt man Gewinnmaximierung als Zielsetzung der Unternehmung an, so kann man den optimalen Produktionsplan auf zwei Wegen ermitteln. Erstens über die **Outputregel**, nach welcher die Produktion soweit ausgedehnt wird, bis Grenzkosten und Grenzerlös gleich sind. Da ein Produzent als Mengenanpasser den Outputpreis als gegeben betrachtet, kann für jeden Preis die optimale Produktion bestimmt werden. Auf diese Weise entsteht die Güterangebotsfunktion.

Zweitens kann der optimale Produktionsplan über die **Inputregel** bestimmt werden, bei welcher der Faktoreinsatz soweit ausgedehnt wird, bis Faktorpreis und Wertgrenzprodukt übereinstimmen. Auch auf dem Faktormarkt verhält sich der Produzent als Mengenanpasser, der den Faktorpreis als gegeben betrachtet. Durch Variation des Lohnsatzes kann damit der jeweilige optimale Arbeitseinsatz bestimmt werden. Auf diese Weise entsteht die Arbeitsnachfragefunktion.

Die Höhe eines eventuell entstehenden Gewinns hängt also neben der Technologie noch von den Faktor- und Güterpreisen ab, von denen wir bisher ausgingen, dass sie als gegeben zu betrachten sind. Im nachfolgenden Kapitel wird nun gezeigt, wie ein gleichgewichtiger Preis zustande kommt.

Fragen und Aufgaben zum 4. Kapitel

1. Welcher Zusammenhang besteht zwischen der Produktionstechnologie und dem Kostenverlauf?

2. Wodurch ist der optimale Produktionsplan gekennzeichnet? Was versteht man dabei unter Inputregel und Outputregel und wie lässt sich zeigen, dass Input- und Outputregel immer zum gleichen Ergebnis führen?

3. Verdeutlichen Sie, dass die Preis-gleich-Grenzkosten-Regel nur eine notwendige, aber keine hinreichende Bedingung für die Realisierung eines Gewinnmaximums darstellt.

4. Was versteht man unter einer Angebotsfunktion einer Unternehmung? Wie erhält man die Gesamtangebotsfunktion? Wodurch entsteht eine Bewegung auf der Gesamtangebotsfunktion, und was sind Ursachen für eine Verschiebung der Gesamtangebotsfunktion?

5. Macht es Sinn, dass ein Unternehmen bei vollkommener Konkurrenz seine Produktion fortsetzt, selbst wenn es Verluste erwirtschaftet? Wenn ja, in welchem Bereich der Angebotsfunktion?

6. *Aufgabe:

    a) Diskutieren Sie den Zusammenhang zwischen dem Homogenitätsgrad einer Produktionsfunktion und dem Verlauf der Kostenfunktion.

    b) Beweisen Sie in diesem Zusammenhang auf allgemeine Weise, dass bei einer linearen Gesamtkostenfunktion die Grenzkosten gleich den durchschnittlichen variablen Kosten sind.

Literatur zum 4. Kapitel

Einen Überblick über die Theorie der Unternehmung bietet der Artikel von

Gabisch, Günter. Haushalte und Unternehmen. In: D. Bender u.a.A. Vahlens Kompendium der Wirtschaftstheorie und Wirtschaftspolitik. Band 2. Siebte Auflage. S. 1-61. Vahlen Verlag. München 1999.

Als Standardlehrbücher der Mikroökonomie und auch als Werke der Theorie der Unternehmung können wiederum folgende Werke empfohlen werden:

Böventer, Edwin von. Einführung in die Mikroökonomie. Neunte Auflage. R. Oldenbourg Verlag. München u.a.O. 1997.

Schumann, Jochen; Meyer, Ulrich; Ströbele, Wolfgang. Grundzüge der mikroökonomischen Theorie. Siebte Auflage. Springer Verlag. Berlin u.a.O. 1999.

Varian, Hal R. Grundzüge der Mikroökonomik. (Aus dem Amerikanischen von R. Buchegger). Vierte Auflage. R. Oldenbourg Verlag. München u.a.O. 1999.

Zu speziellen Aspekten der Theorie der Unternehmung wie beispielsweise der Produktionstheorie oder der Kostentheorie finden sich in

Albers, Willi u.a.A. Handwörterbuch der Wirtschaftswissenschaft (HdWW). G. Fischer Verlag u.a. Stuttgart u.a.O. 1988.

überblicksartige und einführende Artikel.

Kapitel 5
Das Marktgleichgewicht bei Mengenanpassung

Kapitel 5 Das Marktgleichgewicht bei Mengenanpassung

1. Markt und Mengenanpassung

> Was versteht man unter einem Markt? Welche Marktform wird bei "Mengen-anpassung" vorausgesetzt? Wann wird ein Markt als vollkommen bezeichnet?

Unter **Markt** versteht man das zusammenhängende Ganze von Nachfrage und An-gebot nach einem Gut. Diese Definition ist sehr weit gehalten, so dass beim Begriff "Markt" nicht ausschließlich an den geographischen Ort eines ökonomi-schen Tausches gedacht werden muss (z.B. ein Viehmarkt). In diesem Sinne existiert z.B. ein Weltmarkt für Getreide, auf dem sich das gesamte Getreideange-bot sowie die gesamte Getreidenachfrage begegnen.

Der **Gleichgewichtspreis** kommt unter dem Einfluss von Nachfrage und Angebot auf dem Markt zustande. **Mengenanpassung** setzt eine bestimmte Marktform vo-raus, d.h. bestimmte Verhaltensweisen von bzw. Relationen zwischen Nachfragern und Anbietern. Als wichtigste Voraussetzung muss gelten, dass das Gut, das gehandelt wird, für alle Nachfrager und Anbieter vollkommen identisch ist. Die Nachfrager orientieren sich dann bei ihrer Güterwahl ausschließlich am Preisgeba-ren der Anbieter. Es gibt keine Qualitätsunterschiede und dergleichen, die Anlass sein könnten, bei einem bestimmten Anbieter zu kaufen. Das Gut wird in einem solchen Fall als **homogen** bezeichnet. Als weitere Voraussetzung muss der Markt vollkommen überschaubar sein. Jeder Nachfrager oder Anbieter kennt alle Nach-frage- und Angebotspreise, und Informationen stehen allen Marktteilnehmern gleichmäßig und kostenlos zur Verfügung. Einen solchen Markt nennt man **transparent**. Ein Markt, auf dem ein homogenes Gut gekauft und verkauft wird und der obendrein noch transparent ist, wird als **vollkommen** bezeichnet. Auf einem vollkommenen Markt kann zu einem bestimmten Zeitpunkt stets nur ein Preis entstehen. Dass diese Feststellung richtig ist, leuchtet ein, wenn man sich die Situation auf einem Gemüsemarkt vorstellt, auf dem identischer Rotkohl angebo-ten wird, und jeder Nachfrager und Anbieter den ganzen Markt übersieht. Es ist klar, dass sich auf diese Weise ein einziger Preis bilden muss, weil jeder Ver-käufer, der einen höheren Preis verlangt, überhaupt nichts verkaufen kann.

Wenn nun sehr viele Nachfrager und Anbieter auf einem vollkommenen Markt operieren, spricht man von **vollkommener Konkurrenz.** Genau diese Marktform der vollkommenen Konkurrenz ist charakteristisch für die Verhaltensweise **Men-genanpassung**. Es entsteht stets nur ein einziger Preis, und durch den geringen Anteil, den die einzelnen Nachfrager und Anbieter an der Gesamtnachfrage, re-spektive dem Gesamtangebot, haben, ist jeder Preis, der entsteht, für den entspre-chenden Produzenten oder Konsumenten ein gegebenes Faktum. In diesem Fall können also nur die Nachfrage- und Angebotsmengen so angepasst werden, dass der Konsument maximale Bedürfnisbefriedigung und der Produzent maximalen Gewinn erreicht.

Resümee: Mengenanpassung setzt die Marktform vollkommener Konkurrenz voraus. Diese Marktform beinhaltet, dass sowohl auf der Nachfrageseite sehr viele Nachfrager als auch auf der Angebotsseite sehr viele Anbieter auftreten. Ein vollkommener Markt ist ein Markt, der transparent ist und auf dem ein homogenes Gut gehandelt wird. Der Begriff "Markt" umschreibt in der Volkswirtschaftslehre mehr als nur den geographischen Ort des ökonomischen Tausches.

Schlüsselwörter: Markt, Gleichgewichtspreis, Mengenanpassung, Homogenes Gut, Transparenter Markt, Vollkommener Markt, Vollkommene Konkurrenz.

2. Das Marktgleichgewicht

Wodurch ist ein Marktgleichgewicht gekennzeichnet? Wodurch lassen sich Änderungen in den nachgefragten oder angebotenen Mengen erklären? Wie kann in der geometrischen Darstellung des Marktgleichgewichtes die "Verschiebung der" Angebots- und Nachfragekurve und die "Bewegung auf" den jeweiligen Kurven interpretiert werden? Wie bildet sich der Gleichgewichtspreis?

Wenn auf einem Markt vollkommene Konkurrenz herrscht, kann eine Gesamtnachfrage- und eine Gesamtangebotsfunktion abgeleitet werden. Beide Funktionen haben wir in Abbildung 5.1 dargestellt. Die Angebotsfunktion verläuft von links nach rechts steigend, die Nachfragefunktion von links nach rechts fallend. Es handelt sich bei beiden insofern um "hypothetische" Funktionen, als dass sie aussagen, was Konsumenten bzw. Produzenten bei alternativen Preisen tun würden.

Bei üblichen Annahmen über die Präferenzen der Konsumenten und die Technologie der Produzenten gibt es nur einen einzigen Preis p_0, bei dem die nachgefragte Gütermenge gleich der angebotenen Gütermenge ist.

Bei dieser Gütermenge sind die Angebots- und Nachfrageplanungen der Haushalte und Unternehmungen miteinander kompatibel. Es herrscht **Gleichgewicht**; p_0 ist der Gleichgewichtspreis und x_0 die Menge, die bei diesem Preis verkauft wird. Man muss sich vor Augen führen, dass eine solche Konsistenz der Pläne aller Beteiligten denkbar ist, ohne lenkendes Eingreifen einer allwissenden oder umfassend informierten Instanz.

In einer dezentral organisierten Ökonomie, in welcher eine Vielzahl von Haushalten und Unternehmungen voneinander unabhängig ihre allein am eigenen Vorteil orientierten Optimalentscheidungen realisieren, gibt es somit nicht notwendigerweise Chaos, sondern eine Vereinbarkeit aller Pläne bei einem für alle gleichen einheitlichen Marktpreis. Solche Konstellationen nennen wir **Gleichgewichte auf Märkten**.

Abbildung 5.1:   *Marktgleichgewicht*

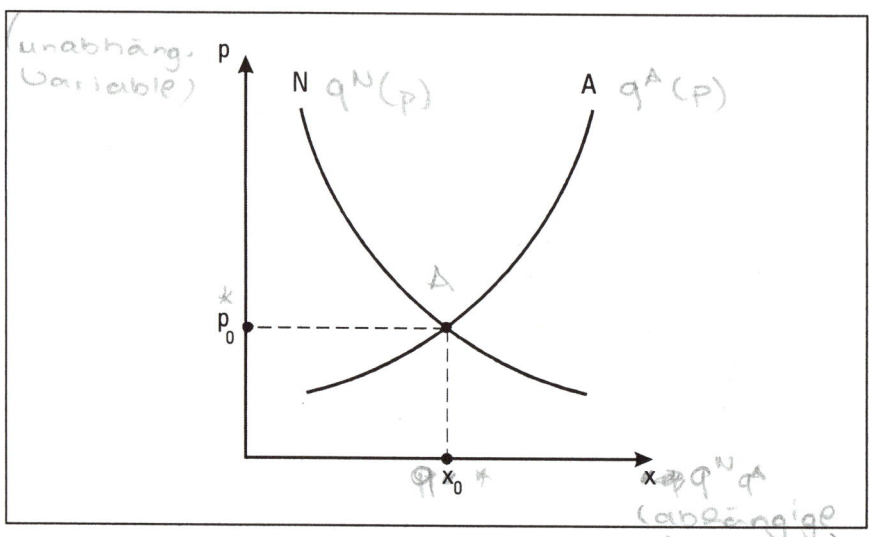

Wie bereits an anderer Stelle angesprochen, ist die Existenz eines Gleichgewichtspreises sowie die Eindeutigkeit eines allgemeinen Gleichgewichtes, d.h.
eines Gleichgewichtes auf allen Märkten, im Preis- und Mengensystem ein
Hauptthema der neoklassischen **Allgemeinen Gleichgewichtstheorie**, die auf
Arbeiten von LÉON WALRAS aufbaut.

Im Kapitel 3 haben wir die Gesamtnachfragefunktion abgeleitet. Bei der Ermittlung der Funktionsbeziehung zwischen dem Preis und der gesamten nachgefragten
Gütermenge haben wir dabei folgende Größen als konstant angenommen:

- die Präferenzstruktur der Konsumenten,

- die Einkommen der Konsumenten,

- die Zahl der Konsumenten, die dieses Gut nachfragen, und

- die Preise aller anderen Güter.

Ändert man eine dieser Größen, dann kann dies zur Folge haben, dass bei demselben Preis mehr (weniger) nachgefragt wird. Die Nachfragekurve **verschiebt** sich
dann nach rechts (links). In Abbildung 5.2 ist eine solche Verschiebung der
Nachfragekurve dargestellt worden. Durch die Zunahme der Zahl der Nachfrager,
durch Erhöhung der Einkommen, durch Preisänderung der anderen Güter oder
einfach, weil die Konsumenten über mehr Einheiten dieses Gutes verfügen wollen,
fragen sie bei einem Preis p_4 nicht A Einheiten dieses Gutes nach, sondern F
Einheiten. Auch bei jedem anderen Preis wird mehr nachgefragt als die Menge, die
aus der Nachfragefunktion N_1 resultiert. Man sagt dann: **Die Nachfrage nimmt zu.**
Die Nachfragefunktion kann sich auch nach links verschieben, wenn als Folge der

vier genannten Ursachen die Konsumenten bei einem bestimmten Preis weniger nachfragen würden, als die Nachfragefunktion N_1 angibt. Man sagt dann: **Die Nachfrage nimmt ab**.

Abbildung 5.2:   *Verschiebung von Angebots- und Nachfragekurven*

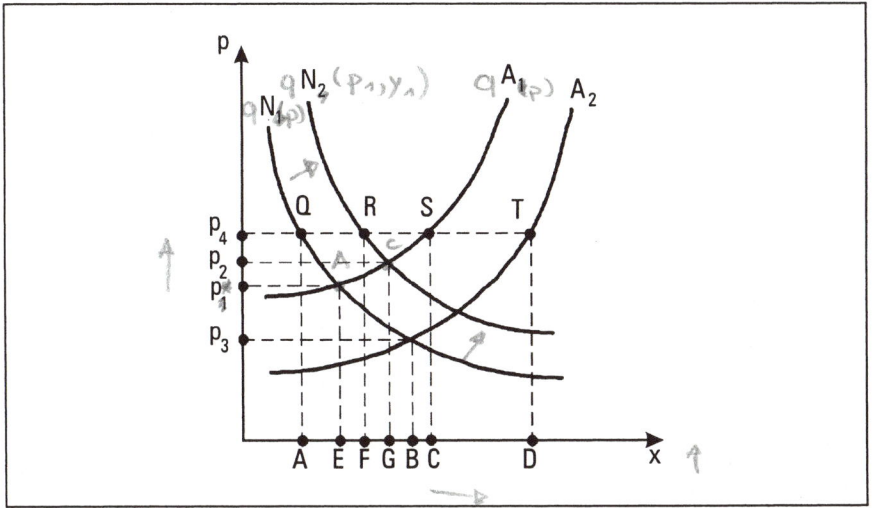

Auch die Gesamtangebotskurve kann sich verschieben. Veränderungen folgender Größen können dafür die Ursache sein:

- Stand der Technik,
- die Preise der Produktionsmittel,
- die Zahl der Anbieter und
- der Bestand des fixen Produktionsfaktors.

Eine Veränderung der Zahl der Anbieter setzt voraus, dass es freien Zutritt (und Austritt) zum (vom) Markt gibt. Diese Voraussetzung ist wichtig, weil ansonsten der Charakter der vollkommenen Konkurrenz verloren gehen würde. Eine Einschränkung des Angebots kann immer dazu führen, dass einzelne Anbieter Einfluss auf den Ablauf des Marktgeschehens bekommen können. Bei freiem Marktzugang wird Zutritt zum Markt solange erfolgen, bis keiner der Anbieter mehr als die normale Vergütung für die Produktion erhält.

Man sagt: **Das Angebot nimmt zu**, wenn als Folge von Änderungen der oben genannten Größen die Angebotskurve sich nach rechts von A_1 nach A_2 verschiebt. Beim Preis p_4 werden zuerst C und nach Änderung obiger Parameter D Einheiten des Gutes angeboten. Verschiebt sich die Angebotskurve nach links, so sagt man: **Das Angebot nimmt ab**.

Bei gegebener Nachfragefunktion N_1 und Angebotsfunktion A_1 wird der Preis p_1 zustande kommen und die Menge E bei diesem Preis abgesetzt werden.

Verschiebt sich die Nachfragekurve von N_1 nach N_2, dann wird bei unveränderter Angebotsfunktion A_1 der Gleichgewichtspreis p_2 zustande kommen. Als Folge einer Zunahme der Nachfrage steigt also der Preis von p_1 auf p_2. Wenn nicht die Nachfrage, sondern das Angebot zugenommen hat (Angebotskurve verschiebt sich von A_1 nach A_2), dann wird sich der Gleichgewichtspreis p_3 (Schnittpunkt N_1 mit A_2) einstellen. Als Folge einer Zunahme des Angebotes wird der Preis dann von p_1 auf p_3 fallen.

Man muss diese **Verschiebung** von Kurven gut unterscheiden von einer Veränderung von nachgefragter und/oder angebotener Gütermenge als Folge einer **Bewegung entlang einer Kurve**. Während das erstere auf Veränderung der Modelldaten beruht, ist das Zweite die Folge von Änderungen der nachgefragten oder angebotenen Gütermengen, verursacht durch Preisänderungen bei gleichbleibenden Modelldaten.

Als letztes bleibt noch zu illustrieren, wie nun der gleichgewichtige Marktpreis bei gegebenen Angebots- und Nachfragebedingungen konkret zustandekommt. Ist ein gegenwärtiger Preis beispielsweise oberhalb des gleichgewichtigen, so ist die angebotene Menge größer als die nachgefragte. Da die Anbieter nur das verkaufen können, was nachgefragt wird, sprechen wir hierbei von einem **Angebotsüberschuss**. Um dennoch ihre Ware verkaufen zu können, werden die Anbieter versuchen, Preisunterbietung zu betreiben. Der Konkurrenzdruck unter den Anbietern bewirkt dabei eine Bewegung zum Gleichgewichtspreis. Ein niedrigerer Preis als der gleichgewichtige hingegen verursacht einen Konkurrenzdruck unter den Konsumenten. Dabei herrscht ein **Nachfrageüberschuss**, da eine größere Menge nachgefragt als angeboten wird. Nachfrager werden versuchen, sich zu überbieten, und der Preis wird steigen, mit der Folge, dass auch die angebotene Menge steigt.

> **Resümee:** *Bei vollkommener Konkurrenz wird der Gleichgewichtspreis auf dem Markt durch einen Ausgleich von nachgefragter und angebotener Gütermenge bestimmt. Durch Verschiebungen der Gesamtnachfrage und/oder Gesamtangebotsfunktion kann das Gleichgewicht auf einem anderen Niveau zustande kommen.*

Schlüsselwörter: Gleichgewicht, Allgemeine Gleichgewichtstheorie, Angebotsüberschuss, Nachfrageüberschuss.

3. Preisbildung bei vollkommener Konkurrenz

(Aufgabe /Quiz)

> Wie lässt sich der gleichgewichtige Preis mathematisch modellhaft herleiten?

Das im vorangehenden Paragraphen besprochene Marktgleichgewicht kann mit Hilfe eines mathematischen Gleichungssystems noch etwas genauer dargestellt werden. Das Modell umfasst mit einer Gesamtnachfrage- und einer Gesamtange-botsfunktion somit zwei **Verhaltensfunktionen** und eine **Gleichgewichtsbedin-gung**.

Bezeichnen wir die Nachfragemenge mit dem Symbol x_n und den Preis mit dem Symbol p, dann gilt, dass mit $x_n = f(p)$ die nachgefragte Gütermenge eine Funktion des Preises ist. Nehmen wir an, dass die Nachfragefunktion linear verläuft, dann können wir diese wie folgt schreiben:

$q^N = q^N(p, x)$

(1) $$x_n = \alpha p + \beta, \qquad\qquad \alpha < 0, \beta > 0.$$

Der negative Parameter α bedeutet, dass wir einen fallenden Verlauf der Nachfra-gefunktion unterstellen. Setzen wir z.B. $\alpha = -2$ und $\beta = 6$, dann lautet die Gesamt-nachfragefunktion: $x_n = -2p + 6$.

Wenden wir uns nun der **Gesamtangebotsfunktion** zu. Dazu bezeichnen wir die angebotene Menge mit dem Symbol x_a und den Preis mit p. Die Beziehung zwischen x_a und p wird dann durch $x_a = g(p)$ umschrieben. Wird auch in diesem Fall eine lineare Beziehung zwischen dem Gesamtangebot und dem Preis unter-stellt, dann folgt:

$q^A = q^A(p)$

(2) $$x_a = \gamma p + \delta, \qquad\qquad \gamma > 0, \delta \le 0.$$

Dass γ positiv gewählt wurde, bedeutet, dass die Angebotsfunktion einen stei-genden Verlauf besitzt. Die Anbieter werden demnach bei höheren Preisen größere Mengen eines Gutes anbieten. Setzen wir $\gamma = 1$ und $\delta = 0$, dann ergibt sich für die Gesamtangebotsfunktion: $x_a = p$.

Ein Marktgleichgewicht stellt sich ein, wenn der Preis so hoch ist, dass das Gesamtangebot gleich der Gesamtnachfrage ist. Diese Tatsache wird durch die Gleichgewichtsbedingung

$q^A = q^N$

(3) $$x_a = x_n$$

zum Ausdruck gebracht. Das Modell, das die Situation auf dem gegebenen Markt beschreibt, ist nun vollständig; es besteht aus den drei Gleichungen

$$x_n = -2p + 6, \qquad (q^N = a + b \cdot p)$$
$$x_a = p, \qquad\qquad (q^A = c + d \cdot p) \qquad c = 0; d = 1$$
$$x_a = x_n. \qquad\qquad (q^A = q^N)$$

Man kann nun den Gleichgewichtspreis auf diesem Markt ermitteln, indem das Modell nach p aufgelöst wird. Es gilt dann:

$$p^* = -2p^* + 6.$$

Der Gleichgewichtspreis beträgt also $p^* = 2$; die Gleichgewichtsmenge erhält somit den Wert $x_a = x_n = 2$. Ersetzt man die Parameter α, β, γ und δ nicht durch Zahlenwerte, dann kann der Gleichgewichtspreis auf allgemeine Weise abgeleitet werden. Dabei wird p^* in α, β, γ und δ ausgedrückt. In unserem Modell sind p, x_a und x_n die **endogenen Variablen,** d.h. die Variablen, die innerhalb des Modells erklärt werden, während α, β, γ und δ die **exogenen Variablen** darstellen. Das sind die Größen, aus denen die endogenen Variablen erklärt werden.

Resümee: Ein Modell stellt in verkürzter Schreibweise einen Aspekt der Realität dar; in unserem Beispiel ist dies die Preisbildung auf einem Markt bei vollkommener Konkurrenz. Die Linearisierung des Modells ist ein Beispiel für die Realitätsverkürzung. Innerhalb eines Modells ist die Unterscheidung in endogene und exogene Variablen von entscheidender Bedeutung.

Schlüsselwörter: Verhaltensfunktionen, Gleichgewichtsbedingung, Gesamtangebotsfunktion, Gesamtnachfragefunktion, Endogene und exogene Variablen.

4. Die Preiselastizität der Nachfrage

Was bringen Elastizitäten zum Ausdruck, und welchen Vorteil bieten sie gegenüber absoluten Maßzahlen?

Wie schon an anderer Stelle betont, ist es bedeutsam zu wissen, in welchem Ausmaß sich die nachgefragte Gütermenge eines Gutes ändert, wenn dessen Preis eine kleine Änderung erfährt. Wenn z.B. die Deutsche Bahn die Tarife ändert, sind Kenntnisse um die Wirkung dieser Maßnahme auf die Zahl der Zugreisenden recht nützlich.

Betrachten wir einmal die in Abbildung 5.3 gezeichnete Nachfragekurve nach einem beliebigen Gut x. Bei dem Preis p_1 ist die nachgefragte Gütermenge x_1, beim Preis p_2 ist sie x_2. Eine Preisänderung von p_1 auf p_2 führt demnach zu einer entgegengesetzten Änderung der nachgefragten Gütermenge von x_1 auf x_2. Man ist geneigt, das Verhältnis $(x_2 - x_1)/(p_2 - p_1)$ als ein gutes Maß für den Effekt einer Preisänderung auf die Nachfrage, anzusehen. Das ist aber nicht der Fall. Um dies zu verstehen, betrachten wir folgendes Beispiel: Wenn $p_1 = 2$,- DM und $p_2 = 1,98$ DM betragen, dann ist die Preisdifferenz $p_2 - p_1 = -0,02$ DM.

Abbildung 5.3: *Nachfragekurve*

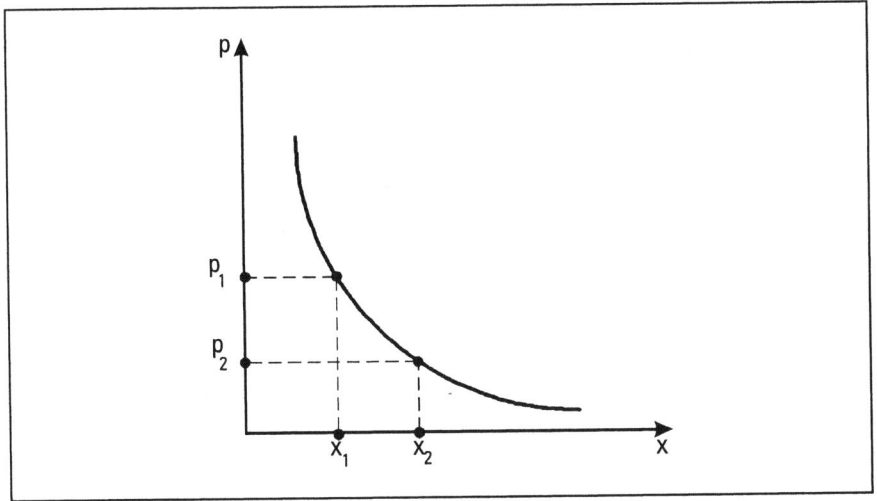

Bei p_1 soll nun die nachgefragte Gütermenge $x_1 = 10$ kg betragen und bei p_2 werden $x_2 = 10{,}5$ kg nachgefragt. $x_2 - x_1$ ist also gleich 0,5 kg. Das Verhältnis ist dann

$$\frac{0{,}5}{-0{,}02} = -25.$$

Drücken wir die Menge $x_2 - x_1$ nicht in Kilogramm, sondern in Pfund aus, dann erhalten wir

$$\frac{x_2 - x_1}{p_2 - p_1} = \frac{1}{-0{,}02} = -50.$$

Mit anderen Worten, das Verhältnis ist abhängig von den Einheiten, in denen Preisänderungen und Mengenänderungen ausgedrückt sind, und ist deshalb in dieser Form ungeeignet, um als Maßstab zu dienen, der die Wirkung einer Variablen auf die andere zum Ausdruck bringen soll. Drückt man dagegen die Preisänderung in Prozenten des ursprünglichen Preises aus und die Gütermengenänderung in Prozenten der ursprünglichen Gütermenge, dann bildet das Verhältnis prozentuale Gütermengenänderung zu prozentualer Preisänderung unabhängig davon, welche Einheiten gewählt wurde, ein recht gutes Maß dafür, wie "sensibel" die nachgefragte Gütermenge auf Preisänderungen reagiert.

Die prozentuale Mengenänderung beträgt in obenstehendem Beispiel 5 Prozent, die prozentuale Preisänderung −1 Prozent. Die Veränderungen haben ein entgegengesetztes Vorzeichen. Das Verhältnis ist dann

$$\frac{+5\%}{-1\%} = -5.$$

Dieses Verhältnis nennt man die **Preiselastizität der Nachfrage**. Um die prozentuale Mengenänderung zu bestimmen, drückt man im Allgemeinen die Mengenänderung $x_2 - x_1$ nicht in Prozenten von $x_{1,}$, sondern in Prozenten des Mittels von x_1 und x_2 aus. Die Preisänderung berechnet man dementsprechend in Prozenten des Mittels der Preise p_1 und p_2.

Die Preiselastizität der Nachfrage ist also das Verhältnis zwischen der prozentualen Mengenänderung und der prozentualen Preisänderung. Streng genommen muss es sich hierbei um eine **marginale** Preisänderung handeln. Diese Elastizität wird häufig mit dem Buchstaben ε bezeichnet. Im oben angeführten Beispiel ist $\varepsilon = -5$.

Wenn als Folge einer Preisänderung die nachgefragte Gütermenge unverändert bleibt, dann ist $\varepsilon = 0$. Die Nachfrage ist dann völlig **unelastisch**. In Abbildung 5.4 haben wir sowohl eine derartige, völlig unelastische Nachfragekurve als auch eine **elastische** Nachfragekurve wiedergegeben.

Abbildung 5.4a: **Abbildung 5.4b**

Unelastische Nachfrage   *Elastische Nachfrage*

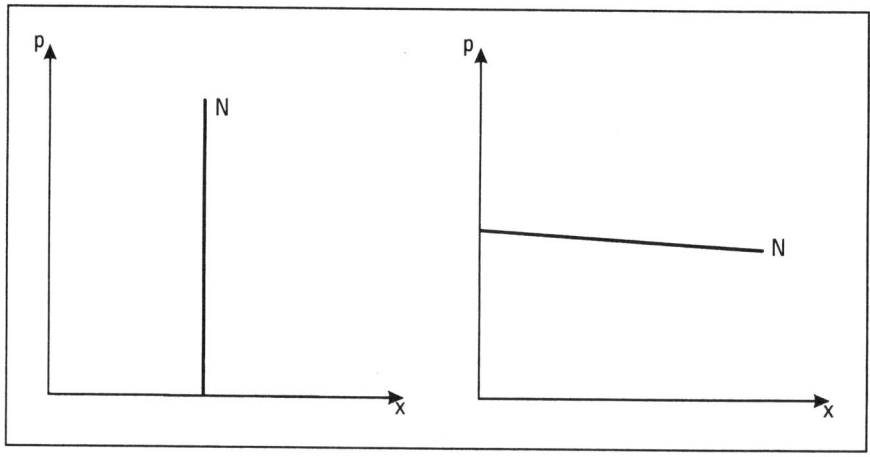

Die Situation unelastischer Kurvenverläufe ist bei lebensnotwendigen Gütern gegeben. Bei Luxusartikeln wird die Nachfragekurve eher so verlaufen, wie wir es in Abbildung 5.4b zum Ausdruck gebracht haben; ε erreicht bei derartigen Gütern sehr hohe Werte. Verläuft die Nachfragekurve im Grenzfall ganz horizontal, so spricht man von einer vollkommen elastischen Nachfrage.

> **Resümee:** *Die Preiselastizität der Nachfrage ist das Verhältnis der prozentualen Gütermengenänderung zur prozentualen Preisänderung. Lebensnotwendige Güter werden tendenziell preisunelastisch, Luxusgüter eher preiselastisch nachgefragt.*

Schlüsselwörter: Preiselastizität der Nachfrage, Unelastische Nachfrage, Elastische Nachfrage.

5. Staatliche Markteingriffe

> Auf welche Arten kann der Staat in die Preisbildung eingreifen? Wie lassen sich solche Maßnahmen rechtfertigen?

Der Preis, der auf einem Markt mit vollkommener Konkurrenz unter Einfluss von Nachfrage und Angebot zustande kommt, ist das Ergebnis einer freien Preisbildung. Der Preisbildungsprozess wird dabei nicht durch irgendeine Form staatlicher Eingriffe behindert.

Abbildung 5.5: *Preisfixierung*

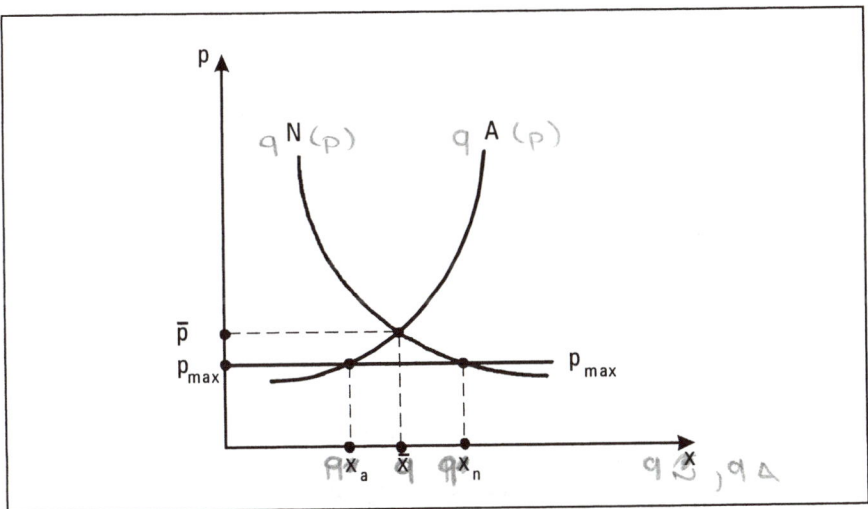

Die freie Preisbildung ist aber keine Garantie dafür, dass sich nur Preise einspielen, die unter sozialen Gesichtspunkten erwünscht sind. Betrachten wir den Fall eines Entwicklungslandes, in welchem Preise für Grundnahrungsmittel von besonderer Bedeutung sind. Nehmen wir dabei einmal an, dass durch einen plötzlichen ernsten Minderertrag an Getreide bei unbehindertem Nachfrage- und Angebotsprozess der Getreidepreis und dadurch aufgrund der gestiegenen Kosten der Brotpreis unverhältnismäßig ansteigt. Oder anders ausgedrückt: Der Preis eines der

Produktionsmittel nimmt zu, so dass sich die Angebotskurve nach links verschiebt, woraus folgt, dass der Preis für Brot ansteigt. In einer derartigen Situation drohen ernsthafte politische Probleme. Dann wird der Staat eingreifen, indem er Höchstpreise setzt, die selbstverständlich unter jenem Preis liegen, der sich sonst einspielen würde. Das Setzen eines Höchstpreises wird in Abbildung 5.5 demonstriert.

Der gleichgewichtige Preis $\bar{p}$ wird dabei aus politischen Gründen als unvertretbar angesehen. Der Staat setzt den **Höchstpreis** p_{max}, zu dem verkauft werden muss, fest. Bei diesem Preis liegt aber kein Gleichgewicht zwischen Nachfrage und Angebot vor. Die nachgefragte Gütermenge x_n ist größer als die angebotene Gütermenge x_a. Hier zeigt sich eine typische Erscheinung, die sich bei staatlichen Eingriffen – wie notwendig diese auch sein mögen – immer beobachten lässt. Die Preissetzung zwingt nämlich dazu, weitere Maßnahmen in Form von Rationierungsmaßnahmen für das Brot zu ergreifen. Nachfrager, die durch den Preisbildungsprozess ausgeschaltet sein würden, weil sie nicht genügend Kaufkraft besitzen, kommen nun ebenso zum Zuge wie die kaufkräftigeren Nachfrager.

Geht es bei der **Höchstpreispolitik** vor allem um den Schutz des Verbrauchers, so versucht die **Mindestpreispolitik** vor allem die Belange der Erzeuger zu schützen. Die Möglichkeit ist gegeben, dass durch eine temporär schwächere Nachfrage eine Unternehmung die Produktion einstellen müsste, weil der Gleichgewichtspreis weit abgesunken ist. In einem solchen Fall kann der Staat eingreifen, indem er einen Minimumpreis festsetzt, der oberhalb des Preises liegt, der bei freier Preisbildung entstehen würde. Auf diese Weise lässt sich zumindest kurzfristig eine weitere Produktion garantieren.

Resümee: Die freie Preisbildung führt nicht immer zu politisch vertretbaren Resultaten. Staatliche Eingriffe in Form von Höchst- und Mindestpreisen werden deshalb als notwendig erachtet. Die staatlichen Eingriffe ziehen in der Regel weitere Maßnahmen nach sich.

Schlüsselwörter: Höchstpreispolitik, Mindestpreispolitik.

6. Schlussbemerkung

Erst in diesem Kapitel haben wir den Gleichgewichtspreis für einen Markt abgeleitet, auf dem die Marktpartner ausschließlich Mengenanpassung betreiben können. Ferner haben wir mit der Besprechung der Marktform der vollkommenen Konkurrenz begonnen. Diese Konkurrenzsituation tritt auf, wenn sehr viele Nachfrager und Anbieter auf einem vollkommenen Markt operieren.

Deutlich geworden ist, dass sowohl die Nachfrageseite als auch die Angebotsseite wichtig für das Zustandekommen des Gleichgewichtspreises sind. Die klassische Schule, die ausschließlich dem Angebot, und die Grenznutzenschule, die vor allem der Nachfrage Beachtung geschenkt hatten, betrachten somit jeweils beide nur eine Seite der Medaille. Die **objektive Wertlehre**, die von den Klassikern als objektiv bezeichnet wird, weil man die Preise aus einer objektiven Größe, nämlich den Produktionskosten zu erklären versuchte, und die **subjektive Wertlehre**, die speziell die subjektiven Überlegungen der Wirtschaftssubjekte untersuchte, wurden durch den englischen Nationalökonomen ALFRED MARSHALL zu einer Synthese vereint. Das Modell der vollkommenen Konkurrenz findet man, deutlich ausgedrückt, in MARSHALLs Werk; auch der Elastizitätsbegriff wurde von ihm behandelt.

Die Ökonomen haben lange Zeit überwiegend der Marktform der vollkommenen Konkurrenz Beachtung geschenkt und blieben auf diese Weise einigermaßen blind für eine zunehmende Monopolisierung und Machtbildung, die sich in der Wirtschaft vollzog. Das Vertrauen in den Preismechanismus holte man sich aus der Erkenntnis, dass durch die Konkurrenz immer die niedrigstmöglichen Preise bei Kompatibilität der Nachfrage- und Angebotspläne entstehen. Tatsächlich ist es aber offenbar so, dass aus vielerlei Gründen ein freier Marktzutritt nicht gegeben ist. Ist das der Fall, dann kann der Verkauf eines bestimmten Gutes in Händen einer einzelnen großen Unternehmung liegen, woraus andere Marktergebnisse als die der vollkommenen Konkurrenz resultieren. Das beste praktische Beispiel für vollkommene Konkurrenz ist heute noch die Preisbildung an den Börsen.

Man kann nun noch auf die Funktion des Preismechanismus etwas näher eingehen. Den Klassikern unter den Ökonomen stand immer das Bild der vollkommenen Konkurrenz vor Augen, wenn sie von der guten Wirkungsweise des Preismechanismus aus dem Blickwinkel der Verwendung knapper Güter und der Allokation der Produktionsfaktoren sprachen. ADAM SMITH entwarf selbst das Bild von der **unsichtbaren Hand**, die dafür sorgt, dass ungeachtet des auf den Vorteil des Einzelnen gerichteten Strebens der Konsumenten und der Produzenten sich ein für die Gesellschaft als Ganzes optimales Ergebnis einstellt. Bei vollkommener Konkurrenz deckt der Preis auf lange Sicht immer gerade die Stückkosten, da die am Markt operierenden Produzenten die Betriebe vergrößern und neue Unternehmer auf den Plan treten, solange noch Gewinnmöglichkeiten bestehen. Diese Gewinnmöglichkeiten hängen von der Intensität der Nachfrage ab. Eine Zunahme der Nachfrage, die durch eine Verschiebung der Nachfragekurve nach rechts graphisch ausgedrückt wird, führt immer zu einem höheren Gleichgewichtspreis. Auf die veränderte Situation reagieren wiederum die Anbieter, so dass leicht die Ansicht entstehen kann, dass die Konsumenten durch die Wiedergabe ihrer Präferenzen sowohl Art als auch Umfang der Produktion steuern.

In dieser Beziehung darf aber nicht übersehen werden, dass ausschließlich die kaufkräftigen Präferenzen auf dem Markt erscheinen. Außerdem kann auf einem Markt mit vollkommener Konkurrenz als Folge fortlaufender Verschiebungen der Nachfrage- und Angebotsfunktionen große Unruhe herrschen. Die nachteiligen Folgen sind beispielsweise in den Entwicklungsländern zu beobachten, deren Wirtschaft oft von einem einzigen auf dem Weltmarkt gehandelten Produkt abhängig ist. Schließlich gibt es auch bei vollkommener Konkurrenz keine Garantie, dass externe Nachteile der Produktion wie z.B. Luftverschmutzung durch rauchende

Schornsteine automatisch in die Produktionskosten und damit in die Preise eingehen. So kann deshalb die Funktion des Preismechanismus als Selbstregulierungsmechanismus bereits im Fall der vollkommenen Konkurrenz zur Diskussion gestellt werden. Wir wollen uns im Folgenden aber den Märkten mit unvollkommener Konkurrenz widmen, bei denen vergleichsweise mehr Anlass gegeben scheint, den freien Preismechanismus zu kritisieren.

Fragen und Aufgaben zum 5. Kapitel

1. Die Haushalte und Unternehmen sind Mengenanpasser. Was versteht man darunter?

2. Durch welche Charakteristika ist ein Marktgleichgewicht gekennzeichnet?

3. Wie kann man Preisanpassungen erklären, wenn Mengenanpassung der Marktteilnehmer unterstellt wird?

4. Wodurch entstehen Verschiebungen von Angebots- bzw. Nachfragekurven, und wann erfolgt eine Bewegung auf diesen Kurven?

5. Es ist gegeben:

$$x_n = \alpha\ p + \beta, \qquad\qquad \alpha < 0, \beta > 0$$
$$x_a = \gamma\ p + \delta, \qquad\qquad \gamma > 0, \delta \leq 0$$
$$x_a = x_n.$$

   Berechnen Sie für $\alpha = -2$, $\beta = 6$, $\gamma = 1$ und $\delta = 0$

   a) den Gleichgewichtspreis und

   b) die Gleichgewichtsmenge.

   c) Wie verändert sich der Gleichgewichtspreis, wenn β verdoppelt wird?

6. Gehen Sie von einer Gleichgewichtssituation aus.

   a) Wie verändern sich Angebot und Nachfrage eines Gutes, wenn der Staat einen Mindestpreis einführt, der über dem Gleichgewichtspreis liegt?

   b) Nehmen Sie nun an, dass der Gleichgewichtspreis 1,50 DM beträgt. Der Staat wünscht einen Mindestpreis zu setzen, durch den der Verbrauch halbiert wird. Wenn die Preiselastizität der Nachfrage konstant $\varepsilon = -2.5$ ist, auf welchem Niveau muss sich dann dieser Minimumpreis bewegen?

7. Warum sind Elastizitäten ein geeigneteres Maß als die Ableitungen, um die Reagibilität zwischen einer abhängigen und einer unabhängigen Variablen zu messen? Wann nennt man eine Funktion (vollkommen) elastisch, wann (vollkommen) unelastisch?

8. *Aufgabe:

Gegeben ist die Gesamtangebotsfunktion $x_a = 2p$.

a) Zeichnen Sie diese Angebotsfunktion.

b) Berechnen Sie die Preiselastizität des Angebots.

c) Was fällt Ihnen auf?

Literatur zum 5. Kapitel

Einen Überblick über die Preistheorie bietet der Artikel von

Siebke, Jürgen. Preistheorie. In: D. Bender u.a.A. Vahlens Kompendium der Wirtschaftstheorie und Wirtschaftspolitik. Band 2. Siebte Auflage. S. 63-125. Vahlen Verlag. München 1999.

Wie andere mikroökonomische Probleme wird auch die Preisbildung hervorragend in

Böventer, Edwin von. Einführung in die Mikroökonomie. Neunte Auflage. R. Oldenbourg Verlag. München u.a.O. 1997.

Schumann, Jochen; Meyer, Ulrich; Ströbele, Wolfgang. Grundzüge der mikroökonomischen Theorie. Siebte Auflage. Springer Verlag. Berlin u.a.O. 1999.

Varian, Hal R. Grundzüge der Mikroökonomik. (Aus dem Amerikanischen von R. Buchegger). Vierte Auflage. R. Oldenbourg Verlag. München u.a.O. 1999.

dargestellt. Zusätzlich zur Allokationstheorie werden bei

Sohmen, Egon. Allokationstheorie und Wirtschaftspolitik. J.C.B. Mohr. Tübingen 1976.

noch wirtschaftspolitische Aspekte ganz vorzüglich behandelt. Zu speziellen Aspekten der Preis- und Allokationstheorie finden sich in

Albers, Willi u.a.A. Handwörterbuch der Wirtschaftswissenschaft (HdWW). G. Fischer Verlag u.a. Stuttgart u.a.O. 1988.

überblicksartige und einführende Artikel.

Kapitel 6
Das Marktgleichgewicht
bei Preisstrategie

Kapitel 6 Das Marktgleichgewicht bei Preisstrategie

1. Preisstrategie

> Was versteht man bei Marktakteuren unter einer Strategie in Bezug auf das Marktverhalten? Welche Voraussetzungen müssen gegeben sein, damit Unternehmungen Preispolitik betreiben können?

In unserer modernen Gesellschaft weicht vor allem die Situation auf der Angebotsseite stark von dem Bild ab, das im vorigen Kapitel gezeichnet wurde. Kapitel 5 ist deshalb jedoch nicht unnütz. Denn bestimmte Märkte, wie etwa Märkte für gewisse Agrarprodukte und die Börse, reichen recht nahe an das Bild einer vollkommenen Konkurrenz heran. Zugleich dient der Fall vollkommener Märkte mit seinen Marktergebnissen als Referenzpunkt für eine paretooptimale Allokation. Andere, weiter von diesem Bild abweichende Marktformen, führen zu Gleichgewichten, die von denen bei vollkommener Konkurrenz abweichen. Davon wollen wir uns einige in diesem Kapitel vergegenwärtigen.

Die oben gemachte Annahme **homogener Güter** und homogener Marktbedingungen ist in der Realität selten anzutreffen. Damit bekommt der Begriff Gut eine gewisse Unschärfe. Können wir denn von einem Gut Kaffee sprechen, wenn verschiedene Marken um die Gunst der Käufer wetteifern? Qualitätsunterschiede, Unterschiede in den Dienstleistungen usw. machen den Markt heterogen. Die Konsequenz dieses Tatbestandes ist, dass die Konsumenten sich nicht allein vom Preis in ihrer Entscheidung lenken lassen, sondern auch von anderen Überlegungen. Sie sind bereit, lieber etwas mehr zu bezahlen, wenn Sie meinen, dass der betreffende Verkäufer z.B. einen besseren Kundendienst bietet. Der Markt ist dann nicht mehr vollkommen. Ist jedoch die Zahl der Anbieter auf Märkten **heterogener Güter** sehr groß, dann spricht man von **monopolistischer Konkurrenz**. Diese auf den ersten Blick etwas befremdend wirkende Namensgebung setzt bei der Tatsache an, dass jeder Anbieter Monopolist ist in Bezug auf eine bestimmte Marke, die er verkauft, obwohl er jedoch mit den anderen Marken zu konkurrieren hat.

Während der Marktbegriff des vorigen Kapitels deutlich umrissen war, weil es sich um homogene Güter drehte, hat der Marktbegriff dieses Kapitels notwendigerweise eine gewisse Unbestimmtheit. Der Markt ist nun das zusammenhängende Ganze von Nachfrage und Angebot nach artverwandten Gütern. Durch das Zufügen des Wortes "verwandt" ist der Markt nicht mehr scharf abgegrenzt.

Wenn man z.B. den Markt für Personenwagen in Deutschland betrachtet, kann man sich die Frage stellen, ob das Volkswagenwerk Monopolist ist. Nach den vorausgegangenen Erklärungen haben wir uns klar gemacht, dass das Volkswagenwerk stets insofern ein Monopol hat, als es der einzige Anbieter von Volkswagen ist. Auf demselben Markt für Personenwagen bieten zahllose Unternehmen konkurrierende Marken an. Wenn wir uns nicht auf den Automobilmarkt beschränken, sondern den Markt für Personenbeförderung im Allgemeinen betrachten, müssen wir zugleich allen Substituten für Autoverkehr, wie z.B. den öffentlichen Verkehrsmitteln, dem Fahrrad usw. Rechnung tragen.

Der heterogene Charakter der Güter bewirkt, dass die Unternehmer den Preis ihrer von ihnen verkauften Güter nicht als gegeben betrachten müssen, sondern im Gegenteil diese Preise selbst bestimmen können. Sie können also eine **Preispolitik** durchführen. Von einer Angebotsfunktion, die wiedergibt, was sie bei verschiedenen Preisen tun würden, kann keine Rede mehr sein, weil sie selbst den Preis fixieren.

Sie können jedoch nicht nur den Preis bestimmen, sondern müssen in der Regel bei allen diesen Marktformen auch **Qualitätspolitik** und **Werbung** betreiben. Die Produzenten bieten unterschiedliche Güterqualitäten an, und ein jeder von ihnen wird mittels Werbung versuchen, den Konsumenten vom überlegenen Charakter seiner Produkte zu überzeugen. Qualitätspolitik und Werbung werden zwar im Folgenden angesprochen, doch wird sich unser Augenmerk hauptsächlich auf die Preispolitik richten.

Zwei Fälle von Preisstrategie untersuchen wir näher, nämlich das **Monopol** und das **Oligopol**. Ein Monopolist kann den optimalen Preis setzen, ohne dass er mit anderen Anbietern zu rechnen hat. Vom Oligopol spricht man, wenn wenige Anbieter den Markt beherrschen. Sie müssen dann bei ihrer Preispolitik mit Reaktionen der Konkurrenten rechnen. Gerade die letztgenannte Situation tritt in der Realität vielfach auf.

Resümee: In der Realität kommen homogene Güter selten vor. Durch die Heterogenität der Güter werden die Grenzen des Marktes unbestimmt. Bei unvollkommener Konkurrenz sind auch Preisstrategien der Anbieter denkbar. Unternehmungen sind also keine Mengenanpasser mehr. Demgegenüber liegt aber immer noch eine Gesamtnachfragefunktion vor, weil für die Konsumenten die durch die Unternehmung fixierten Preise wieder den Charakter eines Datums tragen. Monopol und Oligopol implizieren eine Zugangsbeschränkung für andere Anbieter zum Markt.

Schlüsselwörter: Homogene Güter, Heterogene Güter, Monopolistische Konkurrenz, Preispolitik, Qualitätspolitik, Werbung, Monopol, Oligopol.

2. Der Monopolfall

> Wodurch ist ein Angebotsmonopol charakterisiert? Wie unterscheidet sich das
> Gewinnmaximierungsproblem im Monopol von dem bei vollkommener Kon-
> kurrenz?

Für einen monopolistischen Anbieter – wir sprechen in diesem Fall von Ange-
botsmonopol oder einfach von **Monopol** – gibt es keine Konkurrenten, die gleiche
Güter auf den Markt bringen. So haben Post und Deutsche Bahn in Deutschland
Monopole für bestimmte Postdienstleistungen und Personenbeförderung auf der
Schiene. Für einen Monopolisten als einzigen Anbieter eines Gutes gibt es keine
Angebotsfunktion mehr, denn für ihn ist nicht mehr der Marktpreis, sondern das
Nachfrageverhalten der Haushalte bei alternativen Preisen, d.h. die Nachfrage-
funktion in Bezug auf sein angebotenes Gut, von Bedeutung. Bei Kenntnis dieser
Nachfragefunktion, der sogenannten **Preis-Absatz-Funktion** (PAF), kann ein Mo-
nopolist die für ihn gewinnmaximale Kombination von Preis und Menge bestim-
men. Also schrumpft seine Angebotsfunktion auf eine in der Regel einzige Preis-
Mengen-Kombination, den **COURNOTschen Angebotspunkt**.

Um diesen bestimmen zu können, unterstellen wir, wie auch im Fall der vollkommenen Konkurrenz, **vollständige Information** des Monopolisten, d.h. er muss die
wahre Preis-Absatz-Funktion kennen. In Abbildung 6.1 ist eine Gerade als PAF
angenommen worden.

Abbildung 6.1:   *Gewinnmaximierung im Monopol*

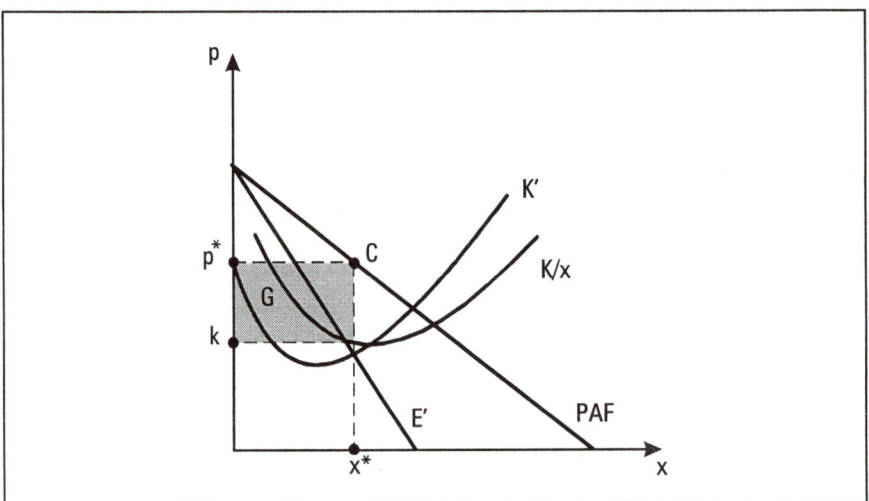

Der Monopolist wird, so nehmen wir an, die Kombination von Preis und Absatz
wählen, bei der sein Gewinn maximal ist. Dieser Fall ist gegeben, wenn soviel

produziert wird, dass Grenzerlös und Grenzkosten gleich sind. Die Grenz- und Durchschnittskosten können genauso gezeichnet werden wie im Fall vollkommener Konkurrenz.

Die Kurve des Grenzerlöses verläuft aber anders. Der Grenzerlös ist nun gleich dem Erlös der letzten Einheit, verringert um die Ertragsminderung, die die Folge eines Preisnachlasses ist, der auch auf die übrigen verkauften Einheiten gegeben werden muss. Wenn 10 Einheiten zu einem Preis von 2,- DM pro Stück verkauft werden können und 11 Einheiten zu einem Preis von 1,90 DM pro Stück, ist der Grenzerlös gleich 1,90 DM (der Erlös für die 11. Einheit), vermindert um $10 \cdot 0,10$ DM (der Preisminderung der vorigen 10 Einheiten), also 0,90 DM. Dieses Ergebnis erhält man auch, indem man die Gesamterlöse für 10 bzw. 11 Einheiten vergleicht: 10 Einheiten zu 2,- DM ergeben insgesamt 20,- DM und 11 Einheiten zu 1,90 DM insgesamt 20,90 DM. Das Beispiel zeigt, dass der Grenzerlös kleiner als der Preis ist. Die Kurve des Grenzerlöses verläuft also unterhalb von der PAF. Dies ist nicht nur in diesem Beispiel, sondern auch allgemein der Fall. Man kann beweisen, dass im Fall einer linearen PAF die Grenzerlöskurve ebenfalls eine Gerade ist und die Kurve die Abszisse beim halben Abszissenabschnitt der PAF schneidet. Da die Steigungen beider Kurven negativ sind, ist also die Steigung der Grenzerlöskurve halb so groß wie die der PAF (bzw. betragsmäßig doppelt so groß).

Zusammen mit den Kostenfunktionen können wir nun das Gleichgewicht bestimmen. Bei der Gütermenge x^* sind die Grenzkosten gleich dem Grenzerlös, und deshalb ist der Gewinn maximal. Der Preis beträgt p^*, so dass der Stückgewinn gleich $(p^* - k)$ ist, weil die Durchschnittskosten bei einer Produktionsmenge x^* gleich k betragen. Der Gewinn G ist gleich dem Stückgewinn $(p^* - k)$, multipliziert mit der Zahl der abgesetzten Gütereinheiten: $(p^* - k)x^*$, und entspricht somit der in Abbildung 6.1 schraffiert dargestellten Fläche.

Den Punkt C auf der PAF nennt man auch den **COURNOTschen Punkt**, weil der Franzose COURNOT (1838) schon früh diese Gleichgewichtslösung formulierte.

In analytischer Form stellt sich das Gewinnmaximierungsproblem wie folgt dar. Es ist

$$E = p(x)x$$

(1) $$G(x) = \overset{E}{\overline{p(x)x}} - K(x)$$

der sich aus der Differenz von Erlös und Kosten ergebende Gewinn des Monopolisten als Funktion seiner Ausbringungsmenge. Da $p = p(x)$ für die PAF steht, wird die Produktion x zum Preis p auch abgesetzt. Die notwendige Bedingung der Gewinnmaximierung ist mit

(2) $$p(x) + xp'(x) = K'(x)$$

die Gleichheit von Grenzerlös und Grenzkosten. Hieraus ersehen wir, dass im Monopolfall der Preis, den der Monopolist im Gewinnmaximum verlangt, größer als seine Grenzkosten ist, denn die Steigung der PAF ist mit $p'(x) < 0$ negativ.

Verglichen mit der Lösung, die sich im Falle der Mengenanpassung bei vollkommener Konkurrenz ergibt, ist also der Monopolpreis höher und die produzierte Menge niedriger. Wenn man unterstellt, dass Gewinne des Monopolisten und Verluste der Konsumenten saldiert werden können, dann kann der Gewinn des Monopolisten den Nutzenverlust der Konsumenten nicht kompensieren. Höhere Preise und geringere Mengen verringern deren Wohlfahrt stärker als sie die Gewinne des Monopolisten erhöhen.

Hat eine solche Marktsituation ein Beharrungsvermögen, oder gibt es in der Realität auch für einen Monopolisten Zwänge, sich der Marktlösung anzunähern? Diese Frage ist unter dem Stichwort **Contestable Markets** in der Literatur ausführlich diskutiert worden. Wie BAUMOL, PANZAR und WILLIG (1982) gezeigt haben, kann unter Umständen allein ein drohender Marktzutritt von Konkurrenten dazu führen, dass Monopolprofite freiwillig reduziert werden, oder sich im Extremfall sogar die kompetitive Lösung einstellt.

Formt man die Optimalbedingung (2) noch ein wenig um, so kann man die als **Monopolmacht** bezeichnete Preissetzung oberhalb der Grenzkosten als von der Preiselastizität der Nachfrage, mithin als von der Reaktion der Nachfrager, abhängig darstellen. Denn mit der **Preiselastizität der Nachfrage**

$$(3) \qquad\qquad \varepsilon(x,p) = \frac{dx}{dp}\frac{p}{x} < 0$$

können wir (2) schreiben als

$$(4) \qquad\qquad \frac{p - K'}{p} = -\frac{1}{\varepsilon}.$$

Interpretiert man die relative Differenz zwischen Preissetzung des Monopolisten und seinen Grenzkosten als dessen Monopolmacht, so nimmt diese mit abnehmender Preiselastizität der Nachfrage zu. Anders ausgedrückt: Je unelastischer die Nachfrage auf Preisveränderungen reagiert, desto größer ist die Monopolmacht.

Resümee: Bei gegebener Preis-Absatz-Funktion setzt der Monopolist seinen Preis selbst. Dabei ist es nicht etwa so, dass der Monopolist den Preis willkürlich hochtreiben kann, denn dann würde er seinen ganzen Absatz verlieren. Der COURNOTsche Punkt ist diejenige Preis-Absatz-Konstellation, bei welcher der Monopolist einen maximalen Gewinn erzielt.

Schlüsselwörter: Monopol, Preis-Absatz-Funktion, COURNOTscher Punkt, Wohlfahrt, Contestable Markets, Monopolmacht, Preiselastizität der Nachfrage.

3. Ein einfaches Beispiel der monopolistischen Preisbildung

Wie lässt sich der COURNOTsche Punkt in einem konkreten Fall herleiten?

Die graphische Bestimmung der Gleichgewichtssituation des Monopolisten kann in Modellform dargestellt werden, wenn wir eine PAF und die Gesamtkostenfunktion explizit einführen. Nennen wir den Absatz x, die Gesamtkosten K und den Preis p, dann sei die **Preis-Absatz-Funktion** $p = p(x)$ und $K = K(x)$ die **Gesamtkostenfunktion**. Nun betrachten wir hier einen konkret gegebenen linearen Verlauf der PAF und der Gesamtkostenfunktion. Diese sollen wie folgt lauten:

(5) $$p = -2x + 17$$

und

(6) $$K = x + 10.$$

Aus (5) kann der Gesamterlös als Funktion von x abgeleitet werden:

(7) $$E = p(x)x = -2x^2 + 17x.$$

Die graphische Darstellung der **Gesamterlösfunktion** zeigt eine nach unten geöffnete Parabel. Denn an zwei Stellen $(x = 0, p(x) \neq 0)$ und $(x \neq 0, p(x) = 0)$ ist der Erlös gleich null, und dazwischen ist er positiv. Für den gesamten Gewinn als Funktion von x ergibt sich nun:

(8) $$G = -2x^2 + 17x - x - 10$$

$$= -2x^2 + 16x - 10.$$

Wird angenommen, dass der Monopolist nach Gewinnmaximierung strebt, dann muss das Maximum von G durch Optimierung der Absatzmenge x gefunden werden. Dieses Problem lässt sich wieder mit Hilfe der Differentialrechnung lösen. Es muss gelten:

$$\frac{dG}{dx} = 0 \quad \text{und} \quad \frac{d^2G}{dx^2} < 0.$$

Der Gleichgewichtswert für x, den wir x^* nennen, folgt dann aus

$$-4x^* + 16 = 0$$

und beträgt

$$x^* = 4.$$

Der **Gleichgewichtspreis** ist auf diese Weise ebenfalls bestimmt. Er lässt sich ermitteln, wenn wir $x^* = 4$ in die Gleichung (5) einsetzen. Wir erhalten so $p^* = 9$. Der Vollständigkeit halber berechnen wir noch den Grenzerlös als Funktion von x und die Grenzkosten ebenfalls als Funktion von x. Wir bekommen:

$$\frac{dE}{dx} = -4x + 17$$

und

$$\frac{dK}{dx} = 1.$$

Da der gesamte Gewinn gleich der Differenz zwischen dem gesamten Erlös und den Gesamtkosten ist, bedeutet das Nullsetzen der ersten Ableitung der Gewinnfunktion nach x, dass der Grenzerlös und die Grenzkosten in der Gleichgewichtssituation gleich sein müssen:

$$-4x^* + 17 = 1 \text{ oder } x^* = 4.$$

Resümee: Die Preisbildung beim Monopol kann anhand eines einfachen Beispiels erläutert werden. Ist die PAF linear, so ist auch die Grenzerlöskurve eine Gerade. Der COURNOTsche Punkt liegt auf der PAF und bestimmt die gewinnmaximale Preis-Mengen-Kombination. Verglichen mit dem Fall vollkommener Konkurrenz ist der Preis höher und die Menge niedriger.

Schlüsselwörter: Preis-Absatz-Funktion, Gesamtkostenfunktion, Gleichgewichtspreis, Gesamterlösfunktion.

4. Das Oligopol

Was macht die Analyse oligopolistischer Märkte vergleichsweise so komplex? Welche anderen Instrumente als den Preis hat ein Oligopolist zur Marktbeeinflussung?

Oligopole kommen in der Realität häufig vor, doch von einer befriedigenden Oligopoltheorie kann bis heute keine Rede sein. Oligopole sind dadurch gekennzeichnet, dass es z.B. wenige Anbieter eines Gutes und viele Nachfrager gibt. Eine solche Marktform nennen wir Angebotsoligopol oder im Folgenden einfach **Oligopol**. Sobald auf einem Markt einige Anbieter miteinander konkurrieren, sind unterschiedliche Verhaltensweisen der Anbieter denkbar. Einerseits besteht die Möglichkeit eines Konkurrenzkampfes auf Leben und Tod, der alle benachteiligt und dem die Schwächsten zum Opfer fallen, andererseits ist eine mehr oder weniger weitgehende Kooperation nicht ausgeschlossen.

Die Schwierigkeit besteht darin, dass die Unternehmer, die nach maximalem Gewinn streben, davon ausgehen, dass jede ihrer Aktionen zu einer Reaktion der Konkurrenten führt. Über diese Reaktionen können viele Hypothesen aufgestellt werden, aus denen man ohne weiteres keine Auswahl treffen kann. So kann man z.B. annehmen, dass eine Reaktion des Konkurrenten nicht erfolgt oder dass die Konkurrenten ihre Preise um denselben Betrag ändern werden. Bei jeder Hypothese resultiert ein anderes Gleichgewicht.

Wir wollen uns das Gleichgewicht am Beispiel des **Dyopols**, des Angebotoligopols mit zwei Anbietern, veranschaulichen. Betrachten wir einmal von den zwei Anbietern den i-ten Anbieter. Als Gewinnmaximierer stellt sich für ihn das Problem, bei gegebener aggregierter Marktnachfragefunktion

(9) $$p = p(x), \quad x = x_1 + x_2$$

und gegebenen individuellen Kosten $K_i(x_i)$ seinen Gewinn

(10) $$G_i = p(x)x_i - K_i(x_i)$$

zu maximieren. Als notwendige Optimalbedingung für eine optimale Angebotsmenge des Anbieters i ergibt sich

(11) $$\frac{dG_i}{dx_i} = 0 = p(x) + p'(x)\left[\frac{dx_j}{dx_i} + 1\right] \cdot x_i - K_i'(x_i).$$

Der Term dx_j/dx_i gibt die vom i-ten Anbieter erwartete Reaktion des Mitanbieters an. Da die Nachfrage von der gesamten Angebotsmenge x abhängt, ist das optimale Angebot des i-ten Anbieters selbst dann nicht unabhängig von der Angebotsmenge des Konkurrenten, wenn er mit

(12) $$\frac{dx_j}{dx_i} = 0 \qquad\qquad \text{für } i \neq j$$

vermutet, dass sein Konkurrent nicht auf Angebotsänderungen reagiert. Derartige Interdependenzen können mit dem Instrumentarium der ökonomischen Spieltheorie beschrieben werden. Nehmen beide Anbieter die vom Konkurrenten angebotene Menge gemäß (12) als gegeben an, dann ist das erwartungskompatible Gleichgewicht das **COURNOT-NASH-Gleichgewicht**.

Für den Fall einer linearen Nachfragefunktion und konstanter Grenz- und Durchschnittskosten kann man das COURNOT-NASH-Gleichgewicht als Schnittpunkt zweier linearer **Reaktionskurven** des Gutes x (x_1^b und x_2^b) der beiden Anbieter verdeutlichen, die jene individuellen Angebotsmengen angeben, mit denen der entsprechende Anbieter für gegebene Angebotsmengen des anderen Anbieters seinen Gewinn gemäß (11) maximiert. Dabei gilt generell, dass bei größerer Produktionsmenge des Konkurrenten der eigene Gewinn sinkt, da der Preis fällt. Somit nimmt der Gewinn für das erste Unternehmen im Verlauf der Reaktionskurve x_1^b von der Ordinate zur Abszisse zu.

Abbildung 6.2:   *Cournot-Nash-Lösung*

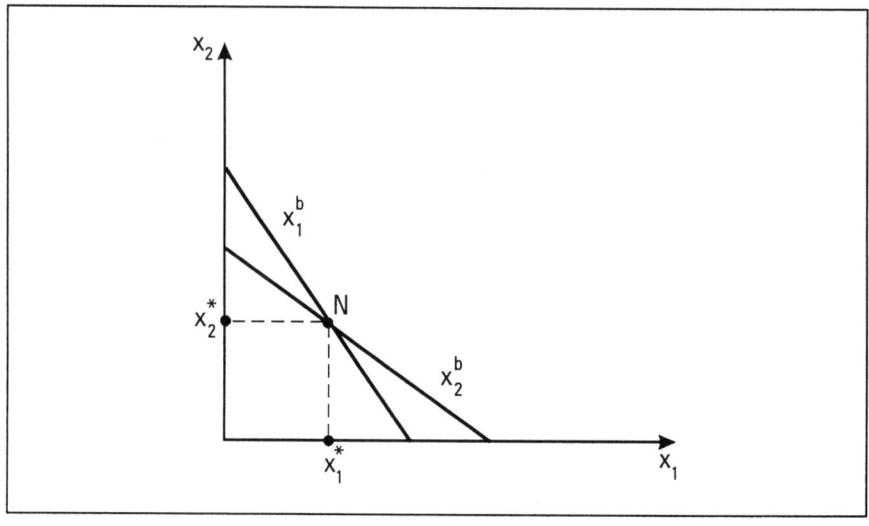

Das Problem ist symmetrisch, wenn beide Anbieter identisch sind. Folglich ist in unserem Gedankenexperiment im Punkt N mit

$$x_1^* = x_2^*$$

eine Kompatibilität der Optimalpläne beider Anbieter gewährleistet, mithin ist $N(x_1^* = x_2^*)$ ein Marktgleichgewicht im Dyopol.

Man kann zeigen, dass Absprachen der Anbieter die Situation der Nachfrager verschlechtern und ihr eigener Gewinn dadurch über den Gewinn aus der COURNOT-NASH-Lösung hinaus ansteigt. Welches Ergebnis aber tatsächlich auf dem Markt realisiert wird, kann mit Methoden der **Spieltheorie** analysiert werden.

Meist scheinen die Preise auf einem oligopolistischen Markt ziemlich starr zu sein, was aus einer gewissen Abneigung erklärt wird, die Preise als Waffen im Konkurrenzkampf zu gebrauchen. Die Unternehmer konkurrieren dann über Werbung, Qualität und Kundendienst. Diese Elemente der Unternehmenspolitik fasst man auch unter dem Begriff **Marketingmix** zusammen. Das Marketingmix umfasst die Bereiche Fertigungspolitik, Preispolitik, Distributionspolitik und Werbepolitik.

Die **Fertigungspolitik**, die sich weiter in Produkt- und Sortimentspolitik unterteilen lässt, bezieht sich auf Zahl und Art der geführten Produkte, die Eigenschaften, die ihnen gegeben werden sollen, das Ausmaß der Produktdifferenzierung und die Entwicklung ganz neuer Produkte.

Die **Preispolitik** umfasst die Festlegung der Güterpreise. In der Realität lassen sich in dieser Hinsicht viel mehr Möglichkeiten feststellen, als man aus der kurzfristigen Gewinnmaximierungshypothese herleiten könnte. Es kann beispielsweise erwägenswert sein, den Preis niedriger als nach dem Gewinnmaximierungskalkül festzusetzen, um einen Zuwachs des Marktanteils zu erreichen.

Bei der **Distributionspolitik** unterscheidet man in der Wahl der Produktionswege verschiedene Möglichkeiten. Es gibt beispielsweise Alternativlösungen, die eine direkte Belieferung von Einzelhändlern wie auch eine Warenverteilung über den Großhandel vorsehen. Daneben gibt es Alternativlösungen, bei denen man die Güterdistribution mit Mitteln der Logistik angeht. Dies wäre eine Problemstellung der Operations Research der Betriebswirtschaftslehre. Zudem existieren Alternativprobleme bei der Frage, wie die Verkaufsanstrengungen der Zwischenstufen bei gegebenem Absatzweg stimuliert werden können.

Schließlich bleibt die **Werbepolitik**, die einen Teil der Unternehmenspolitik darstellt, mit der jeder täglich in Berührung kommt. Hier eröffnet sich eine ganze Anzahl von Wahlproblemen. Welche Themen müssen in die Werbekampagne aufgenommen werden? Welche finanziellen Mittel müssen für Werbung im Vergleich zu den Beträgen ausgegeben werden, die für die anderen absatzpolitischen Instrumente zur Verfügung stehen? Wenn der Umfang des Werbehaushalts festgelegt ist, stellt sich die Frage der zeitlichen Ausgabenverteilung und der Mittelverteilung auf die verschiedenen Werbeträger.

Der Wettbewerb auf einem oligopolistischen Markt wird nicht nur durch den Einsatz der absatzpolitischen Instrumente bestimmt, den die etablierten Firmen vornehmen, sondern auch durch die Drohung der latenten Konkurrenz. Wenn die bestehenden Unternehmungen beträchtliche Gewinne erwirtschaften, ist der Markt für neue Anbieter anziehend. Denkbar ist jedoch, dass die bereits auf dem Markt bestehenden Unternehmungen diese Möglichkeit in ihre Preisfestsetzung einbeziehen. Die Preiskonkurrenz tritt dann auf einem oligopolistischen Markt nur noch rein zufällig von Zeit zu Zeit auf. In diesem Fall spricht man von einem **Preiskrieg**, so wie er beispielsweise gelegentlich auf dem Benzinmarkt unter dem Einfluss der freien Tankstellen zu beobachten ist.

Ein Oligopol kann sich aber auch langsam zu einem Machtblock einiger weniger Unternehmen beispielsweise durch Absprachen entwickeln. Das verhindert sowohl den Zutritt neuer Anbieter auf den Markt als auch den zwischenbetrieblichen Wettbewerb. Eine solche Übereinkunft zwischen selbständigen Unternehmungen eines Wirtschaftszweiges, bei der die zwischenbetriebliche Konkurrenz geregelt oder begrenzt wird, nennt man ein **Kartell**. Werden Preisabsprachen getroffen, dann liegt ein Preiskartell vor. Aus volkswirtschaftlicher Sicht besteht die Gefahr, dass ein Kartell zum einen ineffiziente Produktionsmethoden konserviert und zum anderen für hohe Güterpreise verantwortlich ist. Der Staat schreitet deshalb auf der Grundlage des **Gesetzes gegen Wettbewerbsbeschränkungen** gegen Kartellbildungen ein.

In Bezug darauf lässt sich feststellen, dass der Staat wichtige Aufgaben bei Fusions- und Konzentrationserscheinungen in unserer Wirtschaft hat. Dies gilt insbesondere bei Zusammenschlüssen bislang selbständiger Unternehmungen, wobei es häufig vorkommt, dass ein Betrieb A einen Betrieb B vollständig schluckt. Die Mittel- und Kleinbetriebe kommen auf diese Weise in eine immer schwierigere Lage. Die Frage, ob die Konzentrationsbewegung aus der Sicht des Wachstums und der technischen Entwicklung positiv gewertet werden darf, muss an dieser Stelle unbeantwortet bleiben.

> *Resümee: Die Oligopoltheorie ist kompliziert, weil sehr viele denkbare Verhaltensweisen der Oligopolisten berücksichtigt werden können. Die Analyse solcher Verhaltensweisen ist Aufgabe der ökonomischen Spieltheorie. In der Praxis kann man beobachten, dass bei Oligopolen sehr oft eine gewisse asymmetrische Preisstarrheit auftritt. Asymmetrisch deshalb, weil Preiserhöhungen möglich bleiben, jedoch keine Preissenkungen. Sehr oft beruht ein derartiges Verhalten auf einer Kartellabsprache, hinter der in Wahrheit eine Machtkonzentration einiger Unternehmen steht.*

Schlüsselwörter: Oligopole, Dyopol, COURNOT-NASH-Gleichgewicht, Reaktionskurven, Spieltheorie, Marketingmix, Fertigungspolitik, Preispolitik, Werbepolitik, Preiskrieg, Kartell, Gesetz gegen Wettbewerbsbeschränkungen.

5. Oligopoltheorie aus spieltheoretischer Sicht

Welchen Beitrag leistet die Spieltheorie für die Analyse oligopolistischer Märkte? Welche grundlegende ökonomische Erkenntnis liefert die Aussage des Gefangenendilemmas? Wann ist ein Verbot von Kartellen überflüssig?

Im vorigen Abschnitt wurde kurz dargestellt, auf welche Weise Interaktionen zwischen Unternehmen stattfinden können. Ohne ein Analyseinstrumentarium lassen sich allerdings nur schwerlich Lösungen solcher Interaktionen prognostizieren. Die **Industrieökonomie**, die sich mit dem Studium von Marktverhalten auf Märkten mit wenigen Anbietern beschäftigt, bedient sich dabei der **Spieltheorie**. Mit spieltheoretischen Mitteln lassen sich strategische Interaktionen ökonomischen Verhaltens bei kleinen Gruppen von Akteuren in verallgemeinerter Form hervorragend analysieren. Speziell bei der Analyse der oligopolistischen Märkte nehmen infolgedessen spieltheoretische Konzepte eine dominante Position ein.

Was soll auf oligopolistischen Märkten überhaupt untersucht werden? Zum einen interessiert die Frage, welcher der individuell optimale Produktionsplan bei

Anbietern ist, die in der Lage sind, den Preis aufgrund ihres hohen Anteils am Gesamtangebot signifikant zu beeinflussen. Zum anderen ist von Interesse, ob Absprachen zwischen den Oligopolisten innerhalb eines Kartells Verbesserungen für die Beteiligten gegenüber der unkoordinierten Lösung bieten und ob diese Absprachen wiederum in dem Sinne stabil sind, dass keiner der Beteiligten davon abweicht, sie mithin **anreizkompatibel** sind. Ist das der Fall, so kann im Grenzfall der hohe "konsumentenschadende" Preis des Angebotsmonopols durchgesetzt werden.

Zur ersten Frage lässt sich feststellen, dass der jeweilige optimale Produktionsplan davon abhängt, welche Einschätzung die Akteure darüber haben, wie und ob ihre Entscheidung Reaktionen bei den Konkurrenten hervorruft. Im **COURNOT-Modell** beispielsweise wird angenommen, dass sich die Unternehmen ihrer Interdependenz nicht bewusst sind, d.h. ein Unternehmen glaubt, dass die Konkurrenten bei ihrer angebotenen Menge bleiben, egal was es selbst tut. Betrachten wir noch einmal den Fall des **Dyopols**. Beide Unternehmen maximieren ihren Gewinn bei gegebener, prognostizierter Angebotsmenge des Konkurrenten. Ein Gleichgewicht besteht dann, wenn jedes Unternehmen die gewinnmaximale Menge bei gegebenem, ebenfalls gewinnmaximalem Verhalten des anderen gewählt hat. In der Sprache der Spieltheorie heißt ein solcher Zustand, benannt nach dem Nobelpreisträger JOHN F. NASH (*1928), allgemein **NASH-Gleichgewicht**.

Wir sprechen von einem NASH-Gleichgewicht, wenn die Strategien der Spieler für jeden jeweils die besten Antworten auf die Strategien der anderen Spieler sind. Am Oligopolbeispiel des vorgehenden Abschnitts wurde die beste Antwort auf eine gegebene Strategie des anderen durch eine Reaktionsfunktion dargestellt. Das NASH-Gleichgewicht war der Schnittpunkt beider Kurven in Abbildung 6.2, da er wechselseitig beste Antworten enthält. Ein wichtiger Aspekt des NASH-Gleichgewichtes besteht darin, dass es nicht notwendigerweise paretoeffizient ist. Am bekanntesten Beispiel der Spieltheorie, dem **Gefangenendilemma**, wird deutlich, dass aus Sicht der Betroffenen individuelle Nutzenmaximierung ohne Koordination und Absprachen zu aus ihrer Sicht **paretoinferioren** Lösungen führt. Mindestens ein Spieler könnte sich also gegenüber dem NASH-Gleichgewicht verbessern, ohne dass sich die anderen verschlechtern würden.

Das Konzept des Gefangenendilemmas soll zunächst am Beispiel einer Kronzeugenregelung illustriert werden. Sodann erfolgt eine Übertragung des Konzepts auf das strategische Verhalten zwischen Oligopolisten. In der Matrix der Abbildung 6.3 ist für eine, zwei Angeklagten gemeinsam zur Last gelegte Straftat das den Angeklagten 1 und 2 zugesprochene Strafmaß in Jahren für die vier Kombinationen der individuellen Strategien "Gestehen" (**nichtkooperative Strategie**) und "Nicht gestehen" (**kooperative Strategie**) notiert. In den Elementen der Matrix steht dabei in der ersten (bzw. zweiten) Position das Strafmaß für den ersten (bzw. zweiten) Angeklagten.

Abbildung 6.3:   *Gefangenen-Dilemma (mit Kronzeugenregelung)*

		Angeklagter 2	
		Gestehen	Nicht gestehen
Ange- klagter 1	Gestehen	(-8,-8)	(0,-10)
	Nicht gestehen	(-10,0)	(-1,-1)
(-8,-8) NASH-Gleichgewicht; (-1,-1) Pareto-Optimum				

Welche der vier Konstellationen wird das Ergebnis sein, wenn beide Personen als Eigennutzmaximierer ihre individuelle Strafe minimieren wollen?

Betrachten wir dazu das Verhalten des Angeklagten 1. Unabhängig vom Verhalten des Angeklagten 2 ist es für den Angeklagten 1 individuell rational, die nichtkooperative Strategie "Gestehen" zu wählen; d.h. "Gestehen" ist für den Angeklagten 1 die dominante Strategie. Die Argumentation ist folgende: Gegeben, dass der Angeklagte 2 die nichtkooperative Strategie "Gestehen" wählt, ist es für den Angeklagten 1 optimal, die nichtkooperative Strategie "Gestehen" zu wählen, da der Angeklagte 1 mit weniger als 10 Jahren im Gefängnis, nämlich mit 8 Jahren Gefängnis, bestraft wird (- 8 > - 10). Gegeben, dass der Angeklagte 2 die kooperative Strategie "Nicht Gestehen" wählt, ist es für den Angeklagten 1 ebenfalls optimal, die nichtkooperative Strategie "Gestehen" zu wählen, da 0 Jahre im Gefängnis besser ist als 1 Jahr (0 > - 1); in diesem Fall wird der Angeklagte 1 als Kronzeuge aussagen und erhält Straffreiheit. Die nichtkooperative Strategie "Gestehen" ist daher für den Angeklagten 1 die dominante Strategie. Das Spiel ist symmetrisch, daher wird Spieler 2 die gleiche Strategie wählen, so dass als Ergebnis beide acht Jahre (−8,−8) hinter Gitter kommen, d.h. die nichtkooperative Strategie "Gestehen" ist für beide Angeklagte die dominante Strategie.

Diese Lösung ist offensichtlich nicht paretooptimal, denn wenn beide Angeklagten nicht gestehen (Kooperation zwischen den Angeklagten), stellen sich mit (−1,−1), d.h. jeweils einem Jahr Gefängnis, beide Akteure besser. Aber dennoch wird die für **beide schlechtere** Alternative von individuell optimierenden Individuen gewählt! Was ist die Ursache? Sie liegt darin, dass "Gestehen" die **dominante Strategie** für jeden ist. D.h. was auch immer der andere macht, "Gestehen" kostet weniger als "Nicht gestehen". Also ist "Gestehen" ein NASH-Gleichgewicht bei dominanten Strategien. Es ist erwartungskompatibel, wenn jeder davon ausgeht, dass der andere die für ihn beste Strategie wählt.

Wir können aus obigem Beispiel aber noch mehr lernen. Denn selbst, wenn beide ihre Handlungen koordinieren und sich absprechen, nicht zu gestehen – d.h. die kooperative Strategie "Nicht Gestehen" wählen –, ist die Geschichte noch nicht zu

Ende, da an dieser Stelle die Frage nach der Stabilität von Absprachen gestellt werden muss. Denn in diesem Fall - Situation mit der Auszahlung (-1, -1) - lohnt es sich für jeden der beiden, von der Absprache abzuweichen, da dies eine individuelle Verbesserung bedeutet, gegeben der andere hält sich an die Absprache; für den Angeklagten 1 gilt 0 > -1 und für den Angeklagten 2 gilt ebenfalls 0 > -1. Da dies beide wissen, werden beide abweichen. Das Ergebnis ist wieder die paretoinferiore nichtkooperative Situation (-8, -8).

Dies kann nur dann verhindert werden, falls bindende Absprachen mit Durchsetzbarkeit von Strafkosten im Falle der Nichtkooperation geschlossen werden können. Solche Spiele werden in der Spieltheorie als **kooperative Spiele** bezeichnet.

Übertragen auf unseren Oligopol-Fall lassen sich nun folgende Aussagen machen: Eine Auszahlungsmatrix für das Dyopol-Spiel hat dieselbe Struktur wie die des Gefangenendilemmas. Auch die sich ergebenden Output-Mengen der COURNOT-NASH-Lösung sind aufgrund des nicht-kooperativen Verhaltens für die Oligopolisten nicht optimal. Wie sich zeigen lässt, können in solcherart Spielstrukturen (Gefangenendilemma), die auch als **nicht-kooperative Spiele** bezeichnet werden, sich beide Duopolisten durch Kooperation, d.h. eine insgesamt reduzierte Outputmenge und den daraus resultierenden höheren Preis, einen noch größeren Gewinn verschaffen. Wenn aber ein Duopolist der Auffassung ist, dass der andere Duopolist bei der vereinbarten Outputmenge bleibt, wird es für ihn individuell rational sein, mehr als seine vereinbarte Outputmenge zu produzieren, also von der kooperativen Strategie (Kartellabsprache) abzuweichen. Andererseits wird man bei Abweichung des Verhandlungspartners erst recht mit einer größeren Produktion reagieren. Die Kartellösung, die nur für die beteiligten Dyopolisten optimal ist, für die Gesellschaft ebenso wie die Monopollösung suboptimal, ist demnach nicht stabil, und beide kehren zur nicht-kooperativen COURNOT-NASH-Lösung zurück.

Mit Hilfe des Gefangenendilemmas lässt sich also auch die zweite Ausgangsfrage beantworten: Zumindest im **einmaligen Spiel** sind Kartellabsprachen ohne Einklagbarkeit zwecklos, da jeder Oligopolist einen Anreiz hat, davon abzuweichen. Überträgt man diese Aussage auf das Dyopolbeispiel, so lässt sich hiermit die Existenz einer Kartellaufsichtsbehörde nicht rechtfertigen, da es eigentlich keine Kartelle geben dürfte. Im nächsten Abschnitt wird jedoch gezeigt, dass durch die Einführung der **Wiederholung von Spielen** durchaus Gleichgewichte denkbar sind, bei denen kein Anreiz besteht, auch bei fehlender Einklagbarkeit von Absprachen abzuweichen.

Resümee: Die Spieltheorie liefert ein Analyseinstrumentarium, um strategisches ökonomisches Verhalten zu prognostizieren. Gerade in der Industrieökonomie ist ihr Beitrag fruchtbringend gewesen. Am Beispiel des Gefangenendilemmas kann gezeigt werden, dass individuell rationales Verhalten auch zu ineffizienten Ergebnissen führen kann.

Schlüsselwörter: Industrieökonomie, Spieltheorie, COURNOT-Modell, Dyopol, NASH-Gleichgewicht, Gefangenendilemma, Paretoinferiores Ergebnis, Dominante Strategie, Kooperative Spiele, Nicht-kooperative Spiele.

6. Weitere spieltheoretische Konzepte

Welchen Beitrag leistet die Spieltheorie für die Analyse von strategischen Markteintrittsbarrieren? Welche grundlegende ökonomische Erkenntnis liefert die Aussage des Handelskettenparadox? Wann ist eine staatliche Bereitstellung von öffentlichen Gütern überflüssig?

In fast allen Bereichen der Wirtschaftswissenschaften spielt **strategisches Verhalten** von Wirtschaftssubjekten eine wesentliche Rolle. Die Spieltheorie liefert ein formales Instrumentarium zur Analyse rationaler strategischer Interaktionen. Hierbei muss die spieltheoretische Analyse zwei Aufgaben leisten: einerseits muss die konkrete ökonomische Fragestellung adäquat als Spiel modelliert werden (**geeignete Spielform**); andererseits muss ableitbar sein, welches Ergebnis des Spiels bei rationalem Verhalten zu erwarten ist (**Lösung des Spiels**).

Wie im vorigen Abschnitt gezeigt, untersucht die **kooperative** Spieltheorie Verhandlungslösungen, falls bindende Verträge existieren. Die **nichtkooperative** Spieltheorie untersucht, welches Ergebnis sich einstellt, wenn alle Spieler individuell rational ihr Eigeninteresse verfolgen. Bei der Darstellungsweise sind zwei Formen zu unterscheiden: die **extensive Form** bildet die zeitliche Struktur des Spielablaufes anhand eines **Spielbaumes** ab, wohingegen die **strategische Form** mögliche Ergebnisse des Spiels in **Matrixform** als Konsequenz aller denkbaren Strategiekombinationen darstellt.

Weitere spieltheoretische Konzepte sollen im Folgenden anhand des **Markeintrittsspiels** illustriert werden: Ein etablierter Monopolist M ist mit der Gefahr des Markteintritts (Strategie E) eines potentiellen Konkurrenten K konfrontiert. Tritt K in den Markt ein, kann M entweder einen ruinösen Preiskampf (Strategie P) durchführen, der beiden Anbieter einen Verlust $V < 0$ zufügt, oder M kann in eine friedliche Marktteilung (Strategie T) einwilligen, die beiden Anbietern einen Duopolgewinn $G_D > 0$ sichert. Tritt K nicht in den Markt ein (Strategie N), so sichert sich M den alleinigen Monopolgewinn $G_M > G_D$, während K leer - im Sinne einer Auszahlung von 0 - ausgeht. In **extensiver Spielform** erhält man daher folgenden Spielbaum, wobei $G_M > G_D > 0 > V$ gilt und die Auszahlungen des Konkurrenten K jeweils als erstes, und die des Monopolisten M als zweites angegeben werden:

Abbildung 6.4: *Markteintrittsspiel (extensive Form)*

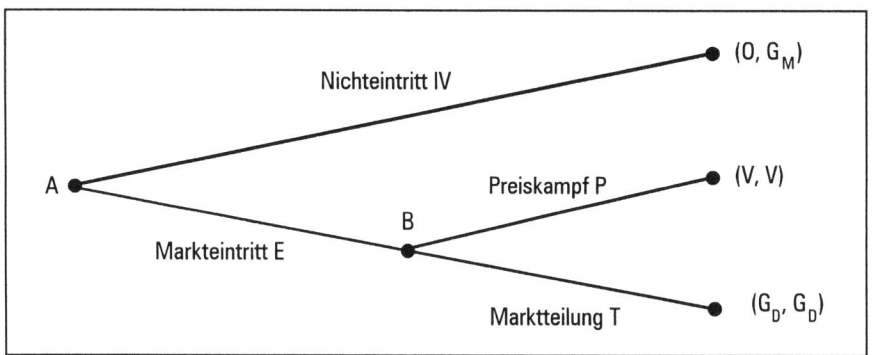

Die Lösung eines Spiels hängt entscheidend von den **Spielregeln** ab, insbesondere von der Reihenfolge der Spielzüge. Dies impliziert, dass für eine spieltheoretische Strategieanalyse eine **detaillierte Kenntnis der konkreten institutionellen Rahmenbedingungen** vonnöten ist. Im vorliegenden Fall entscheidet sich der potentielle Konkurrent K im Knotenpunkt A zwischen den Strategien Markeintritt E und Nichteintritt N. M's Handlung ist bei dieser Modellierung nur im Fall E relevant. In diesem Fall wählt er zwischen der Strategie Preiskampf P und Marktteilung T. Die Lösung des Spiels leitet sich dann wie folgt her: Gegeben, dass K die Strategie Markteintritt E wählt, ist es für M optimal, die Strategie Marktteilung T zu wählen, da $G_D > V$ gilt. Gegeben, dass M aufgrund des optimierenden Verhaltens die Strategie T wählt, ist es für K - entsprechend seiner ursprünglichen Strategie weiterhin - optimal, die Strategie E zu wählen, da $G_D > 0$ gilt. Die Kombination (E, T) stellt daher ein **Nash-Gleichgewicht** dar; d.h. (E, T) stellt für beide Spieler eine wechselseitig beste Antwort dar, da kein Spieler einen Anreiz hat, von (E, T) abzuweichen.

Zu beachten ist, dass die Kombination $(0, G_M)$ ebenfalls ein Nash-Gleichgewicht ist. M hat ein starkes Interesse daran, mit einem Preiskampf P zu drohen, um damit den potentiellen Konkurrent K vom Markteintritt (Strategie E) abzuhalten. Gegeben, dass sich M für die Strategie P entscheidet, ist es für K optimal, dem Markt fernzubleiben (Strategie N), da $0 > V$ gilt. Entscheidet sich K für N, so ist es für M optimal, sich weiterhin entsprechend seiner ursprünglichen Strategie für P zu entscheiden, da $G_M > G_D > V$ gilt. Obgleich es sich bei $(0, G_M)$ um ein Nash-Gleichgewicht handelt, ist dieses Gleichgewicht nicht plausibel, denn wenn K in den Markt eintritt (Strategie E), sind die Drohungen von M (Strategie P) irrelevant; d.h. bezogen auf die extensive Spielform gilt, dass für das **Teilspiel** im Knotenpunkt B die einzige rationale Wahl von M in der Strategie Marktteilung T besteht. Die Androhung eines ruinösen Preiswettbewerbs P durch M besitzt daher keine **Glaubwürdigkeit**; d.h. sobald K einen Spielzug außerhalb des betrachteten Nash-Gleichgewichts $(0, G_M)$ durchführt, ist es für M ebenfalls optimal, von seiner Strategie P abzuweichen. Das Nash-Gleichgewicht $(0, G_M)$ verstößt somit gegen das von SELTEN (1965) entwickelte Kriterium der **Teilspielperfektheit**: Ein Gleichgewicht ist dann teilspielperfekt, wenn es für keinen Spieler optimal ist, an irgendeinem Teilspiel, das an einem beliebigen Knoten des Spielbaumes beginnt, von der Gleichgewichtsstrategie abzuweichen. Somit ist das Konzept der Teilspielperfektheit ein stärkeres Konzept als das Nash-Gleichgewicht, da das unterstellte Verhalten für alle Teilspiele, also auch für diejenigen außerhalb des betrachteten Gleichgewichts, optimal sein muss. Beim Gleichgewicht (E, T) handelt es sich um ein teilspielperfektes Gleichgewicht.

Die obige Argumentation zeigt, dass das Problem der Glaubwürdigkeit von Drohungen nur bei einer Analyse mit Hilfe einer extensiven Spielform (geeigneter Spielbaum) untersucht werden kann, da bei dieser Darstellungsweise die sequentielle Struktur des Spiels abgebildet wird.

Hinsichtlich der **Glaubwürdigkeit von Drohungen** gibt es eine Vielzahl von Verfeinerungen des Markteintrittsspiels. So kann – mit Hilfe von **Kapazitätswettbewerbsmodellen** – gezeigt werden, dass der Monopolist durch den Aufbau von zusätzlichen Produktionskapazitäten dem potentiellen Konkurrenten glaubhaft zeigt, dass er im Fall eines Markteintritts einem Preiskampf nicht aus dem Weg gehen wird, da er aufgrund des Produktionsvolumen – entsprechend dem Erfahrungskurvenkonzept – z.B. über Learning-by-doing-Effekte Kostensenkungspotentiale und damit Preissenkungspotentiale voll ausschöpfen kann. Entscheidend für die Glaubwürdigkeit der Drohung ist, dass der Aufbau von Produktionskapazitäten für den Monopolisten irreversible Kosten (**sunk costs**) darstellt; durch diese bindende Verpflichtung (**commitment**) beschränkt sich der Monopolist selbst auf eine **irreversible Strategie** der Kostenführerschaft, wodurch die Androhung eines ruinösen Preiskampfes glaubwürdig wird. In ähnlicher Weise funktionieren auch Modelle, bei denen etablierte Monopolisten über den – mit irreversiblen Kosten verbundenen – Aufbau von Forschungs- und Entwicklungskapazitäten und damit Innovationspotentialen einen möglichen Eintritt von potentiellen Konkurrenten verhindern.

Die obige Argumentation beim Markteintrittsspiel hat gezeigt, dass ein Preiskampf P für den etablierten Monopolisten M bei Markteintritt des potentiellen Konkurrenten P (Strategie E) nicht rational ist, da sich M selbst Verluste in Höhe von V zufügt. Allerdings handelt es sich bei obiger Modellierung um ein **einmaliges Markteintrittsspiel**. Es stellt sich dann jedoch die Frage, ob es bei einer längerfristigen Modellierung (**wiederholtes Markteintrittsspiel**) für M nicht optimal sein kann, kurzfristig die Verluste V in Kauf zu nehmen, wenn er dadurch den potentiellen Konkurrenten P langfristig davon abhalten kann, in den Markt einzutreten. Das auf SELTEN (1978) zurückgehende **Handelskettenparadox** zeigt, dass die Drohung eines etablierten Monopolisten mit einem Preiskampf niemals glaubwürdig sein kann, sofern das Spiel einen **endlichen Zeithorizont** aufweist. Die Intuition ist folgende: Ein Preiskampf macht für M nur dann Sinn, wenn man damit den potentiellen Konkurrenten K abschrecken kann. Entscheidend für das Ergebnis ist, dass sich für M in der **Endperiode** ein Preiskampf P – aufgrund der obigen Argumentation bei einem einmaligen Markteintrittsspiel – nicht mehr lohnt; (E, T) ist das einzige teilspielperfekte Gleichgewicht beim einmaligen Markteintrittsspiel. Dies wissend, wird K also auf jeden Fall in der Endperiode in den Markt eintreten, da P für M – aufgrund des entstehenden Verlustes V – keine glaubwürdige Strategie in der Endperiode ist. Da K in der Endperiode in den Markt eintritt, lohnt es sich für M auch in der Vorperiode nicht, sich auf einen ruinösen Preiskampf einzulassen, da der einzige Sinn der Strategie P darin liegt, K in der Zukunft von einem Markteintritt abzuhalten; dies ist aber gerade in der Endperiode nicht mehr der Fall. Also erfolgt auch in der Vorperiode ein Markteintritt durch K. Durch Rückwärtsinduktion (**backward induction**) lässt sich diese Argumentation bis zur Anfangsperiode fortsetzen; es kommt also in allen Perioden zu einem Markteintritt.

Entscheidend für dieses Ergebnis ist das Wissen um eine Endperiode; anzumerken wäre hier, dass sich bei einem unendlichen Zeithorizont (**unendlich wiederholte Spiele bzw. Superspiele**) mit Hilfe verschiedenster Formen von teilspielperfekten Vergeltungsstrategien die Zahl möglicher kooperativer Verhandlungslösungen stark erhöht (**Folktheorem**). Durch die Einführung von **Superspielen**, d.h. durch die im Prinzip unendliche Wiederholbarkeit der gleichen Entscheidungssituation, kann die Kooperationslösung anreizkompatibel werden. Falls sich beispielsweise die Oligopolisten in einem Markt eine lange Zeit gegenüberstehen, kann beispielsweise die Drohung zukünftiger Nicht-Zusammenarbeit bei Abweichen des Kartellpartners, also die Rückkehr zur nicht-kooperativen NASH-Strategie – in der Spieltheorie auch als **Trigger-Strategie** bezeichnet – genügend Anreize schaffen, um zu kooperieren. Der Grund dafür ist, dass zukünftige Kooperationsvorteile verloren gehen können und dieser Verlust die kurzfristigen Vorteile der Nicht-Kooperation überwiegen kann. Obige Argumentation macht deutlich, dass der unterstellte **Zeithorizont** entscheidend sein kann für die Lösung eines Spiels.

Mit Hilfe spieltheoretischer Konzepte können nicht nur Markteintrittsspiele, sondern eine Vielzahl von ökonomischen Fragestellungen untersucht werden. So können im Bereich der Außenhandelstheorie Analysen strategischer Handelspolitik sowie der Koordinierung der Wechselkurspolitik untersucht werden. Innerhalb der Theorie der Wirtschaftspolitik wurden in den 90er Jahren z.B. Fragen der Glaubwürdigkeit und Reputation von Zentralbanken spieltheoretisch untersucht. Im Bereich der Finanzwissenschaft kann die Spieltheorie eine Hilfestellung bei der Entwicklung anreizverträglicher Steuersysteme, der optimalen Regulierung von natürlichen Monopolen, der effizienten Zuteilung von Eigentumsrechten sowie einer anreizverträglichen effizienten Bereitstellung von Kollektivgütern bzw. öffentlichen Gütern leisten. Im Folgenden sollen weitere wichtige spieltheoretische Konzepte am Beispiel der Bereitstellung von Kollektivgütern dargestellt werden.

Hierzu muss zunächst geklärt werden, was man unter einem Kollektivgut versteht. Unter Kollektivgütern bzw. öffentlichen Gütern versteht man Güter wie z.B. Landesverteidigung, die durch Nichtausschließbarkeit sowie Nichtrivalität im Konsum gekennzeichnet sind. Nichtrivalität im Konsum impliziert, dass die

Nutzung eines Kollektivgutes durch ein Individuum nicht den Nutzen eines anderen Individuums, das ebenfalls das Kollektivgut nutzt, schmälert; d.h. die zusätzliche Nutzung durch andere Individuen verursacht keine zusätzlichen Kosten bei der Bereitstellung des öffentlichen Gutes. Nichtausschließbarkeit vom Konsum impliziert, dass niemand vom Konsum ausgeschlossen werden kann, da der Ausschluss wie im Fall der Landesverteidigung nicht möglich ist oder aber der Ausschluss zu kostspielig wäre; der Grund hierfür liegt im Wesentlichen darin begründet, dass die Nutzung eines Kollektivgutes keinen Kaufakt voraussetzt. Weitere Beispiele für Kollektivgüter sind z.b. die Managementkontrolle innerhalb von Aktiengesellschaften, die Verteidigungsallianz NATO oder die Umweltpolitik innerhalb der EU.

Im Folgenden soll spieltheoretisch gezeigt werden, unter welchen Voraussetzungen es im Fall von Kollektivgütern – am Beispiel der Managementkontrolle – zu einem Marktversagen im Sinne einer ineffizienten Bereitstellung von Kollektivgütern kommen kann. Die Problemstellung ist folgende: Das Management einer Aktiengesellschaft wirtschaftet schlecht. Es stellt sich für den Aufsichtsrat bzw. den Vorstand die Frage, ob eine Unternehmensberatung eingeschaltet werden soll, um eine effiziente Managementkontrolle durchzuführen. Das Einschalten der Beratungsgesellschaft ist mit hohen Kosten verbunden, die auf die einzelnen Aktionäre verteilt werden sollen. Ein einzelner Kleinaktionär würde diese Kosten bei rationalem Verhalten nicht übernehmen, da einerseits die Kosten sehr hoch wären und der mögliche Nutzen aus einem möglichen Kursanstieg oder einer Dividendenerhöhung für den Kleinaktionär verschwindend gering wäre; ein Großteil des Vorteils würde aufgrund der Nichtausschließbarkeit bei den anderen Aktionären entstehen, obgleich diese sich nicht an den Kosten beteiligt haben. Da für alle anderen Kleinaktionäre der Konsum des Nutzenzuwachs (positive Kurs- und Dividendenentwicklung) nicht rival ist, haben die anderen nichtzahlenden Aktionäre sogar einen rationalen Anreiz, darauf zu spekulieren, dass ein anderer Kleinaktionär die Kosten für die Managementkontrolle übernimmt. Im Endergebnis wird das Kollektivgut Managementkontrolle nicht bereitgestellt.

Spieltheoretisch lässt sich dieses Grundproblem (**Gefangenendilemma**) anhand der strategischen Spielmatrix darstellen.

Die Grundstruktur des Problems kann mit Hilfe eines Zwei-Personen-Spiels untersucht werden. Die Kleinaktionäre A und B können zwischen den Strategien Kooperation (Strategie K) – d.h. sie beteiligen sich an den Kosten für die Bereitstellung des Kollektivgutes Managementkontrolle – und Nichtkooperation (Strategie NK) – d.h. sie entziehen sich jeder Beitragsleistung – entscheiden. Die erste (zweite) Auszahlung drückt jeweils den Nutzen des Kleinaktionärs A (B) aus. In der Situation (NK_A, NK_B) übernimmt niemand die Kosten der Managementkontrolle, so dass das Kollektivgut nicht bereitgestellt wird. In der Situation (K_A, K_B) beteiligen sich beide an den Kosten; das Kollektivgut wird bereitgestellt. Die Situation (NK_A, K_B) spiegelt eine Situation wider, bei der der Kleinaktionär B die gesamten Kosten der Managementkontrolle trägt; bei (K_A, NK_B) trägt A die gesamten Kosten.

Abbildung 6.5: *Gefangenendilemma (Matrixform)*

		Kleinaktionär B	
		K_B	NK_B
Klein-aktionär A	K_A	(3,3)	(1,4)
	NK_A	(4,1)	(2,2)
(2,2) NASH-Gleichgewicht; (3,3) Pareto-Optimum			

Die Auszahlungsmatrix verdeutlicht, dass die Situation (NK_A, NK_B) ohne Kollektivgut gegenüber der Situation (K_A, K_B) paretoinferior ist, denn beide Kleinaktionäre würden bei Kooperation ein höheres Nutzenniveau erreichen (3 > 2). Das kollektiv rationale Spielergebnis (K_A, K_B) wird sich jedoch aufgrund der individuellen strategischen Rationalität von A und B nicht einstellen. Die Argumentationskette ist folgende: Gegeben, dass sich A für Kooperation K_A entscheidet, ist es für B optimal, sich für die Strategie Nichtkooperation NK_B zu entscheiden, da 4 > 3 gilt. Gegeben, dass sich B für NK_B entscheidet, ist es für A optimal von seiner ursprünglichen Kooperationsstrategie überzugehen zur Strategie Nichtkooperation NK_A, da 2 > 1 gilt. Gegeben, dass sich A nun für die Strategie NK_A entscheidet, ist es für B optimal, bei seiner Strategie NK_B zu bleiben, da 2 > 1 gilt. Die paretoinferiore Situation (NK_A, NK_B) stellt somit ein Nash-Gleichgewicht dar, da es sowohl für B als auch für A die wechselseitig beste Antwort darstellt. Nichtkooperation ist daher – unabhängig vom Verhalten des anderen Aktionärs – für beide Kleinaktionäre die **dominante Trittbrettfahrer-Strategie**, da durch Nichtkooperation die erwarteten Verluste minimiert werden, da in einer Situation (NK_A, NK_B) ohne Kollektivgut der Nutzen stets höher ist als bei einer einseitigen Kooperation (2 > 1). Dies impliziert, dass bei einer einseitigen Kooperation für den kooperierenden Spieler aufgrund der alleinigen Finanzierung des öffentlichen Gutes die Gesamtkosten höher sind als der individuelle Nutzen. Im Endergebnis kommt es daher zu keiner Bereitstellung des Kollektivgutes Managementkontrolle.

Dieses Endergebnis der Nichtkooperation aller Akteure kann auf viele andere Problembereiche übertragen werden. So tritt das Problem des Gefangenendilemmas auch bei der Bereitstellung des Kollektivgutes Landesverteidigung auf, wenn man eine Vielzahl von "**kleinen**" Einwohnern unterstellt; dieses Marktversagen bei Kollektivgütern ist eine mögliche Rechtfertigung für staatliches Handeln. Steuern, welche dem Staat zur Finanzierung von Kollektivgütern wie z.B. Landesverteidigung dienen, sind daher nicht als freiwillige Beitragsleistungen der Bürger, sondern als Zwangsabgaben ausgestaltet; d.h. es handelt sich sozusagen um eine erzwungene paretoverbessernde Kooperation, die zu (K_A, K_B) führt. Auch die Entstehung einer Verteidigungsallianz mehrerer gleichgroßen **Kleinstaaten** ist unwahrscheinlich, da es für einzelne Länder rational ist, sich entsprechend der dominanten Trittbrettfahrer-Strategie für die Strategie Nichtkooperation zu entscheiden.

Wie ändert sich die Lösung des Spiels, wenn nun die institutionellen Rahmenbedingungen (Spielregeln) dahingehend verändert werden, dass es anstatt mehrerer Kleinaktionäre zwei Großaktionäre A und B gibt; die nachfolgende Argumentation kann beispielsweise auch auf politische Allianzen mit einigen großen Mitgliedsstaaten übertragen werden.

Anhand eines **Chicken-Spiels** kann für den Fall großer Spieler gezeigt werden, dass Kollektivgüter auch ohne Staatseingriff erstellt werden können. Die Argumentation kann anhand der nachfolgenden strategischen Spielmatrix illustriert werden:

Abbildung 6.6: *Chicken-Spiel (Matrixform)*

		Großaktionär B	
		K_B	NK_B
Groß- aktionär A	K_A	(3,3)	(2,4)
	NK_A	(4,2)	(1,1)
(2,4) und (4,2) NASH-Gleichgewichte			

Während im Gefangenendilemma beide Kleinaktionäre eine einseitige Kooperation als schlechter einstufen als die Situation beiderseitiger Nichtkooperation, ist dieses Verhältnis im Chicken-Spiel genau umgekehrt. Im Gefangenendilemma gilt aus Sicht der **beiden kleinen** Spieler: Nutzen aus (NK_A, NK_B) > Nutzen aus einseitiger Kooperation (d.h. (NK_A, K_B) bzw. (K_A, NK_B)). Im Chicken-Spiel gilt hingegen sowohl für A als auch für B: Nutzen aus (K_A, NK_B) > Nutzen aus (NK_A, NK_B) für A bzw. Nutzen aus (NK_A, K_B) > Nutzen aus (NK_A, NK_B) für B. Die Intuition ist folgende: Hält ein Großaktionär 40 Prozent aller Aktien, so hat der Großaktionär für den Fall, dass das Management schlecht wirtschaftet, einen starken Anreiz, die Kosten für die Managementkontrolle durch eine Beratungsgesellschaft zu übernehmen, falls die daraus resultierenden Ertragzuwächse in Form einer positiven Kurs- und Dividendenentwicklung größer sind als die Kosten; bei einem großen Aktienpaket ist dies wahrscheinlich.

Die Lösung des Chicken-Spiels leitet sich wie folgt her: Gegeben, dass A kooperiert (Strategie K), ist es für B rational, die Strategie Nichtkooperation NK zu wählen, da 4 > 3 gilt. Gegeben, dass B die Strategie Nichtkooperation NK wählt, ist es für A weiterhin optimal, seine ursprüngliche Strategie Kooperation beizubehalten, da 2 > 1 gilt. In diesem Fall profitiert B wegen den Eigenschaften des Kollektivgutes Managementkontrolle (Nichtrivalität und Nichtausschließbarkeit) uneingeschränkt von der Bereitstellung des Kollektivgutes durch A. Die Trittbrettfahrer-Strategie (K_A, NK_B) ist ein Nash-Gleichgewicht. Analog gilt, dass, wenn B kooperiert (Strategie K), es für A rational ist, die Strategie Nichtkooperation NK zu wählen, da 4 > 3 gilt. Gegeben, dass A die Strategie Nichtkooperation NK wählt, ist es für B weiterhin optimal, seine ursprüngliche Strategie Kooperation beizubehalten, da 2 > 1 gilt. Die Trittbrettfahrer-Strategie (NK_A, K_B) ist somit ein zweites Nash-Gleichgewicht dieses Spiels. Welches Nash-Gleichgewicht erzielt wird, hängt von den Wahrscheinlichkeiten ab, mit denen die Spieler ihre Strategien wählen. Entscheidend ist aber, dass im Fall des Chicken-Spiels auch **ohne staatliches Eingreifen** ein Kollektivgut bereitgestellt wird.

Abschließend soll untersucht werden, wie sich die Lösung des Spiels ändert, wenn nun die institutionellen Rahmenbedingungen (Spielregeln) dahingehend verändert werden, dass es einen Kleinaktionär A und einen Großaktionär B gibt; die nachfolgende Argumentation kann z.b. auf politische Allianzen wie die NATO übertragen werden, wo es kleine und große NATO-Mitgliedsländer gibt. Anhand des Spiels **"David gegen Goliath"** kann für den Fall **ungleicher Spieler** gezeigt werden, dass Kollektivgüter ebenfalls wie im Chicken-Spiel auch ohne Staatseingriff erstellt werden. Die Argumentation kann anhand der nachfolgenden strategischen Spielmatrix illustriert werden:

Abbildung 6.7: *David gegen Goliath (Matrixform)*

		Großaktionär B	
		K_B	NK_B
Klein-aktionär A	K_A	(3,3)	(1,4)
	NK_A	(4,2)	(2,1)
	(4,2) Nash-Gleichgewicht		

Im Gefangenendilemma stufen beide Aktionäre eine einseitige Kooperation als schlechter ein als die Situation beiderseitiger Nichtkooperation; d.h. im Gefangenendilemma gilt aus Sicht der beiden kleinen Spieler: Nutzen aus (NK_A, NK_B) > Nutzen aus einseitiger Kooperation (d.h. (NK_A, K_B) bzw. (K_A, NK_B)). Im Spiel "David gegen Goliath" gilt dies weiterhin für den Kleinaktionär A; Nichtkooperation NK ist die dominante Strategie für den Kleinaktionär A. Für den Großaktionär B hingegen gilt analog zum Chicken-Spiel: Nutzen aus (NK_A, K_B) > Nutzen aus

(NK_A, NK_B). Die Intuition ist analog zum Chicken-Spiel: Der Großaktionär hat einen starken Anreiz, die Kosten für die Managementkontrolle durch eine Beratungsgesellschaft zu übernehmen, da die Ertragzuwächse in der Regel größer sind als die Gesamtkosten. Dadurch werden für die übrigen Kleinaktionäre positive Externalitäten in der Form erzeugt, dass sie Nutznießer der positiven Kurs- und Dividendenentwicklung sind, ohne sich an den Kosten für die Managementkontrolle zu beteiligen; die Kleinaktionäre werden – entsprechend obiger Trittbrettfahrer-Strategie – aufgrund der Nichtausschließbarkeit und Nichttrivialität sogar darauf spekulieren, dass der Großaktionär die Kosten alleine trägt. Man spricht in diesem Fall von der "**Ausbeutung der Großen durch die Kleinen**".

Die Lösung des Spiels "David gegen Goliath" leitet sich wie folgt her: Unabhängig vom Verhalten von B ist Nichtkooperation die dominante Trittbrettfahrer-Strategie für den Kleinaktionär A, da im Fall der Kooperation K von B 4 > 3 bzw. im Fall der Nichtkooperation NK von B 2 > 1 gilt. Gegeben, dass der Kleinaktionär A die dominante Strategie NK wählt, ist es für den Großaktionär B rational zu kooperieren, da 2 > 1 gilt; durch Kooperation kann der Großaktionär die für ihn schlechteste Situation (NK_A, NK_B) mit der Auszahlung (2, 1) vermeiden. Im einzigen Nash-Gleichgewicht des Spiels (NK_A, K_B) mit der Auszahlung (4, 2) erzielt der Kleinaktionär sein bestes Ergebnis, wohingegen der Großaktionär sein zweitschlechtestes Ergebnis erzielt; der Kleinaktionär ist somit Trittbrettfahrer auf Kosten des Großaktionärs, der das Kollektivgut allein bereitstellt.

Obige Argumentation des Spiels "David gegen Goliath" kann auf politische Allianzen mit unterschiedlich großen Mitgliedsstaaten wie z.B. die NATO übertragen werden. Zur Zeit des Kalten Krieges war zum Beispiel zu erkennen, dass die kleineren NATO-Mitglieder einen kleineren Anteil des Volkseinkommens für die Verteidigung verwendeten als vereinbart. Die USA als großes Mitglied konnte nicht glaubhaft damit drohen, ihre Beitragsleistungen ebenfalls zurückzuschrauben. In diesem Fall wäre es nämlich zu einem Rückgang der gesamten Verteidigungseffizienz gekommen, der unter Umständen einen sowjetischen Angriff hätte provozieren können. Die USA wäre in diesem Fall noch schlechter gestellt gewesen als im Fall einer "einseitigen" Beitragsleistung. Auch das Verhalten der unterschiedlich großen EU-Mitgliedsländer bei der Umweltpolitik in der EU kann mit Hilfe des Spiels "David gegen Goliath" untersucht werden.

Häufig wird die Spieltheorie in der Weise kritisiert, dass – wie die obigen Ausführungen gezeigt haben – eine große Vielzahl von denkbaren Lösungen möglich ist. Dies erweckt vielfach den Eindruck scheinbarer Beliebigkeit der Resultate. An dieser Stelle besteht jedoch ein wesentlicher Beitrag der Spieltheorie, die deutlich zeigt, in welch starkem Maße die jeweilige Lösung eines Spiels von den konkreten Spielregeln und damit von den konkreten institutionellen Rahmenbedingungen abhängt. Dies zeigt umso mehr, wie wichtig es bei ökonomischen Fragestellungen ist, die geeignete Spielform bzw. allgemeiner die Problemstellung in adäquater Weise als Spiel zu modellieren, um darauf aufbauend adäquate Lösungen für spezifische institutionelle Rahmenbedingungen abzuleiten.

Resümee: *Am Beispiel des Markteintrittsspiels und der Bereitstellung von Kollektivgütern kann gezeigt werden, dass die Lösungen von Spielen wesentlich von den vorliegenden Charakteristika konkreter Situationen (z.b. Zeithorizont, Größe der Spieler) abhängen. Dies zeigt, in welch starkem Maße die jeweilige Lösung eines Spiels von den konkreten institutionellen Rahmenbedingungen beeinflusst wird. Dies impliziert, dass die konkrete ökonomische Fragestellung und institutionellen Details adäquat als Spiel modelliert werden müssen, um konkrete Ergebnisse eines Spiels ableiten zu können, die als wirtschaftspolitische Handlungsempfehlung dienlich sind.*

Schlüsselwörter: Extensive Spielform, Matrixform, Markteintrittsspiel, Teilspiel, Teilspielperfektheit, Glaubwürdigkeitsproblem, Handelskettenparadox, Wiederholte Spiele, Backward-Induktion, Folktheorem, Chicken-Spiel, David gegen Goliath.

7. Das Gesetz gegen Wettbewerbsbeschränkungen und EU-Recht

Was unternimmt der Staat konkret gegen ökonomische Machtkonzentrationen? Weshalb wird nicht jede wettbewerbsbeschränkende Unternehmensbildung oder -kooperation unterbunden?

Grundsätzlich verhindern Regulierungen Wohlfahrtsgewinne, da marktwirtschaftliche Allokationssysteme dort am produktivsten sind, wo unterschiedliche Ausstattungen, Präferenzen und Technologien im Wettbewerb konfligierender Interessen am stärksten wirken. Das bedeutet aber nicht, dass Regulierungen grundsätzlich von Übel sind. Sie sind es zwangsläufig schon dann nicht, wenn sie regeln, dass Wettbewerb von Marktakteuren nicht unterlaufen wird. Die Konsumenten benachteiligende Produktionsentscheidungen und die preisverhärtende Wirkung von Kartellabsprachen sind dabei für den Staat Anlass, geeignete Maßnahmen zu ergreifen, die den Wettbewerb auf einem ausreichenden Niveau halten.

Die Darstellung des spieltheoretischen Konzepts des Gefangenendilemmas in den vorigen Abschnitten hat gezeigt, dass im Falle von Kartellabsprachen zunächst zu überprüfen ist, ob die Kartellabsprachen stabil sind. Gelangt man zu dem Ergebnis, dass mögliche Kartellabsprachen (kooperatives Verhalten) zwischen Oligopolisten instabil sind (Gefangenendilemma), so sind staatliche Interventionen nicht notwendig. Die nachfolgende Argumentation unterstellt jedoch den Fall, dass die institutionellen Rahmenbedingungen derart ausgestaltet sind, dass Kartellabsprachen – bzw. allgemeiner kooperatives Verhalten von Oligopolisten – prinzipiell möglich sind und eine gewisse Stabilität aufweisen können. In diesem Fall sollte der Staat wettbewerbspolitische Maßnahmen ergreifen, die die Wettbewerbsintensität auf einem ausreichenden Niveau halten.

Zu diesem Zweck wurde bereits 1957 in Deutschland das **Gesetz gegen Wettbewerbsbeschränkungen** erlassen. Wichtigster Bestandteil des Gesetzeswerkes ist das sogenannte **Verbotsprinzip**, das im Paragraphen 1 formuliert wurde. Danach sind Verträge, die Unternehmen oder Vereinigungen von Unternehmen zu einem gemeinsamen Zweck schließen, und Beschlüsse von Vereinigungen von Unternehmen unwirksam, soweit sie geeignet sind, die Erzeugung oder die Marktverhältnisse für den Verkehr mit Waren oder gewerblichen Leistungen durch Beschränkung des Wettbewerbs zu beeinflussen. In Absatz 1 des § 1 wird jedoch betont: "Dies gilt nicht, soweit in diesem Gesetz etwas anderes bestimmt ist." In der Bundesrepublik sind demzufolge wettbewerbsmindernde Verträge und Beschlüsse prinzipiell verboten. Weitere Paragraphen (§2 – §14) regeln Ausnahmen vom Verbotsprinzip.

Im Paragraphen 2 wird das Kartellverbot speziell für sogenannte Konditionenkartelle, d.h. für Kartelle, die die einheitliche Anwendung allgemeiner Geschäfts-, Lieferungs- und Zahlungsbedingungen zum Gegenstand haben, aufgehoben.

Rabattkartelle, Strukturkrisenkartelle, Rationalisierungskartelle sowie Spezialisierungskartelle wie auch Ausfuhr-, Einfuhr- und sogenannte Sonderkartelle unterliegen dem Verbot des § 1 ebenfalls nicht.

Verträge und Beschlüsse der eben angeführten Sonderregelungen bedürfen zu ihrer Wirksamkeit jedoch der Anmeldung beim **Bundeskartellamt**. Das Bundeskartellamt verfügt über die Möglichkeit, die Erteilung der Erlaubnis von Auflagen abhängig zu machen. Bei einem eventuellen Missbrauch kann die Kartellbehörde die Verträge und Beschlüsse für unwirksam erklären.

Das grundlegende Problem, das sich bei der Genehmigung von Kartellen ergibt, ist folgendes: Im Gegensatz zum Ablauf des Wettbewerbs bei vollkommener Konkurrenz, bei dem die beste Lösung durch möglichst viele Alternativen sozusagen "entdeckt" wird, bindet ein Kartell seine Teilnehmer an eine vorher festgelegte Lösung. Das Such- und Entdeckungsverfahren für bislang unbekannte Produkte und Produktionsverfahren kann durch Kartellbildung behindert werden.

Der zweite Abschnitt des Gesetzes gegen Wettbewerbsbeschränkungen befasst sich im § 15 mit der grundsätzlichen Bedeutung von Preis- und Konditionenvereinbarungen, im § 16 mit der **vertikalen Preisbindung**, sowie in späteren Paragraphen mit Verträgen, die die wirtschaftliche Bewegungsfreiheit einschränken, sowie mit Regelungen über Patente, Gebrauchsmuster und Sortenschutzrechte, die vorübergehend monopolistische Wettbewerbsstrukturen garantieren, um einem innovativen Unternehmer Gewinnanreize zu bieten.

Der dritte Abschnitt (insgesamt 6 Paragraphen) schließlich behandelt die wirtschaftliche Konzentration, sofern es sich um Unternehmenszusammenschlüsse handelt, die eine marktbeherrschende Stellung ergeben. Dabei wird bestehende Marktmacht zwar als Datum akzeptiert, doch soll deren Missbrauch verhindert werden. Preise und Geschäftsbedingungen dürfen nicht erheblich von denen abweichen, die bei wirksamem Wettbewerb bestehen würden. Ein monopolistischer Markt kann durchaus zur wettbewerbsgerechten Lösung gelangen, wenn, wie bereits erwähnt, ein drohender Marktzutritt den monopolistischen Anbieter diszipliniert. Liegt hingegen der Tatbestand des Machtmissbrauchs vor, dann kann die Wettbewerbsbehörde das jeweilige Unternehmen gemäß § 23 zu wettbewerbskonformen Verhalten veranlassen. Die Problematik hierbei besteht wie so oft in der konkreten Ausgestaltung der Politik. Der Wirtschaftspolitiker muss sich die Fragen stellen, welches Marktergebnis nicht wettbewerbskonform ist und wie die dynamischen Funktionen des Wettbewerbs durchgesetzt werden können, wenn nicht auf das Bestehen einer marktbeherrschenden Position Einfluss genommen wird. Die Kriterien, nach denen diesbezüglich vorgegangen wird, sind in der Politik und der Wirtschaftstheorie umstritten.

Neben der Untersagung des Machtmissbrauchs wird in diesem Abschnitt (§ 24) auch die Kontrolle von Unternehmenszusammenschlüssen geregelt. Dabei können Zusammenschlüsse untersagt werden, wenn durch sie eine marktbeherrschende Stellung erreicht oder verstärkt wird. Diese Erweiterung des Gesetzes wurde notwendig, da zwar Kartellbildung grundsätzlich verboten war, marktbeherrschende Stellungen durch Zusammenschlüsse jedoch erreicht werden konnten.

Neben dem Gesetz gegen Wettbewerbsbeschränkungen gilt heute in Deutschland ebenfalls das dem deutschen Recht übergeordnete **EU-Wettbewerbsrecht**. Die Ursprünge einer gemeinsamen europäischen Wettbewerbspolitik gehen zwar auf die Römischen Verträge von 1957 zurück, mit der eigentlichen Umsetzung wurde aber erst nach Verabschiedung der Einheitlichen Europäischen Akte (1987), als das Binnenmarktprogramm "EG 1992" Gestalt annahm, begonnen.

Die Notwendigkeit einer internationalen Wettbewerbspolitik kann man damit begründen, dass Exportkartelle häufig vom allgemeinen Kartellverbot der Einzelstaaten ausgenommen werden, da diese den heimischen Wettbewerb nicht beeinträchtigen und zumeist die Grundlage für eine marktbeherrschende Stellung auf den Auslandsmärkten sind. Darüber hinaus versuchen sich Staaten mittels Subventionierung ihres Exportsektors nicht selten einen Vorteil zu verschaffen. Wie im Gefangenendilemma wird aus einem solchen Vorgehen ein suboptimales Ergebnis für alle Länder hervorgehen, da andere Länder darauf genauso reagieren. Andererseits kann bei international operierenden Unternehmen wirksames Eingreifen der nationalen Kartellbehörden dadurch geschwächt werden, dass es Zuständigkeitsprobleme gibt und unterschiedliche Auffassungen über wettbewerbsschädliches Verhalten existieren. Eine internationale Koordination kann helfen, diese Ergebnisse zu korrigieren. In den Römischen Verträgen sind deshalb mit den Artikeln 85, 86 und 92 schon frühzeitig Regelungen für die Wettbewerbspolitik, freilich nur regional auf Europa begrenzt, getroffen worden.

Diese stark vom bundesrepublikanischen Gesetz gegen Wettbewerbsbeschränkung geprägten Artikel gehen auch auf die Auffassung EUCKENS zurück, die besagt, dass innerhalb des marktwirtschaftlichen Wettbewerbs die Tendenz zu immer größer werdenden Machtkonzentrationen systemimmanent ist und dass deshalb aktive Wettbewerbspolitik notwendig wird. Aktive Wettbewerbspolitik bedeutet diesbezüglich, dass problematische Verhaltensweisen der Unternehmungen durch die Kommission untersagt und Geldbußen verhängt werden. Was sind nun "problematische Verhaltensweisen"?

Artikel 85 betrifft Vereinbarungen zwischen Firmen oder andere gemeinsame Praktiken, die den Handel zwischen den Mitgliedsstaaten beeinflussen könnten und zum Ziel oder Ergebnis haben, dass Wettbewerb verhindert, gestört oder beschränkt wird. In Artikel 85 werden explizit fünf spezifische Arten von Vereinbarungen zwischen Firmen genannt, die gemäß dieses Artikels ungesetzlich wären:

- Vereinbarungen – schriftlicher oder mündlicher Art –, die Preise oder sonstiges indirekt festlegen,

- jede Art von Vereinbarungen, die darauf abzielen, die Produktion, die Märkte oder die technische Entwicklung zu begrenzen oder zu kontrollieren,

- Vereinbarungen, durch die Märkte zwischen unabhängigen Produzenten aufgeteilt werden,

- die Anwendung unterschiedlicher Bedingungen und Konditionen auf verschiedene Käufer ein- und desselben Produktes, und

- jedwede Vereinbarung, durch die der Käufer eines Produktes gezwungen wird, als Voraussetzung für den Kauf andere, in keiner Beziehung stehende Produkte, zu kaufen.

Während sich Artikel 85 auf Vereinbarungen zwischen unabhängigen Firmen bezieht, beschäftigt sich Artikel 86 mit der Beschränkung oder Verzerrung des Wettbewerbs durch einzelne Firmen, die ihre Monopolstellung oder Quasi-Monopolstellung ausnutzen und dabei den Handel zwischen den Mitgliedsstaaten beeinträchtigen. Geschützt werden sollen Lieferanten und Abnehmer sowie gegenwärtige und potentielle Wettbewerber. Die nach Artikel 86 verbotenen wettbewerbsbeschränkenden Praktiken sind dadurch gekennzeichnet, dass die betreffenden Firmen versuchen, einen unangebrachten Vorteil aus einer dominierenden Stellung im Gemeinsamen Markt oder in bedeutenden Teilen dieses Marktes zu ziehen. Dabei gleichen die verbotenen Praktiken denen aus Artikel 85.

Ähnlich dem deutschen Recht enthielt der ursprüngliche EG-Vertrag keine Bestimmungen über die Zusammenschlusskontrolle. Seit Dezember 1989 kann die EU-Kommission nun Unternehmenszusammenschlüsse für unvereinbar mit dem Gemeinsamen Markt erklären, wenn diese eine marktbeherrschende Stellung begründen oder verstärken würden.

Artikel 92 bezieht sich nicht direkt auf Firmen, sondern auf den Staat. Staatliche Hilfe jeglicher Art, die den Firmen von ihren nationalen Regierungen gewährt werden und die dazu geeignet sind, den Wettbewerb zu verzerren, indem sie bestimmte Firmen bevorzugen, werden als unvereinbar mit dem Gemeinsamen Markt angesehen. Bei Zuwiderhandlungen ist die EU-Kommission ermächtigt, die entsprechende Regierung zur Aufgabe bzw. Änderung ihrer Praktiken zu zwingen und gegebenenfalls den Europäischen Gerichtshof anzurufen.

Wettbewerbspolitik ist keine einfache Sache. Als Aufgabe der Missbrauchsbehörde stellt sich beispielsweise auf monopolistischen Märkten die Festlegung eines Preises, der bei funktionierendem Wettbewerb hätte erzielt werden können. Wie schwierig die Bestimmung dieses hypothetischen Preises ist, wird deutlich, wenn man bedenkt, dass der marktwirtschaftliche Wettbewerb ein Prozess ist, der nicht vorhersehbar ist und gedanklich sehr schwer simulierbar ist. Zudem wissen wir, wie schillernd der Marktbegriff im Lichte der Heterogenität der Güter ist. Die meisten Güter sind durch Substitute ersetzbar. Aus diesem Grund ist es nicht einfach festzustellen, wann eine wirtschaftliche Machtstellung aufgebaut ist.

Neben den angesprochenen Nachteilen kommt noch hinzu, dass oligopolistische und monopolistische Unternehmungen auch günstige Aspekte aufweisen und dadurch die Durchführung einer rationalen Wettbewerbspolitik erschwert wird. In größeren Unternehmenseinheiten kann durch weitergehende Arbeitsteilung und modernste Produktionstechniken eine größere Produktivität erreicht werden. Ebenso kann sich eine größere Unternehmung zielgerichtete Forschung leisten. Auf diese Weise kann eine kostensparende Gütererzeugung auch zum Nutzen des Konsumenten sein. Die technische Entwicklung ist obendrein, wie wir noch sehen werden, ein wesentliches Stimulans des wirtschaftlichen Wachstums. In der Wettbewerbspolitik tritt man so einerseits gegen den Missbrauch von Machtstellungen ein, während auf der anderen Seite darüber gewacht wird, dass die Vorteile der **Massenproduktion** sowie der Forschung und Entwicklung nicht angetastet werden. Das Abwägen der Vor- und Nachteile enthält dabei auch außerökonomische Wertvorstellungen.

Speziell im europäischen Rahmen wird dieser Konflikt zwischen den Vor- und Nachteilen von Unternehmenskonzentrationen anhand der am 7.2.1992 in Maastricht gefassten Beschlüsse deutlich, die in Artikel 3 der ursprünglichen **EG-Verträge** aufgenommen wurden. Während dieser Artikel die "Stärkung der Wettbewerbsfähigkeit der Industrie der Gemeinschaft" zur Aufgabe hat, fordert er auch ein "System, das den Wettbewerb innerhalb des Binnenmarktes vor Verfälschungen schützt". Dabei zielt die erste Aufgabe darauf ab, den Unternehmen auf hochtechnologisierten Märkten mit hohen internationalen Wachstumschancen eine möglichst starke Wettbewerbsposition zu verschaffen. Dabei werden in der Praxis an den Stellen, von denen man glaubt, dass nur sehr große Unternehmen zum Markteintritt und zum Erfolg im internationalen Wettbewerb befähigt seien, häufig Subventionierungs- und protektionistische Maßnahmen durchgeführt, die den Wettbewerb eher verfälschen.

Resümee: Das Gesetz gegen Wettbewerbsbeschränkungen zielt auf die Erhaltung eines ausreichenden Wettbewerbs ab. Daneben gilt in Deutschland das dem deutschen Recht übergeordnete EU-Wettbewerbsrecht. Eine rationale Wettbewerbspolitik wägt Vor- und Nachteile wirtschaftlicher Machtkonzentrationen ab.

Schlüsselwörter: Gesetz gegen Wettbewerbsbeschränkungen, Verbotsprinzip, Bundeskartellamt, Vertikale Preisbindung, EU-Wettbewerbsrecht, Wettbewerbspolitik, Massenproduktion, EG-Verträge.

8. Schlussbemerkung

In diesem Kapitel haben wir uns mit einigen Fällen unvollkommener Konkurrenz befasst. Die Theorie der unvollkommenen Konkurrenz ist – abgesehen von dem Beitrag COURNOTs – vor allem nach 1933 durch die Veröffentlichungen des amerikanischen Nationalökonomen E.H. CHAMBERLIN (1933) und der Engländerin JOAN ROBINSON (1933) entwickelt worden. Beide wiesen darauf hin, dass die Marktform der vollkommenen Konkurrenz ein idealtypisches Produkt wissenschaftlichen Elfenbeinturmdenkens zu werden drohte, und betonten die praktische Bedeutung von Monopol, Oligopol und der monopolistischen Konkurrenz.

Für uns ist vor allem der Gedanke von Bedeutung, dass eine Schwächung der Konkurrenz zu einer Machtkonzentration führt und zu mehr oder weniger einseitiger Fixierung der Preise durch die Unternehmer. Die Preise werden starr und verlieren ihre Flexibilität, die sie bei vollkommener Konkurrenz haben, bei der jede Änderung der Daten auf die Preise durchschlägt. Wenn keine vollkommene Konkurrenz herrscht, wird ein höherer Grundstoffpreis in den Verkaufspreisen munter hochgerechnet, aber ein Sinken der Grundstoffpreise wird als Sondergewinn kassiert, indem man die Verkaufspreise beibehält. Auch kann bei einer Mindestpreisregelung der ineffiziente Grenzbetrieb seine Produktion aufrechterhalten. Es ist begreiflich, dass der Staat bei derartigen Entwicklungen einzugreifen wünscht. In Deutschland wurde die rechtliche Basis durch das **Gesetz gegen Wettbewerbsbeschränkungen** im Jahre 1957 geschaffen. Das Hauptanliegen des Gesetzgebers war die Förderung eines gesunden Wettbewerbs durch das Verbot unzulässiger Praktiken. Auf der anderen Seite können ökonomische Machtkonzentrationen vor allem aus technologischen Gründen auch Vorteile mit sich bringen, so dass dieses Gesetz Ausnahmen von der Regel zulässt. Die zunehmende Globalisierung der Wirtschaft erfordert eine Internationalisierung der Regeln gegen Wettbewerbsbeschränkungen. In der Europäischen Union wird dies schon umgesetzt. Nationale Regulierungen verlieren somit zunehmend an Bedeutung. Das gleiche gilt auch für die nationale Wettbewerbsaufsicht in den Mitgliedsländern der EU.

Fragen und Aufgaben zum 6. Kapitel

1. Warum kann man beim Monopol keine Angebotsfunktion ableiten? Unterscheidet sich der Gewinn des Monopolisten, wenn er die optimale Menge oder den optimalen Preis wählt?

2. Weshalb ist die Steigung der Grenzerlöskurve bei einer linearen PAF gerade halb so groß wie die der PAF?

3. Warum ist es schwierig zu beschreiben, was eine wirtschaftliche Machtstellung ist?

4. Nennen Sie verschiedene Analogien und Unterschiedlichkeiten zwischen der Theorie der Unternehmung bei vollkommener Konkurrenz und der des Monopols.

5. Die Preis-Absatz-Funktion eines Monopolisten lautet: $p = -3x + 12$. Die Kostenfunktion ist: $K = 2x + 5$.

   a) Bestimmen Sie den Gleichgewichtspreis, wenn dieser Monopolist den maximalen Gewinn ansteuert.

   b) Berechnen Sie die Preiselastizität der Nachfrage im Gleichgewicht.

6. *Aufgabe:

   a) Nehmen wir an, ein Monopolist strebe nicht nach maximalem Gewinn, sondern nach maximalem Gesamterlös. Zeigen Sie graphisch, welcher Gleichgewichtspreis zustandekommt.

   b) Durch welche Charakteristika ist ein natürliches Monopol (z.B. Deutsche Bahn) gekennzeichnet.

7. Durch welche Charakteristika ist ein Oligopol (z.B. deutscher Automobilmarkt) gekennzeichnet. Was versteht man unter einer Reaktionskurve. Beschreiben Sie in diesem Zusammenhang das COURNOT-NASH-Gleichgewicht.

8. Was macht die Herleitung des optimalen Produktionsplans bei Oligopolen so schwierig, und weshalb braucht man dazu die Spieltheorie?

9. *Aufgabe:

   a) Diskutieren Sie die verschiedenen Reaktionsmöglichkeiten (z.B. Stackelberg-Leader, Stackelberg-Follower) von Oligopolisten.

   b) Gehen Sie von einer linearen Nachfragefunktion $x = a - bp$, linearen und identischen Grenzkosten $c_1 = c_2 = c$ für beide Anbieter aus, und leiten Sie die COURNOT-NASH-Lösung ab.

   c) Formulieren und lösen Sie das Optimierungsproblem eines Oligopolisten bei n Anbietern.

10. Übertragen Sie das Konzept des Gefangenendilemmas auf verschiedene ökonomische Fragestellungen (z.B. Markteintrittsspiel).

11. Mit Hilfe spieltheoretischer Konzepte sind eine Vielzahl von denkbaren Gleichgewichtslösungen denkbar, was den Eindruck scheinbarer Beliebigkeit der Resultate erweckt. Nehmen Sie kritisch Stellung.

12. Erläutern Sie, weshalb eine Abstimmung des Wettbewerbsrechts auf internationaler Ebene Sinn ist.

Literatur zum 6. Kapitel

Einen Überblick über die Wettbewerbspolitik sowohl aus theoretischer als auch aus praktischer Sicht gibt

Berg, Hartmut. Wettbewerbspolitik. In: D. Bender u.a.A. Vahlens Kompendium der Wirtschaftstheorie und Wirtschaftspolitik. Band 2. Siebte Auflage. S. 299-362. Vahlen Verlag. München 1999.

Ein mikroökonomisches Lehrbuch mit vielen spieltheoretischen Anwendungen ist

Kreps, David M. Mikroökonomische Theorie. Verlag Moderne Industrie u.a. Landsberg u.a.O. 1994.

Zum Weiterlesen bieten

Holler, Manfred; Illing, Gerhard. Einführung in die Spieltheorie. Vierte Auflage. Springer Verlag. Berlin u.a.O 2000.

das erste deutschsprachige Einführungsbuch in die Spieltheorie. Die Preisbildung bei den verschiedenen Marktformen sowie die unterschiedlichen Oligopolmodelle sind in vielen mikroökonomischen Lehrbüchern enthalten; besonders verständlich, da mit spieltheoretischem Bezug vor allem bei

Böventer, Edwin von. Einführung in die Mikroökonomie. Neunte Auflage. R. Oldenbourg Verlag. München u.a.O. 1997.

und

Varian, Hal R. Grundzüge der Mikroökonomik. (Aus dem Amerikanischen von R. Buchegger). Vierte Auflage. R. Oldenbourg Verlag. München u.a.O. 1999.

dargestellt. Die Spieltheorie ist auch die Basis für die moderne Industrieökonomie. Für diesen Zweig der Volkswirtschaftslehre lässt sich

Tirole, Jean. The Theory of Industrial Organization. MIT Press. Cambridge 1988.

als Standardwerk empfehlen.

Das gesamte EU-Wirtschaftsrecht findet sich bei

Dauses, Manfred A. Handbuch des EU-Wirtschaftsrechts. Zweite Auflage. Beck Verlag. München 1998.

GRUNDLAGEN DER MAKROÖKONOMIE

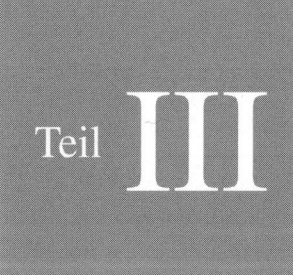

Teil III

Kapitel 7
Die Güter und der Gütermarkt

Kapitel 7 Die Güter und der Gütermarkt

1. Die Volkswirtschaft als Kreislauf

Was versteht man unter einem Wirtschaftskreislauf? Woraus besteht das Volkseinkommen? Wodurch unterscheiden sich die Brutto- und Nettogrößen des Nationaleinkommens?

Im Teil über die "Grundlagen der Mikroökonomie" richteten wir unser Augenmerk auf die ökonomischen Aktivitäten der "Haushalte" und "Unternehmungen". Da wir repräsentative Haushalte und Unternehmungen zur Analyse herangezogen haben, konnten wir die Ergebnisse unserer Überlegungen auf den "Sektor Haushalt" und den "Sektor Unternehmung" verallgemeinern.

Bereits eine flüchtige Betrachtung des Wirtschaftsprozesses eines Landes zeigt aber neben diesen beiden Aggregaten die Existenz der Staatswirtschaft, der Banken und des Auslandes auf. Der Einfachheit halber lassen wir diese drei Sektoren vorläufig außer Acht; wir abstrahieren von ihnen. Dies bedeutet, dass wir unsere Aufmerksamkeit auf eine **geschlossene Volkswirtschaft ohne staatliche Aktivität** richten werden.

Die **Mikroökonomie** lieferte die Erklärungsmuster für individuelle Gütertransaktionen auf einer Vielzahl von Märkten. Indes versucht die **Makroökonomie**, von den Eigenarten unterschiedlicher Gütertransaktionen zu abstrahieren, und betrachtet Güter wie Wirtschaftseinheiten als Aggregate. Damit verwischt sie natürlich individuelle Charakteristika von Märkten und Marktteilnehmern. Auf der anderen Seite erlaubt diese Vorgehensweise aber eine sehr viel einfachere und übersichtlichere Darstellung und Erklärung der Grundmuster der ökonomischen Aktivitäten einer gesamten Volkswirtschaft und deren wirtschaftlicher Leistungsfähigkeit. Die Erklärung der Höhe des Volkseinkommens, des gesamtwirtschaftlichen Produktionswertes und anderer aggregierter ökonomischer Größen wie Sparen und Investieren ist das zentrale Anliegen der Makroökonomie.

Das erklärte Ziel aller Produktion ist der Konsum. Diese Feststellung kann nicht anders interpretiert werden, als dass die in den Unternehmungen produzierten Güter auf die eine oder andere Weise in die Hände der Konsumenten gelangen. Wir unterstellen, dass alle Produktionsfaktoren aus den Haushalten stammen und dass sie den Unternehmungen zur Produktion zur Verfügung gestellt werden.

Es existiert also einerseits ein Güterstrom von den Produzenten zu den Konsumenten, andererseits ein Strom von Produktionsfaktoren von den Konsumenten zu den Produzenten. Man nennt dies einen **Güterkreislauf**. Die Idee eines Kreislaufs im Wirtschaftsprozess stammt von FRANÇOIS QUESNAY (1694-1774), Arzt der MADAME DE POMPADOUR und Hofarzt von LUDWIG XV.

In Abbildung 7.1 ist ein solcher Kreislauf schematisch wiedergegeben. Dort ist zum einen der Strom von Konsumgütern und Produktionsfaktoren und zum anderen ein zweiter Strom eingezeichnet, der als **Geldstrom** entgegengesetzt zum **Güterstrom** verläuft. Dabei ist jeder Strom durch Richtung, Stärke und Bezogenheit auf einen Zeitraum bestimmt. Die Stromrichtung wird durch einen Ausgangs- und einen End- oder Zielpunkt beschrieben. Die Stromstärke ist ein Zahlenwert, der entweder dem Wert einer Forderung (monetärer Strom oder Geldstrom) oder einer bestimmten Gütermenge (realer Strom oder Güterstrom) entspricht. Wenn *A* ein Gut von *B* kauft, wechselt das Gut von *B* zu *A* (Richtung des Güterstroms), während das Geld – der Preis des Gutes (die Stromstärke) – von *A* an *B* (Richtung des Geldstroms) übergeben wird.

Abbildung 7.1: *Wirtschaftskreislauf*

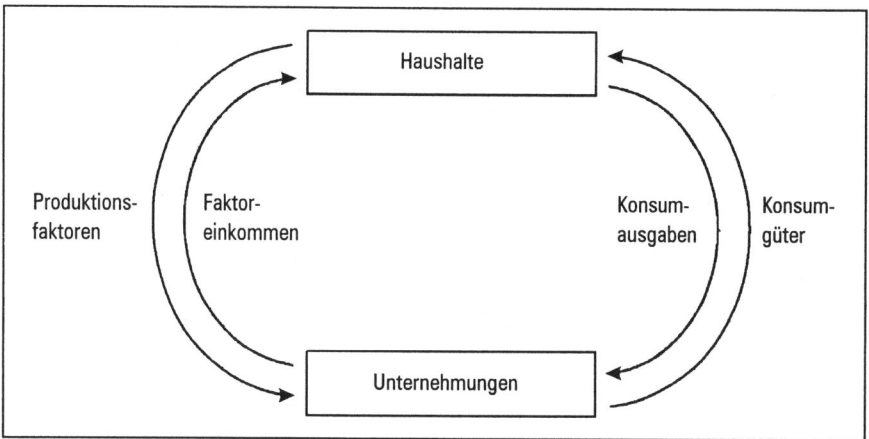

Bezeichnet man in einem solchen Kreislaufschema alle sektoralen Ziel- oder Ausgangspunkte von Strömen als **Pole**, so lässt sich für einen **geschlossenen** Kreislauf folgende, als **Kreislaufaxiom** bekannte Bedingung formulieren. Diese besagt: Für jeden Pol muss die Wertsumme der hinein- gleich der Wertsumme der hinausfließenden Ströme sein.

Dieses Axiom gilt für Güter- wie Geldströme und drückt aus, dass in der Kreislaufdarstellung wert- oder mengenmäßig äquivalente Tauschbeziehungen zwischen Sektoren abgebildet werden. In der in Abbildung 7.1 gewählten Form der Kreislaufdarstellung produzieren die Unternehmen ausschließlich Konsumgüter für die Haushalte, und diese verwenden ihr gesamtes Faktoreinkommen für Konsumgüterkäufe. In einem solchen Fall spricht man von einer **stationären Wirtschaft**, in welcher im Gegensatz zu einer **evolutionären Wirtschaft** keine produzierten Güter für den Ausbau des Kapitalstocks der Produktionsanlagen verwandt werden.

Berücksichtigt man hingegen, dass die Haushalte einen Teil ihres Einkommens zur Ersparnisbildung verwenden und Unternehmungen Investitionen zum Ausbau ihres

Kapitalstocks tätigen, so muss der Kreislauf um diese Ströme und einen entsprechenden Pol, den Vermögensbildungspol, ergänzt werden.

Abbildung 7.2:   *Kreislauf und Vermögensbildung (Geldströme)*

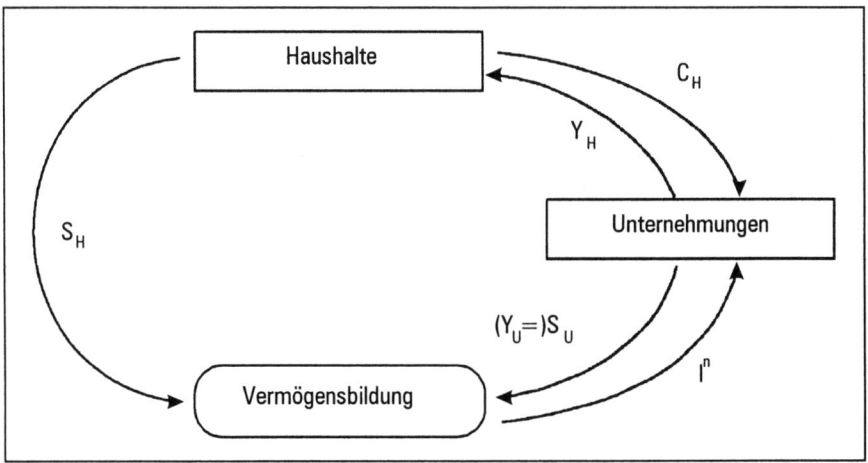

Wir unterscheiden dabei zwischen der **Bruttoinvestition** I^b als Summe aller produzierten und nicht konsumierten Güter einer Periode, die wir in Anlage- und Lagerinvestitionen aufspalten können, und der **Nettoinvestition** I^n als Differenz zwischen dem als **Abschreibung** Ab bezeichneten produktionsbedingten Verschleiß und I^b. Somit kann in Höhe von

(1) $I^n = I^b - Ab$

periodisch der Kapitalbestand der Unternehmungen erhöht werden. Steht K für den Kapitalbestand, so gilt folglich

(2) $I^n = \Delta K$.

Bei positiven Nettoinvestitionen erhöht sich der Kapitalbestand in gleichem Ausmaß. Wir beschränken uns in der Darstellung des Kreislaufs auf die Einnahmen- und Ausgabenströme (Geldströme).

Die Haushalte verwenden das aus den Unternehmen zufließende Faktoreinkommen Y_H für Konsumausgaben C_H und Ersparnisse S_H. Die Ersparnisse der Haushalte stellen einen gegenwärtigen Konsumverzicht dar. In Höhe von S_H verzichten Haushalte auf den Konsum, erhöhen aber in gleichem Ausmaß ihr Vermögen und damit ihre Konsummöglichkeiten in der Zukunft. Diese Vermögensbildung stellen wir in Form des zusätzlichen Pols im Kreislauf dar. Im Gegensatz zu den beiden anderen Polen der Haushalts- und Unternehmungssektoren, die institutionell abgegrenzt sind, ist der Pol der Vermögensbildung von seiner Funktion (der Darstellung der Vermögensänderung) her bestimmt.

Auch Unternehmungen können in Form von nicht an die Haushalte ausge-schütteten Gewinnen Y_U Ersparnisse S_U bilden. Der gesamte Konsumverzicht beider Sektoren bildet die Nettoinvestitionen I^n im Kreislauf. Denn mit dieser Summe wird die Erhöhung des bestehenden Kapitalstocks K finanziert. Mit Hilfe des Kreislaufaxioms kann man über die Gleichheit von Zuflüssen und Abflüssen folgende Beziehungen zwischen Einkommen, Konsumausgaben und Ersparnisbil-dung ableiten. Für den Haushaltspol folgt

$$(3) \qquad\qquad Y_H = C_H + S_H,$$

für den Unternehmungspol gilt

$$(4) \qquad\qquad C_H + I^n = Y_H + S_U$$

oder wegen der Gleichheit von S_U und Y_U auch

$$(4') \qquad\qquad C_H + I^n = Y_H + Y_U$$

und für den Vermögensbildungspol ist

$$(5) \qquad\qquad S_H + S_U = I^n.$$

Aus dieser Gleichungsdarstellung des Kreislaufs lässt sich unmittelbar für unsere einfache Zwei-Sektoren-Ökonomie das Gesamteinkommen einer Volkswirtschaft, das als Summe der Einkommen beider Sektoren (Haushalte und Unternehmungen) bestimmt wird, durch die Identität

$$(6) \qquad\qquad Y = C + S$$

ausdrücken, wenn C für den Konsum und S für die Ersparnis der beiden Sektoren Haushalte und Unternehmungen steht. Die Größe Y bezeichnen wir auch als **Volkseinkommen**. Sie ist die Summe der Leistungseinkommen Y_H und Y_U, die aus Löhnen und Gehältern, Pacht und Miete, sowie Zinsen und Gewinnen bestehen. Bei den Gewinnen müssen wir zwischen verteilten und unverteilten Gewinnen un-terscheiden. Die unverteilten oder nicht ausgeschütteten Gewinne Y_U sind gleich der Unternehmensersparnis S_U und bilden das Faktoreinkommen der Unterneh-mungen.

Dabei lässt sich das Volkseinkommen ex-post unter den Aspekten der **Entste-hung**, **Verwendung** und **Verteilung** betrachten. Bei der Entstehungsrechnung geht es um die Gliederung des Volkseinkommens in die Beiträge der einzelnen Wirtschaftsbereiche einer Volkswirtschaft. Bei der Verwendungsrechnung wird danach gefragt, für welche Zwecke (Konsum oder Investition) produziert wurde. Die Verteilungsrechnung gliedert das Volkseinkommen in Einkommen aus unselb-ständiger Arbeit und Einkommen aus Unternehmertätigkeit und Vermögen. Mit

Hilfe der Identität aus Gleichung (5), $I^n = S$, und Gleichung (6) folgt für die Verwendung des Volkseinkommens

(7) $Y = C + I^n$.

Diese Gleichung kann auch als Identität für die Gleichheit von **Nettowertschöpfung** und Volkseinkommen interpretiert werden. Die Produktion führt zu einer Nettowertschöpfung in Höhe des Wertes der produzierten und verkauften Konsumgüter C und dem Wert der Nettoinvestition I^n. Die Nettowertschöpfung bezeichnet man auch als **Nettonationaleinkommen** (früher: Nettosozialprodukt).

Bezieht man sich auf die volkswirtschaftliche (Brutto-) Ersparnis

(8) $S^b := S_H + S_U + Ab$

als Summe von privater Ersparnis und Abschreibung, so gilt (5) in der modifizierten Form

(5') $I^b = S^b$

weiterhin als Identitätsgleichung und

$$Y^b = C + I^b$$

wäre die **Bruttowertschöpfung** oder das **Bruttonationaleinkommen** (früher: Bruttosozialprodukt).

Resümee: Gesamtwirtschaftliche Aktivitäten können in Form eines Kreislaufs verdeutlicht werden. In einem geschlossenen Kreislauf gilt das Kreislaufaxiom. Über dieses können die grundlegenden Identitäten eines Kreislaufmodells in Form von Gleichungen dargestellt werden.

Schlüsselwörter: Geschlossene Volkswirtschaft ohne staatliche Aktivität, Mikroökonomie, Makroökonomie, Güterkreislauf, Geldstrom, Güterstrom, Kreislaufaxiom, Stationäre Wirtschaft, Evolutionäre Wirtschaft, Bruttoinvestition, Nettoinvestition, Abschreibung, Volkseinkommen, Nettowertschöpfung, Nettonationaleinkommen, Entstehungs-, Verwendungs- und Verteilungsrechnung, Bruttowertschöpfung, Bruttonationaleinkommen.

2. Volkseinkommen und Nationaleinkommen: Ein Beispiel

> Worin besteht der Unterschied zwischen Bruttonationaleinkommen und Volkseinkommen? Welche Größen machen die Unterscheidung zwischen Brutto- und Nettoinvestitionen notwendig? Welche drei Methoden der statistischen Ermittlung innerhalb der Volkswirtschaftlichen Gesamtrechnungen über die Höhe des Nationaleinkommens gibt es?

Im Verkaufspreis einer Einheit eines bestimmten Produktes einer Unternehmung sind die Kosten für die Erzeugung enthalten. Als Kostenarten sind unter anderem Löhne und Gehälter, Zinsen, Miete und Pacht und der Wert der in das Produkt eingehenden Roh- und Hilfsstoffe zu unterscheiden. Die Differenz zwischen dem Verkaufserlös und den anfallenden Produktionskosten ist der Gewinn.

Multipliziert man den Verkaufspreis einer Produkteinheit mit der Anzahl der während eines Jahres produzierten Einheiten dieses Produktes, dann erhält man als Ergebnis den Marktwert der produzierten Güter. Dieser Marktwert ist gleich der Summe aus Löhnen und Gehältern, Zinsen, Miete und Pacht, dem Gesamtwert der in den erzeugten Gütern verarbeiteten Roh- und Hilfsstoffe und dem Gewinn. Roh- und Hilfsstoffe sind Güter, die bereits produziert sind. Zu Beginn des Produktionsprozesses waren diese bereits vorrätig. Durch das Kombinieren der Produktionsfaktoren wird dem bereits bestehenden Wert der Roh- und Hilfsstoffe weiterer Wert hinzugefügt. Die totale Wertsteigerung lässt sich aus dem Unterschied zwischen Marktwert und dem Wert der angesetzten Roh- und Hilfsstoffe ermitteln. Diesen Unterschied nennt man **Bruttowertschöpfung**.

Gehen wir einmal von einer Volkswirtschaft aus, in der neben den Haushalten nur eine Unternehmung existiert. Alle Eigentümer von Produktionsfaktoren bringen diese in den einzigen Betrieb ein. Weiter nehmen wir an, dass diese Volkswirtschaft keine ökonomischen Kontakte mit dem Ausland pflegt.

Die Unternehmung erzeugt auf dem Wege der Kombination der Produktionsfaktoren eine Anzahl von Gütern. Die Bruttowertschöpfung dieses Güterpaketes wird **Bruttonationaleinkommen** genannt. Alle diese Güter werden an die Haushalte verkauft. Diese wiederum bezahlen mit dem Geld, das sie von der Unternehmung für ihre Leistungen bei der Erstellung des Bruttonationaleinkommens empfangen haben. Wie schon erwähnt, nennt man die Summe der Leistungseinkommen **Volkseinkommen**. Wir stellen nun für jeden der beiden Pole unseres Güterkreislaufs ein Konto auf, das auf der (rechten) Habenseite zufließende monetäre Ströme und auf der (linken) Sollseite abfließende monetäre Ströme verbucht.

Tabelle 7.1: *Einkommenskonto der Haushalte und Produktionskonto der Unternehmung (in Milliarden DM)*

Haushalte

Privater Verbrauch	360	Lohn- und Gehaltssumme	230
		Zinssumme	50
		Miete und Pacht	10
		Gewinn	70
Summe	360	Summe	360

Unternehmungen

Lohn- und Gehaltssumme	230	Lieferungen von Gütern	
Zinssumme	50	für den privaten	
Miete und Pacht	10	Verbrauch	360
Gewinn	70		
Nettowertschöpfung	**360**		
Summe	360	Summe	360

Wir sehen also, dass die Unternehmung für einen Gegenwert von 360 Milliarden DM Güter produziert hat. Dieser Wert stellt das Bruttonationaleinkommen dar. Das gesamte Nationaleinkommen ist im Laufe des Jahres an die Haushalte geliefert worden. Die Summe der Entlohnungen – das Volkseinkommen – ist in diesem einfachen Beispiel gleich dem Wert des Bruttonationaleinkommens.

In den **Volkswirtschaftlichen Gesamtrechnungen (VGR)**, dem auf gesamtwirtschaftlichen Kreislaufbeziehungen beruhenden System der Volkseinkommensstatistik in Deutschland, werden regelmäßig periodenbezogene (auf Jahresbasis) Ex-post-Darstellungen des Einkommenskreislaufs publiziert. Im Sprachgebrauch der VGR bezeichnet man die Konten von Tabelle 7.1 als **Einkommenskonto** der Haushalte und als **Produktionskonto** der Unternehmungen. Betrachten wir das letztere, so steht auf der linken Seite die **Güterentstehung** und auf der rechten die **Güterverwendung**.

Die bisherige Darstellung ist aber noch zu sehr vereinfacht, denn die Produktion verschleißt in der Regel auch Kapital. Die Herstellung neuer Kapitalgüter als Ersatz für den verschlissenen Teil des Kapitals nennt man **Ersatzinvestition**. Die Ersatzinvestitionen sind also wertmäßig den Abschreibungen gleich.

Um den Kapitalgütervorrat konstant zu halten, wird unser Betrieb – neben der Erzeugung aller anderen Güter – Kapitalgüter als Ersatz produzieren müssen. Weil wir davon ausgegangen sind, dass alle Produktionsfaktoren in den Produktionsprozess einbezogen werden, bedeutet dies, dass der Betrieb weniger für den Konsum bestimmte Güter erzeugen kann.

Gesetzt den Fall, die jährlichen Abschreibungen belaufen sich auf 40 Milliarden DM, dann kann die Lieferung von Gütern an die Haushalte nicht höher sein als 320 Milliarden DM. Die Summe der Leistungsentgelte kann deshalb auch nicht größer sein als der Unterschied zwischen der Bruttowertschöpfung und den Abschreibungen. Diese Differenz nennen wir **Nettowertschöpfung**.

In Bezug auf das Nationaleinkommen machen wir denselben Unterschied. Der Wert des Bruttonationaleinkommens ist gleich der Bruttowertschöpfung und ebenso ist der Wert des **Nettonationaleinkommens** gleich der Nettowertschöpfung.

Wenn wir nun die Ersatzinvestitionen in unsere Analyse aufnehmen, verändern sich natürlich die Werte der obigen Beispielrechnung. Weil in Tabelle 7.1 von der Unternehmung allein Güter produziert werden, die an die Haushalte geliefert werden, und damit Ersatzinvestitionen vernachlässigt wurden, war das Volkseinkommen um 40 Milliarden DM zu groß. Die Anpassung in Tabelle 7.2 kommt dadurch zustande, dass die Lohn- und Gehaltssumme, die Zinssumme und der Gewinn um 20, respektive 10 und 10 Milliarden DM vermindert wurden.

Tabelle 7.2: *Einkommenskonto der Haushalte und Produktionskonto der Unternehmung (in Milliarden DM) mit Abschreibungen*

Haushalte

Privater Verbrauch	320	Lohn- und Gehaltssumme	210
		Zinssumme	40
		Miete und Pacht	10
		Gewinn	60
Summe	320	Summe	320

Unternehmungen

Abschreibung	40	Lieferung von Gütern für den privaten Verbrauch	320
Lohn- und Gehaltssumme	210	Ersatzinvestitionen	40
Zinssumme	40		
Miete und Pacht	10		
Gewinn	60		
Nettowertschöpfung	320		
Summe	360	Summe	360

Wenn 360 Milliarden DM ausbezahlt werden, so heißt das, dass die Haushalte insgesamt mehr Einkommen hatten als möglich ist, wenn der Kapitalstock konstant gehalten wird. Da die im vorigen Paragraphen zuviel ausbezahlten 40 Milliarden DM nicht ausschließlich den Gewinn vergrößert haben, sondern allen zugute

kamen, verdienen jetzt alle Einkommensempfänger im Prinzip weniger. Denn selbstverständlich erhalten auch die mit der Erzeugung der als Ersatz dienenden Kapitalgüter betrauten Arbeitnehmer eine Entlohnung.

Bisher haben wir nur eine stationäre Wirtschaft betrachtet. Neben den zum Ersatz dienenden Investitionen kann die Unternehmung aber auch beschließen, zusätzliche Kapitalgüter anzufertigen. Der Kapitalstock nimmt dadurch im Zeitablauf zu. Die Produktion zusätzlicher Kapitalgüter nennt man Investitionen zu Erweiterungszwecken. Mit Hilfe dieser **Erweiterungsinvestitionen** ist es möglich, in Zukunft ein größeres Nationaleinkommen zu erzeugen.

Ersatzinvestitionen und Erweiterungsinvestitionen werden zusammen **Bruttoinvestitionen** genannt. Die Erweiterungsinvestitionen sind also die Differenz zwischen Bruttoinvestitionen und Ersatzinvestitionen und sie werden demzufolge Nettoinvestitionen genannt. Weil die Ersatzinvestitionen den Abschreibungen entsprechen, können wir auch sagen, die **Nettoinvestitionen** sind gleich der Differenz zwischen Bruttoinvestitionen und Abschreibungen.

Wir sind davon ausgegangen, dass alle Produktionsfaktoren bereits in die Unternehmung eingebracht sind. Es ist daher nicht möglich, ein größeres Nettonationaleinkommen zu erzeugen als das in der Tabelle 7.2 dargestellte. Dabei haben wir zusätzlich angenommen, dass das gesamte Nettonationaleinkommen in Form von Gütern an die Haushalte geliefert wird. Wenn aber Nettoinvestitionen vorgenommen werden, verbleibt eine bestimmte Gütermenge im Betrieb. Gesetzt den Fall, die Nettoinvestitionen belaufen sich auf 70 Milliarden DM, dann bedeutet dies, dass vom Nettonationaleinkommen 70 Milliarden DM weniger an die Haushalte geliefert werden können.

Da das Nettonationaleinkommen genauso groß ist wie das Volkseinkommen, können die Haushalte zu Konsumzwecken über einen Betrag von 70 Milliarden DM weniger verfügen als dies in Tabelle 7.2 möglich war. Wir nennen den Teil des Einkommens, der nicht konsumiert wird, die Ersparnisse – oder aus makroökonomischer Sicht – das **Sparen**. Es werden also 70 Milliarden DM von den Haushaltungen gespart. Dieser Betrag ist gleich den Nettoinvestitionen.

Auf Grund der vorgenommenen Nettoinvestitionen ist es nicht möglich, Güter im Wert von 320 Milliarden DM an die Haushalte zu liefern, sondern höchstens im Wert von 250 Milliarden DM.

Tabelle 7.3: *Einkommenskonto der Haushalte und Produktionskonto der Unternehmung (in Milliarden DM) mit Nettoinvestitionen*

Haushalte

Privater Verbrauch	250	Lohn- und Gehaltssumme	210
Sparen	**70**	Zinssumme	40
		Miete und Pacht	10
		Gewinn	60
Summe	320	Summe	320

Unternehmungen

Abschreibungen		40	Lieferung von Gütern	
Lohn- und			für den privaten	
Gehaltssumme	210		Verbrauch	250
Zinssumme	40		Ersatzinvestitionen	40
Miete und Pacht	10		Erweiterungs-	
			investitionen	70
Gewinn	60		**Nettoinvestitionen**	**70**
Nettowertschöpfung		**320**	Bruttoinvestitionen	110
Summe		360	Summe	360

In der VGR des Statistischen Bundesamtes in Wiesbaden bringt man die Veränderung des Kapitalgütervorrates, des Kapitalstocks also, auf dem Wege einer speziellen Rechnungsführung in einem eigenen **Vermögensänderungskonto** zum Ausdruck. Das Vermögensänderungskonto lautet dann im Anschluss an die vorhergehenden Rechnungsbeispiele wie folgt:

Tabelle 7.4: *Vermögensänderungskonto*

Vermögensänderung

Ersatzinvestitionen	40	Abschreibungen	40
Nettoinvestitionen	**70**	**Sparen**	**70**
Summe	110	Summe	110

Wir sind bisher stets davon ausgegangen, dass alle von der Unternehmung produzierten und zum Konsum bestimmten Güter von den Haushalten gekauft werden. Im Beispiel von Tabelle 7.3 ist angenommen worden, dass die Unternehmung Güter im Werte von 250 Milliarden DM erzeugt und dass die Haushalte eben diese Quantität abnehmen.

Wir nehmen nun an, dass die Haushalte anstelle von 250 Milliarden nunmehr 200 Milliarden DM zu Konsumzwecken auszugeben wünschen. Das Sparen beläuft sich dann auf 120 Milliarden DM. Die Folge ist, dass die Unternehmung nicht alle für den Konsum bestimmten Güter verkaufen kann. Es bleiben also Güter im Werte von 50 Milliarden DM auf Lager. Es bildet sich ein **Lagerbestand**.

Weil ex definitione alle Güter im Besitz der Unternehmung Kapitalgüter sind, wird auch der Lagerbestand zu den Kapitalgütern gerechnet. Eine Zunahme des Kapitalstocks nannten wir bisher Nettoinvestition. Nun, da wir die Lagerbestandsänderung in unsere Analyse aufgenommen haben, bestehen die Nettoinvestitionen nicht mehr allein aus Erweiterungsinvestitionen, sondern auch aus einer Zunahme des Lagerbestandes.

Tabelle 7.5: *Einkommenskonto der Haushalte und Produktionskonto der Unternehmung (in Milliarden DM) mit Lageraufbau*

Haushalte

Privater Verbrauch	200	Lohn und Gehaltssumme	210
Sparen	120	Zinssumme	40
		Miete und Pacht	10
		Gewinn	60
Summe	320	Summe	320

Unternehmungen

Abschreibungen		40	Lieferung von Gütern		
Lohn- und			**für den privaten**		
Gehaltssumme		210	**Verbrauch**		**200**
Zinssumme		40	Ersatzinvestitionen	40	
Miete und Pacht		10	Erweiterungs-		
			investitionen	70	
Gewinn		60	**Lagerbestands-**		
			zunahme	**50**	
			Nettoinvestitionen	120	
Nettowertschöpfung		320	Bruttoinvestitionen		160
Summe		360	Summe		360

Vermögensänderung

Ersatzinvestitionen	40	Abschreibungen	40
Nettoinvestitionen	120	Sparen	120
Summe	160	Summe	160

Als Folge der Lagerbestandsänderung müssen wir unsere Rechnungsbeispiele ändern:

Im Konto "Haushalte" ist der private Verbrauch um 50 Milliarden DM zurückgegangen; das Sparen hat um 50 Milliarden DM zugenommen.

Im Konto "Unternehmungen" ist die Lieferung von Gütern für den privaten Verbrauch um 50 Milliarden DM niedriger; das Lager wurde um denselben Betrag aufgestockt. Da die Lagerbestandszunahme zu den Nettoinvestitionen gerechnet wird, sind diese um 50 Milliarden DM gestiegen. Die Bruttoinvestitionen steigen demzufolge um denselben Betrag. Auch das Vermögensänderungskonto unterliegt derselben Veränderung.

Wir sind bis zu diesem Zeitpunkt von einer einzigen Unternehmung ausgegangen. In unseren Rechnungsbeispielen bezog sich das Konto "Unternehmungen" deshalb stets auf diesen einzigen Betrieb. Weil in unserer Volkswirtschaft aber viele verschiedene Betriebe existieren, wird diese Rechnungslegung nicht für jede Unternehmung einzeln vorgenommen, sondern nur insgesamt für sämtliche Unternehmungen. Wenn mehrere Unternehmungen gleichzeitig arbeiten, werden zwischenbetriebliche Güterströme vorliegen. Das Endprodukt des einen Betriebes ist häufig ein Rohstoff für den anderen Betrieb. Es gibt außerdem eine Anzahl von Unternehmungen, die Dienstleistungen für andere verrichten. Wenn im Folgenden von Güterströmen von einem Betrieb zum anderen die Rede sein wird, verstehen wir hierunter auch diese **Dienstleistungen.** Auf die Berechnung des Brutto- oder Nettonationaleinkommens haben diese zwischenbetrieblichen Lieferungen keinen Einfluss. Das Bruttonationaleinkommen ist immer gleich der Bruttowertschöpfung. Diese Größe wird – wie wir wissen – definiert als Unterschied zwischen dem Marktwert der erzeugten Güter und dem Verbrauch an Roh- und Hilfsstoffen. Berechnet man also pro Betrieb die Brutto- und Nettowertschöpfung, dann wird nach Aufsummierung über sämtliche Betriebe das Brutto- bzw. Nettonationaleinkommen entstehen.

In der **Entstehungsrechnung** des Volkseinkommens der VGR, die die Wertschöpfung an den Orten der Produktion misst, werden die zwischenbetrieblichen Lieferungen außer Acht gelassen. Im angeführten Beispiel gehen wir von zwei Unternehmungen aus. Eine Erweiterung dieses Beispiels auf mehrere Betriebe führt im Ergebnis zu keinen qualitativen Veränderungen.

Tabelle 7.6: *Entstehungsrechnung*

Betrieb A

Abschreibungen	10	Lieferung von Gütern an Betrieb B		100
Lohn- und				
Gehaltssumme	60	Ersatzinvestitionen	10	
Zinssumme	10	Erweiterungs-		
Miete und Pacht	5	investitionen	0	
Gewinn	25	Lagerbestands-		
		zunahme	0	
		Nettoinvestitionen		0
Nettowertschöpfung	**100**	Bruttoinvestitionen		10
Summe	110	Summe		110

Betrieb B

Abschreibungen	30	Lieferung von Gütern zu		
Lieferung von		Konsumzwecken		250
Gütern durch				
Betrieb A	100	Ersatzinvestitionen	30	
Lohn- und		Erweiterungs-		
Gehaltssumme	150	investitionen	70	
Zinssumme	30	Lagerbestands-		
Miete und Pacht	5	zunahme	0	
Gewinn	35	Nettoinvestitionen	70	
Nettowertschöpfung	**220**	Bruttoinvestitionen		100
Summe	350	Summe		350

Entstehungsrechnung

	Betrieb A	B	Σ		Betrieb A	B	Σ
Abschreibung	10	30	40	Lieferung von Gütern zu			
Lohn- und				Konsumzwecken		250	250
Gehaltssumme	60	150	210				
Zinssumme	10	30	40	Ersatzinvestitionen	10	30	40
Miete und Pacht	5	5	10	Erweiterungs-			
Gewinn	25	35	60	investitionen	0	70	70
				Lagerbestands-			
				zunahme	0	0	0
Nettowert-							
schöpfung	**100**	**220**	**320**				
Summe			360	Summe			360
Zwischenbetriebliche				Zwischenbetriebliche			
Lieferungen			100	Lieferungen			100

Betrieb A fertigt ausschließlich Güter an, die an Betrieb B geliefert werden. Wir sehen dann, dass – nach Ausklammerung der zwischenbetrieblichen Lieferungen – die Entstehungsrechnung dieselbe ist wie die für eine Unternehmung entwickelte Rechnung.

Nachdem die Entstehungsrechnung des Volkseinkommens dargestellt wurde, schließt sich die Frage nach der **Verwendungsrechnung** an. In unserem einfachen Beispiel ohne Staat und Ausland können die Güter und demnach das Nationaleinkommen nur entsprechend ihrem Verwendungszweck in privaten Konsum und Investitionen aufgeteilt werden. Eine weitere Methode, das Nationaleinkommen zu messen, ist die **Verteilungsrechnung** nach der das Volkseinkommen nach den Einkommensarten in Einkommen aus unselbständiger Arbeit und Einkommen aus Unternehmertätigkeit und Vermögen aufgegliedert wird.

Resümee: In unserem einfachen Kreislaufmodell ohne Staat und ohne Auslandssektor entspricht die Bruttowertschöpfung wertmäßig dem Bruttonationaleinkommen. Die nach Abzug der Abschreibung übrigbleibende Nettowertschöpfung ist wertmäßig mit dem Leistungseinkommen einer Volkswirtschaft identisch. Diese Größe bezeichnen wir daher auch als Volkseinkommen. Der Teil des nicht konsumierten Volkseinkommens wird Ersparnis oder Sparen genannt und ist mit den Nettoinvestitionsausgaben des Unternehmungssektors identisch. Die VGR benutzt drei Methoden zur Ermittlung der Höhe des Nationaleinkommens: die Entstehungs-, die Verwendungs- und die Verteilungsrechnung.

Schlüsselwörter: Bruttowertschöpfung, Bruttonationaleinkommen, Volkseinkommen, Volkswirtschaftliche Gesamtrechnungen (VGR), Einkommenskonto, Produktionskonto, Güterentstehung, Güterverwendung, Ersatzinvestition, Nettowertschöpfung, Nettonationaleinkommen, Erweiterungsinvestitionen, Bruttoinvestitionen, Nettoinvestitionen, Sparen, Vermögensänderungskonto, Lagerbestand, Dienstleistungen, Entstehungsrechnung, Verwendungsrechnung, Verteilungsrechnung.

3. Das KEYNESsche Nachfragemodell

Wie sind die Verhaltensweisen von Konsumenten und Produzenten auf der Güternachfrageseite? Was bedeutet effektive Nachfrage? Wodurch ist ein Nachfragegleichgewicht gekennzeichnet?

Bei der vereinfachenden Beschreibung makroökonomischer Zusammenhänge haben wir vom Staat und von außenwirtschaftlichen Beziehungen abstrahiert und somit eine geschlossene Volkswirtschaft ohne staatliche Aktivität betrachtet.

Wir wollen auch hier bei dieser Vereinfachung bleiben und uns fragen, welche Höhe das Volkseinkommen unseres Kreislaufmodells annimmt, wenn bestimmte **Verhaltensweisen** der Konsumenten und Produzenten für deren Güternachfrage bestimmend sind. Eine Antwort auf diese Frage ist von beträchtlicher gesellschaftlicher Bedeutung, weil die Zahl der Arbeitsplätze mit der Höhe des Volkseinkommens zusammenhängt. Bei gleichbleibenden Preisen bedeutet ein niedriges Volkseinkommen eine geringe Produktion. Dieses wiederum bedeutet, dass weniger Arbeitnehmer eine Beschäftigung finden als bei großem Produktionsumfang. In gleichem Maße ist auch der Auslastungsgrad der anderen Produktionsmittel, wie etwa Maschinen und Gebäude, um so höher je größer die produzierten Gütermengen sind.

Um die Erörterung der Faktoren, die für die Höhe des Volkseinkommens von Bedeutung sind, nicht unnötig zu komplizieren, stellen wir uns in diesem Kapitel vor, die **Produktionskapazität** sei konstant. Dies bedeutet, dass in der Betrachtungsperiode die Zahl der verfügbaren Arbeitskräfte gegeben ist, ebenso wie der Kapitalstock, die natürlichen Ressourcen, das Ausmaß der Arbeitsteilung und der Stand des technischen Wissens. Bei dieser kurzfristigen Sicht der Dinge verändert sich die Arbeitsproduktivität nicht. In dieser Situation bestimmen die Nachfragefaktoren, in welchem Ausmaß die Produktionskapazität ausgelastet wird. Die Darstellung der Rolle, die die über die Kaufkraft von Nachfragern bestimmte **effektive Nachfrage** von Produzenten und Konsumenten bei der Bestimmung der Höhe des Volkseinkommens spielt, steht in diesem Abschnitt an zentraler Stelle. Die nachfolgenden Überlegungen beruhen auf der Theorie, die JOHN MAYNARD KEYNES (1883-1946) in seinem 1936 veröffentlichten Fundamentalwerk "The General Theory of Employment, Interest and Money" entwickelt hat.

In diesem wohl am meisten zitierten ökonomischen Werk unseres Jahrhunderts versucht KEYNES, eine Antwort darauf zu geben, wie es nach dem Zusammenbruch der New Yorker Börse im Jahre 1929 zur großen **Depression**, der **Weltwirtschaftskrise**, kommen konnte, die durch Massenarbeitslosigkeit und somit andauernde Unterauslastung der Ressourcen des Arbeitsmarktes gekennzeichnet war. Der Kern der **KEYNESschen Theorie** lässt sich im sogenannten **Nachfragemodell** verdeutlichen. Der Grundgedanke dieses Modells ist, aufzuzeigen, wie ökonomische Gleichgewichte entstehen können, wenn die Produktion von der Absatzseite begrenzt wird. In solchen Fällen bestimmt die effektive Nachfrage, d.h. die Nachfrage, die im Gegensatz zum bloßen Nachfragewunsch effektiv am Markt geäußert wird, die Höhe des Volkseinkommens.

Auf längere Sicht verändert sich indessen die Produktionskapazität wohl. Die Arbeitsbevölkerung wächst, der Kapitalstock wird größer, es werden neue Rohstoffquellen entdeckt, die Arbeitsteilung und der technische Wandel schreiten fort. Betrachtet man die Entwicklung des Volkseinkommens im Zeitablauf, dann müssen neben den Nachfragefaktoren auch die Determinanten des Angebots beachtet werden. Diese Annäherung der Darstellung an die Realität wird in einem späteren Kapitel vollzogen. Wir unterstellen dann, dass die Produktionskapazität nicht mehr konstant, sondern variabel ist.

Im Folgenden wird vorerst allerdings nur die Nachfrageseite des Wirtschaftsgeschehens betrachtet. Zu diesem Zweck untersuchen wir zunächst die Nachfrage, die die Konsumenten ausüben, die sogenannte konsumtive Nachfrage.

Eine zentrale Hypothese der KEYNESianischen Theorie besagt, dass der Konsum vom Einkommen der Haushalte abhängt. Diese Verhaltenshypothese können wir als (makroökonomische) **Konsumfunktion**

(10) $$C = C(Y)$$

formulieren.

Der Einfachheit halber werden wir aber annehmen, dass der Konsum C proportional zum Volkseinkommen Y steigt. In der Tabelle 7.7 ist ein derartiger Fall wiedergegeben. Die Größen sind in Milliarden DM ausgedrückt.

Tabelle 7.7:   *Konsum und Volkseinkommen*

C	100	200	300	400	500
Y	150	300	450	600	750

Wir haben dabei angenommen, dass $C = (2/3) Y$ gilt. Der Quotient C/Y wird **durchschnittliche Konsumquote** genannt. In unserem Beispiel ist diese durchschnittliche Konsumquote für jedes Einkommen gleich, nämlich $C/Y = 2/3$. Neben dem Verhältnis von C zu Y ist das Verhältnis zwischen zusätzlichem Konsum und zusätzlichem Einkommen, das eine Konsumsteigerung hervorruft, von Bedeutung. Dieser Bruch $\Delta C/\Delta Y$ wird **marginale Konsumquote** genannt. In unserem Beispiel ist

$$\frac{zusätzlicher\ Konsum}{zusätzliches\ Einkommen} = \frac{2}{3}.$$

Die marginale Konsumquote ist stets kleiner oder gleich 1, weil die Konsumsteigerung höchstens gleich der Zunahme des Volkseinkommens ist. Wenn

$C = (2/3)\ Y$, fällt die marginale Konsumquote mit der durchschnittlichen Konsumquote zusammen. Beide Quoten betragen dann 2/3.

Das Komplement zur marginalen Konsumquote wird **marginale Sparquote** genannt. Nennt man die marginale Konsumquote c, dann ist die marginale Sparquote s gleich $1 - c$.

Die Konsumfunktion lässt sich natürlich auch graphisch darstellen. In Abbildung 7.3 werden auf der Abszisse das Volkseinkommen Y abgetragen und auf der Ordinate der Konsum C. Somit ist die Funktion $C = (2/3)\ Y$ eine Gerade durch den Ursprung. Aus dem Schaubild ist ersichtlich, welchen Wert C bei einem bestimmten Volkseinkommen Y annimmt. Y sei 450 Milliarden DM. Fällt man von diesem Punkt ein Lot auf die Funktion $C = (2/3)\ Y$, dann findet man den Schnittpunkt A, zu dem der Konsum $C = 300$ Milliarden gehört.

Die Funktion $C = (2/3)\ Y$ ordnet jedem Wert von Y einen bestimmten Wert von C zu.

Die Gleichung $C = (2/3)\ Y$ muss gut von den Definitionsgleichungen, die im vorhergehenden Abschnitt besprochen wurden, unterschieden werden. Definitionsgleichungen allein haben keinen Aussagewert; sie drücken nur Identitäten aus. Aus einer Gleichung vom Typus $Y = C + S$ kann nicht ohne weiteres die Höhe des Volkseinkommens abgeleitet werden. Es wird nur angegeben, dass, gleichgültig welches Volkseinkommen Y sich auch einstellen mag, dieses stets gleich der Summe aus Konsum und Sparen ist.

Abbildung 7.3:   *Konsumfunktion*   proportional

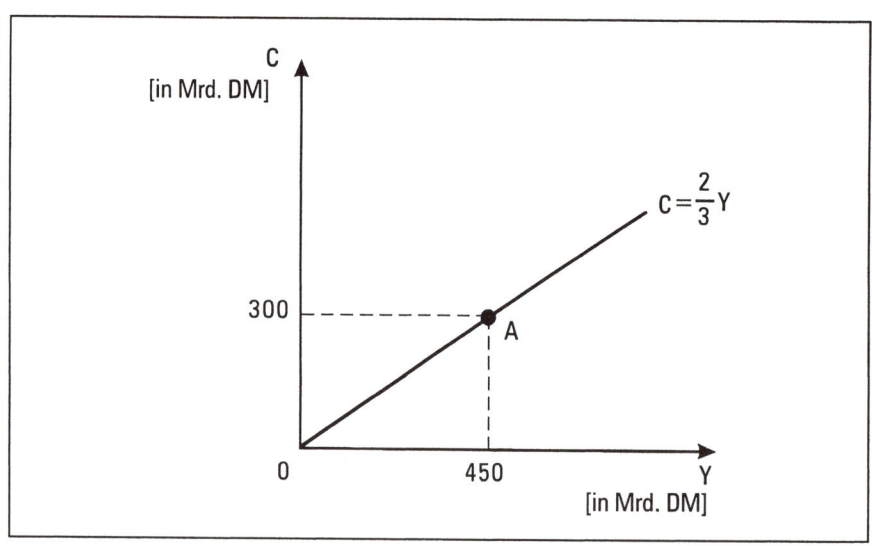

Die Gleichung für die Konsumfunktion hingegen drückt ein bestimmtes Verhalten der Gesamtheit der Konsumenten aus. Sie verhalten sich derart, dass sie stets 2/3 des Volkseinkommens konsumieren. Diese Gleichung nennt man deshalb **Verhaltensgleichung**. Die Verhaltensgleichungen sind die eigentlichen Bausteine einer Theorie.

Nun ist es aber nicht so, dass das Verhalten aller Konsumenten genau durch eine solche glatte Linie, wie sie in Abbildung 7.3 gezeichnet wurde, beschrieben werden kann. Das menschliche Verhalten ist oft schwierig zu modellieren. Aber der Grundgedanke bleibt derselbe: Es besteht ein Kausalzusammenhang zwischen den gesamten Ausgaben zu Konsumzwecken und der Höhe des Volkseinkommens. Auch wenn wir beachten, dass der Zusammenhang in Wirklichkeit komplizierter sein kann, spricht dies nicht gegen unser Vorgehen, die makroökonomische Konsumfunktion der Einfachheit halber als Gerade durch den Ursprung darzustellen.

Wenn man zusätzlich zum einkommensabhängigen Konsum noch einen **autonomen Konsum** unterstellt, d.h. eine Nachfrage nach Konsumgütern, die unabhängig vom Volkseinkommen Y ist, wird die Konsumfunktion etwas allgemeiner.

Abbildung 7.4: *Konsumfunktion mit autonomem Konsum* linear

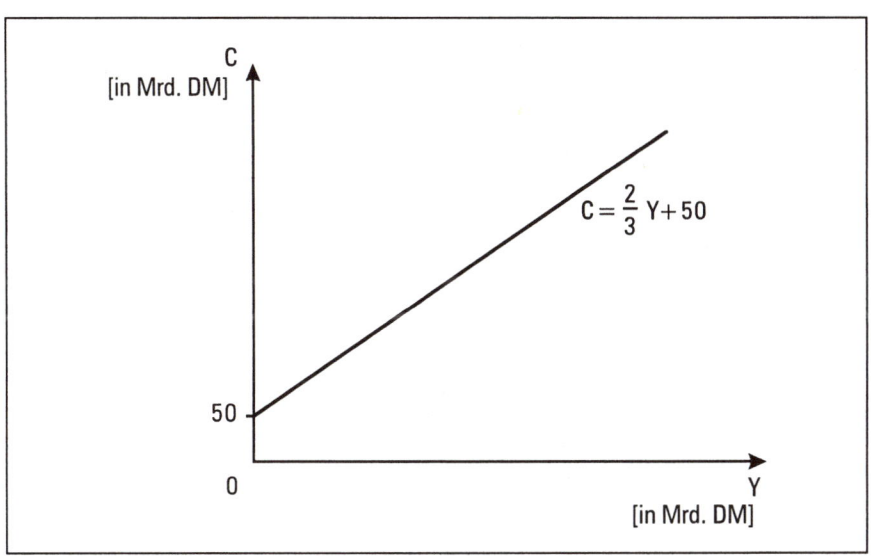

Gesetzt den Fall, dass die Konsumfunktion durch

(11) $C = (2/3)\,Y + 50$

beschrieben wird, so beträgt der autonome Konsum 50 Milliarden DM. Die marginale und die durchschnittliche Konsumquote sind nun nicht mehr gleich groß. Diese Funktion ist in Abbildung 7.4 dargestellt. Die durchschnittliche Konsumquote

$$(12) \qquad \frac{C}{Y} = \frac{(2/3)Y + 50}{Y} = \frac{2}{3} + \frac{50}{Y}$$

ist nicht mehr für jedes Volkseinkommen Y gleich. Die marginale Konsumquote ist aber wieder 2/3 und demzufolge konstant.

Die Haushalte fragen Konsumgüter, die Unternehmungen Investitionsgüter nach und häufen bestimmte Vorräte an. Über C verfügen die Konsumenten, über die Investitionen jedoch die Unternehmer. Der Einfachheit halber werden wir nun annehmen, dass die Unternehmungen beschlossen haben, einen Betrag von 200 Milliarden DM zu investieren, ganz unabhängig von der Höhe des Volkseinkommens. Ungeachtet der Höhe des Nationaleinkommens wünschen die Unternehmer also, den Kapitalstock bis zum Ende der Periode um 200 Milliarden DM wachsen zu lassen. Mit anderen Worten: Sie planen, einen Betrag von 200 Milliarden DM netto zu investieren. Ob dieser Plan realisiert wird, müssen wir noch abwarten. Anders ausgedrückt, ob die Investitionen später ebenfalls – ex post – 200 Milliarden DM betragen werden, ist noch offen. Den Plänen der Unternehmer zufolge, d.h. **ex ante** sind die Investitionen 200 Milliarden DM, doch muss dieser Betrag gut unterschieden werden von den in einer bestimmten Periode faktisch realisierten Investitionen **ex post**.

Wenn die Ex-ante-Investitionen unabhängig von der Höhe des Nationaleinkommens sind, nennen wir sie **autonom**. Dies wollen wir aus Vereinfachungsgründen zunächst unterstellen. Damit ist auch für die Unternehmungen eine Verhaltensannahme getroffen, die wir (wenn wir das Symbol I von nun an mit Nettoinvestitionen gleichsetzen) als

$$(13) \qquad I = 200$$

formulieren können.

Die Summe aus der einkommensabhängigen Nachfrage der Haushalte nach Konsumgütern und der Ex-ante-Investitionsnachfrage der Unternehmungen ergibt die **effektive Nachfrage** im Sinne von KEYNES mit

$$(14) \qquad Y^d = C(Y) + I.$$

Nach KEYNES herrscht **Gleichgewicht auf dem Gütermarkt**, wenn die Produktion mit der effektiven Güternachfrage übereinstimmt

$$(15) \qquad Y = Y^d.$$

Also ist die gleichgewichtige Produktion diejenige, die ein Faktoreinkommen schafft, bei dem sie auch nachgefragt wird. Wir wollen uns das am Beispiel der durch (11) und (13) beschriebenen effektiven Nachfrage graphisch klarmachen.

G ist der Schnittpunkt der Kurve der effektiven Nachfrage Y^d mit der Gleichgewichtsbedingung, der $Y = Y^d$ - Achse. Hier sind die Nachfragewünsche der Träger der effektiven Nachfrage mit der Produktion kompatibel. Diese Situation wird als **Nachfragegleichgewicht** bezeichnet, um damit anzudeuten, dass die effektive Nachfrage die gleichgewichtsbestimmende Größe ist. Das Nachfragegleichgewicht wird bei einem Volkseinkommen von $Y^* = 750$ Milliarden DM und Nettoinvestitionen in Höhe von $I = 200$ Milliarden DM realisiert. Bei dem Volkseinkommen Y^* ist die Konsumnachfrage über die Konsumfunktion mit $C(Y^*) = 550$ Milliarden DM gerade so groß, dass die Summe aus gewünschtem Konsum und geplanter Investition die Produktion voll ausschöpft.

Abbildung 7.5: *Gleichgewicht auf dem Gütermarkt*

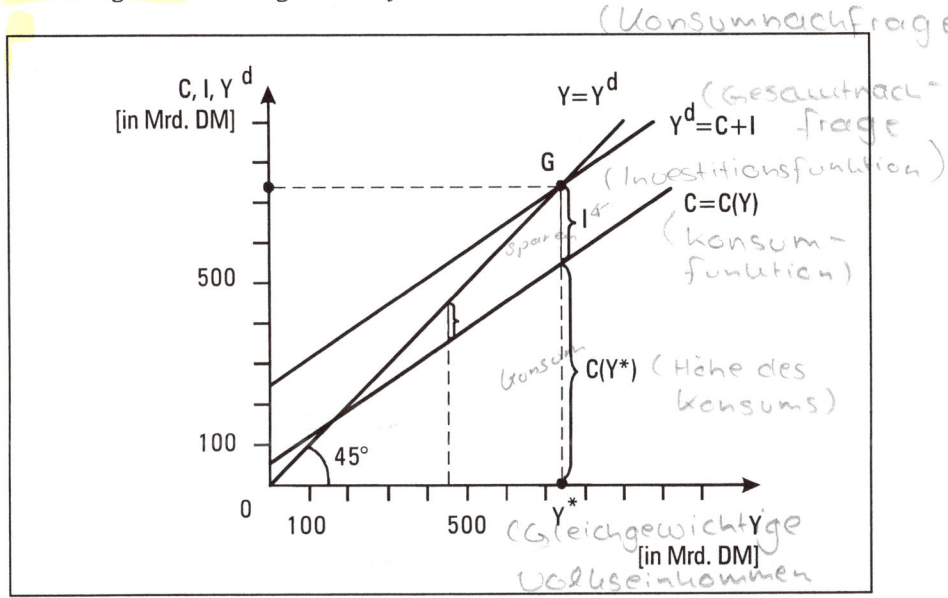

Folglich sind auch die geplanten Investitionen mit

$$(16) \qquad I_{ex\ ante} = I_{ex\ post} = 200$$

uneingeschränkt realisierbar. In unserem Beispiel mit linearen Funktionsverläufen gibt es genau einen Produktionswert, bei dem diese Rechnung aufgeht. Und der entspricht gerade dem Wert des Volkseinkommens Y^*. Nehmen wir nun mit $Y = 450$ Milliarden DM ein anderes Produktionsniveau. Für diesen Fall beträgt die Konsumnachfrage

$$C(450) = 350$$

und für die Investitionen bleibt dann bei voller Befriedigung der Konsumnachfrage nur noch der Rest von 100 Milliarden DM. Die tatsächlich realisierten Investitionen entsprechen demnach nicht mehr den geplanten oder

$$I_{ex\ post} = 100 < I_{ex\ ante} = 200.$$

Das Gleichgewicht im Nachfragemodell können wir auch in einer alternativen Darstellung mit Hilfe einer Funktion für die gesamtwirtschaftlichen Ersparnisse erhalten. Wir können für die Einkommensverwendung die Kreislaufidentität in der Form

$$(17) \qquad\qquad Y = C(Y) + S(Y)$$

schreiben, wenn der Konsum über die Konsumfunktion $C = C(Y)$ bestimmt wird. Damit sind aber spiegelbildlich auch die Ersparnisse S eine Funktion des Einkommens. Für die Konsumfunktion (11) erhalten wir dann

$$(18) \qquad\qquad S(Y) = (1/3)\ Y - 50$$

als **KEYNESsche Sparfunktion** mit marginaler Sparquote $s = 1/3$.

Abbildung 7.6: *Sparfunktion und Nachfragegleichgewicht*

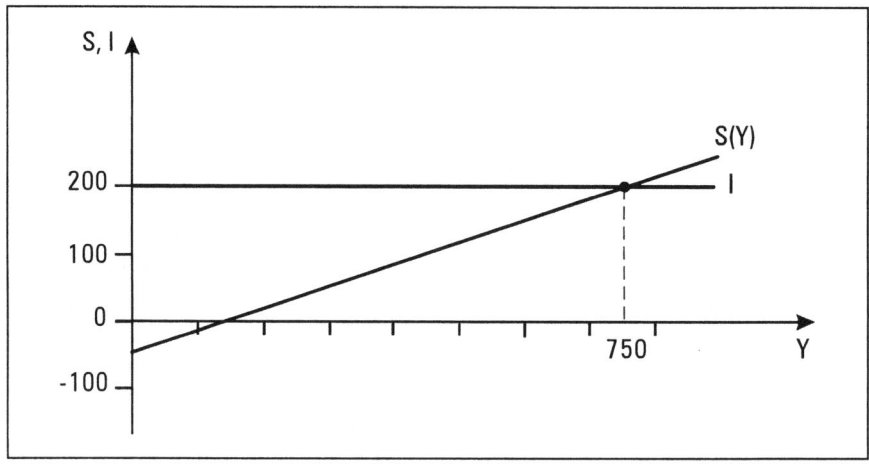

In Abbildung 7.6 zeigen wir, dass das Nachfragegleichgewicht auch mit Hilfe der Sparfunktion $S(Y)$ abgeleitet werden kann. Denn aus den Gleichungen (14) und (17) erhält man unmittelbar mit Hilfe der Gleichgewichtsbedingung (15) eine alternative Gleichgewichtsbedingung

$$(19) \qquad\qquad S(Y) = I.$$

In dieser Form besagt die Gleichgewichtsbedingung des Gütermarktes, dass das Faktoreinkommen Y aus der Produktion so groß sein muss, dass die einkommensabhängige Ersparnis $S(Y)$ der Haushalte die von den Unternehmen geplanten Investitionsausgaben finanzieren kann.

Man darf (19) nicht mit der Identitätsbedingung $S = I$ verwechseln. Letzteres ist eine Ex-post-Gleichheit, wohingegen in (19) nur Ex-ante-Größen stehen.

Resümee: Im Nachfragemodell bestimmt die effektive Nachfrage das Nachfragegleichgewicht. Dieses ist dadurch gekennzeichnet, dass das aus der Produktion erwachsende Volkseinkommen gerade ausreicht, um die produzierte Gütermenge nachzufragen. Eine dazu äquivalente Formulierung ist, dass einkommensabhängige Ersparnisse und geplante Investitionsausgaben übereinstimmen müssen.

Schlüsselwörter: Produktionskapazität, Effektive Nachfrage, Depression, Weltwirtschaftskrise, KEYNESsche Theorie, Nachfragemodell, Konsumfunktion, Durchschnittliche Konsumquote, Marginale Konsumquote, Marginale Sparquote, Verhaltensgleichung, Autonomer Konsum, Ex ante, Ex post, Gleichgewicht auf dem Gütermarkt, Nachfragegleichgewicht, KEYNESsche Sparfunktion.

4. Der elementare Nachfragemultiplikator

Wie beeinflussen Änderungen der effektiven Nachfrage das Volkseinkommen? Weshalb lässt sich in diesem Zusammenhang von einem Multiplikatoreffekt sprechen?

Im vorangegangenen Abschnitt haben wir das Gütermarktgleichgewicht im Nachfragemodell bestimmt. Das gleichgewichtige Volkseinkommen war durch die effektive Nachfrage bestimmt. Wir wollen uns nun fragen, wie Änderungen der effektiven Nachfrage dieses Nachfragegleichgewicht beeinflussen. Diese Vorgehensweise bezeichnet man als **komparativ statische Analyse**, da der Gleichgewichtszustand vor der Nachfrageänderung mit dem nach der Änderung verglichen wird. Dazu gehen wir von einem Nachfragemodell mit linearer Konsumfunktion aus. Es besteht aus den drei Gleichungen

(20.1) $$Y = C + I,$$

(20.2) $$C = cY + C_0,$$

(20.3) $$I = I_0.$$

Die Gleichung (20.1) hat zum Inhalt, dass die Summe der Ausgaben im Gleichgewicht genauso groß ist wie das Volkseinkommen. Sie ist die **Gleichgewichtsbedingung** des Modells und beinhaltet die Bedingung $Y^d = Y$. Die zweite Gleichung bringt das Konsumverhalten zum Ausdruck. Es wird angenommen, dass der Konsum vom Volkseinkommen linear abhängig ist. Für die marginale Konsumquote setzen wir keine Zahl ein, sondern den Buchstaben c. Die dritte Gleichung besagt schließlich, dass angenommen wird, die Investitionen seien autonom, mithin die Unternehmer einen Betrag I_0 unabhängig von der Höhe des Volkseinkommens investieren. In diesem Modell sind also c, C_0 und I_0 gegebene Größen, wohingegen die Variablen Y, C und I erklärt werden müssen. Man nennt die Größen c, C_0 und I_0 auch die **exogenen**, d.h. die erklärenden Variablen des Modells und die Größen C, I und Y die **endogenen**, d.h. die erklärten Variablen.

Wir werden das Modell nun nach Y auflösen und dadurch den Gleichgewichtswert Y^* des Volkseinkommens bestimmen. Wir erhalten:

$$(20.4) \qquad\qquad Y = cY + C_0 + I_0.$$

Für den Gleichgewichtswert Y^* ergibt sich deshalb:

$$(20.5) \qquad\qquad Y^* = \frac{C_0 + I_0}{1 - c}.$$

Setzen wir die Werte des Beispiels aus dem vorhergehenden Abschnitt ein, nämlich $C_0 = 0$, $I_0 = 200$ und $c = 2/3$, dann erhalten wir $Y^* = 600$. Würden wir $c = 1/2$, $I_0 = 150$ und $C_0 = 0$ einsetzen, dann bekämen wir $Y^* = 300$. Wir stellen fest, dass im Allgemeinen der Gleichgewichtswert Y^* dem $1/(1-c)$-fachen der Summe aus autonomem Konsum und autonomen Investitionen entspricht.

Den Faktor $k = 1/(1 - c)$, mit dem man die autonomen Ausgaben multiplizieren muss, um das gleichgewichtige Volkseinkommen zu erhalten, nennt man den **elementaren Multiplikator**. Diese Bezeichnung wird deshalb gewählt, weil die Veränderung von Y ein multiplikatives Vielfaches der Änderung der autonomen Nachfrage ist. Wenn $c = 1/2$, ist der Multiplikator $k = 2$, wenn $c = 2/3$, beträgt der Multiplikator 3. Der Multiplikator ist also um so größer, je höher die Ausgabenneigung ist, und er ist größer als eins, solange die marginale Konsumquote größer als null ist. In allgemeiner Form können wir den Multiplikatoreffekt bei einer Erhöhung der autonomen Investitionen beispielsweise beschreiben durch

$$(21) \qquad\qquad \frac{dY^*}{dI_0} = \frac{1}{1 - c}.$$

Aus der **Multiplikatoranalyse** können wir folglich den Schluss ziehen, dass eine Zunahme der autonomen Investitionen zu einer Zunahme des Gleichgewichtswertes des Volkseinkommens führt, die ein Vielfaches der Zunahme der autonomen Investition I_0 ist. Vergrößert sich z.B. I_0 um den Betrag von 50 Milliarden DM und beläuft sich die marginale Konsumquote auf $c = 1/2$, dann nimmt Y zu um $(1/(1 - 1/2))50 = 100$ Milliarden DM. Der Multiplikator ist 2.

Dieser erstaunliche Effekt, dass sich das Volkseinkommen um mehr als die autonome Nachfrage vergrößert, wird in der Abbildung 7.7 graphisch verdeutlicht.

Abbildung 7.7:   *Der elementare Multiplikator*

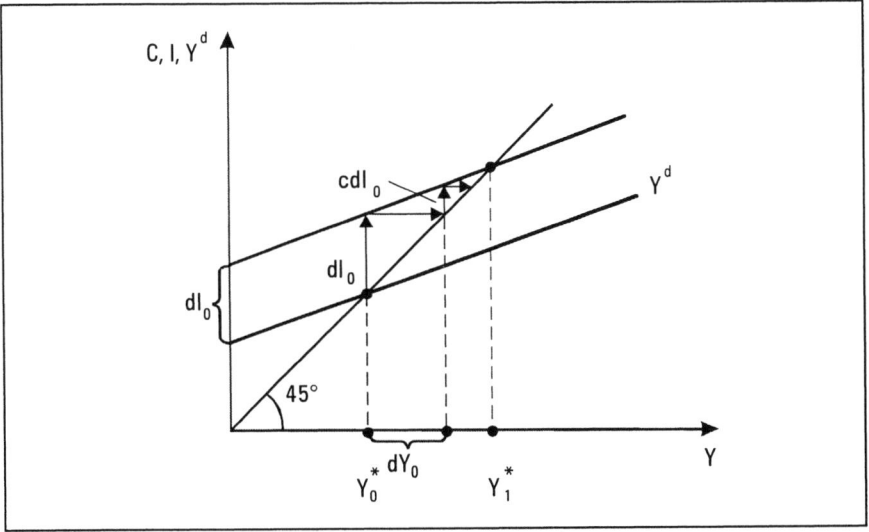

Wir wollen diesen Multiplikatorprozess nun in den einzelnen Stufen erläutern:

In der ersten Stufe steigen die autonomen Investitionen um *dI*. Um den gleichen Wert erhöht sich demnach die autonome Nachfrage und damit auch die Gesamtnachfrage. Im Nachfragegleichgewicht der ersten Stufe gilt $dY^d = dY_0 = dI$, da die effektive Gesamtnachfrage die Produktion bestimmt. Die erhöhte Produktion ihrerseits führt zu einer Einkommenssteigerung in gleicher Höhe. Da dieses zusätzliche Einkommen mit der marginalen Konsumquote *c* zu zusätzlicher Nachfrage $c\,dY_0$ verwandt wird, steigt die Nachfrage in der zweiten Stufe um *c dI*. Die Nachfrageerhöhung bestimmt wiederum die Produktionsausweitung, diese wiederum den Einkommensanstieg usw.

Den kumulativen Prozess des zunehmenden Gleichgewichtseinkommens können wir bezeichnen durch

$$dY^* = dI_0 + c\,dI_0 + c\,(c\,dI_0) + \dots$$

und damit durch eine mit dI_0 multiplizierte, unendliche geometrische Reihe

(22) $$dY^* = dI_0 \sum_{i=0}^{\infty} c^i.$$

Für die unendliche geometrische Reihe kennen wir die Formel

(23) $$\sum_{i=0}^{\infty} c^i = \frac{1}{1-c} \qquad \text{für } c \neq 1.$$

Dies genau stellt aber den Multiplikator der Gleichung (21) dar. Also ist dY^* die Differenz zwischen dem ursprünglichen Gleichgewichtseinkommen Y_0^* und dem Gleichgewichtseinkommen nach der autonomen Nachfrageerhöhung Y_1^*. Die Überlegungen in Abschnitt 3 zeigten uns, dass das gleichgewichtige Einkommen im Nachfragemodell der Bedingung

(19) $$S(Y) = I$$

genügt, wenn wir zur Vereinfachung der Schreibweise von nun an unter Y das gleichgewichtige Einkommen verstehen.

Diese Gleichgewichtsbedingung erlaubt es uns, den elementaren Multiplikator einer Nachfrageerhöhung um dI mit Mitteln der komparativen Statik auf alternative Weise zu verdeutlichen.

Das **totale Differential** als Gleichung in den Veränderungen der Variablen Y in (19) ergibt

(24) $$S'(Y)\,dY = dI.$$

Wenn wir für die marginale Sparquote $S' = dS/dY$ abkürzend s schreiben, so ist

(25) $$\frac{dY}{dI} = \frac{1}{s}$$

wiederum der elementare Nachfragemultiplikator. Er ist mit (21) identisch, da wegen der **Einkommensverwendungsidentität**

(6) $$Y = C(Y) + S(Y)$$

nach totaler Differentiation

$$dY = C'(Y)dY + S'(Y)dY$$

oder

$$1 = C'(Y) + S'(Y)$$

folgt. Also ergänzen sich die marginale Konsumquote ($C'(Y) = c$) und die marginale Sparquote ($S'(Y) = s$) zu eins.

> **Resümee:** *Die Steigerung des Gleichgewichtseinkommens beträgt ein Vielfaches der Zunahme der autonomen Ausgaben. Dieses Vielfache bezeichnen wir im KEYNESschen Nachfragemodell als den elementaren Multiplikator. Der elementare Multiplikator steigt mit steigender marginaler Konsumquote bzw. fällt mit steigender marginaler Sparquote.*

Schlüsselwörter: Komparativ statische Analyse, Gleichgewichtsbedingung, Exogene und endogene Variablen, Elementarer Multiplikator, Multiplikatoranalyse, Totales Differential, Einkommensverwendungsidentität.

5. Das Gütermarktgleichgewicht

> Von welchen ökonomischen Größen hängt die Investitionsnachfrage der Unternehmungen ab? Wie lassen sich gleichgewichtige Zins-Einkommens-Konstellationen ableiten?

Bisher haben wir in der Güternachfrage neben der autonomen und einkommensabhängigen Konsumnachfrage nur autonome Investitionswünsche der Unternehmungen berücksichtigt. Es spricht aber vieles dafür, dass auch das gesamtwirtschaftliche Investitionsvolumen keineswegs unabhängig von den gesamtwirtschaftlichen Rahmenbedingungen ist. Insbesondere dürften die Gewinnerwartungen der Unternehmungen eine wichtige Rolle bei der Entscheidung über die Ausweitung des Sachkapitalbestandes spielen. Der Gewinn hängt aber unter anderem von der Ertragsrate des eingesetzten Sachkapitals ab. Es erscheint daher vernünftig anzunehmen, dass Unternehmungen solange neu investieren, wie die Ertragsrate der letzten eingesetzten Investitionseinheit noch größer ist als der Marktzins, d.h. der Ertrag für alternative Finanzanlagen. Ordnet man alle denkbaren Investitionsprojekte einer Volkswirtschaft nach der Höhe der **Grenzleistungsfähigkeit des Kapitals** (marginal efficiency of capital), so wird diese als MEC bezeichnete Kurve einen fallenden Verlauf haben, denn je höher das Investitionsvolumen ist, desto niedriger wird c.p. der Ertrag der letzten Kapitaleinheit sein. Das liegt daran, dass Unternehmungen die erfolgversprechendsten Investitionen zuerst durchführen und sukzessive die weniger rentablen.

Unterstellen wir, dass Unternehmungen solange investieren, bis marginale Ertragsrate und Marktzins gleich groß sind, kann man die MEC-Kurve der Gesamtinvestitionen auch in Abhängigkeit vom Marktzins darstellen. Dies wird in Abbildung 7.8a verdeutlicht. Damit sind die Investitionen nicht mehr autonom, sondern variabel. Für jeden Marktzins gibt es ein dazugehöriges Investitionsvolumen. Wir wissen aber auch, dass die Höhe der gesamtwirtschaftlichen Investitionen c.p. das gleichgewichtige Einkommen im Nachfragemodell bestimmt. Also können wir schließen, dass zu jedem Marktzins r ein gleichgewichtiges Volkseinkommen gehört.

Diese Kurve der gleichgewichtigen Zins-Einkommens-Konstellationen auf dem Gütermarkt nennen wir **IS-Kurve**, da sie der Gleichgewichtsbedingung

(26) $I(r) = S(Y)$

genügt. Im Gegensatz zur ursprünglichen Gleichgewichtsbedingung (19) gibt es also nicht nur ein zu einem autonomen Investitionsvolumen "passendes" Gleichgewichtseinkommen, sondern ein ganzes Kontinuum, da mit r auch das Investitionsvolumen variiert.

Ausgehend von der MEC-Kurve in Abbildung 7.8(a) kann man graphisch verdeutlichen, dass die IS-Kurve in (b) einen fallenden Verlauf haben muss, wenn in (d) die Gleichgewichtsbedingung berücksichtigt und in (c) von einer mit dem Einkommen zunehmenden Sparfunktion ausgegangen wird. Die IS-Kurve stellt also eine negative Korrelation zwischen dem Marktzins *r* und dem Volkseinkommen im Gleichgewicht des Nachfragemodells dar. Steigt der Zins, so sinkt c.p. das Volkseinkommen.

Abbildung 7.8:   *Die IS-Kurve*

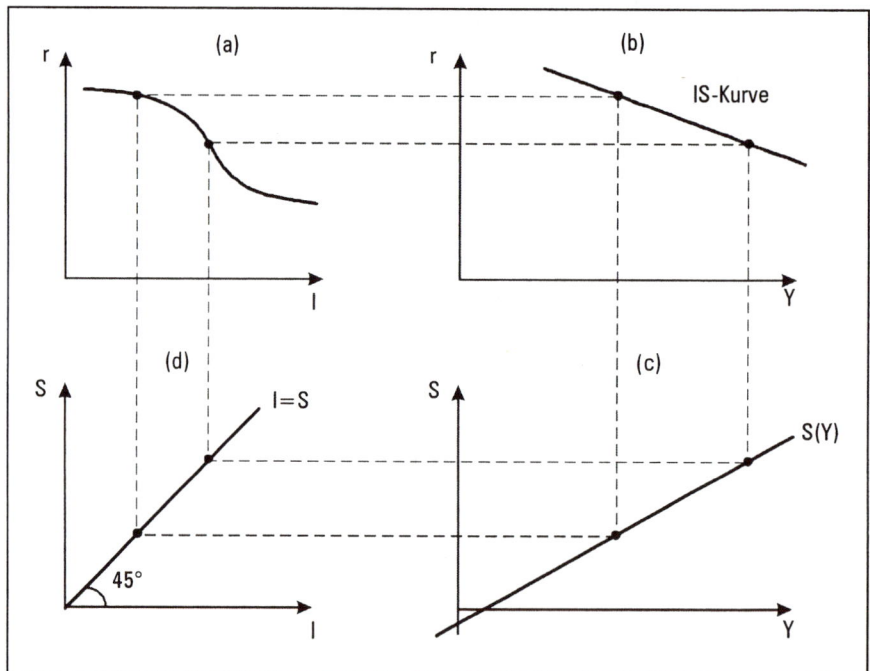

Wie lässt sich dieser Zusammenhang ökonomisch nachvollziehen? Ein höherer Zins bedeutet höhere **Opportunitätskosten** der Ausweitung des Sachkapitalbestandes, denn alternativ mögliche Finanzanlagen bringen einen höheren Ertrag.

Folglich werden gewinnmaximierende Unternehmungen weniger in Realkapital investieren. Die Investitionsnachfrage auf dem Gütermarkt nimmt also ab. Eine geringere effektive Nachfrage auf dem Gütermarkt führt aber zu Produktionseinschränkungen und damit zu Einkommenseinbußen, wie wir über den Multiplikatoreffekt im letzten Abschnitt verdeutlicht hatten.

Dies ist die simple Logik des Nachfragemodells, wenn wir über die effektive Nachfrage argumentieren. Diese Wirkungskette ist nicht so offenkundig, wenn wir wie in Abbildung 7.8 mit Hilfe der Sparfunktion die IS-Kurve ableiten. Beide Betrachtungsweisen sind aber symmetrischer Natur. Sie sind letztendlich Ausdruck der Tatsache, dass die effektive Nachfrage das Niveau des Volkseinkommens bestimmt.

> *Resümee: Die IS-Kurve ist der geometrische Ort aller Zins-Einkommens-Konstellationen, die mit dem Gütermarktgleichgewicht kompatibel sind. Sie fällt mit steigendem Einkommen, wenn die MEC-Kurve einen fallenden Verlauf aufweist.*

Schlüsselwörter: Grenzleistungsfähigkeit des Kapitals, IS-Kurve, Opportunitätskosten.

6. Staatliche Aktivität im Nachfragemodell

> Wie wirken Staatsausgaben und Steueraufkommen auf die effektive Nachfrage und dadurch aufs Volkseinkommen?

Bisher haben wir ausschließlich die Aktivitäten der Haushalte und Unternehmungen betrachtet. Was ändert sich, wenn wir unser Nachfragemodell erweitern und staatliche Aktivitäten mit einbeziehen? Nehmen wir dazu an, der Staat frage Güter nach und erhebe Steuern mit proportionalem Satz τ auf das Volkseinkommen. Dann wird das **Steueraufkommen** T durch

$$(27) \qquad\qquad T = \tau Y, \qquad\qquad 0 \leq \tau < 1$$

bestimmt, das zur Finanzierung der **Staatsausgaben** G verwendet werden kann. Hinsichtlich des Gütermarktgleichgewichtes im Nachfragemodell bewirken Staatsausgaben G und Steuereinnahmen T entgegengesetzte Effekte. Staatsausgaben erhöhen die Gesamtnachfrage. Bestimmt die effektive Nachfrage das gleichgewichtige Volkseinkommen, ist dies also ein **expansiver** Effekt. Einkommensteuern dagegen vermindern das den Haushalten für Konsum- und Sparzwecke verfügbare Einkommen Y^v. Legen die Haushalte für ihre Konsumnachfrage nicht das Einkommen vor Steuern Y, sondern mit $Y^v = Y - T$ das Einkommen nach Steuern zugrunde, so konsumieren sie c.p. weniger. Dieser Nachfragerückgang ist ein **kontraktiver** Effekt.

Was ist der Nettonachfrageeffekt? Unterstellen wir einmal, zusätzliche Staatsausgaben sollen gänzlich durch Steuern finanziert werden. Dann gilt offensichtlich in marginaler Betrachtungsweise

(28) $dG = dT.$

Zusätzliche Ausgaben des Staates führen in voller Höhe zu einer Nachfragesteigerung. Man sagt auch, der Staat habe eine marginale Ausgabenneigung von eins. Anders bei den in gleicher Höhe erhobenen Steuern. Diese vermindern zwar das für den Konsum verfügbare Einkommen in gleicher Höhe, führen jedoch nur zu demjenigen Teil zu einem Nachfragerückgang, zu dem die Haushalte ihr Einkommen für Konsumzwecke verausgaben. Diesen Teil gibt uns die marginale Konsumquote c an. Da $c < 1$ ist, überwiegt also eindeutig der expansive Effekt zusätzlicher Staatsausgaben, selbst dann, wenn diesen in gleicher Höhe Steuererhöhungen gegenüberstehen. Dieses Ergebnis wird dem Norweger TRYGVE HAAVELMO (*1911) zugeschrieben, dem Nobelpreisträger von 1989, und nach ihm als **HAAVELMO-Theorem** bezeichnet. An anderer Stelle wollen wir auf die quantitative Größe dieses eindeutig expansiven Effektes eingehen.

Abbildung 7.9:   *Wirkung von Staatsausgaben auf die IS-Kurve*

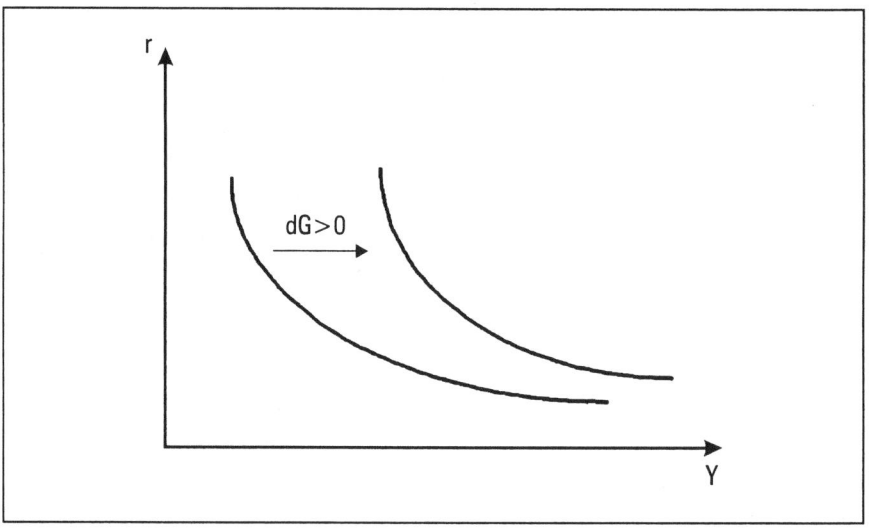

Diese Argumentation gilt unabhängig von der jeweiligen Investitionsnachfrage und damit unabhängig vom herrschenden Marktzins, denn die MEC-Kurve wird nicht tangiert. Also können wir folgern, dass zusätzliche Staatsausgaben, selbst wenn sie vollständig über Steuern finanziert werden, die IS-Kurve des Gütermarktgleichgewichtes nach rechts verschieben (vgl. Abb. 7.9).

Resümee: Staatsausgaben für Güter und Dienstleistungen erhöhen im Nachfragemodell die effektive Nachfrage und wirken somit expansiv. Dies gilt selbst dann, wenn Staatsausgaben in voller Höhe durch Einkommensteuern finanziert werden.

Schlüsselwörter: Steueraufkommen, Staatsausgaben, Expansiver und kontraktiver Effekt, HAAVELMO-Theorem.

7. Preise und Beschäftigung im Gütermarktmodell

Welcher Zusammenhang herrscht zwischen effektiver Nachfrage und Preisniveau bei Vollbeschäftigung? Wie werden Änderungen des Preisniveaus statistisch zum Ausdruck gebracht?

Es ist deutlich geworden, dass die Höhe des Nationaleinkommens von der effektiven Nachfrage abhängt. Wenn die Haushalte insgesamt aus ihrem Einkommen mehr sparen wollen, d.h. wenn ihre Sparneigung zunimmt, fällt der Konsum C und damit die effektive Nachfrage. Infolgedessen geht auch die Produktion zurück, da die Unternehmer diese der effektiven Nachfrage anpassen. Das bedeutet, dass Beschäftigte, die noch vor kurzem im Produktionsprozess beschäftigt waren, entlassen und Maschinen stillgelegt werden. Ein Zustand, in dem große Arbeitslosigkeit herrscht und die Maschinen nicht laufen, wird Depression genannt. Eine **Depression** kann durch mangelnde effektive Nachfrage erklärt werden.

Gesetzt den Fall, die effektive Nachfrage werde durch Staatsausgaben stimuliert. Wird die Produktion dann unbegrenzt steigen können? Dies wird sicher nicht der Fall sein, da schon die zur Verfügung stehende Menge an Arbeit als Engpass fungieren wird.

Unterscheiden wir nun zwischen der Menge an produzierten Gütern und deren in Preisen gemessenen Werten. Bisher haben wir beide Größen synonym verwandt, da wir von einem festen gesamtwirtschaftlichen **Preisniveau** ausgegangen waren. Wollen wir zulassen, dass sich dieses ändert, müssen wir zwischen einem **nominalen** und einem **realen** Nationaleinkommen unterscheiden. Das nominale Nationaleinkommen ergibt sich als Produkt der realen, physischen Produktion (oder der zu festen Preisen bewerteten physischen Produktion) mit einem Preisniveau P als gewogenes Mittel der Güterpreise.

Solange keine Vollbeschäftigung und damit **Unterbeschäftigung** der Produktionsfaktoren herrscht, wird eine Zunahme der effektiven Nachfrage die reale Produktion erhöhen. Dies ist die Situation, die wir bislang immer vorausgesetzt haben, und die uns erlaubte, das Preisniveau als konstant anzusehen.

Diese Situation ändert sich, wenn Vollbeschäftigung herrscht. Dann führt eine Vergrößerung der effektiven Nachfrage zu Engpässen, weil die Betriebe nicht noch mehr produzieren können. Sie sind an der Grenze ihrer Produktionskapazität angelangt. In dieser Situation kann die reale, physische Produktion nicht mehr steigen, ungeachtet der Bemühungen der Unternehmer, durch Verbesserung der Arbeitsbedingungen und Organisieren von Überstunden die Produktion zu steigern. Die zunehmende Güterknappheit kommt dann in Preissteigerungen zum Ausdruck. Wenn die Vollbeschäftigungsgrenze überschritten ist, führt eine Zunahme der effektiven Nachfrage jedoch ausschließlich zu einem höheren Preisniveau, es sei denn, die **Arbeitsproduktivität** würde in demselben Maße zunehmen wie die effektive Nachfrage. Denn dann könnten mit dem gleichen Bestand an Arbeitskräften mehr Güter erzeugt werden.

Die Berechnung des Preisniveaus ist eine statistische Frage, zu der viel Spezialwissen nötig ist. Eine Änderung des Preisniveaus wird mit Hilfe von **Indexzahlen** zum Ausdruck gebracht. Indexzahlen sind Verhältniszahlen, von denen eine, die als Basis dient, willkürlich gleich 100 (Prozent) gesetzt wird.

Nehmen wir an, dass ein Konsumgut und ein Kapitalgut hergestellt werden. Als Konsumgut wählen wir Weißbrot und als Kapitalgut Teigmaschinen. In der Ausgangssituation – der Basisperiode – soll der Preis für ein Brötchen 0,20 DM betragen und der Preis einer Teigmaschine 100.000,- DM. Angenommen, in einer Betrachtungsperiode sei der Brötchenpreis auf 0,25 DM gestiegen, und die Teigmaschine koste nun 150.000,- DM. Wie ist die durchschnittliche Preissteigerung? Dazu berechnen wir zuerst sogenannte **partielle Preisindexzahlen** für die einzelnen Güter. In der Ausgangssituation wurden die Preise auf 100 gesetzt, und wir fragen, wie die Preise in der Betrachtungsperiode in Bezug auf die Basisperiode sind. Die partiellen Indizes sind also 100 - 125 und 100 - 150. Man ist nun geneigt, den Wert $(125 + 150)/2 = 137,5$ als Preisniveau für die Betrachtungsperiode anzugeben. Dies ist aber nicht richtig, weil auf diese Weise der relativen Bedeutung, die Brötchen und Teigmaschinen in der Volkswirtschaft genießen, nicht Rechnung getragen wird. So ist es denkbar, dass in der Basisperiode nur zwei Teigmaschinen hergestellt worden sind, wohingegen 3 Millionen Brötchen gebacken wurden. Dies bedeutet, dass der Umsatz in Teigmaschinen 200.000,- DM ausgemacht hat und der in Brötchen 600.000,- DM. Mit anderen Worten, der Preissteigerung bei Brötchen muss ein größeres Gewicht zuerkannt werden als der Preiserhöhung für Teigmaschinen. Wir sagen, die partiellen Preisindizes müssen mit den Umsätzen der Basisperiode gewogen werden. Das Ergebnis dieser Prozedur ist dann ein zusammengesetzter, gewogener Preisindex:

$$(600.000 \cdot 125 + 200.000 \cdot 150) / (600.000 + 200.000) = 131,25.$$

Das Preisniveau ist also um 31 Prozent gestiegen, weil der Index des allgemeinen Preisniveaus in Bezug auf die Basisperiode um 31,25 Punkte zugenommen hat. Die Berechnung von Preisindizes ist eine der wichtigsten Aufgaben des **Statistischen Bundesamtes** in Wiesbaden. Es publiziert z.B. den als Indikator für die Konsumentenpreisentwicklung außerordentlich bedeutsamen **Index für Lebenshaltung**. Der Preisindex für Lebenshaltung ist ein gewogenes Mittel der partiellen Preisindizes der Konsumgüter, die vom statistischen Normalhaushalt (4-Personen-

Haushalt) gekauft werden. Die partiellen Preisindizes werden mit den Ausgaben der Normalfamilie für bestimmte Güter eines genau definierten Warenkorbes gewogen.

Die Ausgabenanteile als Gewichte bestimmen somit analog zu unserem obigen Beispiel die relative Bedeutung einer Preisänderung. Es nehme z.B. der partielle Preisindex für Kleidung um 200 Punkte zu. Spielt dies eine Rolle für den allgemeinen Preisindex für Lebenshaltung? Das hängt offenbar davon ab, ob die Haushalte große Ausgaben für Kleidung bestreiten müssen. In einem tropischen Land dürfte eine derartige Preissteigerung die Konsumenten kalt lassen, da sie vermutlich wenig Wert auf Kleidung legen. In einem Land am Polarkreis, in dem jeder Einwohner zu großen Ausgaben für Kleidung gezwungen ist, dürfte die Preiserhöhung jedoch eine wichtige Rolle spielen.

Resümee: Herrscht Unterbeschäftigung der Produktionsfaktoren, und hier insbesondere des Produktionsfaktors Arbeit, so führt eine Stimulierung der effektiven Nachfrage zu einer Zunahme des realen Volkseinkommens. Im Fall der Vollbeschäftigung sorgt eine Zunahme der effektiven Nachfrage für höhere Preise. Das nominale Volkseinkommen steigt mit steigendem Preisniveau, und das reale Volkseinkommen bleibt unverändert. Das Preisniveau ist ein gewogenes Mittel aller Güterpreise, das auf statistischem Wege mit Hilfe von Indexziffern berechnet wird. Die Gewichte bringen die relative Bedeutung der gewogenen Größe zum Ausdruck. Der Preisindex für Lebenshaltung wird monatlich vom Statistischen Bundesamt publiziert.

Schlüsselwörter: Depression, Preisniveau, Nominal, Real, Unterbeschäftigung, Arbeitsproduktivität, Indexzahlen, Partielle Preisindexzahlen, Statistisches Bundesamt, Index für Lebenshaltung.

8. Schlussbemerkung

In diesem Kapitel wurde ein einfacher Wirtschaftskreislauf beschrieben und daraus das KEYNESsche Nachfragemodell entwickelt. Dieses geht davon aus, dass die Größe des Nationaleinkommens – bei gegebener Produktionskapazität – durch die effektive Nachfrage bestimmt wird. Diese effektive Nachfrage setzt sich aus der Nachfrage der Konsumenten nach Konsumgütern und aus der Investitionsgüternachfrage der Unternehmer zusammen. Die volkswirtschaftliche Produktion ist genau dann im Gleichgewicht, wenn ein Nationaleinkommen entsteht, bei dem die realisierten Investitionen der Unternehmungen gleich den geplanten Investitionen sind. Ungeplante Lagerbestandsänderungen treten dann nicht auf. Aus dem in dieser Situation verdienten Gleichgewichtseinkommen sparen die Haushalte einen Betrag S, der genau gleich den Nettoinvestitionen I der Betriebe ist. Sind die Produktionsfaktoren im Zustand der Vollbeschäftigung voll ausgelastet, führt eine weiter zunehmende effektive Nachfrage zu einer Steigerung des allgemeinen Preisniveaus P.

Wenn sich die Konsumfunktion und/oder die Investitionsfunktion verschieben, kommt ein anderes Gleichgewichtseinkommen zustande. Da sich bei jedem Produktionsniveau eine bestimmte Beschäftigungssituation einstellt, bedeutet ein Rückgang der Produktion gleichzeitig Arbeitslosigkeit für viele Arbeitnehmer. Für KEYNES war dieses Faktum Anlas zu analysieren, wovon Produktionsänderungen, Einkommen und Beschäftigung abhängen. Denn vor dem zweiten Weltkrieg hatte sich in den dreißiger Jahren der als **Weltwirtschaftskrise** bezeichnete Zustand hoher Arbeitslosigkeit fast über die ganze Welt ausgebreitet. Gerade in jener Zeit ist die Theorie entstanden, aus der die Kerngedanken dieses Kapitels stammen. Sie wurde von dem englischen Nationalökonomen JOHN MAYNARD KEYNES (1883-1946) entwickelt. Im Jahre 1936 erschien KEYNES' Buch "The General Theory of Employment, Interest and Money", in dem er betonte, dass die Depression, in der sich die Welt befunden hat, aus einer unzureichenden Nachfrage erklärt werden muss. Nach seiner Ansicht ist die Konsumfunktion ziemlich **stabil**, weil sich die Konsumgewohnheiten nur langsam verändern und schwer zu beeinflussen sind. Die Unternehmer haben in einer Depression überhaupt kein Interesse an Investitionen. Investieren bedeutet, dass mit einer Zeitverzögerung eine größere Menge Konsumgüter auf dem Markt angeboten wird, als wenn die Investition unterbleibt. Wenn keine lebhafte Nachfrage nach Konsumgütern vorliegt, besteht die Gefahr, dass die Investitionen unrentabel sind, weil der Unternehmer auf einem Lager voll unverkäuflicher Endprodukte sitzen bleibt.

Bei stagnierendem Absatz kann nicht erwartet werden, dass die Unternehmer durch Investitionen ihre Produktionskapazität vergrößern. Ein derartiges Verhalten ist sowohl unvereinbar mit der Zielsetzung der Unternehmer, einen angemessenen Gewinn zu realisieren, als auch mit ihrem Wunsch, dauerhaft auf dem Markt zu bleiben. Es liegt vielmehr auf der Hand, dass beide Komponenten der effektiven Nachfrage – Konsum und Investition – Hand in Hand steigen sollten. KEYNES zufolge kann die Volkswirtschaft dann auch wieder mit Hilfe staatlicher Stimulation der effektiven Nachfrage in Gang gebracht werden. Zu diesem Zweck sollte der Staat z.B. ein Programm öffentlicher Baumaßnahmen ausführen. Straßenbau, Brücken- und Schulneubauten können in dieser Situation zieladäquate Mittel sein, um das Wirtschaftsleben wieder anzukurbeln. Beim Stimulationsprozess spielt der Multiplikatoreffekt zusätzlicher staatlicher Ausgaben eine wichtige Rolle. Der Staatsausgabenmultiplikator ist in der Regel größer als eins, so dass das Nationaleinkommen um mehr steigt als die Staatsausgaben zunehmen.

Fragen und Aufgaben zum 7. Kapitel

1. Was versteht man unter Wertschöpfung? Was ist der Unterschied zwischen Brutto- und Nettowertschöpfung, Brutto- und Nettoinvestitionen und Brutto- und Nettonationaleinkommen? Welcher Zusammenhang besteht zwischen diesen Größen?

2. Diskutieren Sie den Begriff des "Sparens"?

3. Zeigen Sie, dass die makroökonomischen Identitäten gelten! Beschreiben Sie den Unterschied zwischen einer Identitätsgleichung und einer Verhaltensgleichung?

4. Auf welche Weise berechnet man für einen Betrieb die Höhe seines Beitrages zum Volkseinkommen?

5. Der Wert der erzeugten Kapitalgüter beläuft sich auf 50 Milliarden DM, während die Betriebe Abschreibungen in Höhe von 30 Milliarden DM vornehmen. Der volkswirtschaftliche Konsum beträgt 300 Milliarden DM. An Löhnen und Gehältern, Zinsen, Miete und Pacht sowie Gewinnen werden 230 Milliarden DM respektive 50, 30 und 80 Milliarden DM ausbezahlt.

   a) Stellen Sie sämtliche Rechnungsarten zusammen.

   b) Wie groß ist das Volkseinkommen?

   c) Wie hoch sind die Nettoinvestitionen und wie sind diese zusammengesetzt?

6. Vervollständigen Sie untenstehende Rechnungsbeispiele, wenn gegeben ist, dass sich das Volkseinkommen auf 270 Milliarden DM beläuft.

Haushalte

Konsum	...	Löhne und Gehälter	140
Sparen	...	Zinsen	...
		Miete und Pacht	...
		Gewinn	...
Summe	...	Summe	...

Unternehmungen

Abschreibungen	30	Konsumgüter	...
Löhne und Gehälter	...	Nettoinvestitionen	...
Zinsen	30	Ersatzinvestitionen	...
Miete und Pacht	30		
Gewinn	...		
Summe	...	Summe	...

Vermögensänderung

Bruttoinvestitionen	100	Abschreibungen	...
		Sparen	...
Summe	...	Summe	...

7. Wie lässt sich die IS-Kurve ableiten? Welchen Verlauf hat die IS-Kurve, wenn man annimmt, dass die Investitionen zinsunelastisch sind? In welcher Weise verschiebt sich die IS-Kurve nach einem Anstieg der Staatsausgaben?

8. Gegeben ist die Konsumfunktion $C = 3/4\,Y + 200$. Wir nehmen also an, dass die Konsumenten auch noch konsumieren, wenn ihr Einkommen auf Null gesunken ist. Außerdem nehmen wir an, dass die autonomen Investitionen 100 Milliarden DM ausmachen.

    a) Entwerfen Sie eine Tabelle für die Einkommen $Y = 150, 300, 450, 600$ und 900, in der Ex-ante-Konsum und Ex-ante-Investitionen einzutragen sind.

    b) Bei welchem Volkseinkommen Y stimmen die Pläne der Konsumenten mit denen der Unternehmer überein?

    c) Wie viel wird in diesem Fall gespart?

    d) Leiten Sie das Gleichgewicht graphisch ab.

    e) Berechnen Sie das Gleichgewichtseinkommen auch algebraisch.

    f) Leiten Sie aus der Konsumfunktion die Sparfunktion ab.

    g) Entwerfen Sie ein Schaubild, in dem das Gleichgewichtseinkommen mit Hilfe der Sparfunktion und der Investitionen bestimmt wird.

    h) Wie groß ist der Investitionsmultiplikator?

9. Die Konsumfunktion lautet: $C = 3/4\,Y + 1000$ (Einheiten in Millionen DM). Die Summe aus autonomen Investitionen und Staatsausgaben soll sich auf 3 Milliarden DM belaufen.

    a) Bestimmen Sie den Gleichgewichtswert für das Volkseinkommen, indem Sie annehmen, dass dieses durch die effektive Gesamtnachfrage bestimmt wird.

    b) Nehmen wir an, dass die Arbeitsproduktivität konstant ist und 20.000,- DM je Erwerbstätigem beträgt. Liegt dann Vollbeschäftigung vor, wenn 1 Million Erwerbstätige einen Arbeitsplatz finden sollen?

    c) Um welchen Betrag müssen die Staatsausgaben verändert werden, damit das Nachfragegleichgewicht bei Vollbeschäftigung erreicht wird?

Literatur zum 7. Kapitel

Zum Thema "Wirtschaftskreislauf" und "Volkswirtschaftliches Rechnungswesen" bietet der Artikel von

Hübl, Lothar. Wirtschaftskreislauf und Gesamtwirtschaftliches Rechnungswesen. In: D. Bender u.a.A. Vahlens Kompendium der Wirtschaftstheorie und Wirtschaftspolitik. Band 1. Siebte Auflage. S. 53-94. Vahlen Verlag. München 1999.

einen Überblick. In der makroökonomischen Lehrbuchliteratur ist das Nachfrage-modell von KEYNES Standard. Insofern seien an dieser Stelle einige bekannte Werke, nämlich die von

Dornbusch, Rudiger; Fischer, Stanley; Startz, Richard. Makroökonomik. Sechste Auflage. R. Oldenbourg Verlag. München u.a.O. 1995.

Felderer, Bernhard; Homburg, Stefan. Makroökonomik und neue Makroökono-mik. Siebte Auflage. Springer Verlag. Berlin u.a.O. 1999.

Schmitt-Rink, Gerhard; Bender, Dieter. Makroökonomie geschlossener und offener Volkswirtschaften. Zweite Auflage. Springer Verlag. Berlin u.a.O. 1992.

und

Westphal, Uwe. Makroökonomik: Theorie, Empirie und Politikanalyse. Zweite Auflage. Springer Verlag. Berlin u.a.O. 1994.

genannt. Das Originalwerk, auf das dieser makroökonomische Zweig und dadurch auch teilweise modernes ökonomisches Wissen aufbaut, ist

Keynes, John M. The General Theory of Employment, Interest and Money. 1936. Reprinted edition. Macmillan Verlag. London 1954. (Deutsche Übersetzung: Allgemeine Theorie der Beschäftigung, des Zinses und des Geldes. Fünfte Auflage. Verlag Duncker und Humblot. Berlin 1974.)

Kapitel 8
Das Geld und der Geldmarkt

Kapitel 8 Das Geld und der Geldmarkt

1. Wesen und Funktion des Geldes

> Was versteht man unter der monetären Seite der Volkswirtschaft? Welche Funktionen übernimmt Geld in einer Ökonomie? Welche Vorteile bietet eine Geldwirtschaft gegenüber einer Naturalwirtschaft?

In den vorangehenden Kapiteln haben wir uns ausschließlich mit der **güterwirtschaftlichen Seite** einer Volkswirtschaft beschäftigt.

Wieviel Güter produziert werden, hängt davon ab, in welchem Ausmaß die Wirtschaftssubjekte durch Nachfrage das Produktionspotential in Anspruch nehmen. Es besteht zum einen die Möglichkeit, dass sie so wenig nachfragen, dass nicht alle potentiellen Arbeitnehmer zur Erzeugung der nachgefragten Produktionsmenge gebraucht werden. In diesem Fall spricht man von unfreiwilliger Arbeitslosigkeit. Zum anderen besteht die Möglichkeit, dass die Arbeitsbevölkerung nicht ausreicht, um die Güter, die nachgefragt werden, in befriedigender Menge erzeugen zu können. Die Folgen dieses Zustandes sind Engpässe; die Wirtschaft läuft auf vollen Touren. In dieser Situation werden Preiserhöhungen vorgenommen; die Güter werden knapper. Eine Preissteigerung bedeutet, dass eine größere Menge Geld für dasselbe Gut ausgegeben werden muss als zu einem früheren Zeitpunkt.

Die Rolle, die das Geld spielt, ist bisher in unserer Behandlung der Dinge unbeachtet geblieben. Die **monetäre Seite** des Wirtschaftskreislaufes muss jedoch ebenfalls beachtet werden. Bisher wurde beispielsweise nicht erörtert, wo die Unternehmungen die Mittel beschaffen, um ihre Investitionen zu finanzieren. Die Unternehmungen können die Investitionen mit Geld finanzieren, das sie selbst in der Vergangenheit angehäuft haben. Aber auch wenn in den Unternehmungen keine flüssigen Mittel verfügbar sind, sind die Investitionen durchführbar, vorausgesetzt, die Haushalte leihen ihnen das benötigte Geld. Die Haushalte geben den Unternehmungen also Kredit, die auf diese Weise die Investitionen finanzieren können. Solange das Bankensystem aus unserer Betrachtung ausgeklammert bleibt, haben wir somit die beiden einzigen Wege angedeutet, auf denen die Unternehmungen ihre Investitionen finanzieren können.

Um sich mit der **Geldwirtschaft** auseinanderzusetzen, sollte man sich vorher einige grundsätzliche Dinge zum Thema Geld verdeutlichen. Geld ist etwas, womit wir täglich umgehen. Im Grunde ist klar, was es ist und wofür man es braucht. Es ist ein **Zahlungsmittel** mit welchem man (fast) alles kaufen kann. Welche Funktionen erfüllt es dabei? Zum einen hilft es, den Tausch zu erleichtern. Wir nennen dies die **Tauschmittelfunktion.** Im Laufe der Entwicklung der Tauschwirtschaft kam das Bedürfnis nach einem Objekt auf, das allgemeine Anerkennung als Tauschmittel findet.

In einer **Naturalwirtschaft** werden Güter gegen Güter getauscht. Die Schwierigkeiten, die entstehen, wenn man mit Konsumgütern entlohnen will, die in dem Betrieb hergestellt werden, in dem man seiner Arbeit nachgeht, sind leicht vorstellbar. Der Arbeitnehmer müsste einen Tauschpartner suchen, der genau diese Güter benötigt und bereit ist, dafür andere Konsumgüter abzugeben. Wohin dies führen kann, mag man sich am bekannten Beispiel des frierenden Bäckers und des hungernden Schneiders verdeutlichen. Der Tausch wird noch komplizierter, wenn jemand in einem Unternehmen arbeitet, in dem statt Konsumgüter Kapitalgüter hergestellt werden.

Neben einem allgemein anerkannten Tauschmittel ist in einer entwickelten Tauschwirtschaft eine **Recheneinheit** erforderlich. Im Allgemeinen besitzt das in der jeweiligen Tauschwirtschaft anerkannte Tauschmittel zugleich diese Funktion. Dies ist aber keine Zwangsläufigkeit: So fungierte die Guinee in England als Recheneinheit, wurde aber nicht als Tauschmittel eingesetzt. Werden alle Gütermengen und Leistungen mit Hilfe von ein und derselben Recheneinheit ausgedrückt, so sind deren Werte unmittelbar miteinander vergleichbar. Die Vorteile einer Recheneinheit für eine sich immer weiter entwickelnde Tauschwirtschaft sollen anhand des folgenden Beispiels verdeutlicht werden:

Abbildung 8.1: *Tauschverhältnisse*

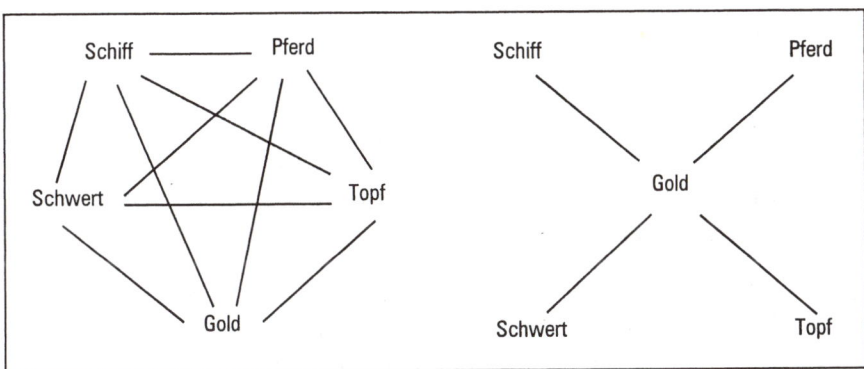

Jede Verbindung drückt ein Austauschverhältnis aus. Ohne Gold als Recheneinheit sind 10 Preisverhältnisse und mit Gold als Recheneinheit nur noch 4 Preisverhältnisse notwendig. Für größere Gütermengen kann man die Zahl der Tauschverhältnisse mit der Formel $n(n-1)/2$ berechnen, wobei n für die Anzahl der Güter steht. Wenn eines der Güter als Recheneinheit eingeführt wird und damit die Rolle des Geldes spielt, reduziert sich diese Zahl auf $n-1$.

Geld teilt beispielsweise den Naturaltausch Bärenfelle gegen Fische in zwei Akte. Für die Bärenfelle tauscht man einen Geldbetrag ein, und mit diesem Geld kann man Fische kaufen. Man hat die Möglichkeit, Fische zu kaufen, aber man kann es auch lassen. Wenn Geld einmal allgemein eingeführt ist, steht der Empfänger des

Geldes also vor der Wahl, es wieder auszugeben oder es ganz oder teilweise zu behalten. Durch das Geld ist es möglich, den Kaufakt und Verkaufsakt zeitlich zu trennen. Man spricht demnach von der **Wertaufbewahrungsfunktion** des Geldes.

Es ist sofort einleuchtend, dass nicht jedes beliebige Gut die Funktion von Geld übernehmen kann. So darf das Gut, das Geld darstellt, nicht beliebig vermehrbar sein. Sonst wäre es jedermann möglich, seinen Reichtum problemlos zu vermehren. Deswegen werden für Geld seltene Materialien verwendet, oder die Herstellung wird durch besondere Produktionstechniken begrenzt. Zusätzlich sollte der Geldstoff homogen, teilbar und haltbar sein. Güter, die diese Eigenschaften haben, können als Geld verwendet werden. So wurden als Geld Edelmetalle, Steine, Lebensmittelkarten, Zigaretten, Federn usw. verwendet.

Resümee: Geld hat in einer arbeitsteiligen Wirtschaft drei Funktionen. Es dient als Tauschmittel, als Recheneinheit und als Wertaufbewahrungsmittel. Geld muss aus Materialien bestehen, die teilbar, homogen, haltbar und nicht beliebig vermehrbar sind.

Schlüsselwörter: Güterwirtschaftliche Seite, Monetäre Seite, Geldwirtschaft, Zahlungsmittel, Tauschmittelfunktion, Naturalwirtschaft, Recheneinheit, Wertaufbewahrungsfunktion.

2. Die Organisation des Geldwesens

Worin unterscheidet sich die Goldumlauf- von der Goldkernwährung? Was ist die Hauptaufgabe der Europäischen Zentralbank, der Nachfolgerin der Deutschen Bundesbank, und mit welchen Mitteln kann sie diese wahrnehmen? Welche Rolle spielten die Konvergenzkriterien bei der Entstehung der Europäischen Währungsunion?

Um unser heutiges Geldsystem zu verstehen, lohnt sich ein Blick in die historische Entwicklung. Gold- und Silbermünzen sind sehr früh in der Geschichte unserer Zivilisation als Geld zirkuliert. Das heißt für uns, dass sie im Tausch allgemein als Zahlungsmittel anerkannt wurden. Der Staat bürgte für Gewicht und Feingehalt, indem er die Münzen in einer bestimmten Form prägte. Im Laufe der Zeit wurden die beiden genannten Metalle Währungsmetalle, d.h. die Güterwerte wurden allgemein in Standardmünzen ausgedrückt. Diese älteste Form der Goldwährung wird als **Goldumlaufwährung** bezeichnet.

Mit der Entwicklung des Tausch- und Zahlungsverkehrs kamen auch Wechsel und Solawechsel auf. In diesem Zusammenhang ist insbesondere der Brauch von Bedeutung, der sich im 17. Jahrhundert in England einbürgerte, Gold und Goldmünzen bei Goldschmieden in Aufbewahrung zu geben. Dort wurden dann Empfangsbescheinigungen ausgegeben, die von Anfang an als Geld zirkulierten, weil sie vollständig durch Gold gedeckt waren. Diese Billetten, die später **Bank-**

noten genannt wurden, entmaterialisierten sich allmählich vom Gold. Die Goldschmiede entdeckten nämlich, dass stets nur ein geringer Teil der gegebenen Schuldtitel wieder eingewechselt wurde. Sie konnten folgerichtig einen höheren Betrag an Billetten begeben, als mit dem Goldvorrat in Übereinstimmung war. So entstand eine wichtige Abart der Goldwährung, die **Goldkernwährung**, weil dessen Nominalwert keine Beziehung zum Wert des Stoffes hatte, aus welchem das Geld hergestellt war. In einem solchen System ist es also nicht notwendig, dass die umlaufende Geldmenge vollständig durch Gold gedeckt ist. In Deutschland war eine Goldkernwährung bis zum Ausbruch des 1. Weltkrieges 1914 gegeben. Die Reichsbank kaufte und verkaufte Gold zu einem festen Preis von jedem und an jeden, der dies wünschte. Der Ausbruch des Krieges zwang die damalige Reichsregierung jedoch, diese Praxis aufzugeben.

In der Bundesrepublik Deutschland wurde 1948 unter dem Einfluss der Alliierten das Geldwesen neu organisiert. Vorbild war das Federal Reserve System der Vereinigten Staaten. Die schlechten Erfahrungen mit Zentralbanken, die von der politischen Führung abhängen, führten zu einer Zentralbankorganisation, die föderativ aufgebaut und von der politischen Führung weitestgehend unabhängig war. In den bisher geschilderten Währungssystemen war das ausgegebene Geld durch Gold ganz oder teilweise gedeckt. Alternativ dazu kann man ausgegebenes Geld durch **Devisen** (d.h., ausländische Zahlungsmittel) decken. In der Bundesrepublik war keine solche Deckung vorgesehen. Lediglich das Vertrauen der Wirtschaftssubjekte, dass das Geld, das sie benutzen, etwas wert ist, führte zu der Kaufkraft der **Deutschen Mark**. Ein solches System hat gegenüber einem mit Golddeckung den Vorteil, dass die Produktion des Geldes nur wenige Ressourcen beansprucht. Wenn in einem Land mit Golddeckung die Geldmenge erhöht werden soll, so muss zunächst Gold zu relativ hohen Kosten produziert werden.

Die föderative Struktur der Bundesbanken sah zunächst unabhängige Landeszentralbanken und eine gemeinsame Bank aller deutschen Länder vor. Dieses System wurde dann mit Inkrafttreten des Grundgesetzes beseitigt. Mit der **Deutschen Bundesbank** wurde eine Zentralbank geschaffen. Die Landeszentralbanken wurden der Bundesbank unterstellt und dienten als Hauptverwaltungen; selbständig waren sie nur in einem sehr eingeschränkten Rahmen. Die Aufgaben der Bundesbank waren im **Gesetz über die Deutsche Bundesbank (BuBankG)** festgelegt. Die Bundesbank sollte den Geldumlauf und die Kreditversorgung der Wirtschaft mit dem Ziel regeln, die Währung zu sichern und für die Abwicklung des Zahlungsverkehrs mit dem Ausland sowie innerhalb der Bundesrepublik Deutschland zu sorgen (§ 3 BuBankG).

Die Besonderheit der Deutschen Bundesbank bestand darin, dass sie im Gegensatz zu anderen Zentralbanken wie denen von Frankreich (bis 1993) und Großbritannien, von der politischen Führung weitestgehend unabhängig war. So sollte die Bundesbank zwar die Wirtschaftspolitik der jeweiligen Regierung unterstützen, jedoch hatte sie eindeutig vorrangig die gesetzlich festgelegten Ziele der **Geldpolitik** zu verfolgen. Als die wesentliche Aufgabe ist hier die Sicherung des Geldwertes zu nennen. Die Erfahrungen mit der **Hyperinflation** vor 1948 und die guten Erfahrungen mit der wertstabilen Deutschen Mark zeigen, wie wichtig eine stabile Währung für das Funktionieren und Wachsen einer Volkswirtschaft ist. Im Rahmen des fortschreitenden politischen und ökonomischen Integrationsprozesses in Europa diente die Deutsche Bundesbank als Modell für die Schaffung der **Europäischen Zentralbank (EZB)**.

Mit Einführung des **Eurosystems,** das sich aus den rechtlich selbständigen nationalen Zentralbanken des **Euro-Währungsraums** und der rechtlich selbständigen Europäischen Zentralbank zusammensetzt, hat die Deutsche Bundesbank ihre geldpolitischen Befugnisse an die EZB abgegeben.

Die EZB wurde zum 1. Juli 1998 gegründet. Sie ist Nachfolgerin des **Europäischen Währungsinstitutes (EWI)** und hat ihren Sitz in Frankfurt a. M. Sie bildet das Herzstück des Eurosystems und trägt die Gesamtverantwortung dafür, dass die Aufgaben des Eurosystems erfüllt werden. Das **Direktorium der EZB** erteilt dazu den nationalen Zentralbanken die erforderlichen Weisungen gemäß den Richtlinien und Entscheidungen des **EZB-Rates.** Dieser ist das zentrale Entscheidungsorgan des Eurosystems. Er besteht aus dem Präsidenten und Vizepräsidenten, vier weiteren Mitgliedern des Direktoriums der EZB sowie dem Präsidenten der nationalen Zentralbanken des Euro-Währungsraumes, dem die elf Länder Belgien, Deutschland, Finnland, Frankreich, Irland, Italien, Luxemburg, Niederlande, Österreich, Portugal und Spanien als Gründungsmitglieder der **Europäischen Währungsunion** angehören.

Am 31. Dezember 1998 wurde für den Euro-Währungsraum mit dem **Euro** eine neue einheitliche und eigenständige Währung aller Teilnehmerstaaten eingeführt, indem zwischen dem Euro und den nationalen Währungen des Euro-Währungsraumes unwiderruflich feste Wechselkurse festgelegt wurden. Seit dem 1. Januar 1999 sind die einstmals eigenständigen nationalen Währungen rechtlich somit nur noch Untereinheiten des Euro.

Ab dem 1. Januar 2001 wurde auch Griechenland in den Euro-Währungsraum aufgenommen.

Während einer dreijährigen Übergangsfrist bis zum 31. Dezember 2001 ist der Euro nur als Buchgeld verfügbar. Ab dem 1. Januar 2002 ist der Euro auch als Bargeld verfügbar und spätestens zum 1. Juli 2002 gilt er als alleiniges gesetzliches Zahlungsmittel im **Euroraum.** In Deutschland soll der Euro bereits zum 1. Januar 2002 alleiniges Zahlungsmittel werden. Die Deutsche Bundesbank wird aber zeitlich unbefristet auf DM lautende Banknoten und Münzen zum festen **Umtauschkurs** von 1,95583 DM je Euro in Euro umtauschen.

Die Einführung einer Gemeinschaftswährung und Übertragung der geldpolitischen Kompetenz von der Deutschen Bundesbank auf die EZB ist nicht ohne heftige und kontroverse Diskussion erfolgt. Die Befürchtung war, dass der Euro und die EZB nicht in dem Maße die Preisstabilität sicherzustellen in der Lage seien, wie es die nationale Währung und die große Reputation der nationalen Währungsinstitutionen der Deutschen Bundesbank vermochten. Erst ein Urteil des Bundesverfassungsgerichtes, das festgestellt hat, dass die Europäische Währungsunion als Stabilitätsgemeinschaft mit vorrangigem Ziel der Preisstabilität zu konzipieren sei, hat den Weg zum Euro geebnet.

Die geldpolitische Strategie des Eurosystems zur Erreichung des geldpolitischen Endziels **Preisstabilität** besteht aus drei Elementen: einer quantitativen Definition von Preisstabilität, einem publizierten Referenzwert für die Geldmengenentwicklung und einer auf breiter Basis beruhenden Beurteilung der Preisentwicklung. Schon in Art. 105 des Vertrages zur Gründung der Europäischen Gemeinschaft heißt es dazu: „Das vorrangige Ziel des Europäischen Systems der Zentralbanken ist es, die Preisstabilität zu gewährleisten. Soweit dies ohne Beeinträchtigung des Zieles der Preisstabilität möglich ist, unterstützt das ESZB die allgemeine Wirtschaftspolitik in der Gemeinschaft."

Das **Europäische System der Zentralbanken (ESZB)** besteht aus der Europäischen Zentralbank (EZB) und den nationalen Zentralbanken aller – auch der sich nicht am Euro beteiligenden – EU-Mitgliedstaaten. Als grundlegende Aufgaben der ESZB gelten: die einheitliche Geldpolitik der Gemeinschaft festzulegen und auszuführen (d.h., die Geldmenge zu regeln), zur Versorgung mit Devisen beizutragen, die offiziellen Währungsreserven der Mitgliedsstaaten zu halten und zu verwalten und das reibungslose Funktionieren der Zahlungssysteme zu fördern, d.h. als Bank der Banken zur Verfügung zu stehen. Anzumerken ist, dass die nationalen Zentralbanken, die die einheitliche Währung nicht eingeführt haben, ihre währungspolitischen Befugnisse nach innerstaatlichem Recht behalten und damit in die Durchführung der einheitlichen Geldpolitik nicht einbezogen sind.

Zur Erreichung des Ziels der Preisstabilität ist die institutionelle Ausgestaltung der EZB von Bedeutung. Damit sie nicht der Versuchung unterliegt, staatliche Ausgabenpolitik durch Kredite an die öffentlichen Haushalte unbegrenzt zu unterstützen und dadurch die Inflation anzuheizen, ist es notwendig, ihre Unabhängigkeit von der politischen Führung zu garantieren. Auch die Festlegung sogenannter **Konvergenzkriterien** im Vertrag von Maastricht von 1992 zielte darauf ab, die Glaubwürdigkeit der neuen Zentralbank zu stärken und somit auch das Vertrauen der Bevölkerung in die neue Währung. Konvergenz bedeutet die Angleichung der Mitgliedsstaaten in den Punkten der Preisstabilität, der Haushaltsdisziplin, der Zinshöhe und der Wechselkursstabilität. Damit nach Beginn der Währungsunion kein Teilnehmer vom Pfad der Stabilität abweicht und so die Glaubwürdigkeit antiinflationärer Geldpolitik der EZB untergraben wird, bleiben die Obergrenzen für das öffentliche Defizit (3 Prozent des Bruttoinlandsprodukts) und den Schuldenstand (60 Prozent des Bruttoinlandsprodukts) auch weiterhin gültig. Verfehlungen können mit Sanktionen belegt werden, die bis zu Geldbußen reichen.

Ebenso wie die Bundesbank fungiert die EZB auch als Bank für die Geschäftsbanken. Zur Versorgung mit Liquidität sind die Kreditinstitute in einem bestimmten

Umfang auf Guthaben bei der Zentralbank angewiesen. Die Banken im Euro-Währungsraum sind verpflichtet, einen bestimmten Prozentsatz ihrer kurz- und mittelfristigen Verbindlichkeiten gegenüber den Nichtbanken als **Mindestreserve** bei der EZB zu halten. Für die Liquiditätsversorgung spielen **Offenmarktgeschäfte** und das Angebot **ständiger Fazilitäten** (Kreditmöglichkeiten) der EZB an die Geschäftsbanken die wichtigste Rolle.

Resümee: Man kann Goldumlaufwährungen, Goldkernwährungen und ungedeckte Währungen unterscheiden. Beim ersten Typ wird Gold selbst als Geld benutzt, beim zweiten Typ besteht eine vollständige oder teilweise Deckung der ausgegebenen Geldscheine in Gold, das bei der Zentralbank hinterlegt ist, und beim dritten Typ ist weder eine Gold- noch eine Devisendeckung vorhanden. In der Bundesrepublik und im Euro-Währungsraum wurde der dritte Typ realisiert. Mit Inkrafttreten des Grundgesetzes wurde eine Zentralbank, die Deutsche Bundesbank, geschaffen, die unabhängig von der politischen Führung ist. Sie hatte zur Aufgabe, den Geldwert zu sichern. An ihre Stelle ist die Europäische Zentralbank getreten. Konvergenzkriterien sollen die Glaubwürdigkeit ihrer Politik zu stärken.

Schlüsselwörter: Goldumlaufwährung, Banknoten, Goldkernwährung, Devisen, Deutsche Mark, Deutsche Bundesbank, Gesetz über die Deutsche Bundesbank, Geldpolitik, Hyperinflation, Europäische Zentralbank (EZB), Eurosystem, Euro-Währungsraum, EZB-Rat, Europäische Währungsunion, Euro, Euroraum, Preisstabilität, Europäisches System der Zentralbanken (ESZB), Konvergenzkriterien, Mindestreserve, Offenmarktgeschäfte, Ständige Fazilitäten.

3. Die Geldmenge und die Giralgeldschöpfung

Wodurch unterscheiden sich die verschiedenen Geldmengendefinitionen? Was sind die Komponenten der Geldversorgung der Europäischen Zentralbank? Wie entsteht die Geldschöpfung des Bankensektors?

Das gegenwärtig in unserem Land zirkulierende Geld kann wie folgt unterschieden werden. Es gibt

- **Banknoten**, die durch die Bundesbank in Umlauf gebracht werden (Produktionsmonopol),

- **Münzen**, die die jeweilige Regierung ausgibt (Münzregal); Münzherr ist der Bund; und

- **Buch- oder Giralgeld**, das vom Bankensystem im bargeldlosen Zahlungsverkehr geschaffen wird.

Ältere Erscheinungsformen des Geldes (wie Salz, Metalle, Muscheln, Vieh, vollwertige Münzen usw.) werden auch **Warengeld** genannt, das sich dadurch auszeichnet, dass sich sein Wert als Zahlungsmittel aus seinem Materialwert bestimmt. Im Unterschied dazu stellen die Zahlungsmittel der Gegenwart im Allgemeinen **Kreditgeld** dar, bei welchem der Wert als Zahlungsmittel größer ist als der stoffliche Eigenwert. In dieser Kategorie unterscheiden wir **Bargeld** und **Buch-** oder **Giralgeld**. Bargeld als Summe der Scheidemünzen (stoffwertarme Münzen) und Noten stellt das gesetzliche Zahlungsmittel dar. Giralgeld dagegen besteht aus nicht verbrieften Forderungen an die Bundesbank und an die Geschäftsbanken. Man benutzt dafür auch den Ausdruck **Sichteinlagen** oder **Depositen,** um deutlich zu machen, dass diese Forderungen durch ihre Besitzer jederzeit ("auf Sicht") in gesetzliche Zahlungsmittel umgetauscht werden können.

Nun wollen wir uns mit der quantitativen Abgrenzung des Geldbegriffes im Euro-Währungsraum befassen. Zur **Geldmenge** (Geldvolumen) zählen der Bargeldumlauf (Banknoten und Münzen; auch jene, die sich im Ausland befinden) und die Sichteinlagen der Nichtbanken (im Allgemeinen Haushalte, Unternehmen, Staat), abzüglich der Bargeldbestände der Kreditinstitute, der Sichteinlagen der Kreditinstitute bei der Zentralbank und der Zentralbankeinlagen des Staates. Nach den Geldmengenkonzepten des Euro-Währungsraums bezeichnet man diesen Teil des Geldvolumens als **M1**. Es ist dasjenige Geld, das am schnellsten verfügbar ist, d.h. die Tauschmittelfunktion steht eindeutig im Vordergrund. Kommen nun die Termineinlagen mit einer Befristung von bis zu zwei Jahren und Einlagen mit einer vereinbarten Kündigungsfrist von bis zu drei Monaten hinzu, so erhält man die Geldmenge **M2**. Rechnet man zu M2 ausgewählte weitere marktfähige Verbindlichkeiten des Sektors der Monetären Finanzinstitute (dazu gehören die nationalen Zentralbanken, die Europäische Zentralbank, Kreditinstitute und andere Finanzinstitute, vor allem Geldmarktfonds) wie Bankschuldverschreibungen mit einer Laufzeit bis zu zwei Jahren, Anteile an Geldmarktfonds und Geldmarktpapiere hinzu, so ergibt sich die weitgefasste Geldmenge **M3**. In quantitativer Hinsicht machte M1 im Dezember 1999 etwa 41 Prozent von M3 aus. Die drei Geldmengen sind in Abbildung 8.2 dargestellt:

Abbildung 8.2: *Geldmengendefinitionen*

Bargeld + Sichteinlagen		
= M1	+ Termineinlagen + Spareinlagen	
	= M2	+ marktfähige Finanzinstrumente
		= M3

Für die Gesamtwirtschaft ist es von entscheidender Bedeutung, die Größe dieser Geldmengen zu kennen und mit geldpolitischen Instrumenten beeinflussen zu können, da ein Zusammenhang zwischen den monetären Größen einer Ökonomie und den realen Größen besteht. Für die Europäische Zentralbank ist die Geldmenge M3 am wichtigsten. Die Europäische Zentralbank hat sich einen Referenzwert für die Entwicklung von M3 gesetzt (vgl. Abb. 8.3). Das gewünschte Wachstum der Geldmenge hängt von der für ein Jahr prognostizierten wirtschaftlichen Entwicklung ab. Denn die Geldmenge bezieht sich auf die Verfügungsgewalt über Geld, die die Nichtbanken erlangen. Und dies sind die Sektoren Haushalte, Unternehmungen und Staat. Da gesamtwirtschaftliche Entscheidungen über Angebot und Nachfrage sowie Produktion und Beschäftigung von ihnen in besonderem Maße bestimmt werden, kann eine so definierte Geldmenge im Weiteren als analytisches Konzept zur Erklärung gesamtwirtschaftlicher Zusammenhänge herangezogen werden.

Abbildung 8.3:   *Wachstum der Euro-Geldmenge M3*

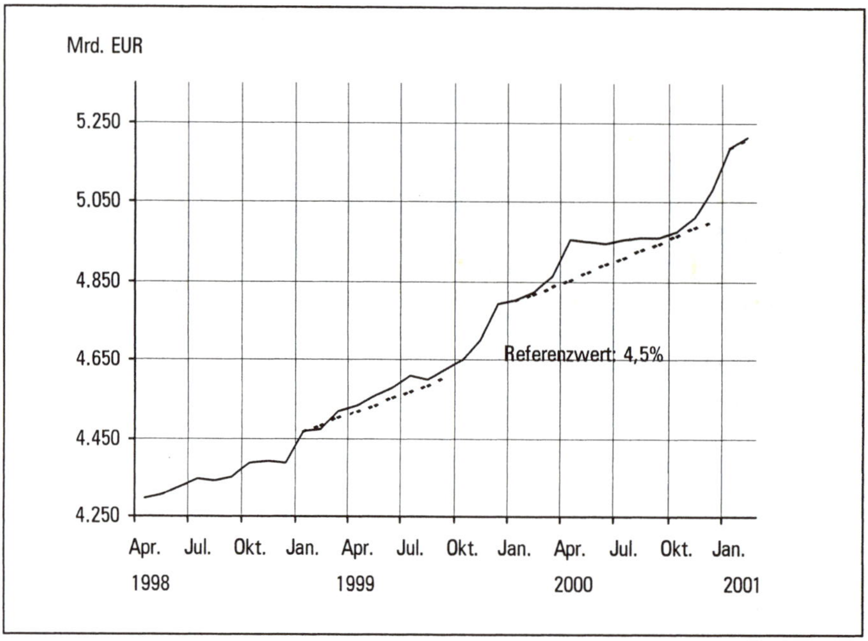

Quelle: Europäische Zentralbank, Monatsbericht Februar 2000.

Die **Geldbasis** bezieht sich im Gegensatz zu den Geldmengenkonzepten M1 bis M3 auf das in einer gesamten Volkswirtschaft, und nicht nur bei Nichtbanken, verfügbare Geld. Sie umfasst auch die Verbindlichkeiten der Europäischen Zentralbank. Dies sind die Bargeldbestände der Nichtbanken, die Kassenbestände der Geschäftsbanken und deren Zentralbankguthaben. Mit dem Geldmengen- und Geldbasiskonzept wird also eine Trennung zwischen dem die Geldangebotsseite repräsentierenden Finanzsektor (Notenbanken und Geschäftsbanken) und dem die Geldverwendung repräsentierenden Nichtbankensektor vorgenommen.

Das Bargeld und die Guthaben oder Reserven der Banken bei der Europäischen Zentralbank bestimmen also die Passivseite der Zentralbank-Bilanz im Europäischen Währungsraum. Auf der Aktivseite stehen die Forderungen an andere Wirtschaftseinheiten. Diese sind die eigentlichen Komponenten der **Geldversorgung**. Davon gibt es drei: die von der EZB und den nationalen Notenbanken (Eurosystem) gehaltenen Fremdwährungsreserven in Form von Gold und Devisen sowie die Nettoverschuldung der öffentlichen Haushalte der Länder des Euro-Raumes und die Verschuldung der Kreditinstitute beim Eurosystem.

Die monetäre Expansion einer Volkswirtschaft hängt also davon ab, inwieweit die Zentralbank durch Erwerb oder Verkauf dieser drei Aktivakomponenten die Geldbasis erhöht oder senkt. Die Geldbasis bildet, wie der Name schon ausdrückt, die Basis für die Geldversorgung einer Volkswirtschaft. Es stellt sich natürlich die Frage, welche Beziehungen zwischen dem Geldversorgungskonzept der Geldbasis und dem auf die Aktivitäten der Nichtbanken ausgerichteten Konzept der Geldmenge bestehen. Wie wir wissen, setzt sich letztere in abkürzender Schreibweise gemäß

(1) $$M = Bar + Dep$$

als Summe der von Nichtbanken gehaltenen Bargeldbestände (*Bar*) und Sichteinlagen (*Dep*) bei Geschäftsbanken zusammen. Die Geldmenge setzt sich also aus "staatlichem" Zentralbankgeld und "privatem" Giralgeld zusammen. Die erste Komponente entsteht direkt aus staatlicher Geldversorgung; die zweite auch, jedoch nur indirekt. Die Frage ist also, wie sich die girale Komponente der Geldmenge bildet.

Dieser Prozess wird als (girale) **Geldschöpfung** des Bankensektors bezeichnet. Wir wollen diesen an einem Beispiel verdeutlichen. Der Geldschöpfungsprozess wird dabei unter den Annahmen analysiert, dass Bankkunden ihre Zahlungen untereinander ausschließlich in giralem Geld abwickeln und dass die Kreditinstitute verpflichtet sind, einen Teil ihrer Verbindlichkeiten als sogenannte **Mindestreserve** bei der Zentralbank zu hinterlegen.

Bei weitem die wichtigste Form, die girale Geldmenge zu vergrößern, ist die Krediteinräumung einer Bank an Haushalte und Unternehmungen. Um das Kreditgeldschöpfungsvermögen eines ganzen Bankensystems zu ermitteln, ist es sinnvoll, sich vorzustellen, in einem Land existierten einige Privatbanken, die wir mit A, B und C bezeichnen wollen.

Nehmen wir an, es sei gesetzlich vorgeschrieben, dass die Banken 10 v.H. der Sichtguthaben in liquider Form als Mindestreserve halten müssen.

Gesetzt den Fall, die Bank A sei aufgrund einer wechselseitigen Schuldverpflichtung im Besitz einer Forderung von 1000,- DM auf die Zentralbank. Die Bank A kann nun 90 Prozent von 1000,- DM also 900,- DM als Kredit etwa an Herrn X ausleihen. Herr X ist früher bei Frau Y, die ein Konto bei der Bank B unterhält, eine Schuld eingegangen. Herr X beauftragt Bank A, diesen Betrag zu überweisen. Auf diese Weise erlangt die Bank B einen Betrag von 900,- DM an Zentralbankgeld. Diese Bank B kann nun 90 v.H. von 900,- DM, also 810,- DM, an einen Kunden Z ausleihen, der über die 810,- DM in giraler Form verfügt. Dieser Betrag von 810,- DM gelangt so zu einer dritten Bank C.

Die gesamte girale Geldmenge, die die Banken insgesamt über Kredite schöpfen, ist nun gleich der Summe der folgenden unendlichen geometrischen Reihe:

(2) $\Delta M_g = 900 + 0{,}9 \cdot 900 + 0{,}9 \cdot 0{,}9 \cdot 900 + 0{,}9 \cdot 0{,}9 \cdot 0{,}9 \cdot 900 + \ldots$

Dabei drückt ΔM_g die Vergrößerung der Giralgeldmenge durch Kreditgewährung aus. Aus der Summenformel für eine unendliche Reihe

(3) $$\sum_{i=0}^{\infty} aq^i = \frac{a}{1-q}, \qquad\qquad q \neq 1$$

folgt somit:

(4) $$\Delta M_g = \frac{1}{1-0{,}9} 900 = 9000.$$

Wir sehen also, dass durch das Bankensystem als Ganzes auf der Grundlage der Forderung von 1000,- DM, die die Bank A an die Zentralbank hat, ein Betrag von 9000,- DM an Giralgeld geschaffen werden kann. In unserem einfachen Beispiel beträgt der Mindestreservesatz $\rho = 10$ v.H. Der girale **Geldschöpfungsmultiplikator** μ, den man auch als **Kreditmultiplikator** des Bankensystems bezeichnet, erhält dann den Wert:

(5) $$\mu = \frac{1}{\rho} = \frac{1}{1-0{,}9} = 10.$$

Weiter ist zu beachten, dass der Ausgangspunkt der Geldschöpfungsaktivitäten nicht die **Barreserve** von 1000,- DM, sondern der nach Abzug der Mindestreserve frei verfügbare Bestand an Zentralbankgeld, die sogenannte **Überschussreserve** in Höhe von 900,- DM war. Wenn man jetzt zusätzlich die Möglichkeit einführt, dass die Kunden der Banken einen Teil ihrer Sichtguthaben als Bargeld abheben, so verkleinert sich der Multiplikator. Wenn das Bankenpublikum 40 Prozent der Sichtguthaben als Bargeld hält, ergibt sich die Geldschöpfung aus

(6) $\Delta M_g = 900 + (1-0{,}1)(1-0{,}4)\, 900$

$+ (1-0{,}1)^2 (1-0{,}4)^2\, 900 + \ldots$

Als Summe der unendlichen geometrischen Reihe folgt:

(7) $$\mu = \frac{1}{\rho} = \frac{1}{1-(1-0,1)(1-0,4)}\,900.$$

Damit ist

(8) $$\Delta M_g = 2,2 \cdot 900 = 1980,\text{- DM}$$

die Geldschöpfung, und der Geldschöpfungsmultiplikator besitzt den Wert 2,2.

Nennt man den Reservesatz ρ, die Zahlungssitten des Publikums κ (Kassenhaltungsneigung) und die Veränderung der ursprünglich freien Kassenmittel (Überschussreserven) $\Delta \ddot{U}$, dann lautet die Formel für den giralen Geldschöpfungsmultiplikator wie folgt:

(9) $$\Delta M_g = \Delta \ddot{U} + (1-\rho)(1-\kappa)\,\Delta \ddot{U} + (1-\rho)^2(1-\kappa)^2 \Delta \ddot{U} + ...$$

oder

(10) $$\Delta M_g = \frac{1}{1-(1-\rho)(1-\kappa)}\,\Delta \ddot{U}.$$

Wenn man die Funktion der Geldschöpfung betrachtet, kann man sich vorstellen, dass bereits geringe Änderungen der Mindestreservesätze einen großen Einfluss auf die schöpfbare Geldmenge haben.

Im Zusammenhang mit der Entwicklung der Geldmenge muss ein zentrales Problem der Geldwirtschaft angesprochen werden, nämlich das der Geldentwertung oder **Inflation**. In Deutschland gab es zu Beginn der zwanziger Jahre eine sogenannte "Hyperinflation", die mit der Währungsreform vom 10. November 1923 beendet wurde, bei welcher jeweils eine Billion Mark in eine Rentenmark umgewandelt wurde. Das Ergebnis war der Wirtschaftsaufschwung der "Goldenen 20er Jahre". Eine zweite Währungsreform vom 21. Juni 1948 steht für das Ende der Nachkriegsinflation. Die wertlos gewordene Reichsmark wurde im Westen Deutschlands durch die D-Mark und im Osten durch die Mark ersetzt. Eine dritte Währungsreform in Deutschland liegt noch nicht lange zurück. Am 1. Juli 1990 konnte die wertlose Mark im Osten Deutschlands durch die D-Mark ersetzt werden. Durch den für die privaten Haushalte überaus großzügigen, verteilungspolitisch motivierten Umtauschkurs von 1 : 1 bzw. 2 : 1 wurde aus den Zwangsersparnissen der Mangelverwaltungsökonomie im Osten echte Kaufkraft und Konsumentensouveränität. Mit der Währungsreform wurden durchschnittlich etwa 30 Tausend DM Geldvermögen an jeden Haushalt im Osten übertragen. Es ist bemerkenswert, dass eine solche gigantische Vermögensübertragung zumindest in den ersten zwei Jahren nahezu "inflationsfrei" erfolgen konnte.

Der Inflation werden wir an späterer Stelle noch mehr Aufmerksamkeit widmen. Vorerst wollen wir nominale von realen Geldeinheiten lediglich darin unterscheiden, dass wir ein gesamtwirtschaftliches Preisniveau P berücksichtigen. Die Umrechnung einer nominalen Größe (mit Geldentwertung) zu einer realen Größe (bezogen z.B. auf ein Basisjahr) erfolgt durch Division der nominalen Größe durch das Preisniveau.

$$(11) \qquad\qquad M^r = \frac{M}{P}.$$

Grundsätzlich müsste also jeder Geldbetrag auf reale Größen umgerechnet werden. Wir nehmen hier das Preisniveau $P = 1$ an, so dass die Umrechnung aller in Geld angegebenen Größen entfällt und M mit der realen Geldmenge identisch ist.

> *Resümee: In dem Mischgeldsystem in Deutschland und Europa müssen wir zwischen Zentralbankgeld (als Forderungen an die Zentralbank) und Giralgeld (als Forderung an die Geschäftsbanken) unterscheiden. Geldschöpfung ist in beiden Zahlungsmittelarten möglich. Bei den Geschäftsbanken entsteht Giralgeld auf dem Wege eines Kreditschöpfungsprozesses. Die Höhe der daraus entstehenden Giralgeldmenge hängt vom Mindestreservesatz ab.*

Schlüsselwörter: Banknoten, Münzen, Buch- oder Giralgeld, Warengeld, Kreditgeld, Sichteinlagen, Geldmenge M1, M2, M3, Geldbasis, Geldversorgung, Geldschöpfung, Mindestreserve, Geldschöpfungsmultiplikator, Barreserve, Überschussreserve, Inflation.

4. Ein Geldmarktmodell und das Geldangebot

> Was sind die Komponenten der Entstehung der Geldbasis und was die Komponenten der Verwendung? Von welchen Größen ist die Höhe des Geldangebotes abhängig?

Die gesamte, den privaten Nichtbanken zur Verfügung stehende Geldmenge M wird also als staatliches Bargeld und von den Banken geschöpftes Kreditgeld angeboten. Im Weiteren wollen wir diese Geldmenge M als das aus den Geldmarktaktivitäten von Zentralbank und Bankensystem resultierende **Geldangebot** bezeichnen. Dabei soll unerheblich sein, nach welchem der oben aufgeführten Konzepte die Geldmenge definiert ist.

Wir wollen nun in einem kleinen Geldmarktmodell aufzeigen, in welcher Weise das Geldangebot mit den Quellen der Geldversorgung verbunden ist. Zugleich wollen wir prüfen, ob und wie die Zentralbank das Geldangebot steuern kann, d.h.

Geldpolitik betreiben kann und damit private Nichtbanken durch Geldverknappung oder Geldvermehrung zu ökonomisch zielgerichteten Handlungsweisen motivieren kann. Eine sinnvolle Geldpolitik der Zentralbank setzt voraus, dass die Wirkung der ihr zur Verfügung stehenden Instrumente auf das Geldangebot bekannt ist. Dies gerade leistet ein **Geldmarktmodell.** Wir beginnen bei der Bilanzgleichung der Zentralbank

$$(12) \qquad WR + Kr^{st} + Kr^{pr} = Bar + \ddot{U} + R.$$

Diese Identität beschreibt auf der linken Seite die Komponenten der Entstehung und auf der rechten Seite die Komponenten der Verwendung der Geldbasis.

Die linke Seite verdeutlicht, wie Geld in den Umlauf gekommen ist. Dies geschieht durch den Ankauf der Europäischen Zentralbank von Währungsreserven *WR* in Form von Gold und Devisen, durch Kreditvergabe an öffentliche Gebietskörperschaften Kr^{st}, oder anders ausgedrückt, durch die Nettoverschuldung öffentlicher Gebietskörperschaften. Ein dritter Kanal ist die Kreditvergabe an Geschäftsbanken Kr^{pr}.

Über die Änderung jeder dieser drei Komponenten kann also die Geldbasis geändert werden. Diese Änderungen können von der Zentralbank bewusst und zielgerichtet vorgenommen werden, wenn man einmal davon absieht, dass das Kreditverhalten der Geschäftsbanken nicht direkt durch sie beeinflusst werden kann. Also ist das Angebot an Zentralbankgeld, die Grundlage für die Geldversorgung einer Volkswirtschaft, mithin eine durch die Zentralbank **steuerbare** Größe.

Inwieweit gilt dies auch für die die wirtschaftlichen Aktivitäten der Haushalte und Unternehmungen beeinflussende Geldmenge? Dazu betrachten wir die Verwendungsseite obiger Notenbankbilanzgleichung.

Die Geldbasis der Verwendungsseite besteht aus Forderungen gegen die Zentralbank. Diese setzen sich zusammen aus dem von privaten Nichtbanken gehaltenen Bargeld *Bar*, den als Überschussreserven $\ddot{U}$ bezeichneten Kassenbeständen der Geschäftsbanken und den Mindestreserven *R* der Geschäftsbanken bei der Zentralbank. Wenn wir *Z* für die Geldbasis schreiben, so gilt also

$$(13.1) \qquad Z = Bar + \ddot{U} + R.$$

Für die Verwendung der Sichteinlagen *Dep* der privaten Nichtbanken bei den Geschäftsbanken können wir mit

$$(13.2) \qquad Dep = M_g + \ddot{U} + R$$

eine analoge Verwendungsgleichung aufstellen. Diese Gleichung verdeutlicht, dass die Depositen neben der Kassenhaltung $\ddot{U}$ und den Mindestreserven *R* zur Kreditvergabe benutzt werden. Kreditvergabe aber steht für Giralgeld der Geschäftsbanken. Daher benutzen wir das schon an anderer Stelle eingeführte Symbol M_g. Berücksichtigen wir mit

(13.3) $M = Bar + Dep$

die Definitionsgleichung (1) der Geldmenge M, die für das Geldangebot an die Nichtbanken steht, so stellen wir fest, dass das Geldangebot aus zwei Quellen gespeist wird. Denn aus (1) und (13.1) bis (13.3) folgt unmittelbar

(14) $M = Z + M_g.$

Das bedeutet, dass das gesamte Geldangebot gerade um das von den Banken geschaffene Giralgeld M_g das als Geldbasis gemessene Zentralbankgeld Z übersteigt.

Damit ist das für die Gesamtwirtschaft wichtige Geldaggregat M von der Zentralbank nicht mehr direkt steuerbar. Es hängt auch vom Geldschöpfungsverhalten der Banken ab. Diese Beziehung wollen wir noch etwas genauer betrachten. Gehen wir davon aus, dass

(13.4) $R = \rho\,Dep,$ $0 < \rho < 1$

die Mindestreserven bestimmt, wenn ρ der Mindestreservesatz ist. Ferner sei die Neigung der privaten Nichtbanken, Bargeld zu halten, mit

(13.5) $Bar = \kappa\,M,$ $0 < \kappa < 1$

ein durch κ fixierter Anteil der gesamten Geldmenge. Dann kann man durch Zusammenfassen der fünf Gleichungen (13) mit

(15) $$M = \frac{1}{1-(1-\rho)(1-\kappa)}(Z-\ddot{U})$$

das Geldangebot mit der Zentralbankgeldmenge Z verbinden.

Bei fester Geldbasis Z ist das Geldangebot M demnach ein Mehrfaches derjenigen Zentralbankgeldmenge, die nicht als Kasse $\ddot{U}$ bei den Banken gehalten wird. Der Koeffizient von $(Z - \ddot{U})$ entspricht gerade dem Giralgeldschöpfungsmultiplikator von Gleichung (9). Denn eine Auflösung der Kassenhaltung der Banken in Höhe von $\Delta\ddot{U} < 0$ führt gerade zu dem schon erläuterten Prozess der Giralgeldschöpfung der Banken.

Wir sehen, dass letztlich das Geldangebot M eine endogene Größe der Geldwirtschaft ist und nicht unter direkter Kontrolle der Zentralbank steht. Denn die Zentralbank kann zwar den Mindestreservesatz ρ und die Geldbasis Z direkt steuern, nicht aber die Kassenhaltung $\ddot{U}$ der Banken. Letztere hängt ab von der Rendite der Kreditvergabe der Banken. Je höher der Zinssatz für Kredite ist, desto niedriger wird c.p. die Kassenhaltung der Banken sein. Bezeichnen wir den Kreditzinssatz als Preis des Geldes mit r, so können wir in allgemeiner Form die **Geldangebotsfunktion** schreiben als

(16) $$M = M(\rho, \kappa, r, Z)$$

$$M_\rho < 0,\ M_\kappa < 0,\ M_r > 0,\ M_Z > 0.$$

> **Resümee:** *Für die gesamtwirtschaftlichen Aktivitäten der Haushalte und Unternehmungen ist das Geldangebot eine zentrale Größe. Es setzt sich zusammen aus staatlichem Zentralbankgeld und privatem Giralgeld. In der geldpolitischen Praxis ist das Geldangebot nicht direkt steuerbar über Zentralbankaktivitäten. In der Geldangebotsfunktion sind die Bestimmungsfaktoren des Geldangebots zusammengefasst.*

Schlüsselwörter: Geldangebot, Geldpolitik, Geldmarktmodell, Geldangebotsfunktion.

5. Die Geldnachfrage

Aus welchen Motiven fragen Haushalte und Unternehmungen Geld nach? Wie lässt sich die Geldnachfrage quantifizieren? Was versteht man unter der Liquiditätsfalle?

Der Geldsektor einer Volkswirtschaft ist ähnlich wie der Gütersektor über einen Markt organisiert. Nachdem wir uns mit den Bestimmungsgründen des Geldangebots beschäftigt haben, wenden wir uns nun den Ursachen der **Geldnachfrage** durch Haushalte und Unternehmungen zu. Nach KEYNES lassen sich

- das Transaktionsmotiv,

- das Vorsichtsmotiv und

- das Spekulationsmotiv

als Motive der Geldhaltung für Haushalte und Unternehmungen unterscheiden. Während die meisten Klassiker und Neoklassiker das Horten von Geld aufgrund seines Nachteils, dass es im Gegensatz zu anderen Anlageformen keinen Zins bringt, als irrational ansahen, spricht KEYNES dem Geld neben der Transaktionsfunktion also noch eigenständige Wertaufbewahrungszwecke zu. Im Folgenden werden wir im Zusammenhang mit den drei Geldhaltungsmotiven auch von drei Kassen sprechen. Es ist leicht einsichtig, dass man gehaltenes Geld nicht exakt danach trennen kann, zu welcher Kasse es gehört. Die Trennung ist also ein Gedankenexperiment, um die Nachfrage nach Geld im einzelnen zu untersuchen.

Die Transaktionsnachfrage entsteht durch die Finanzplanung eines Haushalts, der im Laufe einer Haushaltsperiode bestimmte Zahlungen mit Sicherheit regelmäßig tätigen und dafür Geld halten muss. Diese **Transaktionskasse** wird durch Bargeld und Sichtguthaben (M1) gebildet. Solche Anlageformen für Geld haben den Nachteil, dass sie in der Regel keine Zinsen einbringen. Die **Opportunitätskosten** dieser Form von Geldhaltung steigen also mit dem Zinssatz r, dem Preis des Geldes. Dies bedeutet, dass man vernünftigerweise nur soviel Geld in der Transaktionskasse belassen sollte wie zum Abwickeln der Transaktionen nötig ist.

Wie hoch ist nun der durchschnittliche Kassenbestand in einem Haushalt? Nehmen wir an, ein Haushalt empfängt zu Beginn der Haushaltsperiode sein Einkommen in Höhe von Y und verwendet täglich einen kleinen Teil davon, um seine Güterkäufe zu tätigen, bis er am Ende der Haushaltsperiode sein ganzes Einkommen verausgabt hat.

In der Abbildung 8.4 ist die **Kassenhaltung** dieses Haushalts beschrieben, wobei jedoch die täglichen Auszahlungen (durch eine Treppenfunktion charakterisiert) mit Hilfe einer Geraden approximiert wurden. Die durchschnittliche Transaktionskasse erhält man durch Division des Flächeninhalts des eingezeichneten Dreiecks durch die Länge der Haushaltsperiode. Sie gibt also an, wie lange jedes Wirtschaftssubjekt jedes Geldstück durchschnittlich hält.

Wie in Abbildung 8.4 zu sehen ist, variiert der mittlere Bestand in der Transaktionskasse (d) bei gegebenem Periodeneinkommen (Y) mit der Zahl der Abhebungen, die wiederum durch den Zins r bestimmt werden, und mit der Höhe des Einkommens.

Abbildung 8.4:   *Nachfrage nach Transaktionskasse*

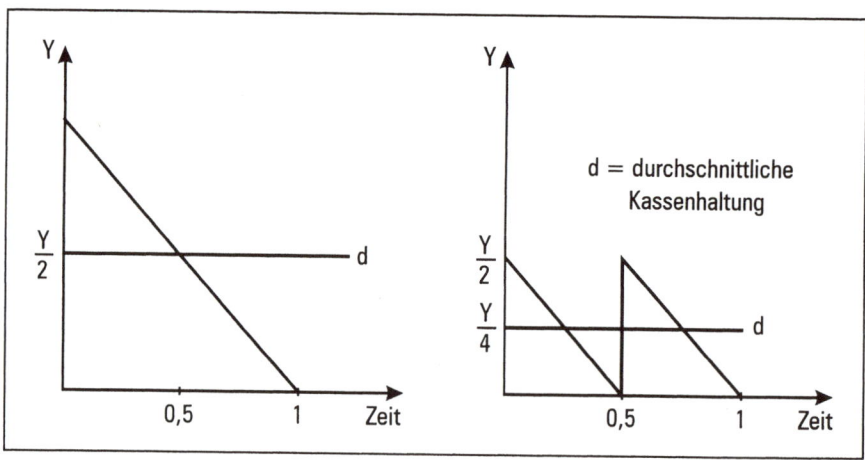

Der Zins und das Einkommen sind i.d.R. die variierenden Größen, so dass man sagen kann, die Größe der durchschnittlichen Transaktionskasse hängt von der Höhe der Zinsen und des Einkommens ab. Je höher die Zinsen sind, desto lohnender ist eine zinsbringende Anlage und desto kleiner wird der Haushalt seine Transaktionskasse halten. Andererseits steigt aber die Geldhaltung c.p. mit dem Einkommen. Somit können wir durch

(17.1) $$L^T = L^T(r, Y), \qquad L^T_r < 0, \; L^T_Y > 0$$

die Kassenhaltung oder damit äquivalent die **reale** Geldnachfrage als Funktion des Zinses und des Einkommens beschreiben. Da in einem Haushalt nicht nur sichere Ausgaben entstehen, müssen zusätzliche Geldbeträge für unerwartete Vorfälle bereitgehalten werden. Jedoch ergibt sich auch bei der **Vorsichtskasse** das Entscheidungsproblem ihrer optimalen Größe. Zu hohe Bestände verhindern auch hier die bessere, zinsbringende Anlage. Die Frage der Höhe überraschender Ausgaben lässt sich durch Erfahrungen in der Vergangenheit und durch die Anwendung stochastischer Methoden klären. Ziel ist es, die Kosten der Illiquidität klein zu halten, ohne übermäßige Bestände in der Vorsichtskasse zu halten. Dieses Motiv erklärt also Geldhaltung durch die Höhe des Kreditzinses r. Wir können damit schreiben

(17.2) $$L^V = L^V(r), \qquad L^V_r < 0.$$

Als drittes Motiv für eine Kassenhaltung sah KEYNES die Möglichkeit, mit einem Geldbestand auf Wertpapiermärkten zu spekulieren. Wertpapiere werden durch ihren Kurs und ihren Zins bestimmt. Die **effektive Verzinsung** als die auf den Kurswert bezogene Zinszahlung verändert sich mit Kurssteigerungen oder –senkungen. Bei einem Zinssatz, der von den Wirtschaftssubjekten als "normal" empfunden wird, wird eine bestimmte Menge Geld in Form einer **Spekulationskassel** gehalten. Zusätzlich ist ein Betrag in Wertpapieren angelegt. Fällt der Kurs der Wertpapiere mit der Folge, dass der effektive Zinssatz steigt, so reduziert sich der Bestand in der Spekulationskasse und das Wertpapierdepot vergrößert sich. Denn bei einem höheren Zins ist es lohnender, in die Wertpapiere zu investieren, als das Geld in der Kasse zu halten. Wenn der Zins hoch ist, ist die Wahrscheinlichkeit, dass er weiter steigt, geringer, so dass sich spekulatives Abwarten weniger lohnt. Bei steigenden Kursen und damit fallenden Zinsen wird umgekehrt verfahren, und die Bestände der Spekulationskasse werden größer. Also können wir die spekulative Geldhaltung durch

(17.3) $$L^S = L^S(r), \qquad L^S_r < 0$$

beschreiben. In der **Geldtheorie** versucht man mit portfoliotheoretischen Überlegungen die für einen Haushalt optimale Mischung seines Portefeuilles aus alternativen Anlageformen zu erklären. Die Ergebnisse für die Geldnachfrage sind im Wesentlichen gleich.

Wir können nun die partiellen Effekte der Kassenhaltung in der allgemeinen **Geldnachfragefunktion**

(18) $$L = L(Y, r) \qquad L_Y > 0, \; L_r < 0$$

zusammenfassen.

KEYNES nahm an, dass es einen bestimmten Zinssatz r_L gibt, der so niedrig ist, dass jede freie Menge Geld ausschließlich in die Spekulationskasse fließt. Er nannte diesen Zustand, der dadurch charakterisiert ist, dass die Zinselastizität der Geldnachfrage unendlich groß ist, die **Liquiditätsfalle** (vgl. Abb. 8.5).

Abbildung 8.5:   *Geldnachfrage und Liquiditätsfalle*

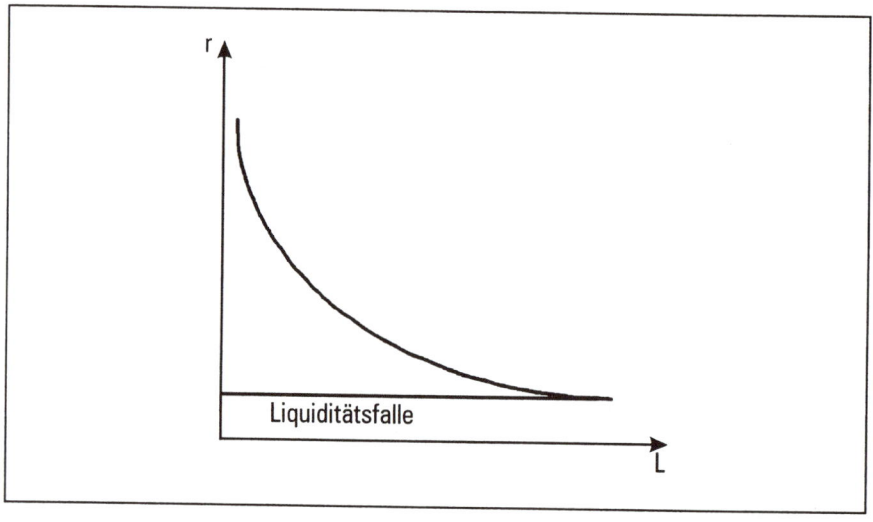

Resümee: Nach KEYNES *gibt es drei Motive der Kassenhaltung: das Transaktionsmotiv, das Vorsichtsmotiv und das Spekulationsmotiv. Die Geldnachfrage ist durch die Summe dieser Motive bestimmt. Sie steigt mit zunehmendem Einkommen und fallendem Zinssatz.*

Schlüsselwörter: Geldnachfrage, Transaktionskasse, Opportunitätskosten, Kassenhaltung, Vorsichtskasse, Effektive Verzinsung, Spekulationskasse, Geldtheorie, Geldnachfragefunktion, Liquiditätsfalle.

6. Das Geldmarktgleichgewicht

Wodurch ist ein Gleichgewicht auf dem Geldmarkt gekennzeichnet? Welche Beziehung besteht zwischen Zins und Einkommen, damit ein Gleichgewicht auf dem Geldmarkt erreicht wird?

Wir haben bis jetzt die Elemente von Geldangebot M und Geldnachfrage L analysiert. Beides zusammen ergibt den **Geldmarkt,** auf dem über den Preis des Geldes, den Zins, ein Ausgleich zwischen Angebot und Nachfrage erreicht wird.

Wir wollen nun das Gleichgewicht auf dem Geldmarkt als von Zinssatz und Einkommen abhängig charakterisieren. Dazu treffen wir folgende Annahme: Wir befinden uns in einer geschlossenen Volkswirtschaft. Alle Geldgrößen sind real definiert, was bedeutet, dass inflationäre Effekte ausgenommen sind. Auf dem Geldmarkt wird lediglich ein einziger Zinssatz als Marktzinssatz betrachtet. Die Geldbasis Z, der Mindestreservesatz ρ, die Kassenhaltungsneigung des Publikums κ und somit der Giralgeldmultiplikator μ werden als exogene Größen angenommen, so dass das gemäß (16) bestimmte Geldangebot M insgesamt eine fixe Größe ist. Letzteres gilt natürlich nur unter der vereinfachenden Annahme, dass die Kassenhaltung der Banken auf Veränderungen des Zinses nicht reagiert. Auch diese Annahme der Zinsunabhängigkeit des Geldangebotes möge im Folgenden gelten.

Für die Geldnachfrage L gilt, dass sie abhängig vom Einkommen und vom Marktzinssatz ist. Steigendes Einkommen erhöht die Geldnachfrage, und steigende Zinsen senken die Geldnachfrage. Für ein gegebenes Einkommen Y ist die Geldnachfrage eine fallende Funktion des Zinses. Ein Geldmarktgleichgewicht können wir also durch die Bedingung

(19) $$M = L(Y, r)$$

charakterisieren.

In Abbildung 8.6 wird beispielhaft für zwei Einkommen das Geldmarktgleichgewicht als Schnittpunkt zweier Kurven dargestellt. Die senkrechte Kurve stellt das exogene Geldangebot dar, die fallende Kurve L die Geldnachfrage bei zwei verschiedenen Einkommen Y_0 und Y_1, wobei $Y_0 < Y_1$. Um ein Gleichgewicht auf dem Geldmarkt zu garantieren, muss bei dem verhältnismäßig niedrigeren Einkommen Y_0 auch der Zins einen niedrigeren Wert annehmen.

Abbildung 8.6: *Das Geldmarktgleichgewicht*

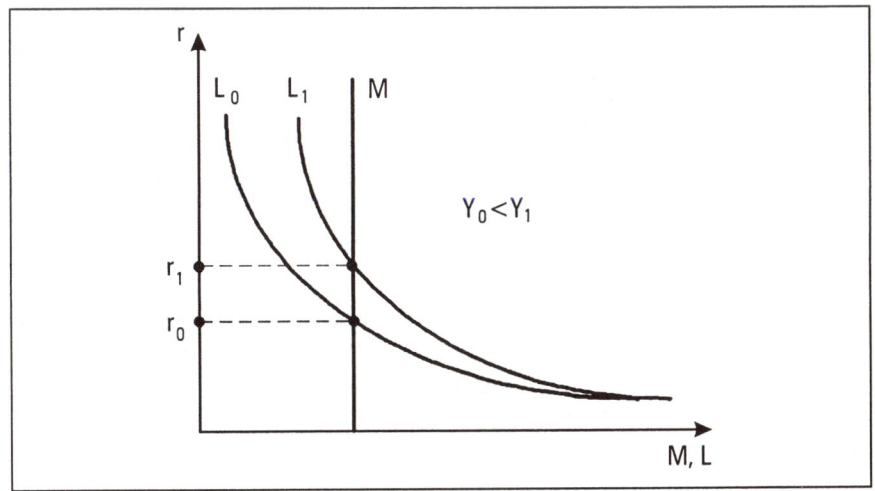

Im vorherigen Kapitel wurde das Gleichgewicht auf dem Gütermarkt durch eine
IS-Kurve dargestellt, die als Linie aller Zins-Einkommens-Kombinationen zu verstehen war, bei denen der Gütermarkt im Gleichgewicht ist. Wie wir sehen, kann
man auf dem Geldmarkt analog verfahren. Die Gleichgewichtskombinationen von
Zins und Einkommen lassen sich, wie in Abbildung 8.7 vorgeführt, in ein r-Y-
Diagramm übertragen. Daraus ergibt sich eine steigende Funktion, die im Folgenden als **LM-Kurve** bezeichnet wird. Die LM-Kurve kann in drei Bereiche einge-
teilt werden.

Abbildung 8.7: *Herleitung der LM-Kurve*

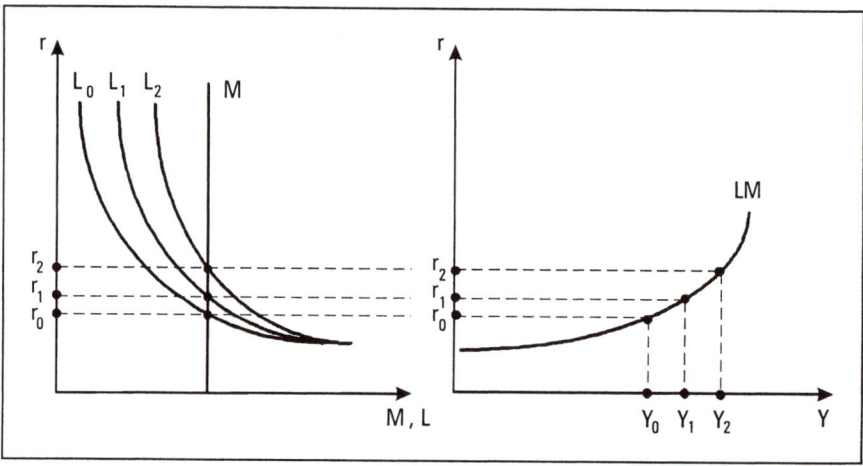

Der fast waagerechte Teil entsteht durch die bereits erklärte **Liquiditätsfalle.** Hier
ist der Zinssatz so niedrig, dass hohe Bestände in der Spekulationskasse gehalten
werden. Die Geldnachfrage weist hier eine sehr hohe Zinselastizität auf. Diesen
Bereich bezeichnet man auch als **KEYNESschen Bereich**. Im mittleren Abschnitt
wird von einem normalen Verlauf der LM-Kurve gesprochen. Dieser Teil wird in
den meisten Untersuchungen als relevanter Teil der LM-Kurve angenommen. Im
dritten Bereich verläuft die LM-Kurve sehr steil. Der Zinssatz ist hier so hoch,
dass die Geldnachfrager so wenig Geld wie möglich in ihrer Kasse halten, da eine
zinsbringende Anlage hochgradig lohnend ist. Dieser Bereich wird auch **klassischer Bereich** genannt, da er die klassische Hypothese der Unabhängigkeit des
Geldmarktgleichgewichtes vom Zins charakterisiert.

Bei unserer Charakterisierung des Geldmarktgleichgewichts sind wir von der
vereinfachenden Annahme eines mit $P = 1$ festen Preisniveaus ausgegangen. Da wir
in den weiteren Kapiteln aber auch Preisniveauvariationen und Inflation zulassen
wollen, sollten wir uns die Wirkungen eines variablen Preisniveaus in unserem
einfachen Geldmarktmodell noch einmal vor Augen führen. Ist M das nominale

Geldangebot, so stellt sich die Geldmarktgleichgewichtsbedingung (19) in der modifizierten Form

(20) $$M / P = L(Y, r)$$

dar, weil die Geldnachfrage als Nachfrage nach realer Kasse abgeleitet wurde. Wie wirkt ein steigendes Preisniveau unter sonst gleichen Umständen c.p. auf die Gleichgewichtskurve des Geldmarktes? Es führt zu einer Verringerung des realen Geldangebotes M/P, da M annahmegemäß unverändert bleibt.

Abbildung 8.8: *LM-Kurve und Preisniveauanstieg*

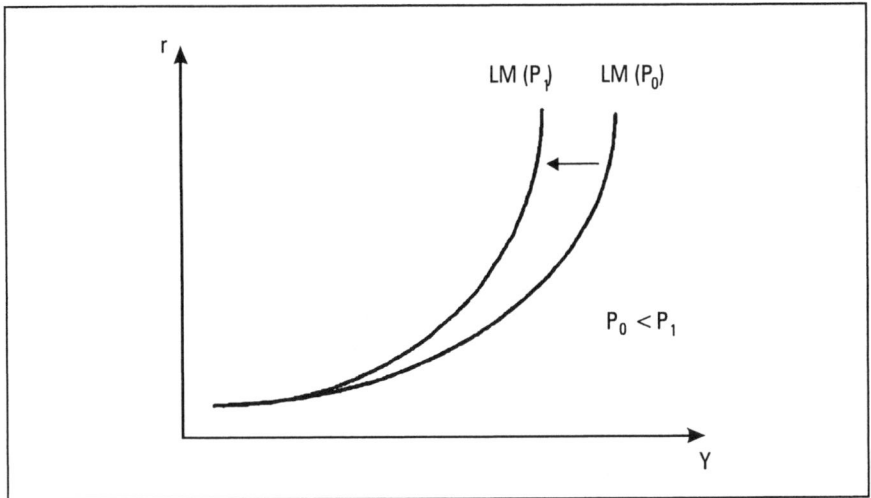

Die Effekte der Verringerung des realen Geldangebotes können wir aber an der Abbildung 8.7 leicht ablesen. Denn dies ist gleichbedeutend mit einer Verschiebung der vertikalen M-Kurve nach links. Und das impliziert eine Linksverschiebung der LM-Kurve, da bei gegebenem Einkommen ein Geldmarktgleichgewicht c.p. nur bei höherem Zins möglich ist. Dies wird in Abbildung 8.8 verdeutlicht.

Also kann bei steigendem Preisniveau ein Geldmarktgleichgewicht nur dann beibehalten werden, wenn c.p. der Zins steigt oder das Einkommen sinkt.

> **Resümee:** *Das Geldmarktgleichgewicht wird durch Angebot und Nachfrage bestimmt. Die LM-Kurve ist die Darstellung aller Zins-Einkommens-Kombinationen, bei denen der Geldmarkt ausgeglichen ist. Die LM-Kurve hat einen steigenden Verlauf. Sie verschiebt sich mit steigendem Preisniveau nach links.*

Schlüsselwörter: Geldmarkt, LM-Kurve, Liquiditätsfalle, KEYNESscher und klassischer Bereich.

7. Geldpolitische Instrumente

> Mit welchen geldpolitischen Instrumenten kann die Europäische Zentralbank die Höhe des Geldangebotes beeinflussen?

Mit der LM-Kurve haben wir jetzt einen weiteren wichtigen Teil der makroökonomischen Analyse kennengelernt. Wichtig ist nun, sich mit den Größen zu befassen, die wir als konstant angenommen haben. Welche Veränderungen werden durch das Variieren dieser Konstanten ausgelöst? In diesem Zusammenhang ist das geldpolitische Instrumentarium der Zentralbank von Bedeutung. Hier existieren mehrere Möglichkeiten, in den Geldmarkt angebotsseitig einzugreifen. Ziel ist es, mit Hilfe einer Beeinflussung der Geldmenge die **Preisstabilität** zu gewährleisten. Denn für die Preisentwicklung ist die Entwicklung der Geldmenge von großer Bedeutung. Die Geldmenge lässt sich durch diverse **geldpolitische Instrumente** beeinflussen. Am Geldmarkt nimmt die Wirkungskette geldpolitischer Impulse ihren Anfang und setzt sich über die anderen Kredit- und Finanzmärkte als Zwischenstation in die realwirtschaftliche Sphäre fort. In Abbildung 8.3 ist der Referenzwert und die tatsächliche Entwicklung von M3 im Euro-Währungsraum aufgezeichnet.

Zur Erreichung seiner geldpolitischen Ziele führt das ESZB **Offenmarktgeschäfte** durch, stellt **ständige Fazilitäten** (Kreditmöglichkeiten) zur Verfügung und verpflichtet Kreditinstitute zur Haltung von **Mindestreserven** auf Konten der nationalen Zentralbanken. Die Geldmarktsteuerung durch die Notenbank ist somit eine Kombination aus Zins- und Liquiditätssteuerung.

Die **Offenmarktpolitik** spielen eine wichtige Rolle in der Geldpolitik des ESZB. Darunter versteht man im Allgemeinen den An- und Verkauf von festverzinslichen Wertpapieren und Geldmarktpapieren durch die nationalen Zentralbanken von den mindestreservepflichtigen Kreditinstituten. Sie werden eingesetzt, um die Zinssätze und die Liquidität am Markt zu steuern und Signale bezüglich des geldpolitischen Kurs zu geben. Bei diesen Geschäften geht die Initiative von der Europäischen Zentralbank aus. Sie können grundsätzlich im Rahmen des **Mengentenderverfahrens** oder im Rahmen des **Zinstenderverfahrens** durchgeführt werden.

Beim **Mengentenderverfahren** legt die Zentralbank im voraus den Zinssatz fest und die Geschäftsbanken geben Angebote darüber ab, wieviel Zentralbankgeld sie gegen Verpfändung von Wertpapieren zu diesem Zinssatz erwerben wollen. Die Höhe der Zuteilung (**Repartierung**) richtet sich nach der gegenwärtig im Umlauf befindenden Geldmenge M3. Beim **Zinstenderverfahren** wird das **Zuteilungsvolumen** durch die Zentralbank festgelegt und der Zinssatz aus den Geboten der Geschäftsbanken ermittelt. Dabei legt die Zentralbank einen Mindestbietungssatz fest. Die Geschäftsbanken geben Gebote darüber ab, welchen Betrag sie zu den entsprechenden Zinssätzen mit den nationalen Zentralbanken handeln wollen. Gebote, die unter dem **Mindestbietungssatz** liegen, werden nicht berücksichtigt. Bei der Zuteilung der EZB werden die Gebote dann vom höchsten bis zum niedrigsten Zinssatz aufgelistet. Die Gebote mit den höchsten Zinssätzen werden zuerst berücksichtigt, und die Gebote mit den darauf folgenden niedrigeren Zinssätzen werden so lange bedient, bis das gesamte Zuteilungsvolumen ausgeschöpft ist.

Wichtigstes Instrument der Offenmarktpolitik ist die **Hauptrefinanzierung.** Jede Woche bietet die Zentralbank den Banken an, gegen Verpfändung von Wertpapieren einen Kredit mit einer Laufzeit von zwei Wochen zu einem bestimmten Zinssatz zu erhalten. Zu Beginn des Eurosystems wurden diese Transaktionen von den Zentralbanken im Rahmen des **Mengentenderverfahrens** durchgeführt. Da jedoch bei diesem Verfahren der gesamte Bietungsbetrag den Zuteilungsbetrag regelmäßig deutlich überstieg, entschied sich der Rat der EZB, das Hauptrefinanzierungsgeschäft beginnend mit dem 28.06.2000 als **Zinstender** durchzuführen. Im Gegensatz zum Mengentender führt das neue Tenderverfahren einen Preisanreiz ein, der verspricht, dass die Geschäftsbanken Gebote abgeben, die eher ihrem tatsächlichen Bedarf entsprechen. Der von der EZB dabei angekündigte **Mindestbietungssatz** übernimmt die geldpolitische Signalfunktion und gilt als der wichtigste geldpolitische Indikator.

Außerdem können sich die Geschäftsbanken bei den Notenbanken **längerfristig refinanzieren.** Hier handelt es sich um monatliche Tendergeschäfte, d.h. die Zentralbank bietet den Geschäftsbanken monatlich einen Kredit gegen Verpfändung von Wertpapieren an. Die Laufzeit dieses Kredits ist auf drei Monate befristet und werden ebenfalls im **Zinstenderverfahren** abgewickelt. Ferner werden andere Arten von **Offenmarktgeschäften** als **Feinsteuerungsoperationen** von Fall zu Fall durchgeführt, um die Auswirkungen von unerwarteten Geldschwankungen auf die Zinssätze auszugleichen.

Während die Offenmarktgeschäfte auf Betreiben der Europäischen Zentralbank durchgeführt werden, liegt die Initiative im Fall der **ständigen Fazilitäten** bei den Geschäftsbanken. Über die **Spitzenrefinanzierungsfazilität** können sie sich Tagesgeld bei den nationalen Zentralbanken verschaffen, wobei der Zinssatz deutlich über dem Mindestbietungssatz der Hauptrefinanzierungsgeschäfte liegt. Mittels der **Einlagefazilität** können sie Tagesgeld bei den Zentralbanken zum Einlagezins anlegen, der unterhalb des Mindestbietungssatzes liegt.

Der Mindestbietungssatz der Hauptrefinanzierungsgeschäfte, der Zinssatz für die Spitzenrefinanzierungsfazilität und der Zinssatz für die Einlagefazilität bilden die drei sogenannten **Leitzinssätze.** Welche Auswirkungen haben Änderungen der Leitzinssätze in unserem Modell des Geldmarktes? Man kann sagen, dass diese Zinssätze den Preis der Refinanzierung der Geschäftsbanken bei der Zentralbank darstellen. Wenn nun die Zentralbank diesen Preis erhöht, dann ist durch die Geschäftsbanken, die ihrerseits das Geld weiter verleihen, ein kontraktiver Einfluss auf das Kreditangebot zu erwarten. Welche Auswirkung hat das für das Geldangebot? Die Geschäftsbanken werden sich in geringerem Umfang bei der Zentralbank refinanzieren, was auch bedeutet, dass weniger Geld in Umlauf gebracht wird. Die verkleinerte Geldbasis führt zur Linksverschiebung der Geldangebotsfunktion und damit auch zur Linksverschiebung der LM-Kurve. Eine Senkung des Zinssatzes führt entsprechend zu einer Rechtsverschiebung.

Jedes im Euro-Währungsgebiet ansässige Kreditinstitut ist mindestreservepflichtig. **Mindestreservepolitik** umfasst die Steuerung der von den Geschäftsbanken bei der Zentralbank zu haltenden Sichteinlagen, die im Gegensatz zur Politik der Deutschen Bundesbank verzinst werden, und zwar zum Satz der Hauptrefinanzierungsgeschäfte. Der die Mindestreserve bestimmende Mindestreservesatz, der derzeit bei 2 Prozent der mindestreservepflichtigen Verbindlichkeiten der Geschäftsbanken (täglich fällige Einlagen, Geldmarktpapiere und Schuldverschreibungen mit vereinbarter Laufzeit von bis zu zwei Jahren) liegt, hat Einfluss auf die Giralgeldmenge, die die Geschäftsbanken schöpfen können. Durch Veränderungen des Mindestreservesatzes wird der Kreditmultiplikator verkleinert bzw. vergrößert. Eine Erhöhung der Mindestreservesätze verkleinert den Multiplikator, das Geldangebot der Geschäftsbanken geht zurück und die Geldangebotskurve verschiebt sich nach links. Aus Abbildung 8.8 ist ersichtlich, dass die LM-Kurve entsprechend nach links verschoben werden muss. Eine Senkung des Mindestreservesatzes hat genau die umgekehrte Wirkung, so dass die LM-Kurve nach rechts rückt. Diese Verschiebung ist in Abbildung 8.9 dargestellt.

Abbildung 8.9:   *Wirkungen einer Mindestreservesatzsenkung*

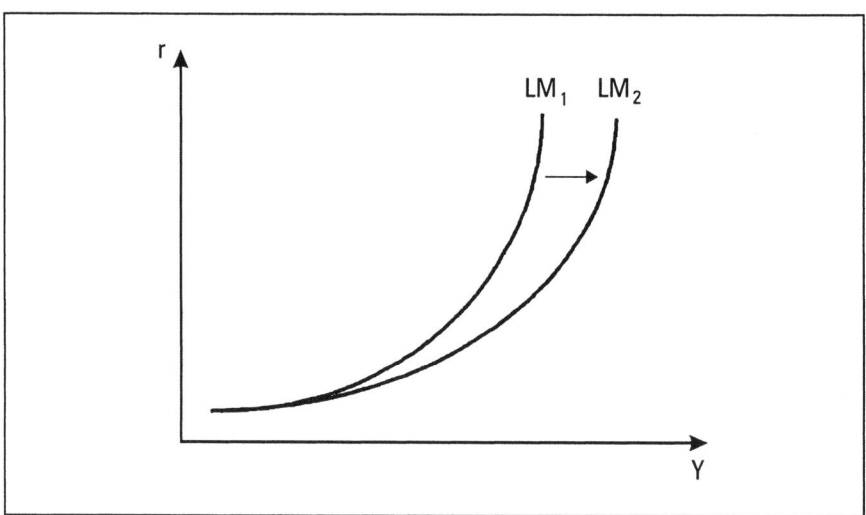

*Resümee: Die Europäische Zentralbank hat die Möglichkeit, über die Offen-
marktgeschäfte, über das Angebot ständiger Fazilitäten und über die Mindestreserve das Geldangebot zu verändern. Die Veränderung des Geldangebotes
führt zu einer Verschiebung der LM-Kurve.*

Schlüsselwörter: Preisstabilität, Geldpolitische Instrumente, Offenmarktpolitik,
Ständige Fazilitäten, Mindestreserve, Mengentenderverfahren, Zinstenderverfahren, Repartierung, Zuteilungsvolumen, Mindestbietungssatz, Hauptrefinanzierung
Längerfristige Refinanzierung, Feinsteuerungsoperationen, Einlagefazilität, Leitzinssätze, Mindestreservepolitik, Spitzenrefinanzierungsfazilität.

8. Schlussbemerkung

In diesem Kapitel sind die wichtigsten Determinanten von Geldangebot und
Geldnachfrage vorgestellt worden. Wie bei anderen Gütern kann man sich Geld
über einen Markt organisiert vorstellen. Dabei ist das Geldangebot eine endogene
Größe, in die simultan die Kreditaktivitäten der Geschäftsbanken und die Geldbe-
reitstellung der Zentralbank eingehen. Die Zentralbank hat Möglichkeiten, auch
die girale Komponente des Geldangebots durch geldpolitische Maßnahmen zu
steuern. Dies bezieht sich auf das nominale Geldangebot. Das reale Geldangebot
variiert mit dem gesamtwirtschaftlichen Preisniveau. In den folgenden Kapiteln
wird die Bedeutung des gesamtwirtschaftlichen Preisniveaus näher spezifiziert.

Bei der Geldnachfrage musste zuerst nach dem individuellen Grund der Geldhaltung gefragt werden. Nach KEYNES lassen sich das Transaktions-, das Vorsichts-
und das Spekulationsmotiv nennen. Bei der Aggregation der drei Motive bzw.
Kassen zur makroökonomischen Geldnachfragekurve hat sich dann gezeigt, dass
die Geldnachfrage positiv vom Einkommen und negativ vom Zins beeinflusst wird.
Ein Gleichgewicht auf dem Geldmarkt besteht, wenn das Geldangebot der Geldnachfrage entspricht. Gleichgewichte können durch eine Vielzahl von Zins-/ Ein-
kommenskombinationen bestehen, die graphisch durch die sogenannte LM-Kurve
ausgedrückt werden.

Fragen und Aufgaben zum 8. Kapitel

1. Wofür benötigt eine arbeitsteilige Ökonomie Geld?

2. Ein Tourist macht regelmäßig auf einer Insel Urlaub; er bezahlt alles mit
    Reiseschecks. Die Bonität wird so hoch eingeschätzt, dass die Inselbewohner
    die Schecks zum Bezahlen von Gütern und Dienstleistungen weiter verwen-
    den, ohne sie jemals einzulösen. Wer hat nun den Urlaub des Touristen be-
    zahlt?

3. Die Zentralbank eines Landes gebe 10 Millionen Einheiten als Geldbasis aus. Die Banken haben eine Mindestreservepflicht von 2 Prozent. Die Individuen halten bei jeder Transaktion 10 Prozent als Bargeld zurück. Berechnen Sie den Multiplikator.

4. Was sind die Vor- und Nachteile der Verwendung von Geld als Wertaufbewahrungsmittel?

5. Welcher Zusammenhang besteht zwischen dem Kurswert eines festverzinslichen Wertpapiers und dem Marktzins?

6. Frau B betreibt rationale Kassenhaltung. Was ist die jeweils richtige Reaktion im Sinne des Kassenhaltungsansatzes, wenn

   a) sie sieht, dass die Zinsen auf dem Wertpapiermarkt steigen,

   b) und befürchtet, dass demnächst ihr altes Auto kaputtgeht?

7. Nennen Sie die geldpolitischen Instrumente der Europäischen Zentralbank, und versuchen Sie diese als Grob- oder Feinsteuerungsinstrumente einzuschätzen.

8. Was ist die LM-Kurve und wodurch kommt es zu einer Verschiebung?

9. Was versteht man unter der Zinselastizität der Geldnachfrage? In welchen Situationen nimmt sie extreme Werte an? Wie sieht dann die LM-Kurve aus?

10. Es kracht im Bankensystem, d.h. es geht der Verdacht um, dass einige Großbanken vor der Illiquidität stehen. Unter den Haushalten und Unternehmen breitet sich große Angst aus. Welche Reaktionen erwarten Sie für die LM-Kurve?

Literatur zum 8. Kapitel

Einen Überblick über das Thema "Geld und Geldmarkt" bietet der Artikel von

Kath, Dietmar. Geld und Kredit. In: D. Bender u.a.A. Vahlens Kompendium der Wirtschaftstheorie und Wirtschaftspolitik. Band 1. Siebte Auflage. S. 187-235. Vahlen Verlag. München 1999.

Darüber hinaus sind die Monatsberichte der Europäischen Zentralbank und der Deutschen Bundesbank empfehlenswert, die Artikel zu aktuellen Themengebieten vor allem der Geldpolitik beinhalten. Diese Berichte versorgen den Leser auch mit vielfältigem Datenmaterial.

Geld und Geldmarkt sind überdies Thema in nahezu allen makroökonomischen Lehrbüchern, von denen an dieser Stelle exemplarisch

Dornbusch, Rudiger; Fischer, Stanley; Startz, Richard. Makroökonomik. Sechste Auflage. R. Oldenbourg Verlag. München u.a.O. 1995.

und

Schmitt-Rink, Gerhard; Bender, Dieter. Makroökonomie geschlossener und offener Volkswirtschaften. Zweite Auflage. Springer Verlag. Berlin u.a.O. 1992.

genannt werden. Auch das Originalwerk von KEYNES zur Geldtheorie

Keynes, John M. A Treatise on Money. Band 1: The Pure Theory of Money. Band 2: The Applied Theory of Money. London 1930. (Deutsche Übersetzung: Vom Gelde. Verlag Duncker und Humblot. Berlin-Neukölln 1955.)

ist heute noch lesenswert. Weitere wichtige Bücher zu "Geldtheorie" und "Geldpolitik" sind

Friedman, Milton. Die optimale Geldmenge. Verlag Moderne Industrie. München 1976.

Niehans, Jürg. Theorie des Geldes. Haupt Verlag. Bern u.a.O. 1980.

Richter, Rudolf. Geldtheorie. Zweite Auflage. Springer Verlag. Berlin u.a.O. 1990.

und

Issing, Otmar. Einführung in die Geldpolitik. Sechste Auflage. Vahlen Verlag. München 1996.

Kapitel 9
Gleichgewicht auf dem Güter- und Geldmarkt: Das IS-LM-Modell

Kapitel 9   Gleichgewicht auf dem Güter- und Geldmarkt: Das IS-LM-Modell

1. Die Interdependenz von Güter- und Geldmarkt

> Welche Zusammenhänge bestehen zwischen Güter- und Geldmarkt? Wie wirken Veränderungen des Zinses bzw. des Einkommens?

In dem vorangegangenen Kapitel haben wir die finanz- und güterwirtschaftlichen Aktivitäten der Haushalte und Unternehmungen im Wirtschaftskreislauf partialanalytisch voneinander getrennt. Dies erlaubte uns, die monetären Aspekte in der Analyse des Nachfragemodells als exogen anzusehen. Dennoch sahen wir, dass die entscheidende Größe des Geldmarktes, der Marktzins r, das **Gütermarktgleichgewicht** nicht unbeeinflusst lässt. Denn der Zins ist die entscheidende Determinante der Investitionsnachfrage. Damit beeinflusst er auch die effektive Nachfrage und somit das gleichgewichtige Volkseinkommen im Nachfragemodell. Die Gleichgewichtsbedingung (26) des Gütermarktes aus Kapitel 7

$$(1) \qquad\qquad I(r) = S(Y), \qquad\qquad I_r < 0, S_Y > 0$$

macht dies deutlich. Betrachten wir S, die Ersparnisse der Haushalte, als Angebot an Kapital auf einem Kapitalmarkt und I, die Investitionen der Unternehmen, als Nachfrage auf diesem Kapitalmarkt, so ist die **IS-Kurve** der geometrische Ort aller Kombinationen von Zins und Volkseinkommen, bei denen das angebotene und das nachgefragte Kapital übereinstimmen. Wie aber kommt es zu dieser Übereinstimmung von Angebot und Nachfrage? Betrachten wir eine vom Geldmarkt induzierte Zinserhöhung.

Diese vermindert die Kapitalnachfrage. Also muss sich das Kapitalangebot anpassen. In der KEYNESianischen Sparfunktion, die spiegelbildlich zur KEYNESianischen Konsumfunktion nur vom Einkommen Y abhängt, ist dies aufgrund von Einkommensrückgängen denkbar. Also muss das gleichgewichtige Volkseinkommen im Nachfragemodell sinken, wenn der Zins auf dem Geldmarkt steigt. Sinkt das Einkommen tatsächlich? Da der Zins vom Geldmarkt her gegeben ist, kann er sich hier nicht anpassen. Dagegen bewirkt die durch den Investitionsrückgang verringerte effektive Nachfrage einen Rückgang der Produktion und somit auch einen Rückgang des Realeinkommens. Es wird soweit zurückgehen bis die einkommensabhängigen Ersparnisse wieder den Investitionen entsprechen. Diese Beziehung zwischen Zins und Volkseinkommen bewirkt nun die negative Steigung der IS-Kurve.

Abbildung 9.1: *Zinserhöhung und Gütermarktgleichgewicht*

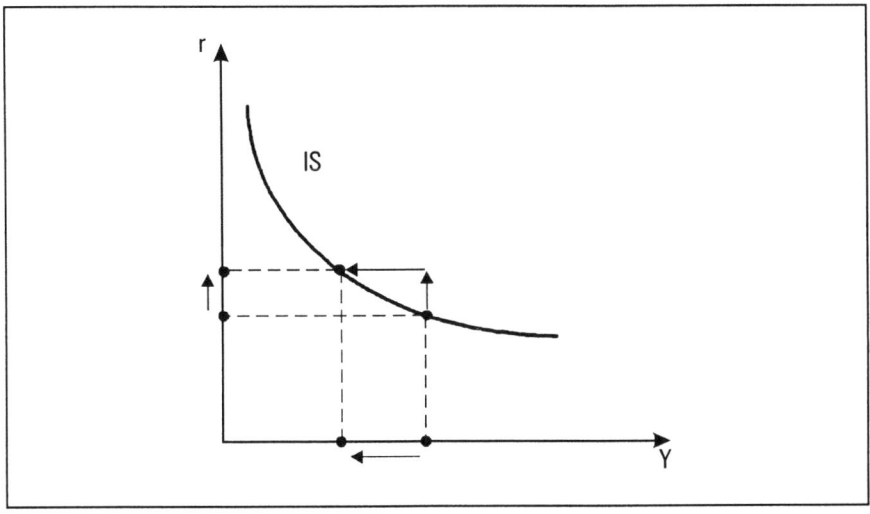

Umgekehrt wissen wir aber auch, dass die entscheidende Determinante des Güter-marktes, das Volkseinkommen Y, einen direkten Einfluss auf den Geldmarkt hat. Dies verdeutlicht die Geldmarktgleichgewichtsbedingung (19) aus Kapitel 8:

$$(2) \qquad\qquad L(Y,r) = M/P, \qquad\qquad L_Y > 0, L_r < 0.$$

Bei gegebenem nominalen Geldangebot M und festem gesamtwirtschaftlichen Preisniveau P ist die reale Geldnachfrage L nicht nur vom Marktzins r, sondern über das Transaktionskassenmotiv ebenso vom Volkseinkommen abhängig. Be-trachten wir nun eine vom Gütermarkt induzierte Einkommensverringerung. Diese führt zu einer geringeren Geldnachfrage, da das Transaktionsvolumen, das Na-tionaleinkommen, abnimmt. Bei festem Geldangebot ergibt sich also auf Basis des geringeren Einkommens ein Überschussangebot auf dem Geldmarkt. Wie wird das abgebaut? Indem Marktteilnehmer nunmehr überschüssige Geldhaltung in Wert-papiernachfrage umwandeln. Dadurch steigt der Kurs der Wertpapiere und der Zins sinkt. Ein fallender Marktzins macht aber c.p. die Geldhaltung wieder attrak-tiver. Aufgrund des Spekulationsmotives wird also wieder mehr Geld nachgefragt. Dieser Prozess läuft so lange, bis die Geldnachfrage wieder auf dem ursprüngli-chen Niveau (denn das Geldangebot M/P bleibt unverändert) für ein **Geldmarkt-gleichgewicht** sorgt. Also sinkt der Geldmarktzins als Antwort auf kontraktive Prozesse auf dem Gütermarkt.

Abbildung 9.2:   *Einkommensrückgang und Geldmarktgleichgewicht*

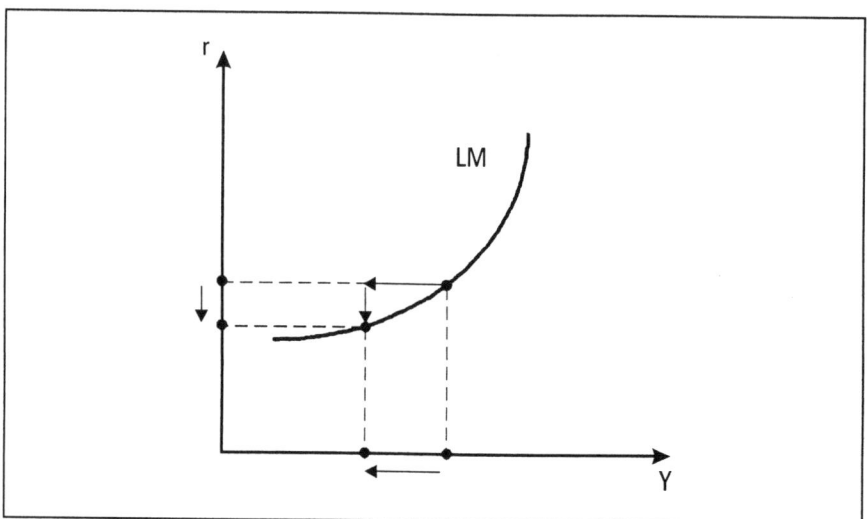

Diese Beziehung zwischen Zins und Volkseinkommen beschreibt die positive Steigung der **LM-Kurve.**

Aus den Beispielen wurde deutlich, dass der Zins zwar auf dem Geldmarkt und Wertpapiermarkt bestimmt wird, jedoch über die zinsabhängigen Investitionen auf dem Gütermarkt wirkt. Die Interdependenzen zwischen beiden Märkten werden auch sichtbar, wenn man bedenkt, dass sich Veränderungen des Einkommens über das Transaktionsmotiv auf dem Geldmarkt auswirken.

> **Resümee:** *Die Partialanalysen des Geld- und Gütermarktes vernachlässigen nicht die Wechselwirkungen zwischen beiden Märkten. Die entscheidende Determinante des Gütemarktes, das Volkseinkommen, und die des Geldmarktes, der Zins, wirken direkt auf dem jeweils anderen Markt.*

Schlüsselwörter: Gütermarktgleichgewicht, IS-Kurve, Geldmarktgleichgewicht, LM-Kurve.

2. Simultanes Gleichgewicht auf dem Güter- und Geldmarkt

> Wodurch ist ein simultanes Gleichgewicht auf dem Güter- und Geldmarkt charakterisiert?

Wenn wir die Gütermarkt- und Geldmarktaktivitäten simultan betrachten, sprechen wir von dem **IS-LM-Modell**. Fragen wir nun nach der Kompatibilität der güter- und geldwirtschaftlichen Pläne aller Marktteilnehmer, so wissen wir, dass sie den

Bedingungen der IS- und der LM-Kurve genügen müssen. Mit anderen Worten: Das simultane Gleichgewicht wird durch den Schnittpunkt von IS- und LM-Kurve bestimmt. Damit schrumpft das Kontinuum gleichgewichtiger Kombinationen von Y und r beider Märkte auf einen Punkt, den gleichgewichtigen Wert Y^* und den gleichgewichtigen Wert r^*.

Abbildung 9.3: *IS-LM-Gleichgewicht*

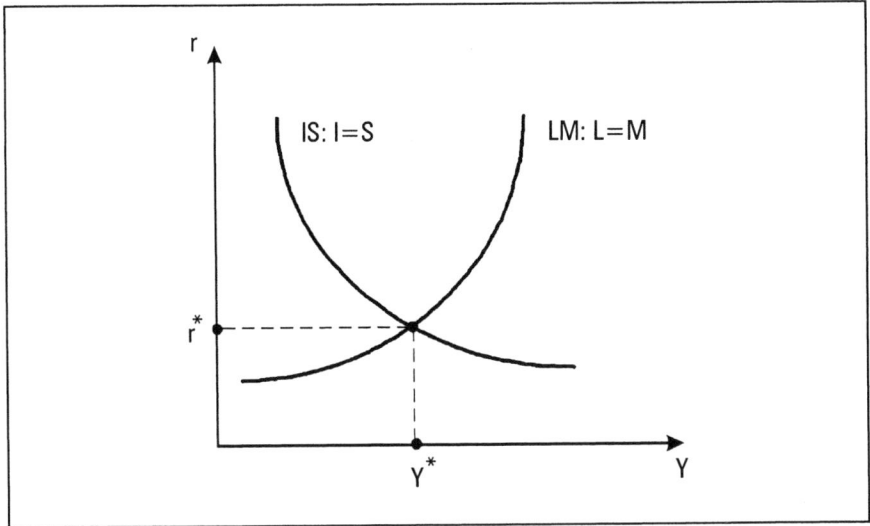

Das reale Geldangebot ist gegeben und legt in Verbindung mit den Kassenhaltungswünschen der Marktteilnehmer die LM-Kurve fest. Durch die Spar- und die Investitionsfunktion wird die IS-Kurve determiniert. Insofern wird das Realeinkommen maßgeblich von der effektiven Nachfrage bestimmt. In analytischer Interpretation ist das IS-LM-Gleichgewicht nichts anderes als die Lösung der beiden Gleichungen (1) und (2) in den Variablen Y und r unter der Annahme, dass M und P fest vorgegeben sind. Dies lässt sich auch so ausdrücken, dass mit

(3.1)
$$Y^* = Y^*(M,P)$$

(3.2)
$$r^* = r^*(M,P)$$

das gleichgewichtige Einkommen und der gleichgewichtige Zins Funktionen der exogenen Variablen M und P sind.

Mit Hilfe der bekannten analytischen Hilfsmittel können wir Informationen über die **Steigungen** der IS- und LM-Kurven gewinnen. Außerdem sollte man sich vor Augen führen, welche ökonomischen Größen die **Lage** beider Gleichgewichtskurven beeinflussen. Beginnen wir mit letzterem, so wissen wir, dass zusätzliche effektive Nachfrage die IS-Kurve nach rechts verschiebt und dies für die LM-

Kurve analog gilt, wenn das reale Geldangebot steigt. Die Steigungen dagegen ermitteln wir, indem wir (1) und (2) total differenzieren und

(4) $S_Y \, dY - I_r \, dr = 0$

(5) $L_Y \, dY + L_r \, dr = 0$

auflösen zu

(6) $$\left.\frac{dr}{dY}\right|_{IS} = S_Y / I_r < 0$$

und

(7) $$\left.\frac{dr}{dY}\right|_{LM} = - L_Y / L_r > 0.$$

Durch die Indizierung mit IS bzw. LM soll angedeutet werden, auf welche Kurve
sich die Steigungsbedingung bezieht. S_Y ist dabei die marginale Sparquote (auch
als $S'(Y)$ oder abkürzend als s geschrieben), von der wir wissen, dass sie sich mit
der Konsumquote zu eins ergänzt. In den Nennern der beiden Brüche stehen die
Zinsreaktionen von Investitions- und Geldnachfrage. Jetzt verfügen wir über alle
nötigen Informationen zur Diskussion der obigen Kurvenverläufe.

Abbildung 9.4:   *Kein Gleichgewicht im IS-LM-Modell*

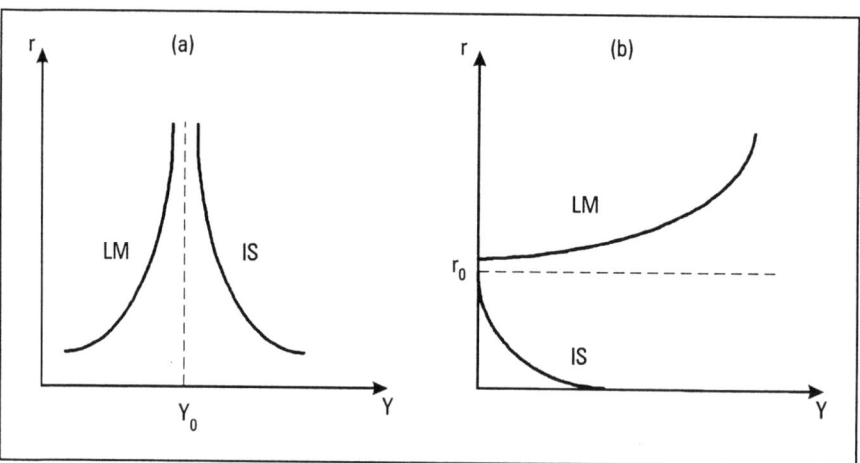

Wir können nun überlegen, ob Gleichgewichtslösungen unabhängig von der Ausgestaltung und Intensität der Angebots- und Nachfrageentscheidungen immer

existieren. Abbildung 9.4 verdeutlicht, dass es denkbare Grenzfälle gibt, für welche ökonomisch sinnvolle Lösungen gar nicht existieren.

Im Fall (a) sind alle Geldmarktgleichgewichte nur für $Y < Y_0$ möglich, alle Gütermarktgleichgewichte dagegen nur für $Y > Y_0$. Somit gibt es kein simultanes Gleichgewicht. Was ist die Ursache für diese pathologische Situation? Sie kann darin liegen, dass die Geldversorgung nicht funktioniert und die angebotene Geldmenge M für die effektive Nachfrage zu niedrig ist. Allein das reicht aber nicht aus. Hinzu kommen muss in unserem Spezialfall (a), dass z.B. die Investitionen und die Geldnachfrage bei hohen Zinsen zinsunelastisch sind und damit der im letzten Abschnitt beschriebene Interdependenzmechanismus über Zins und Einkommen in einer Umgebung von Y_0 nicht mehr funktioniert.

Im Fall (b) kann die Ursache darin liegen, dass bei niedrigem Einkommen und niedrigem Zins die Geldnachfrage zu **zinselastisch** ist und bei Marktzinsen, die gegen r_0 gehen, alle Geldhaltung aus Spekulationsmotiven erfolgt. Kommt dann hinzu, dass die effektive Nachfrage zu schwach ist und insbesondere bei Zinsen nahe r_0 die Investitionen sehr **zinsunelastisch** sind, wäre eine durch (b) beschriebene Situation denkbar.

Wenn wir also im Folgenden in der graphischen Darstellung des IS-LM-Modells von Schnittpunkten beider Kurven ausgehen, unterstellen wir damit, dass derartige pathologische Sonderfälle nicht auftreten.

> **Resümee:** *Ein simultanes Gleichgewicht auf dem Güter- und Geldmarkt entspricht in der graphischen Darstellung dem Schnittpunkt von IS- und LM-Kurve.*

Schlüsselwörter: IS-LM-Modell.

3. Der Nachfragemultiplikator im IS-LM-Modell

> Wie verändert sich der elementare Multiplikatoreffekt im IS-LM-Modell? Von welcher Größe hängt die Stärke seine Wirkung ab?

Zusätzliche Nachfrage erhöht im elementaren Nachfragemodell das Gleichgewichtseinkommen um mehr als die Nachfrageerhöhung. Diesen Effekt nannten wir **Multiplikatoreffekt**. Gibt es diesen Effekt des **Nachfragemultiplikator** auch im IS-LM-Modell? Diese Frage beantwortet Abbildung 9.5.

Abbildung 9.5:   *Wirkung einer Ausgabenerhöhung*

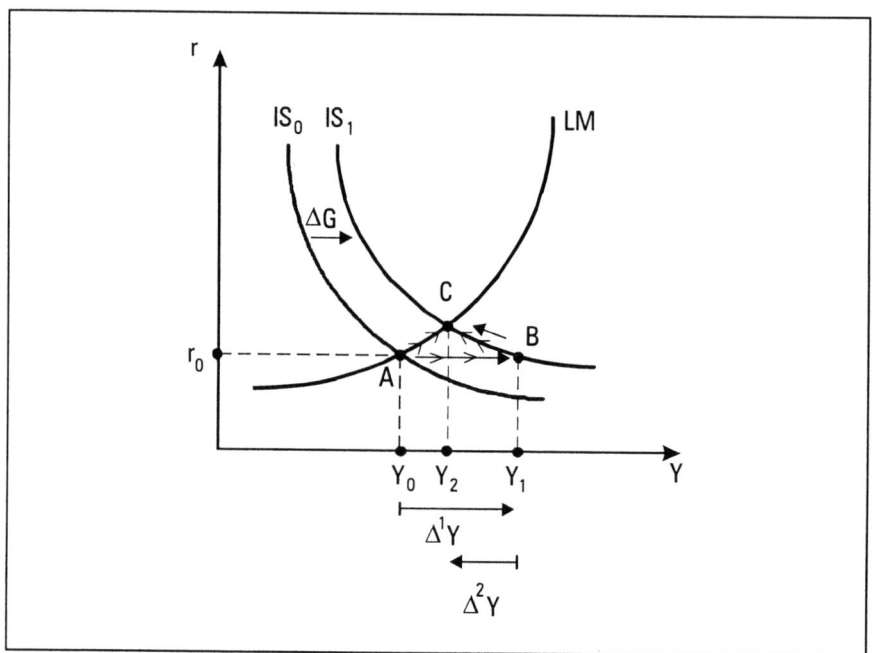

Ohne Einschränkung der Allgemeinheit gehen wir von zusätzlichen Staatsausgaben mit $\Delta G > 0$ aus. Im Ausgangspunkt A sei der Zins r_0 und das Volkseinkommen Y_0. A liegt sowohl auf der IS- als auch auf der LM-Kurve; also ist A ein
Gleichgewicht im IS-LM-Modell.

Eine durch $dG > 0$ stimulierte Nachfrage verschiebt die Gütermarktgleich-
gewichtskurve IS_0 nach rechts zu IS_1. Der elementare Multiplikatoreffekt im Nachfragemodell führt bei konstantem Zins r_0 zu Punkt B und erhöht das gleichgewichtige Volkseinkommen um $\Delta^1 Y = Y_1 - Y_0$.

Im IS-LM-Modell ist B zwar ein Gütermarktgleichgewicht, aber kein Geldmarktgleichgewicht mehr, denn B befindet sich nicht auf der LM-Kurve. Dies liegt
daran, dass bei konstantem Zins das Einkommen gestiegen ist und damit über das
Transaktionskassenmotiv die reale Geldnachfrage steigt. Das reale Geldangebot ist
aber konstant geblieben, denn weder M noch P haben sich annahmegemäß verändert. Folglich herrscht eine **Überschussnachfrage** nach Geld in der Situation B.
Diese Überschussnachfrage führt dazu, dass die Wirtschaftssubjekte versuchen
ihre erhöhte Geldnachfrage durch den Verkauf von Wertpapieren zu befriedigen.
Dadurch werden die Kurse fallen und der Zins wird steigen. Zinssteigerungen aber
verringern die spekulative Kassenhaltung, und die Geldnachfrage sinkt. Zudem
wirken Zinserhöhungen auch auf den Gütermarkt zurück. Sie führen zu niedrigeren
Investitionen und somit zu geringerer effektiver Nachfrage. Damit wird der

expansive Effekt der anfänglichen Staatsausgabenerhöhung abgeschwächt. Beide Prozesse laufen solange parallel ($B \rightarrow C$), bis unter der Bedingung des Gütermarktgleichgewichtes auch der Geldmarkt im Gleichgewicht ist. Dies ist in C, dem Schnittpunkt der IS- und der LM-Kurve, der Fall. Haben IS- und LM- Kurve die hier unterstellte negative bzw. positive Steigung, ist das Ergebnis eindeutig: Im IS-LM-Modell gibt es einen expansiven Multiplikatoreffekt zusätzlicher Nachfrage. Dieser besteht in der Erhöhung des gleichgewichtigen Volkseinkommens, die sich in unserem Beispiel aus der betragsgemäßen Differenz $\Delta^1 Y - \Delta^2 Y = Y_2 - Y_0$ ergibt.

Gleichzeitig können wir feststellen, dass der Nachfragemultiplikator im IS-LM-Modell kleiner ist als der elementare Gütermarktmultiplikator. Dies folgt unmittelbar daraus, dass bei gleicher Nachfrageänderung die Einkommenserhöhung im IS-LM-Modell kleiner ausfällt.

Diese Abschwächung des expansiven Gütermarktmultiplikators bezeichnen wir als **Crowding-out-Effekt** des Geldmarktes, da durch die zusätzlichen Staatsausgaben und dem dadurch gestiegenen Marktzins teilweise private Investitionsnachfrage verdrängt wird.

Das **qualitative** Resultat ist schon in der graphischen Analyse eindeutig. Der **quantitative** Effekt hingegen lässt sich nur analytisch bestimmen, worauf wir hier aber verzichten wollen.

Andererseits kann man aus der graphischen Analyse ersehen, wovon die Stärke des quantitativen Effektes abhängt. Betrachten wir dazu die beiden Extremsituationen in Abbildung 9.6.

Abbildung 9.6:   *Stärke des Multiplikatoreffektes*

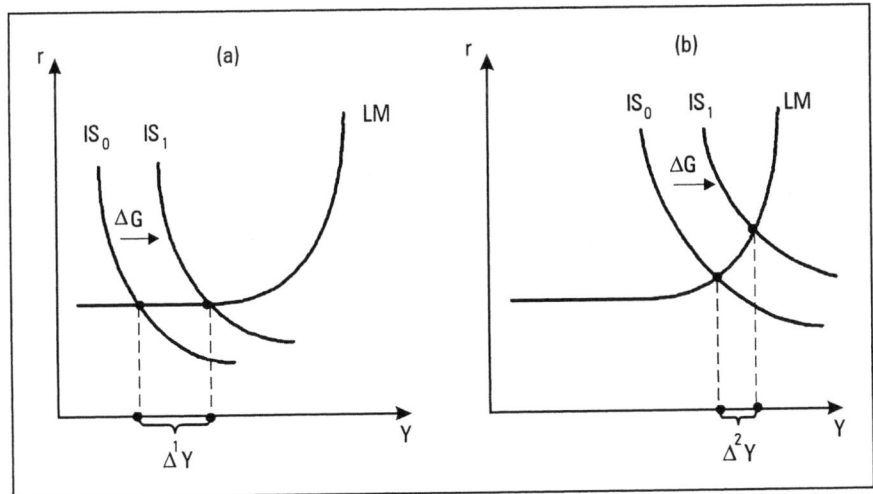

Im Fall (a) schneidet die IS-Kurve die LM-Kurve im sogenannten **KEYNESia-nischen Bereich**, der durch eine hohe Zinselastizität der Geldnachfrage gekennzeichnet ist: Die Steigung der LM-Kurve ist nahe null. In diesem Fall entspricht der Multiplikator in etwa dem elementaren Nachfragemultiplikator, da schon sehr kleine Zinserhöhungen auf dem Geldmarkt ausreichen, um die durch das erhöhte Einkommen angestiegene Geldnachfrage wieder auf den Gleichgewichtswert abzubauen.

Im zweiten Fall (b) schneidet die IS-Kurve die LM-Kurve in einem weniger zinselastischen Bereich der Geldnachfrage. Dies ist im Extremfall dort, wo die LM-Kurve sich einer Vertikalen annähert. Diesen Bereich haben wir als den **klassischen Bereich** der LM-Kurve bezeichnet. Hier ist der Multiplikatoreffekt geringer. Er ist im Extremfall nahe null, wenn also die Geldnachfrage sehr schwach auf Zinsänderungen reagiert. In diesem Fall erfordern einkommensinduzierte Nachfrageüberschüsse auf dem Geldmarkt einen starken Zinsanstieg. Je stärker jedoch die Zinsen steigen, desto mehr wird via Investitionsrückgang der expansive Gütermarkteffekt abgeschwächt. Der Crowding-out-Effekt wird dann maximal.

Resümee: Der Nachfragemultiplikator im IS-LM-Modell geht in die gleiche Richtung wie der elementare Nachfragemultiplikator. Eine Nachfragestimulierung erhöht zwar das Volkseinkommen, jedoch unter Umständen um weniger, als die Nachfrage anfänglich stimuliert wird. Dies gilt um so eher, je zinsunelastischer die Geldnachfrage reagiert.

Schlüsselwörter: Nachfragemultiplikator (im IS-LM-Modell), Überschussnachfrage, Crowding-out-Effekt, KEYNESianischer Bereich, Klassischer Bereich.

4. Die makroökonomische Güternachfragekurve

Wie lässt sich mit Hilfe des Preisniveaus die makroökonomische Güternachfragekurve herleiten? Auf welchen Markt wirkt dabei eine Veränderung des Preisniveaus direkt und auf welchen indirekt?

Das Gleichgewicht im IS-LM-Modell beschreibt uns das Volkseinkommen und den Zins, bei welchem die Güter- und Geldmarktpläne der Haushalte und Unternehmungen untereinander kompatibel sind. Wenn wir von Kompatibilität der Pläne sprechen, sollten wir uns aber vor Augen führen, dass die Gleichgewichte auf dem Güter- und Geldmarkt nicht völlig symmetrisch begründet wurden. Auf dem Geldmarkt haben wir die Bestimmungsgründe von Angebot und Nachfrage diskutiert und das Übereinstimmen beider als Gleichgewicht bezeichnet. Auf dem Gütermarkt dagegen haben wir zwar die Bestimmungsgründe der Güternachfrage, nicht aber die des Güterangebotes diskutiert. Mit anderen Worten, das Rationalverhalten gewinnmaximierender Unternehmungen blieb bislang in unseren Überlegungen ausgespart. Wir haben das mit der Vorstellung gerechtfertigt, dass die

effektive Nachfrage die für Produktionsentscheidungen bestimmende Größe darstellt. Damit haben wir unterstellt, dass Unternehmungen sich also an die Marktnachfrage anpassen. Die Nachfrage als Minimum der Plangrößen beider Marktseiten setzt sich durch. Diese **Minimumregel** ist eine Konsequenz der früher getroffenen Annahme der Produzenten- und Konsumentensouveränität (hier der Produzenten), dass keine Marktseite zu den für sie unvorteilhaften Aktionen gezwungen werden kann und des Rationalprinzips, dass solche unvorteilhaften Aktionen auch nicht freiwillig erfolgen. Damit war eine Theorie des Güterangebotes im Nachfragemodell überflüssig. Insofern erscheint es gerechtfertigt, das über die IS-Kurve dargestellte Gleichgewicht auch weiterhin als **Nachfragegleichgewicht** zu bezeichnen. Bevor wir uns im Folgenden Teil des Buches auch den Bestimmungsgründen des Güterangebotes näher widmen werden, wollen wir untersuchen, welche Beziehungen zwischen der gleichgewichtigen gesamtwirtschaftlichen Nachfrage und dem gesamtwirtschaftlichen Preisniveau P bestehen.

Auf dem Gütermarkt selbst bestehen solche Beziehungen nicht. Denn alle Variablen waren in **realen** Einheiten definiert. Das Preisniveau hat damit keinen Einfluss auf das Nachfragegleichgewicht. Diese Aussage ist aber nicht mehr richtig, wenn wir vom vollständigen IS-LM-Modell ausgehen und zusätzlich die Forderung des Geldmarktgleichgewichts berücksichtigen. In der ursprünglichen Formulierung

$$(8) \qquad L(Y,r) = M/P$$

ist die Übereinstimmung von realer Geldnachfrage L und **realem Geldangebot** M/P offensichtlich genau dann nicht unabhängig vom Preisniveau P, wenn wir die **nominale Geldmenge** M als Ergebnis der Geldversorgung und damit als Geldangebot interpretieren. Und das dürfte auch der Realität entsprechen. Denn Münzen und Banknoten und damit das Zentralbankgeld als eine Komponente der Geldmenge sind in nominalen Einheiten definiert. Nicht anders ist es bei dem Giralgeld, der anderen Geldmengenkomponente. Denn Banken vergeben in nominalen Geldeinheiten definierte Kredite. Wenn wir also von einem konstanten Geldangebot sprechen, so sollten wir uns auf die nominale Geldmenge M beziehen.

Bleibt diese konstant, so hat eine Veränderung des Preisniveaus eine Wirkung auf das reale Geldangebot und damit auf die Lage der LM-Kurve. Dies hatten wir schon in Abbildung 8.9 verdeutlicht: Die LM-Kurve verschiebt sich nach links, wenn unter sonst gleichen Umständen das gesamtwirtschaftliche Preisniveau steigt. Somit verändert sich auch der Schnittpunkt von IS- und LM-Kurve und damit – und das ist das entscheidende – auch das Nachfragegleichgewicht im IS-LM-Modell. Es gilt: Via Geldmarkt haben Preisniveauänderungen Auswirkungen auf das Nachfragegleichgewicht.

In der Abbildung 9.7 lässt sich damit für alternative Preisniveaus eine **Güternachfragekurve** Y^d ableiten.

Abbildung 9.7:   *Güternachfragekurve*

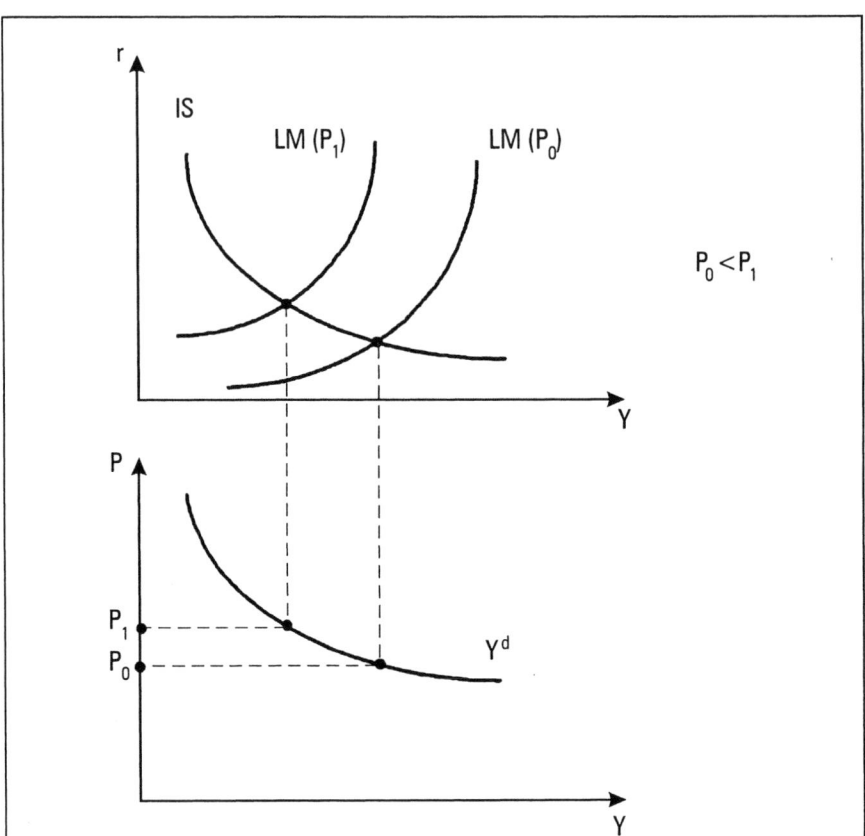

Die makroökonomische Güternachfragekurve Y^d sollte nicht mit einer Nachfragefunktion verwechselt werden, obwohl sie eine typische Eigenschaft aufweist. Auch
die makroökonomische Güternachfrage sinkt mit steigendem Preis. Einzelwirt-
schaftlich ist dieser Zusammenhang sehr plausibel, doch im Gegensatz dazu steigen bei einem gesamtwirtschaftlichen Preisniveauanstieg die Preise aller Güter.
Der Rückgang des Volkseinkommens wird hierbei viel mehr durch die Abnahme
des realen Geldangebotes und den daraus folgenden Zinssteigerungen und Investi-
tionsrückgängen begründet. Wenn also die Preise von P_0 auf P_1 steigen, reduziert
sich c.p. die reale Geldmenge und die Marktteilnehmer werden versuchen, durch
den Verkauf von Wertpapieren ihre bisherige Geldnachfrage zu befriedigen.
Dadurch fallen die Kurse und die Zinsen steigen, was über den dann folgenden
Investitionsrückgang zur Reduktion des Volkseinkommens führt.

Die makroökonomische Güternachfragekurve ist also wie die IS- und die LM-
Kurve der geometrische Ort von Gleichgewichten. Sie zeigt uns, wie das simultane

Gleichgewicht von Güter- und Geldmarkt mit dem gesamtwirtschaftlichen Preisniveau variiert. Wir wissen nun, wie Preisniveauveränderungen auf die gesamtwirtschaftliche Nachfrage wirken, jedoch nicht, wie und wo sich das Preisniveau bestimmt. Dazu ist noch das Wissen über eine **makroökonomische Güterangebotskurve** notwendig, die mit Hilfe unternehmerischer Angebotsentscheidungen hergeleitet werden kann. An dieser Stelle wollen wir uns mit der einfachen Erkenntnis begnügen, dass z.B. ein Überschussangebot auf dem gesamtwirtschaftlichen Gütermarkt zu einer Preisniveausenkung führt, aus der wiederum via Geldmarkt ein sinkender Marktzins und eine gestiegene Investitionsnachfrage folgt. Wir erkennen also, dass das Preisniveau zwar auf dem Gütermarkt bestimmt wird, jedoch über das reale Geldangebot auf den Geldmarkt wirkt.

Resümee: *Das gesamtwirtschaftliche Preisniveau beeinflusst das Nachfragegleichgewicht im IS-LM-Modell. Die Beziehung zwischen beiden Größen bezeichnen wir als Güternachfragekurve Y^d. Das Preisniveau wirkt nicht direkt, sondern indirekt, nämlich über den Geldmarkt, auf den Gütermarkt.*

Schlüsselwörter: Nachfragegleichgewicht, Reales Geldangebot, Nominale Geldmenge, Makroökonomische Güternachfragekurve, Makroökonomische Güterangebotskurve.

5. Schlussbemerkung

Das IS-LM-Modell beschreibt die Interdependenzen von Geld- und Gütermarktaktivitäten der Unternehmungen, der Haushalte und des Staates. In der auf die zwei Gleichgewichtskurven (IS und LM) komprimierten Form dient es als gedanklicher Rahmen, um die qualitative Struktur des gesamtwirtschaftlichen Gleichgewichts offenzulegen. Schon in der graphischen Analyse können auf dieser einfachen Modellbasis die Wirkungen wirtschaftspolitischer Maßnahmen auf ein **nachfragebestimmtes gesamtwirtschaftliches Gleichgewicht** verdeutlicht werden. Eine tiefergehende Wirkungsanalyse staatlicher Wirtschaftspolitik heben wir uns aber auf für den Teil IV, in welchem auch unternehmerische Angebotsentscheidungen explizit berücksichtigt werden, so dass die makroökonomische Modellbasis größere Realitätsnähe gewinnt.

In der hier vorgestellten Form geht das IS-LM-Modell auf SIR JOHN R. HICKS (1937) zurück, der schon ein Jahr nach Erscheinen der "General Theory" von JOHN M. KEYNES eine Interpretation der KEYNESianischen Theorie gab, die bis heute zum Standardrepertoire makroökonomischer Lehrbücher zählt. Es gibt aber auch Kritik an diesem Ansatz, die dabei ansetzt, dass ein **Stromgleichgewicht** und ein **Bestandsgleichgewicht** kein konsistentes Totalgleichgewicht beschreiben können.

Ströme sind ökonomische Variablen, die pro Zeiteinheit definiert sind. Dies sind die Variablen des Gütermarktes. Denn Einkommen und Ausgaben brauchen eine Referenzperiode wie z.B. eine Woche oder ein Jahr.

Bestände dagegen sind von einer Referenzperiode unabhängig. Sie beschreiben einen Zustand zu einem Zeitpunkt. Dies gilt für die Geldnachfrage und das Geldangebot und damit für das Geldmarktgleichgewicht. Die Kritik setzt also daran an, dass sich Bestände ändern müssen, solange Ströme "fließen". Also können die Gleichgewichtskurven über einen längeren Zeitraum nicht **stabil** sein; sie verschieben sich.

Die Kritik richtet sich also gegen die Verwendung des IS-LM-Modells zur Erklärung **langfristiger** ökonomischer Gleichgewichte. Hier ist sie auch berechtigt. Dies besagt aber nicht, dass das IS-LM-Modell zur Erklärung kurz- und mittelfristiger Phänomene untauglich ist. Eine adäquate Interpretation der **KEYNES**schen **Theorie** wird immer auf kurz- und mittelfristige Erscheinungen abzielen.

Fragen und Aufgaben zum 9. Kapitel

1. Warum ist es ökonomisch plausibel, für die IS-Kurve eine negative und für die LM-Kurve eine positive Steigung zu unterstellen?

2. Welchen Effekt hat eine Erhöhung der nominalen Geldmenge auf das Nachfragegleichgewicht, die z.B. dadurch zustande kommt, dass die Rediskontsatzpolitik der Zentralbank gelockert wird?

3. Warum ist der elementare Gütermarktmultiplikator größer als der Nachfragemultiplikator im IS-LM-Modell?

4. Untersuchen Sie graphisch, welchen Einfluss eine Veränderung der marginalen Konsumquote auf das gleichgewichtige Volkseinkommen im IS-LM-Modell hat.

5. Was sagt die makroökonomische Güternachfragekurve aus und wie wird sie hergeleitet? Welchen Verlauf hat diese Kurve, wenn die Investitionsnachfrage völlig zinsunelastisch ist?

6. *Aufgabe:

    Gehen Sie von dem folgenden Makromodell in linearer Form aus:

$$C = cY + C_0, \qquad\qquad 0 < c < 1$$

$$I = I_r r + I_0, \qquad\qquad I_r < 0, I_0 > 0$$

$$L = L_Y Y + L_r r, \qquad\qquad L_Y > 0, L_r < 0$$

$$M = \overline{M} \qquad\qquad \overline{M} > 0$$

$$P = \overline{P} \qquad\qquad \overline{P} > 0.$$

a) Leiten Sie das gesamtwirtschaftliche Gleichgewicht ab.

b) Führen Sie Staatsausgaben $G > 0$ in das obige Modell ein, und berechnen Sie den Effekt auf das gleichgewichtige Volkseinkommen.

c) Vergleichen Sie das Ergebnis von Aufgabe 6b mit dem elementaren Gütermarktmultiplikator.

Literatur zum 9. Kapitel

Das IS-LM-Modell gehört zum Standardrepertoire der makroökonomischen Lehrbuchliteratur. Demzufolge können an dieser Stelle einige der gängigsten Lehrbücher dieses Bereiches der Volkswirtschaftslehre genannt werden. Dabei liefern

Dornbusch, Rudiger; Fischer, Stanley; Startz, Richard. Makroökonomik. Sechste Auflage. R. Oldenbourg Verlag. München u.a.O. 1995.

ein sehr umfangreiches, eher verbal und graphisch denn algebraisch ausgelegtes Werk. Die Darstellung ist aus dem Amerikanischen übertragen und ist tendenziell angebotsökonomisch orientiert. Das deutsche Lehrbuch von

Felderer, Bernhard; Homburg, Stefan. Makroökonomik und neue Makroökonomik. Siebte Auflage. Springer Verlag. Berlin u.a.O. 1999.

zeigt eine Vielzahl konkurrierender makroökonomischer Theorien auf und unterscheidet sich von anderen Werken durch seine doktrinenbezogene Orientierung. Weitere deutschsprachige Standardwerke in der Makroökonomie sind

Mankiw, N. Gregory. Makroökonomik. Dritte Auflage. UTB für Wissenschaft. Stuttgart. 1998.

und

Westphal, Uwe. Makroökonomik: Theorie, Empirie und Politikanalyse. Zweite Auflage. Springer Verlag. Berlin u.a.O. 1994.

Wer an der Darstellung des Begründers des IS-LM-Modells interessiert ist, dem sei der Artikel von

Hicks, John R.. Mr. Keynes and the "Classics": A Suggested Interpretation. In: Econometrica 5. S. 147-159. 1937.

empfohlen.

EINKOMMEN, PRODUKTION, PREISE UND BESCHÄFTIGUNG

Teil IV

Kapitel 10
Der Arbeitsmarkt: Theorie und Evidenz

Kapitel 10 Der Arbeitsmarkt: Theorie und Evidenz

1. Der Arbeitsmarkt in Deutschland

> Welche Aufgabe hat der Arbeitsmarkt? In welchen Fällen funktioniert die Koordination auf dem Arbeitsmarkt nicht reibungslos? Was versteht man unter Lohnstruktur und Lohndrift, und welches sind die Ursachen dafür? Durch welche Marktstruktur ist der Arbeitsmarkt in Deutschland gekennzeichnet?

Den Markt einer Volkswirtschaft, auf dem sich Nachfrage nach und Angebot an Arbeit begegnen, nennen wir **Arbeitsmarkt**. Der Arbeitsmarkt hat somit die Funktion, Arbeitsplätze und Arbeitskräfte zusammenzuführen. Bei der Koordination der Pläne von Arbeitsanbietern (Haushalte) und Arbeitsnachfragern (Unternehmen) spielt der Preis, im Falle des Arbeitsmarktes also der **Lohnsatz**, eine zentrale Rolle.

Um das Geschehen auf dem Arbeitsmarkt übersichtlich darzustellen, ist es notwendig, die Größen Arbeitskräftepotential und -bedarf gegenüberzustellen. Unter **Arbeitskräftepotential** versteht man die Anzahl der Personen, die dem Arbeitsmarkt zur Verfügung stehen, wohingegen die Größe **Arbeitskräftebedarf** zum Ausdruck bringt, wieviel Arbeitskräfte in einer Volkswirtschaft benötigt werden. An dieser Stelle sei angemerkt, dass man bei der Berechnung dieser Größen auf erhebliche Messprobleme stößt. Dies äußerst sich beispielsweise beim Arbeitsangebot in der Weise, dass sich einerseits nicht jeder Arbeitslose beim Arbeitsamt registrieren lässt, und andererseits nicht jeder Arbeitslose tatsächlich Arbeit sucht. Dasselbe trifft für die Arbeitsnachfrage zu. Auch hier existiert wieder ein Messproblem in der Weise, dass z.B. nicht alle Unternehmen ihre freien Arbeitsplätze (offene Stellen) bei den Arbeitsämtern melden.

Betrachtet man nun die Phasen der Arbeitsmarktentwicklung in der Bundesrepublik Deutschland, so erkennt man, dass die sechziger Jahre und der Anfang der siebziger Jahre weitestgehend durch **Vollbeschäftigungssituationen** charakterisiert sind, in denen teilweise der Arbeitskräftebedarf das Potential überstieg. Seit 1975 ist allerdings eine Entwicklung in die entgegengesetzte Richtung zu konstatieren. Im Fünfjahresdurchschnitt 1985/89 lag das Potential beispielsweise um etwa 3 Millionen Personen höher als der Bedarf.

Nach der deutschen Einheit gab es in West und Ost eine sehr unterschiedliche Entwicklung der Arbeitsmarktsituation. Im Westen stieg die Erwerbstätigkeit, im Osten nahm sie ab. Allein im Jahr 1990 ist in den "alten" deutschen Bundesländern die Zahl der Erwerbstätigen um etwa 0,8 Millionen gestiegen. Eine solche Steigerung gab es zuvor nur im Wiederaufbaujahr 1955. Gleichzeitig gab es rund 0,9 Millionen offene Stellen. Auf der anderen Seite herrschte gleichzeitig aber auch eine beträchtliche Arbeitslosigkeit, die im Jahresschnitt trotz eines Rückgangs von ca. 0,2 Millionen noch bei etwa 1,9 Millionen lag. In den "neuen" Bundesländern nahm dagegen die Zahl der Arbeitsplätze bei gleichzeitiger Zunahme der Arbeitslosigkeit stark ab. Ab 1992 war auch im Westen eine Verschlechterung auf dem Arbeitsmarkt feststellbar. Bis 1995 stieg in den alten Bundesländern die Arbeitslosenquote auf knapp über 9 Prozent, wohingegen sie in den neuen Bundesländern von einem hohen Ausgangswert leicht zurückging auf etwa 15 Prozent. Bis 2001 ist in den alten Bundesländern die Arbeitslosenquote auf knapp über 7 Prozent zurückgegangen, wohingegen sie in den neuen Bundesländern leicht anstieg und bei etwa 17 Prozent stagniert. Die hohe und persistente Arbeitslosigkeit bildet daher das größte wirtschaftspolitische Problem, wobei insbesondere das Problem der Langzeit- und Jugendarbeitslosigkeit immer mehr an quantitativer Bedeutung hinzugewinnt.

An dieser Stelle sollte erwähnt werden, dass die obigen Bestandszahlen bezüglich der Arbeitslosigkeit mit Vorsicht zu interpretieren sind, da Bestandszahlen wenig Aufschluss über die **Dynamik des Arbeitsmarktes** geben. Dies soll an einem Beispiel verdeutlicht werden. Der Bestand an Arbeitslosen lag sowohl am 31.12.1984 als auch am 31.12.1985 in Westdeutschland bei 2,3 Millionen Personen, und hat sich im Verlaufe dieses Jahres nur um knapp 22 Tausend verändert. Welche Dynamik allerdings hinter diesen nahezu konstanten Bestandszahlen verborgen ist, wird sehr schnell deutlich, wenn man die Stromgrößen betrachtet. So lagen 1985 sowohl die kumulierten Zugänge in die Arbeitslosigkeit als auch die kumulierten Abgänge aus der Arbeitslosigkeit bei ca. 3,7 Millionen Personen, wobei sich hieraus der obige Saldo von 22 Tausend Personen ergab. Eine Analyse der Arbeitslosigkeit und deren Ursachen erfordert daher die Kenntnis, woher die Arbeitslosen kommen, wie lange sie in der Arbeitslosigkeit verweilen und wohin sie schließlich gehen.

Der Arbeitsmarkt hat bekanntlich die Aufgabe, das **Arbeitsangebot** und die **Arbeitsnachfrage** reibungslos aufeinander abzustimmen. Ein solcher Prozess wird als **Matching-Prozess** bezeichnet, wobei die Arbeitsanbieter (Haushalte) auf der Suche nach einem geeigneten Arbeitsplatz und die Arbeitsnachfrager (Unternehmen) auf der Suche nach geeigneten Arbeitnehmern sind. Eine für Deutschland jahrelang typische Arbeitsmarktlage ist allerdings dadurch gekennzeichnet, dass einerseits auf einigen Teilarbeitsmärkten (z.B. im Fachkräftebereich) ein Nachfrageüberschuss an Arbeit und somit ein Mangel an Arbeitskräften und auf anderen Teilarbeitsmärkten (z.B. bei Geringqualifizierten) ein Angebotsüberschuss und somit einen Mangel an Arbeitsplätzen besteht, den wir als **Arbeitslosigkeit** bezeichnen. Wir haben also häufig die paradoxe Situation des Nebeneinanders von offenen Stellen und Arbeitslosigkeit. Das bedeutet, die Zusammenführung von Angebot und Nachfrage über den Marktmechanismus funktioniert nur unvollkommen oder anders ausgedrückt: Das Zusammenspiel (Matching-Prozess) von Arbeitslosen und offenen Stellen benötigt erstens Zeit und ist zweitens nicht perfekt.

Die Ursachen dieses **Mismatch** sind einerseits darin zu sehen, dass Suchprozesse stets unter unvollständiger Information z.B. bezüglich des Arbeitsplatzes oder der Qualifikation des Bewerbers stattfinden und Kosten verursachen. So gibt es in der

Realität keine zentrale Agentur oder einen (WALRASianischen) Auktionator, die alle benötigten Informationen zur Verfügung stellen. Andererseits können Faktoren wie z.b. die regionale Immobilität der Arbeitsanbieter oder die unterschiedlichen Qualifikationsprofile zwischen Arbeitslosen und offenen Stellen als Determinanten des Mismatch aufgeführt werden.

Aufgrund der unterschiedlichen Qualifikationsprofile gestaltet sich der Arbeitsmarkt sehr heterogen. Die Ursachen dieser Unterschiede liegen z.B. in unterschiedlichen Schul- und Berufsausbildungswegen oder ungleichen Fertigkeiten. Der Bestand an Wissen und Fertigkeiten eines Individuums wird in der Volkswirtschaftslehre als "Humankapital" bezeichnet. In der Realität werden daher auf dem Arbeitsmarkt sehr unterschiedliche Arbeitsqualitäten nachgefragt und angeboten. Es handelt sich deshalb um eine Vereinfachung, wenn wir im Folgenden von "der Arbeit" und "dem Lohn" sprechen.

Die Annahme "eines" Lohnes ist daher eine Fiktion, weil in der Realität ein ganzes Spektrum verschiedener Lohnsätze existiert: die **Lohnstruktur**. Diese besagt, dass die Löhne für unterschiedliche Personengruppen oder Wirtschaftszweige von einem Durchschnittswert aller Personengruppen oder Wirtschaftszweige abweichen. Dies kann beispielsweise durch unterschiedliche Qualifikationen der Arbeitnehmer und/oder unterschiedliche Qualifikationsanforderungen der Unternehmen begründet sein. Eine derartige **Lohndifferenzierung** wäre daher aus "humankapitaltheoretischer" Sicht heraus erklärbar. Allerdings zeigen viele empirische Untersuchungen, dass es auch Lohndifferentiale gibt, die nicht auf Unterschiede in den Qualifikationen oder Leistungsanforderungen, sondern beispielsweise auf **Lohndiskriminierung** zurückzuführen sind. Ein Beispiel wäre hier die Lohndiskriminierung von Frauen in sehr vielen Bereichen des Arbeitsmarktes.

Aus dem bisher Gesagten kann bereits abgeleitet werden, dass der Arbeitsmarkt kein Markt wie jeder andere ist, sondern durch einige Besonderheiten gekennzeichnet ist, die eine spezifische Behandlung dieses Marktes rechtfertigen. Neben den bereits oben aufgeführten Merkmalen wäre noch zu erwähnen, dass man den für den Produktionsprozess wichtigen Produktionsfaktor Arbeit nicht wie z.B. Konsumgüter "kaufen" kann, sondern man muss berücksichtigen, dass die Leistungen des Faktors Arbeit untrennbar mit einem Menschen verbunden sind. Des Weiteren ist das Anbieten des Faktors Arbeit nicht nur auf den Vorgang des Tausches von Arbeit gegen Geld beschränkt, sondern bildet einen Teil des Lebensinhaltes. Daher sollte man in diesem Fall nicht nur ein ökonomisches Kalkül zugrunde legen, sondern muss z.B. noch soziale Komponenten mit berücksichtigen. Zudem sind die Eingriffe der Politiker in den Arbeitsmarkt etwa im Vergleich mit dem Güter- oder Geldmarkt häufiger. Dies ist einerseits sicherlich in der besonderen Schutzwürdigkeit von Arbeitern begründet, andererseits aber auch darauf zurückzuführen, dass die Arbeitnehmer das überwiegende Wählerpotential darstellen.

Eine weitere Besonderheit des Arbeitsmarktes ist die Existenz von **Gewerkschaften** und **Arbeitgeberverbänden**, für die es keine vergleichbaren Organisationen auf den anderen Märkten gibt. Auf der Angebotsseite ist ein großer Prozentsatz der Arbeitnehmer organisiert, d.h. Mitglied einzelner Gewerkschaften, die ihre Interessen vertreten. Beispiele für diese Einzelgewerkschaften sind etwa die Industriegewerkschaft Metall, die Industriegewerkschaft Bau, Steine, Erden, usw. Alle Einzelgewerkschaften sind vereinigt im Dachverband **Deutscher Gewerkschaftsbund (DGB)**. Auf der Nachfrageseite ist ebenfalls ein großer Teil der Arbeitgeber organisiert in Arbeitgebervereinigungen gemäß den entsprechenden Wirtschaftszweigen. Sämtliche Arbeitgeberverbände sind im Dachverband **Bundesvereinigung der Deutschen Arbeitgeberverbände (BDA)** vereinigt.

In Deutschland kann man daher beim besten Willen nicht von vollkommener Konkurrenz auf dem Arbeitsmarkt sprechen. Die unvollkommene Konkurrenz auf dem Arbeitsmarkt führt dazu, dass das Lohnniveau nicht mit Hilfe von Nachfrage- und Angebotsfunktionen allein erklärt werden kann. Auf beiden Seiten des Marktes gibt es Mengenbeschränkungen, da die betreffenden Organisationen als Interessenvertreter ihrer Mitglieder auftreten. Es liegt also sowohl auf der Nachfrage- als auch auf der Angebotsseite des Marktes eine **Monopolisierung** vor. Eine derartige Marktstruktur bezeichnet man in der Volkswirtschaftslehre als **bilaterales Monopol**. Auf diese Weise sind Lohnniveau und Lohnstruktur zum Verhandlungsgegenstand zwischen Arbeitgeber- und Arbeitnehmerorganisationen geworden. Die Machtposition der an den Verhandlungen teilnehmenden Partner wird in hohem Maße durch die Situation auf dem Arbeitsmarkt beeinflusst. Wenn die Arbeitsmarktlage im Falle einer Hochkonjunktur gespannt ist, können die Gewerkschaften höhere Forderungen stellen als in rezessiven Phasen. Neben günstigen sekundären Arbeitsbedingungen wie Urlaubsregelungen und sozialen Absicherungen versuchen die Gewerkschaften einen möglichst hohen **Reallohn** für die Mitglieder auszuhandeln. Ihre Lohnpolitik orientiert sich nicht am Nominallohn, sondern daran, wieviele Güter mit diesem Nominallohn gekauft werden können.

Gewerkschaften vertreten die Interessen ihrer Mitglieder. Und dies sind die Beschäftigten (Insider) und nicht die Arbeitslosen (Outsider). Eine nur auf die Interessen der Insider ausgerichtete Lohn- und Tarifpolitik löst somit nicht das Beschäftigungsproblem, sondern kann es unter Umständen verschärfen. Die Gewerkschaften befinden sich häufig also in einer Dilemmasituation, da eine Interessenpolitik für die "Arbeitsplatzbesitzer" es den Outsidern schwerer machen kann, einen Arbeitsplatz zu finden.

Empirische Ergebnisse zeigen, dass neben den weltwirtschaftlichen Rahmenbedingungen und der starken Monopolisierung beider Seiten des Arbeitsmarktes die immer stärker abnehmende Differenzierung bei der Entlohnung des Faktors Arbeit Ursachen für die derzeitige hohe und persistente Arbeitslosigkeit darstellen. Denn Arbeit ist nicht gleich Arbeit, aber dennoch fordern Tarifverträge für weite Bereiche einheitliche Entlohnungen, die überdies auch noch brancheneinheitlich sein sollen. Die Erfahrungen mit den gewerkschaftlich stark forcierten Lohnanpassungen in Ostdeutschland zeigen, dass der Preis der Einheitlichkeit von Lohntarifen durchaus im Verlust von Arbeitsplätzen bestehen kann.

In Deutschland herrschte nach dem zweiten Weltkrieg in der Regel Arbeitsfrieden, weil die betreffenden Parteien die Bedeutung des Lohnniveaus für die innen- und außenwirtschaftliche Stellung der heimischen Volkswirtschaft beachteten. Denn eine starke Anhebung der Löhne stimuliert zwar die inländische Nachfrage, schwächt aber die Konkurrenzpositionen auf den ausländischen Märkten. Ein relativ niedriges Lohnniveau dagegen führt zu sozialen Spannungen, weil übermäßige Gewinne entstehen. Doch können andererseits in Deutschland produzierte Waren dadurch auf den internationalen Märkten entsprechend preisgünstiger angeboten werden, so dass die Gesamtnachfrage und damit auch die Beschäftigungsnachfrage über die ausländische Nachfrage einen zusätzlichen Impuls bekommt.

Eine der heikelsten Fragen bleibt also, welches Kriterium für Lohnerhöhungen gewählt werden sollte. Im Prinzip wird dem Kaufkraftausgleich über den **Preisindex für Lebenshaltung** eine gewisse Bedeutung in dieser Frage zugemessen. Doch ebenso der Entwicklung der **Durchschnittsproduktivität**, der **Produktivität** in den betreffenden Wirtschaftsbereichen sowie der **Lohnquote**, d.h. dem prozentualen Anteil der Löhne und Gehälter am gesamten Volkseinkommen. Die zusätzliche Orientierung der Lohnpolitik an diesen Kriterien hat in konkreten konjunkturellen Situationen jedoch mehr oder weniger große Nachteile. Insbesondere bei einer gespannten Arbeitsmarktsituation büßen diese Kriterien schnell an Bedeutung ein. Die Erfahrung hat gelehrt, dass die Arbeitgeber in dieser Situation höhere Löhne bezahlen als in Tarifverträgen vereinbart wurde, d.h. die Unternehmen zahlen über dem Tariflohn liegende Effektivlöhne. Man spricht in diesem Fall von Lohndrift.

Eine **Lohndrift** bringt also zum Ausdruck, dass die Arbeitsmarktlage gespannt sein kann; d.h. die Nachfrage nach Arbeitskräften das Angebot übersteigt. Allerdings kann es für das Unternehmen auch aus anderen Gründen heraus rational sein, freiwillig über die Tarifvereinbarung hinausgehende Lohnzahlungen zu gewähren. So kann beispielsweise eine innerbetriebliche Lohndifferenzierung, die über die von den Tarifverträgen vorgegebene hinausgeht, zu einer Steigerung der Arbeitsmotivation führen. Geht man also davon aus, dass die Arbeitsproduktivität positiv von der Lohnhöhe beeinflusst wird, so stellt der Lohn nicht nur einen Kostenfaktor dar, sondern hat zusätzlich noch eine Anreizfunktion zu besseren Leistungen. In diesem Fall kann die Zahlung von über dem markträumenden Lohnsatz liegenden **Effizienzlöhnen** zu Steigerungen der Arbeitsproduktivität führen. Weitere Argumente zur Rechtfertigung einer derartigen Lohndrift wären beispielsweise, die Arbeitskräfte damit zur Betriebstreue zu animieren und somit die Fluktuationskosten, insbesondere von qualifizierten Arbeitskräften, zu reduzieren, oder die Beschäftigten zu einem erhöhten Arbeitsangebot in Form von Überstunden zu bewegen.

Die adäquate Analyse der makroökonomischen Beschäftigungsmarktsituation verlangt also eine **mikroökonomische Fundierung**, die beispielsweise die Monopolisierung des Marktes wie auch dessen **Segmentierung** nach regionalen, branchenspezifischen und arbeitsqualitativen Besonderheiten berücksichtigt. Dennoch erscheint es sinnvoll, im folgenden Abschnitt in einem ersten Schritt den Zustand eines unreglementierten Marktes bei vollkommener Konkurrenz und homogenem Faktor Arbeit als Analyserahmen zu benutzen, um für Störungen der makroökonomischen Vollbeschäftigung einen theoretischen Referenzpunkt zu gewinnen.

Resümee: Der Arbeitsmarkt in Deutschland weist häufig gleichzeitig Merkmale von Unter- wie Überbeschäftigung auf. Dabei herrscht Arbeitslosigkeit bei einer Vielzahl von offenen Stellen. Eine gesamtwirtschaftliche Arbeitsmarktanalyse als Vorstufe einer Arbeitsmarktpolitik erfordert aufgrund der Besonderheiten des Arbeitsmarktes daher die Verwendung mikroökonomischer Theorien auf disaggregierten Märkten.

Schlüsselwörter: Arbeitsmarkt, Lohnsatz, Arbeitskräftepotential, Arbeitskräftebedarf, Vollbeschäftigungssituation, Dynamik des Arbeitsmarktes, Arbeitsangebot, Arbeitsnachfrage, Matching-Prozess, Arbeitslosigkeit, Mismatch, Lohnstruktur, Lohndifferenzierung, Lohndiskriminierung, Gewerkschaften, Arbeitgeberverbände, Bilaterales Monopol, Reallohn, Produktivität, Lohnquote, Lohndrift, Effizienzlöhne, Mikroökonomische Fundierung, Segmentierung.

2. Produktion und Beschäftigung bei vollkommener Konkurrenz

Wie kann die gesamtwirtschaftliche Arbeitsnachfragefunktion mit Hilfe des Optimierungskalküls begründet werden? Was versteht man unter einem gesamtwirtschaftlichen Arbeitsmarktgleichgewicht? Unter welchen Voraussetzungen garantiert der gleichgewichtige Reallohn stets Vollbeschäftigung? Wie lässt sich eine makroökonomische Güterangebotsfunktion ableiten?

Wir haben in den Kapiteln 3 und 4 die **Arbeitsnachfrage** der Unternehmungen und das Arbeitsangebot der Haushalte auf mikroökonomischem Weg hergeleitet.

Für eine gewinnmaximierende Unternehmung ergab sich die Nachfrage nach Arbeit aus der Optimalbedingung: **Faktorpreis gleich Wertgrenzprodukt.** anders ausgedrückt: Die Arbeitsnachfrage der Unternehmen wird solange ausgedehnt, bis die Kosten des zusätzlichen Arbeiters dem entsprechen, was dieser leistet. Wenn wir nun von der Annahme ausgehen, es gäbe eine makroökonomische Produktionsfunktion

$$(1) \qquad Y = H(N,K)$$

mit N als Beschäftigung, K als Kapitalstock und Y als realem Nettonationaleinkommen, so steckt hierin die Vorstellung, dass sowohl die Beschäftigung N wie auch der Kapitalbestand K entsprechend homogene und messbare Aggregatsgrößen sind. Dass diese Annahme für den Arbeitsmarkt nicht unproblematisch ist, haben wir im letzten Abschnitt deutlich gemacht. Dennoch wollen wir an dieser Stelle weiter von hochaggregierten Variablen ausgehen, da es uns darauf ankommt, die Methode der Gleichgewichtsdarstellung einer Volkswirtschaft zu verdeutlichen, und weniger darauf, ein für ökonometrische Analysen voll taugliches Modell zu entwickeln. Der Verlust an Realitätsnähe wird durch den Gewinn an Strukturklarheit kompensiert. Die uns interessierenden Probleme sind in einem aufwendiger ausgestatteten Makromodell vom Prinzip her die gleichen. Daher ist diese Vorgehensweise aus didaktischen Gründen legitim.

Überdies arbeiten die Deutsche Bundesbank und wie sie eine Vielzahl von Forschungsinstituten mit vergleichbar simplifizierten Produktionsfunktionen für Deutschland. Die damit erstellten Ex-post- und Ex-ante-Prognosen weisen bei bestimmten Fragestellungen dennoch überraschend gute Ergebnisse auf.

Für unsere Zwecke können wir die Produktionsfunktion (1) sogar noch stärker vereinfachen, indem wir den produktiven Kapitalbestand K als kurzfristig konstant betrachten und uns auf die abgeleitete Produktionsfunktion

$$(2) \qquad Y = F(N), \qquad\qquad F' > 0, F'' < 0$$

beschränken, die sich bei konstantem Kapitalbestand aus

$$F(N) \equiv H(N,K), \qquad\qquad K = \overline{K}$$

ergibt. Diese Formulierung besagt nicht etwa, dass die Einflussgröße Kapital keine Rolle spielt, sondern dass sie im betrachteten Zeitabschnitt konstant ist. Somit kann in kurzer Frist die Produktion nur über den Beschäftigungseinsatz N variiert werden.

Verwenden wir in der Gewinnmaximierungshypothese der Unternehmungen das Outputaggregat F, so lässt sich analog zur mikroökonomischen Analyse von Teil II die **gesamtwirtschaftliche Arbeitsnachfragefunktion** aus der Lösung des Gewinnmaximierungsproblems

$$(3) \qquad \pi = PF(N) - wN$$

ableiten. Die notwendige und wegen $F'' < 0$ auch hinreichende Optimalbedingung lautet

$$(4) \qquad w/P = F'.$$

Im Gewinnmaximum entspricht also das physische Grenzprodukt dem Reallohnsatz oder alternativ: Der Nominallohnsatz ist gleich dem Wertgrenzprodukt.

Die Abbildung 10.1 verdeutlicht, wie aus dieser Optimalbedingung die Beschäftigungsnachfragefunktion abgeleitet werden kann.

Abbildung 10.1: *Optimale Arbeitsnachfrage*

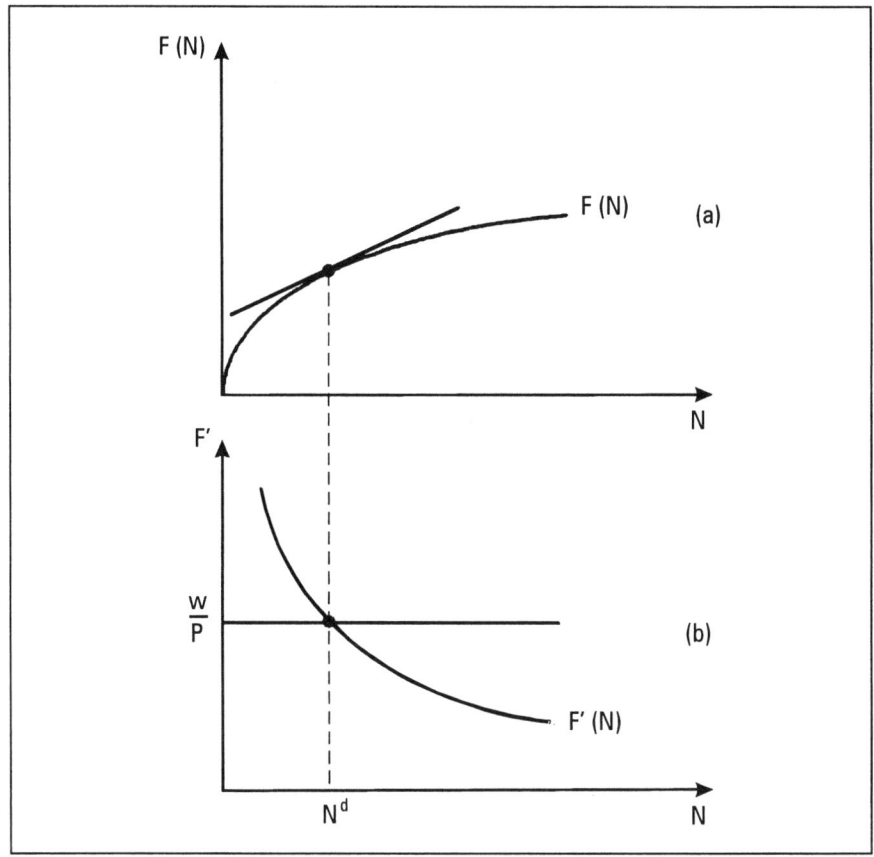

Weil die Produktionsfunktion F eine abnehmende Steigung hat, ist die Kurve der Grenzproduktivität F' monoton fallend mit zunehmendem Beschäftigungseinsatz. Das entspricht auch der ökonomischen Intuition für den gesamtwirtschaftlich relevanten Bereich der Produktionsfunktion; die marginale Produktivität des Faktors nimmt ab, je mehr Arbeit im Produktionsprozess eingesetzt ist. Dies könnte auch damit erklärt werden, dass bei ökonomisch rationalem Verhalten gemäß dem ökonomischen Prinzip die erste Arbeitsstunde auf jene Tätigkeit verwendet wird, die den höchsten Ertrag stiftet. Schon die zweite Arbeitsstunde erbringt einen geringeren Produktionszuwachs und jede weitere einen noch geringeren.

Ist mithin der Reallohn w/P groß, wird im Optimum wenig Arbeit N nachgefragt und vice versa. Dies zeigt (b), wenn wir w/P variieren. Diese Beziehung können wir als vom Reallohn abhängige und monoton fallende **Arbeitsnachfragefunktion** $N^d(w/P)$ mit $N^{d\prime} < 0$ abbilden.

Auf der anderen Seite kann eine mit dem Reallohn monoton steigende **Arbeitsangebotsfunktion** $N^s(w/P)$ mit $N^{s\prime} > 0$ völlig analog zur Vorgehensweise im mikroökonomischen Teil begründet werden. Ein steigender Reallohn erhöht also ceteris paribus den Grenznutzen einer zusätzlichen Arbeitseinheit, weil mit jeder Arbeitseinheit jetzt mehr Güter gekauft werden können. Das **Arbeitsmarktgleichgewicht** ergibt sich als Schnittpunkt beider Kurven. Dies zeigt Abbildung 10.2.

Abbildung 10.2: *Arbeitsmarktgleichgewicht*

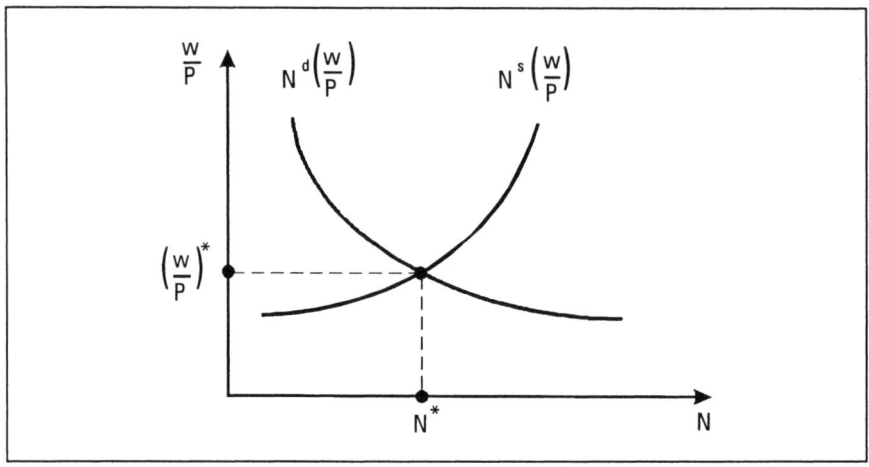

Ist das Arbeitsmarktgleichgewicht bekannt, so sind es auch das Vollbeschäftigungsniveau N^* und die zu N^* gehörige Vollbeschäftigungsproduktion

$$Y^* = F(N^*).$$

Damit ist auch das **Güterangebot** Y^s bei Gleichgewicht auf dem Arbeitsmarkt eindeutig bestimmt mit

$$(5) \qquad Y^s = F(N^*).$$

Die Abbildung 10.3 zeigt, wie das Güterangebot graphisch bestimmt werden kann.

Entscheidend ist also nur der Reallohnsatz. Diese Unabhängigkeit vom Nominallohn bezeichnen wir als **Freiheit von Geldillusion**. Das bedeutet, dass nicht die nominale Entlohnung, sondern die Kaufkraft des Lohnes die Arbeitsmarktentscheidungen bestimmt.

Abbildung 10.3: *Güterangebot*

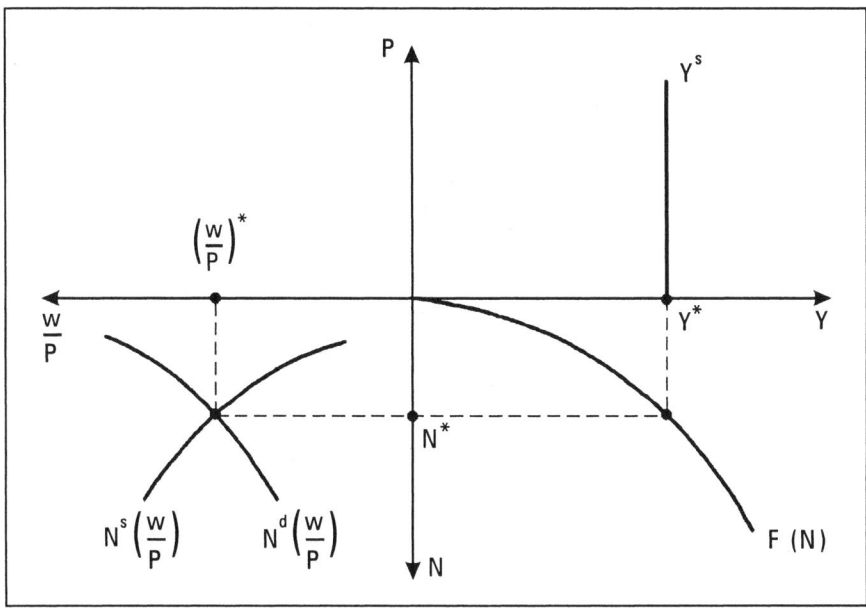

Das Vollbeschäftigungsniveau N^* und der dazu gehörige gleichgewichtige Reallohn $(w/P)^*$ ergeben sich aus der Forderung, dass die Arbeitsnachfrage mit dem Arbeitsangebot übereinstimmt. Allein beim Reallohn $(w/P)^*$ wird jede Arbeitsnachfrage erfüllt, und jedes Arbeitsangebot kann auch tatsächlich abgesetzt werden, d.h. die Pläne der Haushalte und Unternehmen sind miteinander kompatibel. Hiermit ist allerdings nicht die Frage beantwortet, was bei einer Abweichung des Reallohnes von $(w/P)^*$ geschieht. Innerhalb des hier dargestellten (klassisch-neoklassischen) Modells herrscht stets eine Tendenz zum **gleichgewichtigen Vollbeschäftigungsreallohn** $(w/P)^*$. Dies soll an einem kurzen Beispiel dargestellt werden. Liegt der tatsächliche Reallohn oberhalb von $(w/P)^*$, so bedeutet dies beim gegebenen Preisniveau einen zu hohen Nominallohn, was wiederum einen Angebotsüberschuss (Arbeitslosigkeit) induziert. In diesem Modell wird nun davon ausgegangen, dass es in diesem Fall Arbeitslose gibt, die auch bereit sind, zu einem geringeren Nominallohn zu arbeiten und damit die Erwerbstätigen unterbieten. Ebenso können die Arbeitgeber in dieser Situation eines Angebotsüberschusses eine Nominallohnsenkung durchsetzen. Beides führt bei gegebenem Preisniveau zu einer Senkung des Reallohnes, und zwar solange, bis $(w/P)^*$ erreicht ist. Für den Fall, dass die Nachfrage das Angebot übersteigt, führt dies mit gleicher Logik zu einer Reallohnerhöhung. Voraussetzung für derartige Anpassungsprozesse ist freilich die Abwesenheit institutioneller Hemmnisse, wie sie durch Kartelle und Absprachen (z.B. Gewerkschaften und Arbeitgeberverbände) bestehen.

Das Güterangebot wird vom Arbeitsmarkt her über die Produktionsfunktion bestimmt und hängt damit allein vom Reallohn ab, der in diesem Modell stets dem gleichgewichtigen Vollbeschäftigungsreallohn $(w/P)^*$ entspricht. Da sich der Nominallohn annahmegemäß bei Preisveränderungen sofort friktionslos anpaßt, beeinflusst eine Änderung des Preisniveaus den Reallohn **nicht**. Damit ist auch das Güterangebot vom Preisniveau unabhängig und weist damit einen senkrechten Verlauf auf.

Resümee: Über eine makroökonomische Produktionsfunktion kann mittels der Gewinnmaximierung eine makroökonomische, fallende Arbeitsnachfragefunktion begründet werden. Mit der Annahme einer mit dem Reallohn steigenden Arbeitsangebotsfunktion lassen sich das Arbeitsmarktgleichgewicht und damit die Vollbeschäftigungssituation beschreiben. Die Produktion bei Vollbeschäftigung ist gleichzeitig das Güterangebot. Die Güterangebotsfunktion ist in der P-Y-Darstellung eine Vertikale. Denn bei Freiheit von Geldillusion ist nicht der Güterpreis P, sondern der Reallohn w/P die entscheidende Arbeitsmarktvariable.

Schlüsselwörter: Arbeitsnachfrage, Faktorpreis, Wertgrenzprodukt, Arbeitsnachfragefunktion, Arbeitsangebotsfunktion, Arbeitsmarktgleichgewicht, Güterangebot, Freiheit von Geldillusion, Gleichgewichtiger Vollbeschäftigungsreallohn.

3. Asymmetrische Informationen auf dem Arbeitsmarkt

Wie lässt sich die Annahme asymmetrischer Informationen für den Arbeitsmarkt begründen? Welche Idee liegt den Hypothesen der adaptiven und rationalen Erwartungen zugrunde, und wie ist ihre praktische Relevanz zu beurteilen?

Sind die Reallöhne bzw. bei gegebenem Preisniveau die Nominallöhne genügend flexibel, gibt es, wie wir gesehen haben, stets ein Arbeitsmarktgleichgewicht und ein Güterangebot bei Vollbeschäftigung.

Wir können diese Annahme auch so interpretieren, dass den Haushalten und Unternehmungen die Nominallöhne w und das Güterpreisniveau P bei ihrer Entscheidungsfindung vollständig, kostenlos und ohne Zeitverzögerung bekannt sind. Für das Modell der vollkommenen Konkurrenz ist die Annahme der **vollständigen Information** ein zentraler Aspekt.

Ein Haushalt kennt bei seiner Arbeitsangebotsentscheidung den Nominallohn. Dieser ist z.B. aufgrund von Tarifverträgen fest vorgegeben, kann nicht unterschritten werden und ist zumindest für eine kürzere Frist für alle Arbeitsanbieter ein Datum.

Kann ein Haushalt aber das richtige Güterpreisniveau antizipieren?

Dies ist selbst für eine kürzere Frist eher unwahrscheinlich, so dass es sinnvoll erscheint anzunehmen, dass in die Arbeitsangebotsentscheidung ein sich nicht unbedingt mit dem tatsächlichen Preisniveau P deckendes, erwartetes Preisniveau P^e eingeht. Somit wird das Arbeitsangebot gemäß der Hypothese

$$(6) \qquad\qquad N^s = N^s\,(w/P^e), \qquad\qquad N^{s\prime} > 0$$

gebildet.

Für die Unternehmungen stellt sich dieses Informationsproblem so nicht. Sie kennen das Güterpreisniveau, weil sie es selbst beeinflussen können, und den Nominallohn, weil sie als einer der beiden Tarifpartner an den Lohnverhandlungen beteiligt sind. Die Annahme der vollständigen Information auf seiten der Unternehmungen ist bewusst ein wenig überspitzt formuliert. Worauf es uns ankommt, ist zu zeigen, inwiefern **asymmetrische Informationen** die Arbeitsmarktanalyse beeinflussen. Und in einem solchen Szenario sind Haushalte sicherlich die weniger gut informierten Wirtschaftssubjekte. Ergo ergibt sich das Arbeitsmarktgleichgewicht gemäß der Gleichgewichtsbedingung

$$(7) \qquad\qquad N^d(w/P) = N^s(w/P^e).$$

Antizipieren die Haushalte mit $P^e = P$ das tatsächliche gesamtwirtschaftliche Preisniveau, haben wir die in Abschnitt 2 beschriebene Vollbeschäftigungskonstellation. Ist ihre Prognose nicht richtig, weil die Güterpreise schneller als angenommen steigen, ist der für die Arbeitsnachfrageentscheidung der Unternehmungen relevante, tatsächliche Reallohnsatz

$$w/P < w/P^e$$

kleiner als der von den Haushalten antizipierte. War w/P^e der in der Ausgangssituation gleichgewichtige Reallohnsatz bei einem Vollbeschäftigungsniveau N^*, werden gewinnmaximierende Unternehmungen nun mehr Beschäftigung einsetzen als vorher. Mit anderen Worten: **Das Güterangebot steigt mit steigendem Preisniveau P**.

Nun werden Haushalte ihren Irrtum mit einer zeitlichen Verzögerung korrigieren. Solange sie dies aber nur auf der Basis der Ex-post-Informationen machen, gibt es solange einen Erwartungsirrtum, wie das Güterpreisniveau sich ändert.

Es ist einsichtig, dass dieser Prozess und damit die Anpassungen des gesamtwirtschaftlichen Beschäftigungsniveaus und des Güterangebotes nur dann verläßlich beschrieben werden können, wenn Hypothesen über die Erwartungsbildung zugrunde gelegt werden.

In der modernen Arbeitsmarkttheorie ist dies ein wichtiges Thema. An dieser Stelle wollen wir nur zwei besonders zentrale Hypothesen nennen: die der rationalen Erwartungen und die der adaptiven Erwartungen.

Unterstellt man **rationale Erwartungen**, so geht man davon aus, dass alle am Wirtschaftsprozess beteiligten Wirtschaftssubjekte das "richtige" ökonomische Modell kennen und sich nicht systematisch irren können. Ergo gilt $P^e = P$, und damit gibt es keine Abweichungen vom Vollbeschäftigungsgüterangebot $Y^s = F(N^*)$.

Unterstellt man dagegen **adaptive Erwartungen** auf Seiten der Haushalte, so werden diese zwar ihren Irrtum korrigieren. Die Korrektur erfolgt aber derart, dass in der Prognose des zukünftigen Preisniveaus zu einem bestimmten Prozentsatz der Erwartungsirrtum der Vorperiode berücksichtigt wird. Solange dieser Prozentsatz fest bleibt, gibt es einen systematischen Prognosefehler. Da man diesen nicht schlüssig mit dem Rationalverhalten der Haushalte in Einklang bringen kann, hat die Hypothese der adaptiven Erwartungen in den letzten Jahren an Attraktivität verloren. Dennoch ist sie aber durchaus als Grundlage kurz- bis mittelfristiger Prognosebildungen brauchbar. Sie ist selbst für längerfristige Prognosehypothesen nützlich, wenn es gelingt, den Prozentsatz des in der Prognose berücksichtigten Erwartungsirrtums zu endogenisieren oder ökonomisch plausibel sektoral zu differenzieren.

Resümee: Schwächt man einzelne Annahmen des Modells der vollkommenen Konkurrenz ab, so kann man die Ergebnisse der Arbeitsmarktanalyse mit empirischen Tatbeständen in Einklang bringen. Dennoch ist als Referenzrahmen die Theoriebildung der "kompetitiven Makroökonomie" unerläßlich.

Schlüsselwörter: Asymmetrische Informationen, Rationale und Adaptive Erwartungen.

4. Schlussbemerkung

Für eine wirkungsvolle wirtschaftspolitische **Therapie** gesamtwirtschaftlicher Fehlentwicklungen ist eine grundlegende theoretische **Diagnose** unumgänglich. Hier kommt in der makroökonomischen Analyse aufgrund der Besonderheiten des Arbeitsmarktes der **mikroökonomischen Fundierung** des Arbeitsmarktes ein besonderer Stellenwert zu.

Wir haben in diesem Kapitel zunächst als Referenzszenario die Bedingungen für ein Arbeitsmarktgleichgewicht in einer kompetitiven Ökonomie aufgezeigt. Kennen wir ein solches, so können wir die Güterangebotsentscheidungen der Unternehmungen gesamtwirtschaftlich begründen. Damit haben wir den noch fehlenden Baustein zur Ergänzung des makroökonomischen Nachfragemodells des vorangegangenen Teils III gefunden.

Da wir wissen, dass gerade der Arbeitsmarkt auf vielfältige Weise die Bedingungen der vollkommenen Konkurrenz nicht erfüllt, haben wir am Beispiel der asymmetrischen Information aufgezeigt, wie man solche Marktunvollkommenheiten in den theoretischen Rahmen eines kompetitiven Makromodells integrieren kann.

Auf die gleiche Weise könnte man mit einer Fülle anderer Arbeitsmarktrigiditäten wie gewerkschaftlichen Mindestlöhnen oder konstanten und temporär nicht markträumenden Preisen verfahren. Dies würde aber den Rahmen dieses Buches sprengen.

Fragen und Aufgaben zum 10. Kapitel

1. Durch welche Besonderheiten ist der Arbeitsmarkt in Deutschland gekennzeichnet, und welche Auswirkungen hat dies auf die Koordinierungsfunktion des Arbeitsmarktes?

2. Wie wird die gesamtwirtschaftliche Güterangebotsfunktion abgeleitet und wie erklärt sich ihr senkrechter Verlauf (im Modell der vollkommenen Konkurrenz)?

3. Unter welchen Voraussetzungen kommt es zu einem stabilen Vollbeschäftigungsgleichgewicht auf dem Arbeitsmarkt? In welcher Weise verändern sich die Ergebnisse bei Berücksichtigung von Informationsasymmetrien?

4. *Aufgabe:

   a) Diskutieren Sie die Entwicklung der Arbeitsmarktsituation in Deutschland, und

   b) nennen Sie mögliche Gründe für die derzeitige hohe und persistente Arbeitslosigkeit.

Literatur zum 10. Kapitel

Eine leicht verständliche Einführung in die Arbeitsökonomik, die keine wirtschaftswissenschaftlichen Vorkenntnisse voraussetzt, findet sich bei

Franz, Wolfgang. Der Arbeitsmarkt. Eine ökonomische Analyse. BI-Taschenbuchverlag. Mannheim 1993.

Ökonomisch anspruchsvollere Darstellungen über den Stand der Arbeitsmarktforschung sind enthalten in

Franz, Wolfgang. Arbeitsmarktökonomik. Vierte Auflage. Springer Verlag. Berlin u.a.O. 1999.

und

Layard, Richard; Nickell, Stephen; Jackman, Richard. Unemployment, Macroeconomic Performance and the Labour Market. Oxford University Press. Oxford 1991.

Eine neuere umfassende Darstellung zur Arbeitsnachfrage findet sich bei

Hamermesh, Daniel S. Labor Demand. Princeton University Press. Princeton 1993.

Eine ausführliche Darstellung von Arbeitsangebotsmodellen und den Methoden ihrer ökonometrischen Überprüfung ist enthalten in

Killingsworth, Mark R. Labor Supply. Cambridge University Press. Cambridge 1983.

Lehrbuchdarstellungen über den Arbeitsmarkt und den damit verbundenen Problemen finden sich in sehr vielen Gesamtdarstellungen der Volkswirtschaftslehre, insbesondere in den Lehrbüchern zur Makroökonomik:

Felderer, Bernhard; Homburg, Stefan. Makroökonomik und neue Makroökonomik. Siebte Auflage. Springer Verlag. Berlin u.a.O. 1999.

Westphal, Uwe. Makroökonomik: Theorie, Empirie und Politikanalyse. Zweite Auflage. Springer Verlag. Berlin u.a.O. 1994.

Barro, Robert J. Makroökonomie. Dritte Auflage. R. Oldenbourg Verlag. München u.a.O. 1992.

Dornbusch, Rudiger; Fischer, Stanley; Startz, Richard. Makroökonomik. Sechste Auflage. R. Oldenbourg Verlag. München u.a.O. 1995.

Kapitel 11
Das allgemeine KEYNESianische Modell: Die neoklassische Synthese

Kapitel 11 Das allgemeine KEYNESianische Modell: Die neoklassische Synthese

1. Das Vollbeschäftigungsgleichgewicht

> Was versteht man unter der neoklassischen Synthese? Über welchen Transmissionsmechanismus wird im Allgemeinen KEYNESianischen Modell dauerhafte Vollbeschäftigung begründet?

In diesem Kapitel wollen wir das in KEYNESianischer Tradition entwickelte Makromodell von Teil III mit dem im letzten Kapitel analysierten Beschäftigungsaspekt verknüpfen. Damit bekommt neben der im KEYNESianischen Nachfragemodell im Vordergrund stehenden **Güternachfrage** auch das aus unternehmerischen Produktionsentscheidungen resultierende **Güterangebot** einen eigenen Stellenwert. Das ist der Grund, warum diese Totalanalyse von Nachfrage- und Angebotssektor in der Literatur auch als **neoklassische Synthese** bezeichnet wird. Denn beide ökonomischen Denktraditionen, die auf die **effektive Nachfrage** setzende KEYNESianische Sicht und die ausschließlich auf die Bestimmungsgründe des **Güterangebotes** abstellende, ältere, **klassisch-neoklassische** Denkweise à la ADAM SMITH stehen nun nicht mehr gegeneinander, sondern erhalten durch ihre Synthese einen neuen, eigenständigen Erklärungswert.

Wir wollen im Folgenden auf alle mathematischen Verfeinerungen verzichten und die graphische Exposition in den Vordergrund stellen.

Wenn wir uns erinnern, dass aus dem IS-LM-Modell das Nachfragegleichgewicht Y^d abzuleiten war, und aus dem Arbeitsmarkt und der Produktionsfunktion das Angebot Y^s resultierte, so liegt es nahe, die beiden graphischen Darstellungen miteinander zu kombinieren: das "neoklassische Fadenkreuz" und das IS-LM-Diagramm.

Die Abbildung 11.1 verdeutlicht das Gleichgewicht bei Vollbeschäftigung des in "Bildern geronnenen" **allgemeinen KEYNESianischen Modells**. Sie beinhaltet im Quadranten V das Gleichgewicht im Nachfragemodell (Güter- und Geldmarktgleichgewicht) und die daraus ableitbare Nachfragekurve Y^d im Quadranten IV. Als zweites Herzstück enthält sie im Quadranten II die Darstellung des Arbeitsmarktgleichgewichtes bei Vollbeschäftigung N^*.

Abbildung 11.1: *Vollbeschäftigung im allgemeinen KEYNESianischen Modell*

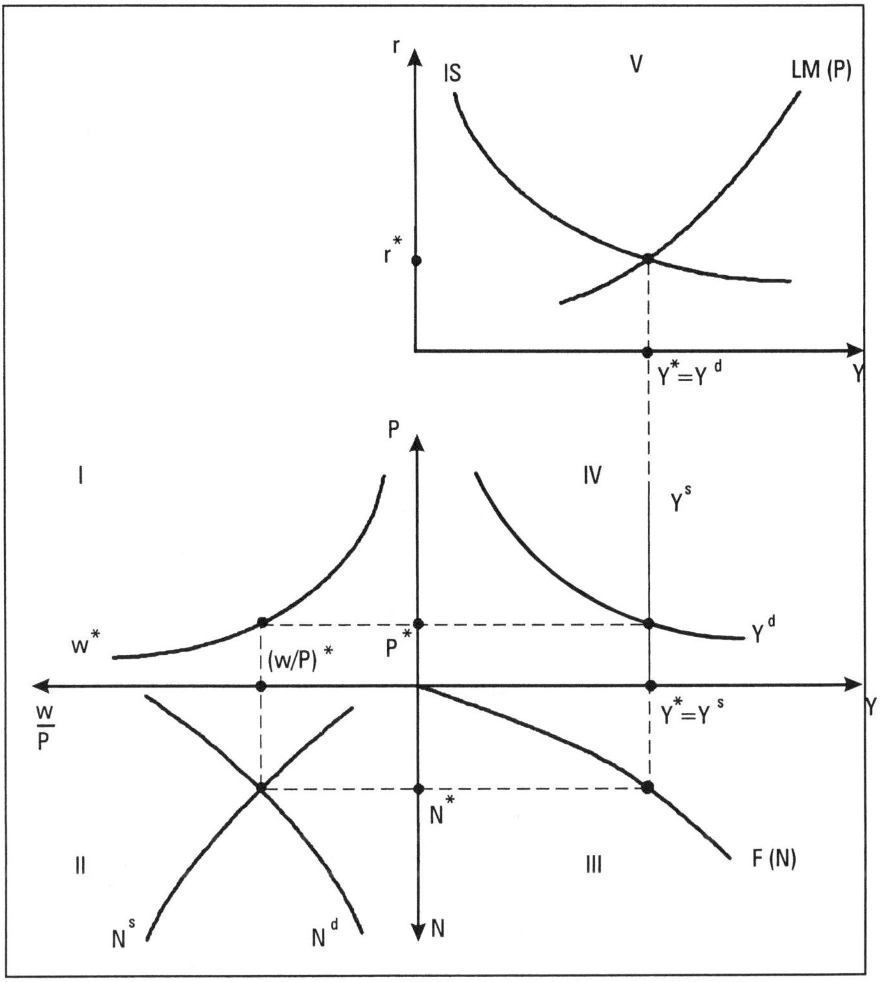

Über die Produktionsfunktion im Quadranten III resultiert das Güterangebot

Y^s bei Vollbeschäftigung. Beim Preisniveau P^* stimmen Güterangebot und Güternachfrage überein. P^* können wir also als **gleichgewichtiges Güterpreisniveau** bezeichnen.

Da uns das Arbeitsmarktgleichgewicht im Quadranten II den **gleichgewichtigen Reallohn** $(w/P)^*$ an-zeigt, ist somit auch ein gleichgewichtiger Nominallohn w^* eindeutig bestimmt. Aufgrund der Identität

$$w = (w/P)P$$

liegt w^* auf dem Ast einer Hyperbel in den Variablen (w/P) und P. Sind beide Variablenniveaus bekannt, ist die Hyperbel eindeutig bestimmt.

In unserem makroökonomischen Totalmodell gibt es also ein gesamtwirtschaftliches Gleichgewicht, in welchem alle Planungen der Angebots- und Nachfrageseite übereinstimmen. Das Güterangebot bei Vollbeschäftigung wird auch nachgefragt, oder anders, die effektive Nachfrage ist gleich dem gewinnmaximalen Güterangebot. Bei den hier angenommenen "normalen" Kurvenverläufen existiert ein solches **Vollbeschäftigungsgleichgewicht** immer und ist sogar eindeutig. Wir wissen aber, dass die ökonomische Realität durch alles andere als Vollbeschäftigung gekennzeichnet ist. Daher ist die eigentlich interessante Frage die, ob und wie dies in unserem Totalmodell abbildbar ist.

Bevor im nächsten Abschnitt dieser Frage nachgegangen wird, wollen wir uns überlegen, welcher ökonomische Mechanismus dieses Gleichgewicht bei Vollbeschäftigung zustande bringt. Verstehen wir diesen, so erleichtert uns dies die Erklärung und das Verständnis der eigentlich relevanten Ungleichgewichtssituation bei Arbeitslosigkeit.

Eine zentrale Rolle in dem **Transmissionsmechanismus** zwischen Angebot und Nachfrage spielt das gesamtwirtschaftliche Preisniveau P. Gehen wir in Abbildung 11.2 einmal davon aus, dass die effektive Nachfrage in der mit "0" indizierten Ausgangssituation als **kürzere Marktseite** mit $Y^d < Y^s$ das Güterangebot dominiert.

Nehmen wir ferner an, der Reallohn auf dem Arbeitsmarkt entspräche stets dem gleichgewichtigen Reallohn $(w/P)^*$. Setzt sich nun die kürzere Marktseite durch, und passen sich die Unternehmen durch Beschäftigungs- und Produktionseinschränkung der geringeren effektiven Nachfrage an? Nein, sie senken das Güterpreisniveau P_0 auf P^* und stimulieren dadurch die mangelnde Nachfrage und führen die Ökonomie ins Vollbeschäftigungsgleichgewicht.

Bezüglich der Entwicklung des Reallohnes ist folgendes zu beobachten: Ausgehend von dem annahmegemäß gleichgewichtigen Reallohn (w_0/P_0) führt eine Preisniveausenkung zu einer Erhöhung des Reallohnes. Dies induziert einen Angebotsüberschuss (Arbeitslosigkeit). Vorausgesetzt, dass keine institutionellen Hemmnisse existieren, bewirkt dies eine sofortige, d.h. friktionslose Senkung des Nominallohnes auf w^*, so dass sich beim neuen Preisniveau P^* ein gleichgewichtiger Reallohn (w^*/P^*) einspielt.

Nehmen wir nun an, dass bei einem Ausgangspreisniveau P_0 auch der Reallohn größer als mit dem Arbeitsmarktgleichgewicht vereinbar ist, da der Nominallohn w'_0 zu hoch ist. In diesem Fall würde ein Preisniveaurückgang allein nicht ausreichen, die Lücke zwischen Y^d und Y^s zu schließen. Bei einem Preisniveau P_0 und einem Nominallohn w'_0 würden die Unternehmungen die Beschäftigung in der Höhe N_0 einsetzen und die Produktion Y_0 anbieten. Damit wären zwar Güter- und Geldmarkt geräumt, der zu hohe Reallohn würde aber Vollbeschäftigung auf dem

Arbeitsmarkt verhindern. Ergo müsste bei diesem Szenario eine Lohnpolitik der Nominallohnsenkung (von w'_0 auf w^*) Hand in Hand gehen mit einer Güterpreissenkung der Unternehmungen (von P_0 auf P^*). Beides gemeinsam sichert das gesamtwirtschaftliche Gleichgewicht bei Vollbeschäftigung.

Abbildung 11.2: *Anpassung der effektiven Nachfrage*

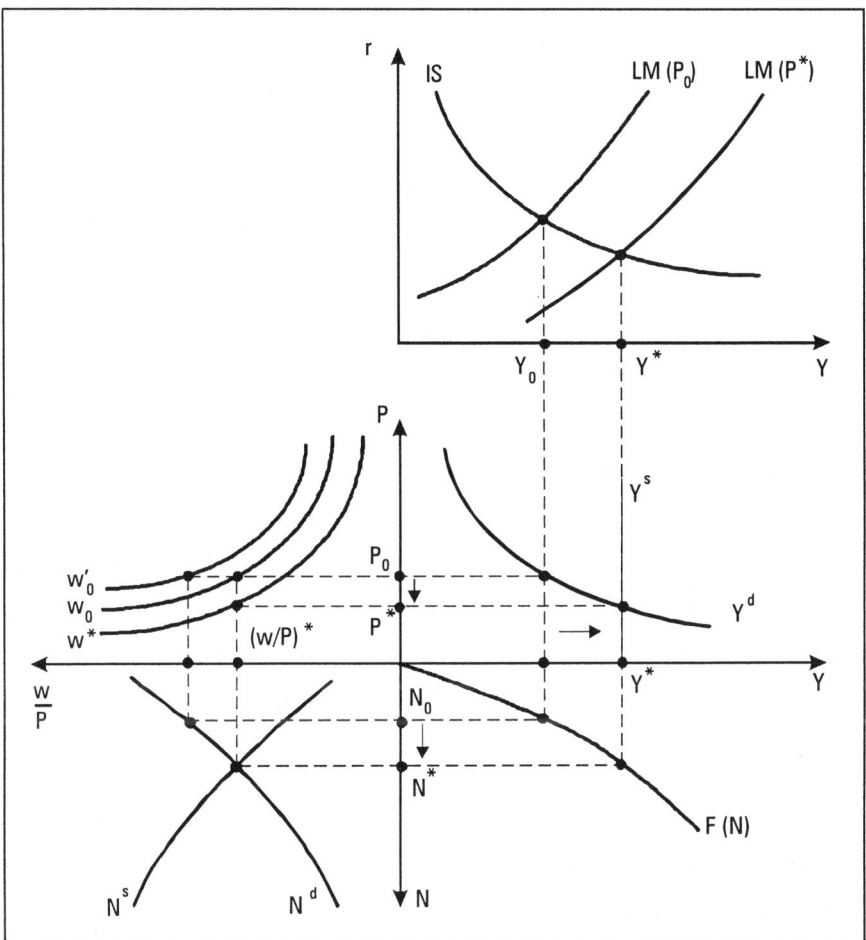

Graphisch sind diese Effekte des Transmissionsmechanismus zwischen Güterangebot und -nachfrage leicht nachvollziehbar. Eine Senkung des Preisniveaus verschiebt, wie wir wissen, die LM-Kurve nach rechts, bis bei einem Preisniveau $P^* < P_0$ Güterangebot und Güternachfrage übereinstimmen. Wie ist die ökonomische Interpretation? Ein sinkendes Preisniveau erhöht bei konstanter nominaler Geldmenge M die Realkasse M/P. Eine Angleichung der realen Geldnachfrage an die neue, höhere reale Geldmenge der Volkswirtschaft verlangt sinkende Zinsen auf dem Geldmarkt und Wertpapiermarkt. Sinkende Zinsen erhöhen aber die Investitionsnachfrage und damit die effektive Nachfrage auf dem Gütermarkt.

Preisniveausenkungen haben somit reale Gütermarkteffekte. Diese wichtige Kausalbeziehung zwischen **Preisniveau** und **effektiver Nachfrage** bezeichnet man in der Literatur als KEYNES-**Effekt**. Immer, wenn dieser wirkt oder wirken kann, sind also Unterbeschäftigungssituationen mit Beharrungsvermögen in der Logik des allgemeinen KEYNESianischen Modells ausgeschlossen. Nun ist es einsichtig, welche Begründungszusammenhänge für Unterbeschäftigungssituationen von Bedeutung sind: Wir müssen an den Ursachen der Unwirksamkeit des KEYNES-Effektes ansetzen. Das ist Thema des nächsten Abschnittes.

Resümee: Im Allgemeinen KEYNESianischen Modell werden die ökonomischen Bedingungen für ein Gleichgewicht bei Vollbeschäftigung präzisiert. Funktioniert der als KEYNES-Effekt bezeichnete Transmissionsmechanismus zwischen Preisniveau und effektiver Nachfrage, herrscht stets Vollbeschäftigung.

Schlüsselwörter: Güternachfrage, Güterangebot, Neoklassische Synthese, Allgemeines KEYNESianisches Modell, Vollbeschäftigungsgleichgewicht, Transmissionsmechanismus, Kürzere Marktseite, KEYNES-Effekt.

2. Das Unterbeschäftigungsgleichgewicht

Weshalb kann es im Falle der Investitions- und Liquiditätsfalle zu stabilen Unterbeschäftigungsgleichgewichten kommen? In welcher Weise führen rigide Preise zu Unterbeschäftigungsgleichgewichten mit Beharrungsvermögen?

Wir wollen drei typische Szenarien für Arbeitslosigkeit im Allgemeinen KEYNESianischen Modell diskutieren: die sogenannte Investitionsfalle, die durch Gütermarktrigiditäten entsteht, die sogenannte Liquiditätsfalle, die auf Geldmarktrigiditäten beruht und die Inflexibilität von Preisen.

Die beiden ersten Situationen verstehen wir, wenn wir uns an einem Bild klarmachen, wie die IS- und die LM-Kurve beschaffen sein müssen, damit der KEYNES-Effekt nicht wirksam werden kann.

Im Fall (a) sprechen wir von der **Investitionsfalle**, da die Gütermarktkurve eine Vertikale ist. Das bedeutet, dass die **Investitionsnachfrage**, beispielsweise aufgrund sehr pessimistischer Erwartungen seitens der Investoren bezüglich der Güternachfrage, **zinsunelastisch** ist. Damit ist die Übertragung der Preisniveausenkung vom Geld- auf den Gütermarkt verhindert, d.h. der KEYNESsche Transmissionsmechanismus funktioniert nicht. In diesem Fall hat eine durch eine Preisniveausenkung induzierte Zinssenkung keine Auswirkung auf die Investitionsnachfrage, da diese annahmegemäß auf Zinsänderungen nicht reagiert. Die Kette des KEYNES-Effektes wird also an dieser Stelle unterbrochen. Die deflatorischen

Entwicklungen haben keine positive expansive Wirkung auf die effektive Nachfrage Y^d. Die gesamtwirtschaftliche Nachfragekurve ist eine Vertikale im P-Y-Orthanten des Fadenkreuzdiagramms. Falls gilt, dass die effektive Nachfrage unzureichend ist, d.h. geringer als die Vollbeschäftigungsproduktion, werden die Unternehmungen ihre Produktion soweit zurücknehmen, bis das Güterangebot der effektiven Nachfrage entspricht, wenn wir von denkbaren Lagerhaltungsaufstockungen absehen.

Abbildung 11.3: *Investitions- und Liquiditätsfalle*

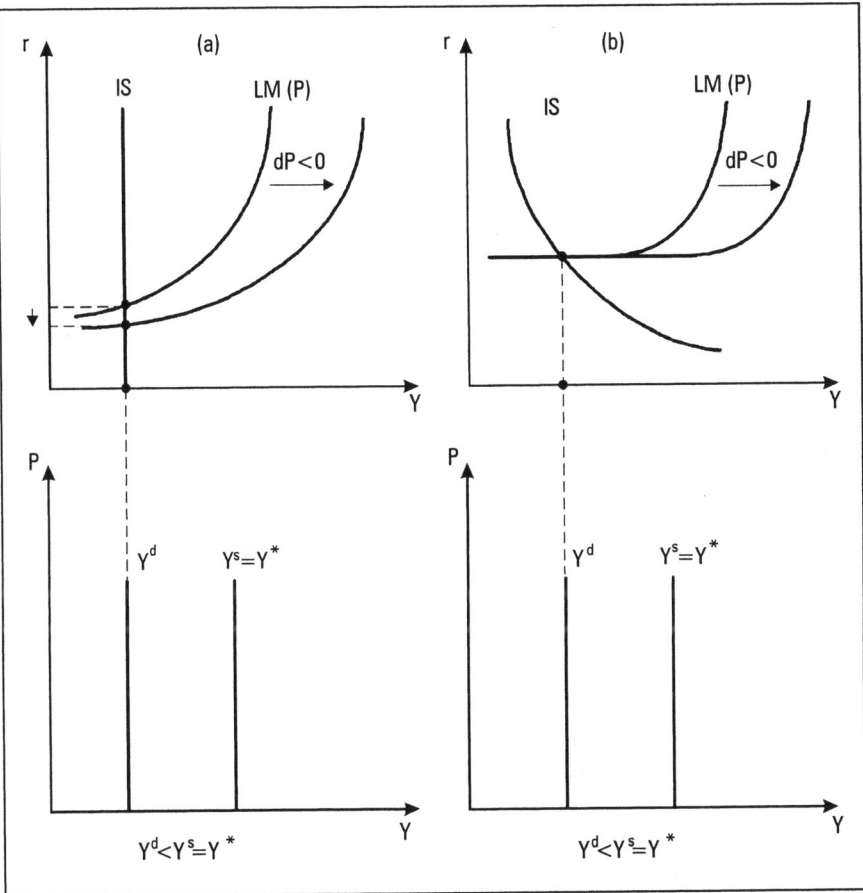

Das Ergebnis ist **Arbeitslosigkeit**, wie wir uns aus der Übertragung von Abbildung 11.3 in Abbildung 11.2 leicht klarmachen können. Die Ursache liegt in der mangelnden effektiven Nachfrage, die selbst durch eine Preissenkung nicht hinreichend stimuliert werden kann. Wenn wir hier von "hinreichend" sprechen, so soll damit ausgedrückt werden, dass das obige Szenario eine Extremsituation kennzeichnet. Arbeitslosigkeit auf mittlere Frist wäre auch dann das Ergebnis, wenn Investitionen zwar zinselastisch reagierten, die Zinselastizität jedoch sehr gering ausfiele.

Im Fall (b) der **Liquiditätsfalle** folgt das gleiche Resultat, die Ursachen liegen jedoch woanders. Die Investitionen sind zinselastisch, und die IS-Kurve hat einen "normalen" Verlauf. Im Schnittpunkt von IS- und LM-Kurve ist der Zinssatz sehr niedrig. Er ist so niedrig, dass die Geldnachfrager Zinserhöhungen und Kursverluste bei festverzinslichen Wertpapieren erwarten. Eine Ausdehnung der realen Geldmenge M/P durch Senkung des Preisniveaus P veranlasst infolgedessen die Geldnachfrager, ihre **Spekulationskasse** aufzufüllen, anstatt die überschüssigen Mittel für Wertpapiernachfrage zu verwenden. Der Anteil der einkommensabhängigen Transaktionskasse an der gesamten Geldnachfrage wird also immer geringer. Dies führt dazu, dass die Gesamtgeldnachfrage auf Einkommensänderungen nur relativ schwach, im Extremfall gar nicht reagiert. In diesem Extremfall einer **vollkommen zinselastischen Geldnachfrage**, d.h. einer horizontalen LM-Kurve, bleibt nichts für die Transaktionskasse übrig. Herrscht nun auf dem Gütermarkt ein Angebotsüberschuss, so bewirken die dadurch induzierten Preisniveausenkungen keine Zinssenkungen, da die Rechtsverschiebung der LM-Kurve außerhalb des relevanten Bereichs liegt. Somit ist auch in diesem Fall der KEYNES-Effekt unterbrochen, da weitere Zinssatzsenkungen ausbleiben. Ergo gibt es auch keine Übertragung auf den Gütermarkt via Stimulierung der Investitionsnachfrage. Die effektive Nachfrage Y^d bleibt unverändert niedrig. Die Konsequenz ist demnach dieselbe wie im Fall (a) der Investitionsfalle: ein **Unterbeschäftigungsgleichgewicht** mit Beharrungsvermögen.

Dass für die hier beschriebenen Fälle (a) und (b) das Unterbeschäftigungsgleichgewicht wirklich **dauerhaft** sein kann und für eine Erklärung von Arbeitslosigkeit auf lange Frist ausreicht, muss jedoch bezweifelt werden, denn es sind andere Kanäle denkbar, über welche Preisniveaueffekte auf den Gütermarkt durchschlagen.

Ein Beispiel dafür ist der sogenannte **PIGOU-Effekt**. Wenn man annimmt, dass die Konsumnachfrage nicht nur vom Einkommen, sondern auch von der Vermögenslage abhängt und c.p. auch mit steigendem Realvermögen wächst, so haben Preisniveauänderungen direkte Gütermarkteffekte. Betrachten wir die Kassenhaltung der Haushalte und damit die Geldmenge M als Finanzvermögen des privaten Sektors, so ist es plausibel und auch durch ökonometrische Untersuchungen gestützt, dass die Erhöhung der realen Kasse M/P und damit des Finanzvermögens c.p. zu einer Mehrnachfrage im Konsum führt. Das bedeutet, dass in den beiden oben geschilderten Fällen sich die IS- Kurve mit sinkendem Preisniveau P nach rechts verschiebt, da die effektive Nachfrage über den PIGOU-Effekt steigt. Somit bewegt sich Y^d in Richtung Y^*, und das Unterbeschäftigungsgleichgewicht ist nicht stabil.

Aber auch hier muss man sich wieder den Erklärungsanspruch der KEYNESschen Theorie vor Augen führen. KEYNESianische Erklärungsmuster sind kurz- bis mittelfristiger Natur und überhaupt nicht auf langfristige Konstellationen anwendbar.

Ist der nachfragestimulierende Vermögenseffekt à la PIGOU relativ schwach, und auch dafür sprechen viele ökonometrische Ergebnisse, dann sind sowohl die Investitions- wie die Liquiditätsfalle zwar aus didaktischen Gründen überzeichnet, gleichwohl sind sie aber empirisch relevante Erklärungsmuster für gesamtwirtschaftliche Unterbeschäftigungssituationen.

Wenn wir nun feststellen, welche wichtige Funktion dem gesamtwirtschaftlichen Preisniveau im KEYNESschen Transmissionsmechanismus zukommt, ist es keine Überraschung, dass die Annahme **rigider Preise** gleichfalls eine Erklärung für Arbeitslosigkeit sein kann. Denn wenn Preise für ein Vollbeschäftigungsgleichgewicht zu hoch sind, kann der KEYNES-Effekt nicht wirken, weil die Transmission gar nicht erst in Gang gesetzt wird.

Wir wollen uns einen solchen Fall graphisch mit der Annahme verdeutlichen, dass zwar das Preisniveau P, nicht aber der Nominallohn w variabel ist. Ist das Lohnniveau $\overline{w}_0$ höher als das mit der Vollbeschäftigung kompatible Lohnniveau w^*, kann auch durch eine Senkung des gesamtwirtschaftlichen Preisniveaus die Vollbeschäftigung nicht erreicht werden. Dies ist dann plausibel, wenn z.B. aufgrund von Tarifverhandlungen eine Nominallohnsenkung ausgeschlossen ist.

Dieser Fall ist schon in der Erläuterung der Abbildung 11.2 zur Begründung des Vollbeschäftigungsgleichgewichtes kurz gestreift worden. Er soll aber in der Abbildung 11.4 noch einmal aufgenommen werden, da wir zeigen können, dass Nominallohnrigidität als Erklärung für eine **positiv geneigte makroökonomische Güterangebotsfunktion** $Y^s(P)$ mit $Y^{s'} > 0$ herangezogen werden kann.

Die Unternehmungen orientieren sich gemäß ihrer Gewinnmaximierungsstrategie an der Arbeitsnachfragekurve. Ist $w^* < \overline{w}_0$ und müssen sich Unternehmungen an dieses höhere Nominallohnniveau anpassen, so steigt mit steigendem Preisniveau das Güterangebot und vice versa. Der Grund dafür ist, dass bei konstantem Nominallohnsatz w_0 ein steigendes Preisniveau den für die Produktionsentscheidungen maßgebenden Reallohnsatz vermindert und dies über eine erhöhte Arbeitsnachfrage zu einer Zunahme der Güterproduktion führt. Folglich erhalten wir eine mit dem Preisniveau P steigende Güterangebotsfunktion $Y^s(P)$. Das Angebot wird jedoch nie das Güterangebot bei Vollbeschäftigung Y^* überschreiten, da für geringere Reallöhne als $(w/P)^*$ das Arbeitsangebot die Beschäftigungsnachfrage beschränkt: Die kürzere Marktseite setzt sich durch.

Den Verlauf der Güterangebotsfunktion können wir uns auch leicht auf analytischem Wege klarmachen. Weil im Bereich zu hoher Reallöhne die **reallohnabhängige Arbeitsnachfragekurve** das Güterangebot determiniert, gilt also

(1) $$Y^s = Y^s(N^d) \equiv F(N^d(w_0/P)),$$

und damit

(2) $$\frac{dY^s}{dP} = F' \frac{dN^d}{d(w_0/P)} \frac{d(w_0/P)}{dP} > 0.$$

Abbildung 11.4:   *Nominallohnrigidität und Unterbeschäftigung*

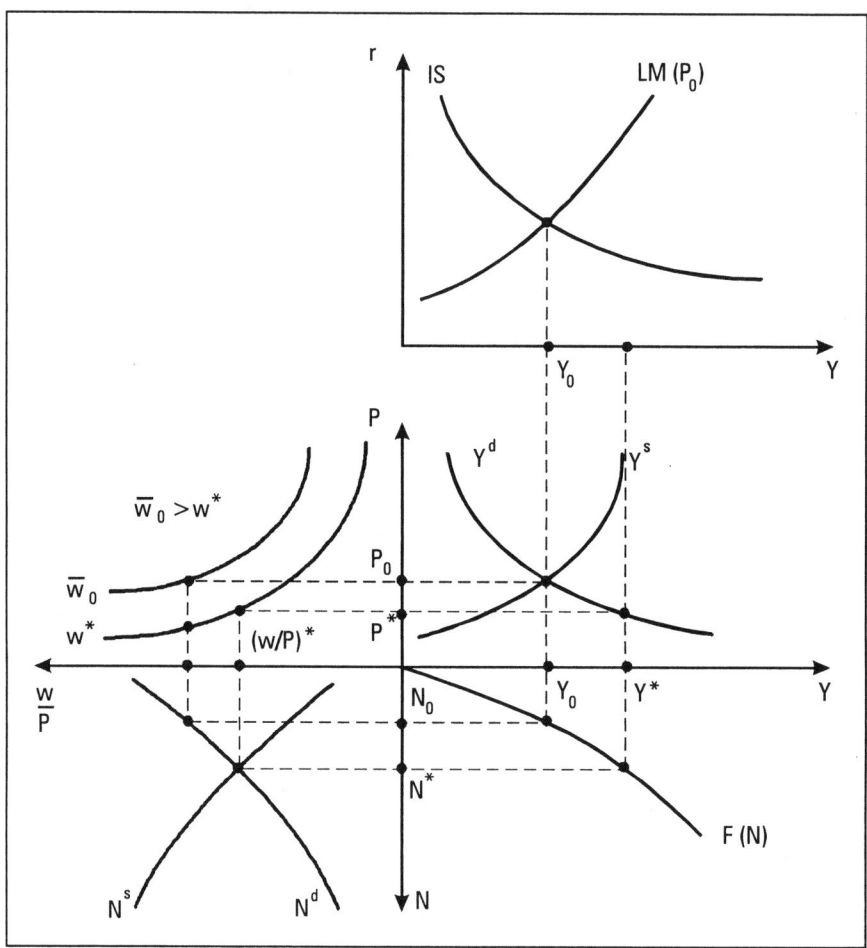

Ein Unterbeschäftigungsgleichgewicht liegt dort, wo Y^s die Güternachfragekurve Y^d schneidet. Dies sei bei gegebenem $\overline{w}_0$ beim Preisniveau P_0 der Fall. Sinkt P_0, wird zwar die Nachfrage stimuliert, nicht aber das Angebot. Ein niedrigeres Preisniveau führt zu einer Reallohnerhöhung, die über eine verringerte Arbeitsnachfrage zu einer Reduktion der Güterproduktion führt. Damit öffnet sich eine Schere zwischen Nachfrage und Angebot. Folglich kann der Preismechanismus das Problem des Unterbeschäftigungsgleichgewichtes bei rigiden Nominallöhnen nicht lösen.

Bei einem Nominallohn $\overline{w}_0$ stellt sich also ein Unterbeschäftigungsgleichgewicht mit einer Beschäftigung $N_0 < N^*$ ein.

Resümee: Im Allgemeinen KEYNES*ianischen Modell lassen sich Unterbeschäftigungssituationen begründen. Die Arbeitslosigkeit kann ein Beharrungsvermögen besitzen. Wir sprechen dann von einem Unterbeschäftigungsgleichgewicht. Auslöser dafür ist die Unwirksamkeit des* KEYNES*schen Transmissionsmechanismus bei bestimmten ökonomischen Konstellationen. Sind rigide, nicht-markträumende Nominallöhne die Ursache für Arbeitslosigkeit, passen sich die Unternehmungen über eine preisniveaureagible makroökonomische Güterangebotsfunktion den Marktbedingungen an.*

Schlüsselwörter: Investitionsfalle, Liquiditätsfalle, Unterbeschäftigungsgleichgewicht, PIGOU-Effekt, Positiv geneigte makroökonomische Güterangebotsfunktion.

3. Staatliche Intervention im Unterbeschäftigungsgleichgewicht: Fiskal- und Geldpolitik

Welche Aussage macht das HAAVELMO-Theorem? Wie unterscheiden sich Geld- und Fiskalpolitik in Bezug auf die Bekämpfung von Arbeitslosigkeit? In welcher Weise kann versucht werden, mit Hilfe eines Policy-mix Arbeitslosigkeit zu beseitigen?

Im letzten Abschnitt haben wir drei mögliche **Beschäftigungsfallen** diskutiert. Im Beispiel der Investitionsfalle war eine unzureichende effektive Nachfrage Y^d die Ursache für Arbeitslosigkeit. Der Grund für die Dauerhaftigkeit dieses gesamtwirtschaftlichen Ungleichgewichtes war aber, dass zinsunelastische Investitionen den über sinkende Preise induzierten Zinsrückgang nicht in zusätzliche effektive Nachfrage auf dem Gütermarkt umzusetzen vermochten.

Man kann nun fragen, was passiert, wenn der Staat mit zusätzlichen Staatsausgaben eine derartige **Nachfragelücke** schließt.

Wir wissen aus Kapitel 7.6, dass **Staatsausgaben** G für Güter und Dienstleistungen die **effektive Nachfrage** erhöhen, so dass

$$(3) \qquad Y^d = C + I + G$$

die Nachfrage inklusive Staatsausgaben beschreibt und

$$(4) \qquad Y = C + I + G$$

die neue Gütermarktgleichgewichtsbedingung darstellt.

Wenn wir beachten, dass der Staat auch Steuern T erhebt und damit das den Haushalten für Konsum- und Sparzwecke verfügbare Volkseinkommen um die Steuerzahlungen verringert, können wir von der modifizierten Verwendungsgleichung

$$(5) \qquad Y - T = C + S$$

ausgehen. Fassen wir (4) und (5) zusammen, so erhalten wir mit

$$(6) \qquad S = I + D$$

eine um die staatliche Aktivität erweiterte Gütermarktgleichgewichtsbedingung, wenn

$$(7) \qquad D = G - T$$

das **Budgetdefizit** des Staates bezeichnet. Durch die staatliche Festlegung der Parameter G und T ist gleichzeitig die Höhe der Nettoverschuldung festgelegt.

Da die Ersparnisse gemäß der KEYNESschen Sparhypothese, dem Spiegelbild der KEYNESschen Konsumhypothese, von dem für die Haushalte verfügbaren Einkommen abhängen und die Investitionen im Allgemeinen zinsreagibel sind, beschreibt

$$(8) \qquad S(Y - T) = I(r) + (G - T)$$

implizit die IS-Kurve des Gütermarktgleichgewichtes. Gilt zusätzlich

$$G = T = 0 \text{ und } I = I_0,$$

so beschreibt dies den Spezialfall des Gütermarktgleichgewichtes bei zinsunelastischen Investitionen **ohne** staatliche Aktivität. Durch totale Differentiation von (8) erhalten wir dann mit

$$(9) \qquad S'dY = 0$$

die Bedingung einer vertikalen IS-Kurve. Denn $S' > 0$ ist die positive Sparquote, und somit ist $dY = 0$. Das aber heißt, die IS-Kurve des Gütermarktgleichgewichtes hat einen vertikalen Verlauf. Wollen wir wissen, wie zusätzliche Staatsausgaben ($dG > 0$) unter diesen Umständen die IS-Kurve verändern, so erhalten wir durch Differentiation von (8)

$$(10) \qquad S'(dY - dT) = dG - dT.$$

Nehmen wir mit $dG = dT$ an, dass die zusätzlichen Ausgaben durch Erhebung von Steuern gleicher Höhe finanziert werden, so können wir (10) umschreiben zu

(11)
$$\frac{dY}{dG}\bigg|_{\substack{IS \\ GT}} = 1,$$

dem **Staatsausgabenmultiplikator** bei Steuerfinanzierung im Gütermarktgleichgewicht.

Das hier auf analytischem Wege abgeleitete Ergebnis kennen wir bereits aus Kapitel 7.6 unter dem Namen **HAAVELMO-Theorem**: Steuerfinanzierte Staatsausgaben wirken **expansiv**. Sie erhöhen die effektive Nachfrage im Gütermarktgleichgewicht um die Staatsausgaben G. Letztendlich ist dieses Ergebnis darauf zurückzuführen, dass der Staat im Gegensatz zu den privaten Haushalten **nicht spart**, so dass seine marginale Ausgabenquote gleich eins ist. Auch die durch die Rechtsverschiebung der IS-Kurve bewirkte Zinserhöhung bleibt hier ohne Wirkung, da die Investitionsnachfrage mit $I = I_0$ als zinsunelastisch unterstellt ist. Dies zeigt die Abbildung 11.5.

Abbildung 11.5: *Investitionsfalle und Staatsausgaben*

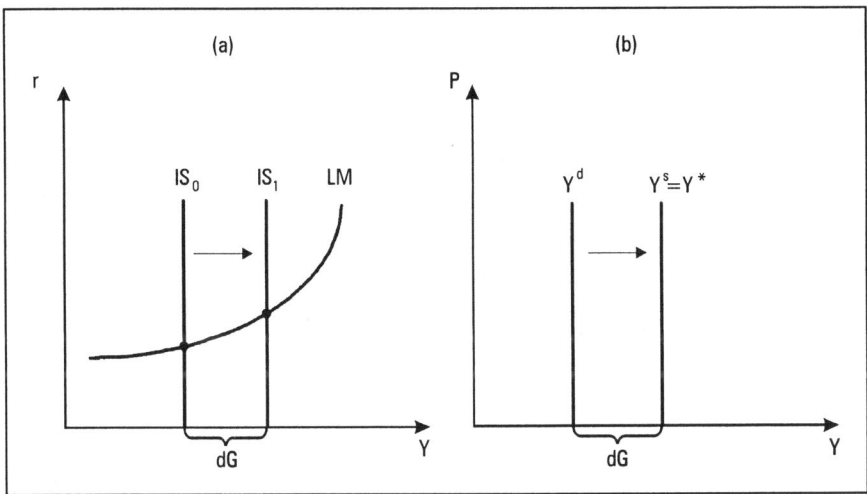

Im Fall zinsunelastischer Investitionen verschiebt sich die IS-Kurve in (a) um die Ausgabenerhöhung nach rechts. Wie wir aus dem letzten Abschnitt wissen, kann das in (b) als Verschiebung der vertikalen Güternachfragekurve Y^d interpretiert werden. Entspricht die staatliche Ausgabenerhöhung dG in der Höhe gerade der ursprünglichen Nachfragelücke $Y^* - Y^d$, so ist die staatliche **Fiskalpolitik** steuerfinanzierter Ausgabenerhöhungen voll wirksam: Der Staat führt die Volkswirtschaft aus der Investitionsfalle und sichert die Vollbeschäftigung.

Bei Vorliegen einer Liquiditätsfalle geht die Argumentation analog. Da sich die IS- und LM-Kurven im zinselastischen Teil der LM-Kurve, dem **KEYNES**schen **Bereich**, schneiden, verschiebt eine steuerfinanzierte Ausgabenerhöhung die IS-

Kurve um dG nach rechts. Über den Geldmarkt gibt es kein **Crowding-out** des expansiven Nachfrageeffektes, da der Zins unverändert bleibt. Das Nachfragegleichgewicht Y^d, das sich wie in Abbildung 11.5 als preisunabhängige Vertikale darstellt, erhöht sich um dG. Also ist auch hier die **Fiskalpolitik** erfolgreich, um die Volkswirtschaft aus der Beschäftigungsfalle zu steuern.

Abbildung 11.6: *Liquiditätsfalle und Staatsausgaben*

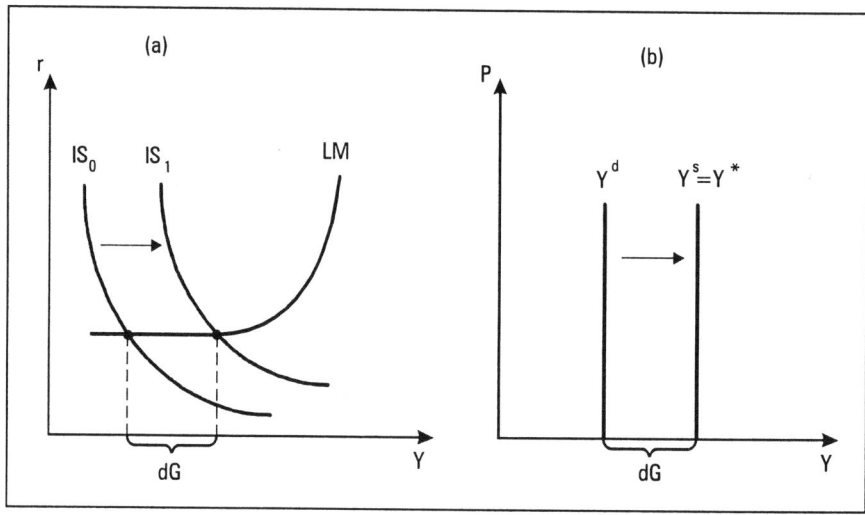

Ist also die mangelnde **effektive Nachfrage** die Ursache der Arbeitslosigkeit, so gibt die KEYNESianische Theorie einen wirtschaftspolitischen Therapievorschlag. Durch zusätzliche Nachfrage des Staates ist diese Nachfragelücke auszufüllen und damit die Vollbeschäftigung zu sichern. Diese simple und für jedermann nachvollziehbare Kausalkette ökonomischer Phänomene machte sicher einen Teil des Erfolgsgeheimnisses der weltweiten Verbreitung und Anwendung des KEYNESianischen Gedankengutes aus.

Heute ist man jedoch nicht mehr so zuversichtlich wie noch in den 70er Jahren, dass durch **Deficit spending** und **kontrazyklische Fiskalpolitik** die kontraktiven und expansiven Bewegungen einer Volkswirtschaft "ausgesteuert" und **Konjunkturen** geglättet werden können, wenn nur der Staat es geschickt genug anfängt.

Heute stehen neben der KEYNESianischen Theorie der neoklassischen Synthese mindestens zwei andere konkurrierende Ansätze: die **Monetaristische Theorie** und die **Theorie der Rationalen Erwartungen**.

Während die Monetaristische Theorie dem SAYschen Gesetz wieder eine zentrale Funktion zuweist und in neoklassischer, marginalistischer Vorgehensweise das reale Problem der **Inflation** als Erklärungsziel nimmt, sind beim Ansatz der Schule der Rationalen Erwartungen sowohl die Beschäftigung wie auch die Inflation

Erklärungsziele. In der Theorie der Rationalen Erwartungen ist für den Staat überhaupt kein Platz mehr. Nach der Hypothese rationaler Erwartungen von JOHN F. MUTH (1961) bilden alle ökonomischen Entscheidungsträger Erwartungen über die zukünftigen Preise. Die **Erwartungen** sind dann **rational**, wenn sie im Durchschnitt nicht enttäuscht werden. Denn letzteres setzt voraus, dass es systematische Irrtümer gäbe. Woher aber sollten diese kommen, wenn die subjektiven Erwartungen einzelner alle verfügbaren und relevanten Informationen beinhalten? Vom Informationsstand abhängige Erwartungen bezeichnet man als **bedingte** Erwartungen. Wenn aber die Informationen allen kostenfrei zur Verfügung stehen und die Erwartungsbildung der Wirtschaftsobjekte in diesem Sinn rational erfolgt, ist staatliche Aktivität überflüssig, ja sogar schädlich. Denn der Staat hat ja annahmegemäß keine besseren Informationen als der Rest der Volkswirtschaft. Staatliche Eingriffe wären somit gleichbedeutend mit ökonomischen Störungen und würden, wenn sie nicht sogar zu volkswirtschaftlichen Verlusten führten, bestenfalls durch die ökonomische Realität konterkariert.

Allerdings werden diesen Theorien Rationaler Erwartungen äußerst restriktive Annahmen zugrunde gelegt, so dass die aus diesen Theorien abgeleiteten wirtschaftspolitischen Empfehlungen mit Vorsicht zu handhaben sind. Betreibt man dennoch aus den weiter oben erwähnten Gründen (Investitions- und Liquiditätsfalle) aktive Wirtschaftspolitik z.B. in Form einer antizyklischen Fiskalpolitik, so muss der Wirtschaftspolitiker stets die von ROBERT E. LUCAS (1976), einem der Hauptvertreter der neoklassischen Theorie und Nobelpreisträger für Wirtschaftswissenschaften des Jahres 1995, geäußerte **LUCAS-Kritik** beachten. Diese baut auf dem Sachverhalt auf, dass eine aktive staatliche Wirtschaftspolitik direkt Ein-Fluss auf die Erwartungsbildungen der Wirtschaftssubjekte nimmt. LUCAS kritisiert nun, dass bei traditionellen empirischen Schätzungen bezüglich der Wirkungen von Wirtschaftspolitik diese Tatsache, dass die Wirtschaftssubjekte ihre Erwartungen aufgrund der durchgeführten Wirtschaftspolitik verändern werden, nicht ausreichend berücksichtigt wird.

Wenn wir nun nach den Wirkungen der **Geldpolitik** im Allgemeinen KEYNESianischen Modell fragen, so beschränken wir uns auf die Politik der Steuerung des nominalen Geldangebotes M. Ziel der Geldpolitik ist wieder die Vollbeschäftigung in den beiden Szenarien der Investitions- und Liquiditätsfalle. Die Güternachfragekurve stellt sich daher in beiden Fällen wieder wie in Abbildung 11.5 und 11.6 als Vertikale dar. Daher beschränken wir uns in der Darstellung auf die IS- und LM-Kurven.

Eine Ausdehnung der Geldmenge M führt c.p. zu einer Erhöhung der Realkasse M/P und damit zu einer Rechtsverschiebung der LM-Kurve. Sowohl im Fall (a) wie im Fall (b) ergibt sich jedoch keine Wirkung auf die effektive Nachfrage. In (a) deswegen nicht, weil sinkende Zinsen wegen zinsunelastischer Investitionen nachfrageunwirksam sind; in (b) nicht, weil trotz steigender nominaler Geldmenge die Zinsen aufgrund hoher Spekulationsbereitschaft nicht weiter sinken und somit trotz zinselastischer Investitionen keine Übertragung auf den Gütermarkt erfolgt. Wir können konstatieren:

Abbildung 11.7:   *Unwirksamkeit der Geldpolitik*

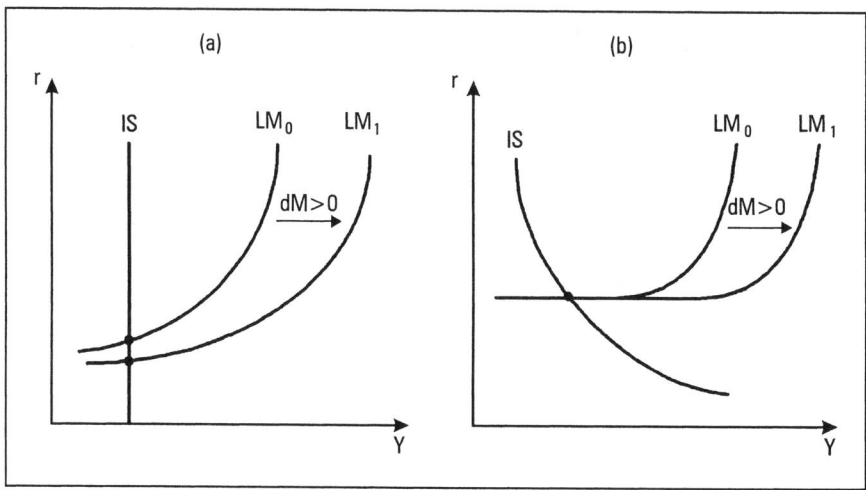

Die Geldpolitik ist in beiden Fällen unwirksam zur Beseitigung der Beschäftigungsfalle.

Da wir in Kapitel 8 analysiert haben, dass und wie andere geldpolitische Instrumente auf die Verschiebung der LM-Kurve wirken, ist alles hier Gesagte unmittelbar auf die Analyse der Wirksamkeit anderer Instrumente übertragbar.

Offen bleibt noch die Frage der Wirksamkeit von Geld- und Fiskalpolitik bei Vorliegen **starrer Nominallöhne**. Diese Situation ist schwerer zu analysieren, da die graphische Darstellung wegen des Auftretens gegenläufiger Effekte durch eine mathematische Analyse ergänzt werden muss. Diese, im Prinzip noch recht einfache Fragestellung der ökonomischen Wirkungsanalyse, ist ein gutes Beispiel dafür, wie wichtig die Verwendung mathematischer Methoden schon zur Beantwortung simpler und damit erst recht komplexerer Phänomene der komparativen Statik ist.

Wenn wir auf die Standardgraphik des Fadenkreuzdiagramms rekurrieren und uns auf die Wirkungsanalyse der **Fiskalpolitik** steuerfinanzierter Staatsausgaben beschränken, so wissen wir, dass bei "normal" verlaufenden IS- und LM-Kurven die IS-Kurve im **HAAVELMO-Fall** nach rechts verschoben wird, wenn mit $dG > 0$ die Staatsausgaben steigen. In der Abbildung 11.8, auf die wir uns jetzt beziehen wollen, bedeutet das eine Verschiebung von IS_0 auf IS_1. Also verschiebt sich auch Y_0^d nach rechts auf Y_1^d. Dies stellt den **expansiven** Nachfrageeffekt dar.

Die Güterangebotsfunktion Y^s hat bei festem Nominallohn w_0 (mit $w_0 > w^*$) einen steigenden Verlauf, wie wir aus Abbildung 11.4 wissen. Also impliziert ein Ausgleich von Güterangebot und -nachfrage eine Preisniveauerhöhung von P_0 auf P_1.

Ein steigendes Preisniveau vermindert aber die reale Geldmenge der Volkswirtschaft. Dies hat einen **kontraktiven** Effekt über den Geldmarkt zur Folge. Die LM-Kurve verschiebt sich nach links von LM (P_0) auf LM (P_1). Welcher Effekt überwiegt, kann nur über eine mathematische Analyse abgeleitet werden. Erst aus dieser können wir ersehen, dass der **expansive** Nachfrageeffekt überwiegt und somit auch bei rigiden Nominallöhnen die Fiskalpolitik steuerfinanzierter Staatsausgaben die Volkswirtschaft aus der Beschäftigungsfalle führen kann.

Abbildung 11.8: *Fiskalpolitik bei rigiden Nominallöhnen*

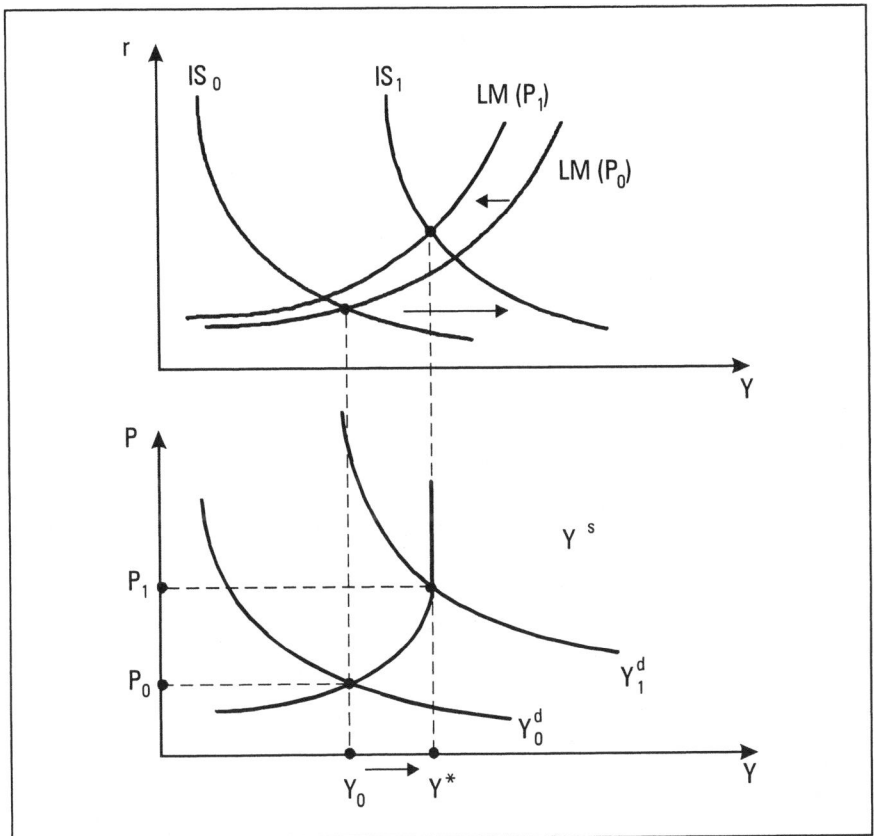

Analoge Überlegungen für die **Geldpolitik** führen zu dem Ergebnis, dass in diesem Szenario auch die Geldpolitik beschäftigungswirksam sein kann.

Wir haben bisher die Auswirkungen der Fiskal- und Geldpolitik separat analysiert. Nun wollen wir in einem letzten Szenario auch den als **Policy-mix** bezeichneten kombinierten Einsatz beider Instrumentarien diskutieren.

Beachten wir zudem die Forderung des **ausgeglichenen staatlichen Budgets**, d.h. dass die Einnahmen des Staates in einer Periode den Ausgaben entsprechen, so können wir in Abbildung 11.9 eine proportionale Einkommensteuer $T = tY$ mit dem Steuersatz t ($0 < t < 1$) als Gerade durch den Ursprung mit der Steigungsrelation $tan\ \alpha = t$ einführen. Eine Erhöhung der Staatsausgaben um $dG > 0$ verschiebt die IS-Kurve auf IS_1. Im neuen Nachfragegleichgewicht $Y_{0,1}$ reichen die durch die Einkommensteuer erzielten Steuermehreinnahmen jedoch nicht aus, um die Ausgabenerhöhung dG zu finanzieren. Es entsteht ein **Defizit** in Höhe von D. Also finanziert der Staat den Rest durch staatliche Geldschöpfung. Die Ausweitung der Geldmenge verschiebt die LM-Kurve nach rechts auf LM_1, bis in Y_1 das Defizit gleich null ist.

Abbildung 11.9:   *Policy-mix*

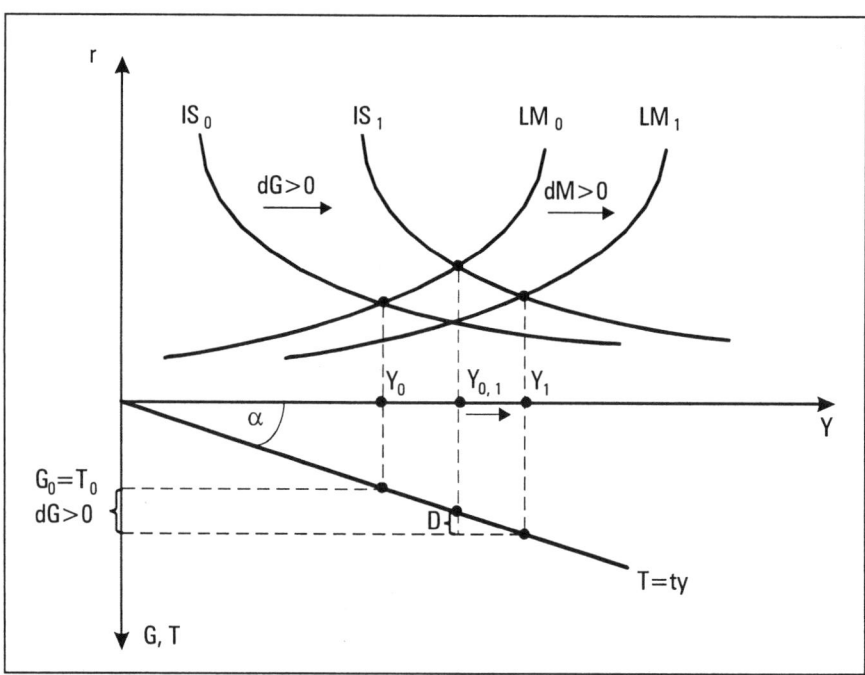

Die Bedeutung der Art der Finanzierung des staatlichen Budgetdefizits für die Wirksamkeit der Fiskalpolitik ist in den vergangenen zwei Jahrzehnten in der Literatur intensiv diskutiert worden. Ausgangspunkt war ein Beitrag von BLINDER und SOLOW (1973), der unter dem Titel "Does Fiscal Policy Matter?" insbesondere die Alternative Kredit- versus Geldfinanzierung zum Thema hatte.

In unserem Beispiel haben wir die Alternative der Finanzierung über **Geldschöpfung** betrachtet. Dies deswegen, weil Geld in unserem makroökonomischen Modell explizit eingeführt ist und die Effekte der Geldmengenveränderung graphisch leicht abbildbar sind.

Von größerer praktischer Relevanz wäre aber die Finanzierungsalternative der staatlichen Kreditaufnahme, die sich in der Staatsverschuldung manifestiert. Denn gesetzliche Vorschriften und die Unabhängigkeit der Geldpolitik in Deutschland schließen eine Geldfinanzierung öffentlicher Haushaltsdefizite aus. Eine Diskussion der Wirkungen kreditfinanzierter Staatsausgaben verlangt jedoch einen beträchtlichen analytischen Mehraufwand, so dass wir hier darauf verzichten müssen. An dieser Stelle wollen wir uns lediglich darauf beschränken zu erwähnen, dass die Art der Finanzierung in dem hier dargestellten Modell nicht für die qualitative Wirkung von Staatsausgaben von Bedeutung ist, wohl aber für deren Stärke. Während wir bei voller Steuerfinanzierung einen Staatsausgabenmultiplikator von Eins haben, erhalten wir bei voller Kreditfinanzierung einen Multiplikator, der größer als Eins ist. Die expansive Wirkung auf die effektive Nachfrage bei steuerfinanzierten Staatsausgaben ist in dem hier dargestellten Modell also **schwächer** als im Falle der Kreditfinanzierung.

> **Resümee:** *In einer Volkswirtschaft mit Arbeitslosigkeit können geeignete fiskal- und geldpolitische Maßnahmen positive Beschäftigungseffekte bringen. Die Wirksamkeit staatlicher Interventionen hängt von den Ursachen der Unterbeschäftigung und im Falle der Fiskalpolitik von deren Finanzierungsweise ab.*

Schlüsselwörter: Beschäftigungsfallen, Nachfragelücke, Budgetdefizit, Staatsausgabenmultiplikator, HAAVELMO-Theorem, Fiskalpolitik, Crowding-out, Effektive Nachfrage, Deficit spending, Kontrazyklische Fiskalpolitik, Monetaristische Theorie, Theorie der rationalen Erwartungen, Geldpolitik, Policy-mix, Defizit, Geldschöpfung.

4. KEYNES und die Klassiker: Ein Rückblick

> Was versteht man unter dem Harmonieprinzip? Welche Bedeutung hat die effektive Nachfrage innerhalb der KEYNESschen Theorie? Was besagt das SAYsche Gesetz? In welcher Weise unterscheidet sich die Zinstheorie von KEYNES von der der Klassiker?

In Kapitel 2 haben wir uns mit der volkswirtschaftlichen Ideengeschichte auseinandergesetzt. An dieser Stelle wollen wir diesen Faden nochmals aufnehmen, um den generellen Konflikt zwischen der klassisch-neoklassischen Lehre und KEYNES, der die Ökonomen bis in die heutige Zeit beschäftigt, zu verdeutlichen. Zudem kann gezeigt werden, dass beide Sichtweisen je nach gegebener wirtschaftlicher Lage ihre Berechtigung haben.

In der ökonomischen Denkschule wird der Beginn der **Klassik** auf das Jahr 1776 gelegt, als ADAM SMITH sein Werk "An Inquiry into the Nature and Causes of the Wealth of Nations" veröffentlichte. Kennzeichen der klassischen Lehre ist das Vertrauen auf das **Harmonieprinzip**, das am besten wohl in dem von ADAM SMITH geprägten Begriff der **Invisible hand** zum Ausdruck kommt. Diese unsichtbare Hand des **Preismechanismus** sorgt für einen Ausgleich von Angebot und Nachfrage auf allen Märkten, weil der Preismechanismus für eine **Koordination** aller Wirtschaftspläne sorgt. In diesem Denkgebäude kommt naturgemäß dem Staat keine Aufgabe zu. Im Gegenteil, durch staatliche Aktivitäten wird die Invisible hand an ihrer Koordinationsaufgabe gehindert. Somit sind der Staat und seine Wirtschaftspolitik, eine Ursache für Marktstörungen. Abweichungen von der Vollbeschäftigung sind also nicht durch staatliche Wirtschaftspolitik sondern durch wirtschaftspolitische Enthaltsamkeit des Staates zu bekämpfen. Hält der Staat sich an die ihm zugewiesene Rolle, für die Funktionsfähigkeit eines Rechtssystems und die Garantie des Privateigentums zu sorgen, können Abweichungen von der Vollbeschäftigung ausschließlich temporärer Natur sein. Die Denkschule der **Neoklassik** spinnt diesen Faden fort, indem durch methodische Verfeinerungen ökonomische Verhaltensweisen explizit aus individuellen Optimierungskalkülen abgeleitet werden.

In der Zeit der großen Depression der Weltwirtschaftskrise kommt die klassisch-neoklassische Lehre angesichts von Massenarbeitslosigkeit in Erklärungsnöte. Es wird offenkundig, dass ein Vertrauen auf die Selbstheilungskräfte des Marktes allein nicht ausreicht, die ökonomischen Probleme der 30er Jahre des 20. Jahrhunderts in den Griff zu bekommen. Mit der Publikation der zweiten zentralen Abhandlung der ökonomischen Dogmengeschichte, der "General Theory" von JOHN MAYNARD KEYNES (1883-1946) im Jahre 1936, gelingt es dann erstmalig dauerhafte Unterbeschäftigungssituationen der Faktoren überhaupt zu erklären. Hierin liegt die große Bedeutung der **KEYNESschen Theorie**.

Durch die Entwicklung einer eigenständigen **makroökonomischen Theorie** konnte KEYNES also nachweisen, dass das Vertrauen auf die Wirksamkeit des Preismechanismus im Allgemeinen nicht gerechtfertigt ist. Er zeigte, dass bei jedem Beschäftigungsniveau ein Einkommens- und Nachfragegleichgewicht denkbar ist und der Preismechanismus erst dann wieder eine Rolle spielt, wenn alle Faktoren vollbeschäftigt sind. Der KEYNESschen Theorie zufolge hängt das Volkseinkommen Y von der **effektiven Nachfrage** ab. Wenn die effektive Nachfrage zu gering ist, resultieren daraus Arbeitslosigkeit und ein niedriges Volkseinkommen. Ist andererseits die effektive Nachfrage zu groß, droht Überbeschäftigung, die sich in Preissteigerungen entlädt.

Für die mikroökonomische Sicht der Klassiker war dies undenkbar. Die Klassiker waren der Ansicht, dass die Höhe des Volkseinkommens durch die Produktionskapazität bestimmt ist. Die verfügbaren Mengen an Produktionsfaktoren bestimmen, wieviel produziert werden kann. Die Menge, die produziert werden kann, wird auch produziert. Nehmen wir einmal an, dass einige Arbeiter arbeitslos seien, d.h. das Angebot an Arbeit sei größer als die Nachfrage. Nach Ansicht der Klassiker werden in diesem Fall die Löhne sinken, so dass bei niedrigerem Lohnniveau die ganzen verfügbaren Arbeitskräfte wieder eingestellt werden, weil der Lohnrückgang als Gewinnsteigerung interpretiert werden kann. Dies bedeutet, dass den Klassikern zufolge immer Vollbeschäftigung herrscht, weil eventuelle Störungen des Gleichgewichts auf Grund der Wirksamkeit des Preismechanismus ausgeglichen werden. Es resultiert also ein Nationaleinkommen, das sich aus der zur Verfügung stehenden Arbeitsbevölkerung bestimmt. Auf diesem Wege ist auch das Volkseinkommen bestimmt.

Man kann sich natürlich fragen, ob die erzeugte Produktion auch zu verkaufen sei. Die Klassiker vertrauten in dieser Hinsicht auf das **SAYsche Gesetz**. Diesem Gesetz zufolge schafft jedes Angebot seine eigene Nachfrage. Das Angebot an Gütern führt automatisch zu einer neuen Nachfrage nach Gütern; das bei der Produktion verdiente Geld wird unverzüglich wieder ausgegeben. Der wirtschaftliche Kreislauf pendelt sich stets auf demselben Niveau ein. Nach Ansicht der Klassiker ist dies immer das Vollbeschäftigungsniveau, weil der Preismechanismus nachgefragte und angebotene Arbeit zum Ausgleich bringt.

Die Kritik von KEYNES am System der Klassiker richtet sich sowohl gegen das SAYsche Gesetz als auch gegen die angenommene, vollkommene Wirksamkeit der Preismechanismen. Das SAYsche Gesetz trägt der abgeleiteten Funktion des Geldes, nämlich der Wertaufbewahrungsfunktion, nicht Rechnung. Es ist keineswegs sicher, dass jemand, der aus dem Verkauf von Gütern Geld erlöst hat, dieses Geld auch wieder vollständig ausgibt. Ein Teil des Geldes kann zur Vergrößerung des Betrages in der Spekulations- oder Vorsichtskasse verwendet werden. Ein bestimmtes Gesamtangebot an Gütern garantiert also nicht, dass die effektive Nachfrage auch entsprechend dem Angebot nachzieht. Die effektive Nachfrage kann zurückgehen; die Folge ist Arbeitslosigkeit.

Was den Lohn anbelangt, weist KEYNES darauf hin, dass die Klassiker allzu sehr dem Kostenaspekt und zu wenig dem Einkommensaspekt Beachtung geschenkt haben. Der **Lohn** besitzt für den Unternehmer **Kostencharakter** und ist zugleich **Einkommen** für die Arbeitnehmer (Ambivalenz des Lohnes). Die Klassiker haben in der Hauptsache die Produktionsseite und weniger die Nachfrageseite untersucht. Ein Sinken der Löhne bedeutet weniger Kaufkraft in den Händen der Konsumenten, was außerdem die effektive Nachfrage ungünstig beeinflusst. Warum sollten die Unternehmer bei niedrigerem Lohn mehr Arbeiter beschäftigen, wenn gleichzeitig die Absatzmöglichkeiten eingeschränkt sind? Die Nachfrage nach Arbeitskräften ist in der Realität nicht vollständig lohnempfindlich. Ebenso wichtig sind auch die Gewinnerwartungen der Unternehmer. Wenn diese entsprechend ausgeprägt sind, liegt das Hauptaugenmerk der Unternehmer nicht nur auf dem Lohnniveau.

Eine ähnliche Ansicht äußerte KEYNES über den Zinsmechanismus. Die Investitionstätigkeit ist gegenüber der Ansicht der klassisch-neoklassischen Lehre nicht nur vom Zins abhängig, sondern auch von **Erwartungen**. Die erwarteten Erlöse werden von den Unternehmern auf den Zeitpunkt der Investition abdiskontiert, es wird der Gegenwartswert der Investition gebildet. Dabei spielt der Diskontfaktor eine wichtige Rolle. Eine Investition ist genau dann rentabel, wenn der Diskontfaktor, der sich bei Übereinstimmung von Gegenwartswert und An-schaffungskosten der Investition ergibt, den Marktzins übersteigt. Dieser Faktor wird auch als interne Ertragsrate einer Investition oder als Grenzleistungsfähigkeit des Kapitals bezeichnet. Liegt der Wert dieser Größe unterhalb des Marktzinses, so wird von der Investition abgesehen. Neben dem Zins sind also auch die Erwartungen in Bezug auf die wirtschaftliche Entwicklung von Bedeutung.

Auch was die Spartätigkeit anbelangt, glaubt KEYNES nicht so sehr an eine Beziehung zum Zins. Das Sparen ist mehr vom Volkseinkommen Y abhängig. Der Konsumfunktion zufolge besteht eine Funktionalbeziehung zwischen dem Konsum C und dem Volkseinkommen Y. Da das Sparen S das Komplement zum Konsum C ist, ist auch S eine Funktion von Y. Diese Beziehung wird als **Sparfunktion** bezeichnet. Während die marginale Konsumquote c das Verhältnis des zusätzlichen Konsums und des zusätzlichen Einkommens angibt, ist die marginale Sparquote s mit $c + s = 1$ das Komplement zur marginalen Konsumquote.

Hiermit verwarf KEYNES die Zinstheorie der Klassiker, und es ist daher begreiflich, dass er eine neue **Zinstheorie** entwickelte. In der **Liquiditätspräferenztheorie** gleicht der Zins i nicht die Investition I und das Sparen S aus, sondern Geldnachfrage und Geldangebot.

KEYNES steht also dem Sparen anders gegenüber als die Klassiker. Bei den Klassikern ist S eine Alternative zum Konsum C. Den Klassikern zufolge wird investiert werden, wenn genügend gespart wurde. Der **Sparprozess** induziert automatisch **Investitionen**. I und S gleichen sich über den Zinsmechanismus aneinander an. Wenn das Sparen S größer als die Investitionen I zu werden droht, fällt der Zins, so dass sich wieder $I = S$ einstellt. Einen ähnlichen Prozess haben die Klassiker vor Augen, wenn I die Ersparnisse übersteigen sollte. Stets vertrauen sie auf die gleichgewichtserzeugende Wirkung des Preismechanismus.

Die Klassiker sehen das Sparen als außerordentlich wertvoll an, denn es fördert über die Investitionen die Produktivität und damit das wirtschaftliche Wachstum. Der Konsument wird im Rahmen ihrer Theorie als notwendiges Übel angesehen.

Bei KEYNES bedeutet **Sparen Konsumverzicht**. Warum sollten die Unternehmer den Betrag S leihen, um damit längere Produktionsumwege einzuschlagen? Das Sparen ist geradezu ein Hinweis darauf, dass die Konsumenten nicht geneigt sind, viel zu konsumieren. Die Gewinnerwartungen der Unternehmer sind schlecht, und sie werden aus diesem Grunde nicht investieren.

Wenn dies aber zu einem Unterbeschäftigungsgleichgewicht führt, weil die effektive Nachfrage zu gering ist, kann der Staat durch zusätzliche Ausgaben die effektive Nachfrage anregen. Über den Multiplikatoreffekt der KEYNESschen Theorie vervielfältigt sich die Anregung der effektiven Nachfrage, so dass die zusätzlichen Staatsausgaben durchaus um vieles geringer sein können, als die ursprüngliche Nachfragelücke anzeigt.

Obwohl die KEYNESsche Theorie vor allem auf depressive Situationen anwendbar ist, scheint die Konstruktion des Begriffsapparates auch in einer Situation der Überbeschäftigung anwendbar zu sein. Die in jener Konjunkturphase auftretenden Phänomene können indes besser mit Hilfe der klassischen Theorie approximiert werden. Ein Nachfragestoß bei Ausgabengleichgewicht kann nur zu Preissteigerungen führen. In dieser Situation beginnt die Preispolitik interessant zu werden. Es kommt zu einer Art Wettstreit zwischen den Preisen der Investitions- und der Konsumgüterindustrie. Von einem realen Zuwachs des Volkseinkommens kann keine Rede sein. In dieser Situation kommt der klassische Gedanke in Bezug auf die Rolle des Zinses im Ausgleichsprozess von I und S zum Tragen. Sparen wird die Alternative zum Konsum.

Die Wirtschaft kommt dann bei einem höheren Preis- und Lohnniveau wieder zur Ruhe. In diesem Fall sorgt in der Tat der Preismechanismus für die Herstellung eines Gleichgewichtes. Die Anpassung über Preise und Löhne bringt aber eine Geldentwertung mit sich.

Wie wir gesehen haben, kommt die KEYNESsche Theorie also vor allem bei einer Nachfragelücke zum Tragen. Der Mechanismus, der nach der Meinung von KEYNES eine Nachfragelücke schließen kann, kann erklärt werden, wenn man eine expansive Geldpolitik voraussetzt. Welche Rolle spielt dabei der Zins? Die Zinshöhe bestimmt sich aus dem Geldangebot und dem Ausmaß, in dem man auf die Liquidität verzichten will. Steigt nun das Geldangebot, so kommt es aufgrund des Spekulationsmotives und daraus resultierender zusätzlicher Wertpapierkäufe zu einem Sinken des Zinses, was wiederum zu einem Anstieg der Geldnachfrage und somit zu einem Ausgleich von Geldangebot und -nachfrage führt. Daraus folgt, dass c.p. mehr Investitionen durchgeführt werden und die Nachfragelücke geschlossen wird. Das Zinsniveau reguliert also das Ausmaß, in dem dieses Geld zu Investitionszwecken verwendet wird. Ein Gleichgewicht ist erreicht, wenn sich durch Variation des Zinses die Investitionen den Ersparnissen angepasst haben.

Die Klassiker sehen die Rolle des Zinses und den Zusammenhang von Geldangebot und -nachfrage ganz anders. Ihre Meinung spiegelt sich in der berühmten, nach PIGOU und MARSHALL bezeichneten **Cambridge-Gleichung**

(12) $$M = kPY$$

wider. Das Geldangebot M entspricht der Geldnachfrage. Diese hängt aber nicht vom Zinssatz ab. Es gibt keine spekulative Kassenhaltung und auch keine aus Vorsichtsmotiven. Geldhaltung wird ausschließlich durch das Transaktionsmotiv begründet. Sie ist also ein Vielfaches des realen Transaktionsvolumens Y, des Preisniveaus P und der durchschnittlichen **Kassenhaltungsdauer** k. Verwendet man die reziproke Schreibweise für k mit $v = 1/k$, so stellt

$$(13) \qquad\qquad Mv = PY$$

die **Quantitätsgleichung** der Klassiker dar. Dabei steht die Größe v für die **Umlaufgeschwindigkeit** des Geldes. Diese Vorstellung von Geld und Geldhaltung hat natürlich auch Implikationen für die Interpretation der Rolle des Geldes in der Volkswirtschaft. Bleiben die Kassenhaltungsneigung k oder die Umlaufgeschwindigkeit v konstant, so schlagen sich Änderungen der nominalen Geldmenge M nach Ansicht der Klassiker ausschließlich in einer entsprechenden Anpassung des Preisniveaus nieder. Das reale Nationaleinkommen bleibt davon unberührt, oder anders: Geld bewirkt keine realen Effekte in der Ökonomie. Dies bezeichnet man auch als **Dichotomie** zwischen dem realen und dem monetären Sektor einer Ökonomie. Durch Geldpolitik steigen ausschließlich die Preise.

Es ist bemerkenswert, dass die Cambridge-Gleichung als klassische Interpretation des Geldmarktes aber als Spezialfall in der KEYNESschen Liquiditätspräferenztheorie enthalten ist. Dort, wo die LM-Kurve in eine Vertikale übergeht, wird die Geldnachfrage zinsunelastisch. Deshalb sprechen wir dann auch vom **klassischen Bereich** der LM-Kurve.

Der als KEYNESianisch bezeichnete **Bereich** der "horizontalen" LM-Kurve ist durch eine hohe Zinselastizität der Geldnachfrage gekennzeichnet. Die Begründung dieses Bereiches durch die spekulative Kassenhaltung macht den eigentlichen Unterschied zwischen der klassischen Geldmarkttheorie und der KEYNESianischen Liquiditätspräferenztheorie aus.

Resümee: Die KEYNESsche Theorie hat der Makroökonomik zu ihrer heutigen Bedeutung verholfen. Der besondere Verdienst dieser Theorie ist es, zusätzlich zur allokationstheoretischen Ausrichtung der Klassik und Neoklassik dem Beschäftigungsproblem ein eigenständiges Erklärungsziel zuzuweisen.

Schlüsselwörter: Klassik, Harmonieprinzip, Invisible hand, Neoklassik, KEYNESsche Theorie, Effektive Nachfrage, SAYsches Gesetz, Erwartungen, Zinstheorie, Liquiditätspräferenztheorie, Cambridge-Gleichung, Quantitätsgleichung, Dichotomie.

5. Schlussbemerkung

Das allgemeine KEYNESianische Modell stellt eine Synthese zwischen zwei konkurrierenden ökonomischen Theorien dar. Auf der einen Seite steht der mikroökonomische Ansatz der Klassiker und Neoklassiker. Hier sind ökonomische Verhaltensweisen das Ergebnis von individuellen Optimierungskalkülen. Dauerhafte Ungleichgewichte haben in diesem Erklärungsansatz keinen Platz, da der

Preismechanismus immer eine markträumende Koordinationsfunktion übernimmt. Im modernen Sprachgebrauch würde man es so ausdrücken, dass die Fragestellung der **Allokation** die zentrale Rolle spielt.

Auf der anderen Seite steht der makroökonomische Ansatz, der die Rolle mikroökonomischer Aggregate und weniger das Wirken mikroökonomischer Optimierungskalküle betont. Insbesondere die für das Problem der **Beschäftigung** relevante Funktion der **effektiven Nachfrage** spielt bei KEYNES die entscheidende Rolle. Die Möglichkcit, cine dauerhafte Unterauslastung der Produktionskapazitäten und damit **Arbeitslosigkeit** aus einer ökonomischen Theorie abzuleiten, war erstmals mit Hilfe der "General Theory" gegeben. Einen Zwang für die Erklärung solcher Phänomene übte die erlebte Realität der Weltwirtschaftskrise aus.

Wenn als Ursache für Arbeitslosigkeit die mangelnde effektive Nachfrage erkannt war, so gab neben dieser Diagnose des ökonomischen Problems die KEYNESianische Theorie zugleich einen Therapievorschlag. Durch zusätzliche Nachfrage des Staates ist diese Nachfragelücke auszufüllen und damit die Vollbeschäftigung zu sichern. Diese simple und für jedermann nachvollziehbare Kausalkette ökonomischer Phänomene machte sicher einen Teil des Erfolgsgeheimnisses der weltweiten Verbreitung und Anwendung des KEYNESianischen Gedankengutes aus. Dass es darüber hinaus möglich war, in der sogenannten **neoklassischen Synthese** ein gemeinsames Modell aus dem angebotsorientierten Ansatz und der nachfrageorientierten KEYNESianischen Theorie zu gießen, hat den Siegeszug dieses gemeinsamen Erklärungsansatzes durch die ökonomischen Lehrbücher beflügelt.

Alle in den letzten zwanzig Jahren entwickelten konkurrierenden Ansätze wie die Monetaristische Theorie und die Theorie Rationaler Erwartungen haben den KEYNESianischen Ansatz nicht zu ersetzen sondern nur zu relativieren vermocht. Überdies ist die Einbeziehung von Erwartungsbildungen in keiner Weise eine Abkehr von KEYNESianisch orientierten Erklärungsmustern. Auch für solcher Art weiterentwickelte Ansätze ist das Gedankengebäude der neoklassischen Synthese immer noch ein sehr brauchbarer Referenzrahmen. Ganz abgesehen davon, dass der didaktische Zugang zu diesem Ansatz überaus eingängig ist.

Fragen und Aufgaben zum 11. Kapitel

1. Was versteht man unter "neoklassischer Synthese"?

2. Erläutern Sie, unter welchen Voraussetzungen im Allgemeinen KEYNESianischen Modell einerseits ein stabiles Vollbeschäftigungsgleichgewicht zustande kommen kann und andererseits auch Unterbeschäftigungsgleichgewichte mit Beharrungsvermögen möglich sind?

3. Was versteht man unter dem KEYNES-Effekt und wann greift dieser Mechanismus?

4. Welche Rolle spielt der PIGOU-Effekt hinsichtlich der Stabilität eines Unterbeschäftigungsgleichgewichtes?

5.   Welche Möglichkeiten gibt es für die staatliche Wirtschaftspolitik, eine Volkswirtschaft aus der Beschäftigungsfalle herauszuführen?

6.   Stellen Sie die Aussage des HAAVELMO-Theorems ausführlich dar.

7.   Diskutieren Sie die Effekte eines Policy-mix.

8.   In welcher Weise unterscheidet sich die KEYNESsche Theorie von dem klassischen und neoklassischen Paradigma?

Literatur zum 11. Kapitel

Eine leicht verständliche Einführung in das allgemeine KEYNESianische Modell, aber auch in die klassisch-neoklassische Theorie, findet sich bei

Felderer, Bernhard; Homburg, Stefan. Makroökonomik und neue Makroökonomik. Siebte Auflage. Springer Verlag. Berlin u.a.O. 1999.

Eine überblicksartige Einführung in die KEYNESianische Theorie und ihre Weiterentwicklungen gibt

Landmann, Oliver. Keynes in der heutigen Wirtschaftstheorie. In: G. Bombach et al. (Hrsg.). Der KEYNESianismus I. Springer Verlag. Berlin 1976.

Weitere Lehrbuchdarstellungen über das allgemeine KEYNESianische Modell und die klassisch-neoklassische Theorie finden sich insbesondere in den Lehrbüchern zur Makroökonomik

Barro, Robert J. Makroökonomie. Dritte Auflage. R. Oldenbourg Verlag. München u.a.O. 1992.

und

Dornbusch, Rudiger; Fischer, Stanley; Startz, Richard. Makroökonomik. Sechste Auflage. R. Oldenbourg Verlag. München u.a.O. 1995.

Darüber hinaus möchten wir dazu anregen, einige der folgenden Originalwerke zu lesen:

Smith, Adam. An Inquiry into the Nature and Causes of the Wealth of Nations. 1776. Nachdruck Oxford 1993. (Deutsche Übersetzung: Der Wohlstand der Nationen. Beck Verlag. München. 1974. Neu aus dem Englischen übertragen und mit einer Würdigung von Horst Claus Recktenwald.)

Ricardo, David. On the Principles of Political Economy and Taxation. 1817. Nachdruck der dritten Auflage. Murray Verlag. London 1924. (Deutsche Übersetzung: Grundsätze der politischen Ökonomie und der Besteuerung. Metropolis Verlag. Marburg 1994.)

Marshall, Alfred. Principles of Economics. 1890. Nachdruck der achten Auflage. Macmillan Verlag. London 1979.

Keynes, John M. The General Theory of Employment, Interest and Money. 1936. Reprinted edition. Macmillan Verlag. London 1954. (Deutsche Übersetzung: Allgemeine Theorie der Beschäftigung, des Zinses und des Geldes. Fünfte Auflage. Verlag Duncker und Humblot. Berlin 1974.)

Kapitel 12
Zentrale makroökonomische Fragen:
Theorie und Empirie

Kapitel 12 Zentrale makroökonomische Fragen: Theorie und Empirie

1. Produktion und Wachstum

> Welche Maßzahlen zur Entwicklung der gesamtwirtschaftlichen Produktion gibt es? Durch welche Faktoren wird das Wachstum einer Volkswirtschaft determiniert? Welche Beziehung existiert zwischen technischem Wandel und Beschäftigung?

Bislang haben wir uns stets darauf beschränkt, das Volkseinkommen in einer bestimmten Periode zu betrachten. Nach Ansicht der Klassiker ist es durch die vorhandene Produktionskapazität determiniert, KEYNES zufolge durch die effektive Nachfrage. Die Synthese beider Gesichtspunkte, die wir im vorigen Kapitel verdeutlichten, kann weiter herausgearbeitet werden, indem wir uns die Determinanten des Volkseinkommens im Zeitablauf etwas näher ansehen.

Die in der Statistik der **Volkswirtschaftlichen Gesamtrechnungen (VGR)** am häufigsten verwendeten Maßzahlen zur Darstellung der gesamtwirtschaftlichen Produktion sind die Konzepte des Bruttonationaleinkommens und des Bruttoinlandsproduktes. Die Maßzahl des **Bruttonationaleinkommens (BNE)** ist ein international üblicher Indikator für die gesamte Wertschöpfung einer Volkswirtschaft. In ihm sind die Abschreibungen enthalten, die als Verschleiß des Kapitalstocks natürlich nicht als Faktoreinkommen ausgezahlt werden können. Somit ist das bisher betrachtete Volkseinkommen, die Summe der Löhne und Gehälter, eine Nettogröße und als solche naturgemäß geringer als die Bruttowertschöpfung. Im Bruttonationaleinkommen sind überdies die Güter mit ihren über den Markt gezahlten Preisen (Marktpreisen) enthalten. Diese sind aber durch staatliche Aktivitäten "verzerrt". So beinhalten die von den Konsumenten gezahlten **Konsumentenpreise** auch die indirekten Steuern. In Deutschland sind dies insbesondere die Mehrwertsteuern. Andererseits sind die von den Produzenten verlangten **Produzentenpreise** um die vom Staat gezahlten Subventionen zu niedrig. Somit kann man sagen: Das Bruttonationaleinkommen ist die um die Abschreibungen und den Saldo von indirekten Steuern und Subventionszahlungen erhöhte **Nettowertschöpfung**, von welcher wir wissen, dass sie dem Volkseinkommen entspricht.

In der Statistik der VGR gibt es alternativ zum Konzept des Bruttonationaleinkommens noch das des **Bruttoinlandsproduktes (BIP)** . Da Deutschland eine **offene** Volkswirtschaft mit vielfältigen Güter- und Einkommensverflechtungen mit dem Ausland darstellt, macht es Sinn, zwischen der Wertschöpfung des Inlandes und der Wertschöpfung der Inländer zu unterscheiden. Beide Größen unterscheiden sich durch den Saldo der empfangenen und geleisteten Einkommen zwischen Inländern und der übrigen Welt (auch Saldo der Primäreinkommen aus der übrigen

Welt genannt). In Deutschland ist dieser Saldo in der Regel positiv, so dass das Bruttonationaleinkommen im Schnitt geringfügig größer als das Bruttoinlandsprodukt ist.

Die Abbildung 12.1 zeigt, dass die gesamtwirtschaftliche Produktion in den zurückliegenden Jahren in Deutschland kontinuierlich und schnell gestiegen ist. Der Sprung von 1990 auf 1991 ist das in "Produktionszahlen geronnene Resultat der deutschen Wiedervereinigung", denn ab 1991 sind die BIP-Daten für das gesamte Bundesgebiet aufgeführt. Betrachten wir das **nominale** Bruttoinlandsprodukt, so ist in diesem Wachstum natürlich auch der Anstieg der Preise enthalten. Doch wie wir sehen, hat auch die in konstanten Preisen gemessene **reale** Produktion beträchtlich zugenommen.

Abbildung 12.1: *Bruttoinlandsprodukt in Deutschland*

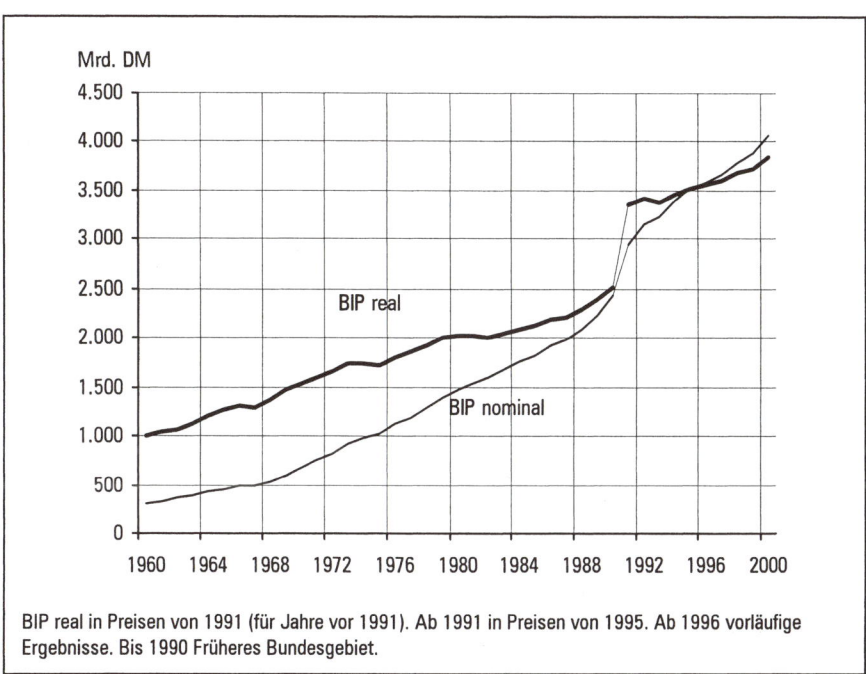

BIP real in Preisen von 1991 (für Jahre vor 1991). Ab 1991 in Preisen von 1995. Ab 1996 vorläufige Ergebnisse. Bis 1990 Früheres Bundesgebiet.

Quelle: Bis 2000: Statistisches Bundesamt (2000), Statistisches Jahrbuch 2000. Für 2000: http://www.statistik-bund.de/basis/d/vgr/vgrtab1.htm.

Betrachten wir die Entwicklung des Bruttoinlandsprodukts in der Zeit, so ist es nicht mehr sinnvoll, die Produktionskapazität als gegeben zu betrachten. Die Bevölkerung – und somit die Arbeitsbevölkerung – wächst, der Kapitalstock vergrößert sich, und die Produktionsverfahren werden weiterentwickelt. Diese **Angebotsfaktoren** bestimmen gewissermaßen die Produktionsgegebenheiten, wohingegen es von den **Nachfragefaktoren** abhängt, inwieweit die Produktionsmöglichkeiten ausgeschöpft werden oder anders ausgedrückt: Die Angebotsfakto-ren beherrschen die Entwicklung der Produktionskapazität; die Nachfragefaktoren bestimmen den Grad, bis zu dem die Kapazität ausgelastet wird. Man sagt deshalb auch, die Nachfragefaktoren seien konjunktureller und die Angebotsfaktoren struk-tureller Natur. Die Angebotsfaktoren untersucht man insbesondere in der **Wachs-tumstheorie**, wohingegen die Nachfragefaktoren in der **Konjunkturtheorie** speziell thematisiert werden.

An dieser Stelle wollen wir auf die strukturellen, produktionsseitig bestimmten Ursachen des **Wirtschaftswachstums** eingehen. Die Abbildung 12.1 zeigt uns, dass im Zeitablauf das reale Bruttoinlandsprodukt zugenommen hat. Was sind die Ursachen dafür? Sie liegen im Wesentlichen in der Zunahme des **Produktionspo-tentials** begründet. Im Produktionspotential subsumiert man alle diejenigen Faktoren, die die Produktionskapazitäten bestimmen. Das sind im Wesentlichen

- die Einsatzmengen der Produktionsfaktoren,

- die Faktorqualitäten,

- der Stand des technischen Wissens und

- das Ausmaß der Arbeitsteilung einer Volkswirtschaft.

Bei der Analyse der Ursachen des **Wirtschaftswachstums** wollen wir uns an die-ser Stelle auf die Darstellung dieser wichtigsten ökonomischen Bestim-mungsgrößen der Angebotsseite beschränken, denen auch innerhalb der Wachs-tumstheorie das Hauptinteresse zukommt.

Die **Menge** Arbeit, die verfügbar ist, hängt vom Bevölkerungswachstum ab. Das Bevölkerungswachstum ist insofern ein Angebotsfaktor, als die Produktionskapazität vergrößert wird; es ist Nachfragefaktor insoweit, als mit einem Bevölkerungswachstum immer eine erhöhte Güternachfrage einhergeht. Aufgrund des Ertragsgesetzes kamen verschiedene Klassiker zu pessimistischen Ansichten in Bezug auf Bevölkerungswachstum und Ernährungssituation. Aufgrund überschüssiger Arbeitskräfte sollten niedrige Arbeitslöhne resultieren und damit verbunden Armut und Elend. Insbesondere THOMAS R. MALTHUS (1798) war der Meinung, dass das Bevölkerungswachstum wesentlich stärker sei als das gleichzeitige Wachstum der Subsistenzmittel. Ein großer Teil der Bevölkerung müsste deshalb Hungers sterben. MALTHUS nahm ein derart starkes Bevölkerungswachstum an, dass er der technischen Entwicklung kaum Beachtung schenkte. In den Ländern der westlichen Welt nahm aber die Bevölkerung nicht so stark zu wie MALTHUS unterstellte.

Indessen ist für den Wachstumsprozess nicht nur die verfügbare Menge des Fak-tors Arbeit von Bedeutung, sondern vor allem dessen **Qualität**. Die Förderung von Unterricht und Bildung kann aus der Sicht der Wachstumstheorie als wachstums-fördernde Investition in menschliches "Kapital" angesehen werden. Eine derartige, auf **Humankapital** setzende Wachstums- sprich Bildungspolitik ist eine der wichtigsten Maßnahmen, um das Wachstum des Nationaleinkommens auf längere Sicht zu garantieren.

Auch im Hinblick auf den Produktionsfaktor **Realkapital** kann man Menge und Qualität unterscheiden. Wenn man mehr Kapital einsetzt, kann man mehr produzieren. Bei den Investitionen unterscheidet man in solche, die zu Capital-widening und solche, die zu Capital-deepening führen. Von **Capital-widening** spricht man, wenn z.B. einem Komplex von fünf Maschinen und zehn Arbeitnehmern eine sechste Maschine desselben Typs zugefügt wird, so dass auch zwei weitere Arbeitnehmer zu beschäftigen sind. Hingegen werden beim **Capital-deepening** Maschinen in Dienst gestellt, die die menschliche Arbeitskraft ersetzen. Es bedarf keiner Betonung, dass die **Arbeitsproduktivität**, d.h. die Produktion pro Arbeiterstunde, vor allem durch Capital-deepening stimuliert wird.

Die Produktion weiterer Kapitalgüter impliziert temporären **Konsumverzicht**; es ist nötig, entsprechend zu sparen. Sparen ermöglicht, weitere Produktionsumwege einzuschlagen.

Die **Qualität** der Kapitalgüter, die in den Produktionsprozess eingebracht werden, wird vor allem durch die Entwicklung des technischen Wissens bestimmt. Die Entwicklungen in der Technik verkörpern die kreativen Fähigkeiten des Menschen.

Nach den derzeitig vorliegenden empirischen Erkenntnissen ist die technische Entwicklung wohl die entscheidende Determinante des Wirtschaftswachstums. Zugleich ist sie aber der am wenigsten greifbare Faktor, obwohl wir alle täglich die Resultate des technischen Wandels vor Augen haben. Eine im Zusammenhang mit der technischen Entwicklung viel diskutierte Frage ist, in welcher Weise die technische Entwicklung das Faktoreinsatzverhältnis und die Einkommensverteilung beeinflusst. In diesem Abschnitt wollen wir uns hauptsächlich auf die Beschäftigungswirkungen konzentrieren.

Meist definiert man die technische Entwicklung im engeren Sinne. Sie schließt dann Veränderungen ein, die sich speziell beim Einsatz der Produktionsfaktoren Arbeit und Kapital ereignen und durch die pro Arbeiterstunde eine größere Produktion zu erreichen ist. Eine dementsprechende Veränderung der Arbeitsproduktivität kann bei einer, uns bereits aus dem mikroökonomischen Teil und Kapitel 10 bekannten, Entlohnung gemäß dem Wertgrenzprodukt natürlich zu Veränderungen innerhalb der Einkommensverteilung einer Volkswirtschaft führen.

Es ist auch zu bemerken, dass die technische Entwicklung fast immer neben quantitativen Aspekten auch qualitative umfasst. So ist es etwa offensichtlich, dass im Verlauf des technischen Wandels eine Vielzahl neuer Produkte entwickelt wird. Aus diesem Grunde kann man versuchen, die technische Entwicklung in eine umfassendere Definition zu fassen. Im Weiteren Sinne spricht man im volkswirtschaftlichen Sprachgebrauch von der **technischen Entwicklung** oder auch von **technischem Fortschritt**, wenn alle Aspekte berücksichtigt werden, die eine

Änderung der Bedingungen, unter denen die Produktion stattfindet, mit sich bringt. In diesem Sinne ist z.B. eine weitergehende **Arbeitsteilung** ein Aspekt des technischen Wandels.

Ob man nun technischen Wandel im engen oder im weiten Sinne definiert, hat keinen Einfluss auf die Tatsache, dass die Entwicklung in der Technik einen fundamentalen Einfluss sowohl auf fast alle wirtschaftlichen Tatbestände ausübt, als auch auf eine sehr große Zahl nicht in das Feld der Volkswirtschaftslehre zu rechnender Phänomene. Entwicklungen im technischen Wissen lassen selbst theologische Überlegungen nicht unberührt.

Es ist notwendig, der Beziehung zwischen dem technischen Wandel und der Beschäftigungssituation besondere Beachtung zu schenken. Im Rahmen der von MARX entworfenen Sicht des Wirtschaftsprozesses wird behauptet, dass Fortschritte der Technik unweigerlich zu **Massenarbeitslosigkeit** führen, was natürlich zu gravierenden Veränderungen innerhalb der Einkommensverteilung innerhalb einer Volkswirtschaft führen kann. Im Zusammenhang mit Massenarbeitslosigkeit denkt man insbesondere an die Substitution menschlicher Arbeit durch Kapital, was bedeutet, dass Arbeitskräfte freigesetzt werden. Diese Form der Arbeitslosigkeit muss genau von der **konjunkturellen Arbeitslosigkeit** unterschieden werden, die bei der Darstellung der KEYNESianischen Theorie angesprochen wurde. Dort lag die Ursache in der unzureichenden effektiven Nachfrage, und als Ergebnis blieben sowohl der Produktionsfaktor Arbeit als auch der Produktionsfaktor Kapital unbeschäftigt. Bei technologisch bedingter Arbeitslosigkeit liegt die Ursache der Freisetzung in der technischen Entwicklung und nicht in unzureichender Nachfrage. Die Verhältnisse auf der Angebotsseite des Wirtschaftsprozesses haben sich geändert. Diese technologisch bedingte Arbeitslosigkeit ist ein Spezialfall der **strukturellen Arbeitslosigkeit**, die im Allgemeinen durch Störungen auf der Angebotsseite der Wirtschaft entsteht.

Die MARXsche Prognose, nach der der Kapitalismus unter dem Einfluss des Fortschrittes der Technik zu Massenarbeitslosigkeit führen sollte, ist nicht eingetroffen. Einerseits gab es neben arbeitssparendem technischen Fortschritt auch eine kapitalsparende technische Entwicklung. Andererseits ist durch die Kapitalakkumulation auch eine Nachfrage nach Arbeitskräften entstanden. Andauernde Massenarbeitslosigkeit ist bis heute deshalb nicht zu verzeichnen gewesen.

Wohl ist erkennbar, dass sich durch die Entwicklungen in der Technik eine Freisetzung von Arbeitskräften in verhältnismäßig bescheidenem Rahmen ereignet. Diese können jedoch nach meist nur kurzer Zeit an anderer Stelle des Produktionsprozesses wieder Arbeit finden. Die Probleme der Umschulung und des Arbeitsplatzwechsels dürfen dabei aber nicht unterschätzt werden. Hartnäckige Arbeitslosigkeit struktureller Art gehört seit Jahren in einigen strukturschwachen Regionen unseres Landes zur Tagesordnung. Die Kapitalbildung, z.B. in Form der Industrialisierung, reicht nicht aus, um sämtliche Arbeitskräfte zu beschäftigen. Dieser strukturelle Kapitalmangel muss genau von unzureichender Nachfrage unterschieden werden, durch die konjunkturelle Arbeitslosigkeit entsteht. Auch aus **wirtschaftspolitischer** Sicht ist diese Begriffstrennung von außerordentlicher Bedeutung, denn abhängig vom Typus der Arbeitslosigkeit müssen unterschiedliche Maßnahmen ergriffen werden.

Allgemein kann festgehalten werden, dass die **Arbeitsmarktpolitik** als Folge der technischen Weiterentwicklung eine stark mikroökonomische und langfristige Orientierung erfordert, wobei der strukturellen Entwicklung des Wirtschaftsprozesses große Bedeutung zukommt. Aber trotz Maßnahmen in diesem Bereich haben wir in Deutschland eine anhaltend hohe Unterauslastung des Faktors Arbeit. Probleme dieser Art wollen wir später gesondert beachten.

Zusammenfassend kann man also sagen: Die Angebotsfaktoren determinieren in Verbindung mit den Wirkungen der technischen Entwicklung das zur Erzeugung des Volkseinkommens verfügbare Produktionspotential. Das Produktionspotential seinerseits wird von den Konsumenten, den Produzenten, dem Staat und dem Ausland in Anspruch genommen. Die von Konsumenten und Produzenten entwickelte effektive Nachfrage wurde bereits ausführlich behandelt. In den noch folgenden Kapiteln werden die staatliche Aktivität und die außenwirtschaftlichen Beziehungen noch zur Sprache kommen müssen. Aus dieser Tatsache ist also bereits die Bedeutung der Nachfragefaktoren im Allgemeinen, und insbesondere innerhalb der Konjunkturtheorie, zu ersehen. Dem Aspekt konjunktureller Phänomene wollen wir uns im Folgenden Abschnitt zuwenden.

Vorab wollen wir uns aber noch kurz mit der häufig geäußerten Aussage, dass Wirtschaftswachstum gleichzeitig auch ein Zuwachs an Wohlfahrt darstellt, ein wenig auseinandersetzen. Betrachtet man das Wirtschaftswachstum einer Volkswirtschaft, so sollte man sich immer wieder vor Augen führen, dass ein hohes Wachstum der volkswirtschaftlichen Produktion nicht per Saldo mit einer Zunahme der gesamtwirtschaftlichen **Wohlfahrt** verbunden sein muss.

Einerseits kann neben der volkswirtschaftlichen Produktion auch gleichzeitig die Bevölkerung wachsen, so dass Indikatoren, bei denen das Bevölkerungswachstum nicht berücksichtigt wird, zu falschen Ergebnissen bezüglich des Wohlstandes der Bevölkerung eines Landes führen. Dieses Problem kann noch recht einfach umgangen werden, indem man sich eines Indikators Produktion pro Kopf bedient.

Des Weiteren knüpft der Begriff Wohlfahrt bekanntlich am realisierten Niveau der Bedürfnisbefriedigung an. Denkbar aber ist z.B., dass wir unsere Produktion vergrößern können, indem wir am Samstag arbeiten. Dann sprechen wir von Wachstum im Sinne einer Zunahme der Produktion. Wenn die zusätzliche Produktion weniger hoch gewertet wird als die verlorene Freizeit, dann wird auf diese Weise unsere Wohlfahrt abnehmen. Obwohl als Wachstumskriterium meist die volkswirtschaftliche Produktion pro Kopf der Wohnbevölkerung gewählt wird, sollte man diesem Maß also keine absolute Bedeutung zumessen.

Außerdem muss noch einmal auf die Nachteile des Wachstums der Produktion unter **ökologischen Gesichtspunkten** hingewiesen werden. Negative externe Effekte des Produktionswachstums, wie das Einleiten von Kühlwasser in Flüsse, die Verunreinigung der Luft, die Lärmentwicklung und die Vernichtung der natürlichen Umwelt, müssen im Rahmen der Wohlfahrtsökonomik explizit berücksichtigt werden. Aus diesem Anlass ist eine Relativierung des Wachstumsindikators **Pro-Kopf-Produktion** geboten. Die heute angewandte Nationaleinkommenberechnung beinhaltet derlei Aspekte überhaupt nicht. Notwendig ist also eine Reform des Berechnungsmodus. Überlegungen und Vorschläge dazu gibt es bereits. Es ist zu erwarten, dass in den nächsten Jahren in Deutschland den ökologischen Aspekten des Wirtschaftswachstums durch regelmäßige Ergänzungsrechnungen zur traditionellen VGR in Form sogenannter **Satellitenkonten** Rechnung getragen wird.

Abbildung 12.2: *Gesamtwirtschaftliches Produktionspotential in Deutschland*

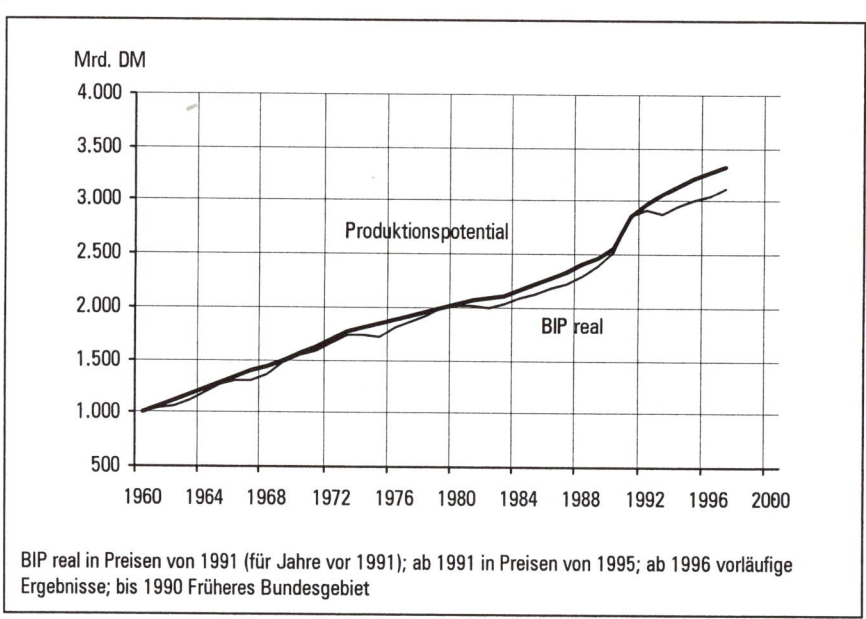

BIP real in Preisen von 1991 (für Jahre vor 1991); ab 1991 in Preisen von 1995; ab 1996 vorläufige Ergebnisse; bis 1990 Früheres Bundesgebiet

Quelle: Bis 1996: SVR (1997), Jahresgutachten 1997/98 und ältere Jahrgänge. Von 1997 bis 1999: Statistisches Bundesamt (2000), Statistisches Jahrbuch 2000. Für 2000: http://www.statistik-bund.de/basis/d/vgr/vgrtab1.htm.

Volkswirtschaftliches Wachstum allein kann also kein Selbstzweck sein. Es ist also sehr schwer, die Wohlfahrtseffekte – positiver oder negativer Art – des Wirtschaftswachstums zu quantifizieren. Hier spielen auch ideologische Präferenzen eine große Rolle, so dass es in erster Näherung wohl sinnvoll ist, Wachstum über die Veränderung marktmäßiger Transaktionen mittels der VGR zu erfassen und diese durch Begleitrechnungen in Form von Satellitenkonten ständig zu relativieren.

Ähnlich schwierig ist es aber auch, das Produktionspotential zu quantifizieren. In Deutschland wird vom **Sachverständigenrat zur Begutachtung der gesamtwirtschaftlichen Entwicklung (SVR)** in den regelmäßig gegen Ende eines Jahres publizierten Jahresgutachten ein **gesamtwirtschaftliches Produktionspotential** in einem komplizierten Rechenmodus ermittelt und dem jeweiligen realen Bruttoinlandsprodukt gegenübergestellt. In die Berechnung gehen die potentiellen Wertschöpfungen der volkswirtschaftlichen Sektoren ein. Berücksichtigt werden dabei die Menge der vorhandenen Produktionsfaktoren, die potentiellen Kapitalproduktivitäten, aber auch der konjunkturelle Trend.

Abbildung 12.2 zeigt die zeitliche Entwicklung des gesamtwirtschaftlichen Produktionspotentials und überdies die zyklische Ausnutzung des Produktionspotentials durch die tatsächliche BIP-Entwicklung. Aufgrund der Umstellung der Volkswirtschaftlichen Gesamtrechnungen (VGR) auf das Europäische System der Volkswirtschaftlichen Gesamtrechnungen 1995 (ESVG) hat der Sachverständigenrat das Produktionspotential seit 1998 nicht mehr ausgewiesen.

> *Resümee: Das Wachstum einer Volkswirtschaft wird von verschiedenen Faktoren, wie etwa von Menge und Qualität von Arbeit und Kapital sowie Entwicklungen im technischen Wissen, determiniert. Hohe Wachstumsraten der Produktion sind aber nicht notwendigerweise Indizien für eine gesamtwirtschaftliche Wohlfahrtssteigerung. Insbesondere den ökologischen Gesichtspunkten muss in der gesamtwirtschaftlichen Erfolgsrechnung künftiger Jahre ein stärkeres Gewicht gegeben werden.*

Schlüsselwörter: Konsumentenpreise, Produzentenpreise, Bruttonationaleinkommen, Bruttoinlandsprodukt, Angebotsfaktoren, Nachfragefaktoren, Wachstumstheorie, Konjunkturtheorie, Wirtschaftswachstum, Humankapital, Capital-widening, Capital-deepening, Technische Entwicklung, Konjunkturelle Arbeitslosigkeit, Strukturelle Arbeitslosigkeit, Arbeitsmarktpolitik, Wohlfahrt, Satellitenkonten, Gesamtwirtschaftliches Produktionspotential.

2. Wachstum und Konjunktur

> Was sind Konjunkturen, und anhand welcher Indikatoren lassen sich Konjunkturen beschreiben?

Das Wachstum des realen Bruttoinlandsproduktes erfolgt seit 1960 relativ gleichmäßig wie uns die Abbildung 12.1 gezeigt hat. Dennoch aber gibt es starke Schwankungen in der Ausnutzung des gesamtwirtschaftlichen Produktionspotentials. Dass es zugleich ein "Auf und Ab" in der gesamtwirtschaftlichen Entwicklung gibt, erkennt man aber erst, wenn man die Veränderungsraten des jährlichen Bruttoinlandsproduktwachstums einander gegenüberstellt.

Abbildung 12.3:   *Wachstumsraten des realen BIP in Deutschland*

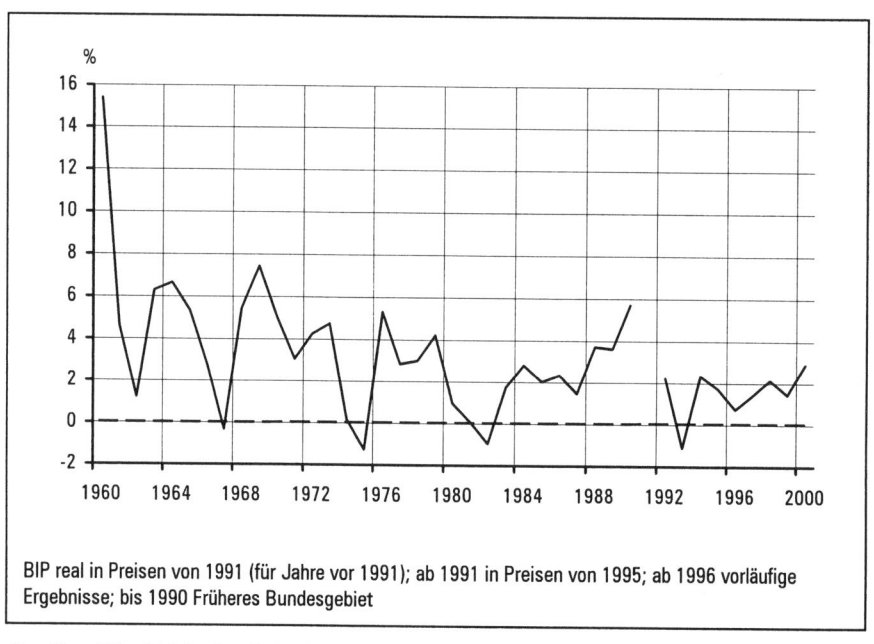

BIP real in Preisen von 1991 (für Jahre vor 1991); ab 1991 in Preisen von 1995; ab 1996 vorläufige Ergebnisse; bis 1990 Früheres Bundesgebiet

Quelle: Bis 2000: Statistisches Bundesamt (2000), Statistisches Jahrbuch 2000. Für 2000: http://www.statistik-bund.de/basis/d/vgr/vgrtab1.htm.

Dann sieht man, dass das Wachstum des realen Bruttoinlandsproduktes durchaus nicht so stetig steigend erfolgt wie es Abb. 12.3 nahelegt. Es gibt deutliche zyklische Schwankungen. Verdeutlicht man diese Entwicklung mit den Daten für das jährliche Bruttoinlandsprodukt aus Abbildung 12.1, so kann man **Konjunktur** als Zeitreihe der Wachstumsraten des realen Bruttoinlandsproduktes beschreiben. Nimmt man als **Deflator** den Index der Lebenshaltungspreise, so zeigen die Abbildungen 12.2 und 12.3, dass sich die Unterauslastung des Produktionspotentials in temporär niedrigen Wachstumsraten widerspiegelt – mit sogar negativen Wachstumsraten für die Jahre 1967, 1975, 1982 und 1993. Der gewaltige Sprung 1991 mit einer Wachstumsrate des realen BIP von über 13 Prozent hat nur rechnerische Bedeutung, da ab 1991 das gesamtdeutsche Bruttoinlandsprodukt als Rechengrundlage genommen wurde. Abbildung 12.3 wurde deshalb um diesen Wert bereinigt.

Abbildung 12.4a: *Auslastungsgrad in Deutschland (früheres Bundesgebiet)*

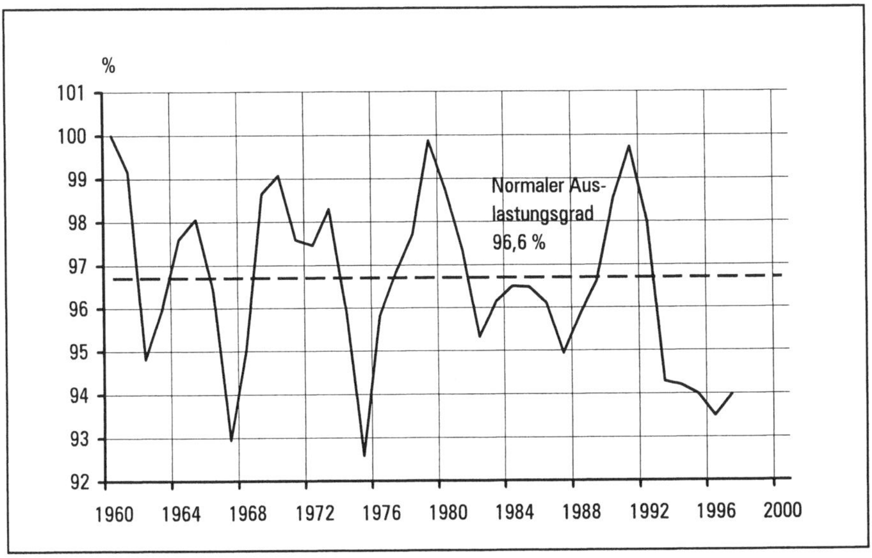

Quelle: SVR (1997), Jahresgutachten 1997/98 und ältere Jahrgänge.

In der zweiten Hälfte der neunziger Jahre hat sich das Wirtschaftswachstum in Deutschland verlangsamt. Die Wachstumsrate des realen BIP sank 1999 auf 1,6 Prozent, erholte sich 2000 aber wieder auf 3,0 Prozent. Die Prognose der Wirtschaftsforschungsinstitute für 2001 liegt bei knapp über 2 Prozent.

Einen alternativen Zugang zur Beschreibung dieser **konjunkturellen Phänomene** bekommt man durch die vom Sachverständigenrat jährlich berechnete Gegenüberstellung von **Auslastungsgrad** des Produktionspotentials und der **Kapitalproduktivität**. Dabei gibt der Auslastungsgrad in Prozenten die tatsächliche Relation zwischen realem Anlagevermögen und berechnetem Produktionspotential an, und die Kapitalproduktivität gibt als Kehrwert des Kapitalkoeffizienten den Produktionszuwachs pro Mehreinsatz des Kapitals an. Die zeitliche Entwicklung dieser Größen ist in den Abbildungen 12.4a und 12.4b dargestellt. Auch hier – wie schon in Abbildung 12.2 – reichen die Daten aufgrund der Umstellungen in den VGR nur bis 1997. Der Sachverständigenrat folgert aber unter Zugrundelegung der positiven Entwicklung der unternehmerischen Investitionen in den ausgehenden neunziger Jahren und in 2000, dass der Kapitalstock und insofern das Produktionspotential in diesem Zeitraum angestiegen sein dürfte. Da aber die konjunkturelle Entwicklung des Jahres 2000 ein hohes Tempo vorlegte, habe sich der Auslastungsgrad weiter positiv in Richtung Normalauslastung bewegt.

Die Darstellung der **Konjunkturschwankungen** als Schwankungen der Kapazitätsauslastung ist heute in der Konjunkturforschung sehr verbreitet. Das Ziel einer guten Konjunkturtheorie muss es daher sein, das Auseinanderklaffen zwischen der Produktionskapazität und der effektiven Nachfrage erklären zu können.

Abbildung 12.4b: *Kapitalproduktivität in Deutschland (früheres Bundesgebiet)*

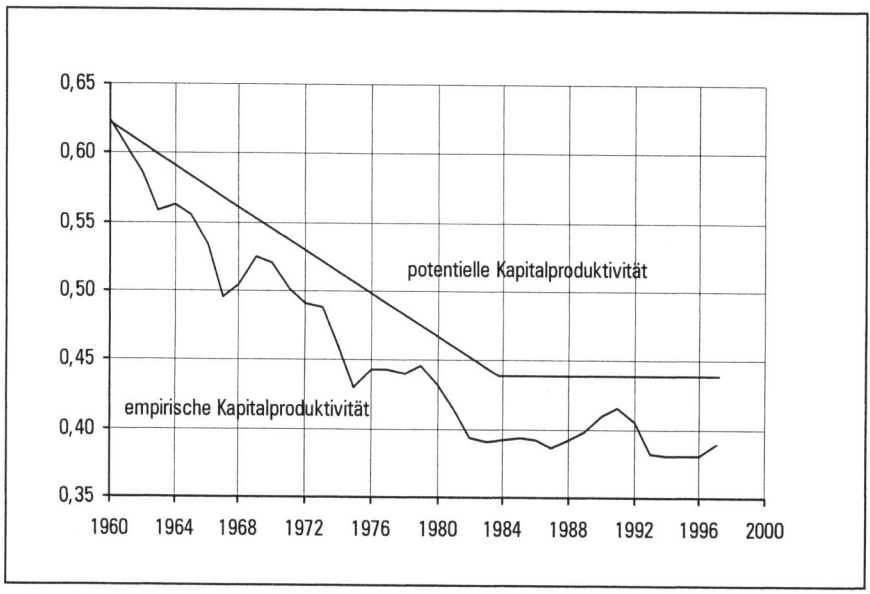

Quelle: Statistisches Bundesamt (1996), Statistisches Jahrbuch 1996. SVR (2000), Jahresgutachten 2000/01.

Innerhalb der **Klassik** können derartige Konjunkturschwankungen eigentlich nicht entstehen. Da der Markt inhärent stabil ist, kann es zu keiner Über- oder Unterauslastung der Kapazitäten kommen, weil gemäß dem SAYschen Gesetz die Menschen nur deswegen Güter produzieren, um mit dem dadurch erzielten Einkommen wiederum Güter zur Bedürfnisbefriedigung zu kaufen. Daher kann es niemals zu einem Nachfrageausfall kommen. Innerhalb dieser Theorien können Konjunkturschwankungen nur Folge von exogenen Schocks oder Marktunvollkommenheiten sein, denen ein marktwirtschaftliches System ausgesetzt ist und deren Verarbeitung eine gewisse Zeit dauert.

Wie wir aus dem vorigen Kapitel wissen, wird bei KEYNES vor allem der Aspekt einer zu geringen effektiven Nachfrage mit der Folge stabiler Unterbeschäftigungsgleichgewichte spezifiziert. KEYNES geht davon aus, dass das Marktsystem nicht aus sich selbst heraus stabil ist, so z.B. in Situationen, in denen die Investitionsnachfrage zinsunelastisch (Investitionsfalle) oder die Geldnachfrage vollkommen zinselastisch (Liquiditätsfalle) ist. Eine staatliche antizyklische Fiskalpolitik wäre in solchen Situationen das adäquate wirtschaftspolitische Instrument zur Glättung von Konjunkturschwankungen. Derartige **Unterkonsumtionstheorien** gehen beispielsweise auch davon aus, dass Einkommensumverteilungen zu Ungunsten der Lohneinkommen zu einer Reduktion der Konsumnachfrage führen. Diesen Ansätzen zentral ist also die Idee, dass eine zu geringe Konsumnachfrage zu einer Nichtauslastung der Kapazitäten führt, und dadurch Konjunkturschwankungen verursacht werden.

Die **SCHUMPETERsche Konjunkturtheorie** dagegen sieht in den dynamischen Unternehmern in Verbindung mit Erfindungen das auslösende Moment der Konjunktur. Risikofreudige Unternehmer transferieren technologische Neuerungen in marktfähige Produkte und erzielen damit Gewinne. Diese locken weitere Unternehmer an und es kommt zu einem Konjunkturaufschwung. Durch immer neu hinzutretende Unternehmer wird mit der Zeit allerdings der Gewinn herunterkonkurriert, was schließlich in einem Konjunkturabschwung endet. Für einen erneuten Aufschwung bedarf es dann wieder einer neuen Erfindung.

Man sieht also, dass innerhalb der **Konjunkturtheorie** den Nachfragefaktoren eine entscheidende Bedeutung zuteil wird. Was den Umfang der **effektiven Nachfrage** anbelangt, gibt es drei Möglichkeiten: Die Nachfrage kann so gering sein, dass nicht die ganze Produktionskapazität ausgelastet werden kann, die Nachfrage hat genau die der Produktionskapazität angemessene Höhe und schließlich kann die Nachfrage noch größer sein als die Produktion, die maximal erzeugt werden könnte. Im ersten Fall ist die faktische Größe des Volkseinkommens in der Tat durch die Nachfrage determiniert. Tatsächlich wäre die Volkswirtschaft in der Lage, mehr zu produzieren; das Arbeitspotential ist nicht voll ausgenutzt. Es herrscht Arbeitslosigkeit. Das Wachstum des Volkseinkommens stagniert nicht aufgrund unzureichender Angebotsfaktoren, sondern aufgrund von Ursachen, die auf der Nachfrageseite liegen. Man spricht in diesem Fall auch von einem **Nachfragedefizit**.

Im zweiten Fall wird produziert, was maximal überhaupt erzeugt werden kann. Die Nachfrage bewegt sich gleichsam im Gleichschritt mit dem Angebot. Der Arbeitsmarkt ist im **Gleichgewicht**; an keiner Stelle sind Engpässe zu erkennen.

Dem dritten Fall, der Situation der **Überbeschäftigung**, kommt in der letzten Zeit in Deutschland eine geringere Aktualität zu. Wie man aus den Abbildungen 12.2 und 12.4 erkennen kann, ist diese Konstellation in den letzten zwanzig Jahren eigentlich nur 1969-1970, 1973, 1979 und 1991 gegeben gewesen. In diesen Jahren war das Produktionspotential nahezu voll ausgelastet. Dies bedeutete, dass das reale Volkseinkommen im Wachstum durch die Produktionskapazität begrenzt und die Höhe des nominalen Volkseinkommens durch die Nachfrage bestimmt war. Wann immer aber die Nachfrage größer als die an sich auch wachsende Produktionskapazität ist, müssen die Preise steigen. Im Wirtschaftsleben spricht man in diesem Fall von einer Hochkonjunktur oder **Boomphase**. Der Arbeitsmarkt ist überbeansprucht, d.h. es werden mehr Arbeitskräfte nachgefragt als vorhanden sind. Die anhaltende Nachfrage schafft ein günstiges Investitionsklima. Anfangs werden auch leicht und ohne Schwierigkeiten Kredite eingeräumt. Auf die Dauer schlagen die Engpasserscheinungen aber auch auf den Kapitalmarkt durch. Es bildet sich ein Mangel an Finanzierungsmitteln heraus, die Banken werden etwas zurückhaltender, der Zins steigt. Einige Unternehmungen geraten in Liquiditätsschwierigkeiten. In verschiedenen Fällen wird offenbar, dass man allzu enthusiastisch auf die Nachfrage reagiert hat, so dass Überkapazitäten entstanden sind. Wenn diese Erscheinungen in größerem Umfang auftreten, spricht man von einer Wirtschaftskrise. Die Hochkonjunktur kann dann in eine **Rezession** umschlagen. Die Nachfrage ist rückläufig; Produktionsfaktoren werden freigesetzt. Die unter dem Einfluss der Nachfragefaktoren stehenden Auf- und Abbewegungen der Wirtschaft bestimmen die **konjunkturelle Entwicklung.** Gegenwärtig sind die konjunkturellen Bewegungen weit weniger ausgeprägt als in früheren Zeiten.

Die deutsche Volkswirtschaft befand sich Ende der 80er und Anfang der 90er Jahre in einer länger als üblich anhaltenden Aufschwungphase. Während in den meisten OECD-Ländern und insbesondere in den USA und Großbritannien erste Anzeichen einer beginnenden Rezession schon nach Mitte der 80er Jahre erkennbar waren, boomte die deutsche Volkswirtschaft (auf dem Gebiet der alten BR Deutschland) zu Beginn der 90er Jahre mit derartig hohen realen Wachstumsraten des BIP wie sie zuletzt nur Ende der 60er Jahre erreicht wurden. Das hohe Wachstum zu Beginn der 90er Jahre ist um so bemerkenswerter, da es innerhalb einer schon lange andauernden Aufschwungphase, und nicht wie 1976, im ersten Aufschwungjahr nach einer tiefen Rezession, auftrat.

Schätzungen zufolge sind etwa zwei Prozentpunkte der Wachstumsrate der gesamtwirtschaftlichen Produktion dem Prozess der **deutschen Einigung** zuzuschreiben, wobei der Anteil für das Jahr 1991 sicherlich noch höher sein dürfte.

Der Übergang von der "real existierenden" sozialistischen Planwirtschaft in die Wettbewerbswirtschaft der **Sozialen Marktwirtschaft** hat damit schon im ersten Jahr Erfolge gezeigt, die von vielen Ökonomen noch bei der Unterzeichnung des Staatsvertrages über die deutsch-deutsche Wirtschafts-, Währungs- und Sozialunion vom 1. Juli 1990 für undenkbar gehalten wurden. Die eine Ursache dafür ist sicher, dass marktorganisierte und sozial abgefederte "Eigennutzsysteme" den zentral geplanten Kollektivwohlgemeinschaften um Längen an ökonomischer Effizienz und wohl auch an Verteilungsgerechtigkeit überlegen sind. Somit war die Einführung der Sozialen Marktwirtschaft die beste Investition, die denkbar war.

Eine andere Ursache war aber sicher auch die Stimulierung der effektiven Nachfrage der Bevölkerung der neuen Bundesländer und damit KEYNESianischer Natur.

Dieser **KEYNESianische Wachstumsimpuls** hat nach 1991 beträchtlich abgenommen. 1991 betrug bei einem Gesamtzuwachs des BIP von 13 Prozent (aufgrund der Vergrößerung der Rechnungsgrundlage) die westdeutsche Wachstumsrate noch 3,7 Prozent; in 1992 waren es in Gesamtdeutschland aber nur noch knapp über 2 Prozent und 1993 war erstmals seit 1982 wieder ein leicht negatives Wachstum des realen BIP zu verzeichnen. Dies zeigt, dass KEYNESianische Nachfragepolitik kein Heilmittel für Strukturprobleme einer Volkswirtschaft darstellt, sondern nur temporär erfolgreich stimuliert.

Ende der neunziger Jahre haben sich die Wachstumsraten des realen BIP in Deutschland wieder erholt. Im Jahr 2000 nahm das BIP sogar 3 Prozent zu. Auf der Nachfrageseite war im Wesentlichen die Außenwirtschaft und hierbei die Nachfrage nach deutschen Exportgütern die treibende Kraft.

Resümee: Selbst bei steigendem BIP lassen sich Konjunkturen aufzeigen, wenn man die Wachstumsraten des BIP betrachtet. Konjunkturen sind positiv korreliert mit der zyklischen Auslastung des Produktionspotentials. Die zentrale Determinante zur Erklärung konjunktureller Phänomene ist die effektive Nachfrage.

Schlüsselwörter: Konjunktur, Deflator, Auslastungsgrad, Kapitalproduktivität, Konjunkturschwankungen, Unterkonsumtionstheorien, *SCHUMPETER*sche Konjunkturtheorie, Nachfragedefizit, Boomphase, Rezession, Deutsche Einigung, *KEYNES*ianischer Wachstumsimpuls.

3. Beschäftigung und Arbeitslosigkeit

Was versteht man unter Eurosklerose? Was versteht man unter verdeckter Arbeitslosigkeit? Welcher Zusammenhang existiert zwischen Arbeitslosigkeit und offenen Stellen?

Wie bereits in den vorangegangenen Abschnitten angedeutet wurde, besteht ein gewisser Zusammenhang zwischen dem, vor allem durch die technischen Entwicklungen induzierten Wirtschaftswachstum und der Beschäftigung. Die Entwicklung von Wachstum und Beschäftigung war zu Beginn der 80er Jahre ein vieldiskutiertes Thema. Unter dem Stichwort **Eurosklerose** verstanden viele Ökonomen das Zurückbleiben des alten Kontinents gegenüber den dynamisch expandierenden Volkswirtschaften der USA und des asiatischen Raumes. Diese Einschätzung war vielleicht in den achtziger Jahren teilweise richtig. Tabelle 12.1 macht jedoch deutlich, dass sie für die neunziger Jahre wohl revidiert werden muss.

Gerade Japan hat in der ersten Hälfte der 90er Jahre gegenüber einigen europäischen OECD-Ländern enorm an Boden verloren. Im Vergleich zu den USA liegen die Länder des alten Kontinents jedoch im Wachstum des BIP zurück. Für die Vergangenheit zeigen empirische Studien, dass sich eine positive Wirtschaftsentwicklung in den USA auf die Wirtschaftsentwicklung der europäischen OECD-Länder positiv ausgewirkt hat.

Tabelle 12.1: *Wachstum und Beschäftigung (durchschnittliche Veränderung in Prozent)*

	Bruttoinlandsprodukt[1]						Beschäftigung[1][2]					
	1984-1994	1996	1997	1998	1999	2000[3]	1984-1994	1996	1997	1998	1999	2000[3]
D[4]	2,6	0,8	1,4	2,1	1,6	3,0	0,7	-0,8	-0,2	0,9	1,1	1,6
F[5]	2,0	1,1	1,9	3,1	2,9	3,3	0,2	0,1	0,3	1,2	1,5	1,9
GB[6]	2,4	2,6	3,5	2,6	2,2	3,1	0,7	1,1	1,9	1,2	1,2	0,9
Japan	3,4	5,1	1,6	-2,5	0,2	1,4	1,1	0,4	1,1	-0,7	-0,8	-0,4
USA	2,9	3,7	4,5	4,3	3,9	3,1	1,8	1,4	2,2	1,5	1,5	1,2

[1] Veränderung gegenüber dem Vorjahr in v.H.
[2] Zivile Erwerbstätige
[3] Schätzung des SVR aufgrund von Angaben nationaler und internationaler Institutionen
[4] Deutschland, vor 1994 Früheres Bundesgebiet
[5] Frankreich
[6] Großbritannien

Quelle: SVR (2000), Jahresgutachten 2000/2001 und ältere Jahrgänge.

Man sprach oft von der **konjunkturellen Lokomotivfunktion** der USA. Einer der maßgebenden Gründe, dass sich derartige Übertragungseffekte in jüngster Zeit abgeschwächt haben, liegt sicherlich in der wachsenden Bedeutung der Binnenmarktdynamik der EU.

Viele empirische Studien deuten darauf hin, dass ein positiver Zusammenhang zwischen Wirtschaftswachstum und Beschäftigung existiert. Vor allem in den USA ist ein deutlich positiver Zusammenhang zu vermuten. Allerdings sollte die Aussagekraft von Tabelle 12.1 nicht überinterpretiert werden, da die Beschäftigungssituation noch von einer Vielzahl von anderen Faktoren wie z.B. der institutionellen Ausgestaltung des Lohnbildungsprozesses abhängt. Die Tabellen 12.2 und 12.3 verdeutlichen, dass trotz Zunahme der Erwerbstätigen, gerade in den 80er Jahren, heutzutage in nahezu allen westlichen Volkswirtschaften ein hoher Sockel an Arbeitslosigkeit vorhanden ist. Die Ursachen für diese Unterauslastung des Arbeitskräftepotentials sind jedoch länderspezifisch unterschiedlich. Sie sind aber sicher nicht vorwiegend konjunktureller Art, sondern eher struktureller Natur.

Tabelle 12.2: *Erwerbstätigkeit im internationalen Vergleich (Veränderung gegenüber dem Vorjahr in Prozent)*

	1984-1994	1995	1996	1997	1998	1999	2000[1]
Belgien	0,4	0,4	0,4	0,8	1,2	0,9	1,3
Dänemark	0,2	1,8	1,3	1,0	2,0	1,1	0,9
Deutschland[2]	0,7	-0,4	-0,8	-0,2	0,9	1,1	1,6
Finnland	-1,5	2,2	1,3	3,3	2,1	2,2	2,0
Frankreich	0,2	1,2	0,1	0,3	1,2	1,5	1,9
Großbritannien	0,7	1,0	1,1	1,9	1,2	1,2	0,9
Italien	-0,2	-0,3	0,4	0,3	0,9	1,3	1,4
Niederlande	1,6	1,5	2,0	3,2	3,3	2,8	2,7
Österreich	0,7	-0,4	-0,7	0,5	0,9	1,4	0,9
Portugal	0,3	-0,6	0,5	1,7	2,7	1,8	1,5
Schweden	-0,7	1,6	-0,6	-0,5	1,2	2,4	2,0
Spanien	0,4	2,7	1,5	2,8	3,7	3,5	3,1
Japan	1,1	0,1	0,4	1,1	-0,7	-0,8	-0,4
USA	1,8	1,6	1,4	2,2	1,5	1,5	1,2

[1] Schätzung des SVR aufgrund von Angaben nationaler und internationaler Institutionen
[2] Vor 1994 Früheres Bundesgebiet

Quelle: SVR (2000), Jahresgutachten 2000/2001 und ältere Jahrgänge.

Tabelle 12.3: *Arbeitslosenquote im internationalen Vergleich*

	1984-1994	1996	1997	1998	1999	2000[1]	2001[1]
Belgien	9,4	12,7	12,5	11,7	9,0	8,2	7,9
Dänemark	10,0	8,7	7,7	6,3	5,2	5,2	5,1
Deutschland[2]	5,9	10,3	11,4	11,2	8,3	7,7	6,9
Finnland	8,0	14,6	12,7	11,4	10,2	9,6	8,8
Frankreich	10,3	12,3	12,4	11,8	11,1	9,7	8,8
Großbritannien	9,6	8,0	6,9	6,2	6,0	5,5	5,4
Italien	10,4	12,1	12,3	12,2	11,5	10,8	10,1
Niederlande	8,4	6,6	5,5	4,2	3,2	2,8	2,5
Österreich	5,5	6,3	6,4	6,4	5,2	4,6	4,2
Portugal	6,2	7,3	6,8	5,0	4,5	4,1	4,1
Schweden	4,1	8,0	8,0	6,5	5,6	4,7	4,1
Spanien	19,4	22,2	20,8	18,8	15,9	14,1	12,9
Japan	2,5	3,4	3,4	4,1	4,7	4,7	4,6
USA	6,4	5,4	4,9	4,5	4,2	4,0	4,2

[1] OECD-Schätzungen
[2] Vor 1994 Früheres Bundesgebiet

Quelle: OECD (2000), Wirtschaftsausblick Dezember 2000.

Betrachtet man die Arbeitsmarktentwicklung im vereinigten Deutschland, so erkennt man, dass der Beschäftigungsboom zu Beginn der neunziger Jahre ein Spiegelbild des kräftigen Wachstums des BIP war. Dem gesamten Beschäftigungszuwachs von etwa 0,8 Millionen im Jahre 1990, 0,7 Millionen im Jahre 1991 und 0,3 Millionen im Jahre 1992 im Westen steht jedoch in den neuen Bundesländern eine etwa gleich hohe Zunahme der Arbeitslosigkeit gegenüber, ganz zu schweigen von der großen Zahl der Kurzarbeiter, die jedoch vom Höchststand 1,8 Millionen in 1990 auf weniger als 0,5 Millionen in 1993 abnahm. Insgesamt daraus jedoch den Schluss zu ziehen, dass sich per Saldo die Arbeitsmarktsituation nach der Wende im Osten nicht verbessert, sondern vielleicht sogar verschlechtert habe, wäre völlig verfehlt. Denn die vormalige "Vollbeschäftigung" durch das Recht auf Arbeit im Sozialismus war eine Fiktion und nichts anderes als ein Euphemismus für Arbeitslosigkeit am Arbeitsplatz. Schätzungen für die untere Grenze der **verdeckten Arbeitslosigkeit** liegen im Bereich von etwa 20 Prozent der damalig Beschäftigten. Das wären mindestens 1,8 Millionen sogenannte Arbeitnehmer, die ihre Arbeitslosenunterstützung in der Form von Löhnen und Gehältern empfangen haben.

Dies ins Kalkül einbezogen, hat sich per Saldo Anfang der neunziger Jahre die Beschäftigungssituation im gesamtdeutschen Wirtschaftsraum eindeutig kräftig verbessert.

Dennoch aber ist die Anzahl der Arbeitslosen auch in den alten Bundesländern weiterhin hoch. Dies verdeutlicht die Abbildung 12.5. Die Sprünge, die sich von 1990 auf 1991 ergeben, sind wiederum eine Folge der deutschen Wiedervereinigung. Zwar entsprach die Anzahl der Arbeitslosen in Westdeutschland 1990 mit 1,9 Millionen wieder dem Niveau des Jahres 1982, dem Beginn des Beschäftigungseinbruchs, dennoch aber war sie damit immer noch weit höher als in allen Jahren des Zeitraumes 1960-1981. Bis 1992 sank in den alten Bundesländern zwar die Zahl der Arbeitslosen auf ca. 1,7 Millionen, seitdem nahm sie jedoch bis auf knapp über 3 Millionen im Jahr 1997 zu und sank seither kontinuierlich bis Anfang 2001 auf 2,5 Millionen.

Die Anzahl der Erwerbstätigen ist im gesamten Bundesgebiet seit 1991 wieder gesunken; allein von 1993 bis 1996 um 3,7 Millionen. Erst seit 1997 kann wieder ein diesbezüglicher Aufschwung verzeichnet werden.

Auch für die **Arbeitslosenquote,** die die Anzahl der Arbeitslosen in Prozent der inländischen Erwerbspersonen (Erwerbstätige plus Erwerbslose) misst, ist eine ähnliche Entwicklung festzustellen. Erwähnenswert ist, dass selbst in den Jahren mit starkem Wirtschaftswachstum zu Beginn der neunziger Jahre mit ca. 7 Prozent Arbeitslosen die Arbeitslosenquote immer noch weit höher als in den 60er und 70er Jahren ist – die Rezessionsjahre eingeschlossen. Im Jahr 1999 lag die Arbeitslosenquote in Deutschland über 11 Prozent und wies auch im Durchschnitt der alten Bundesländer ein hohes Niveau aus. Infolge der konjunkturellen Belebung in 2000 hat sich die gesamtdeutsche Arbeitslosenquote im April 2001 auf 9,5

Prozent reduziert, wobei hier im Wesentlichen die Entwicklung in den alten Bundesländern maßgeblich ist.

Abbildung 12.5: *Erwerbstätigkeit und Arbeitslosigkeit in Deutschland*

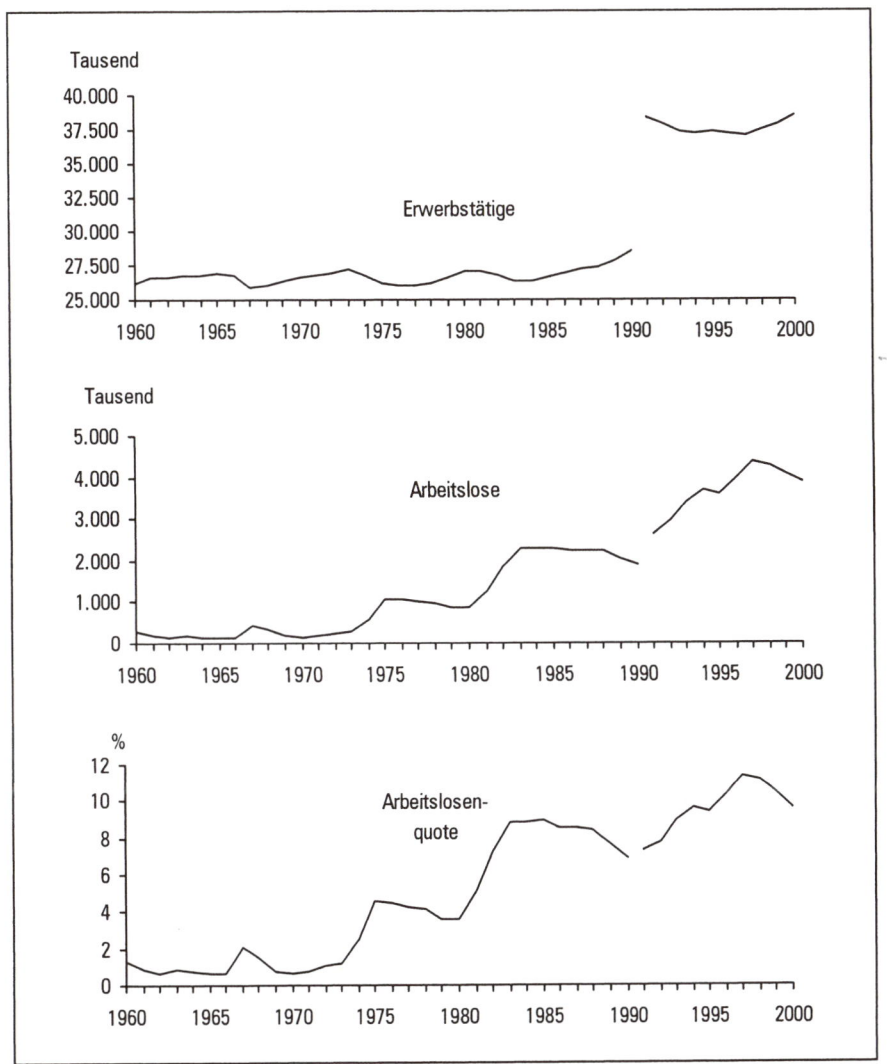

Quelle: SVR (2000), Jahresgutachten 2000/2001.

Insgesamt spricht vieles dafür, dass der hohe Sockel an Arbeitslosigkeit in Niveau- oder Prozentgrößen gemessen eher struktureller Art ist und eine KEYNESianische Beschäftigungspolitik der Stimulierung der effektiven Nachfrage hier wenig helfen würde.

Ein weiteres Indiz dafür ist auch, dass der hohen registrierten Arbeitslosigkeit zudem ein ausgeprägter **Arbeitskräftemangel** gegenübersteht. Dieser äußert sich z.B. darin, dass 2000 fast 0,4 Millionen unbesetzte Stellen beim Arbeitsamt gemeldet waren. Wenn man Schätzungen berücksichtigt, die auf repräsentative Stichproben zurückgehen, dass den Arbeitsämtern nur weniger als ein Drittel der offenen Stellen gemeldet werden, entspricht das im Bundesgebiet (West) einer Zahl von etwa 1,2 Millionen vakanter Stellen im Jahresschnitt 2000. Das wären in einer Bestandsanalyse mehr als 2 Arbeitslose pro vakanter Stelle. Nach Berechnungen des Instituts der Deutschen Wirtschaft beträgt die durchschnittliche Dauer der Arbeitslosigkeit im Bundesgebiet in den achtziger Jahren etwa ein halbes Jahr, und es dauert circa 30 bis 50 Tage, bis eine gemeldete offene Stelle besetzt ist. Dies alles sind Kennzeichen für eine beträchtliche **Sucharbeitslosigkeit,** sowohl auf Seiten der Arbeitsanbieter als auch auf Seiten der -nachfrager.

Abbildung 12.6:   *Arbeitslosigkeit in Deutschland*

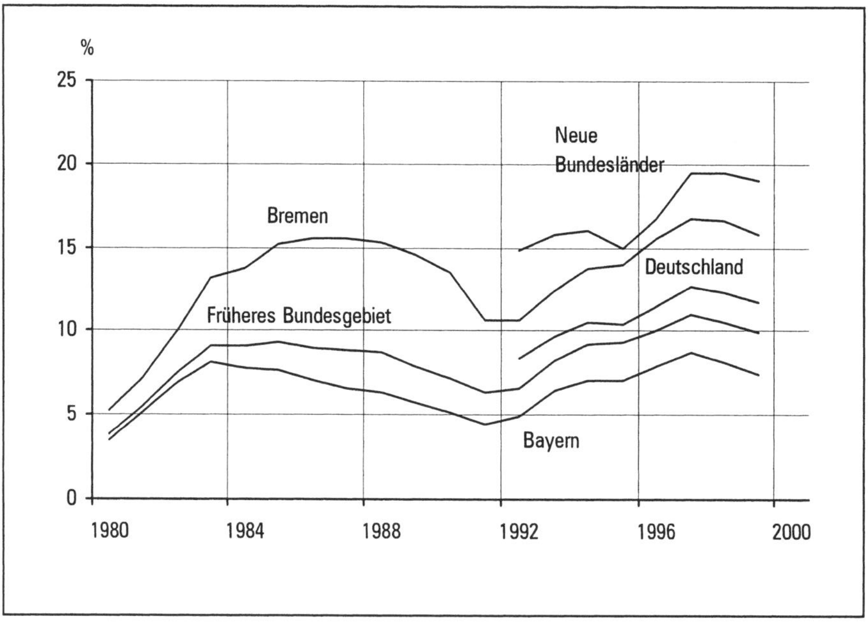

Quelle: Statistisches Bundesamt (2000), Statistisches Jahrbuch 2000.

Einen anderen Zugang zur Struktur der Arbeitslosigkeit erhält man, wenn man **regionale Arbeitsmarktstatistiken** auswertet.

Die Abbildungen 12.6 und 12.7 zeigen, dass im Bundesgebiet signifikante Unterschiede in den nach Bundesländern differenzierten Arbeitslosenquoten bestehen. Während in einigen Bundesländern wie z.B. Bremen die Arbeitslosigkeit auf Dauer über dem Bundesdurchschnitt liegt, ist es für andere Bundesländer wie z.B.

Bayern genau umgekehrt. Dasselbe gilt für einen Vergleich der neuen mit den alten Bundesländern. Das verdeutlicht, dass eine Beschäftigungspolitik regionalspezifische Charakteristika berücksichtigen muss.

Abbildung 12.7: *Beispielhafte Zerlegung der Arbeitslosenquote in Deutschland in Komponenten*

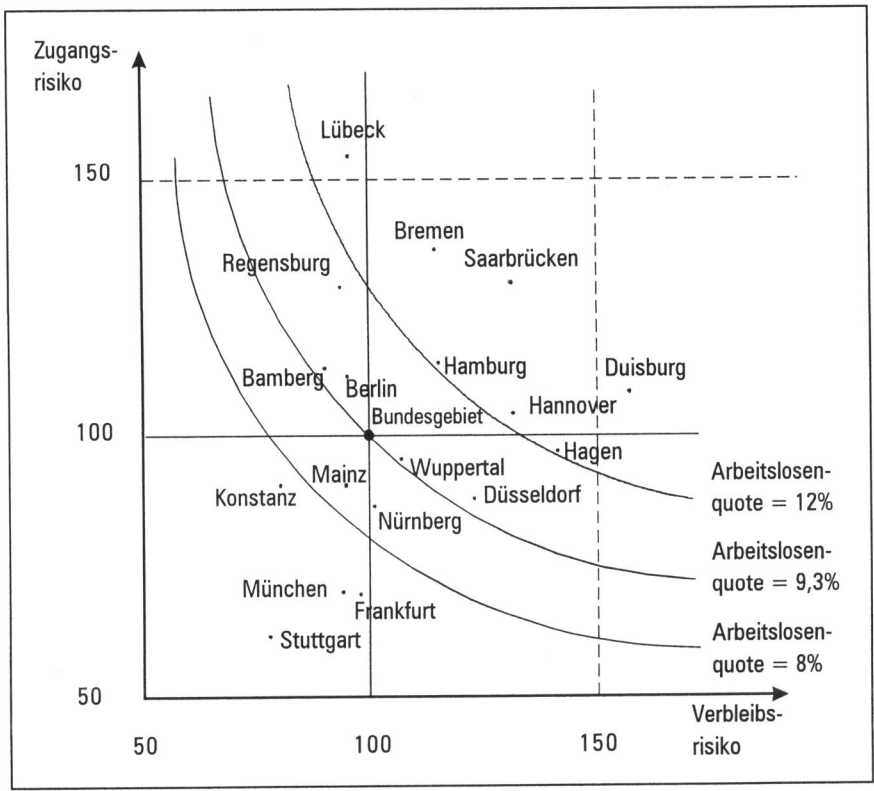

Quelle: BfA (1987) und eigene Berechnungen.

Die Darstellungsform der Abbildung 12.7 soll beispielhaft eine ursachenspezifische Zuordnung von Arbeitslosigkeit ermöglichen. Wenn man eine Arbeitslosenquote aus den beiden Komponenten Zugangs- und Verbleibsrisiko ableitet, gibt es einen Trade-off zwischen beiden Komponenten bei gleicher Iso-Arbeitslosenquote. So hat Bamberg z.B. ein überdurchschnittliches **Zugangsrisiko**, aber ein unterdurchschnittliches **Verbleibsrisiko** und insgesamt damit eine etwa auf dem Bundesdurchschnitt liegende Arbeitslosenquote. Lübeck dagegen als Vertreter vieler hier nicht explizit wiedergegebener Städte Norddeutschlands weist ein sehr hohes Zugangsrisiko auf. Das bedeutet, die Betroffenheit von Arbeitslosigkeit liegt mehr als 50 Prozent über dem Bundesdurchschnitt (der Bundesdurchschnitt ist an den Achsen jeweils auf 100 Prozent normiert), wohingegen die Dauer der Arbeitslosigkeit sogar leicht unterdurchschnittlich ist. Die hohe Arbeitslosenquote von mehr als 12 Prozent hat, so könnte man daraus schließen, seine Ursache weniger in fehlenden Arbeitsplätzen als vielmehr in einer zur Arbeitskräftefreisetzung führenden Umstrukturierung der Arbeitsnachfrageseite. Solche Interpretationen können natürlich nur dann zu wirksamen arbeitspolitischen Maßnahmen führen, wenn weitere Indikatorenanalysen die Struktur der Arbeitslosigkeit sowohl nachfrage- wie angebotsseitig ausleuchten.

Eine **regionale Arbeitsmarkttypisierung** nach Dauer der Arbeitslosigkeit und Laufzeit der offenen Stellen, wie sie von der Bundesanstalt für Arbeit ergänzend vorgenommen wird, geht dabei in die richtige Richtung.

Resümee: Die europäischen Arbeitsmarktdaten Ende der achtziger und Anfang der neunziger Jahre weisen nicht in Richtung einer noch vor Jahren vieldiskutierten Eurosklerose. Für die Arbeitsmarktsituation der BR Deutschland kann für die achtziger Jahre ein trendmäßiges Beschäftigungswachstum mit zunehmenden Wachstumsraten konstatiert werden, andererseits aber auch ein hoher Sockel an Arbeitslosigkeit. Die Entwicklung in den neunziger Jahren hat gezeigt, dass dieser Sockel von persistenter Natur ist. Da die Ursachen dieser Arbeitslosigkeit primär struktureller Art sind, ist eine regional differenzierte Ursachenforschung eine notwendige Voraussetzung für eine wirksame Beschäftigungspolitik.

Schlüsselwörter: Eurosklerose, Konjunkturelle Lokomotivfunktion, Verdeckte Arbeitslosigkeit, Arbeitslosenquote, Arbeitskräftemangel, Sucharbeitslosigkeit, Zugangsrisiko, Verbleibsrisiko, Regionale Arbeitsmarkttypisierung.

4. Preise und Inflation

Was versteht man unter Inflation? Wie wird ein Preisindex ermittelt? Welche Inflationstheorien gibt es? Gibt es einen Zielkonflikt zwischen Beschäftigung und Preisniveaustabilität?

Wir haben an anderer Stelle schon deutlich gemacht, wie schwierig es ist, in einer hochentwickelten Volkswirtschaft mit vielen Produkten aus einzelnen Preisen **aggregierte Preisniveaus** abzuleiten. Der Weg verläuft immer über die Bestimmung sogenannter Preisindizes. Dies sind dimensionslose Größen, die, auf ein Basisjahr bezogen, auf den Wert 100 normiert werden. Die prozentuale Veränderung des Preisniveaus innerhalb eines Jahres bemißt sich dann als relative Änderung des **Preisindex**. Wächst ein Index von 100 auf 105,5, so beträgt die **prozentuale** Veränderung 5,5 Prozent. Ein **Preisniveauwachstum** bezeichnen wir auch als **Inflation**, so dass obiges Beispiel für eine Inflationsrate von 5,5 **Prozent** steht.

Abbildung 12.8: *Monatliche Ausgaben des Vier-Personen-Arbeitnehmer-Haushalts mit mittlerem Einkommen des Haushaltsvorstandes in Deutschland (in Prozent)*

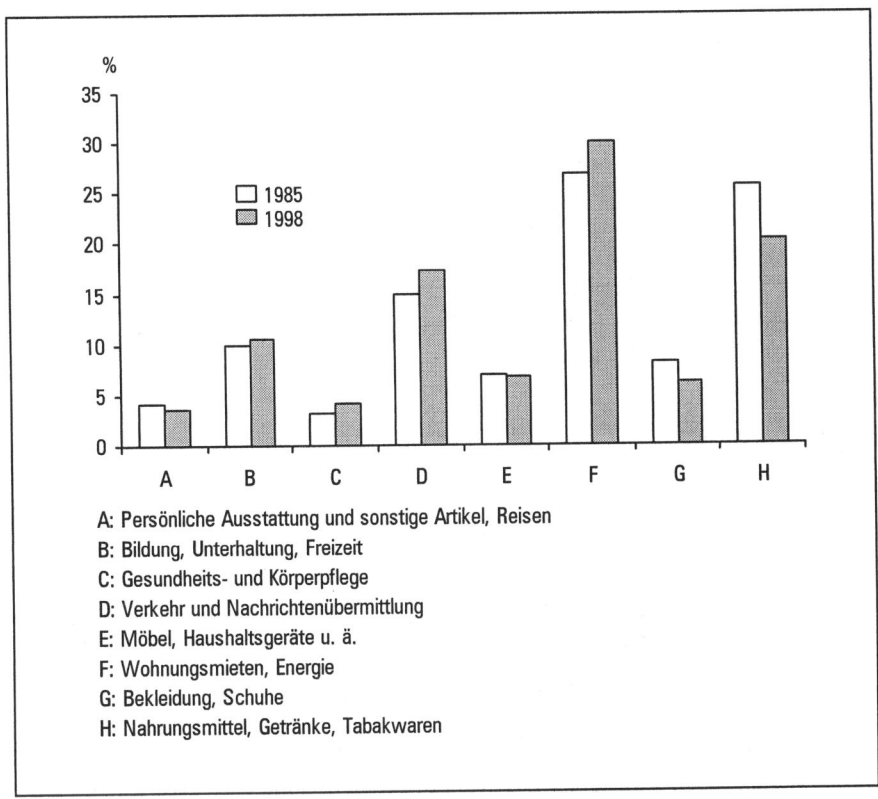

A: Persönliche Ausstattung und sonstige Artikel, Reisen
B: Bildung, Unterhaltung, Freizeit
C: Gesundheits- und Körperpflege
D: Verkehr und Nachrichtenübermittlung
E: Möbel, Haushaltsgeräte u. ä.
F: Wohnungsmieten, Energie
G: Bekleidung, Schuhe
H: Nahrungsmittel, Getränke, Tabakwaren

Quelle: Statistisches Bundesamt (1999), Statistisches Jahrbuch 1999.

In den Statistiken der Deutschen Bundesbank und in den VGR finden wir eine Fülle solcher Preisindizes. Der für den Verbraucher wichtigste Index ist der **Preisindex für die Lebenshaltung**. Diesem liegt ein **Warenkorb** zugrunde, der die Verbrauchsgewohnheiten repräsentiert und sich deren Veränderungen anpaßt.

In Abbildung 12.8 wird deutlich, dass es in den achtziger Jahren und in den neunziger Jahren eine Verschiebung der Gewichtung in Richtung Bildung, Unterhaltung und Freizeit, Gesundheits- und Körperpflege, Verkehr und Nachrichtenübermittlung sowie Wohnungsmiete und Energie und gegeben hat. Für jede der aufgeführten Kategorien wird ein eigener Preisindex berechnet. Mit den Gewichten multipliziert ergibt sich der Gesamtindex für Lebenshaltung. In Abbildung 12.9 haben wir dessen prozentuale Veränderungen als Inflationsraten der Kosten der Lebenshaltung den Inflationsraten der Preisentwicklung des Bruttoinlandsproduktes gegenübergestellt.

Abbildung 12.9:   *Inflationsraten des BIP und der Lebenshaltung aller privaten Haushalte in Deutschland*

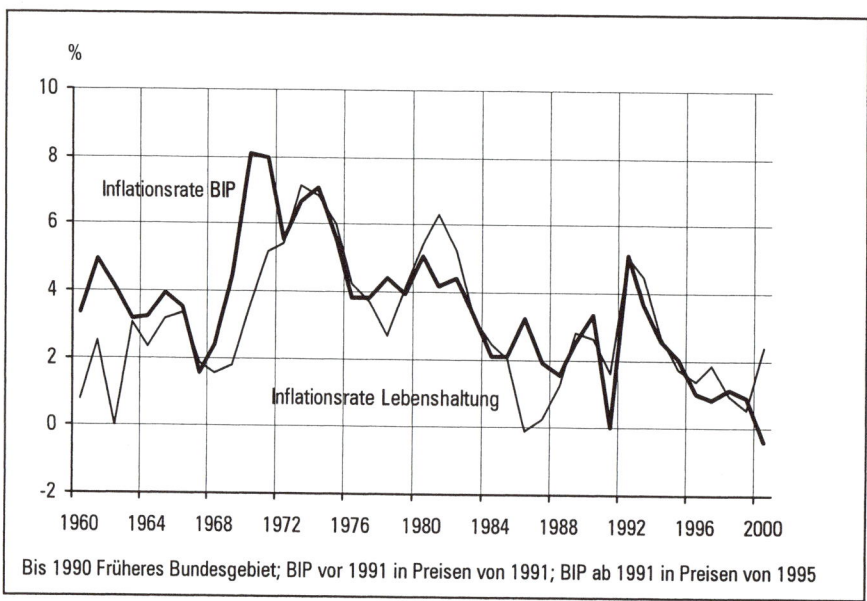

Bis 1990 Früheres Bundesgebiet; BIP vor 1991 in Preisen von 1991; BIP ab 1991 in Preisen von 1995

Quelle: Bis 2000: SVR (2000), Jahresgutachten 2000/2001. Statistisches Bundesamt (2000), Statistisches Jahrbuch 2000. Für 2000: http://www.statistik-bund.de/basis/d/vgr/vgrtab1.htm.

Daraus ist ersichtlich, dass beide Preisentwicklungen zeitweise synchron verlaufen. Dies muss jedoch nicht immer der Fall sein. So ist z.B. im Jahr 1986 der Preisindex für Lebenshaltung um 2 Prozentpunkte gefallen, obwohl der Preisindex des BIP um mehr als einen Prozentpunkt gestiegen ist. Der Anstieg der Verbraucherpreise hat seit 1992 abgenommen. Vor allem infolge der ungünstigen Ölpreisentwicklung und der steuerlichen Verteuerung des Produktionsfaktors Energie mittels der „Ökosteuer" hat sich der Trend jedoch wieder umgekehrt. Die bisherige Entwicklung in 2001 deutet auf eine jährliche **Preissteigerungsrate** von über 3 Prozent hin.

Wie lässt sich nun die Entwicklung des Preisniveaus einer Ökonomie theoretisch begründen? Eine der ältesten **Inflationstheorien** ist die **Quantitätstheorie**. Gemäß den quantitätstheoretischen Vorstellungen der Klassiker ist die Entwicklung des Preisniveaus P nur das Residuum der Entwicklung der Geldmenge M und des realen Bruttosozialprodukts Y. Denn aus der sogenannten **Cambridge-Gleichung**

(1) $$M = kPY$$

lässt sich eine Wachstumsratengleichung ableiten in der Form:

$$(2) \qquad w(M) = w(k) + w(P) + w(Y).$$

Ist mit $w(k) = 0$ die Wachstumsrate des Kassenhaltungskoeffizienten k gleich Null, wäre die Inflationsrate $w(P)$ direkt aus der Differenz der Wachstumsraten der Geldmenge $w(M)$ und der Realproduktion $w(Y)$ ablesbar. Ist nun die Realproduktion im Vollbeschäftigungsgleichgewicht gegeben, d.h. sie wächst nicht, so ist die Inflationsrate gleich der Zuwachsrate der Geldmenge. Der empirisch nachweisbare langfristige Zusammenhang zwischen der Entwicklung der Geldmenge und des Preisniveaus ist somit der Kern der Quantitätstheorie.

Nimmt man die Wachstumsrate des realen BNE und die Inflationsrate des BNE und vergleicht man deren Summe mit den Wachstumsraten der **Geldmenge**, so zeigt sich empirisch, dass doch beträchtliche Differenzen bestehen, die natürlich mit einer Veränderung der Kassenhaltungsneigung begründet werden könnten. Dennoch aber kann als Faustformel für die prozentuale Entwicklung von M, P und BNE die Wachstumsratengleichung (2) durchaus von Nutzen sein.

Tabelle 12.4: *Verbraucherpreise und BIP (Veränderung gegenüber dem*

	Verbraucherpreise[1]				Bruttoinlandsprodukt[2]			
	1997	1998	1999	2000[3]	1997	1998	1999 [3]	2000[3]
Belgien	1,5	0,9	1,1	2,8	3,4	2,4	2,7	3,8
Dänemark	1,9	1,3	2,1	2,8	3,1	2,5	1,7	2,5
Deutschland [4]	1,5	0,6	0,6	2,0	1,4	2,1	1,6	3,0
Finnland	1,2	1,4	1,3	2,8	6,3	5,5	4,0	4,9
Frankreich	1,3	0,7	0,6	1,9	1,9	3,1	2,9	3,3
Großbritannien	1,8	1,6	1,3	0,8	3,5	2,6	2,2	3,1
Italien	1,9	2,0	1,7	2,7	1,8	1,5	1,4	2,8
Niederlande	1,9	1,8	2,0	2,2	3,8	4,1	3,9	4,3
Österreich	1,2	0,8	0,5	2,0	1,3	3,3	2,8	3,6
Portugal	1,9	2,2	2,2	2,6	3,7	3,6	3,0	3,3
Schweden	1,8	1,0	0,6	1,5	2,0	3,0	3,8	4,1
Spanien	1,9	1,8	2,2	3,5	3,9	4,3	4,0	4,1
Japan	1,7	0,7	-0,3	-0,2	1,6	-2,5	0,2	1,4
USA	2,3	1,6	2,1	3,4	4,4	4,4	4,2	5,2

[1] Harmonisierter Verbraucherpreisindex für die Länder der Europäischen Union; für die anderen Industrieländer: nationale Verbraucherpreisindizes
[2] Veränderung gegenüber dem Vorjahr in v.H.
[3] Schätzung des SWR aufgrund von Angaben nationaler und internationaler Institutionen
[4] Vor 1994 Früheres Bundesgebiet

Quelle: SVR (2000), Jahresgutachten 2000/2001.

Betrachtet man die Preisentwicklung der letzten inländischen Verwendung von Gütern für den "Privaten Verbrauch" im Vergleich mit anderen wichtigen Industrieländern, so macht die Tabelle 12.4 deutlich, dass Deutschland in der Preisniveaustabilität in den Jahren 1997 bis 1999 seinen traditionellen Spitzenplatz unter den westlichen Volkswirtschaften belegt hatte und man insbesondere 1998 und 1999 nicht von der Existenz einer Inflation sprechen konnte. Diese Situation hat sich seit 2000 geändert.

Empirische Ergebnisse zeigen, dass Wachstum und Inflation nicht notwendigerweise gegensätzlich verlaufen müssen. Umgekehrt hat die Erfahrung der Vorjahre in Deutschland aber auch gelehrt, dass hohes Wachstum nicht notwendigerweise mit Inflation verbunden sein muss.

Im Gegensatz zur Quantitätstheorie, in der die Geldmenge die zentrale Ursache für Inflation darstellt, spielen in den KEYNESianischen Inflationstheorien andere Faktoren eine Rolle, die anhand des, uns aus dem vorigen Kapitel bekannten P-Y-Achsenkreuzes erklärt werden können. Die Höhe des Preisniveaus ergibt sich hier nämlich aus dem Zusammenspiel zwischen gesamtwirtschaftlicher Nachfrage und gesamtwirtschaftlichen Angebot. Mit anderen Worten: Die **KEYNESianischen Inflationstheorien** sind güterwirtschaftlich orientiert. Sind Kostenerhöhungen auf der Produktionsseite das auslösende Moment für inflationäre Tendenzen, so spricht man von **Cost-push-Inflation**. Mögliche Ursachen hierfür sind beispielsweise Nominallohnerhöhungen, Erhöhung der Preise anderer Produktionsfaktoren wie z.B. Rohstoffe oder aber inflationäre Tendenzen aufgrund von Marktmacht. Sind es expansive Nachfrageeffekte, die zu Überschussnachfragen und damit Preisniveauerhöhungen führen, so spricht man von **Demand-pull-Inflation**. In beiden Ansätzen ist die Rolle des Geldes von sekundärer Natur. Das unterscheidet diese Ansätze von den **monetären Inflationstheorien**. Der Ursprung dieser Theorien liegt in den schon oben verdeutlichten quantitätstheoretischen Grundlagen.

Die Theorie der **PHILLIPS-Kurve** nimmt den Faden der traditionellen KEYNESianischen Inflationstheorien wieder auf und verknüpft ihn mit den Ansätzen der Erwartungsbildungshypothesen. Ihre Kernaussage ist, dass es einen **Zielkonflikt** zwischen "weniger an Inflation" und "weniger an Arbeitslosigkeit" gibt. Diese Diskussion begann mit einer empirischen Analyse von ARTHUR R. PHILLIPS (1958) und hat zu einer Fülle von empirischen Anschlussuntersuchungen geführt. Eine Zeitlang war die Vorstellung von der Notwendigkeit eines solchen **Trade-offs** zwischen zwei wünschenswerten Zuständen als geradezu naturgesetzliche Konstante ein weitverbreitetes ökonomisches Dogma. Die Vorstellung, dass Wirtschaftspolitik daher einer Passage zwischen Skylla und Charybdis gleiche, kommt am besten in einem dem ehemaligen Bundeskanzler HELMUT SCHMIDT zugesprochenen markigen Spruch der siebziger Jahre zum Ausdruck, dass ihm zwei Prozent mehr an Inflation lieber seien als zwei Prozent mehr Arbeitslosigkeit.

Der heutige Stand der Diskussion ist, dass zwischen einer kurz- und einer langfristigen PHILLIPSkurve unterschieden wird. Wenn überhaupt, gibt es einen solchen

Trade-off nur kurzfristig. Langfristig ist die PHILLIPSkurve eine Vertikale, d.h., langfristig kann eine Unterbeschäftigungssituation durch inflationäre Geldpolitik nicht bekämpft werden.

Abschließend wollen wir uns nun noch kurz den **Inflationswirkungen** zuwenden. Betrachtet man diese, so erkennt man, dass dieser Abschnitt Inflation nicht losgelöst von den anderen Abschnitten in diesem Kapitel betrachtet werden kann.

Die durch Preisniveauänderungen bzw. Inflation hervorgerufenen Anpassungsprozesse an langfristige Gleichgewichtswerte kann reale Wirkungen auf die Produktion und Beschäftigung haben, d.h. es können beispielsweise konjunkturelle Effekte auftreten. Wie wir aus Kapitel 10 wissen, kann beispielsweise asymmetrische Information bei adaptiven Erwartungen zu einer Reduktion der Produktion und zu Arbeitslosigkeit führen. Nur für den eher unrealistischen Fall vollständig rationaler Erwartungen haben Preisniveauveränderungen keine realen Auswirkungen.

Ebenso kann der Einsatz der Produktionsfaktoren durch inflationäre Tendenzen negativ beeinflusst werden mit der Folge einer suboptimalen Ressourcenallokation. So kann beispielsweise die zukünftige Preisentwicklung Unsicherheiten erzeugen, die zu einem Rückgang der Kapitalbildung mit den entsprechenden Wachstumsverlusten führt. Ebenso können sehr starke inflationäre Tendenzen eine Flucht in Sachwerte zur Folge haben, so dass es zu unrentablen Überinvestitionen kommen kann.

Des Weiteren haben Preisniveauveränderungen Auswirkungen auf den realen Vermögensbestand oder das reale Einkommen. Wird beispielsweise in den Lohnabschlüssen der Tarifpartner die Inflationsrate zu niedrig antizipiert, so findet eine Umverteilung von den Lohnempfängern zu den Gewinnempfängern. Mit anderen Worten: Falsch antizipierte Preisniveauveränderungen beeinflussen auch die Einkommensverteilung einer Volkswirtschaft, die Thema des nächsten Abschnittes sein wird.

Resümee: Der Prozess steigender Preise wird als Inflation bezeichnet. Inflationsursachen können sowohl güterwirtschaftlich als auch monetär begründet werden. Aufgrund einer konsequent auf Preisniveaustabilität ausgerichteten Bundesbankpolitik war lange Jahre trotz hoher Wachstumsraten der Produktion die deutsche Inflationsrate eine der niedrigsten der Welt. Die Bedeutung der praktischen Geldpolitik resultiert daraus, dass aufgrund von Unsicherheiten bezüglich der Preisentwicklungen negative Wirkungen auf Wachstum, Konjunktur, Beschäftigung und Einkommensverteilung entstehen können.

Schlüsselwörter: Preisindex, Inflation, Preisindex für die Lebenshaltung, Warenkorb, Quantitätstheorie, Cambridge-Gleichung, KEYNESianische Inflationstheorien, Cost-push-Inflation, Demand-pull-Inflation, Monetäre Inflationstheorien, PHILLIPS-Kurve, Zielkonflikt, Trade-off, Inflationswirkungen.

5. Einkommen und Einkommensverteilung

> Welche unterschiedlichen Erklärungsziele haben die funktionelle und die personelle Einkommensverteilung? Was versteht man unter der Lohn- und Gewinnquote? Wodurch unterscheidet sich die Primärverteilung von der Sekundärverteilung?

Eine gängige Systematik zur Beschreibung der Einkommensverteilung ist die Unterscheidung einerseits in die funktionelle und personelle Einkommensverteilung. Diese Trennung geht auf JOHN BATES CLARK (1899) zurück. Andererseits kann auch eine Unterscheidung in die Primär- und Sekundärverteilung vorgenommen werden.

Die **funktionelle Einkommensverteilung** beschreibt die Verteilung der Nettowertschöpfung, d.h. die Verteilung des Volkseinkommens, einer Volkswirtschaft auf die einzelnen **Produktionsfaktoren**, die im Produktionsprozess eingesetzt werden. In den Statistiken wird die funktionelle Einkommensverteilung in der Regel dargestellt als die Verteilung des Volkseinkommen einer Volkswirtschaft in Einkommen aus unselbständiger Arbeit, stellvertretend für den Produktionsfaktor Arbeit, und in Einkommen aus Unternehmertätigkeit und Vermögen, stellvertretend für den Produktionsfaktor Kapital. Die **personelle Einkommensverteilung** hingegen beschreibt die Verteilung des Volkseinkommens auf einzelne (sozioökonomische) Personengruppen oder Haushalte wie z.B. die Gruppe der Arbeitnehmer oder Unternehmer.

Aus dem oben Gesagten kann bereits abgeleitet werden, dass die funktionelle und personelle Einkommensverteilung unter bestimmten Voraussetzungen identisch sind. Dies ist nämlich genau dann der Fall, wenn die eindeutig voneinander unterscheidbaren Personengruppen exakt einem Produktionsfaktor zuzuordnen sind und sie jeweils nur eine Art von Einkommen beziehen. Mit anderen Worten: Das Einkommen der Arbeiter bestünde dann nur aus Lohneinkommen, während das Einkommen der Kapitalisten nur aus Zinseinkommen bestehen würde. In diesem Fall macht es also keinen Unterschied, ob man beispielsweise von dem Einkommen der Personengruppe Arbeiter oder dem Einkommen des Produktionsfaktors spricht. Man sagt, dass es unter diesen speziellen Voraussetzungen keine **Querverteilung** gibt.

Ein wichtiger Indikator zur Beschreibung der funktionellen Einkommensverteilung ist der Anteil der Bruttoeinkommen aus unselbständiger Arbeit am Volkseinkommen. Diese Größe bezeichnet man als **Lohnquote**.

Seit 1870 ist die Lohnquote bis zum Jahr 1981 nahezu kontinuierlich gewachsen; in den achtziger Jahren ist sie wieder gesunken. Die Entwicklung in den neunziger

Jahren ist nicht eindeutig. Im Jahre 1990 hat sie mit 67 Prozent den Stand von 1970 um einen Prozentpunkt unterschritten.

Das Residuum zur Lohnquote ist die **Gewinnquote** als Anteil der Einkommen aus Unternehmertätigkeit und Vermögen am Volkseinkommen. Angaben über die Lohnquote enthalten daher implizit Angaben über die Gewinnquote und vice versa, da das Einkommen aus unselbständiger Arbeit und das Einkommen aus Unternehmertätigkeit zusammen dem Volkseinkommen entsprechen.

Abbildung 12.10: *Lohnquote und Arbeitseinkommensquote in Deutschland*

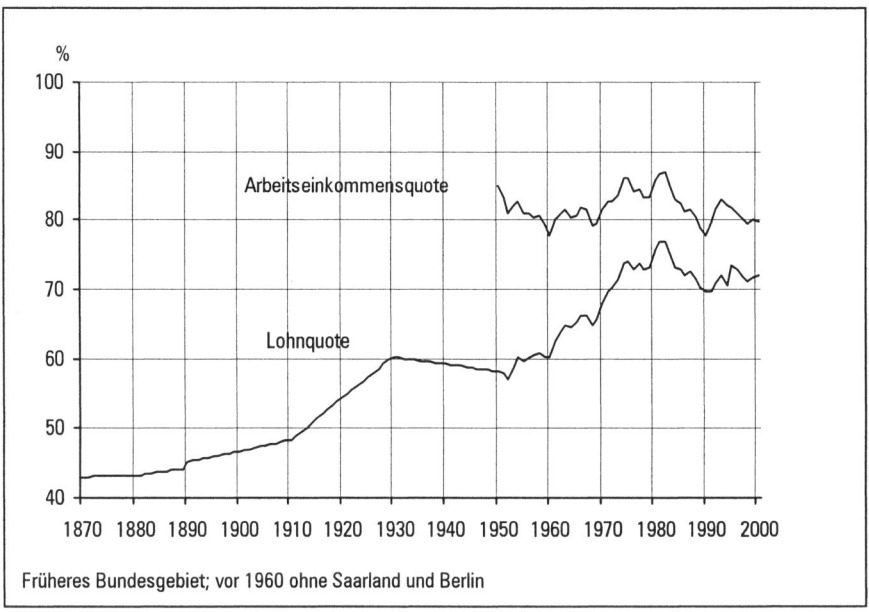

Quelle: Vor 1950: Siebke (1995). Ab 1950: SVR (2000), Jahresgutachten 2000/2001 und ältere Gutachten.

Die verteilungspolitische Aussagekraft beider Größen muss sehr vorsichtig interpretiert werden. Denn will man die Einkommensposition der unselbständig Beschäftigten mit der Position der selbständig Beschäftigten und deren zeitlicher Entwicklung vergleichen, muss man berücksichtigen, dass aus dem Vermögenseinkommen, das in der Gewinnquote ausgewiesen wird, ein nicht unbeträchtlicher Teil an die unselbständig Beschäftigten fließt, da die unselbständig Beschäftigten auch Einkommen aus Vermögen, z.B. in Form von Zinsen oder Mieten für Wohnungseigentum, erhalten. Will man andererseits nur die Einkommen aus Arbeit den Nichtarbeitseinkommen gegenüberstellen, so muss man die kalkulatorischen Arbeitseinkommen der selbständig Erwerbstätigen einschließlich der mithelfenden Familienmitglieder, den sogenannten Unternehmerlohn, dem in der Lohnquote ausgewiesenen Arbeitseinkommen hinzufügen und vom "Gewinnein-kommen" abziehen. Nach diesem Konzept definiert der Sachverständigenrat die sogenannte **Arbeitseinkommensquote**, die wie Abbildung 12.10 zeigt, trendmä-ßig im Prinzip der Lohnquotenentwicklung folgt, jedoch jeweils beträchtlich größer ist.

Die oben genannten Querverteilungen kommen also in den Angaben der funktio-nellen Einkommensverteilung nicht zum Ausdruck. Das Bild wird ebenfalls dadurch verzerrt, dass Veränderungen des Arbeitnehmeranteils an den Erwerbstä-tigen nicht beachtet werden. So kann z.B. die Lohnquote allein dadurch steigen, dass Selbständige zu unselbständigen Arbeitnehmern werden, da ceteris paribus das Einkommen aus unselbständiger Arbeit ansteigt. Will man also die relative Verteilungsposition der unselbständig Beschäftigten ermitteln, so muss man berücksichtigen, dass auch der Anteil der Unselbständigen an der Erwerbsbevölke-rung im Trend gestiegen ist. Eine diesen Effekt berücksichtigende **bereinigte Lohnquote** wäre dann tendenziell niedriger als die Lohnquote.

Wiewohl die Lohnquote ein wichtiges Argument in Tarifverhandlungen darstellt, so ist aber, wie wir oben gesehen haben, die Aussagefähigkeit dieses Indikators mit Vorsicht zu genießen. Die Vorteile dieser Indikatoren sind die zuverlässige Datenbasis der VGR und die schnelle Berechnung und Verfügbarkeit der benötig-ten Daten.

Eine gängige Darstellung der personellen Einkommensverteilung ist das Konzept der **LORENZ-Kurve**. Wenn man sich ein Bild machen will, wie gleich oder un-gleich die monatlichen Haushaltseinkommen auf die Haushalte verteilt sind, ver-wendet man diese Kurve, die auf MAX O. LORENZ (1905) zurückgeht. Sie vermit-telt ein sehr plastisches Bild von der tatsächlichen Ungleichheit und Konzentration einer gegebenen Verteilung. Sie beruht darauf, dass **kumulierte** Prozentwerte auf den Achsen eines Koordinatensystems abgetragen werden. Auf der Abszisse steht die kumulierte Zahl der Haushalte in Prozent aller Haushalte, auf der Ordinate das kumulierte Einkommen in Prozent aller Einkommen. Eine Abszissen-Ordinaten-Kombination von 40 und 30 besagt dann, dass 40 Prozent der nach Einkommens-größe geordneten Haushalte über 30 Prozent des gesamten Einkommens verfügen.

Die Diagonale steht somit für eine vollkommene Gleichverteilung der Einkommen über die Haushalte. Je stärker die LORENZ-Kurve von der Diagonalen abweicht, desto ungleicher ist die Verteilung. Ein Maß für die Ungleichheit ist der nach CORRADO GINI (1912) benannte **GINI-Koeffizient**. Dieser ist definiert als das Verhältnis der Fläche zwischen der ermittelten LORENZ-Kurve und der 45°-Grad-Linie bei Gleichverteilung zu der Fläche des gesamten Dreiecks unter der Diago-nalen. Bei Gleichverteilung ist der GINI-Koeffizient demnach Null, wohingegen er bei vollständiger Ungleichheit nahe Eins ist.

Will man mit Hilfe der LORENZ-Kurve und des GINI-Koeffizienten Einkommens-verteilungsänderungen über die Zeit deutlich machen, so hat das auch seine Tücken. Denn, wie man sich geometrisch leicht an einem Extrembeispiel klarmachen kann, ist der GINI-Koeffizient der gleiche, wenn 50 Prozent aller Einkommensbezieher (fast) das gesamte Einkommen beziehen und wenn (fast) 100 Prozent der Einkommensbezieher über nur 50 Prozent des Gesamteinkommens verfügen. Somit ist also auch für andere Konstellationen die Konstanz des GINI-Koeffizienten nicht unbedingt ein Anzeichen für eine unveränderte Einkommensverteilung. Des Weiteren liefert die Darstellung der LORENZ-Kurve auch keine Informationen über die absolute Höhe der Einkommen. So kann beispielsweise trotz gleichbleibender LORENZ-Kurve das Einkommen aller gleichmäßig angestiegen sein, so dass es allen – bezogen auf das Einkommen – besser geht, ohne dass sich der Grad der Ungleichverteilung verändert hat.

Abbildung 12.11: *Lorenz-Kurven für die Primär- und Sekundärverteilung*

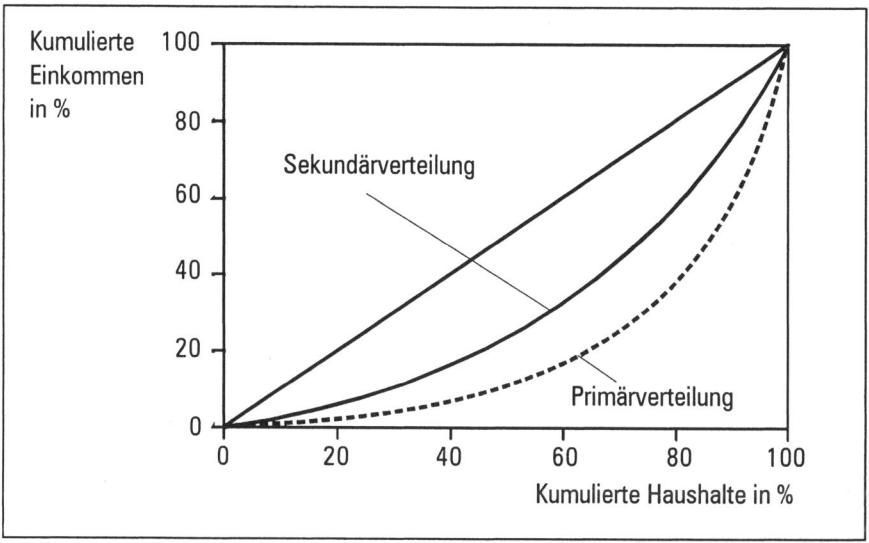

Bezüglich der Trennung der Primärverteilung und der Sekundärverteilung sind die staatlichen Umverteilungsmaßnahmen das Unterscheidungskriterium. So beschreiben die funktionelle und personelle Einkommensverteilung (mit oder ohne Aspekte der Querverteilung) das sich aus dem Marktprozess ergebende Einkommensverteilungsergebnis. Dieses Ergebnis wird als **Primärverteilung** bezeichnet. Diese Verteilung charakterisiert die Einkommensverhältnisse vor der staatlichen Umverteilung. Berücksichtigt man staatliche Umverteilungsmaßnahmen wie z.B. Steuern, Sozialversicherungsabgaben auf der staatlichen Einnahmeseite oder Transferzahlungen (z.B. Kindergeld), das Angebot öffentlicher Dienstleistungen und die Bereitstellung öffentlicher Güter (z.B. Landesverteidigung) auf der Ausgabenseite des Staates, so bezeichnet man dieses Verteilungsergebnis als **Sekundärverteilung**. Diese staatlichen Umverteilungsmaßnahmen haben zumeist das Ziel, die personelle Einkommensverteilung anzugleichen. Betrachten wir die Abbildung 12.11, so charakterisiert die gestrichelte LORENZ-Kurve die Primärverteilung. Die durchgezogene Linie stellt die Sekundärverteilung, die sich nach den staatlichen Umverteilungsprozessen (Steuern, Sozialabgaben und Transferzahlungen) ergibt, dar. Man erkennt deutlich, dass sich die LORENZ-Kurve nach der staatlichen Umverteilung hin zur Hauptdiagonalen bewegt, d.h. die staatlichen Umverteilungsmaßnahmen die personelle Einkommensverteilung teilweise glätten.

Abschließend soll noch darauf verwiesen werden, dass sich die obigen Kriterien noch durch weitere Verteilungskategorien ergänzen lassen. Welches Kriterium dann jeweils bei einer konkreten Fragestellung zu verwenden ist, ist eine Frage der Zweckmäßigkeit. Neben dem Einkommen wäre die Verteilung der Güter ein wichtiger Aspekt. Die Einkommensverteilung braucht nicht mit der **Güterverteilung** identisch zu sein; da z.B. die Nutzung der vom Staat kostenlos bereitgestellten Güter wie Verkehrsinfrastruktur, Schul- und Gesundheitswesen nach einkommensunabhängigen Kriterien erfolgen kann. Aber auch in der Verteilung der Einkommen kann man sinnvoll weiter differenzieren: Nach der **intertemporalen Verteilung** über den **Lebenszyklus** eines Menschen, nach **regionalen** Kriterien auf geographisch-politische Gebiete oder beispielsweise nach **sektoralen** Kriterien gemäß der Wertschöpfungsbereiche der VGR.

> *Resümee: Die Einkommensverteilung kann unter funktionellen und unter personellen Kriterien studiert werden. Eine funktionelle Einkommensverteilung beruht auf der Idee der Entlohnung der Produktionsfaktoren. Konsistente Abgrenzungen sind gesamtwirtschaftlich jedoch schwierig. Keine Probleme (außer der Frage der Verfügbarkeit der Daten) gibt es bei der personellen Verteilung, die auf der Gegenüberstellung der monatlichen Haushaltseinkommen und der Zahl der betreffenden Haushalte beruht.*

Schlüsselwörter: Funktionelle Einkommensverteilung, Personelle Einkommensverteilung, Querverteilung, Lohnquote, Gewinnquote, Arbeitseinkommensquote, Bereinigte Lohnquote, LORENZ-Kurve, GINI-Koeffizient, Primärverteilung, Sekundärverteilung, Güterverteilung, Intertemporale Verteilung.

6. Schlussbemerkung

Die ökonomische Theorie hat den Anspruch, die ökonomische Realität, oder zumindest gewisse stilisierte Fakten daraus, mit Hilfe ihrer Erklärungsmuster begründen zu können. Nun haben wir einen kleinen Ausflug durch die wichtigsten realen Phänomene ökonomischer Aktivitäten unternommen. Wir haben die Produktion, das Wachstum, die technische Entwicklung, die Beschäftigung und Arbeitslosigkeit, die Inflation und die Einkommensverteilung angesprochen. Natürlich reicht das in Kapitel 11 vorgestellte allgemeine KEYNESianische Modell nicht aus, um all die hier aufgeführten Aspekte zufriedenstellend analysieren zu können. Das kann und soll es auch gar nicht. Es kann es nicht, weil in der hier dargestellten Form nur die Grundidee des Zusammenwirkens ökonomischer Aggregate vermit-telt werden sollte. Um spezielle Fragestellungen, wie z.B. das Beschäftigungsproblem der dauerhaft hohen Arbeitslosigkeit und dessen Ursache analysieren zu können, gibt es neben dem Gedankenrahmen unseres Basismakromodells eine Fülle weiterer, ergänzender, aber auch konkurrierender Ansätze.

Andererseits soll ein ökonomisches Modell auch gar nicht den Anspruch erheben, auf alle Fragen eine Antwort geben zu können. Denn ein solcher Anspruch setzte ein ökonomisches Total- oder Weltmodell voraus. Derartige Modelle sind aber genauso nützlich wie Landkarten im Maßstab eins zu eins.

Fragen und Aufgaben zum 12. Kapitel

1. Was versteht man unter: gesamtwirtschaftlicher Preisindex für die Lebenshaltung, Lohnquote, bereinigte Lohnquote und Arbeitseinkommensquote.

2. Welche Determinanten bestimmen in welcher Weise die Produktionskapazität eines Landes und deren Auslastung?

3. Welche Bedeutung hat eine regionale Arbeitsmarktypisierung für die praktische wirtschaftspolitische Diagnose und Therapie von Arbeitslosigkeit?

4. In welcher Weise unterscheiden sich die verschiedenen Inflationstheorien?

5. *Aufgabe:

    Versuchen Sie, die Summe der Wachstumsrate des realen BIP aus Abbildung 12.3 und der Inflationsrate des BIP aus Abbildung 12.9 mit der Wachstumsrate der Geldmenge M 3 zu vergleichen, um damit die empirische Relevanz der Wachstumsratengleichung der Cambridge-Gleichung zu testen.

6. *Aufgabe:

    Gibt es einen "Zielkonflikt" zwischen Beschäftigung und Preisniveaustabilität?

7. Wie lassen sich Primär- und Sekundärverteilung sowie funktionelle und personelle Einkommensverteilung charakterisieren, und anhand welcher zusätzlicher Verteilungskategorien lassen sich weitere Aspekte bezüglich der Verteilungsgerechtigkeit ableiten?

8. Versuchen Sie mögliche Zusammenhänge zwischen Wachstum, Konjunktur, Inflation, Einkommensverteilung und Beschäftigung herzustellen.

Literatur zum 12. Kapitel

Einen einführenden Überblick zum Thema Wachstum und Konjunktur bietet der Artikel von

Gabisch, Günter. Konjunktur und Wachstum. In: D. Bender u.a.A. Vahlens Kompendium der Wirtschaftstheorie und Wirtschaftspolitik. Band 1. Siebte Auflage. S. 351-415. Vahlen Verlag. München 1999.

Spezielle Aspekte der Wachstumstheorie und Wachstumspolitik werden in den zahlreichen Lehrbüchern zum Thema Wachstum erörtert. Zwei neuere, analytisch anspruchsvollere Werke wären hier

Barro, Robert J.; Sala-i-Martin, Xavier. Wirtschaftswachstum. R. Oldenbourg Verlag. München u.a.O. 1998.

Maußner, Alfred; Klump, Rainer. Wachstumstheorie. Springer Verlag. Berlin u.a.O. 1996.

Spezielle Aspekte bezüglich der Konjunktur finden sich in den zahlreichen Lehrbüchern zu diesem Thema, so zum Beispiel

Assenmacher, Walter. Konjunkturtheorie. Achte Auflage. R. Oldenbourg Verlag. München u.a.O. 1998.

Maußner, Alfred. Konjunkturtheorie. Springer Verlag. Berlin u.a.O. 1994.

Zum Thema Beschäftigung und Arbeitslosigkeit finden sich zahlreiche Aspekte in

Franz, Wolfgang. Arbeitsmarktökonomik. Vierte Auflage. Springer Verlag. Berlin u.a.O. 1999.

Einen einführenden Überblick zum Thema Inflation bietet der Artikel von

Cassel, Dieter. Inflation. In: D. Bender u.a.A. Vahlens Kompendium der Wirtschaftstheorie und Wirtschaftspolitik. Band 1. Siebte Auflage. S. 287-350. Vahlen Verlag. München 1999.

Spezielle Aspekte der Inflation werden in den zahlreichen Lehrbüchern zum Thema Inflation dargestellt, so zum Beispiel in

Pohl, Rüdiger. Theorie der Inflation. Vahlen Verlag. München 1981.

Einen einführenden Überblick zum Thema Einkommensverteilung bietet der Artikel von

Siebke, Jürgen. Verteilung. In: D. Bender u.a.A. Vahlens Kompendium der Wirtschaftstheorie und Wirtschaftspolitik. Band 1. Siebte Auflage. S. 417-453. Vahlen Verlag. München 1999.

Spezielle Aspekte der Einkommensverteilung werden in den zahlreichen Lehrbüchern zum Thema Verteilung dargestellt, so zum Beispiel:

Külp, Bernhard. Verteilung - Theorie und Politik. Dritte Auflage. G. Fischer Verlag. Stuttgart u.a.O. 1994.

Ramser, Hans J. Verteilungstheorie. Springer Verlag. Berlin u.a.O. 1987.

Einen einführenden Überblick zum Auffinden von nationalen und internationalen Datenquellen und zur Analyse von empirischem Datenmaterial findet sich in

Heiler, Siegfried. Deskriptive und explorative Datenanalyse. R. Oldenbourg Verlag. München 1994.

DER STAAT

Teil V

Kapitel 13
Die Funktion des Staates
in der Volkswirtschaft

Kapitel 13 Die Funktion des Staates in der Volkswirtschaft

1. Staat und Wirtschaftsordnung

> Welche Ideen von Wirtschaftsordnungen lassen sich unterscheiden? Welche Rolle fällt dabei dem Staat zu?

Zwei grundsätzliche Organisationsformen des Wirtschaftslebens können unterschieden werden, die Zentralplan- oder Zentralverwaltungswirtschaft und die freie Marktwirtschaft. Bei der einen Wirtschaftsform liegt der Akzent auf der zentralen Lenkung, bei der anderen auf der unbehinderten Funktion des Markt- und Preismechanismus. In der Realität kommen ausschließlich Mischformen vor. So orientieren sich die westlichen Volkswirtschaften am Ideal der freien Marktwirtschaft, doch besitzt auch der Staat gegenwärtig einen großen Einfluss auf den Gang des wirtschaftlichen Lebens. Die Volkswirtschaften der mittel- und osteuropäischen Länder basierten in den letzten Jahrzehnten überwiegend auf der Grundform der zentralen Leitung des Wirtschaftsprozesses. In der zweiten Hälfte der achtziger Jahre begann auch in diesen Volkswirtschaften eine in den einzelnen Ländern mehr oder weniger starke Umorientierung in Richtung Marktwirtschaft.

In einer vollständig **zentral gelenkten Volkswirtschaft** wird der Wirtschaftsablauf von einer zentralen Stelle bis in alle Einzelheiten geregelt. Es gibt keinen Raum für eigenständige Entscheidungen der Konsumenten und Produzenten, weil auch der Markt als Treffpunkt von Angebot und Nachfrage ausgeschaltet ist. Die Zentralpläne haben keinen Prognosecharakter, wie er zum Beispiel in der deutschen **Finanzplanung** zum Ausdruck kommt, sondern stellen Vorschriften dar, an die sich alle untergeordneten Instanzen zu halten haben. Eine Variante der vollständig zentral gelenkten Wirtschaft entsteht, wenn niedrigere Instanzen das Recht auf eigenständige Entscheidungen über Art und Umfang der Produktion erhalten, so dass in gewissem Umfang Dezentralisierung vorliegt. In diesem Fall stößt man alsbald auf die Frage, wie die Abstimmung der Produktion auf die Präferenzen der Bevölkerung bewerkstelligt werden soll; ein Problem, das auch auf der zentralen Ebene vorhanden ist, dort aber ohne weiteres auf diktatorische Weise gelöst wird.

In der **freien Marktwirtschaft** steht der Marktmechanismus an zentraler Stelle. Die Wünsche der Konsumenten werden in Form einer Nachfrage nach Gütern am Markt zum Ausdruck gebracht. Die Produzenten reagieren auf die Wünsche der Konsumenten und verlegen sich auf die Produktion der Güter, deren die Konsumenten offensichtlich bedürfen. Über den Markt beschließen die Konsumenten dann über Art und Umfang der Produktion, so dass in diesem Sinn eine dezentralisierte Entscheidungsfindung vorliegt. Der Gedanke einer freien Marktwirtschaft ist immer eng mit der Marktform der **vollkommenen Konkurrenz** verknüpft, wobei namentlich unter dem Einfluss des freien Marktzuganges keiner der Anbieter eine Machtposition auf dem Markt einnimmt.

An die reine Ausprägung der freien Marktwirtschaft schließt der klassische **Liberalismus** an. Dieser wirtschaftspolitischen Richtung zufolge müssen die Eingriffe des Staates in das Wirtschaftsleben auf ein Minimum beschränkt bleiben, weil der Preismechanismus automatisch alle Störungen aus dem Weg räumen wird. Für die Finanzen des Staates gilt dann: Der kleinste Etat ist der beste Etat. Diese extreme Form des Liberalismus existiert freilich kaum mehr. Der moderne Neoliberalismus erkennt an, dass der Preismechanismus unvollständig arbeiten kann, so dass Korrekturen notwendig sind. Auch in Bezug auf die konjunkturelle und strukturelle Entwicklung der Wirtschaft wird eine Steuerung durch den Staat nicht von vornherein ausgeschlossen. Wie tiefgreifend korrigierende Maßnahmen sein müssen, ist mehr eine Frage, die aufgrund der konkreten Situation beantwortet werden muss, als mit Hilfe explizit vorformulierter politischer Richtlinien und Normen. Die Neoliberalen akzeptieren zwar, dass der öffentliche Sektor in unserer Gesellschaft neben der Privatwirtschaft eine sehr wichtige Rolle spielt, messen aber trotz alledem der unternehmerischen Produktion weiterhin das entscheidende Gewicht bei. Sieht man in einer freien Unternehmerwirtschaft das essentielle Kennzeichen des **Kapitalismus**, dann befürworten die bislang beschriebenen wirtschaftspolitischen Strömungen die Aufrechterhaltung der kapitalistischen Ordnung, die jedoch abhängig von gesellschaftlichen Werturteilen und Präferenzen durch staatliche Eingriffe gesteuert werden muss.

Anders die wirtschaftspolitischen Vorstellungen, die eine zentral geplante Ordnung vorsehen und sich für eine Ausschaltung der für den Markt produzierenden Unternehmungen aussprechen. Im **Kommunismus**, der in KARL MARX seinen geistigen Vater hat, sollen alle Produktionsmittel vergesellschaftet werden. Der Marktmechanismus ist dabei vollständig ausgeschaltet, so dass den einzelnen Präferenzen der Konsumenten und Produzenten keine eigenständige Rolle mehr bei der Entscheidung über Art und Umfang der Produktion zukommt. Ob MARX, der im Jahr 1848 zusammen mit FRIEDRICH ENGELS das **Kommunistische Manifest** schrieb, die nach dem zweiten Weltkrieg real existierende Interpretation als vereinbar mit seinen Vorstellungen erachten würde, kann bezweifelt werden.

Der **Sozialismus** der Nachkriegszeit ging im Allgemeinen nicht so weit, zu fordern, dass alle Produktionsmittel vergesellschaftet werden. Allerdings war man der Meinung, dass einige wichtige Industriezweige, die Banken und die Versicherungsgesellschaften verstaatlicht werden sollten. Daneben wurde allerdings auch ein privater Sektor für sinnvoll gehalten. Obwohl auf den ersten Blick diese Ausprägung des Sozialismus nicht so fern vom Neoliberalismus steht, werden in der praktischen Politik oft mehr oder weniger wichtige Unterschiede deutlich. Sozialistische Politik greift schneller zum Mittel der Vergesellschaftung von Unternehmungen. Sie setzt typischerweise eher auf staatliche Ge- und Verbote, statt auf persönliche Anreize (**Incentives**), so dass durch eigenverantwortliches Handeln gesellschaftlich wünschenswerte Ergebnisse zustande kommen.

In den meisten Ländern ist die faktische Wirtschaftsordnung eine **Mixed economy** aus Zentralplanung und freier Marktwirtschaft. Diese Feststellung gilt im Prinzip auch für Deutschland. Neben Privatinvestitionen kennen wir öffentliche Investitionen, neben privatem Konsum gibt es öffentlichen Konsum und neben Privatunternehmungen existieren Staatsbetriebe. Auch die Freiheit von Konsum, Produktion und Eigentum wird durch den Staat in einer Anzahl von Punkten durch ein System gesetzlicher Regelungen eingeschränkt. Die wohl wichtigste gesetzliche Beschränkung wird in Artikel 14 GG formuliert. Hier heißt es zwar in Absatz 1 "Das Eigentum und das Erbrecht werden gewährleistet", aber auch in Absatz 2 "Eigentum verpflichtet. Sein Gebrauch soll zugleich dem Wohle der Allgemeinheit dienen". Im deutschen Grundgesetz, das den Nährboden für die sich in der Nachkriegszeit entwickelte Mischform der **Sozialen Marktwirtschaft** darstellte, finden sich klar definierte Rechte und Pflichten der Gebietskörperschaften Bund, Länder und Gemeinden. Das allgemeine Prinzip der Grundgesetzartikel 104a bis 115, die man auch als **Finanzverfassung** bezeichnet, ist die Orientierung an der **Subsidiarität**. Danach sind gemeinwirtschaftliche Aufgaben grundsätzlich von der "kleinstmöglichen Einheit" – im Extremfall vom einzelnen Individuum – wahrzunehmen. Dieses in der Sozialen Marktwirtschaft verwirklichte Grundprinzip ist der entscheidende Unterschied zur Idee staatlicher Zentralplanung sozialistischer Wirtschaftssysteme.

Resümee: In der Wirtschaftsordnung eines Landes verkörpern sich Idealvorstellungen über die Grundlagen menschlichen Lebens. Während sozialistische Zentralplanungen auf staatliche Regulierung, gesamtwirtschaftliche Lenkung und damit auf Zentralismus bei eingeschränkter individueller Freiheit setzen, sind in sozial verpflichteten Marktwirtschaften individuelle Freiheit und staatliches Handeln gemäß dem Subsidiaritätsprinzip oberstes Gebot.

Schlüsselwörter: Zentral gelenkte Volkswirtschaften, Freie Marktwirtschaft, Liberalismus, Kapitalismus, Kommunismus, Sozialismus, Mixed economy, Soziale Marktwirtschaft, Finanzverfassung, Subsidiarität.

2. Die Rechtfertigung staatlicher Aktivität in kompetitiven Volkswirtschaften

Welches sind die Gründe für staatliche Aktivität in marktwirtschaftlich organisierten Ökonomien?

Ebenso wie eine Unternehmung, die Schuhe produziert, ist der Staat ein Produktionsbetrieb. Im Bereich der Staatswirtschaft werden Dienstleistungen verrichtet und Leistungen erbracht, die zur Wohlfahrt beitragen. Im Gegensatz zu den Produktionswirtschaften des privaten Sektors werden die Zielsetzungen des Staates überwiegend durch gemeinschaftliche Belange bestimmt. Die wirtschaftliche Bedeutung der staatlichen Aktivität kommt durch die Inanspruchnahme knapper, alternativ verwendbarer Güter zum Ausdruck. Auch im Bereich der Staatswirtschaft besteht andauernd der Zwang zur Wahl alternativer Entscheidungen. Während im privaten Sektor der Marktmechanismus bei den Entscheidungen über die Allokation der Produktionsfaktoren und Güter eine bedeutende Rolle spielt, wird die Diskussion über die Verwendung begrenzt verfügbarer Güter im öffentlichen Bereich in hohem Maße durch die Entscheidungsfindung über Größe und Gliederung des Staatshaushaltes beherrscht. Man spricht in dieser Beziehung auch vom Gegensatz zwischen **Marktdemokratie** und **Budgetdemokratie**.

Die Abwägung der verschiedenen Interessen hat in unserer parlamentarischen Demokratie im Prinzip ihren Sitz im Parlament, das bei diesem Vorhaben nicht selten unter starkem Druck der in der Gesellschaft bestehenden Interessengruppen steht. Das Ausmaß aber, in dem der einzelne Bürger Einfluss auf die Verwendung von Staatsausgaben hat, ist im Allgemeinen sehr bescheiden.

Zum **staatlichen Sektor** rechnet man in der Bundesrepublik nicht nur die Organe des Bundes, der Länder und Gemeinden. In weiter gefasster Definition versteht man darunter auch die Einrichtungen der sozialen Sicherheit, sowie selbständig auftretende Institutionen aus Forschung und Lehre. Von welcher quantitativen Bedeutung der staatliche Sektor in modernen marktwirtschaftlichen Ökonomien kapitalistischer Ausprägung ist, kann man daran erkennen, dass in Deutschland der **Staatsverbrauch** in den 80er und 90er Jahren etwa 20 Prozent des BNE ausmachte, und dass gleichzeitig mehr als 40 Prozent des BNE als Zwangseinnahmen des öffentlichen Sektors in Form von **Steuern** und **Sozialversicherungsabgaben** anfielen. Hieran erkennen wir, dass es nicht unberechtigt ist, von einer **Mixed economy** zu sprechen, wie es im angelsächsischen Sprachgebrauch heißt.

Es gibt eine Reihe von Gründen, die selbst in einer marktwirtschaftlichen Wirtschaftsordnung die Rolle des Staates rechtfertigen. Viele beruhen darauf, dass Annahmen nicht erfüllt sind, die dem Idealbild der vollkommenen Konkurrenz auf **kompetitiven Märkten** zugrunde liegen. Wir sprechen dann von **Marktversagen**. Denn in solchen Fällen ist das Marktergebnis durch Einflussnahme des Staates verbesserbar. Wenn man in diesem theoretischen Zusammenhang von besser und schlechter spricht, muss man einen Maßstab besitzen, an dem man die **Allokationen**, d.h. die Verteilung von Faktoren und Gütern des Marktes, misst. Als solches wird das **Pareto-Prinzip** verwandt. Nach diesem ist eine Allokation A ex definitione schlechter – wir sprechen dann von **paretoinferior** – gegenüber einer Allokation B, wenn in B mindestens ein Individuum besser gestellt und keines schlechter gestellt ist. Wir sagen dann auch: B ist A gegenüber **paretosuperior**. Eine Allokation wird dann **paretooptimal** genannt, wenn kein Individuum besser gestellt werden kann, ohne dass ein anderes schlechter gestellt wird.

Der sogenannte **Erste Hauptsatz der Wohlfahrtstheorie** zeigt, dass Konkurrenzgleichgewichte immer paretooptimal sind. Dies ist ein wichtiges Argument für die Überlegenheit marktwirtschaftlicher Systeme. Sagt es doch, dass bei funktionierenden Märkten die sich einstellenden Marktergebnisse nach dem Pareto-Prinzip nicht mehr verbesserbar sind. Die resultierende Einkommensverteilung ist damit aber noch nicht in die Bewertung der Allokation einbezogen worden.

Welche Ursachen führen zu Marktversagen in dem Sinne, dass auf sich gestellte Märkte keine paretooptimalen Allokationen herbeiführen?

Die Ursachen können in den Gutseigenschaften selber liegen. Betrachtet man als Normalfall das **Individualgut** – synonym dazu spricht man auch von **privaten** Gütern (private goods) – so gibt es die sogenannte **Rivalität im Konsum**. Ein Apfel stiftet nur demjenigen Nutzen, der ihn verzehrt.

Als **Kollektivgüter** oder **öffentliche** Güter (public goods) bezeichnet man diejenigen Güter, für die diese Charakteristik nicht zutrifft und für die somit **Nichttrivalität im Konsum** vorliegt. Das bedeutet, dass an einem kollektiven Gut einer bestimmten Menge zusätzliche Individuen partizipieren können, ohne dass der Konsum der ursprünglichen Nutzer beeinträchtigt wird. Formal ausgedrückt bedeutet dies, dass die **Grenzkosten der Inanspruchnahme** durch ein zusätzliches Individuum gleich null sind. Dies hat jedoch in keiner Weise etwas mit den **Grenzkosten der Produktion** dieses Gutes zu tun. Ein Beispiel ist die Produktion von Rundfunksendungen. Ein zusätzlicher Rundfunkhörer übt keinen störenden Einfluss auf die bisherigen Rundfunkhörer aus. Es liegt also Nichttrivalität im Konsum vor. Mit den Produktionskosten von Hörfunksendungen hat das aber offensichtlich nichts zu tun. Diese bestehen unabhängig von der Inanspruchnahme durch zusätzliche Hörer.

Es ist einleuchtend, dass Nichttrivalität im Konsum zu Marktversagen führt. Denn Konsumenten haben einen Anreiz, "auf dem Markt" ihre wahren Präferenzen zu verschleiern und – für den Fall, dass sie sich an den Kosten beteiligen müssen – weniger vom kollektiven Gut nachzufragen in der Erwartung, vom Konsum der anderen als "Free-rider" profitieren zu können. Da ein solches **Free-rider-Verhalten** aber auch für alle anderen rational ist, führt die Nichttrivalität im Konsum zu einer **Unterversorgung** mit kollektiven Gütern und damit zu einem ineffizienten bzw. nicht-paretooptimalen Marktergebnis.

Das gilt insbesondere dann, wenn bei kollektiven Gütern noch eine andere Eigenschaft hinzukommt, nämlich die der **Nichtanwendbarkeit des Ausschlussprinzips**. Das bedeutet, dass nichtzahlende Konsumenten vom Konsum nicht ausgeschlossen werden können. Die Ursache kann darin liegen, dass ein Ausschluss prinzipiell nicht möglich ist, oder aber darin, dass ein Konsumausschluss mit Kosten verbunden ist. Es ist einleuchtend, dass dies eine weitere Ursache für Marktversagen ist. Im Kapitel 15 werden wir zeigen, was der Staat in solchen Fällen tun kann. An dieser Stelle können wir aber schon festhalten, dass es Notwendigkeiten gibt, dass der Staat kollektive Güter unter Umgehung des Marktes kostenlos zur Verfügung stellt – diese aber nicht unbedingt selbst produzieren muss. Es kann aber ebenso notwendig sein, dass selbst Individualgüter auf die gleiche Weise "nichtmarktmäßig" durch den Staat bereitgestellt werden.

Haben Marktaktivitäten eines Wirtschaftssubjekts (wie Konsum oder Produktion) Auswirkungen auf andere und werden diese Auswirkungen nicht mengen- und preismäßig auf Märkten "verarbeitet", so spricht man von **externen Effekten**. Es gibt negative und positive externe Effekte, je nachdem, ob die Auswirkungen wohlfahrtssenkend oder -steigernd sind. Auch in diesen Fällen versagt der Markt darin, die Ressourcen effizient zu allokieren, da die individuellen Optimierungsregeln nicht mit den gesamtwirtschaftlichen identisch sind. Oder anders ausgedrückt: Das Marktergebnis ist nicht paretooptimal. Solche externen Effekte gibt es im Konsum und in der Produktion. Eine negative Produktionsexternalität läge z.B. dann vor, wenn ein schadstoffemittierender Produzent die Umweltbelastung in seinem Optimierungskalkül außer Acht lässt, weil er für Umweltnutzung nichts zahlen muss. Dann wären die individuellen Grenzkosten der Produktion geringer als die gesamtwirtschaftlichen. Die Produktion wäre zu hoch. Der Staat kann auf externe Effekte auf vielfältige Weise reagieren. Er kann Emissionsstandards für Automobile vergeben, Auflagen in der Produktion vorschreiben oder Umweltzertifikate verkaufen, und er kann den Verursacher externer Effekte besteuern wie auch subventionieren, um ihn zur Produktionseinschränkung zu bewegen.

Fehlende Eigentumsrechte sind eine weitere Ursache für Marktversagen. In Fällen der gemeinsamen Nutzung von **Gemeineigentum,** wie der mittelalterlichen **Allmende,** führte dies zur Überbeanspruchung, d.h. aufgrund einer fehlenden Beschränkung bei den Nutzungsmöglichkeiten des Gemeineigentums kommt es zu einer paretoinferioren Überweidung der Ressource Weideland. Individuelle Optimierung ist also in solchen Fällen gesamtwirtschaftlich ineffizient.

Ein anderes Beispiel ist die Umwelt. Auch hier gibt es keine Eigentumsrechte für Luft, Boden und Wasser. Die Konsequenz ist die Überbeanspruchung durch Umweltverschmutzung. Man beachte jedoch, dass auch existierende Eigentumsrechte die Umweltbelastung nicht unterbinden würden, sie könnten aber eine gesamtwirtschaftlich **optimale** Nutzung (gleich Verschmutzung) ermöglichen.

Auch das Vorliegen von **Marktmacht** kann zu Marktversagen in dem Sinne führen, dass auf sich gestellte Märkte keine paretooptimalen Allokationen herbeiführen. Unter Marktmacht versteht man Konzentrationsprozesse, die dazu führen, dass ein Markt von wenigen Anbietern (Nachfragern) oder nur einem Anbieter (Nachfrager) beliefert wird. Entscheidend für die Wohlfahrtsverluste ist, dass durch Vorliegen von Marktmacht auf der Güterangebotsseite ein Preis durchgesetzt werden kann, der oberhalb des für eine paretooptimale Allokation erforderlichen Preises liegt. Kennzeichnend für die Marktunvollkommenheit ist also, dass eine fehlende Konkurrenz unter Anbietern überhöhte Preise auf Märkten erlaubt und damit eine effiziente Allokation verhindert.

Weitere Beispiele, die zu Marktmacht führen, sind **zunehmende Skalenerträge** oder **hohe Fixkosten** in der Produktion oder damit gleichbedeutend **abnehmende Grenzkosten.** Diese Produktionseigenschaft führt zu **natürlichen Monopolen,** denn bei Mehrproduktion kann kostengünstiger produziert werden. Wenn zudem die Durchschnittskosten über den Grenzkosten liegen, wäre die effiziente **Preisgleich-Grenzkosten-Regel** für Anbieter nur bei Inkaufnahme von Verlusten möglich. Das schließt ein privates Angebot aus.

Bislang unterstellten wir auf Märkten vollständige Information in dem Sinn, dass alle notwendigen Informationen über das Angebot sowie die Nachfrage und die Qualität von Gütern und Faktoren kostenlos verfügbar seien. In der Realität ist Informationsbeschaffung mit Kosten verbunden. Dies kann zu **unvollständigen Informationen** der Marktteilnehmer und damit zu Marktineffizienz führen. Der Staat kann solcherlei Informationsdefizite bekämpfen, indem er z.b. Verbraucheraufklärung institutionalisiert oder unterstützt.

Marktversagen gibt es auch bei **asymmetrischen Informationen** zwischen Anbietern und Nachfragern. Das bekannte **Lemon-Market-Beispiel** von GEORGE AKERLOF zeigt, dass auf dem Gebrauchtwagenmarkt typischerweise Informationsdefizite hinsichtlich der Qualität des Produktes bei den Nachfragern bestehen. Dies kann dazu führen, dass bei einheitlichem Preis für gute und schlechte Qualität insbesondere die "lemons", d.h. die Kfz schlechterer Qualität, auf den Markt drängen, dass somit im Trend der durchschnittliche Preis fällt. Die Anbieter von Gebrauchtwagen besserer Qualität sind dann jedoch nicht mehr bereit, ihre Ware zu diesem Preis anzubieten.

Dieses Ergebnis der **adversen Selektion**, der Selektierung schlechter Risiken, ist für all die Situationen typisch, bei denen das **Prinzip des einheitlichen Marktpreises** unter den Voraussetzungen asymmetrischer Information zur Anwendung kommt.

Ein anderes Beispiel ist der Versicherungsmarkt. Ein einheitlicher Preis in Form einer einheitlichen Prämie führt dazu, dass schlechte Risiken sich selektieren und gute Risiken vom Versicherungsmarkt ausscheiden. Der Erwartungsschaden steigt, darauf die Prämie. Die schlechten Risiken selektieren sich weiter, und der Staat kann die Marktauflösung durch adverse Selektion schließlich nur durch eine gesetzliche Zwangsversicherung verhindern. Nicht verhindern kann er den **Moralhazard-Effekt**, der darin liegt, dass im Versicherungsfall die Vorsorgebereitschaft abnimmt, da Schäden ja nicht individuell reguliert werden. Diesen Effekt kann der Staat jedoch durch staatlichen Vorsorgezwang oder auch durch Besteuerung von "Schadensgütern" wie Zigaretten etc. bekämpfen.

Eine so begründete Rechtfertigung der Aktivität des Staates darf nicht verwechselt werden mit dem Konzept der **meritorischen** oder **demeritorischen** Güter. Diese sollen der Gesellschaft durch den Staat selbst dann bereitgestellt werden, wenn sie nicht nachgefragt sind, oder umgekehrt, vorenthalten oder wie im Zigarettenbeispiel bekämpft werden, wenn sie gewünscht sind. Häufig wird die Subventionierung von Kulturgütern wie Opern, Museen und Konzertaufführungen damit gerechtfertigt. Dieses Konzept ist jedoch höchst problematisch, da es dem Staat eine **Meta-Nutzenfunktion** zuerkennt. Diese paternalistische Rechtfertigung staatlicher Aktivität wird jedoch zunehmend aufgegeben und durch das Externalitätenargument ersetzt.

Bisher haben wir Marktversagensursachen und die Notwendigkeit staatlichen Handelns aus allokativen Ineffizienzen abgeleitet.

Nach RICHARD A. MUSGRAVE (*1910), einem der fruchtbarsten Vordenker der **Finanzwissenschaft**, der ökonomischen Teildisziplin, die sich mit der staatlichen Aktivität in allen ökonomischen Bereichen befasst, kann die Notwendigkeit der Staatstätigkeit in drei Bereichen abgeleitet werden, der **Allokation**, der **Distribution** und der **Stabilisierung**, wie in "The Theory of Public Finance" schon 1959 formuliert wird.

Den ersten Bereich haben wir behandelt. In der Distribution geht es darum, dass Markteffizienz selbst bei funktionierenden Märkten nicht unbedingt zu einer Einkommens- und Güterverteilung führt, die gesellschaftlich als gerecht oder wünschenswert erachtet wird. Bildlich betrachtet ist Allokationseffizienz notwendig für den größtmöglichen Kuchen und Distributionsgerechtigkeit für die Größe und Verteilung der aufzuschneidenden Kuchenstücke.

Im Terminus **Soziale Marktwirtschaft** kommen beide Zielsetzungen in hervorragender Weise zum Ausdruck. Eine Wirtschaftsordnung hat sozial ausgewogen zu sein, indem durch das **Distributionsziel** gesellschaftlich wünschenswerte Verteilungskorrekturen durch den Staat vorgenommen werden, und sie hat auch durch die Realisierung des **Allokationszieles** dafür zu sorgen, dass freie und funktionierende Märkte die effiziente Allokation der Ressourcen ermöglichen können. Diese Prozesse müssen störungsfrei und stetig erfolgen, und dies macht eine am **Stabilisierungsziel** ausgerichtete staatliche Wirtschaftspolitik erforderlich.

Die Rolle des Staates in marktwirtschaftlichen Wettbewerbsökonomien kann insgesamt also nicht durch die Forderung "sowenig Staat wie möglich", sondern nur durch die Devise **"Soviel Markt wie möglich und soviel Staat wie nötig"** in angemessener Weise beschrieben werden.

Diese Devise bleibt selbst dann gültig, wenn man das in der neueren Literatur vielzitierte Stichwort des **Staatsversagens** aufnimmt. Natürlich ist es eine Fiktion zu glauben, die "öffentliche Hand" habe einen umfassenden und vollständigen Überblick über alle Konsequenzen ihrer Einnahmen- und Ausgabenaktivitäten. Genauso richtig ist es, dass eine staatliche Bürokratie eine Eigeninteressen verfolgende **Eigendynamik** entfaltet. In der **Bürokratietheorie** werden solcherlei Prozesse sehr plastisch diskutiert. Das **POPITZsche Gesetz** der Anziehungskraft des größten Budgets gibt hier ein gutes Beispiel. Unberührt davon ist aber, dass staatliches Handeln notwendig bleibt. Man sollte sich aber vor einem allzu blauäugigen Vertrauen auf die Zieladäquanz staatlicher Maßnahmen hüten.

> ***Resümee:*** *Die Rechtfertigung staatlicher Aktivität auch in kompetitiven Marktwirtschaften erwächst aus Allokations-, Distributions- und Stabilisierungszielsetzungen.*

Schlüsselwörter: Staatlicher Sektor, Staatsverbrauch, Mixed economy, Marktversagen, Pareto-Prinzip, Individualgut, Kollektivgut (öffentliches Gut), Nichtrivalität im Konsum, Free-Rider-Verhalten, Nichtanwendbarkeit des Ausschlussprinzips, Externe Effekte, Allmende, Lemon-Market-Beispiel, Adverse Selektion, Moral-hazard-Effekt, Meritorische Güter, POPITZsches Gesetz.

3. Abgrenzung und Erfassung der Staatstätigkeit

Wie lassen sich zu statistischen Zwecken die Aktivitäten des Staates von denen anderer Sektoren einer Volkswirtschaft abgrenzen? Wie stellt sich die gesamtwirtschaftliche Kreislaufgleichung bei Erfassung der Staatstätigkeit und der Auslandsbeziehungen dar? Wie ist das zahlenmäßige Ergebnis?

Zur präzisen Erfassung der Aktivitäten des Staates bedarf es einer genauen Definition der statistischen Praxis. In Deutschland gibt es als für die statistische Praxis wichtiges Konzept der Datenerfassung zum einen die **Volkswirtschaftlichen Gesamtrechnungen (VGR)** . Hier werden vom Statistischen Bundesamt die gesamtwirtschaftlichen Daten gemäß der im **System of National Accounts (SNA)** der Vereinten Nationen (UN) gegebenen Kriterien erfasst. In den VGR ist der Staat ein Sektor unter anderen, und die **intersektoralen** Transaktionen stehen im Vordergrund der Datenaufbereitung. Anders in der **Finanzstatistik** des Bundes, die speziell auf staatliche Aktivitäten ausgerichtet ist und somit den Schwerpunkt auf **intrasektorale** Aktivitäten legt. Zum 1. April 1999 lief das bisher eigenständige deutsche System der VGR aus und wurde durch das **Europäische System der Volkswirtschaftlichen Gesamtrechnungen (ESVG)** von 1995 ersetzt. Hauptsächlich ergeben sich dadurch neue Sektorabgrenzungen und neue Einkommensbegriffe.

Um sich die ökonomischen Beziehungen zwischen dem Staat und den anderen Wirtschaftssubjekten zu vergegenwärtigen, werden die hinsichtlich ihrer ökonomischen Transaktionen ähnlichen Wirtschaftssubjekten zu Sektoren zusammenfassen. Nach den deutschen VGR wurden bislang die inländischen Sektoren **Staat (St)** , **Unternehmen (U)** sowie **private Haushalte** und **private Organisationen ohne Erwerbszwecke (H)** unterschieden. Da die Neugliederung der ESVG darauf aufbaut, lohnt zunächst ein Blick auf die bisherige Sektoreneinteilung und die jeweilige Definition:

"Zum Sektor "St" rechnen alle Institutionen, deren Aufgabe überwiegend darin besteht, Dienstleistungen eigener Art für die Allgemeinheit zu erbringen, und die sich hauptsächlich aus Zwangsabgaben finanzieren. Zum Staat gehören die Gebietskörperschaften und die Sozialversicherungen. Nicht zum Sektor Staat rechnen im Eigentum der Gebietskörperschaften befindliche Unternehmen, unabhängig von ihrer Rechtsform."

In der Praxis zählen also zum Staat eine Menge sehr heterogener Institutionen wie z.B. Gebietskörperschaften, Sozialversicherung und Feuerwehr. Nicht zum Sektor Staat zählen hiernach öffentliche Unternehmen wie Bundesbahn, Bundespost und Versorgungs- wie Energieunternehmen. Die Abgrenzungsprobleme, die daraus in der statistischen Praxis erwachsen, sind offenkundig.

"Zum Sektor "U" rechnen alle Institutionen, die vorwiegend Waren und Dienstleistungen produzieren bzw. erbringen und diese gegen spezielles Entgelt verkaufen, das in der Regel Überschüsse abwirft, zumindest jedoch annähernd die Kosten deckt."

"Der Sektor "H" umfasst mit den privaten Haushalten alle Institutionen, die auf dem Markt in erster Linie als Anbieter von Arbeitskraft, als letzte Käufer von Ver- und Gebrauchsgütern und als Anleger von Ersparnissen auftreten. Ihre Einnahmen stammen hauptsächlich aus Einkommen aus Erwerbstätigkeit und Vermögen und aus Einkommensübertragungen ... Zu den privaten Organisationen ohne Erwerbscharakter rechnen alle Organisationen, Verbände, Vereine, Institute usw. – einschließlich ihrer Anstalten und Einrichtungen –, deren Leistungen vorwiegend privaten Haushalten dienen und die sich zu einem wesentlichen Teil aus freiwilligen Zahlungen (Beiträgen, Spenden usw.) von privaten Haushalten und aus Vermögenserträgen und nur zu einem geringen Teil aus öffentlichen Zuwendungen finanzieren."

Mit dem Übergang der deutschen VGR auf die ESVG zum 1. April 1999 wurden sowohl neue Sektoren eingeführt als auch die bisherigen Sektorabgrenzungen geändert. In Tabelle 13.1 wird die neue Sektorengliederung der bisherigen gegenübergestellt.

Tabelle 13.1: *Sektorale Neugliederung der deutschen VGR nach dem ESVG*

Bisherige Sektoren	Wirtschaftakteure	Neue Sektoren
Private Haushalte einschließlich privater Organisationen ohne Erwerbszweck	Gemeinnützige Organisationen, Stiftungen, Vereine, Kirchen	Private Organisationen ohne Erwerbszweck
	Nichtselbstständige	Private Haushalte
	Selbstständige	
	Einzelunternehmer	
Unternehmen	Banken, Versicherungen	Finanzielle Kapitalgesellschaften
	Pensionskassen	
	(AG, GmbH, etc.)[1]	Nichtfinanzielle Kapitalgesellschaften
	(OHG, KG)[1]	
	Öffentliche Krankenhäuser[2]	
Staat	Staatliche Eigenbetriebe[2]	
	Bund, Länder, Gemeinden[3]	Staat
	Sozialversicherungsträger	
Übrige Welt	EU-Staaten, Drittländer[4]	Übrige Welt
	Internationale Organisationen[4]	

[1] Soweit nicht Bank oder Versicherung
[2] Mit eigener Rechnungslegung, ohne eigene Rechtspersönlichkeit
[3] Einschließlich Regie- und Eigenbetriebe, ohne eigene Rechnungslegung
[4] Mit den ökonomischen Transaktionen zwischen In- und Ausland

Um der gestiegenen Bedeutung von Non-profit-Organisationen Rechnung zu tragen, wurden diese Wirtschaftsakteure dem Sektor der privaten Haushalte ausgegliedert. Dadurch entstand der neue Sektor **"Private Organisationen ohne Erwerbszweck"**, zu dem auch Kirchen, Stiftungen und Vereine zu zählen sind. Der Unternehmenssektor der VGR als eigenständiger Sektor wurde aufgelöst. Während Selbständige und Einzelunternehmer nun zum Sektor **"Private Haushalte"** zu zählen sind, erfolgt eine Trennung der Personen- und Kapitalgesellschaften in die Geschäftsfelder Finanzdienstleistungen und Produktion. Die somit neu entstandenen Sektoren werden als **"Finanzielle"** und **"Nichtfinanzielle Kapitalgesellschaften"** bezeichnet. Trotz des Terminus "Kapitalgesellschaften" sind darin auch die ökonomischen Transaktionen der Personengesellschaften wie OHG und KG enthalten. Auch für den Sektor **"Staat"** hat die Neugruppierung der Sektoren Auswirkungen. Öffentliche Krankenhäuser und wirtschaftlich selbständige staatliche Eigenbetriebe ohne eigene Rechtspersönlichkeit zählen nicht mehr zum Staatssektor, sondern neuerdings zu den "Nichtfinanziellen Kapitalgesellschaften". Die Definition des Sektors Staat wird dadurch enger als in den bisherigen VGR gewählt. Im Gegensatz zu den anderen Sektoren wurden am Sektor **"Übrige Welt"** keine Änderungen vollzogen.

Im Gegensatz zu den VGR beschränkt sich die **Finanzstatistik** auf "die statistische Erfassung der Finanzen des Bundes, der Länder, der Gemeinden und anderer dem öffentlichen Bereich zuzuordnenden Institutionen, die in § 2 des Gesetzes über die Finanzstatistik vom 8. Juni 1960 sowie in Art. 1 des Gesetzes zur Änderung des Gesetzes über die Finanzstatistik vom 12. Juli 1973 genannt werden" (BMF (1980)). Grundsätzlich bauen die Begriffe der Finanzstatistik auf denen der VGR (bzw. der ESVG) auf. Die Abweichungen gegenüber den VGR sind sektoraler, sachlicher und zeitlicher Art.

Die **sektoralen** Abweichungen beruhen insbesondere darauf, dass in den VGR Unternehmen, die sich im Eigentum der Gebietskörperschaften befinden, nicht zum Sektor Staat zählen. Demgegenüber enthält der öffentliche Bereich in der Finanzstatistik die sogenannten **Bruttounternehmen**, die mit ihren gesamten Einnahmen und Ausgaben in die öffentliche Haushaltsrechnung eingehen. In der Finanzstatistik nicht berücksichtigt sind die **Nettounternehmen**, die nur mit Überschüssen oder Defiziten in der öffentlichen Haushaltsrechnung erscheinen. Auch der **Wohnungsbau** des Staates zählt – im Gegensatz zu den VGR – zum öffentlichen Sektor der Finanzstatistik.

Sachliche Abweichungen gibt es z.B. auf dem Gebiet der Sachinvestitionen. In der Finanzstatistik werden die Ausgaben im Straßenbau für Um- und Ausbau sowie Instandhaltung (UAI-Verkehrsbauten) als Sachinvestitionen, und in den VGR als Konsumausgaben des Staates verbucht.

Zeitliche Abweichungen beruhen auf unterschiedlichen Verbuchungsprinzipien. Die Finanzstatistik geht z.B. im Bereich der Sachinvestitionen vom **Kassenprin-**

zip aus und weist mit der erfolgten Zahlung aus; die VGR dagegen basieren auf dem **Produktionsprinzip**.

Wenn wir im Weiteren die sektorale Einbindung des Staates in den gesamtwirtschaftlichen Kreislauf vornehmen, gehen wir von den Prinzipien der VGR (bzw. ESVG) aus, da intersektorale und nicht intrasektorale Verflechtungen im Vordergrund stehen. In Kapitel 7 wurde in der Abbildung 7.2 für eine geschlossene Volkswirtschaft ohne Staatssektor der gesamtwirtschaftliche Kreislauf in monetären Strömen und Vermögensänderungsgrößen dargestellt. Abbildung 13.1 bezieht nun die wichtigsten staatlichen Aktivitäten mit ein.

Abbildung 13.1: *Staat im monetären Kreislauf*

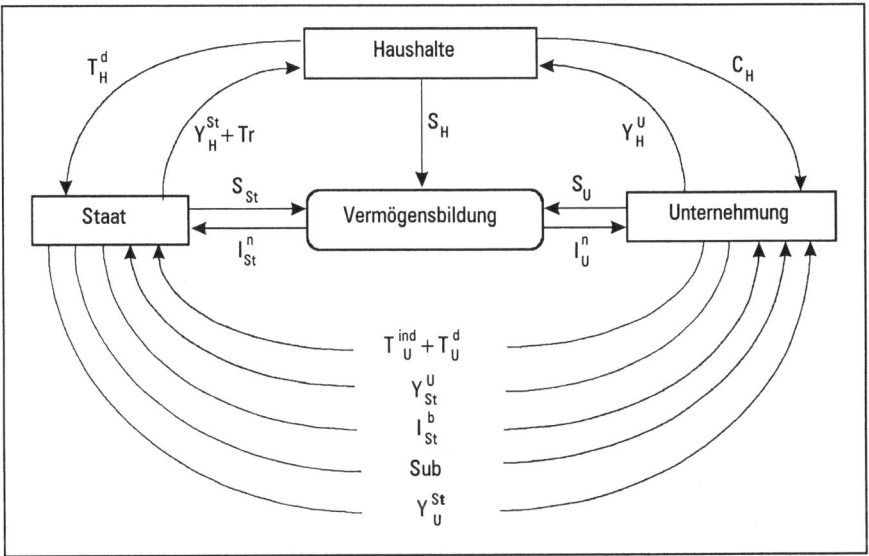

Die Sektoren der Abbildung 13.1 richten sich nicht streng nach den Maßgaben der ESVG. Vielmehr sollen hier die ökonomischen Beziehungen zwischen den hochaggregierten Sektoren im Vordergrund stehen. Der Sektor Unternehmungen der Abbildung umfasst somit die ESVG-Sektoren "Finanzielle" und "Nichtfinanzielle Kapitalgesellschaften" sowie die Einzelunternehmen, die im ESVG den privaten Haushalten zugeordnet werden.

Die nichtstaatlichen Verflechtungen der Abbildung sind wie in Kapitel 7 definiert. Es ist lediglich die Größe Y_H durch Y_H^U ersetzt worden, da zwischen den Faktoreinkommen der Haushalte von den Unternehmen (Y_H^U) und vom Staat (Y_H^{St}) unterschieden werden muss. Die neuen Symbole sind wie folgt definiert:

Y_H^{St} : Faktorentlohnung des Staates an Haushalte,

Tr : staatliche Transferzahlungen an Haushalte,

T_U^d : direkte Steuern und Sozialabgaben von den Unternehmungen,

T_U^{ind} : indirekte Steuern von den Unternehmungen,

Y_{St}^U : Faktoreinkommen des Staates aus Beteiligungen und Vermögen,

Y_U^{St} : Vorleistungskäufe des Staates von Unternehmungen,

Sub : Subventionen (= Transferzahlungen an Unternehmungen),

T_H^d : direkte Steuern von den Haushalten.

In dieser Darstellung sind die Rolle des Staates als **Produzent** von Gütern und Dienstleistungen wie auch seine Funktion als **Umverteiler** von Einkommen explizit enthalten.

Der Staat tätigt Bruttoinvestitionen (I_{St}^b) und für die eigene Produktion von Gütern (oder deren kostenlose Bereitstellung) Vorleistungskäufe (Y_U^{St}) bei den Unternehmungen, zahlt Faktoreinkommen (Y_H^{St}) an die bei ihm Beschäftigten und erhält Faktoreinkommen (Y_{St}^U) aus Beteiligungen an Unternehmungen (öffentlichen Unternehmen) und Vermögensbesitz. Dabei ist zu beachten, dass die Zinsen des Staates auf seine Kreditaufnahme nicht als Teil der Wertschöpfung des Staates gelten und insofern nicht als geleistete Faktoreinkommen gezählt werden. Zwar werden bei der Berechnung des Bruttonationaleinkommen (BNE) die Transferzahlungen und insbesondere die Zinsleistungen des Staates ausgeklammert, jedoch geschieht das nicht bei den Berechnungen des Finanzministeriums über die Höhe seiner Ausgaben. An dieser Stelle wollen wir jedoch von den Zinszahlungen des Staates abstrahieren. Ferner ist anzuführen, dass die abgeführten **Bundesbankgewinne** im Einkommen des Staates aus Unternehmertätigkeit erfasst werden. Die Gewinnabführung der Bundesbank werden im Jahr 2000 (Geschäftsjahr 1999) erstmals durch die Geldpolitik der Europäische Zentralbank (EZB) beeinflusst, da die EZB ab 1. Januar 1999 die alleinige Zuständigkeit für die Geldpolitik übernommen hat. Ein wesentlicher Bestandteil der Bundesbankgewinne ist die Gewinnabführung der EZB, die sich aus den Zinserträgen auf das eingezahlte Kapital bei der EZB und den der EZB übertragenen Währungsreserven abzüglich der Kosten für den Geschäftsbetrieb der EZB ergeben. Die der EZB übertragenen Währungsreserven werden mit dem Hauptrefinanzierungssatz verzinst.

Zudem zahlt der Staat (ohne ökonomische Gegenleistung) Transfers an Haushalte (Tr) und Unternehmungen (Sub) und bekommt (ohne ökonomische Gegenleistung) Steuerzahlungen in Höhe von

(1) $$T = T_H^d + T_U^d + T_U^{ind}$$

von den Haushalten und Unternehmungen. Dabei stellen T_U^{ind} die **indirekten Steuern** (wie die Mehrwertsteuer) dar, die als sogenannte **Kostensteuern** bei Produzenten erhoben werden und bei der Gewinnermittlung abzugsfähig sind. Im Gegensatz dazu sind die **direkten Steuern** diejenigen Steuerzahlungen, die als Lohn- und veranlagte Einkommensteuer (T_H^d) oder als Körperschaftsteuer (T_U^d) das Einkommen der jeweiligen Wirtschaftseinheit direkt belasten.

Schlussendlich wird auch die Vermögensänderungsposition des Staates durch die (Netto-) Ersparnisse S_{St} spezifiziert, die sich aus der Differenz der laufenden Einnahmen abzüglich der laufenden staatlichen Ausgaben (ohne staatliche Investitionen) ergeben.

Gemäß dem **Kreislaufaxiom** gilt für jeden Pol im Schaubild mit "Summe der eingehenden gleich Summe der ausgehenden Ströme" die Gleichgewichtsbedingung. Dabei ist die Gleichung des Vermögensbildungspols ist keine unabhängige Gleichung, sondern ergibt sich durch Gleichsetzung der Summen aller Einnahmen mit der Summe aller Ausgaben des Unternehmenspols, des Pols der privaten Haushalte und des staatlichen Pols. Mit Hilfe der Abbildung lässt sich aus dem Vermögensänderungspol aber auch unmittelbar ableiten:

$$(2) \qquad S_H + S_U + S_{St} = I_U^n + I_{St}^n.$$

Setzt man S_{Pr} für die Summe der Ersparnisse der Haushalte (S_H) und die Ersparnisse der Unternehmungen (S_U), die für die unverteilten Gewinne stehen, so erhält man die **Kreislaufidentität** einer geschlossenen Volkswirtschaft mit Staat

$$(3) \qquad S_{Pr} = I_U^n + (I_{St}^n - S_{St}).$$

Bezeichnet man mit

$$(4) \qquad FS = I^n - S$$

den **Finanzierungssaldo** der jeweiligen Sektoren, so können wir auch alternativ schreiben:

$$(5) \qquad FS_{Pr} + FS_{St} = 0.$$

Diese Gleichung besagt, dass in der Summe die Einnahmen und Ausgaben beider Sektoren übereinstimmen, was aber nicht bedeuten muss, dass jeder Sektor seine Ausgaben durch eigene Einnahmen deckt. Wir wissen, dass der Staat in der Regel ein **Haushaltsdefizit** fährt. Dann gilt $FS_{St} > 0$, und die eigenen Ersparnisse reichen nicht aus, um die eigenen Nettoinvestitionen zu finanzieren. Gesamtwirtschaftlich gesehen, und das zeigt uns Gleichung (3), werden dann die privaten Ersparnisse S_{Pr} in die Pflicht genommen, d.h. mit ihnen werden neben den eigenen Nettoinvestitionen I_U^n das Haushaltsdefizit des Staates finanziert.

Wenn wir die Größenordnungen der jeweiligen Finanzierungssalden der Jahre 1974 bis 1999 in Deutschland gegenüberstellen, so stimmt Gleichung (5) nicht mehr, da für Deutschland als offene Volkswirtschaft auch der Sektor **Ausland** in den Einkommenskreislauf mit einbezogen werden muss. Weil die erforderliche Änderung nur geringfügig ist, wollen wir Gleichung (5) für diesen Fall vervollständigen. Schreiben wir *Ex* für das Einkommen aus Exporten von Waren und Dienstleistungen und *Im* für die Ausgaben für Importe von Waren und Dienstleistungen, so stellt

$$(6) \qquad\qquad FS_{Au} = Ex - Im$$

den **Finanzierungssaldo des Auslandes** dar. Für eine offene Volkswirtschaft gilt somit die Beziehung

$$(7) \qquad\qquad FS_{Pr} + FS_{St} + FS_{Au} = 0.$$

In dieser Form können wir mit den Daten der VGR (bzw. ESVG) in Tabelle 13.2 die **gesamtwirtschaftliche Kreislaufgleichung** konsistent darstellen. Tabelle 13.2 zeigt uns, dass der Finanzierungsüberschuss des privaten Sektors insbesondere gegen Ende der achtziger Jahre (vor der deutschen Einheit) vorwiegend der Finanzierung des steigenden Finanzierungssaldos im Außenhandel gedient hat. Seit Beginn der neunziger Jahre nähern sich die privaten Investitionen allerdings den privaten Ersparnissen an, so dass der Finanzierungsüberschuss des privaten Sektors kleiner geworden ist. Eine Ausnahme bildet dabei das Jahr 1995, als die Treuhandschulden aus dem Sachvermögen des Staates in den Erblastentilgungsfond übertragen worden sind.

Der staatliche Finanzierungssaldo ist in der Regel positiv. Da aber die Überschüsse der zum Sektor Staat zählenden Sozialversicherungen zum Teil die Defizite der Gebietskörperschaften kompensierten, bleibt dieser Finanzierungssaldo bis 1990 relativ klein. In den neunziger Jahren hat sich das auf Grund des hohen Finanzierungsbedarfs durch die Deutsche Einigung geändert. Wenn aber der Finanzierungssaldo des Auslandes abgebaut wird – und diese Entwicklung ist seit der Deutschen Einheit deutlich erkennbar – bleibt auch bei gleichbleibend hoher privater Sparneigung ein beträchtlicher Finanzierungsspielraum für den Staat und für die Nettoinvestitionen der Unternehmen bestehen. So ist der Rekordfinanzierungssaldo des Auslandes im Jahr 1989 in Höhe von ca. 107 Milliarden DM schon innerhalb von zwei Jahren gegenüber 1991 um mehr als 140 Milliarden DM gesunken.

Wie man aus Tabelle 13.2 erkennen kann, haben sich der Staat und die Unternehmen diesen Zuwachs an inländisch verfügbarer (inländischer) Ersparnis geteilt.

Tabelle 13.2: *Gesamtwirtschaftliche Kreislaufgleichung für Deutschland (in Millionen DM)*

Jahr	Nettoinvestitionen der Unternehmungen	Private Ersparnis	Finanzierungssaldo des	
			Staates	Auslandes
1974	76.340	99.010	-3.920	26.590
1975	53.440	105.180	40.880	10.860
1976	85.290	113.070	17.670	10.110
1977	86.400	101.020	5.040	9.580
1978	93.570	120.980	9.310	18.100
1979	130.810	130.690	11.000	-11.120
1980	125.310	118.030	17.490	-24.770
1981	95.660	115.710	32.510	-12.460
1982	80.290	116.170	27.360	8.520
1983	100.770	129.580	17.470	11.340
1984	110.090	137.790	5.360	22.340
1985	98.790	139.780	-6.460	47.450
1986	104.870	190.090	-260	85.480
1987	99.000	195.200	13.870	82.330
1988	122.890	234.260	22.220	89.150
1989	148.260	228.200	-27.080	107.020
1990	177.390	286.450	24.020	85.040
1991	276.440	328.310	85.560	-33.690
1992	267.440	322.050	78.580	-23.970
1993	217.600	302.210	103.420	-18.810
1994	259.710	300.170	83.520	-43.060
1995	263.870	578.630	345.120	-30.360
1996	232.380	339.970	121.190	-13.600
1997	242.820	339.550	96.510	220
1998	267.360	326.880	64.530	-5.010
1999	282.460	291.510	40.860	-31.810

Bis 1990 Früheres Bundesgebiet; ab 1991 Sektorenabgrenzung der ESVG (1995); 1995 einschl. der Übernahme der Treuhandschulden durch den Erblastentilgungsfonds

Quelle: Deutsche Bundesbank (2000), Ergebnisse der gesamtwirtschaftlichen Finanzierungsrechnung für Deutschland 1991 bis 1999.

Bislang haben wir uns auf die Finanzierungssalden der einzelnen Sektoren konzentriert. Wenn wir uns fragen, welche Leistungen der Staat für die Gesamtheit erbringt, so ist die Rolle des Staates als Umverteiler von Geldströmen ohne direkte Gegenleistung im Kreislaufschema ebenso unmittelbar ablesbar wie die Höhe der vom Staat empfangenen oder gezahlten marktmäßigen Einkommen. Wenn wir uns nun aber fragen, wie groß der Wert der vom Staat bereitgestellten Güter ist, und wir damit die Rolle des Staates als **Produzent** und **Anbieter** öffentlicher Güter untersuchen, so gibt es Schwierigkeiten, da öffentliche Güter unentgeltlich abgegeben werden. Man behilft sich damit, dass man den Wert der staatlich bereitgestellten Güter über die Summe der zur Erstellung notwendigen Aufwendungen misst. Es hat sich eingebürgert – obwohl das dem tatsächlichen Sachverhalt nicht gerecht wird – von öffentlichem Konsum C_{St} oder Staatsverbrauch zu sprechen. Aufgrund der Neuerungen der ESVG spricht man jetzt jedoch nur noch von den **Konsumausgaben des Staates**. Diese entsprechen dann mit

$$(8) \qquad C_{St} = Y_H^{St} + Y_U^{St} + (I_{St}^b - I_{St}^n)$$

der Summe aus den Faktoreinkommen der beim Staat Beschäftigten, den Vorleistungskäufen des Staates bei den Unternehmungen und den Abschreibungen auf den öffentlichen Kapitalstock.

Bei dieser Konstruktion entsteht die merkwürdige Situation, dass Lohnerhöhungen für die beim Staat Beschäftigten c.p. im gleichen Ausmaß den Wert der öffentlichen Güter steigern. Bei privatem Angebot würden sich dagegen Lohnerhöhungen c.p. nur als Gewinnänderungen und nicht als Produktionswerterhöhungen niederschlagen.

Aus der Gleichgewichtsbedingung für den staatlichen Sektor im Kreislaufdiagramm der Abbildung 13.1 können wir den Wert der öffentlichen Güter implizit erhalten. Wenn wir die Definitionsgleichungen (1) und (8) verwenden, dann gilt

$$(9) \qquad Y_{St}^U + T = C_{St} + (Tr + Sub) + S_{St}.$$

Es wird deutlich, dass (9) nichts anderes darstellt als die Verwendungsgleichung des dem Staat verfügbaren Einkommens. Wenn wir (9) umformen zu

$$(10) \qquad Y_{St}^U + T - (Tr + Sub) = C_{St} + S_{St},$$

zeigt sich damit auch die Analogie zur Verwendungsgleichung des privaten Sektors. Das dem Staat zugeflossene Faktoreinkommen aus Beteiligungen und Vermögen plus die steuerlichen "Zwangseinnahmen" abzüglich der freiwilligen Transfers an Haushalte und Unternehmungen kann für die Konsumausgaben des Staates und für öffentliche Ersparnisse verwandt werden. Aus den Daten von Tabelle 13.3 wird deutlich, dass in den Jahren 1980 bis 1999 die Konsumausgaben des Staates um mehr als einen Prozentpunkt (in Anteilen am BIP gemessen) zurückgegangen ist. Auch für den Anteil der Bruttoinvestitionen ist ein Rückgang zu konstatieren. Diese Entwicklung kennzeichnet im Prinzip den Trend ab der zweiten Hälfte der achtziger Jahre und ist nicht nur für die hier ausgewählten Jahre charakteristisch.

Tabelle 13.3: *Verwendung des BIP für Deutschland (in laufenden Preisen, in Milliarden DM)*

	2000[1]	in %	1999[1]	in %	Entwicklung	1980 in %
Privater Verbrauch	2.309,05	58,1	2.238,76	57,7	↑	56,9
+ Konsum des Staates	750,31	18,9	736,21	19,0	↓	20,2
+ Bruttoinvestitionen	901,41	22,7	858,86	22,2	↓	23,4
+ Außenbeitrag[2]	15,33	0,4	43,27	1,1	↑	-0,5
= BIP	3.976,10	100,0	3.877,10	100,0		100,0

[1] Vorläufig
[2] Saldo des Waren- und Dienstleistungsverkehrs mit der übrigen Welt

Quelle: Bis 2000: Statistisches Bundesamt (2000), Statistisches Jahrbuch 2000. Für 2000: http://www.statistik-bund.de.

Ein weiteres Charakteristikum für die Jahre vor 1990 ist der Rückgang des privaten Verbrauchs und eine starke Zunahme des Außenbeitrages (gemessen in Anteilen am BIP). Erst im "Strukturbruch" der Deutschen Einheit ist diese Entwicklung überlagert worden.

In welcher Weise der Staat an der Entstehung und Verwendung des Nationaleinkommens beteiligt ist, kommt in Tabelle 13.4 zum Ausdruck. Hier wird auch deutlich, in welcher Weise die nach den VGR definierten Größen wie Bruttonationaleinkommen (BNE) und Nettonationaleinkommen (NNE) zum verfügbaren Einkommen der privaten Haushalte führen, das schlussendlich für Konsum und Sparen verwendet werden kann. Wir sehen z.B., dass von 1997 bis 1999 jährlich knapp 20 Prozent der produzierten Güter und Dienstleistungen nicht von dem Empfänger direkt bezahlt, sondern über das Budget finanziert wurden. Diese Tatsache hatten wir schon anfangs als Beleg dafür genommen, dass moderne Industriegesellschaften wie Deutschland als **Mixed economies** bezeichnet werden müssen. Dieser Wert ist relativ stabil. Wie wir aus Tabelle 13.3 ersehen, ist er gegenüber 1980 zwar nur leicht zurückgegangen. Dennoch deutet dieser Rückgang darauf hin, dass die Funktion des Staates, öffentliche Güter zu produzieren und bereitzustellen, in Deutschland schon seit den achtziger Jahren eine abnehmende Bedeutung besaß. Und wie wir an späterer Stelle sehen werden, zeigt sich, dass dieser Schluss durchaus im Einklang ist mit den Entwicklungen auf der Einnahmen- und Ausgabenseite des staatlichen Budgets.

Tabelle 13.4: *Zusammensetzung und Verwendung des BIP für Deutschland (in laufenden Preisen, in Milliarden DM)*

	1997[1]	1998[1]	1999[1]
Konsumausgaben der Privaten	2.106,76	2.174,72	2.238,76
+ Konsumausgaben des Staates	714,20	719,42	736,21
+ Bruttoinvestitionen	792,07	826,79	858,86
+ Außenbeitrag	53,57	63,27	43,27
= **Bruttoinlandsprodukt**	**3.666,60**	**3.784,20**	**3.877,10**
+ Saldo der Primäreinkommen der übrigen Welt	-17,22	-30,12	-37,57
= **Bruttonationaleinkommen**	**3.649,38**	**3.754,05**	**3.839,53**
- Abschreibungen	546,42	561,54	574,71
- Prod.- und Importabgaben zzgl. Subventionen	351,43	369,29	401,56
= **Volkseinkommen**	**2.751,53**	**2.823,22**	**2.863,26**
Bruttoinlandsprodukt	3.666,60	3.784,20	3.877,10
- Nettogütersteuern	353,81	368,08	397,04
= **Bruttowertschöpfung**	**3.312,79**	**3.416,12**	**3.480,06**
- Abschreibungen	546,42	561,54	574,71
= **Nettowertschöpfung**	**2.766,37**	**2.854,58**	**2.905,35**
- Geleistete Arbeitnehmerentgelte	1.973,25	2.003,97	2.046,80
- Geleistete sonstige Produktionsausgaben	73,42	76,37	78,07
+ Empfangene sonstige Subventionen	58,94	61,30	61,98
= **Betriebsüberschuss/ Selbständigeneinkommen**	**778,64**	**835,54**	**842,46**
+ Empfangene Arbeitnehmerentgelte	1.971,24	2.001,82	2.044,63
- Geleistete Subventionen	67,07	69,35	70,47
+ Empfangene Produktions- und Importabgaben	418,50	438,64	472,03
- Geleistete Vermögenseinkommen	1.229,64	1.336,76	1.384,88
+ Empfangene Vermögenseinkommen	1.231,29	1.322,62	1.361,05
= **Primäreinkommen (Nettonationaleinkommen)**	**3.102,96**	**3.192,51**	**3.264,82**
- Geleistete Einkommen- und Vermögensteuern	406,10	429,93	460,00
+ Empfangene Einkommen- und Vermögensteuern	409,11	434,26	464,72
- Geleistete Sozialbeiträge	793,00	800,41	814,28
+ Empfangene Sozialbeiträge	794,96	802,40	816,23
- Geleistete monetäre Sozialleistungen	759,83	769,77	789,49
+ Empfangene monetäre Sozialleistungen	751,24	760,80	780,98
- Geleistete sonstige laufende Transfers	548,54	569,01	598,57
+ Empfangene sonstige laufende Transfers	515,87	532,18	562,36
= **Verfügbares Einkommen**	**3.066,67**	**3.153,03**	**3.226,77**
- Konsumausgaben	2.820,96	2.894,14	2.974,97
= **Sparen**	**245,71**	**258,89**	**251,80**
- Geleistete Vermögenstransfers	115,16	124,24	124,47
+ Empfangene Vermögenstransfers	115,32	125,59	125,01
- Bruttoinvestitionen	792,07	826,79	858,86
+ Abschreibungen	546,42	561,54	574,71
= **Finanzierungssaldo**	**0,22**	**-5,01**	**-32,81**

[1] Vorläufiges Ergebnis

Quelle: Statistisches Bundesamt (2000), Statistisches Jahrbuch 2000.

Resümee: Die Interdependenz des staatlichen Sektors mit den anderen Sektoren einer Volkswirtschaft lässt sich im Kreislaufdiagramm für monetäre Ströme verdeutlichen. In der gesamtwirtschaftlichen Kreislaufgleichung wird gezeigt, dass der private Finanzierungssaldo der Summe aus dem Finanzierungssaldo des Staates und des Auslandes entspricht. Die nichtmarktmäßige Bereitstellung von Gütern durch den Staat wird im monetären Kreislaufdiagramm implizit über die Summe der zur ihrer Erstellung notwendigen Aufwendungen ermittelt. In einer Mixed economy nimmt der Staat eine wichtige Stellung bei der Entstehung und Verwendung des Nationaleinkommens ein.

Schlüsselwörter: Volkswirtschaftliche Gesamtrechnungen (VGR), Europäische System der Volkswirtschaftlichen Gesamtrechnungen (ESVG), Staat, Unternehmen, Private Haushalte, Finanzstatistik, Bruttounternehmen, Nettounternehmen, Bundesbankgewinne, Indirekte Steuern, Direkte Steuern, Kreislaufaxiom, Kreislaufidentität, Finanzierungssaldo, Haushaltsdefizit, Gesamtwirtschaftliche Kreislaufgleichung, Konsumausgaben des Staates.

4. Grundlagen der Wirtschaftspolitik

Was subsumiert man unter Wirtschaftspolitik? Welche Beziehung besteht zwischen Wirtschaftstheorie und -politik?

Bevor wir näher auf die Einnahmen- und Ausgabenpolitik des Staates eingehen, wenden wir unsere Aufmerksamkeit einigen allgemeinen Aspekten der Wirtschaftspolitik zu. Unter **Wirtschaftspolitik** verstehen wir die Gesamtheit der staatlichen Maßnahmen, die auf die Beeinflussung und Steuerung des wirtschaftlichen Lebens gerichtet sind. Die Wirtschaftspolitik geht von politisch formulierten Zielsetzungen aus, die durch einen geplanten Einsatz wirtschaftspolitischer Mittel und Instrumente erreicht werden sollen. In diesem Zusammenhang ist es von großer Bedeutung, sich im Klaren zu sein, dass diese Ziele und Instrumente der Wirtschaftspolitik nicht aus der Wirtschaftswissenschaft selbst abzuleiten sind. Die Festlegung der Ziele und gegebenenfalls auch der Instrumente der Wirtschaftspolitik ist eine politische Aufgabe, die nicht mit theoretischen Überlegungen, sondern mit Werturteilen zu lösen ist. Die **Werturteile** enthalten Aussagen über die gewünschten Veränderungen der Wirtschaftsordnung und über die Art und Weise, wie diese erreicht werden können. Der Wirtschaftswissenschaft können diese Urteile, die auf Lebensanschauungen und politischen Überzeugungen beruhen, nicht entlehnt werden. Wohl aber kann die Wirtschaftswissenschaft hilfreich sein bei der Formulierung und vor allem der Quantifizierung der Ziele und Instrumente der Politik, um die Konsequenzen verschiedener und alternativer politischer Vorhaben ins rechte Licht zu setzen. Auf der Basis eines **ökonomischen Modells** lassen sich die **relevanten** Wirkungszusammenhänge analysieren. Ein wichtiges Werkzeug ist in diesem Rahmen die **komparative Statik**, d.h. der Vergleich von Gleichgewichten.

Sowohl die Stabilisierung des Konjunkturverlaufes als auch ein stetiges und angemessenes Wirtschaftswachstum wurden bereits als wichtige wirtschaftspolitische Ziele herausgestellt. Eine wichtige Unterscheidung in der Wirtschaftspolitik ist daher die in Konjunkturpolitik und in Strukturpolitik. Die **Konjunkturpolitik** setzt eher auf der Nachfrageseite des Wirtschaftsprozesses an. Es geht dabei um die Beeinflussung der Zusammensetzung und der Größe der öffentlichen und privaten Ausgaben. Die **Strukturpolitik** des Staates bezieht sich vor allem auf die Angebotsseite des Wirtschaftsprozesses. Das Schwergewicht liegt u.a. in der Beeinflussung des Umfanges und der Art der Kapitalbildung, der Qualität der Arbeitskräfte, des technischen Wandels und der Struktur der Wirtschaft. Ein Beispiel für Strukturpolitik ist die Förderung der Wirtschaftsentwicklung in Fördergebieten wie es das Zonenrandgebiet bisher war. In einer Reihe von Fällen können konjunktur- und strukturpolitische Überlegungen in Konflikt geraten. Die Kürzung öffentlicher Investitionen in einer überhitzten konjunkturellen Situation kann aus der Sicht der Verbesserung der Infrastruktur sehr nachteilig sein. Aus strukturpolitischen Überlegungen kann die Anhebung des Ausbildungsniveaus erwünscht sein, wogegen die konjunkturelle Situation zusätzliche Investitionen nicht ratsam erscheinen lässt. Hier offenbart sich im Bereich der Wirtschaftspolitik der Umstand, dass eine Investition sowohl einen Einkommens- als auch einen Kapazitätseffekt besitzt. In der KEYNESschen Theorie steht der **Einkommenseffekt** an zentraler Stelle, wohingegen in der Wachstumstheorie die Betonung auf dem **Kapazitätseffekt** liegt.

Das Abwägen konjunktureller Überlegungen gegen strukturelle Vorhaben im Fall von Zielkonflikten beruht auf Werturteilen, die nicht dem Bereich der Wirtschaftswissenschaften entstammen.

In Bezug auf die Wirtschaftspolitik unterscheidet man oft zwischen kurzfristiger und langfristiger Orientierung. Diese Differenzierung wird meist auf das Kalenderjahr bezogen und ist nicht ohne Willkür. So werden Einjahrespläne als **kurzfristig** bezeichnet, während solche über fünf und mehr Jahre als mittel- oder **langfristig** gelten. Diese Interpretation kurz- und langfristiger Politik ist nicht ganz befriedigend. Gelegentlich begegnet man auch dem Gedanken, dass Konjunkturpolitik identisch sei mit kurzfristiger Politik und Strukturpolitik mit langfristiger Politik. Diese Ansicht verkennt aber ebenso sehr wie die erstgenannte Interpretation, dass es vor allem darum geht, im Rahmen der Wirtschaftspolitik von gegebenen Bedingungen auszugehen. In dem Maße, in dem man weitere ökonomische Größen als einer Beeinflussung durch die Wirtschaftspolitik zugänglich ansieht, kann man von langfristiger Betrachtung sprechen. Nehmen wir als Beispiel den Arbeitsmarkt. Betrachtet man das Angebot an Arbeitskräften als gegeben, so dass die Nachfrage nach Arbeit im Blickpunkt des Interesses steht, dann hat die Arbeitsmarktpolitik in stärkerem Maße kurzfristigen Charakter, als wenn die Zusammensetzung des Arbeitsangebotes als zu beeinflussender Faktor angesehen wird.

> **Resümee:** *Wirtschaftstheorie und Wirtschaftspolitik sind interdependent miteinander verbunden. Eine zieladäquate Wirtschaftspolitik setzt eine Theorie vom Wirtschaftsablauf voraus.*

Schlüsselwörter: Wirtschaftspolitik, Konjunkturpolitik, Strukturpolitik.

5. Ziele und Instrumente der Wirtschaftspolitik

> Was sind die Ziele einer Wirtschaftspolitik, und von wem werden sie vorgegeben? Was sind die wichtigsten Instrumente staatlicher Wirtschaftspolitik?

Es gibt wenige Gebiete der Volkswirtschaftslehre, die sich in den Nachkriegsjahren so schnell wie die **Theorie der Wirtschaftspolitik** entwickelten. Die Depression zwischen den zwei Weltkriegen, die Intensivierung der internationalen Wirtschaftsbeziehungen nach 1945 und die wirtschaftliche Integration im Rahmen der heutigen EU haben u.a. dazu geführt, dass Ziele und Instrumente der Wirtschaftspolitik sorgfältig formuliert und auf ihre praktische Verwendbarkeit getestet wurden. Wenn man unter Wirtschaftspolitik den Komplex von staatlichen Maßnahmen versteht, die auf die Beeinflussung des Wirtschaftslebens gerichtet sind, so hat die Volkswirtschaftslehre hierin lediglich die Aufgabe, bei den durch die wirtschaftspolitischen Instanzen vorgegebenen Zielen die Zieladäquanz alternativer wirtschaftspolitischer Maßnahmen herauszuarbeiten, wobei sie sich wirtschaftstheoretischer Ansätze bedient. Die politisch-normative Entscheidung in der Zielwahl bzw. Zielfixierung dagegen ist ausschließlich Aufgabe der wirtschaftspolitischen Instanzen.

In Deutschland werden die folgenden **Ziele** der Wirtschaftspolitik mehr oder weniger allgemein akzeptiert:

1. Hoher Beschäftigungsstand,

2. Stabiles Preisniveau,

3. Außenwirtschaftliches Gleichgewicht,

4. Gerechte Einkommensverteilung,

5. Stetiges und angemessenes Wirtschaftswachstum.

Im **Gesetz zur Förderung der Stabilität und des Wachstums der Wirtschaft** (StWG) vom 8. Juni 1967 werden diese Ziele bis auf die Forderung nach einer gerechten Einkommensverteilung in § 1 explizit genannt und als **gesamtwirtschaftliches Gleichgewicht** bezeichnet. Und im Grundgesetz wird im Artikel 109, Absatz 2 dem Bund und den Ländern sogar ausdrücklich die Verpflichtung auferlegt, "... bei ihrer Haushaltswirtschaft den Erfordernissen eines gesamtwirtschaftlichen Gleichgewichtes Rechnung zu tragen."

In der letzten Zeit mehren sich die Stimmen, die fordern, die Erhaltung der natürlichen Umwelt in den wirtschaftspolitischen Zielkatalog aufzunehmen. Wenn man den Wachstumsbegriff nicht allzu materialistisch fasst, kann man den Wunsch nach intakter Umwelt aber auch unter die Forderung nach angemessenem Wachstum subsumieren. Im Allgemeinen gilt freilich, dass eine Konkretisierung dieser Zielsetzungen in starkem Maße von politischen Überlegungen und Wertungen abhängt. Dies wird insbesondere deutlich, wenn man beabsichtigt, die in Frage kommenden Ziele zu quantifizieren. Wie stabil muss das Preisniveau bleiben? Wie gerecht muss die Einkommensverteilung sein? Die Beantwortung dieser und ähnlicher Fragen ist namentlich dann schwierig, wenn die Realisierung von Zielen durch **Zielkonflikte** erschwert wird. So kann das Ziel der Vollbeschäftigung leicht dem Ziel der Preisstabilität zuwiderlaufen. Dieser Umstand weist darauf hin, dass es notwendig ist, die genannten wirtschaftspolitischen Ziele in ihrem wechselseitigen Zusammenhang zu sehen.

Es ist jedoch trotzdem sinnvoll, die verschiedenen Ziele einzeln unter die Lupe zu nehmen. Wir beginnen mit dem gleichgewichtigen Arbeitsmarkt.

Arbeitsmarktgleichgewicht bedeutet für die meisten politischen Strömungen nicht nur hohe Beschäftigung, sondern Vollbeschäftigung. Die paradoxe gegenwärtige Situation auf dem deutschen Arbeitsmarkt, dass nämlich sowohl Arbeitskräftemangel wie Arbeitslosigkeit herrschen, macht deutlich, dass es einen Konflikt gibt zwischen konjunktur- und strukturpolitischen Erfordernissen.

Es ist zu erwarten – und das hat sich auch schon in den letzten Jahren gezeigt –, dass die Arbeitsmarktpolitik in den kommenden Jahren mehr im Zeichen struktureller als konjunktureller Probleme stehen wird. Die strukturelle Arbeitslosigkeit in bestimmten Regionen und in bestimmten Sektoren erfordert die Anwendung feinerer Instrumente, als wenn als Ursache der Arbeitslosigkeit unzureichende effektive Nachfrage diagnostiziert wird.

Auch hinsichtlich des Zieles eines **stabilen Preisniveaus**, zu dessen Realisierung die Deutsche Bundesbank aufgrund des Bundesbankgesetzes in besonderem Maße verpflichtet ist, gibt es durchaus unterschiedliche Vorstellungen. Dies betrifft insbesondere die europäischen Partnerländer innerhalb der EG. Die deutsche, auf Preisstabilität ausgerichtete Politik der Geldverknappung findet keineswegs überall Zustimmung. Denn auch hier gibt es Zielkonflikte, da hohe Zinsen als Folge einer straffen geldpolitischen Steuerung Investitionshemmnisse darstellen und infolgedessen Beschäftigungs- und Wachstumseinbußen nach sich ziehen können.

Die Orientierung am Ziel des **außenwirtschaftlichen Gleichgewichts** ist ebenfalls nicht unstrittig. Denn die in den achtziger Jahren hoch überschüssige deutsche Leistungsbilanz verfehlt zwar dieses Ziel, andererseits gibt es aber positive inländische Beschäftigungseffekte durch die hohe Exportgüterproduktion. Also besteht auch hier ein Zielkonflikt.

Die Zielsetzung einer **gerechten Einkommensverteilung** illustriert vielleicht noch deutlicher als andere den politischen Charakter der Wirtschaftspolitik. Jede gesellschaftliche Gruppierung hat in Bezug auf die Gerechtigkeit der Einkommensverteilung eine andere Auffassung. Bei den vielen Diskussionen über die personelle Einkommensverteilung darf nicht übersehen werden, dass durch die Progression des Einkommensteuertarifs die Verteilung der verfügbaren Einkommen erheblich weniger rechtsschief ist als diejenige der Einkommen vor Abzug der Steuer, d.h. die Einkommensverteilung nähert sich nach dem Abzug der Steuern einer Gleichverteilung der Einkommen an. Im Übrigen darf nicht vergessen werden, dass die Einkommensverteilung auf längere Sicht gesehen vermutlich mehr durch eine staatliche Bildungspolitik als durch nachträgliche steuertarifliche Korrekturen beeinflusst wird.

Man beabsichtigt mit der Forderung nach **angemessenem und stetigem Wachstum** in erster Linie die quantitative Zunahme und die qualitative Verbesserung der Produktionskapazität der Volkswirtschaft. Dabei wird gegenwärtig immer mehr den externen Nachteilen des wirtschaftlichen Wachstums im engeren Sinne (Pro-Kopf-Produktion) mit der Folge der Umweltschädigung Aufmerksamkeit geschenkt. Die Nachteile aus der Umweltbeeinträchtigung müssen gegen die Vorteile der neugeschaffenen Arbeitsplätze und des Wachstums der Produktion abgewogen werden. Es kommt der Einsicht in diese Wahlprobleme zugute, wenn man erkennt, dass der Schutz der Natur ebenso von Einfluss auf die Wohlfahrt ist wie die Vergrößerung der industriellen Produktionsmöglichkeiten. Nicht selten dürfte in einem dichtbesiedelten Land wie Deutschland der Wohlfahrt durch einen Verzicht auf Produktion im engeren Sinne mehr gedient sein als durch eine weitere Steigerung.

So betrachtet kann die isolierte Betrachtung einzelner Ziele der Wirtschaftspolitik dem Verständnis des nach Ort und Zeit wechselnden Inhalts der gesellschaftlichen und individuellen Wohlfahrt manchmal durchaus hinderlich sein.

Zur Realisierung der wirtschaftspolitischen Zielvorstellung steht dem Staat eine Reihe von **Instrumenten** zur Verfügung. Einige der wichtigsten Instrumente sind:

- die Finanzpolitik,
- die Geldpolitik,
- die Einkommens-, Lohn- und Preispolitik,
- die Außenwirtschaftspolitik,
- die Wachstumspolitik sowie
- die Wettbewerbspolitik.

Die **Finanzpolitik** werden wir später noch gesondert behandeln. Wir können uns somit hier auf die Bemerkung beschränken, dass im Rahmen der **Budgetpolitik**

Art und Umfang der Staatseinnahmen und Staatsausgaben variiert werden, um auf diese Weise den Ablauf des Wirtschaftsgeschehens zu beeinflussen.

Die **Geldpolitik** versucht, die Zusammensetzung und die Menge der liquiden Mittel mit dem Ziel zu steuern, die Kaufkraft der DM so gut wie möglich zu regulieren. Wegen des offenen Charakters unserer Volkswirtschaft ist der Spielraum für eine selbständige monetäre Politik der Zentralbank eingeschränkt, da die Deutsche Bundesbank zu jeder Zeit DM abgeben muss, wenn z.B. durch eine aktive laufende Rechnung der Zahlungsbilanz Devisen angeboten werden. Doch kann die Zentralbank durch kreditpolitische Mittel Einfluss auf die inländische Geldmenge ausüben. Zur Geldpolitik gehört übrigens auch die Offenmarktpolitik, die bereits behandelt wurde.

Das Instrumentarium auf dem Gebiet der **Einkommens-, Lohn-** und **Preispolitik** ist seit Jahren Gegenstand lebhafter Diskussionen. So wurde gelegentlich unter dem Eindruck starker Preisniveausteigerungen ein Lohn- und Preisstop gefordert, doch aus guten Gründen nicht in die Tat umgesetzt. In den siebziger Jahren versuchte man im Rahmen der sogenannten **konzertierten Aktion**, Lohnbewegungen und damit indirekt auch Preisbewegungen durch einen Konsens der Arbeitgeber- und Arbeitnehmerorganisationen den gesamtwirtschaftlichen Erfordernissen entsprechend auszugestalten.

Zur **Außenwirtschaftspolitik** kann die Außenhandelspolitik gerechnet werden, die sowohl die Einfuhr als auch die Ausfuhr umfasst. Außerdem ist die Regulierung der Kapitalströme zwischen den einzelnen Ländern von großer Bedeutung. Die zunehmende wechselseitige Abhängigkeit der Weltwirtschaft führt in immer größerem Maße zu der Notwendigkeit, die Zahlungsbilanzpolitik mit den Wirtschaftspolitiken der europäischen Länder wie auch der übrigen Welt in Übereinstimmung zu bringen.

Die **Wachstumspolitik** umfasst u.a. die Investitionspolitik, die **Strukturpolitik** und die Umweltpolitik. Beim Einsatz der wachstumspolitischen Instrumente liegt das Augenmerk u.a. auf der Raumordnung, d.h. der Verteilung der Industrien auf die einzelnen Regionen, auf der Belastungsfähigkeit der Umwelt und auf der Schaffung von Arbeitsplätzen. Ziel ist es, ein angemessenes und ausgewogenes Wachstum zu erreichen.

Schließlich verbleibt noch die **Wettbewerbspolitik**, die mit der Zunahme der Unternehmenskonzentration immer mehr Bedeutung erlangt. Mit der größeren Zahl der wirtschaftlichen Machtstellungen nimmt die Gefahr des Machtmissbrauchs zu, so dass dieses Instrument sowohl im Rahmen der Preispolitik als auch unter dem Aspekt eines gleichgewichtigen und ausgewogenen Wachstums Bedeutung erlangt.

Abschließend soll noch einmal darauf hingewiesen werden, dass in der Wirtschaftspolitik in der Regel verschiedene Instrumente zu gleicher Zeit eingesetzt werden. Die Politik lässt sich nach Art und Ausmaß des Instrumenteneinsatzes variieren. Für den Erfolg einer wirtschaftspolitischen Therapie ist allerdings eine gründliche quantitative und qualitative Diagnose des zugrundeliegenden wirtschaftlichen Geschehens von entscheidender Bedeutung.

Resümee: Die Theorie der Wirtschaftspolitik kann Antworten geben auf die Frage des adäquaten Einsatzes der wirtschaftspolitischen Instrumente. Voraussetzung ist jedoch eine Zielvorgabe durch parlamentarische oder exekutive Instanzen. Nicht zu verhindern sind in der Regel Zielkonflikte. Aufgabe der Theorie der Wirtschaftspolitik ist es, diese quantitativ und qualitativ den wirtschaftspolitischen Entscheidungsinstanzen deutlich zu machen.

Schlüsselwörter: Theorie der Wirtschaftspolitik, Gesamtwirtschaftliches Gleichgewicht, Budgetpolitik, Geldpolitik, Konzertierte Aktion, Außenwirtschaftspolitik, Wachstumspolitik, Strukturpolitik, Wettbewerbspolitik.

6. Schlussbemerkung

In einer auf marktwirtschaftlichen Prinzipien beruhenden Wirtschaftsordnung kommt dem Staat nicht nur eine "Nachtwächterrolle" zu, wie es Meinung der Klassiker war. Denn selbst auf funktionierenden Märkten, die sich durch **allokative Effizienz** auszeichnen, setzen sich die distributiven Ziele über gesamtwirtschaftliche Verteilungsgerechtigkeit nicht von selbst durch. Dazu bedarf es einer die Mehrheitsmeinung der Gesellschaft verkörpernden Institution, den Staat. Aber an der ökonomischen Tagesordnung sind auch **Marktstörungen**, die den Koordinationsprozess über Preise behindern und eine effiziente Allokation verhindern. Es existiert ein Spektrum an Marktversagensgründen (öffentliche Güter, externe Effekte, fehlende Eigentumsrechte, Marktmacht und unvollständige Information), das staatliche Eingriffe rechtfertigt. Zur genauen Erfassung staatlicher Aktivitäten dienen in Deutschland die beiden Konzepte der Volkswirtschaftlichen Gesamtrechnungen (VGR) und der Finanzstatistik.

In Bezug auf die wirtschaftspolitischen Ziele und Instrumente kann die Wirtschaftswissenschaft hilfreich sein bei der Formulierung und vor allem der Quantifizierung dieser Ziele und Instrumente, um so die Konsequenzen verschiedener und alternativer politischer Vorhaben ins rechte Licht zu rücken.

Fragen und Aufgaben zum 13. Kapitel

1. Diskutieren Sie die grundsätzlichen Organisationsformen des Wirtschaftslebens.

2. Diskutieren Sie mögliche Ziele der Wirtschaftspolitik.

3. Beschreiben Sie wichtige Instrumente der Wirtschaftspolitik.

4. Was sind kollektive Güter? Diskutieren Sie in diesem Zusammenhang das Free-rider-Problem.

5. Diskutieren Sie die Äußerung, der Staat brauche sich nicht mit Wirtschaftspolitik zu befassen, da ohne staatliche Eingriffe das Wirtschaftsleben gleichermaßen in geordneten Bahnen ablaufe.

6. Was versteht man unter Allokationseffizienz? Erörtern Sie in diesem Zusammenhang mögliche Marktversagensursachen, und diskutieren Sie mögliche Korrekturmaßnahmen seitens des Staates.

7. Wie lassen sich die gesamtwirtschaftlichen Zielbereiche Allokation, Distribution und Stabilisierung voneinander abgrenzen? Diskutieren Sie mögliche Interdependenzen.

8. Wie unterscheiden sich die Konzepte der VGR von denen der Finanzstatistik? Geben Sie hierbei eine genaue Definition des in den VGR verwandten Sektorbegriffes.

9. Beschreiben Sie die umfangreichen Änderungen innerhalb des Volkswirtschaftlichen Rechnungswesens durch den Übergang auf das Europäische System Volkswirtschaftlicher Gesamtrechnungen (ESVG).

10. Stellen Sie in einer Kreislaufdarstellung die Polgleichgewichte für die Haushalte und Unternehmungen dar.

11. Wie erhält man im Kreislaufdiagramm die Finanzierungssalden der einzelnen Sektoren? Welcher Zusammenhang besteht zwischen Finanzierungssalden und ausgeglichenem Haushalt?

12. Was versteht man unter Staatsverbrauch?

Literatur zum 13. Kapitel

Allgemeine Einführungen zur Finanzwissenschaft finden sich in:

Brümmerhoff, Dieter. Finanzwissenschaft. Siebte Auflage. R. Oldenbourg Verlag. München u.a.O. 1996.

Musgrave, Richard A.; Musgrave, Peggy B.; Kullmer, Lore. Die öffentlichen Finanzen in Theorie und Praxis. Band 1: Sechste Auflage. J. C. B. Mohr. Tübingen 1994. Band 2: Fünfte Auflage. J.C.B. Mohr. Tübingen 1993. Band 3: Vierte Auflage. J. C. B. Mohr. Tübingen 1992.

Rosen, Harvey S.; Windisch, Rupert. Finanzwissenschaft I. R. Oldenbourg Verlag. München u.a.O. 1992.

Stiglitz, Joseph E.; Schönfelder, Bruno. Finanzwissenschaft. Zweite Auflage. R. Oldenbourg Verlag. München u.a.O. 1989.

Das klassische Lehrbuch der modernen Finanzwissenschaft ist:

Musgrave, Richard A. The Theory of Public Finance. Mac Graw Hill Verlag. New York 1959 (deutsch: Musgrave, Richard A. Finanztheorie. Zweite Auflage. Tübingen 1974).

Der zentrale Artikel zu den Folgen asymmetrischer Information für das Funktionieren von Märkten lautet:

Akerlof, George. The Market for Lemons: Quality Uncertainty and the Market Mechanism. In: Quarterly Journal of Economics 84. S. 488-500. 1970.

Wichtige Einteilungen zur Abgrenzung öffentlicher Investitionen werden im Folgenden Beitrag dargestellt:

Bundesministerium der Finanzen (BMF). Gutachten zum Begriff der öffentlichen Investition - Abgrenzungen und Folgerungen im Hinblick auf Artikel 115 Grundgesetz. Erstattet vom Wissenschaftlichen Beirat beim BMF. In: Schriftenreihe des Bundesministeriums der Finanzen, Heft 29. Bonn 1980.

Kapitel 14
Der Staatshaushalt

Kapitel 14 Der Staatshaushalt

1. Die Finanzverfassung in Deutschland

> Welchen Teil des Grundgesetzes bezeichnet man als "Finanzverfassung", und was wird darin geregelt?

In zentralstaatlich organisierten Gemeinwesen besteht keinerlei Notwendigkeit für eine **Gewaltenteilung** und deren gesetzliche Festschreibung. Die politische und staatsrechtliche Ordnung der Bundesrepublik Deutschland nach dem Grundgesetz vom 23. Mai 1949 ist jedoch die eines demokratischen und sozialen **Bundesstaates** (Artikel 20 GG), in welchem dem **föderativen Prinzip** Geltung verschafft wird. Die Rechte und die Pflichten der Gebietskörperschaften, worunter Bund, Länder, Gemeinden und Gemeindeverbände verstanden werden, sind demzufolge auch grundgesetzlich klar definiert und voneinander abgegrenzt. Die sogenannte **Finanzverfassung** regelt in Abschnitt X des Grundgesetzes (Das Finanzwesen) in den Artikeln 104a bis 115 die Beziehungen zwischen Bund und nachgeordneten Körperschaften zum Teil sehr detailliert. Der Grundsatz der **Subsidiarität** ist hierbei der generell gültige. Das heißt, dass alle Aufgaben, die nicht ausdrücklich dem jeweils höheren Träger der Selbstverwaltung zugesprochen werden, von den jeweils nachgeordneten Körperschaften, also letztlich von den Gemeinden oder sogar von den privaten Organisationen beziehungsweise den privaten Haushalten selbst wahrgenommen werden sollen. Die Staatsgewalt obliegt nach Artikel 30 GG grundsätzlich den Ländern, soweit nicht das Grundgesetz eine andere Aufgabenverteilung explizit vorgibt. Im Abschnitt VIII des Grundgesetzes werden die Aufgaben des Bundes im Einzelnen beschrieben, die **Gemeinschaftsaufgaben** in Abschnitt VIIIa. Danach beteiligt sich der Bund, soweit "Aufgaben für die Gesamtheit bedeutsam sind und die Mitwirkung des Bundes zur Verbesserung der Lebensverhältnisse erforderlich ist" (Artikel 91a GG)

- am Ausbau und Neubau von Hochschulen einschließlich der Hochschulkliniken,

- an der Verbesserung der regionalen Wirtschaftsstruktur und

- an der Verbesserung der Agrarstruktur und des Küstenschutzes.

Von den ersten beiden Punkten trägt der Bund die Hälfte der Ausgaben in jedem Land und vom dritten Punkt mindestens die Hälfte. Daneben ist grundgesetzlich auch ein Zusammenwirken von Bund und Ländern "bei der Bildungsplanung und bei der Förderung von Einrichtungen und Vorhaben der wissenschaftlichen Forschung von überregionaler Bedeutung" (Artikel 91b GG) vorgesehen. Damit wird gewährleistet, dass "die **Einheitlichkeit der Lebensverhältnisse** im Bundesgebiet gewahrt wird", wie es im Artikel 106 Absatz 3 Ziffer 2 gefordert wird.

Der föderative Aufbau zeigt sich neben der Verteilung der Aufgaben und anderer zusätzlich in Artikel 104a GG beschriebener Ausgaben auch in Regelungen zur Erzielung und Verteilung von Einnahmen. In Artikel 105 GG wird die **Gesetzgebungskompetenz** über Einnahmengesetze festgelegt. Danach hat der Bund die **Finanzhoheit** über Zölle und Finanzmonopole und die "konkurrierende Gesetzgebung über die übrigen Steuern, wenn ihm das Aufkommen dieser Steuern ganz oder zum Teil zusteht" (Artikel 105, Abs. 2 GG) oder wenn nach Artikel 72, Absatz 2 "ein Bedürfnis nach bundesgesetzlicher Regelung besteht".

Die **Ertragshoheit** regelt die Verteilung des Steueraufkommens auf Bund, Länder und Gemeinden nach Artikel 106 GG. Dazu zählt auch der **Finanzausgleich**, der sicherzustellen hat, dass "die Finanzkraft der Länder angemessen ausgeglichen wird; hierbei sind die Finanzkraft und der Finanzbedarf der Gemeinden (Gemeindeverbände) zu berücksichtigen" (Artikel 107 GG). Wir können dabei zwischen einem horizontalen und einem vertikalen Finanzausgleich unterscheiden, wobei der **horizontale** Ausgleich den zwischen gleichrangigen Körperschaften und der **vertikale** Ausgleich den zwischen Körperschaften unterschiedlichen Ranges bezeichnet. Dabei ist zu beachten, dass die relevante Rahmenbestimmung für den Finanzausgleich der die Einheitlichkeit der Lebensbedingungen fordernde Artikel 106 GG darstellt.

Schließlich regelt Artikel 108 GG noch die **Verwaltungshoheit**, nach der die meisten Steuern, auch die mit Ertragshoheit beim Bund, von Länderfinanzbehörden verwaltet werden.

Einen für die aktuelle Wirtschaftspolitik von Bund und Ländern höchst bedeutsamen Artikel stellt Artikel 109 GG dar, nach welchem "Bund und Länder bei ihrer Haushaltswirtschaft den Erfordernissen des gesamtwirtschaftlichen Gleichgewichts Rechnung zu tragen haben" (Artikel 109, Abs. 2 GG). Bund und Ländern wird die Kompetenz, aber auch die Verpflichtung für eine **am gesamtwirtschaftlichen Gleichgewicht** ausgerichtete Wirtschaftspolitik zugewiesen. Anders als in Artikel 115 GG, der die Kreditbeschaffung des Bundes definitiv durch eine an den Investitionsausgaben orientierte Obergrenze einschränkt, wird hier aber offengelassen, welche Maßnahme in welchem Ausmaß in einer konkreten ökonomischen Situation zur Zielrealisierung geeignet ist.

Resümee: Der als Finanzverfassung bezeichnete Abschnitt X des Grundgesetzes der BR Deutschland regelt in den Artikeln 104a bis 115 nach dem Grundprinzip der Subsidiarität die Gewaltenteilung in den wirtschaftlichen Aktivitäten der Gebietskörperschaften.

Schlüsselwörter: Gewaltenteilung, Bundesstaat, Föderatives Prinzip, Finanzverfassung, Subsidiarität, Gemeinschaftsaufgaben, Gesetzgebungskompetenz, Finanzhoheit, Ertragshoheit, Finanzausgleich, Verwaltungshoheit.

2. Das Budget, der Finanzplan und der Budgetzyklus

> Was ist ein Budget? Was sind die Phasen eines Budgetzyklus, und wie ist ein Budget eingebettet in die Finanzplanung?

Nach FRITZ NEUMARK ist das **Budget** oder der Haushaltsplan des Staates die "in regelmäßigen Abständen vorgenommene systematische Zusammenstellung der prinzipiell vollzugsverbindlichen Voranschläge der für einen bestimmten zukünftigen Zeitraum geplanten Ausgaben und der Schätzung der zur Deckung dieser Ausgaben vorgesehenen Einnahmen" (F. NEUMARK (1952), S. 558). Die gesetzliche Grundlage für den Bundeshaushalt stellt der Artikel 110 GG dar. Im Haushaltsgrundsätzegesetz (HGrG) und in der Bundeshaushaltsordnung (BHO) haben allgemeine Vorschriften über Aufstellung, Ausführung und Rechnungslegung eines Haushaltsplanes ihre gesetzliche Grundlage. Ein Budget erfüllt gleichzeitig mehrere Funktionen. In der Finanzwissenschaft unterscheidet man:

- eine finanzwirtschaftliche Ordnungsfunktion durch die Gegenüberstellung von Ausgaben und den zur Finanzierung erforderlichen Einnahmen,

- eine administrative Kontrollfunktion,

- eine politische Programmfunktion und

- eine volkswirtschaftliche Lenkungsfunktion.

Ein Budget wird jährlich durch ein **Haushaltsgesetz** festgestellt und damit vollzugsverbindlich. Der im Haushaltsgesetz verabschiedete Haushaltsplan umfasst den Gesamtplan und alle Einzelpläne. Jede oberste Bundesbehörde verfügt über einen eigenen **Einzelplan**, in welchem alle Einnahmen und Ausgaben veranschlagt sind. In Tabelle 14.1 wird der Bundeshaushalt über die Ausgaben aller Einzelpläne als Ausgaben-Einzelplanübersicht dargestellt.

Der **Gesamtplan** fasst die in Einzelplänen dokumentierten Einnahmen und Ausgaben in drei Kategorien zusammen. Nach den Ergebnissen der Einzelpläne zusammengefasste Einnahmen, Ausgaben und Verpflichtungsermächtigungen enthält die **Haushaltsübersicht**.

Die **Finanzierungsübersicht** zeigt, inwieweit eine Nettokreditaufnahme zur Finanzierung der Ausgaben vorgesehen ist, die Art und Weise der Finanzierung verdeutlicht der **Kreditfinanzierungsplan**.

Jeder Einzelplan wird in **Kapitel** untergliedert, wobei die Gliederungskriterien verwaltungsorganisatorischer Art sind. So steht z.B. die Kennziffer 0401 für Kapitel 01 (Personalausgaben) innerhalb des Einzelplans 04 (Bundeskanzleramt). Jedes Kapitel wird in **Titel** unterteilt. Die Titelnummern orientieren sich am Entstehungsgrund (Einnahmetitel) oder am Verwendungszweck (Ausgabetitel). Hierzu wird dann die Gliederung des **Gruppierungsplanes** herangezogen, welcher nach BHO § 13, Absatz 3 insgesamt zehn Hauptgruppen nach volkswirtschaftlichen Einnahme- und Ausgabekategorien unterscheidet. So steht z.B. Hauptgruppe "0" für Einnahmen aus Steuern und steuerähnlichen Ausgaben.

Tabelle 14.1: *Bundeshaushalt: Einzelplanübersicht der Ausgaben (in Millionen DM)*

EPL	Bezeichnung	Soll 2000	Entwurf 2001
01	Bundespräsident und Bundespräsidialamt	35,9	36,0
02	Deutscher Bundestag	1.100,2	1.087,4
03	Bundesrat	46,7	35,6
04	Bundeskanzler und Bundeskanzleramt	2.816,7	2.771,7
05	Auswärtiges Amt	3.468,7	3.706,3
06	Inneres	7.062,3	6.889,8
07	Justiz	693,6	664,0
08	Finanzen	7.391,8	6.965,9
09	Wirtschaft	14.928,5	13.888,1
10	Ernährung, Landwirtschaft und Forsten	11.015,6	10.933,0
11	Arbeit und Sozialordnung	170.457,5	169.543,1
12	Verkehr	49.724,1	44.871,7
14	Verteidigung	45.333,0	46.802,4
15	Gesundheit	1.837,0	1.751,6
16	Umwelt, Naturschutz und Reaktorsicherheit	1.088,2	1.118,0
17	Familie, Senioren, Frauen und Jugend	10.966,3	10.721,0
19	Bundesverfassungsgericht	27,3	28,8
20	Bundesrechnungshof	167,5	160,9
23	Wirtschaftliche Zusammenarbeit und Entwicklung	7.102,5	7.223,7
30	Bildung, Wissenschaft, Forschung und Technologie	14.592,2	15.372,2
32	Bundesschuld	83.768,4	86.809,0
33	Versorgung	17.006,7	17.396,4
60	Allgemeine Finanzverwaltung	28.169,2	29.923,2
	Insgesamt	**478.800,0**	**478.700,0**

Quelle: BMF (2000), Finanzbericht 2001.

Der **Bundeshaushaltsplan** hat etwa 1500 Einnahme-Titel und ca. 10000 Ausgabe-Titel. Fasst man alle Ausgabe-Titel und alle Einnahme-Titel zusammen, so erhält man die in Tabelle 14.2 für die Jahre 1981-2000 wiedergegebene Gesamtübersicht des Haushaltsplanes in hochaggregierter Form.

Da der Zeitraum eines Haushaltsplanes zu kurz ist, um die oben angesprochenen Funktionen eines Budgets und hier insbesondere die politische Programmfunktion zu erfüllen, ist ein Haushaltsplan immer in eine **mehrjährige Finanzplanung** von fünf Jahren eingebettet. Synonym dazu spricht man auch von mittelfristiger Finanzplanung (**Mifrifi**).

Tabelle 14.2: *Ausgaben, Einnahmen, Nettokreditaufnahme (NKA) im Haushaltsplan des Bundes (in Milliarden DM)*

Jahr	Gesamt-ausgaben	Veränderung zum Vorjahr in %	Steuer-einnahmen	Sonstige Einnahmen	Netto-kreditaufnahme
1981	233,0	8,0	180,5	14,5	37,4
1982	244,6	5,0	183,1	23,9	37,2
1983	246,7	0,9	190,3	24,5	31,5
1984	251,8	2,1	197,2	25,9	28,3
1985	257,1	2,1	206,3	28,0	22,4
1986	261,5	1,7	208,9	29,3	22,9
1987	269,1	2,9	217,0	24,1	27,5
1988	275,4	2,3	220,3	19,1	35,4
1989	289,8	5,2	247,1	22,6	19,2
1990	380,2	31,2	258,8	73,3	46,7
1991	401,8	5,7	317,9	30,7	52,0
1992	427,2	6,3	352,9	34,9	38,6
1993	457,5	7,1	356,0	34,5	66,2
1994	471,2	3,0	379,0	41,6	50,1
1995	464,7	-1,4	366,1	48,0	50,1
1996	455,6	-2,0	338,6	38,4	78,3
1997	441,9	-3,0	331,1	47,3	63,7
1998	456,9	3,4	341,5	58,8	56,4
1999	482,8	5,7	376,3	55,2	-51,1
2000	478,8	-0,8	387,5	41,7	-49,5

1990 inklusive übergeleitetem DDR-Haushalt
2000 Soll-Daten, sonst Ist-Daten

Quelle: BMF (2000), Finanzbericht 2001 und ältere Jahrgänge.

Tabelle 14.3: *Finanzplan des Bundes 1999 bis 2004 (in Milliarden DM)*

	Ist	Soll	Entwurf	Finanzplan		
	1999	2000	2001	2002	2003	2004
Ausgaben	482,8	478,8	478,7	487,7	495,2	502,5
Veränderung zum Vorjahr in v.H.	0,6[2]	-0,8	0,0	1,9	1,5	1,5
Einnahmen						
Steuereinnahmen	376,3	387,5	383,1	405,8	423,9	446,6
Sonstige Einnahmen[1]	55,4	41,8	49,6	40,7	40,9	35,9
Nettokreditaufnahme	51,1	49,5	46,1	41,2	30,4	20,0

[1] Darunter fallen Bundesbankgewinn, Erlöse aus Privatisierungen und Münzeinnahmen
[2] Bereinigt um einmalige Sondereffekte durch erstmalige Veranschlagung von Zuschüssen an Rentenversicherung und Post-Unterstützungskassen, die durch zusätzliche Einnahmen gedeckt sind, sonst 5,7%

Quelle: BMF (2000), Finanzbericht 2001.

Das StWG vom 8.6.1967 schreibt die Aufstellung und Fortschreibung eines fünfjährigen **Finanzplanes** sowohl für den Bund als auch für die Länder vor. Im Gegensatz zum Haushaltsplan sind Finanzpläne jedoch rechtlich nicht vollzugs- verbindliche Schätzungen. Die Verbindung von Finanzplan und Haushaltsplan liegt darin, dass die Haushaltsplanung eines Jahres in den Finanzplan eingeht. Das jeweilige Haushaltsjahr ist das zweite Jahr der Finanzplanung des betreffenden Jahres. Dies dokumentiert Tabelle 14.3 für den Finanzplan 1999-2004.

Abbildung 14.1: *Der deutsche Budgetzyklus*

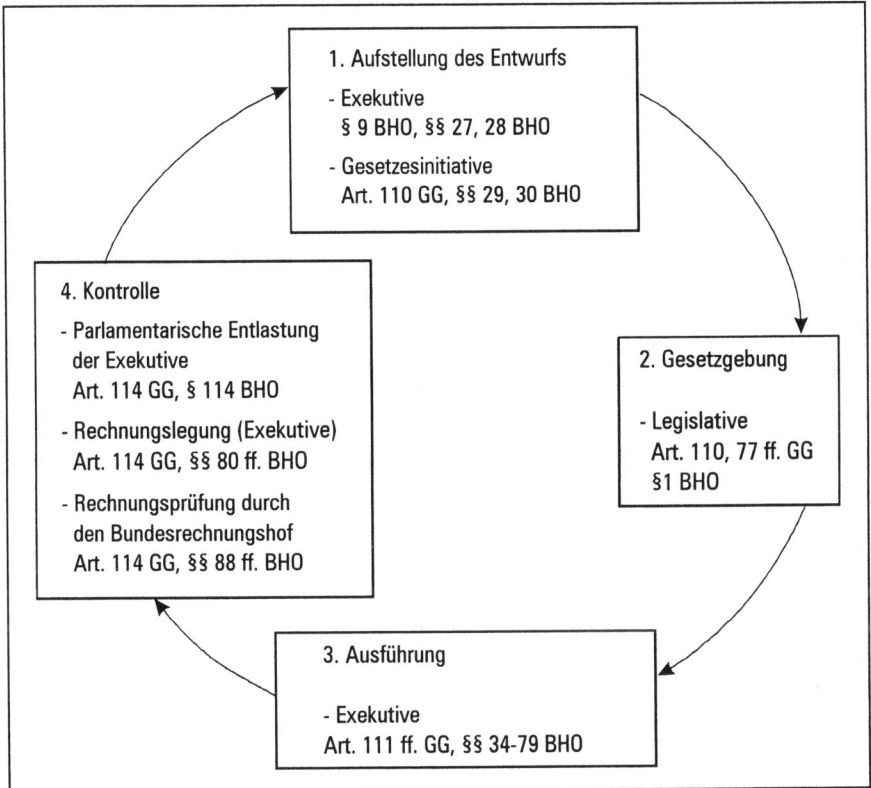

Quelle: BMF (1990). Der Bundeshaushalt.

Der Haushaltsplan ist deswegen schon das zweite Jahr des laufenden Finanzplanes, weil die Aufstellung des Haushaltsplanes bis zur Verabschiedung einen langen zeitlichen Vorlauf erfordert. Im länger als ein Jahr dauernden Ablauf eines Haushaltsplanes – von seiner Aufstellung beim Bundesministerium der Finanzen über die gesetzliche Verkündigung im Bundesgesetzblatt bis zur Kontrolle – können verschiedene Phasen unterschieden werden. Man spricht daher auch von **Budgetzyklus** oder Haushaltskreislauf.

> *Resümee: Der Haushalts- und Finanzplan wird vom Bund und den Ländern erstellt. Während ein Haushaltsplan als rechtsverbindliches Gesetz verabschiedet wird, stellt der Finanzplan eine rechtsunverbindliche Planungsgrundlage dar. Die Haushaltsplanung geht jedoch in den Finanzplan mit ein. Gesetzliche Grundlagen für die Haushalts- und Finanzplanung werden in den Artikeln 109-114 GG, im StWG, im HGrG und in der BHO gegeben.*

Schlüsselwörter: Budget, Haushaltsgesetz, Einzelplan, Gesamtplan, Haushaltsübersicht, Finanzierungsübersicht, Kreditfinanzierungsplan, Kapitel, Titel, Gruppierungsplan, Bundeshaushaltsplan, Mehrjährige Finanzplanung, Finanzplan, Budgetzyklus.

3. Staatsausgaben

Was sind Staatsausgaben? Wie werden sie gemessen, und was macht ihre relative Bedeutung aus?

Nach Artikel 30 GG ist den Ländern die Erfüllung staatlicher Aufgaben übertragen, wenn nicht im Grundgesetz ausdrücklich andere Regelungen genannt oder zugelassen werden. Wenn wir jedoch in Tabelle 14.4 den Anteil der einzelnen Ebenen an den Gesamtausgaben der Gebietskörperschaften betrachten, so kann man feststellen, dass der Anteil der Länder in etwa dem des Bundes (ohne Sondervermögen) entspricht.

Analog stabil sind bis Mitte der neunziger Jahre auch die Anteile der Gemeinden, die jedoch bis 2000 um ca. 3 Prozentpunkte abnehmen. Insgesamt ist dies ein Beweis dafür, dass die Bundesaufgaben wie soziale Sicherung, Verteidigung, Forschung und Bildung, Verkehrswesen (einschließlich Bundesbahn) und Wirtschaftsförderung in etwa, und auch dies schon seit 1965 ohne größere Veränderung, gleiche Ausgabenbedeutung besitzen wie die Länderaufgaben Kultur, Schulwesen, Rechtspflege, Sozialhilfe und Polizeiwesen. Es ist aber auch ein Zeichen dafür, dass die lokale Ausgabenbedeutung abgenommen hat.

Die Staatsausgaben beschränken sich nicht ausschließlich auf kollektive Güter. Es ist bereits angeklungen, dass sich der Staat ebenfalls mit der Produktion solcher Güter beschäftigt, für die ein Preis bezahlt werden muss. Es dreht sich hierbei um die **öffentlichen Betriebe**. Wenn es den allgemeinen Erfordernissen dient, können die Preise der Güter, die diese öffentlichen Betriebe herstellen, niedriger sein als die Kostenpreise. Folglich entstehen für den Staat Ausgaben, die aus allgemeinen Einkünften des Staates gedeckt werden müssen.

Weil der Begriff "allgemeines Erfordernis" sehr vage ist, muss für jedes Produkt dieser Betriebe stets aufs neue und unabhängig geprüft werden, ob wichtige Gründe rechtfertigen, Preise zu verlangen, die unter den Selbstkosten liegen. Ein Beispiel für diesen Sachverhalt bilden die öffentlichen Verkehrsmittel. In vielen

Städten arbeiten die öffentlichen Verkehrsbetriebe mit Verlusten, die zum großen Teil aus unterlassenen Tariferhöhungen herrühren. Es wird aber für nicht gerechtfertigt erachtet, von den Benutzern der öffentlichen Verkehrsmittel kostendeckende Preise zu verlangen. Dies führt zu der Notwendigkeit, aus allgemeinen Mitteln einen Teil der Kosten zu tragen.

Tabelle 14.4: *Der öffentliche Gesamthaushalt in Deutschland*

Gesamtausgaben in Mrd. DM [(1)]	1989	1991	1993	1995	1997	2000
	797,2	1.175,2	1.352,4	1.423,4	1.339,9	1.372,4
Anteile an den Gesamtausgaben in %	1989	1991	1993	1995	1997	2000
Bund	36,68	34,49	34,14	34,61	35,90	37,76
Länder	35,30	34,67	34,20	34,09	35,26	35,53
Gemeinden	24,22	23,53	24,30	23,57	20,89	20,68
Sondervermögen Bund	0,81	4,40	4,62	4,91	4,86	2,92
Europäische Union	2,98	2,91	2,73	2,82	3,10	3,10
1989-1990 Früheres Bundesgebiet						
[(1)] Kassenmäßige, bereinigte Ausgaben ohne Sozialversicherung und Zweckverbände						

Quelle: Statistisches Bundesamt, Statistisches Jahrbuch, diverse Jahrgänge.

Aus Tabelle 14.5 erkennen wir, dass im Bundeshaushalt 2000 (Soll) und 2001 (Entwurf) der Aufgabenbereich **Soziale Sicherung** den größten Ausgabenblock ausmacht. Diese Ausgabenpriorität besteht schon seit 1965. Unter den Ausgaben für **Soziale Sicherung** sind die Zuschüsse an Sozialversicherungsträger (Rentenversicherungsleistungen) die mit Abstand höchsten Aufwendungen. Sie betragen mittlerweile fast das Dreifache der Ausgaben für Verteidigung. Selbst die Zinsausgaben sind mittlerweile fast doppelt so hoch wie die Ausgaben für Verteidigung. Das ist eine Konsequenz des hohen Schuldenstandes des Bundes.

Von den Bundesausgaben sind ein beträchtlicher Teil **Subventionen**, die als Hilfe an Unternehmungen und private Haushalte fließen. Es handelt sich dabei um **Finanzhilfen**, die ebenso wie gewährte **Steuervergünstigungen** Subventionen darstellen. Die Summe aus beiden Teilen betrug 2000 über siebenunddreißig Milliarden DM allein für den Bundeshaushalt. Die Subventionen des Bundes verteilen sich 2000 nach dem **Subventionsbericht** der Bundesregierung 1999 etwa im Verhältnis 1:2 auf neue und alte Bundesländer.

Nimmt man die Summe der von Bund, Ländern und Gemeinden, den ERP-Finanzhilfen und über die Marktordnungsabgaben der EU finanzierten Subventionen in den neuen und alten Bundesländern, so ist von 1975 bis 1999 das jährliche Gesamtvolumen von etwa 43 Milliarden DM auf nahezu 116 Milliarden DM gestiegen. Das sind 1999 etwa 3 Prozent des BIP. Dies offenbart das Ausmaß subventionsbedingter Marktverzerrungen.

Tabelle 14.5: *Bundesausgaben nach Aufgabenbereichen (in Milliarden DM)*

Aufgabenbereiche	Soll 2000	Entwurf 2001
Soziale Sicherung	194,2	195,1
- Rentenversicherungsleistungen	127,0	137,0
- Arbeitsmarkt	33,5	23,2
- Familienpolitische Leistungen	8,0	7,9
- Wohngeld und Wohnungsbauprämien	2,8	5,0
- Kriegsopferleistungen, Wiedergutmachung, Lastenausgleich	9,7	8,9
- Landwirtschaftliche Sozialpolitik	7,3	7,6
- Sonstige Maßnahmen	5,8	5,5
Verteidigung	45,7	47,1
Ernährung, Landwirtschaft und Forsten	3,4	2,9
Wirtschaftsförderung	26,4	24,7
- Energie	8,2	7,6
Verkehr	40,2	34,0
Bauwesen	7,0	5,8
Forschung, Bildung und Wissenschaft, kulturelle Angelegenheiten	19,4	20,4
Umweltschutz, Gesundheitswesen und Sport	3,4	3,2
Innere Sicherheit, Asyl	5,3	5,2
Wirtschaftliche Zusammenarbeit und Entwicklung	7,0	7,1
Allgemeine Finanzwirtschaft	126,9	133,2
- Zinsausgaben	78,7	81,8
Gesamte Ausgaben	**681,2**	**681,4**

Quelle: BMF(2000), Finanzbericht 2001.

Bisher haben wir unser Augenmerk auf den **öffentlichen Gesamthaushalt** gemäß der Gliederung der Finanzstatistik ohne Ausgaben der Sozialversicherungen konzentriert. Letztere gehören nach der Systematik der VGR zum Sektor Staat. Setzt man die Gesamtausgaben aller öffentlichen Ebenen inklusive der Sozialversicherungen als Summe der **Staatsausgaben** in Bezug zur Höhe des BIP, so zeigt der internationale Vergleich in Tabelle 14.6, dass in Deutschland die **Staatsquote** 2000 bei 47,2 Prozent liegt. Sie hat damit den Stand von 1985 wieder erreicht, obwohl sie zwischenzeitlich infolge der deutschen Einheit auf über 50 Prozent gestiegen war. Im internationalen Vergleich ist dies aber nur ein durchschnittlicher Wert.

Das **WAGNERsche Gesetz** der zunehmenden Staatstätigkeit findet im Lichte der Entwicklung der Staatsquote in den letzten 20 Jahren keine empirische Bestätigung.

Tabelle 14.6: *Staatsausgaben (in Prozent des BIP)*

	1980	1985	1990	1995	1998	1999	2000(2)
Belgien	56,6	60,0	52,8	53,4	51,0	51,0	50,0
Dänemark	**53,6**	**56,8**	**56,1**	**59,6**	**55,1**	**54,9**	**54,2**
Deutschland(1)	*48,0*	*47,2*	*45,3*	*48,8*	*48,0*	*47,8*	*47,2*
Finnland	**38,6**	**44,2**	**46,1**	**57,1**	**49,1**	**49,8**	**47,7**
Frankreich	44,7	51,6	49,7	54,0	54,3	52,3	51,1
Griechenland	**28,8**	**41,9**	**48,8**	**46,6**	**41,8**	**43,2**	**42,8**
Großbritannien	43,4	44,4	39,4	45,0	40,2	39,2	39,1
Irland	**46,2**	**49,1**	**38,1**	**41,2**	**33,1**	**36,4**	**35,4**
Italien	42,8	51,5	53,8	53,1	49,1	48,8	47,8
Luxemburg	**47,7**	**43,7**	**-**	**45,8**	**42,2**	**44,1**	**43,6**
Niederlande	54,4	55,7	52,8	50,8	47,2	46,2	45,0
Österreich	**46,8**	**49,9**	**49,3**	**54,9**	**49,4**	**51,1**	**50,3**
Portugal	36,9	43,7	39,4	45,3	43,6	47,8	48,3
Schweden	**59,5**	**62,7**	**58,6**	**64,6**	**60,8**	**58,5**	**56,0**
Spanien	31,6	40,1	42,3	45,4	41,8	41,1	40,7
Norwegen	43,8	41,5	49,7	47,6	46,9	46,1	41,9
Kanada	38,8	46,0	46,7	46,3	42,1	40,2	39,3
USA	**31,4**	**33,8**	**33,6**	**32,9**	**32,8**	**30,1**	**29,5**
Japan	32,0	31,6	31,3	35,6	36,9	38,1	38,4

Nach den Abgrenzungsmerkmalen der OECD

(1) Bis 1990 Früheres Bundesgebiet
(2) 2000 wirtschaftliche Vorausschätzungen

Quelle: BMF (2000), Finanzbericht 2001.

Wie ist das zahlenmäßige Verhältnis der Ausgaben der Gebietskörperschaften in Deutschland zu den Ausgaben der Sozialversicherungsträger? In Deutschland sorgt eine umfangreiche Sozialgesetzgebung teils vorbildlicher Art für zumindest ausreichenden Schutz der auf Unterstützungszahlungen angewiesenen Bevölkerungsteile. Beispiele für derartige Sicherungen sind etwa die Rentenversicherung für Arbeiter, Angestellte und die Knappschaftliche Rentenversicherung sowie Arbeitslosenunterstützung, Lohnfortzahlung im Krankheitsfall, Krankenversicherung, Unfallversicherung und vieles mehr. Dies hat, wie wir in Tabelle 14.6 gesehen haben, zu nicht unbeträchtlichen Staatsquoten geführt. In der Statistik macht es

Sinn, die Staatsausgaben in die Komponenten „Ausgaben der Gebietskörperschaften" und „Ausgaben der Sozialversicherung" aufzuteilen.

Tabelle 14.7: *BIP und öffentliche Ausgaben in Deutschland (in Milliarden DM)*

Jahr[3]	BIP	Ausgaben der GBK[1]	Staatsausgaben	Ausgabenquote (GBK)	Staatsquote
1980	1.472,0	509,2	721,9	34,6	49,1
1981	1.535,0	541,8	765,7	35,3	49,9
1982	1.588,1	561,6	795,7	35,4	50,1
1983	1.668,5	570,1	816,4	34,2	48,9
1984	1.750,9	583,6	848,8	33,3	48,5
1985	1.823,2	604,4	875,3	33,2	48,0
1986	1.925,3	628,6	912,2	32,6	47,4
1987	1.990,5	651,3	949,6	32,7	47,7
1988	2.096,0	671,5	991,1	32,0	47,3
1989	2.224,4	701,5	1.018,9	31,5	45,8
1990	2.426,0	818,5	1.118,1	33,7	46,1
1991	2.938,0	972,3	1.382,9	33,1	47,1
1992	3.155,2	1.069,5	1.516,4	33,9	48,1
1993	3.235,4	1.122,6	1.593,5	34,7	49,3
1994	3.394,4	1.167,0	1.662,0	34,4	49,0
1995[2]	3.523,0	1.203,1	1.974,9	34,1	56,1
1996	3.586,0	1.192,1	1.802,5	33,2	50,3
1997	3.666,6	1.180,3	1.805,6	32,2	49,2
1998	3.784,2	1.132,9	1.839,6	29,9	48,6
1999	3.877,1	1.167,4	1.885,0	30,1	48,6
2000	4.006,0	1.172,5	1.882,8	29,3	47,2

Bis 1990 Früheres Bundesgebiet

[1] Gebietskörperschaften (GBK) einschließlich Sondervermögen
[2] Einmaliger Effekt durch die Übernahme der Schulden der Treuhand in den öffentlichen Sektor
[3] Für 2000 vorläufige Ergebnisse

Quelle: BMF (2000), Finanzbericht 2001.

In dem von der Bundesregierung jährlich erstellten **Sozialbudget**, das im **Sozialbericht** publiziert wird, finden sich alle Ausgaben der sozialen Sicherung nach Leistungsarten, Funktionen, Personen, Institutionen und Finanzierungsquellen geordnet. Ein Teil davon geht über das Budget, wie Tabelle 14.5 verdeutlichte. Der größere Teil aber wird über die Träger der Sozialversicherung abgewickelt. Die Größenordnung dieser Ausgaben entspricht dem Gesamtbudget des Bundes wie die Tabelle 14.7 deutlich macht, wenn man die Staatsausgaben mit den Ausgaben der GBK saldiert.

Resümee: Staatsausgaben umfassen die Ausgaben aller Gebietskörperschaften, der Sondervermögen des Bundes und der Sozialversicherungsträger. Die Ausgabenanteile der öffentlichen Ebenen an den Gesamtausgaben (ohne Sozialversicherung) sind im Zeitablauf relativ stabil.

Schlüsselwörter: Öffentliche Betriebe, Subventionen, Öffentlicher Gesamthaushalt, Staatsausgaben, Staatsquote, WAGNERsches Gesetz, Sozialbudget.

4. Staatseinnahmen

Die Einnahmen aller öffentlichen Haushalte bezeichnet man als **Staatseinnahmen**. Zum Sektor Staat zählen nach den VGR die Gebietskörperschaften Bund, Länder, Gemeinden (einschließlich Gemeindeeinnahmen der Stadtstaaten) sowie EG, LAF, ERP und die Sozialversicherung. Die Summe dieser Einnahmen, die der Staat zur Finanzierung seiner Aufgaben zur Verfügung hat, rekrutiert sich nach volkswirtschaftlichen Arten aus **Einnahmen der laufenden Rechnung** und **Einnahmen aus Kapitalrechnung**. Zur ersten Kategorie zählen insbesondere Steuern und steuerähnliche Abgaben und Einnahmen aus wirtschaftlicher Tätigkeit des Staates. Zur zweiten Kategorie insbesondere Veräußerung von Sachvermögen und Beteiligungen sowie Kapitalrückflüsse. Die Differenz zwischen der Summe der Ausgaben und der Einnahmen stellt den **Finanzierungssaldo** dar. Der Saldo wird vorwiegend über Kreditaufnahme finanziert. Dieses Thema behandeln wir im Folgenden Abschnitt separat.

Wiewohl die Einnahmen aus wirtschaftlicher Tätigkeit des Staates, wobei beim Bund die Abführungen der Bundesbank- und Bundespostgewinne zählen, nicht unbeträchtlich sind, stellen die an den Staat zu leistenden **Zwangsabgaben** aus Steuern und Sozialversicherungsbeiträgen den Löwenanteil an den Staatseinnahmen dar. Dies verdeutlicht die Tabelle 14.8. Sie macht deutlich, dass Sozialversicherungsbeiträge in der Größenordnung in etwa zwei Dritteln der Steuereinnahmen entsprechen. Setzt man das Steueraufkommen bzw. die Summe aus Steuern und Sozialversicherungsbeiträgen in Relation zum BIP, so erhält man die Steuer- bzw. Abgabenquote. Die Differenz zwischen beiden liegt seit 1980 relativ stabil bei etwa 17 bis 18 Prozentpunkten. Was genau sind aber Steuern? Im nüchternen Amtsdeutsch der Abgabenordnung (AO) werden in § 3, Abs. 1 **Steuern** definiert als "Geldleistungen, die nicht eine Gegenleistung für eine besondere Leistung darstellen und von einem öffentlich-rechtlichen Gemeinwesen zur Erzielung von Einnahmen allen auferlegt werden, bei denen der Tatbestand zutrifft, an den das Gesetz die Leistungspflicht knüpft; die Erzielung von Einnahmen kann Nebenzweck sein. Zölle und Abschöpfungen sind Steuern im Sinne dieses Gesetzes".

Da der Steuerzweck nicht ausschließlich fiskalisch begründet wird, können und sollen Steuern somit auch eine gesamtwirtschaftliche **Lenkungsfunktion** erfüllen. Dieser Aspekt ist von besonderer Bedeutung in der Diskussion über die Einführung sogenannter **Ökosteuern**, die als Zwecksteuern eine Schadstoffentlastung der Umwelt bewirken sollen.

Steuern unterscheiden sich somit deutlich von anderen öffentlichen Einnahmekategorien wie **Gebühren** und **Beiträgen**. Gebühren werden z.B. als Verwaltungs- und Benutzungsgebühren nur für tatsächlich in Anspruch genommene öffentliche Leistungen entrichtet. Beiträge dagegen – wie die Sozialbeiträge – werden von einem potentiellen Nutzerkreis erhoben, unabhängig davon, ob dieser Benutzerkreis die in Aussicht gestellten Leistungen tatsächlich in Anspruch nimmt.

Tabelle 14.8: *BIP, Steuern und Abgaben in Deutschland (in Milliarden DM)*

Jahr[1]	BIP	Sozialversicherungsbeiträge	Steuern	Abgabenquote (in %)	Steuerquote (in %)
1980	1.472,0	248,5	381,2	42,8	25,9
1981	1.535,0	268,6	386,4	42,7	25,2
1982	1.588,1	284,3	394,9	42,8	24,9
1983	1.668,5	290,3	414,8	42,3	24,9
1984	1.750,9	304,6	439,2	42,5	25,1
1985	1.823,2	320,1	460,0	42,8	25,2
1986	1.925,3	337,4	473,2	42,1	24,6
1987	1.990,5	350,6	491,4	42,3	24,7
1988	2.096,0	366,5	512,5	41,9	24,5
1989	2.224,4	383,2	560,1	42,4	25,2
1990	2.426,0	410,5	573,2	40,5	23,6
1991	2.938,0	478,23	658,92	39,6	22,4
1992	3.155,2	525,24	718,97	40,4	22,8
1993	3.235,4	557,41	742,14	41,1	22,9
1994	3.394,4	297,13	776,29	41,5	22,9
1995	3.523,0	626,42	792,82	41,3	22,5
1996	3.586,5	659,08	820,49	42,3	22,9
1997	3.666,5	680,64	828,64	42,2	22,6
1998	3.784,4	688,03	872,01	42,3	23,0
1999	3.877,2	694,48	936,00	43,1	24,1
2000	3.976,1	-	982,66	-	24,7

Bis 1990 Früheres Bundesgebiet

[1] Ab 1996 vorläufige Ergebnisse

Quelle: SVR (2000), Jahresgutachten 2000/2001 und ältere Jahrgänge.

Im internationalen Vergleich liegt die Steuerbelastung des BIP, die man als **volkswirtschaftliche Steuerquote** bezeichnet, mit knapp unter 22 Prozent sehr niedrig, wie man aus Tabelle 14.9 ersieht. Die Daten der Tabellen 14.8 und 14.9

differieren ein wenig, da sie nach unterschiedlichen Abgrenzungsmerkmalen (VGR und OECD) erhoben wurden.

Für die **Abgabenquote** – als Anteil der Steuern und Sozialbeiträge vom BIP – gilt ebenso, wie uns Tabelle 14.10 zeigt, dass sie im internationalen Vergleich eher niedrig ist. Im internationalen Vergleich müssen die nationalen Besonderheiten des Systems der sozialen Sicherung beachtet werden. In Ländern mit vorwiegend privater sozialer Vorsorge wie den USA z.B. liegt die Abgabenquote naturgemäß bedeutend niedriger.

Tabelle 14.9: *Volkswirtschaftliche Steuerquoten (in Prozent des BIP)*

	1985	1990	1995	1996	1997	1998[2]
Belgien	31,8	29,2	30,7	31,1	31,4	31,8
Dänemark	**47,2**	**47,2**	**49,8**	**50,6**	**47,9**	**47,8**
Deutschland[1]	*24,2*	*22,9*	*23,7*	*22,6*	*21,7*	*21,9*
Finnland	**33,7**	**35,5**	**33,4**	**35,8**	**34,8**	**35,1**
Frankreich	25,2	24,4	25,2	26,0	26,8	28,7
Griechenland	**22,6**	**25,9**	**28,2**	**28,1**	**23,1**	-
Großbritannien	30,8	30,3	29,3	29,8	29,3	31,0
Irland	**31,0**	**29,6**	**28,9**	**29,1**	**28,6**	**28,2**
Italien	22,6	26,3	28,2	28,5	29,6	30,7
Luxemburg	**34,4**	**31,5**	**32,3**	**32,8**	**34,7**	**33,5**
Niederlande	24,6	27,9	25,5	26,1	24,7	24,6
Österreich	**28,9**	**27,5**	**27,0**	**28,7**	**29,1**	**29,3**
Portugal	20,5	22,5	25,5	25,9	25,3	26,0
Schweden	**37,5**	**40,5**	**35,1**	**36,5**	**36,7**	**37,9**
Spanien	16,7	22,1	21,7	21,6	21,9	22,1
Norwegen	**34,3**	**30,8**	**31,8**	**31,5**	**33,1**	**33,4**
Schweiz	20,9	20,9	21,1	21,7	21,3	22,4
Kanada	**28,7**	**30,8**	**30,1**	**30,8**	**31,9**	-
USA	19,5	19,8	20,9	21,5	22,5	-
Japan	**19,3**	**22,2**	**18,1**	**18,1**	**18,2**	**17,8**

Nach den Abgrenzungsmerkmalen der OECD

[1] Bis 1990 Früheres Bundesgebiet
[2] Vorläufig

Quelle: BMF (2000), Finanzbericht 2001 und ältere Jahrgänge.

Die volkswirtschaftliche Steuerquote liefert zwar Informationen über das Niveau der Steuereinnahmen, sie gibt aber keine Hinweise auf die Struktur und Art und Weise der Belastung durch Steuern. Dazu ist es notwendig, nach Quellen zu differenzieren, aus denen die Mittel fließen. In den VGR unterscheidet man zwischen **indirekten Steuern** oder Kostensteuern, die dadurch gekennzeichnet sind, dass sie bei Produzenten erhoben werden und bei der Gewinnermittlung abzugsfähig sind, und **direkten Steuern**, die im Gegensatz dazu alle Steuern auf das Einkommen, das Vermögen und den privaten Verbrauch umfassen, die das Einkommen der Steuerzahler belasten.

Tabelle 14.10: *Abgabenquote im internationalen Vergleich (in Prozent des BIP)*

EU (15)	1970	1980	1990	1995	1996	1997	1998[2]
Belgien	35,7	44,4	45,1	46,0	46,0	46,0	46,3
Dänemark	**40,4**	**45,5**	**48,7**	**51,4**	**52,2**	**49,5**	**49,3**
Deutschland[1]	*32,9*	*38,2*	*36,7*	*39,2*	*38,1*	*37,2*	*37,1*
Finnland	**32,5**	**36,9**	**45,4**	**46,1**	**48,2**	**46,5**	**46,9**
Frankreich	35,1	41,7	43,7	44,5	45,7	45,1	45,2
Griechenland	**25,3**	**29,4**	**37,5**	**40,8**	**40,6**	**33,7**	**-**
Großbritannien	36,9	35,3	36,4	35,6	36,0	35,4	37,6
Irland	**29,7**	**32,4**	**35,3**	**33,8**	**33,7**	**32,8**	**32,3**
Italien	26,1	30,2	39,1	41,3	43,2	44,4	43,5
Luxemburg	**30,9**	**46,0**	**42,5**	**44,1**	**44,7**	**46,5**	**45,1**
Niederlande	37,0	45,0	44,6	43,8	43,3	41,9	41,1
Österreich	**35,7**	**41,2**	**41,3**	**42,3**	**44,0**	**44,3**	**44,3**
Portugal	23,1	28,7	31,0	34,9	34,9	34,2	34,9
Schweden	**39,8**	**48,8**	**55,6**	**49,5**	**52,0**	**51,9**	**53,0**
Spanien	16,9	24,1	34,4	34,0	33,7	33,7	34,2
Norwegen	**39,3**	**47,1**	**46,3**	**41,5**	**41,1**	**42,6**	**43,6**
Schweiz	23,8	30,8	31,5	33,5	34,7	33,8	34,8
Kanada	**31,3**	**31,6**	**36,5**	**36,0**	**36,8**	**36,8**	**-**
U.S.A.	29,2	29,3	29,4	27,9	28,5	29,7	-
Japan	**19,7**	**25,4**	**31,3**	**28,5**	**28,4**	**28,8**	**28,8**

Nach den Abgrenzungsmerkmalen der OECD

[1] Bis 1990 Früheres Bundesgebiet
[2] Vorläufig

Quelle: BMF (2000), Finanzbericht 2001 und ältere Jahrgänge.

Zu den direkten Steuern zählen somit die Lohnsteuer, die veranlagte Einkommen- und die Körperschaftsteuer, die Vermögen- und Grundsteuer sowie die Grunderwerbsteuer. Zu den indirekten Steuern dagegen die Umsatz- und Verbrauchsteuern. Ohne die diversen Verbrauchsteuern erbringen die aufgeführten Steuerarten mehr als 75 Prozent des gesamten Steueraufkommens.

In Tabelle 14.11 ist die Zusammensetzung der ertragreichsten Steuern für die Jahre 1980, 1990, 2000 und 2001 aufgeführt. Es ist ersichtlich, dass die zehn ertragreichsten Steuern schon etwa 90 Prozent des Steueraufkommens ausmachen, und dass die Bedeutung der Umsatzsteuer von 1980 auf 1990 und 2000 ganz beträchtlich zugenommen hat. Der Sprung der letzten Jahre erklärt sich allerdings aus der neuen Erfassung von Transaktionen innerhalb der EU nach Schaffung des Binnenmarktes.

Tabelle 14.11: *Zusammensetzung der Steuereinnahmen in Deutschland*

	1980		1990		2000[1]		2001[1]	
	Mrd. DM	%	Mrd. DM	%	Mrd. DM	%	Mrd. DM	%
Lohnsteuer	111,1	30,4	181,1	31,9	270,5	29,9	279,0	31,6
Umsatzsteuer	**40,6**	**11,1**	**84,6**	**14,9**	**228,1**	**25,2**	**230,1**	**26,1**
Mineralölsteuer	21,4	5,9	36,7	6,5	75,8	8,4	83,9	9,5
Gewerbesteuer	**27,1**	**7,4**	**38,8**	**6,8**	**52,2**	**5,8**	**53,2**	**6,0**
Einfuhrumsatzsteuer	40,6	11,1	70,0	12,3	48,9	5,4	58,4	6,6
Körperschaftsteuer	**11,3**	**3,1**	**30,1**	**5,3**	**45,6**	**5,0**	**40,5**	**4,6**
Tabaksteuer	6,5	1,8	18,3	3,2	21,9	2,4	23,3	2,6
Veranlagte Einkommensteuer	**36,8**	**10,1**	**36,5**	**6,4**	**19,8**	**2,2**	**19,2**	**2,2**
Nicht veranlagte Steuern vom Ertrag	4,2	1,2	10,8	1,9	18,7	2,1	21,8	2,5
Vermögensteuer	**4,7**	**1,3**	**6,3**	**1,1**	**0,2**	**0,0**	**0,4**	**0,0**
Grundsteuer A+B	5,8	1,6	8,7	1,5	17,4	1,9	18,1	2,1
Kraftfahrzeugsteuer	**6,6**	**1,8**	**8,4**	**1,5**	**11,9**	**1,3**	**15,1**	**1,7**
Zölle	4,6	1,3	7,2	1,3	6,0	0,7	6,1	0,7
Branntweinabgaben	**3,9**	**1,1**	**4,5**	**0,8**	**4,2**	**0,5**	**4,1**	**0,5**
Sonstige	39,8	10,9	25,0	4,4	83,2	9,2	29,4	3,3
Insgesamt	**365,0**	**100,0**	**567,0**	**100,0**	**904,4**	**100,0**	**882,6**	**100,0**

[1] Schätzung

Quelle: BMF (2000), Finanzbericht 2001 und ältere Jahrgänge.

Bei der Verteilung des Steueraufkommens auf die Gebietskörperschaften haben die Länder seit 1995 beträchtlich hinzugewonnen, wie Tabelle 14.12 verdeutlicht.

Tabelle 14.12: *Verteilung des Steueraufkommens in Deutschland (in Prozent)*

Jahr	Bund[(1)] [(2)]	Länder[(1)] [(2)] [(3)]	Gemeinden[(1)]	EU (EG)	LAF
1960	53,1	29,8	14,1	-	3,0
1970	54,2	32,7	12,0	-	1,0
1980	48,3	34,8	14,0	2,9	0,0
1985	47,2	35,3	14,1	3,5	-
1990	47,1	35,3	13,7	3,9	-
1991	48,0	34,4	12,8	4,8	-
1992	48,2	34,3	12,8	4,7	-
1993	47,5	34,8	12,8	4,9	-
1994	48,2	34,2	12,4	5,2	-
1995	45,0	38,5	11,7	4,9	-
1996	42,3	41,0	11,7	4,9	-
1997	41,5	41,2	12,1	5,2	-
1998	41,0	41,3	12,6	5,1	-
1999	42,5	40,6	12,4	4,7	-
2000[(4)]	42,8	40,3	12,3	4,6	-

Rechnerische Aufteilung

[(1)] Bis 1990 Früheres Bundesgebiet
[(2)] Nach Ergänzungszuweisungen (ab 1974)
[(3)] Ohne Gemeindesteuern der Stadtstaaten
[(4)] Schätzung

Quelle: BMF (2000), Finanzbericht 2001 und ältere Jahrgänge.

Für die Verteilung des Steueraufkommens ist insbesondere der Schlüssel für die Aufteilung der **Gemeinschaftssteuern** maßgebend. Die Ertragskompetenz liegt bei den "großen" Steuern mit Ausnahme der Einkommensteuer, der Zinsabschlagsteuer und der Gewerbesteuer ausschließlich beim Bund und den Ländern wie Tabelle 14.13 deutlich macht.

Für die Verteilung der Steuern ist auch von Bedeutung, dass zur Finanzierung des EU-Haushaltes das System der Finanzbeiträge der Mitgliedsstaaten stufenweise durch "eigene Einnahmen" der EU ersetzt wurde. Mittel, die früher dem Bund zustanden, werden unmittelbar an die EU abgeführt. Somit werden sie auch nicht mehr – wie Tabelle 14.12 zeigt – dem Bundeshaushalt zugerechnet. Von 1970 bis 2000 hat sich die Steueraufkommensverteilung um etwa 12 Prozentpunkte zu Ungunsten des Bundes verändert. Der Zuwachs ging mit etwa 5 Prozentpunkten an die EU und mit über 7 Prozentpunkten an die Länderhaushalte.

Tabelle 14.13: *Aufteilung der Gemeinschaftssteuern in Deutschland (in Prozent, Stand 1999 Soll)*

Steuerart	Vom Aufkommen erhalten		
	Bund	**Länder**	**Gemeinden**
Umsatzsteuer einschl. Einfuhrumsatzsteuer[1]	50,3	49,8	(2,2)
Zinsabschlagsteuer	**44,0**	**44,0**	**12,0**
Einkommensteuer einschl. Lohnsteuer	42,5	42,5	15,0
Nicht veranlagte Steuern vom Ertrag	**50,0**	**50,0**	-
Körperschaftsteuer	50,0	50,0	-
Gewerbesteuerumlage	**50,0**	**50,0**	-

[1] Der Bund erhält nach dem Gesetz zur Finanzierung eines zusätzlichen Bundeszuschusses zur gesetzlichen Rentenversicherung ab 1999 5,63 Prozent des Umsatzsteueraufkommens vorab. An dem danach verbleibenden Umsatzsteueraufkommen sind die Gemeinden vorab mit 2,2 Prozent beteiligt. Das danach verbleibende Umsatzsteueraufkommen steht dem Bund zu 50,25 Prozent und den Ländern zu 49,75 Prozent zu.

Quelle: BMF (2000), Finanzbericht 2001. BMF (1999), Unsere Steuern von A–Z.

Der EU stehen neben den in Deutschland erhobenen Zöllen auch die **Agrarabschöpfungen** zu und ferner **Mehrwertsteuer-Eigenmittel** in Höhe von 1,4 Prozent einer einheitlichen Bemessungsgrundlage. Seit 1988 ist der gesamte der EU zufließende Eigenmittelanteil auf 1,2 Prozent des BNE erhöht. Wie Tabelle 14.14 ausweist, sind 1993 bereits fast 23 Milliarden DM als deutsche Nettoleistungen in den Haushalt der EU geflossen. Die Nettoleistungen haben sich bis 1998 auf etwa 21 Milliarden DM verringert.

Tabelle 14.14: *Leistungen Deutschlands zum Haushalt der Europäischen Union (in Millionen DM)*

	1993	**1994**	**1995**	**1996**	**1997**	**1998**
Zahlungen Deutschlands an die EU [1]	37.008	41.023	39.876	39.665	41.586	40.647
Zahlungen der EU an Deutschland	14.057	14.840	14.760	18.856	19.579	20.029
Differenz	**22.951**	**26.183**	**25.116**	**20.809**	**22.007**	**20.618**

[1] Eigene Einnahmen der EU, z.B. Agrarabschöpfungen, Zölle, Mehrwertsteuer-Eigenmittel

Quelle: Statistisches Bundesamt (2000), Statistisches Jahrbuch 2000 für das Ausland.

Aus der Tabelle 14.11 war zu ersehen, dass die Einkommensteuer mit über 40 Prozent des gesamten Steueraufkommens 1990 den Löwenanteil des Steueraufkommens stellte und davon mit 31,9 Prozentpunkten die Lohnsteuer.

Mit der **Steuerreform** 1986, 1988 und 1990 sollte daher die Einkommensteuer-
belastung gesenkt werden. Kernstück der Steuerreform war der ab 1.1.1990 gültige
neue **Einkommensteuertarif**, der mit völlig neuem Profil das Ziel verfolgte, die
Einkommensteuer insgesamt zu senken und den Anstieg des steuerlichen Zugriffs
des Staates gleichmäßiger zu verteilen. Der deutsche Einkommensteuertarif ist
progressiv ausgestaltet. Das bedeutet, dass der **Grenzsteuersatz** mit wachsendem
Einkommen ansteigt. Der Grenzsteuersatz steht für die prozentuale steuerliche
Belastung des Mehrverdienstes. Im alten Tarif lag der maximale Grenzsteuersatz
bei 56 Prozent, und das bedeutet, dass von 100 DM Mehrverdienst dem Staat
maximal 56 DM Einkommensteuer zustanden. Im Tarif 1990 ist der maximale
Grenzsteuersatz auf 53 Prozent gesenkt worden. Damit knüpfte die Steuerreform
an die schon in den Jahren 1965 bis 1974 gültigen Rahmenbedingungen wieder an.
Gleichzeitig wurde der Eingangsgrenzsteuersatz von 22 auf 19 Prozent gesenkt
und die Zunahme der Grenzbelastung von 19 bis 53 Prozent gradlinig über den
gesamten Progressionsbereich verteilt. Hinzu kam eine Erhöhung des **Grundfreibetrages**, unterhalb dessen keine Einkommensteuer anfällt, von 4752 DM auf
5615 DM.

In Deutschland sind 84 Prozent der Unternehmen Einzelunternehmen oder
Personengesellschaften, deren Gewinne bei den Inhabern der Einkommensteuer
unterliegen. Somit sollte neben den Entlastungen im Lohnsteuerbereich der neue
Progressionsverlauf auch den **Mittelstandsbauch** des Tarifs abspecken und damit
die Eigenkapitalbildung und Investitionskraft gerade der mittelständischen
Unternehmungen stärken.

In Abbildung 14.2 ist der ab 1990 gültige Einkommensteuertarif dem alten Tarif
gegenübergestellt.

Abbildung 14.2:   *Grenzsatztarif 1986 und 1990 in Deutschland*

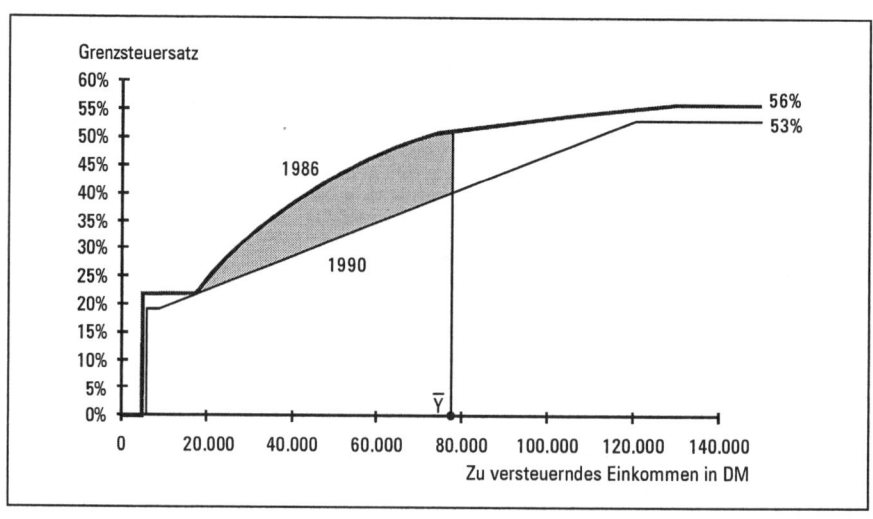

Die vier Entlastungsmerkmale

* höherer Grundfreibetrag,

* niedrigerer Eingangssteuersatz,

* abgeflachter geradliniger Progressionsverlauf und

* niedrigerer Spitzensteuersatz

führten in der Summe zu einer beträchtlichen Entlastung.

Graphisch ist die Entlastung gerade die Fläche zwischen beiden Grenzsatztarifen. Für ein zu versteuerndes Einkommen $\overline{Y}$, das sich aus der Summe aller Einkünfte (Bruttoeinkommen) abzüglich der Werbungskosten, Sonderausgaben, außergewöhnlichen Belastungen und sonstigen Abzugsposten ergibt, stellt die Entlastung der Steuerreform somit die schraffierte Fläche zwischen den beiden Tarifen 1986 und 1990 bis zum Einkommen $\overline{Y}$ dar. Man sieht, dass die Steuerreform keine maximale Entlastung vorsah. Denn da der Spitzensteuersatz für zu versteuernde Einkommen ab 120.042 DM mit 53 Prozent immer niedriger als 56 Prozent im alten Tarif bleibt, stellt diese Differenz für alle hohen Einkommen die minimale marginale Entlastung dar.

Mit der Absenkung des Spitzensteuersatzes folgte man in Deutschland einem internationalen Trend zu niedrigeren Spitzensteuersätzen. So wurde zum Beispiel in den USA in den achtziger Jahren ein Steuerpaket geschnürt, welches den Einkommensteuerspitzensatz auf 28 Prozent und den Spitzensteuersatz der Körperschaftsteuer auf 34 Prozent verminderte.

Das deutsche Einkommensteuerrecht unterscheidet sich aber auch weiterhin von anderen durch die Möglichkeit der Wahl einer **Splitting-Besteuerung**. Das heißt, dass nicht das individuelle Einkommen eines Steuerzahlers, sondern das Haushaltseinkommen zweier verheirateter Verdiener als Bemessungsgrundlage herangezogen werden kann. Auf das halbe Familieneinkommen ist die doppelte Einkommensteuer zu zahlen. Unterscheiden sich die zu versteuernden Einkommen beider Ehepartner, so gibt es beim Splitting aufgrund der Progression im deutschen Tarifverlauf eine Steuerersparnis.

Nach einem im Jahre 1992 ergangenen Verfassungsgerichtsurteil berücksichtigte aber auch der Tarif 1990 nicht ausreichend, dass ein sogenanntes **Existenzminimum** vor allem bei Familien mit Kindern von der Einkommensteuer frei bleibt. Das hat dazu geführt, dass ab 1.1.1996 ein neuer Einkommensteuertarif 1996 den verfassungsgerichtlich vorgegebenen Rahmen umsetzte.

Die Abbildung 14.3 macht deutlich, dass die Anhebung des Grundfreibetrages von 5615 auf 12095 DM das Existenzminimum (um dessen Festlegung parlamentarisch erbittert gerungen wurde) von der Steuer freistellte. Da dieser Vorteil sich aber nicht durch den gesamten Tarif fortpflanzen sollte, wurde der Eingangsgrenzsteuersatz von 19 auf 25,9 Prozent angehoben und in den linearen Verlauf der Grenzsteuerkurve bei einem Einkommen von 55728 DM eine **Knickstelle** eingebaut. Damit war ab dieser Knickstelle K der Vorteil des höheren Grundfreibetrages wieder abgebaut. Mit der gleichen Logik wie in Abbildung 14.2 die Entlastungswirkung verdeutlicht werden kann, ersieht man daraus, dass die beiden schraffierten Flächen (Entlastung und Zusatzbelastung) in Abb. 14.3 sich entsprechen müssen.

Abbildung 14.3: *Grenzsatztarif 1990 und 1996 in Deutschland*

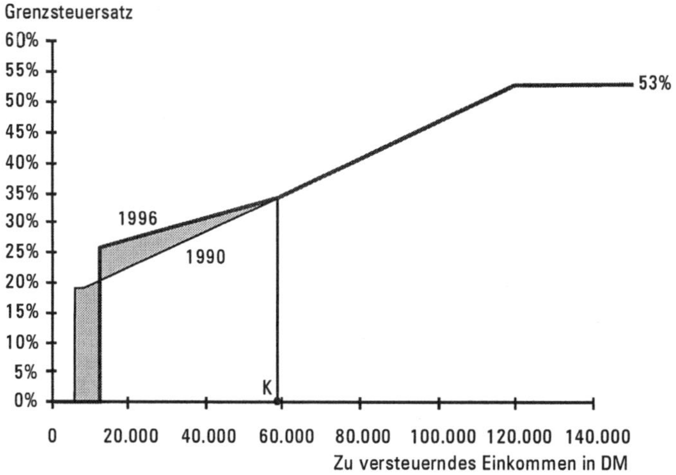

Der Spitzensteuersatz blieb bei dieser 96er Tarifkorrektur unverändert bei 53 Prozent.

Schon bei seiner Einführung 1996 war klar, dass diesem Konstrukt kein langes Leben beschieden sein würde. Dass in dem "sensiblen" Bereich der steuerlichen Eingangseinkommen über 12 Tausend DM der marginale Eingangssteuersatz um nahezu 7 Prozentpunkte erhöht wurde, war durch keinerlei ökonomische Weisheit erklärbar, sondern nur durch den Versuch, steuertariflich den Entlastungsvorteil der Anhebung des Grundfreibetrages möglichst "schnell" wieder rückgängig zu machen. Das war die Rechtfertigung für die Knickstelle K. Denn ab K blieb alles so, wie es war.

Insofern ist mit der **Steuerreform 2000**, die am 6. Juli 2000 vom Deutschen Bundestag mit dem Steuersenkungsgesetz (StSenkG) verabschiedet wurde, eine Senkung des Eingangssteuersatzes auf 19,9 Prozent im Jahr 2001 beschlossen worden. Die Steuerreform umfasst des Weiteren eine Senkung dieses Steuersatzes bis auf 15 Prozent im Jahr 2005. Darüber hinaus wird auch der Grundfreibetrag schrittweise weiter angehoben, und zwar bis 15000 DM im Jahr 2005. Als weitere Entlastung der Steuerpflichtigen wurde die stufenweise Senkung des Höchststeuersatzes von 53 Prozent im Jahr 1998 auf 48,5 Prozent in 2001 bis auf 42 Prozent in 2005 festgelegt. Allerdings wird im Jahr 2005 dieser Spitzensteuersatz „schon" ab einem zu versteuernden Einkommen von ca. 102000 DM greifen.

Abbildung 14.4: *Grenzsatztarif 1998 und der beschlossene Grenzsatztarif für 2005 in Deutschland*

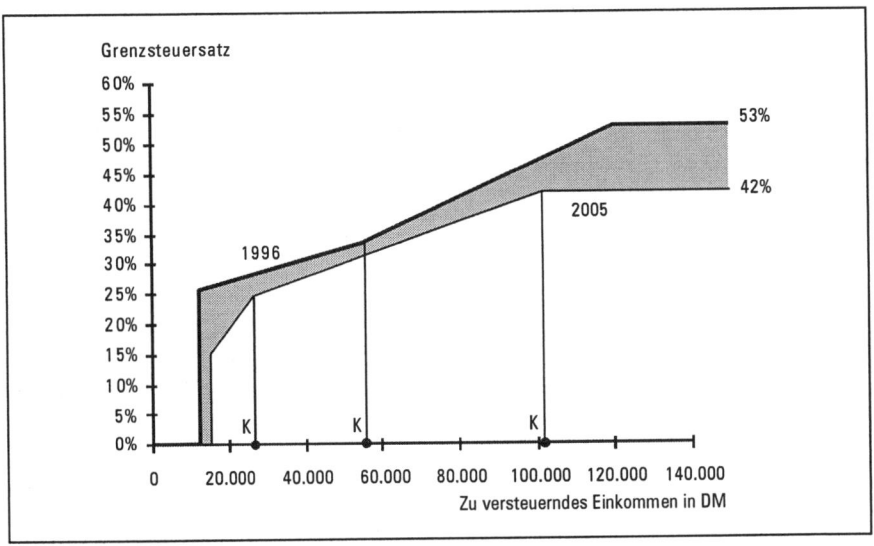

Aber auch der 2005er Tarif wird wieder eine Knickstelle haben. Um die Steuerausfälle zu begrenzen, wird der Grenzsteuersatz im Einkommensintervall von 15000 DM bis knapp 25000 DM wesentlich schneller steigen als von 25000 DM bis 102000 DM, d.h. die Grenzsteuersatzkurve des erstgenannten Intervalls ist steiler als die des letztgenannten. Die durch die schraffierte Fläche in Abb. 14.4 dargestellte Entlastungswirkung durch den für 2005 beschlossenen Tarif gegenüber dem Tarif von 1998 ist somit geringer als wenn es nur eine lineare Zone als Grenzsatztarif zwischen dem Eingangsgrenzsteuersatz von 15 Prozent und dem Spitzengrenzsatz von 42 Prozent geben würde.

Für die Unternehmen, die keine Personenunternehmen sind und damit der Körperschaftsteuerpflicht unterliegen, bietet die Steuerreform 2000 ebenfalls eine Entlastung. Diese äußert sich dadurch, dass der Körperschaftsteuersatz von ursprünglich 40 Prozent auf einbehaltene Gewinne bzw. 30 Prozent auf ausgeschüttete Gewinne auf einen einheitlichen Steuersatz von 25 Prozent ab 2001 gesenkt wurde.

Zur Gegenfinanzierung der Steuerentlastungen sind Maßnahmen zur Verbreiterung der Steuerbemessungsgrundlagen und hierbei insbesondere Verschlechterungen bei den steuerlichen Abschreibungsmöglichkeiten zur Berechnung der Unternehmensgewinne vorgesehen.

Resümee: Staatseinnahmen umfassen alle die den öffentlichen Körperschaften (inklusive Sozialversicherung) zu leistenden Abgaben. Bei den Gebietskörperschaften stellen die Steuern den Löwenanteil aller Einnahmen dar. Unter diesen ist die Einkommensteuer am ergiebigsten. Die Steuerreform der Jahre 1986, 88, 90 und 2000 zielte insbesondere auf die einkommenssteuerliche Entlastung ab. Mit der Reform 1996 wurde die steuerliche Freistellung des Existenzminimums berücksichtigt. Insgesamt wurden im Grenzsatz der Einkommensteuer die Spitzen- und Eingangssteuern gesenkt und die Progression auf lineare Verläufe reduziert. Der Grundfreibetrag wurde seit dem Urteil des Bundesverfassungsgerichts von 1992 wesentlich erhöht und wird weiterhin kontinuierlich angepasst.

Schlüsselwörter: Staatseinnahmen, Finanzierungssaldo, Zwangsabgaben, Steuern, Ökosteuern, Gebühren, Beiträge, Volkswirtschaftliche Steuerquote, Abgabenquote, Indirekte Steuern, Direkte Steuern, Gemeinschaftssteuern, Agrarabschöpfungen, Mehrwertsteuer-Eigenmittel, Steuerreform, Einkommensteuertarif, Progressiver Tarif, Grenzsteuersatz, Grundfreibetrag, Mittelstandsbauch, Splitting, Existenzminimum, Knickstelle, Steuerreform 2000.

5. Staatsverschuldung

Wie entstehen Staatsschulden? Wie verteilen sie sich auf öffentliche Schuldner, und wie sind sie zu beurteilen?

Den **Finanzierungssaldo (FS)** stellt die Differenz zwischen Ausgaben und Einnahmen dar. Der kumulierte Finanzierungssaldo ergibt somit die Verschuldung oder den **Schuldenstand** eines öffentlichen Haushalts. Wir sprechen von **Staatsverschuldung**, wenn über die Schulden aller öffentlichen Haushalte summiert wird. In der einem Haushaltsplan eines öffentlichen Haushalts beigefügten **Finanzierungsübersicht** ist die sogenannte **Nettokreditaufnahme (NKA)** die eigentliche Maßzahl für die Finanzierungslücke eines Haushalts. Beim Bundeshaushalt sind beide Größen nicht identisch, da gemäß dem **Münzregal** dem Bundeshaushalt die Einnahmen aus der Münzprägung zufallen.

In der Tabelle 14.15 sind die Finanzierungssalden der Gebietskörperschaften aufgeführt.

Die Geldschöpfung des Fiskus lag viele Jahre etwa bei 0,5 bis 0,8 Milliarden DM. Nur in 1990, dem Jahr der deutschen Einheit, waren infolge der deutsch-deutschen Wirtschafts-, Währungs- und Sozialunion vom 1. Juli die Münzeinnahmen des Bundes mit 1,56 Milliarden DM beträchtlich höher. Bis zum Start der Europäischen Währungsunion am 1. Januar 1999 verfügte die Deutsche Bundesbank über das Monopol zur Notenemission. Seitdem hat die Europäische Zentralbank (EZB) das alleinige Recht, die Ausgabe von Banknoten innerhalb der Gemeinschaft zu Genehmigen. Zur Notenemission berechtigt sind die EZB und die nationalen

Zentralbanken. Das Münzregal verbleibt weiterhin bei den Regierungen der Mitgliedstaaten. Das jeweilige Ausgabevolumen muss jedoch von der EZB genehmigt werden.

Tabelle 14.15: *Finanzierungssalden nach Körperschaften in Deutschland (in Milliarden DM)*

	1985	1990	1995	1997	1998[3]	1999[3]
Bund[1]						
Einnahmen	236,7	290,5	439,3	416,8	439,5	470,0
Ausgaben	259,4	311,4	489,9	480,3	496,0	521,5
Finanzierungssaldo	22,7	20,9	50,6	63,5	56,5	51,5
Länder-West						
Einnahmen	226,2	280,2	338,6	349,5	360,5	371,5
Ausgaben	243,3	299,6	370,2	376,6	381,0	385,0
Finanzierungssaldo	17,1	19,4	31,6	27,1	20,5	13,5
Gemeinden-West						
Einnahmen	163,6	205,8	225,6	222,9	232,5	237,5
Ausgaben	162,9	209,9	237,9	226,9	226,5	232,0
Finanzierungssaldo	-0,7	4,1	12,3	4,0	-6,0	-5,5
Länder-Ost						
Einnahmen	---	---	88,4	94,3	96,0	97,5
Ausgaben	---	---	101,5	105,2	103,5	103,5
Finanzierungssaldo	---	---	13,1	10,9	7,5	6,0
Gemeinden-Ost						
Einnahmen	---	---	58,7	52,6	52,0	51,0
Ausgaben	---	---	60,8	54,2	52,5	51,5
Finanzierungssaldo	---	---	2,1	1,6	0,5	0,5
Gebietskörperschaften[2]						
Einnahmen	565,0	703,1	1.026,1	1.015,0	1.074,0	1.106,5
Ausgaben	604,3	749,4	1.136,1	1.109,4	1.128,5	1.161,5
Finanzierungssaldo	39,3	46,3	110,0	94,4	54,5	55,0

[1] Einschließlich Gewinnabführung der Bundesbank (bis 1994 in voller Höhe und ab 1995 nur bis zu dem im Haushalt veranschlagten Betrag von 7 Mrd. DM)
[2] Einschließlich Nebenhaushalte
[3] Teilweise Schätzungen

Quelle: Deutsche Bundesbank (2001), Monatsbericht Januar 2001 und ältere Monatsberichte.

Auch die Abführungen von Anteilen am Bundesbank- und Bundespostgewinn an den Bundeshaushalt, die seit 1982 jährlich bis zu 15 Milliarden DM ausmachen, können nicht zur Finanzierung des Finanzierungssaldos verwandt werden. Sie stecken schon in der Einnahmenseite unter der Rubrik **Einnahmen aus wirtschaftlicher Tätigkeit.**

Der Bundeshaushalt, und für alle anderen öffentlichen Haushalte gilt dies ebenso, kann also nicht über die Notenpresse finanziert werden, wie das in anderen europäischen Ländern wie z.B. in Italien in bestimmtem Umfang möglich ist.

Für die Belastung der Kapitalmärkte ist die Summe der Finanzierungssalden aller öffentlichen Körperschaften einschließlich der Sozialversicherungen die entscheidende Maßzahl. Da die Sozialversicherung in den achtziger Jahren Überschüsse aufwies, war die Belastung der Kapitalmärkte durch Kreditaufnahme der öffentlichen Haushalte immer etwas geringer, als die Summe der Finanzierungssalden aller Gebietskörperschaften anzeigt. Auch die Einnahmen des Bundes aus dem Münzregal müssen abgezogen werden, wenn die Kapitalmarktbelastung ermittelt werden soll.

Der Schuldenstand von Bund, Ländern, Gemeinden und der Sondervermögen (eine schöne Umschreibung für "Schulden") erhöht sich Jahr für Jahr im Ausmaß der Nettokreditaufnahme (NKA) der Gebietskörperschaften und Sondervermögen. Summiert man beginnend mit der Währungsunion vom 21. Juni 1948 über alle Jahre die jährliche NKA, so haben Ende 1989 die Gebietskörperschaften und das Sondervermögen des **European Recovery Program (ERP)** – ein Relikt der amerikanischen Nachkriegsförderung durch den Marshall-Plan – einen Schuldenberg von insgesamt 929 Milliarden DM aufgehäuft. Daran war der Bund mit etwas mehr als der Hälfte, die Länder mit etwa einem Drittel und die Gemeinden mit den verbleibenden 13 Prozent beteiligt.

In 1990 gab es einen sprunghaften Zuwachs in Höhe von 138 Milliarden DM. Hier machte sich das erste Mal die Finanzierung der deutschen Einheit bemerkbar. Der Zuwachs beim Bund fiel mit über 50 Milliarden DM sehr groß aus, und auch bei den Ländern war der Anstieg um 18 Milliarden DM überproportional. Hinzu kamen aber noch die Übernahme von DDR-Regierungsschulden in den sogenannten **Kreditabwicklungsfonds (KAF)**, die Einrichtung eines neuen **Fonds "Deutsche Einheit"**, sowie die Schulden, die über die **Treuhandanstalt (THA)** entstanden. Anfang 1995 sind die Schulden des KAF und der THA auf den neu gegründeten **Erblastentilgungsfonds** übergegangen.

In Tabelle 14.16 ist die Entwicklung der Staatsverschuldung wiedergegeben. Man sieht, dass 1990 die Billionengrenze und 1996 die Zwei-Billionengrenze überschritten wurden. Dass damit in sechs Jahren die Staatsverschuldung um eine Billion DM zugenommen und sich somit verdoppelt hat, liegt natürlich an dem besonderen Umstand, dass in Deutschland Nettotransfers von West nach Ost im gleichen Zeitraum von nahezu gleicher Höhe angefallen sind.

Tabelle 14.16: *Verschuldung der öffentlichen Haushalte in Deutschland (inkl. der Treuhandanstalt, in Milliarden DM)*

	1989	1990	1991	1995[1]	1997	1998	1999[2]	2000[3]
Bund	490,5	542,2	586,5	756,8	905,7	958,0	1.399,6	1.403,0
Länder (West)	309,9	328,8	347,4	442,5	505,3	525,4	537,4	554,1
Länder (Ost)			4,9	69,2	90,2	98,2	104,3	109,2
Gemeinden (West)	121,4	125,6	132,1	157,3	160,2	159,0	159,8	160,8
Gemeinden (Ost)			8,6	36,8	38,7	39,9	40,6	40,8
Bundeseisenbahn-vermögen				78,4	77,3	77,2		
Ausgleichsfonds Steinkohleneinsatz				2,2	3,3	4,0		
ERP-Sondervermögen	7,1	9,5	16,4	34,2	33,7	34,2	31,4	36,0
Fonds „Deutsche Einheit"		19,8	50,5	87,1	79,7	79,4	78,6	79,6
Kreditabwicklungs-fonds		27,6	27,5					
Treuhandanstalt		14,1	39,4					
Erblastentilgungs-fonds				328,9	322,0	305,0		
Gesamt	928,8	1.067,6	1.213,3	1.993,4	2.216,1	2.280,3	2.351,7	2.383,5

[1] Anfang 1995 sind die Schulden des Kreditabwicklungsfonds und der Treuhandanstalt auf den Erblasten-tilgungsfonds übergegangen
[2] Zum 1. Juli 1999 erfolgte eine Übernahme der Schulden des Erblastentilgungsfonds, des Bundes-eisenbahnvermögens sowie des Ausgleichsfonds „Steinkohleeinsatz" durch den Bund
[3] Stand Ende Dezember 2000, teilweise geschätzt

Quelle: Deutsche Bundesbank (2001), Monatsbericht Februar 2001 und ältere Monatsberichte.

Trotz dieser beträchtlichen, unvorhergesehenen und außergewöhnlichen Schulden-standsentwicklung nimmt Deutschland, wie man aus der Tabelle 14.17 erkennt, im internationalen Vergleich der Staatsverschuldung immer noch einen relativ guten Platz ein, wenn man, was ökonomisch sinnvoll ist, den Schuldenstand auf das BIP eines Jahres bezieht.

Die **Schuldenquote** ist durch den vereinigungsbedingten Staatsschuldenzuwachs von einer Billion DM in sechs Jahren zwar gewachsen, aber nur knapp über den Grenzwert von 60 Prozent des Maastrichter-Vertrages.

Tabelle 14.17: *Staatsverschuldung (in Prozent des BIP)*

	1980	1985	1990	1995	1998	1999	2000
Belgien	78,2	120,2	124,7	129,8	117,4	114,4	110,0
Dänemark	**44,7**	**74,9**	**57,7**	**69,3**	**55,6**	**52,6**	**49,3**
Deutschland[(1)]	*31,5*	*41,5*	*43,8*	*57,0*	*60,7*	*61,0*	*60,7*
Finnland	**14,1**	**16,3**	**14,3**	**56,6**	**49,0**	**47,1**	**42,6**
Frankreich	30,9	38,6	34,8	51,9	59,3	58,6	58,2
Griechenland	**22,9**	**47,8**	**89,0**	**108,7**	**105,4**	**104,4**	**103,7**
Großbritannien	54,0	59,4	35,0	52,0	48,4	46,0	42,4
Irland	**72,7**	**104,6**	**92,6**	**80,8**	**55,6**	**52,4**	**45,2**
Italien	58,1	83,0	97,3	123,2	116,3	114,9	110,8
Luxemburg	**12,5**	**13,0**	**4,5**	**5,6**	**6,4**	**6,2**	**5,8**
Niederlande	46,9	71,5	75,6	75,5	67,0	63,6	58,7
Österreich	**37,3**	**49,8**	**56,8**	**68,0**	**63,5**	**64,5**	**64,0**
Portugal	32,8	57,0	64,2	64,7	56,5	56,7	57,0
Schweden	**44,3**	**66,7**	**42,1**	**76,6**	**72,4**	**65,5**	**61,3**
Spanien	18,3	50,8	43,2	63,2	64,9	63,5	62,3
Norwegen	47,6	34,6	32,4	41,1	33,7	34,6	32,0
Kanada	**44,0**	**63,1**	**74,5**	**101,4**	**97,0**	**93,0**	**85,1**
USA	37,0	49,4	66,6	74,5	68,6	65,1	60,2
Japan	**51,2**	**64,2**	**61,5**	**76,2**	**97,4**	**105,3**	**112,8**

Nach den Abgrenzungsmerkmalen der OECD

[(1)] Bis 1990 Früheres Bundesgebiet.

Quelle: BMF (2000), Finanzbericht 2001.

Kann der Staat sich unbegrenzt verschulden? In Deutschland kann er das nicht. Nach Artikel 115 GG ist die Neuverschuldung des Bundes in der jährlichen Höhe durch die Ausgaben für Investitionen begrenzt. Die meisten Länderverfassungen enthalten eine vergleichbare Regelung. Dieser **Schuldendeckel** verschließt den Schuldentopf aber nur formal, denn "Ausnahmen sind ... zulässig zur Abwehr einer Störung des gesamtwirtschaftlichen Gleichgewichts" (Artikel 115 GG Abs. 1, Satz 2).

Dass gesamtwirtschaftliche Gleichgewichte aber nicht die ökonomische Tagesordnung bestimmen, dürfte unstrittig sein. Somit muss man sich die Frage stellen, wozu es diesen Artikel überhaupt gibt, wenn er doch nie greift.

In der Abbildung 14.5 sind für den Zeitraum 1963-2000 die "Ausgaben für Investitionen" den "Einnahmen aus Krediten" gegenübergestellt. Dabei wurden die in der Finanzstatistik ausgewiesenen **investiven Ausgaben** und bei den Krediteinnahmen die NKA herangezogen. Es zeigt sich, dass bis auf wenige Jahre – es sind die Jahre

1975-76, 1981-83, 1988, 1990 und 1993 sowie 1996 und 1997 – die Ausgaben für Investitionen die Einnahmen aus Krediten übersteigen. Es wird aber auch deutlich, dass dies anders aussähe, wenn die Gewinnabführung der Bundesbank an den Bundeshaushalt nicht zu den laufenden Einnahmen zählte, sondern den Finanzierungssaldo und damit die NKA vergrößerte.

Abbildung 14.5: *Verschuldungsgrenze in Deutschland nach Artikel 115 GG*

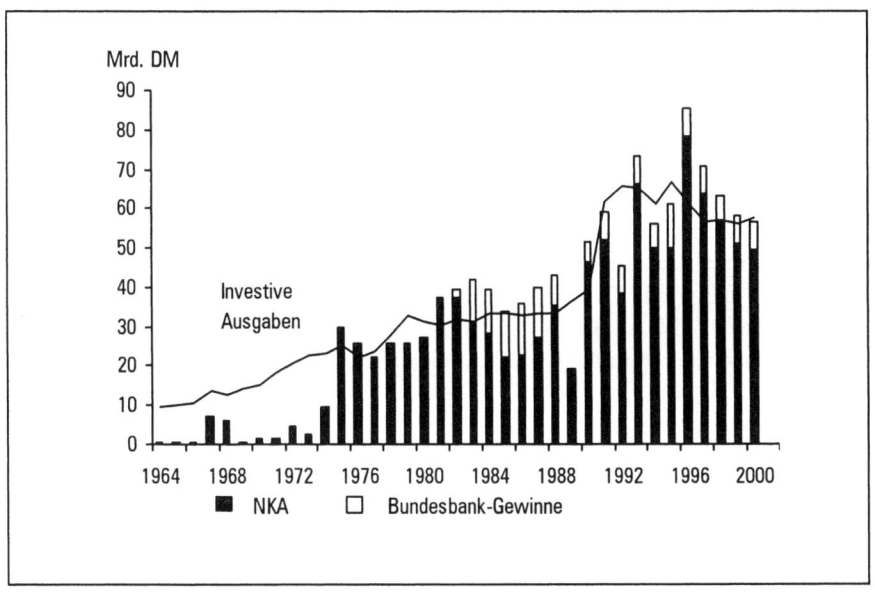

Quelle: BMF (2000), Finanzbericht 2001 und ältere Ausgaben.

Ob Staatsverschuldung eine Last oder eine ökonomische Notwendigkeit darstellt, darüber herrscht auch unter Fachleuten keine einheitliche Meinung. Zur Rechtfertigung der **Kreditfinanzierung** öffentlicher Defizite wird ins Feld geführt, dass sie im Gegensatz zur alternativen **Steuerfinanzierung** ein **intertemporales Äquivalenzprinzip** durchzusetzen vermag. Am Beispiel der Finanzierung von Ausgaben in den neuen deutschen Bundesländern würde es darin bestehen, dass eine Kreditfinanzierung auch die Nutznießer von Infrastrukturprogrammen in den neuen Bundesländern später an den Kosten beteiligen kann. Dann nämlich, wenn in Zeiten der wirtschaftlichen Erholung durch Steuererhöhungen die temporär erhöhte Staatsverschuldung wieder zurückgefahren wird. Bei einer Steuerfinanzierung hingegen fallen die Kosten zeitgleich mit den Ausgaben an und werden sofort verteilt. Steuerzahler und Nutznießer der staatlichen Ausgaben sind nicht identisch. Denn immer noch sind die Steuerzahler weitgehend die alten Bundesländer.

Gegen die Kreditfinanzierung wird ins Feld geführt, dass eine erhöhte Kapitalmarktnachfrage des Staates private Investitionen verdrängt und damit c.p. eine

intertemporale Last darstellt, da der zukünftige Kapitalstock geringer ist. Dieses Argument setzt aber auf der anderen Seite voraus, dass eine Steuerfinanzierung vorwiegend Konsumnachfrage verdrängt.

Resümee: Die Staatsverschuldung ist ein wichtiges Instrument staatlicher Wirtschaftspolitik. Ob es jedoch immer zielgerichtet eingesetzt wird, ist fraglich. Es gibt grundgesetzliche Verschuldungsgrenzen nach Artikel 115 GG. Gegenüber der Steuerfinanzierung hat die Staatsverschuldung in einem demokratischen Gemeinwesen den Vorteil, durch freiwillige Zahlungsbereitschaft der Bürger und nicht durch Zwangsabgaben die öffentlichen Defizite finanzieren zu können. Schuldenfinanzierung verringert c.p. den Kapitalstock und ist damit jedoch eine Last für die Zukunft.

Schlüsselwörter: Finanzierungssaldo, Schuldenstand, Staatsverschuldung, Finanzierungsübersicht, Nettokreditaufnahme, Münzregal, Geldschöpfung, Notenmonopol, Einnahmen aus wirtschaftlicher Tätigkeit, European Recovery Program (ERP), Marshall-Plan, Kreditabwicklungsfonds (KAF), Fonds "Deutsche Einheit", Treuhandanstalt (THA), Erblastentilgungsfonds, Schuldenquote, Schuldendeckel, Investive Ausgaben, Intertemporales Äquivalenzprinzip.

6. Schlussbemerkung

In Deutschland versteht man unter dem Begriff **Staat** nicht nur den Bund, sondern auch die sechzehn Bundesländer und die Gemeinden, und in der Abgrenzung der VGR sogar auch noch die Sozialversicherung. Für den volkswirtschaftlichen Güter- und Geldkreislauf sind die Haushalte von Bund und Ländern von besonderer Bedeutung.

Nach Artikel 109 GG Absatz 1 sind Bund und Länder in ihrer Haushaltswirtschaft selbständig und voneinander unabhängig. Sie sind also selbst verantwortlich für die Planung, Ausführung und Kontrolle ihrer Haushalte.

Bundes- wie Länderhaushalte bekommen Rechtsgültigkeit durch die Feststellung des Haushaltsplans im **Haushaltsgesetz.** In der Regel soll ein Haushaltsplan vor Beginn des Haushaltsjahres durch ein Haushaltsgesetz festgestellt werden. Kann bis zum Schluss eines **Haushaltsjahres** der Haushaltsplan für das folgende Jahr nicht durch Gesetz festgestellt werden, so ist nach Artikel 111 GG "die Bundesregierung ermächtigt, alle Ausgaben zu leisten, die nötig sind,

a) um gesetzlich bestehende Einrichtungen zu erhalten und gesetzlich beschlossene Maßnahmen durchzuführen,

b) um die rechtlich begründeten Verpflichtungen des Bundes zu erfüllen,

c) um Bauten, Beschaffungen und sonstige Leistungen festzusetzen oder Beihilfen für diese Zwecke weiter zu gewähren, sofern durch den Haushaltsplan eines Vorjahres bereits Beträge bewilligt sind."

Dazu darf, wie in Artikel 111 GG weiter ausgeführt wird, "die Bundesregierung die zur Aufrechterhaltung der Wirtschaftsführung erforderlichen Mittel bis zur Höhe eines Viertels der Endsumme des abgelaufenen Haushaltsplanes im Wege des Kredits flüssig machen."

Treten während eines Haushaltsjahres Umstände ein, die Eingriffe in den planmäßigen Haushaltsvollzug nötig machen, so können nach § 37 BHO über- und **außerplanmäßige Ausgaben** getätigt werden. Diese bedürfen der Zustimmung des Finanzministers und müssen in Form eines **Nachtragshaushaltes** nach § 33 BHO bis zum Ende des Haushaltsjahres eingebracht werden. Im Jahre 1990, dem ersten gesamtdeutschen Haushaltsjahr, sind insgesamt drei Nachtragshaushalte eingebracht worden.

Nach § 1 BHO kann der Haushaltsplan, nach Jahren getrennt, auch wahlweise für ein oder zwei Rechnungsjahre durch ein Haushaltsgesetz festgestellt werden. Sogenannte **Doppelhaushalte** gibt es bei einzelnen Bundesländern wie dem Freistaat Bayern. Die in der BHO festgelegten allgemeinen Vorschriften zum Haushaltsplan wie auch die Bestimmungen zur Aufstellung und zur Ausführung des Haushaltsplanes gelten in den Ländern sinngemäß und sind in den Haushaltsordnungen der Länder enthalten. Im Haushaltsgrundsätzegesetz (HGrG) sind die diesbezüglichen Grundsätze des Haushaltsrechts des Bundes und der Länder in sechzig Paragraphen fixiert.

Fragen und Aufgaben zum 14. Kapitel

1. Was versteht man unter: Gemeinschaftsaufgaben, Funktionen eines Haushalts, Haushaltsplan, Finanzplan, Budgetzyklus, Finanzierungssaldo, Nettokreditaufnahme.

2. Welche staatlichen Ebenen gibt es, und welche Aufgaben fallen ihnen zu? Was bedeutet in diesem Zusammenhang der Grundsatz der Subsidiarität? Beschreiben Sie in diesem Kontext die neben den drei nationalen Ebenen immer mehr an Bedeutung gewinnende vierte Ebene der EU.

3. Beschreiben Sie die wichtigsten Einnahmequellen und Ausgabenblöcke des Bundeshaushaltes?

4. Was versteht man unter dem horizontalen und dem vertikalen Finanzausgleich?

5. Wie unterscheiden sich Finanzhoheit, Ertragshoheit und Gesetzgebungskompetenz?

6. Welche Bedeutung hat das StWG für den Staatshaushalt?

7. Diskutieren Sie Inhalt und empirische Relevanz des WAGNERschen Gesetzes.

8. Wie unterscheiden sich direkte und indirekte Steuern? Diskutieren Sie die
    Inhalte und Auswirkungen der Steuerreformen in Deutschland in den 80er
    und 90er Jahren. Diskutieren Sie in diesem Zusammenhang die Bedeutung
    des Grenzsteuersatzes im deutschen Einkommensteuertarif.

9. Diskutieren Sie die Bedeutung des Artikels 115 GG für den Bundeshaushalt?

10. *Aufgabe:

    Welche gesamtwirtschaftlichen Gründe sprechen für Kredit- oder Steuerfi-
    nanzierung von Haushaltsdefiziten?

Literatur zum 14. Kapitel

Die zentralen Gesetze der Finanzverfassung und Haushaltsgesetzgebung sind

Bundeshaushaltsordnung (BHO) vom 19. August 1969, BGBl I, S. 1284. Zuletzt
geändert durch das Gesetz zur Änderung der BHO vom 22. Dezember 1997
(BGBl I, S. 3251).

Bundeshaushaltsplan für das Haushaltsjahr 1999. Zwei Bände. Bonn.

Gesetz über den Bundesrechnungshof (Bundesrechnungshofgesetz - BRHG)
vom 11. Juli 1985, BGBl I, S. 1445.

Gesetz über die Grundsätze des Haushaltsrechts des Bundes und der Länder
(Haushaltsgrundsätzegesetz - HGrG) vom 19. August 1969, BGBl I, S. 1273.
Zuletzt geändert durch das Gesetz zur Änderung des HGrG vom 22. Dezember
1997 (BGBl I, S. 3251).

Gesetz zur Förderung der Stabilität und des Wachstums der Wirtschaft
(StWG) vom 8. Juni 1967, BGBl I, S. 582. Zuletzt geändert durch Art. 25 Zuständigkeitsanpassungsgesetz vom 18. März 1975 (BGBl I, S. 705).

Grundgesetz für die BR Deutschland. BGBl I 1949, S. 1. In der Fassung des und
46. Gesetzes zur Änderung des Grundgesetzes vom 16. Juli 1998 (BGBl I, S.
1822).

Grundlegende Studien zu wichtigen Aspekten der Haushaltsplanung, der Besteuerung und der Finanzverfassung finden sich bei

Mennel, Annemarie. Steuern in Europa, Amerika und Asien. Lose-Blatt-
Sammlung. Zwei Bände. Verlag Neue Wirtschafts-Briefe. Herne u.a.O.

Neumark, Fritz. Theorie und Praxis der Budgetgestaltung. In: Handbuch der Finanzwissenschaft. Band I. Zweite Auflage. S. 552-605. J.C.B. Mohr. Tübingen
1952.

Hansmeyer, Karl-H.; Rürup, Bert. Staatswirtschaftliche Planungsinstrumente.
Dritte Auflage. Werner Verlag. Düsseldorf 1984.

Wagner, Adolf. Finanzwissenschaft, zweiter Teil. Theorie der Besteuerung, Gebührenlehre und allgemeine Steuerlehre. Zweite Auflage. Winter Verlag. Leipzig 1890.

Wenzel, Heinz-Dieter. Die ökonomische Rationalität von Art. 115 GG. In: Wirtschaftsdienst 12. S. 610-616. 1990.

Kapitel 15
Staat, Effizienz und Wohlfahrt

Kapitel 15 Staat, Effizienz und Wohlfahrt

1. Effizienz, Wohlfahrt und Wettbewerbsgleichgewicht

> Wodurch ist eine paretooptimale Allokation gekennzeichnet? Ist die auf dem Markt sich herausbildende Allokation paretooptimal? Können und sollten Umverteilungsziele realisiert werden, ohne den Preismechanismus außer Kraft zu setzen?

Die Rolle des Staates ist in der deutschen **Mixed economy**, wie wir gesehen haben, sicherlich nicht die eines "Nachtwächters", wie es die Klassiker forderten. Eine Begründung dafür haben wir schon im ersten Kapitel dieses Teils gegeben. Insbesondere die aufgeführten Ursachen für **Marktversagen**, wie die typische Unterversorgung bei privatwirtschaftlichem Angebot von Kollektivgütern (Free-rider-Problem), die Überausbeutung von Ressourcen bei fehlenden Eigentumsrechten (Allmendeproblem) oder die Nichtberücksichtigung gesamtwirtschaftlicher Kosten privatwirtschaftlichen Handelns (Externe Effekte) waren Grund dafür, dass staatliches Handeln sich als gesamtwirtschaftlich wünschenswert erwies.

An welcher Richtschnur staatliche Aktivitäten sich dabei aber orientieren könnten, blieb bisher weitgehend im Dunkeln. Dass die am Pareto-Prinzip ausgerichtete ökonomische **Effizienz** hierbei den archimedischen Punkt für den Hebel staatswirtschaftlicher Eingriffe darstellen könnte, wurde zwar jeweils herausgestellt, im Detail aber nicht weiter ausgeführt. Diese Lücke soll im Folgenden für einige ausgewählte Beispiele geschlossen werden. Noch einmal sei betont, dass das Pareto-Kriterium einerseits normative Richtschnur der Wirtschaftspolitik sein kann, andererseits aber rein analytisches Kriterium der ökonomischen Theorie.

Dazu muss man sich zunächst die hinter dem Begriff "Marktversagen" stehende Vorstellung funktionierender Märkte in **kompetitiven Ökonomien**, anders ausgedrückt die Eigenschaften des **Allgemeinen Gleichgewichts** bei vollkommener Konkurrenz, vor Augen führen.

Wir betrachten dazu zunächst ein einfaches Beispiel einer Tauschwirtschaft mit zwei repräsentativen Individuen. Dieses extrem vereinfachende **Gedankenexperiment** verdeutlicht lediglich Grundprinzipien von rationalem Handeln, vorteilhaftem Tausch und Tauschgleichgewicht. Und mehr soll es auch nicht.

Wir nehmen an, Robinson (R) und Freitag (F) besitzen eine **Anfangsausstattung** an Ananas (A) und Bananen (B). Beide besitzen eine Präferenzordnung, mit welcher sie unterschiedliche Güterbündel (A, B) bewerten können. Bei gegebener Gesamtausstattung A und B stellt somit

(1) $$A = A^R + A^F$$

und

(2) $$B = B^R + B^F$$

die **Allokation** der Anfangsausstattung dar. Es stellt sich die Frage, ob dies diejenige Allokation ist, mit welcher beide zufrieden sind, oder ob es einen **Tausch** zwischen R und F gibt, der zu einer Allokation führt, die beide als die bessere ansehen. Diese Problemstellung lässt sich in der **Edgeworth-Box** analysieren.

Abbildung 15.1: *Edgeworth-Box für Tauschoptima*

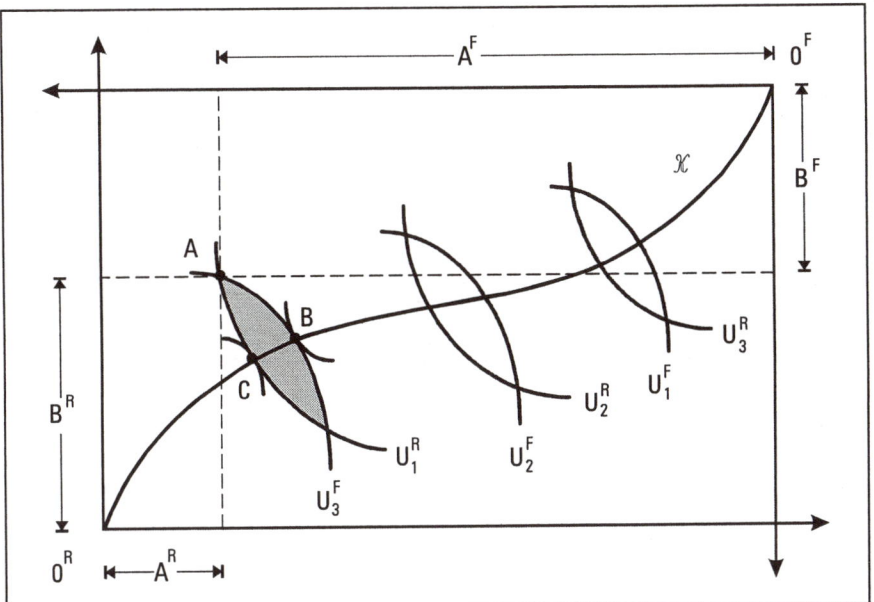

Diese besteht aus zwei gegeneinandergesetzten Koordinatenkreuzen. Links unten liegt der Koordinatenursprung für R, rechts oben der für F. Der Punkt A verdeutlicht die Anfangsausstattung an Gütern A, B für Robinson und für Freitag. Die **Indifferenzkurven** u_1, u_2 und u_3 sind Ausdruck der Präferenzordnung. Diese muss für beide nicht identisch sein. Wichtig ist nur, dass zunehmender Konsum c.p. bei beiden zu höherem Nutzen führt. Es gilt also für beide

(3) $$u_1 < u_2 < u_3$$

und das bedeutet, dass weiter vom Ursprung entfernte Indifferenzkurven einen höheren **Nutzenindex** verkörpern. Wir haben an anderer Stelle schon verdeutlicht, unter welchen "schwachen" Voraussetzungen solche konvex zum Ursprung verlaufenden Indifferenzkurven als Bild einer Präferenzordnung plausibel sind.

Es ist deutlich, dass A keine paretooptimale Allokation darstellt, denn alle Allokationen in der schraffiert gezeichneten Tauschlinse werden sowohl von R als auch von F bevorzugt, da sie für beide zu höherem Nutzen führen.

Wo liegen die paretooptimalen Allokationen? Sie liegen nicht dort in der Linse, wo Indifferenzkurven sich schneiden, denn für solche Allokationen gilt das für A gesagte analog. Also liegen sie dort, wo Indifferenzkurven sich tangieren. Die Allokation B verdeutlicht diesen Fall. B ist die für Robinson beste Allokation, gegeben dass sich Freitag gegenüber A nicht verschlechtert; C ist umgekehrt die für Freitag beste Allokation, gegeben dass sich Robinson gegenüber A nicht verschlechtert. Die Punkte B und C verdeutlichen die Randallokationen, bei denen alle Tauschvorteile nur einem der beiden zufallen. Zwischen B und C liegt aber ein ganzes Kontinuum von möglichen Paretooptima, bei denen die Tauschvorteile aufgeteilt werden. Die Verbindungskurve zwischen B und C, die diese Allokationen kennzeichnet, nennen wir **Kontraktkurve** $\mathcal{X}$. Auf $\mathcal{X}$ tangieren sich die Indifferenzkurven in der Tauschlinse. Die Eigenschaft des **paretooptimalen Tausches** können wir beschreiben durch

$$(4) \qquad\qquad GRS^R_{A,B} = GRS^R_{A,B}$$

das Übereinstimmen der **Grenzraten der Substitution** im Tausch. Das bedeutet, der **Nutzenpreis** einer Ananas, in Bananen gemessen, stimmt bei Robinson und Freitag überein, denn die GRS ist ja, wie wir wissen, nichts anderes als die individuelle Bewertung zweier Güter innerhalb einer gegebenen Allokation.

Nehmen wir einmal an, beide Bewertungen wären, wie es A anzeigt, mit

$$GRS^R_{A,B} = 2/3$$

und

$$GRS^F_{A,B} = 1/3$$

nicht gleich. Dann wären für Robinson drei Ananas und zwei Bananen von gleichem Wert, für Freitag dagegen drei Ananas und eine Banane. Freitag schätzt Ananas relativ geringer als Robinson und könnte Robinson drei Ananas zum Tausch anbieten. Er bekäme, ohne dass Robinson sich verschlechtert, im Tausch zwei Bananen und stellt sich somit um eine Banane besser als vorher. In der Logik der Abbildung 15.1 wäre dieser für Freitag vorteilhafte Tausch mit der Bewegung von A nach C vergleichbar. Robinson verliert nichts, aber Freitag realisiert alle Tauschgewinne. Wir können also zusammenfassen: Alle paretooptimalen Tauschallokationen liegen auf der Kontraktkurve $\mathcal{X}$, die wir uns für den Fall beliebig vorgegebener Anfangsausstattungen A als einen die Koordinatenursprünge verbindenden, durchgezogenen Graphen vorstellen können. Überall auf $\mathcal{X}$ gilt die Bedingung (4) für einen paretooptimalen Tausch.

Übertragen wir $\mathcal{X}$ in den **Nutzenraum**, so können die zugehörigen paretooptimalen Nutzenwerte durch eine **Nutzenmöglichkeitskurve** (Utility possibility curve, upc) dargestellt werden.

Abbildung 15.2: *Nutzenmöglichkeitskurve*

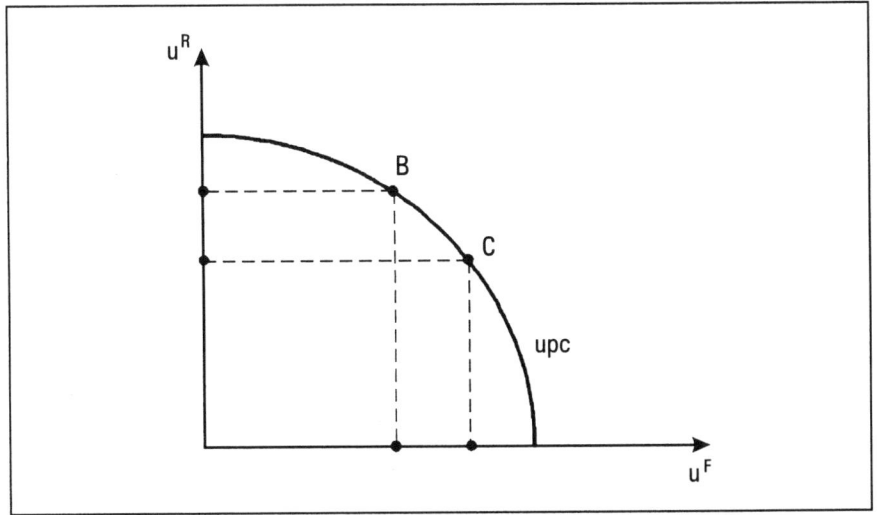

Die Punkte *B* und *C* entsprechen dabei den Allokationen *B* und *C* in Abbildung 15.1 und alle paretooptimalen Allokationen innerhalb der Tauschlinse den Punkten auf der upc zwischen *B* und *C*.

Erweitern wir unser Gedankenexperiment auf den allgemeinen Fall einer **Ökonomie mit Produktion**. Sowohl Robinson wie Freitag können ihre Anfangsausstattung an Gütern verändern, indem sie Ananas und Bananen selbst produzieren. Dazu setzen sie Arbeit *L* und Kapital *K* ein. Die ihnen maximal verfügbare Arbeitsmenge ist ihr täglicher Verzicht auf Musse. Als Kapital betrachten wir die Nutzung einer bestimmten, ihnen zur Verfügung stehenden Menge an Grund und Boden.

Die Frage ist nun, wie sich für *R* und *F* der optimale Faktoreinsatz von Arbeit und Kapital bestimmt. Dies lässt sich wieder mit einer Edgeworth-Box verdeutlichen. Wir betrachten dazu die Produktion von Robinson.

Wie sollen die nur beschränkt verfügbaren Faktoren *L* und *K* optimal allokiert werden? Offensichtlich so, dass sie insgesamt einen möglichst hohen Ertrag bringen. Wenn wir den Produktionsertrag darstellen über **Isoquanten**, können wir die Produktion von *A* und *B* mit zugehörigen Isoquanten analog zum Tauschfall durch zwei gegeneinander gesetzte Koordinatenkreuze verdeutlichen. A^0 bzw. B^0 stellen für die Produktion von Ananas bzw. von Bananen den Koordinatenursprung dar; A_1, A_2 bzw. B_1, B_2 stellen die Isoquanten konstanten Outputs bei variablem Faktoreinsatz dar. Wenn mit c.p. steigendem Faktoreinsatz mehr produziert werden kann, wächst die Produktion mit der Entfernung der Isoquanten vom Ursprung.

Abbildung 15.3: *Edgeworth-Box für Produktionsoptima*

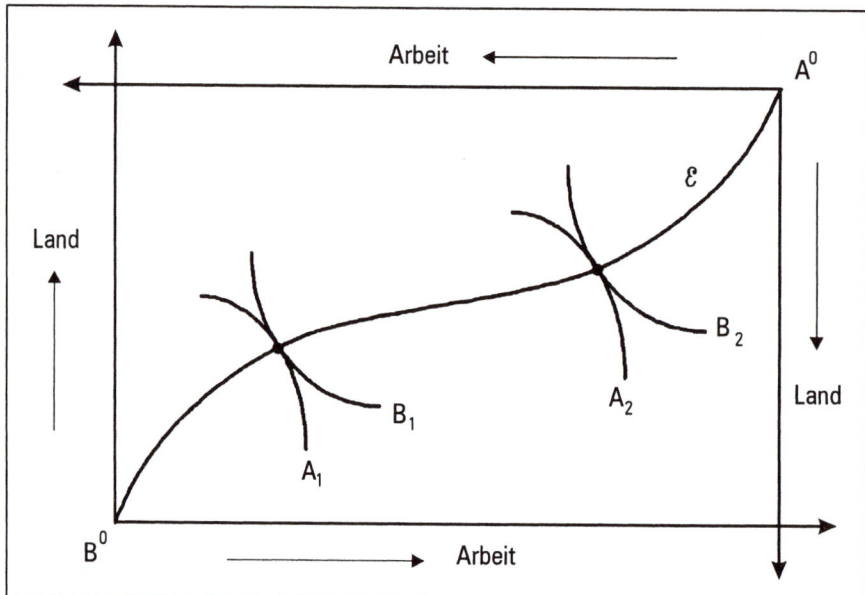

Analog zum Tauschfall liegen die effizienten und d.h. die paretooptimalen Faktoreinsatzkombinationen dort, wo sich die Isoquanten tangieren. Die Verbindung aller dieser Punkte im Faktorraum bezeichnen wir als Effizienzkurve $\mathcal{E}$. Auf $\mathcal{E}$ gilt mit

$$(5) \qquad\qquad GRTS_{L,K}^{A} = GRTS_{L,K}^{B}$$

die Bedingung für einen **paretooptimalen Faktoreinsatz**. So stimmen die **Grenzraten der technischen Substitution** in der Produktion von Ananas und Bananen überein; oder anders ausgedrückt: Faktoren werden so allokiert, dass ihre relativen Produktivitäten in beiden Produktionsalternativen gleich groß sind.

Letzteres folgt daraus, dass die Steigung einer Isoquante dem Verhältnis der Grenzproduktivitäten beider Faktoren entspricht.

Machen wir uns das klar am Beispiel der Produktion von Ananas. Der Output an Ananas ergibt sich über die Produktionsfunktion F als

$$(6) \qquad\qquad A = F^{A}(L^{A}, K^{A}).$$

Auf einer Isoquante ist der Output konstant. Somit erhält man über das **totale Differential** von (6) die Bedingung

$$(7) \qquad\qquad GRTS_{L,K}^{A} = -\frac{dK^{A}}{dL^{A}} = \frac{F_{L}^{A}}{F_{K}^{A}}.$$

Aus dieser Darstellungsweise wird deutlich, dass die Grenzrate der technischen Substitution den Preis des Faktors Arbeit, ausgedrückt in Kapitaleinheiten, misst. Im Tausch bezeichneten wir den analogen Sachverhalt mit **Nutzenpreis** oder Konsumentenzahlungsbereitschaft; analog dazu können wir in der Produktion vom **Produktionspreis** des Faktors oder der Produzentenzahlungsbereitschaft sprechen.

Dass dieser Preis in allen Produktionsbereichen (*A* und *B*) übereinstimmen muss, ist intuitiv einsichtig. Denn wäre die Zahlungsbereitschaft des Produzenten in einem Produktionsbereich höher als in dem anderen, so wäre ein Faktor dort produktiver und eine Umverteilung dieses Faktors in den ertragreicheren Produktionsbereich insgesamt "ergiebiger".

Wie lassen sich die Bedingungen für paretooptimalen Tausch und Faktoreinsatz zusammenbringen?

Dazu übertragen wir die Effizienzkurve $\mathcal{E}$ in den Güterraum, denn jedem Punkt von $\mathcal{E}$ entspricht ein bestimmtes Produktionsniveau von *A* und von *B*. Die resultierende Kurve der Produktionsmöglichkeiten bei effizientem Faktoreinsatz bezeichnen wir als **Transformationskurve** $\mathcal{T}$, einer Ökonomie.

Abbildung 15.4: *Transformationskurve*

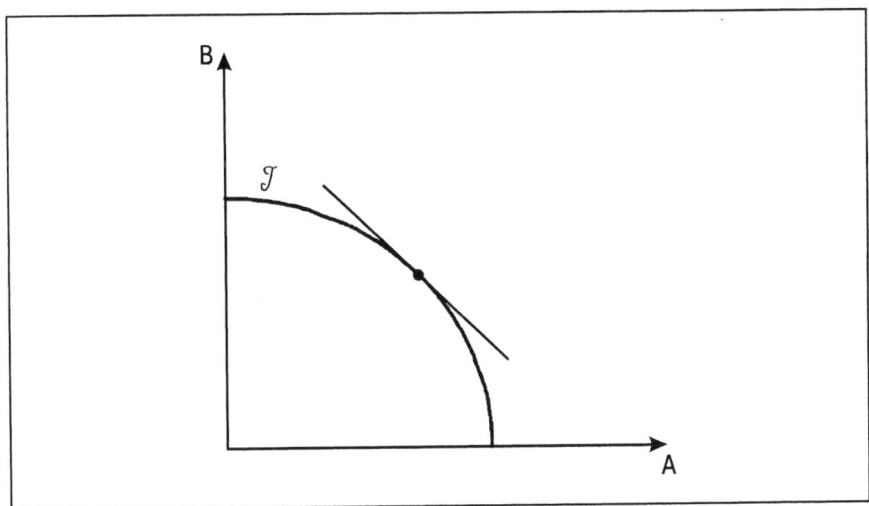

Die Steigung von $\mathcal{T}$ ist ein Maß für die Kosten der Produktion von *A* in Einheiten *B*. Somit gibt die **Grenzrate der Transformation**

(8)
$$GRT_{A,B} = -\frac{dB}{dA}$$

an, zu welchem Preis Ananas in Bananen "transformiert" werden können – bei jeweils effizientem Faktoreinsatz beider Faktoren. Damit ist es sinnvoll, die obige Grenzrate der Transformation als **Kostenpreis** oder Angebotspreis einer zusätzlichen Ananas – gemessen in der dazu notwendigen Verringerung der Produktion von Bananen – zu bezeichnen. Folglich lässt sich ein Bogen schlagen zu der anfangs abgeleiteten Effizienzbedingung im Tausch. Denn Produktion und Konsum sind genau dann optimal aufeinander abgestimmt, wenn der Kostenpreis eines Gutes dessen Nutzenpreis entspricht.

In einer Ökonomie mit Produktion müssen also insgesamt drei Typen von Effizienzbedingungen gleichzeitig gelten:

• **Effizienz im Tausch**

(9.1)
$$GRS_{A,B}^{R} = GRS_{A,B}^{F}.$$

• **Effizienz in der Faktorallokation**

(9.2)
$$GRTS_{L,K}^{A} = GRTS_{L,K}^{B}.$$

• **Effizienz in der Abstimmung von Produktion und Konsum**

(9.3)
$$GRS_{A,B}^{R}(= GRS_{A,B}^{F}) = GRT_{A,B}.$$

In der Abbildung 15.5 werden diese Bedingungen simultan verdeutlicht.

Abbildung 15.5: *Effizienz in Tausch, Faktorallokation und Produktion*

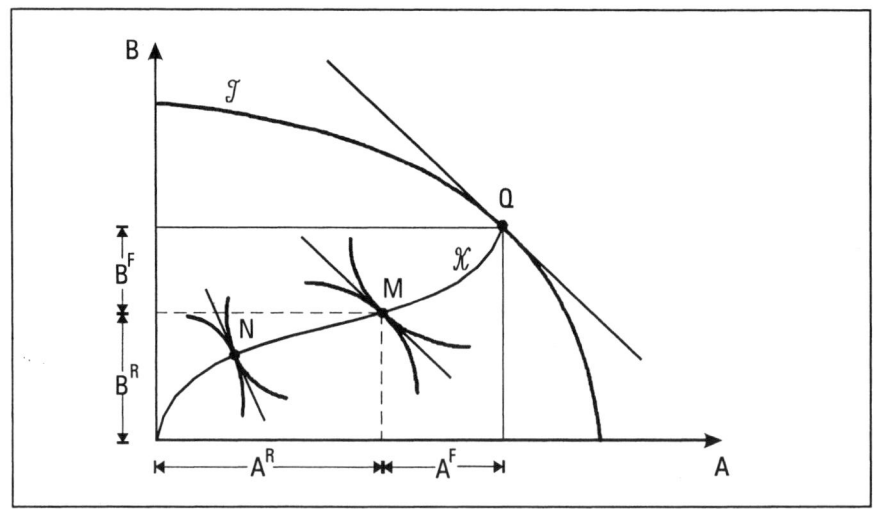

Die Bedingung der effizienten Faktorallokation legt den Verlauf der Transformationskurve $\mathfrak{J}$ fest. Wird die mit Q bezeichnete Güterkombination (A, B) produziert, so verlangt diese Produktionsentscheidung die durch M beschriebene Güteraufteilung auf Robinson und Freitag. Denn in M stimmen für R und F die Grenzraten der Substitution im Tausch (Nutzenpreise) überein, und sind gleichzeitig identisch mit der in Q geltenden Grenzrate der Transformation (Kostenpreis).

Diese Darstellung macht deutlich, dass eine paretooptimale Allokation in einer Volkswirtschaft Produktionshöhe und Güterverteilung **simultan** bestimmt. Sie macht ferner deutlich, dass nicht jeder Punkt auf einer upc mit einer gesamtwirtschaftlichen paretooptimalen Allokation verträglich ist. Ein Beispiel dafür ist N; in N stimmen zwar die Nutzenpreise (die *GRS*) überein, sie sind aber nicht mit dem Kostenpreis (der *GRT*) in Q identisch. Folglich ist diese Allokation zwar möglich, die Abstimmung zwischen Produktion und Konsum ist jedoch nicht paretooptimal.

Wenn wir für beliebige Produktionsentscheidungen Q diejenigen Punkte M im Güterraum zusammenfassen, die mit einem gesamtwirtschaftlichen Pareto-Optimum vereinbar sind, so können wir die zugehörigen Nutzenniveaus von Robinson und Freitag im Nutzenraum darstellen. Das Ergebnis ist die **Nutzengrenze** (utility frontier, uf).

Abbildung 15.6: *Nutzengrenze und Wohlfahrtsmaximierung*

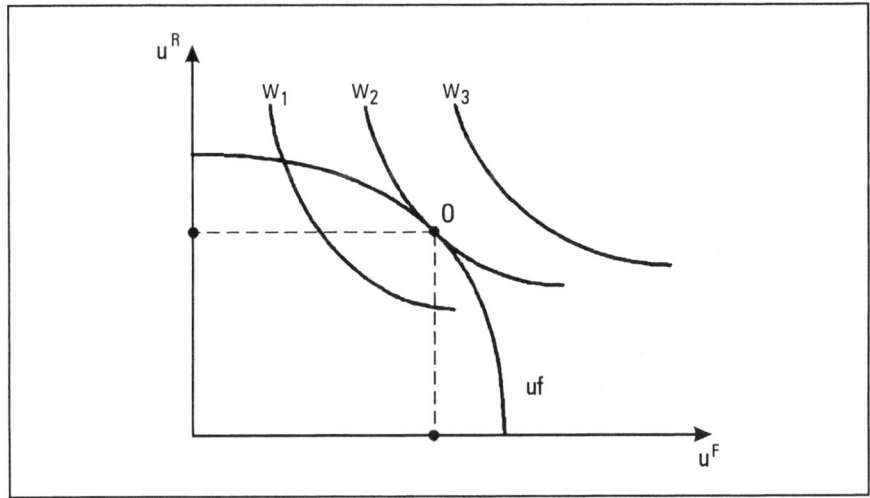

Jede der Nutzenkombinationen auf der *uf* ist damit als gesamtwirtschaftliches Pareto-Optimum realisierbar. Keiner der Punkte auf der *uf* ist a priori besser oder schlechter. Das bedeutet, die Anwendung des Pareto-Kriteriums kann zwar "schlechte" von "guten" Allokationen aussondern, sie liefert aber keine Entscheidung für die Auswahl unter den Paretooptima.

Erst die Vorgabe eines **Distributionszieles** vermag eine Entscheidung zu finden. Damit verlassen wir den Kern der **Allokationstheorie** (Paretianischen Wohlfahrtstheorie) und gehen zur allgemeinen **Wohlfahrtstheorie** über. So ist z.B. die Auswahl der Allokation *O* auf der *uf* denkbar als die Manifestation der Präferenzen der Gesellschaft, die sich in einer sozialen Wohlfahrtsfunktion *W* der Form

$$(10) \qquad\qquad W = W(u^R, u^F), \qquad\qquad W'_{u^R}, W'_{u^F} > 0$$

widerspiegeln. Existiert eine solche gesellschaftliche Bewertung individuellen Wohlbefindens, so lassen sich Wohlfahrtsindifferenzkurven W_1, W_2, W_3 bestimmen. In Abbildung 15.6 ist *O* dann als **Optimum Optimorum** ein wohlfahrtsmaximales Pareto-Optimum.

Auf die Wohlfahrtstheorie können wir an dieser Stelle nicht weiter eingehen, wohl aber auf den Zusammenhang zwischen gesamtwirtschaftlicher Effizienz und dem Wettbewerbsgleichgewicht bei vollständiger Konkurrenz. Dazu beziehen wir uns wieder auf das obige Beispiel einer 2-Güter-2-Faktoren-Ökonomie mit zwei Konsumenten und zwei Produzenten.

Die beiden sogenannten **Hauptsätze der Wohlfahrtstheorie** charakterisieren kurz und auf den Punkt gebracht die Vorteilhaftigkeit marktwirtschaftlicher Wettbewerbsökonomien. Sie lauten:

> **Erster Hauptsatz der Wohlfahrtstheorie:** Jedes Wettbewerbsgleichgewicht ist paretooptimal

und

> **Zweiter Hauptsatz der Wohlfahrtstheorie:** Jedes Pareto-Optimum kann nach Umverteilung der Anfangsausstattung als Wettbewerbsgleichgewicht realisiert werden.

Zum Beweis betrachten wir in unserer Robinson-Crusoe-Ökonomie Robinson und Freitag als Konsumenten und Produzenten von Ananas und Bananen.

Als Konsumenten maximieren sie ihre Nutzen. Sie reagieren daher mit Mengenanpassung auf die vorgegebenen Güterpreise. Nach dem zweiten GOSSENschen Gesetz gleichen sie ihren Nutzenpreis *(GRS)* mit dem Marktpreis ab. Da letzterer für beide gleich ist, sind es damit auch die individuellen Nutzenpreise *(GRS)*.

Als Produzenten dieser Güter maximieren sie ihren Gewinn. Bei gewinnmaximaler Produktion realisieren sie jedes Outputniveau kostenminimal, d.h. sie allokieren den Faktoreinsatz effizient. Damit liegt die Produktion auf der Transformationskurve. Als Mengenanpasser an gegebene Güterpreise wählen sie diejenige Outputkombination, bei welcher der Kostenpreis *(GRT)* dem Marktpreis entspricht.

Der Marktpreis für die Güter *A* und *B* ist für Konsumenten wie Produzenten gleich. Also stimmen auch die individuellen *GRS* mit der *GRT* überein. Mit anderen Worten: Bei einem gleichgewichtigen Preissystem ist ein Wettbewerbsgleichgewicht paretooptimal. Damit ist der erste Satz "bewiesen".

Zum Beweis des zweiten Satzes argumentieren wir graphisch. Ein Pareto-Optimum ist insbesondere durch einen Punkt auf der Kontraktkurve $\mathcal{X}$ charakterisiert. Dieser sei in der Abbildung 15.7 der Punkt *G*.

Abbildung 15.7: *Zweiter Hauptsatz der Wohlfahrtstheorie*

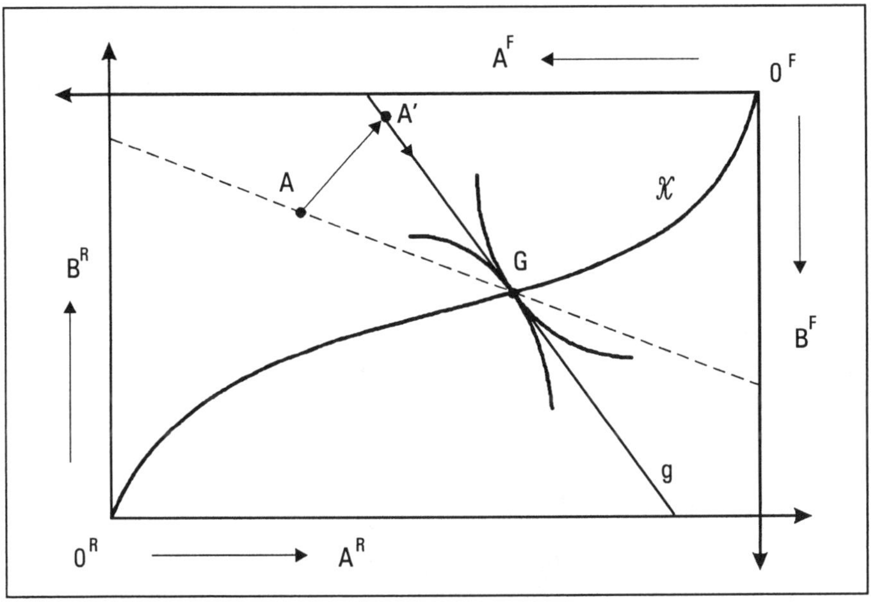

Ausgehend von *A* lässt sich das vorgegebene Gleichgewicht *G* nicht mit einem einheitlichen Austauschverhältnis erreichen. Dies gelänge nur für Anfangsausstattungen, die auf der Linie *g* liegen, deren Steigung der GRS beider Konsumenten in *G* entspricht. In diesem Fall würde der Marktmechanismus mit einheitlichem Preis bzw. Preisverhältnis der Güter *A* und *B* (der Steigung der Geraden *g*) nutzenmaximierende Konsumenten auf die Kontraktkurve zu *G* führen.

Also bedarf es einer vorherigen Umverteilung der Anfangsausstattung auf die Preisgerade g. Nehmen wir an, es werde – z.B. durch den Staat – auf *A'* umverteilt.

Dann kann im zweiten Schritt alles dem Markt und dem Wettbewerb überlassen werden, wenn die dann vorgegebenen Marktpreise der Güter den GRS im gewünschten Gleichgewicht *G* entsprechen. Damit ist auch der zweite Satz bewiesen.

Wenn also aufgrund gesellschaftlicher Nutzenbewertungen über eine soziale Wohlfahrtsfunktion eine Allokation als Optimum Optimorum wünschenswert erscheint, kann auch dieses **Distributionsziel** über den Markt und den Marktpreismechanismus bei vollkommener Konkurrenz realisiert werden. Voraussetzung dafür ist nur, dass der Staat z.B. über das gesamtwirtschaftliche Steuer- und Transfersystem die Anfangsausstattung aller Beteiligten entsprechend korrigiert. Also gibt der zweite Hauptsatz eine Rechtfertigung der Staatätigkeit selbst bei funktionierenden Märkten.

Resümee: Die Allokationstheorie bildet die theoretische Basis zur Beurteilung wirtschaftspolitischer Eingriffe des Staates in marktwirtschaftlichen Wettbewerbsökonomien. Um in Fällen der Diagnose von Marktversagen geeignete Therapien von staatlichen Markteingriffen aufzeigen zu können, muss eine Vorstellung von funktionierenden Märkten und deren Effizienzeigenschaften vorhanden sein. Bei vollständiger Konkurrenz ist das Marktgleichgewicht paretooptimal, und Umverteilungspolitik kann sich auf die Umverteilung von Anfangsausstattungen beschränken.

Schlüsselwörter: Marktversagen, Kompetitive Ökonomie, Allgemeines Gleichgewicht, Allokation, Edgeworth-Box, Indifferenzkurve, Nutzenindex, Kontraktkurve, Grenzrate der Substitution, Nutzenpreis, Nutzenmöglichkeitskurve, Isoquante, Grenzrate der technischen Substitution, Totales Differential, Produktionspreis, Transformationskurve, Grenzrate der Transformation, Kostenpreis, Effizienz im Tausch, Effizienz in der Faktorallokation, Effizienz in der Abstimmung von Produktion und Konsum, Nutzengrenze, Distributionsziel, Allokationstheorie, Wohlfahrtstheorie, Optimum Optimorum, Hauptsätze der Wohlfahrtstheorie.

2. Wohlfahrtsverluste bei Monopolen

Welche Form der Ineffizienz ist zu erwarten, wenn den Nachfragern auf einem Markt nur ein Anbieter gegenübersteht? Wie kann man diese messen? Welche Optionen für einen effizienzsteigernden staatlichen Eingriff gibt es?

Auf kompetitiven Märkten gibt es eine Vielzahl von Anbietern und Nachfragern, die sich jeweils als Mengenanpasser verhalten. Anders im **Monopol**, hier gibt es eine Marktmacht auf einer der beiden Marktseiten. Für einen gewinnmaximierenden Angebotsmonopolisten haben wir in Kapitel 6 den **COURNOTschen Punkt** als Ergebnis einer gewinnmaximalen Preis-Mengen-Strategie abgeleitet. Diese Strategie war dadurch gekennzeichnet, dass der Monopolist diejenige Menge eines Gutes anbietet, bei welcher Grenzerträge *(GE)* und Grenzkosten *(GK)* übereinstimmen. Damit wird aber die Bedingung (9.3) für eine paretooptimale Allokation verletzt. Denn diese verlangte, dass die Grenzkosten der Produktion *(die GRT)* und der Marktpreis *(die GRS)* übereinstimmen. Im Monopolfall liegt der vom Monopolisten geforderte Marktpreis aber über den Grenzkosten der Produktion. Es gibt also Konsumenten, die bereit wären, für eine weitere Einheit des Konsumgutes mehr als die Kosten dieser Einheit zu zahlen. Eine Mehrproduktion könnte also einzelne besser stellen, ohne andere schlechter zu stellen. Die Differenz zwischen *GRS* und *GRT* ist um so größer, je stärker die **Marktmacht** des Monopolisten ist. Wir haben gezeigt, dass die Marktmacht mit abnehmender Preiselastizität der Nachfrage zunimmt (vergleiche dazu (2) in Kapitel 6). Wenn aber nicht paretooptimal produziert wird, gibt es einen Verlust an gesamtwirtschaftlicher Wohlfahrt. Unter der Annahme, dass Verluste und Gewinne sich gegeneinander aufrechnen lassen, misst man diesen, indem man den Gewinn und den Verlust der von den Konsumenten und Produzenten erzielten Renten im Vergleich zur kompetitiven **Preis-gleich-Grenzkosten-Regel** ermittelt und saldiert.

Die Ursache für die Renten im obigen Sinne ist das **Prinzip des einheitlichen Marktpreises.** Man spricht von **Konsumentenrente,** wenn man die Fläche unterhalb der Nachfragekurve und oberhalb der Marktpreislinie ermittelt. Diese Fläche ist ein nutzenmäßiges Äquivalent dafür, dass Konsumenten für alle nachgefragten Gütermengen den gleichen Preis zahlen, nämlich den niedrigsten gemäß der Grenzzahlungsbereitschaft der Nachfragekurve.

Summiert man über alle Grenzvorteile auf, erhält man die Fläche zwischen der Nachfragekurve und der Abszisse im Nachfragediagramm. Zieht man davon die tatsächlich geleisteten Konsumausgaben – das "Preis-Mengen-Rechteck" – ab, verbleibt als Konsumentenrente die Fläche zwischen Nachfragekurve und horizontaler Preisgeraden.

In völliger Analogie dazu stellt die **Produzentenrente** die Differenz zwischen dem auf dem Markt erzielten Erlös und den tatsächlichen Kosten der Produktion dar. Dies ist die Fläche oberhalb der Angebotskurve und unterhalb der Marktpreislinie. Denn die Angebotskurve ist gleichzeitig die Grenzkostenkurve, so dass die Fläche unterhalb die gesamten (variablen) Kosten darstellt.

In Abbildung 15.8 verdeutlicht der Punkt *B* die kompetitive Marktlösung *(Preis = GK)* und *C* den COURNOTschen Punkt *(GE = GK)*. Im Wettbewerbsfall stellt die Fläche BDp_k die Konsumentenrente dar; die Produzentenrente ist gleich Null, da die GK-Kurve horizontal verläuft.

Im Monopolfall schrumpft die Konsumentenrente auf CDp_m, auf der anderen Seite entsteht aber eine Produzentenrente in Höhe von ACp_mp_k. Saldiert man Gewinn und Verlust, so bleibt ein Nettoverlust an Konsumentenrente in Höhe von *ABC*. Dies stellt den Wohlfahrtsverlust der monopolistischen Produktion dar.

Wie hoch in unserem Beispiel die tatsächlichen **Monopolprofite** sind, kann erst dann beantwortet werden, wenn neben den *GK* auch die totalen Durchschnittskosten _(TDK)_ oder Stückkosten bekannt sind. Liegen diese beim Produktions-niveau x_m unterhalb des monopolistischen Preises p_m und oberhalb des Konkur-renzpreises p_k, so gibt es positive Monopolprofite.

Abbildung 15.8: _Wohlfahrtsverlust im Monopol_

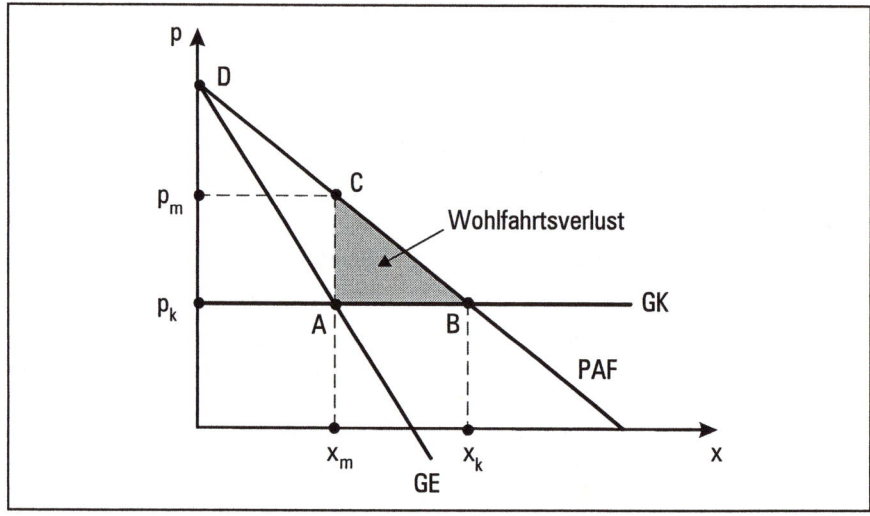

Die Abbildung 15.9 verdeutlicht einen speziellen Verlauf der _GK-_ und der _TDK-_Kurve, der in der Praxis gar nicht so selten ist.

Abbildung 15.9: _Natürliches Monopol_

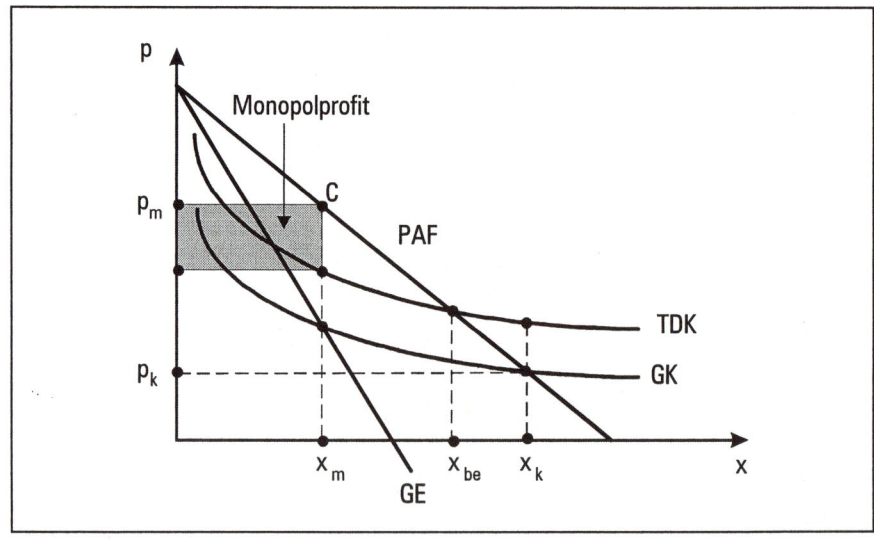

Man spricht vom **natürlichen Monopol**, wenn die *TDK*-Kurve im gesamten relevanten Bereich fällt. Dies bedeutet, dass die *TDK*-Kurve überall oberhalb der *GK*-Kurve liegt. Eine Produktion mit einer derartigen Kostenstruktur führt geradezu zwangsläufig (natürlich) zu monopolistischem Angebot, da eine Produktionsausweitung Kostenvorteile bringt.

Auch hier gibt es einen Wohlfahrtsverlust, wenn bei monopolistischem Angebot nicht der paretooptimale Output x_k ($GK = p$), sondern der profitmaximale x_m ($GK = GE$) auf den Markt gelangt. Die paretooptimale Ausbringung ($p = GK$) liegt an der Stelle x_k. Weil die Durchschnittskosten über den Grenzkosten liegen, können mit der **Preis-gleich-Grenzkosten-Regel** nicht die Stückkosten gedeckt werden.

Eine paretooptimale Produktionsmenge kann nur mit Verlusten angeboten werden. Dazu wird man durch staatliche Wettbewerbspolitik allein keine private Unternehmung bewegen können, es sei denn, der Staat zahlt Subventionen für die paretooptimale Produktion.

Auch wenn alternativ dazu öffentliche Unternehmungen an die Stelle der privaten treten, sind die Verluste aus paretooptimaler Produktion über den öffentlichen Haushalt zu finanzieren.

Dieser Fall des natürlichen Monopols ist das klassische Beispiel zur Rechtfertigung der Existenz öffentlicher Unternehmungen. Man kann sogar einen Schritt weiter gehen und als Folgerung formulieren: Erwirtschaften öffentliche Unternehmungen Gewinne, so sind sie nicht effizient, oder sie könnten privatisiert werden.

Resümee: Monopole bringen gesamtwirtschaftliche Wohlfahrtsverluste. Daher ist es Aufgabe der Wettbewerbspolitik, die Entstehung von Monopolen zu verhindern. Im Falle natürlicher Monopole sollten aus Effizienzüberlegungen öffentliche Unternehmen an die Stelle privater Anbieter treten, den paretooptimalen Output mit Verlust produzieren und Verluste über öffentliche Haushalte ausgleichen.

Schlüsselwörter: Monopol, COURNOTscher Punkt, Marktmacht, Prinzip des einheitlichen Marktpreises, Konsumentenrente, Produzentenrente, Monopolprofite, Natürliches Monopol.

3. Optimale Bereitstellung von Kollektivgütern

Welche Form der Ineffizienz ist zu erwarten, wenn ein Gut von mehreren Individuen gleichzeitig genutzt werden kann, ohne dass diese sich gegenseitig beeinträchtigen? In welchem Ausmaß sollte dieses Gut bereitgestellt werden?

Kollektivgüter unterscheiden sich von Individualgütern durch die **Nichtrivalität im Konsum**. Wie schon erläutert wurde, erwächst daraus das Free-rider Problem mit der Konsequenz der Unterversorgung mit Kollektivgütern.

Die Problematik der **Kollektivgüter**, auch als **öffentliche Güter** bezeichnet, muss man sorgfältig trennen von dem Problemkreis des **öffentlichen Angebotes** von Gütern. Das **Marktversagen** bei Kollektivgütern erwächst primär aus ihrer Nutzung und nicht aus ihrer Erstellung.

So ist z.B. ein Leuchtturm ein Kollektivgut für alle potentiellen Nutzer, da die Grenzkosten der Nutzung des Gutes "Sicherheit" durch zusätzliche Schiffe solange gleich Null sind, wie eine störungsfreie Seefahrt möglich ist. Für die Grenzkosten der Produktion von Leuchttürmen gilt dies dagegen nicht.

Am Beispiel des Leuchtturms erkennen wir ein weiteres, für Kollektivgüter ebenso typisches Problem. Dies liegt darin, dass es schwierig ist, zahlungsunwillige Konsumenten von der Nutzung auszuschließen. Mit anderen Worten: Die Eigentumsrechte des Produzenten können nicht durchgesetzt werden, da die Nutzung kollektiver Güter keinen **Kaufakt** voraussetzt. Dieses letztere Problem der **Nichtausschließbarkeit** vom Konsum ist eine weitere Ursache für ein Free-rider Verhalten von Konsumenten und damit wieder für privatwirtschaftliche Unterversorgung mit solchen Gütern.

Woran aber orientiert sich eine paretooptimale Bereitstellung von Kollektivgütern? Die Effizienzbedingungen (9.1) bis (9.3) waren für Individualgüter und deren Allokation über funktionierende Märkte abgeleitet. Da die "Marktstörung" der Kollektivgüter nur durch die Nichtrivalität in ihrer Nutzung erwächst, bleibt also die Bedingung (9.2) der effizienten Faktorallokation davon unberührt. Entscheidend für das optimale Niveau des Kollektivgutangebotes ist die Effizienzbedingung (9.3), die für Individualgüter fordert, dass Nutzen- und Kostenpreise übereinstimmen. Und genau das ist für den Fall der optimalen Allokation von Kollektivgütern nicht mehr notwendig.

Die den Konsumenten abverlangten Nutzenpreise müssen nicht mehr jeder für sich, sondern nur noch in der Summe (grenz-)kostendeckend sein. Denn da keine Rivalität im Konsum besteht, kann jede Einheit des Kollektivgutes von allen Konsumenten gleichzeitig genutzt werden.

Am Beispiel einer Robinson-Crusoe-Ökonomie mit einem Kollektivgut z und einem Individualgut x bedeutet dies, dass mit

(11) $$GRS_{z,x}^{R} + GRS_{z,x}^{F} = GRT_{z,x}$$

die Summe der Grenzraten der Substitution (Nutzenpreise) der Konsumenten Robinson und Freitag der Grenzrate der Transformation (Kostenpreis) entspricht.

Dass mit (11) die **paretooptimale Bereitstellung** von Kollektivgütern bestimmt ist, verdeutlicht die auf PAUL A. SAMUELSON zurückgehende Graphik – Abbildung 15.10.

$\mathfrak{J}$ ist die Transformationskurve für die alternativ mögliche Produktion eines Individualgutes x und eines Kollektivgutes z. Bei einer in (a) vorgegebenen Indifferenzkurve für Freitag bleibt für Robinson in (b) nur der mit $\mathcal{R}$ bezeichnete Restkonsumbereich. Robinson maximiert unter der Restriktion von $\mathcal{R}$ seinen Nutzen, indem er den Punkt G wählt. In G ist für ein optimales Kollektivgüterniveau z^* die Paretobedingung (11) erfüllt, wie man sich leicht klarmachen kann. Denn der Restkonsumbereich $\mathcal{R}$ ergibt sich für jedes Niveau z aus der Differenz von $\mathfrak{J}$ und der für Freitag in (a) vorgegebenen Indifferenzkurve. Somit ist die Steigung von $\mathfrak{J}$ an der Stelle z^* gleich der Summe der Steigungen der beiden Indifferenzkurven für Freitag und Robinson.

Abbildung 15.10: *Optimale Allokation von Kollektivgütern*

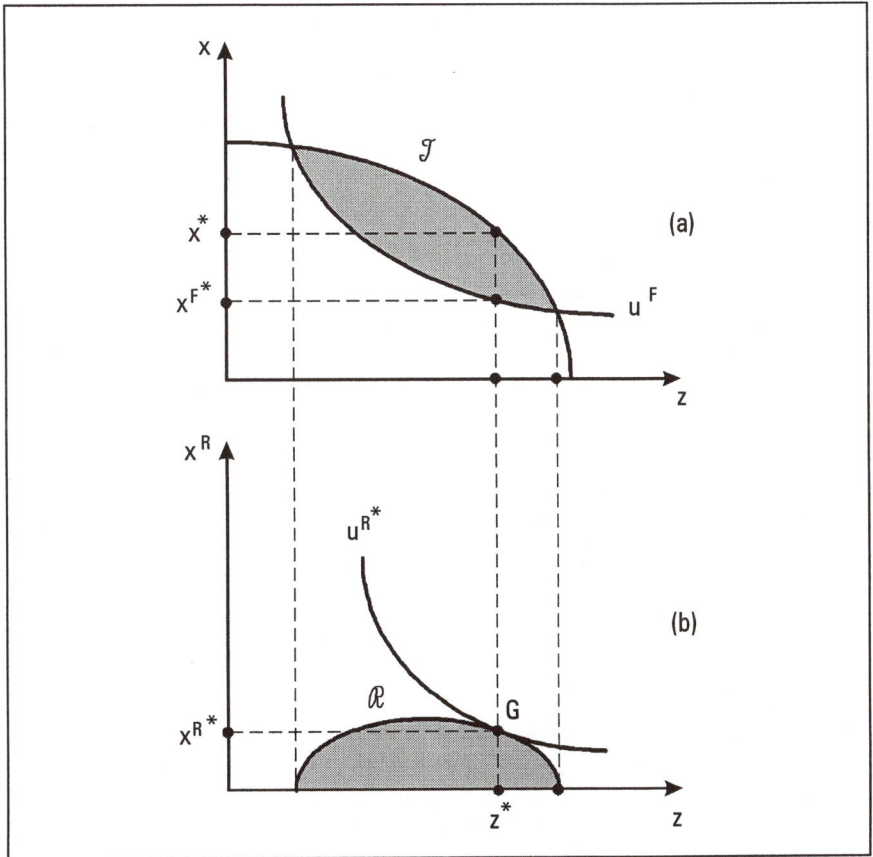

Neben dem optimalen Niveau z^* ist auch das optimale Niveau des Individualgutes durch x^* und dessen optimale Aufteilung auf Robinson und Freitag bestimmt.

Wie im Fall der Individualgüter eröffnet die sogenannte SAMUELSON-**Bedingung** (11) für die Paretoeffizienz ein ganzes Spektrum an paretooptimalen Allokationen von Individual- und Kollektivgütern. Damit ist also noch nicht die Frage nach dem tatsächlich zu realisierenden Kollektivgutangebot beantwortet. Diese Frage lässt sich wie im Individualgutfall erst dann eindeutig beantworten, wenn ein staatliches Distributionsziel vorgegeben wird oder eine Bewertung individueller Nutzen mit Hilfe einer sozialen Wohlfahrtsfunktion erfolgt.

Für die finanzpolitische Praxis läge eine (partialanalytische) Lösungsmöglichkeit darin, dass z.B. durch Befragungen individuelle Nachfragekurven für ein bestimmtes Kollektivgut ermittelt werden. So könnte z.B. der Staat die individuellen Zahlungsbereitschaften aller an der Bereitstellung zusätzlicher Leuchttürme interessierten Schiffsreeder ermitteln und durch Aggregation der individuellen Nachfragekurven – die nichts anderes als die jeweiligen Nutzenpreise ausdrücken – eine Gesamtnachfragekurve ableiten.

Abbildung 15.11: *Aggregation bei Kollektivgütern*

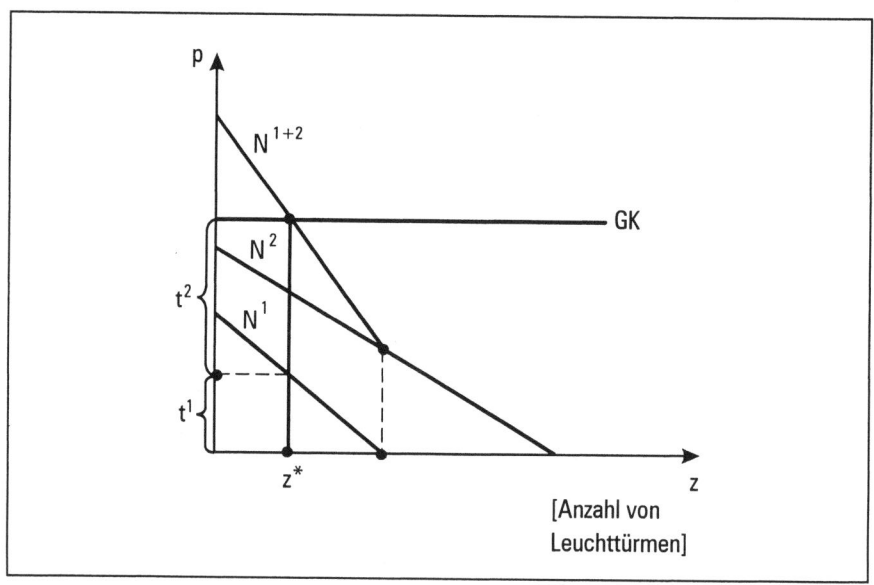

Diese Aggregation erfolgt bei Kollektivgütern, wie in Abbildung 15.11 für den Fall zweier Nachfrager verdeutlicht, durch **vertikale Addition**. Denn ein kollektives Gut wird nichttrival genutzt, und so ergibt für jede gegebene Menge z an Leuchttürmen die Summe der individuellen Zahlungsbereitschaften (Nutzenpreise)

den aggregierten Nutzenpreis oder anders ausgedrückt, die aggregierte Nachfragekurve nach dem Kollektivgut z.

Sind die Grenzkosten zusätzlicher Leuchttürme (*GK*) konstant, so ergibt sich aus dem Schnittpunkt der aggregierten Nachfragekurve mit der GK-Kurve die optimale Anzahl z^* an Leuchttürmen. Sollen ferner die GK mit dem Schlüssel der individuellen Zahlungsbereitschaft t_1 und t_2 auf beide Nachfrager verteilt werden, so ist diese Lösung paretooptimal, da die Summe der individuellen Nutzenpreise die GK deckt. Sie enthält aber implizit ein zusätzliches **Distributionsziel** derart, dass jeder Nachfrager sich an den (Grenz-)Kosten gemäß seinem eigenen Nutzenpreis beteiligt. Dieses spezielle Pareto-Optimum wird **LINDAHL-Gleichgewicht** genannt, da diese partialanalytische Darstellung des optimalen Kollektivgüterangebots auf ERIK LINDAHL (1919) zurückgeht.

> **Resümee:** *Eine paretooptimale Allokation von Kollektivgütern liegt dann vor, wenn die Summe der Nutzenpreise den Grenzkosten der Produktion des Kollektivgutes entspricht. Ein LINDAHL-Gleichgewicht stellt eine paretooptimale Allokation dar, bei welcher alle Kollektivgutnutzer einen Kostenanteil gemäß ihrer GRS tragen. In der finanzpolitischen Praxis liegt das Problem in der Ermittlung der "wahren" Präferenzen der potentiellen Nachfrager. Für jeden Befragten ist es rational, seine wahre Präferenz nach Kollektivgütern zu verschleiern, um als Free-rider nicht zur Kasse gebeten zu werden.*

Schlüsselwörter: Nichttrivialität im Konsum, Kollektivgut, Öffentliches Gut, Nichtausschließbarkeit, SAMUELSON-Bedingung, Vertikale Addition, LINDAHL-Gleichgewicht.

4. Optimale Allokation bei externen Effekten

> Welche Form der Ineffizienz ist zu erwarten, wenn die Nutzung von Gütern oder Faktoren unmittelbar andere Individuen beeinträchtigt oder begünstigt? Welche Optionen hat der Staat, um diese Probleme zu lösen?

Unter **Externen Effekten** versteht man die Auswirkungen ökonomischer Aktivitäten einzelner auf die Konsum- und Produktionsmöglichkeiten anderer, ohne dass diese Auswirkungen über freiwillige Markttauschakte und Marktpreise entgolten werden.

Diese etwas komplizierte Definition eines in der ökonomischen Realität weit verbreiteten Phänomens soll deutlich machen, dass es nicht um in der Volkswirtschaft typische Interdependenzen geht, sondern nur um jene Wirkungen, die nicht über Marktpreise **internalisiert** werden.

In Kapitel 13 haben wir schon den Problembereich der externen Effekte angesprochen. Denn sie führen zu Marktversagen, da individuelle Rationalität mit der gesamtwirtschaftlichen Rationalität kollidiert.

Diese **Rationalitätsfalle** soll am Beispiel des **Allmendeproblems** verdeutlicht
werden. Diese Allmende sei der Fischteich einer Gemeinde, in welcher mit Reusen
Fische gefangen werden. Eine Allmende ist Gemeineigentum. Jedes Gemein-
demitglied kann ohne Lizenz und ohne Gebühr seine individuelle Fangstrategie
optimieren. Kosten entstehen nur bei Erwerb von Reusen. Der Preis einer Reuse
sei fix und unabhängig von der Anzahl der erworbenen Reusen. Welche Strategie
ist individuell rational? Betrachten wir dazu die Überlegung eines "Grenzfischers",
der sich überlegt, dem Beispiel seines Nachbarn zu folgen, eine Reuse zu erwerben
und ebenfalls zu fischen. Er wird dies genau dann tun, wenn der (erwartete) Ertrag
pro Reuse die Kosten einer Reuse übersteigt. Und diese Entscheidung werden alle
weiteren Grenzfischer analog treffen, bis der Erwerb einer Reuse sich nicht mehr
lohnt, weil der Ertrag zu niedrig ist. Es kommt also kein weiterer Fischer mehr
hinzu, wenn der durchschnittliche Reusenertrag höchstens die Kosten einer Reuse
deckt.

Diese Situation ist paretoineffizient, der Fischteich wird "überfischt". Denn die
individuelle Rationalität eines neu hinzukommenden Fischers lässt die Ertragseinbußen anderer Fischer unberücksichtigt, die sein "Markteintritt" bewirkt. Für
diesen **negativen externen Effekt** auf die Erträge anderer braucht keine Entschädigung gezahlt zu werden, denn der Teich ist ja Gemeineigentum.

Abbildung 15.12: *Allmendeproblem*

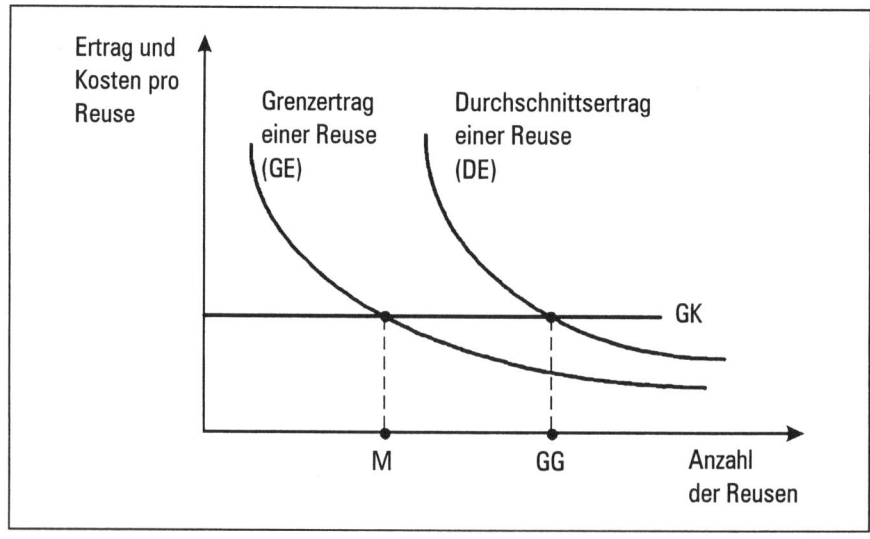

Die **gesellschaftliche Rationalität** im Sinne des gemeinsamen Interesses der ganzen Gemeinde würde zusätzlichen Fischern dagegen nur solange den Zutritt erlauben, wie der auf den Gesamtertrag bezogene Grenzertrag eines zusätzlichen Fischers die Grenzkosten, d.h. den Preis einer Reuse, übersteigt.

Es ist einsichtig, dass in diesem Fall weniger gefischt würde, denn der Durchschnittsertrag einer Reuse liegt über dem – auf den gesamten Fang bezogenen – Grenzertrag. Diesen Fall verdeutlicht die Abbildung 15.12. Die paretooptimale Menge M ist kleiner als die im Marktgleichwicht GG bei individueller Optimierung.

Wie lässt sich im Allmendebeispiel die **Internalisierung externer Effekte** erreichen? Indem der Gemeindeteich in Privateigentum überführt wird. Ein privater Nutzer würde eine Überausbeutung vermeiden, er setzt gerade so viele Reusen ein, bis der Grenzertrag und der Reusenpreis übereinstimmen.

Ein privater Eigner würde sich also genauso verhalten, wie es die soziale Rationalität im Allmendebeispiel fordert. Damit stimmen individuelle und soziale Rationalität überein. Die Rationalitätsfalle ist beseitigt durch wohldefinierte Eigentumsrechte an ökonomischen Ressourcen.

Die Analogie zur Umwelt ist offenkundig. Auch für Umwelt gibt es keine Eigentumsrechte. Solange Umwelt ein freies Gut war, bereitete dies keine Probleme. Durch zunehmende "Umweltnutzung" wurde daraus aber ein knappes Gut. Das ist die Situation, vor der wir heute stehen. Eine paretooptimale Nutzung muss wie im Allmendebeispiel den **individuellen Grenzertrag** eines privaten Nutzers den **sozialen Grenzkosten** der Gesellschaft gegenüberstellen. Dies funktioniert aufgrund der Rationalitätsfalle nicht von allein, denn individuell rational ist es nur, die privaten Grenzkosten zu berücksichtigen. Diese Überausbeutung der Umwelt kann eine staatliche Wirtschaftspolitik verhindern, die mit Steuern, Subventionen, Auflagen oder Zertifikaten dafür zu sorgen hat, dass individuelle Rationalität zu paretooptimalen Lösungen führt.

Wie wäre das denkbar im Beispiel der Überfischung des Gemeindeteiches? Die Lösung ist höchst einfach. Die Reusen werden besteuert, oder der Ertrag wird besteuert. In Abbildung 15.13 wird der Fall der Reusenbesteuerung gewählt. Setzt die Gemeinde eine Steuer pro Reuse in Höhe von t fest – darunter kann auch eine Lizenz verstanden werden –, so verschiebt sich die individuelle GK-Kurve um t nach oben.

Wird t so gewählt, dass die Grenzkostenkurve nach Steuer ($GK + t$) die Durchschnittsertragskurve (DE) an der Stelle M schneidet, führt die individuelle Optimierung im Allmendefall zum Pareto-Optimum.

Abbildung 15.13: *Internalisierung eines externen Effektes*

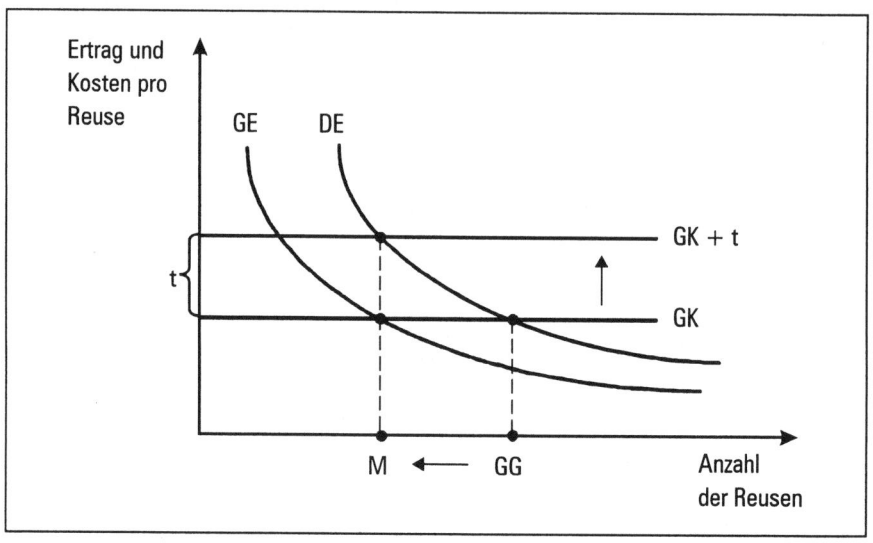

Es sind aber auch andere Lösungen denkbar. So hat der Nobelpreisträger des Jahres 1991 RONALD COASE das als **COASE-Theorem** bekannte Ergebnis begründet, dass unabhängig von staatlichen Aktivitäten paretoeffiziente Lösungen auch durch private Verhandlungen erreicht werden können. Sind Transaktionskosten von Verhandlungen – Zeit und Kosten der Informationsbeschaffung – bedeutungslos und die Verfügungsrechte wohldefiniert und staatlicherseits gesichert, so werden die Wirtschaftssubjekte durch Verhandlungen freiwillig externe Effekte internalisieren. Die effiziente Allokation der Ressourcen wird unabhängig von der Ausgangsverteilung der Verfügungsrechte erreicht. Derjenige, der den höchsten Preis für die Verfügungsrechte zu zahlen bereit ist, wird diese den anderen Wirtschaftssubjekten abkaufen.

Dieses Ergebnis ist zwar ökonomisch plausibel, da für jeden der durch einen externen Effekt Betroffenen (den Verursacher und den Erleider im positiven wie im negativen Sinn) ein Anreiz zu Verhandlungen besteht, denn beide Seiten könnten sich dadurch verbessern. In der Praxis hat dieses Theorem eher eine geringere Bedeutung. Dies liegt zum einen an den genannten Voraussetzungen aber auch daran, dass das Ergebnis der Internalisierung die Machtpositionen der beteiligten Parteien widerspiegelt. Somit gibt es selbst bei Verhandlungslösungen gesellschaftlich nicht gewünschte Ergebnisse, so dass der Staat wieder gefordert wäre. Eine Bedeutung des Theorems liegt aber darin, dass es plausibel macht, dass Institutionen entstehen, wie z.B. rechtliche Rahmenbedingungen, die es ermöglichen, dass wechselseitig vorteilhafte Kontrakte abgeschlossen und realisiert werden.

> **Resümee:** *Externe Effekte sind Ursachen dafür, dass marktmäßige Allokationen nicht paretooptimal sind. Die Erklärung dafür liegt in der Rationalitätsfalle: Individuelle und gesellschaftliche Rationalität kollidieren. Eine Internalisierung negativer externer Effekte kann erreicht werden, indem die privaten Grenzkosten den sozialen Grenzkosten angeglichen werden. Dies kann durch staatliches Eingreifen, aber auch durch private Verhandlungen zwischen den Betroffenen geschehen. Es gibt eine Vielzahl staatlicher Instrumente zur paretooptimalen Internalisierung. In der Regel empfiehlt es sich, diese auf den Verursacher des externen Effektes anzuwenden (Verursacherprinzip).*

Schlüsselwörter: Externe Effekte, Rationalitätsfalle, Allmendeproblem, Internalisierung externer Effekte, COASE-Theorem.

5. Besteuerung, Effizienz und Wohlfahrt

> Welche Leitlinien zur Ausgestaltung des Steuersystems gibt es? Was für Auswirkungen hat der durch die Besteuerung bedingte Eingriff in das Preissystem?

Wir haben nicht nur bereits festgehalten, dass der Staat seine Ausgaben vornehmlich durch **Zwangsabgaben** finanziert, sondern darüber hinaus die fiskalische Bedeutung einzelner Einnahmearten und insbesondere der diversen Steuern betrachtet. Eine ganz andere Frage aber ist, welche Abgaben vom Staat erhoben werden sollten und wie die Steuerlast verteilt werden soll. Die Frage nach der wünschenswerten Ausgestaltung des Steuersystems und der optimalen Verteilung der Steuerlast wird uns jetzt beschäftigen.

Als erstes Konzept zur Verteilung der Steuerlast drängt sich das **Äquivalenzprinzip** auf, das auf die Gleichwertigkeit der staatlichen Leistung und der Belastung durch den Nutznießer abstellt. Dieses Konzept ist dem Markt für private Güter abgeschaut, auf dem nur der zahlt, der Güter erhält, und das auch nur solange, bis der Preis der (marginalen) Zahlungsbereitschaft entspricht. Die staatliche Bereitstellung von Gütern unterscheidet sich aber zwangsläufig in wichtigen Punkten von der Bereitstellung auf dem Markt gehandelter Güter. Zwangsabgaben werden nicht freiwillig gezahlt und eine individuelle Zurechenbarkeit staatlicher Leistungen ist in vielen Fällen unmöglich. Das Äquivalenzprinzip eignet sich daher nur sehr begrenzt als Grundprinzip der Verteilung der Steuerlast. Am ehesten kann es bei kommunalen Leistungen zur Anwendung kommen. Auch dann ist häufig nur eine gruppenmäßige und kostenmäßige Äquivalenz zu erreichen, also die Übereinstimmung der Gruppe der Steuerzahler mit der Gruppe der Nutzer und der Höhe der Kosten der staatlichen Bereitstellung mit der Höhe des Steueraufkommens.

Wenn eine marktmäßige Äquivalenz zwischen staatlicher Leistung und individueller Zahlung nicht herzustellen ist, bietet sich als Alternative die weitgehende Trennung der konkreten staatlichen Leistung und der individuellen Steuerschuld an. Zur Richtschnur der Ausgestaltung des Steuersystems kann dann das **Leistungsfähigkeitsprinzip** werden. Dieses sieht vor, die Steuerzahler nach der individuellen Leistungsfähigkeit gestaffelt zur Finanzierung staatlicher Ausgaben heranzuziehen. Man spricht hier auch von **horizontaler und vertikaler Gerechtigkeit**: Individuen in gleicher ökonomischer Lage sollen in gleicher Höhe beitragen, Wirtschaftssubjekte in unterschiedlicher Position in unterschiedlicher Höhe. Ein zentrales Problem in der Umsetzung dieses Konzepts liegt in der Wahl eines geeigneten Indikators für die wirtschaftliche Lage bzw. die Leistungsfähigkeit. Auf den ersten Blick empfiehlt sich das Einkommen als Indikator. Personen mit gleichem Jahreseinkommen können aber sehr wohl ein unterschiedliches Lebenseinkommen haben und sich daher keineswegs in der gleichen ökonomischen Lage befinden. Zudem erfasst das Einkommen eher die wirtschaftlich tatsächlich erbrachte Leistung und weniger das Potential des einzelnen. Man stelle sich nur zwei Steuerzahler mit gleichem Einkommen vor, für das der eine Tag und Nacht gearbeitet hat, der andere aufgrund besserer Verdienstmöglichkeiten aber nur 20 Stunden die Woche. Auch gegen andere potentielle Indikatoren lassen sich ähnliche Einwände erheben. Aber selbst wenn ein Indikator gefunden ist, dann bleibt das Leistungsfähigkeitsprinzip nur eine vage Richtschnur für die nähere Ausgestaltung des Steuersystems. Keineswegs kann man aus dem Prinzip eine genaue Form des **Steuertarifs**, z.B. der Einkommensteuer, also des Zusammenhangs zwischen dem zu versteuernden Einkommen und der Steuerschuld, ableiten. Dennoch ist das Leistungsfähigkeitsprinzip aus der Steuerdiskussion nicht wegzudenken, zumal da es auch die **Umverteilung** zwischen verschiedenen Einkommensklassen zulässt.

Weder das Äquivalenzprinzip noch das Leistungsfähigkeitsprinzip können letztlich vollständig befriedigende Antworten auf die Frage nach dem wünschenswerten Steuersystem geben. Aber auch die ökonomische Theorie zur effizienten Allokation hält noch eine Antwort parat. Ihr Ergebnis beruht auf der einfachen Erkenntnis, dass nicht jede Form der Besteuerung für den Steuerzahler die gleiche Last mit sich bringt, selbst wenn die Höhe der Steuerzahlung in jedem Fall dieselbe ist. Von großer Bedeutung ist, was besteuert wird: das Einkommen, nur das Lohneinkommen, der Verbrauch jedes Gutes, oder der Verbrauch einzelner Güter, usw. Warum das so ist, wollen wir uns nunmehr an einem einfachen Beispiel verdeutlichen.

Wir betrachten hierzu einen Steuerzahler, der über ein gegebenes Einkommen Y verfügt. Dieses Einkommen kann er für zwei verschiedene Güter verwenden, deren Mengen wir mit x_1 und x_2 bezeichnen. Der Haushalt maximiert bekanntermaßen seinen Nutzen $u(x_1, x_2)$. Die Preise, die die Produzenten erzielen, sind p_1 und p_2. Wenn der Verbrauch eines Gutes besteuert wird, ist der Preis dieses Gutes, den der Konsument letztlich zahlen muss, aber um die Steuer höher. Wir wollen zwei Fälle miteinander vergleichen: eine **allgemeine Verbrauchsteuer**, unter der jedes Gut mit dem gleichen Steuersatz τ besteuert wird, und eine **spezielle Ver-**

brauchsteuer, unter der nur der Verbrauch des zweiten Gutes mit dem Steuersatz τ_2 besteuert wird. Jede der Steuern verkleinert gegenüber einer Welt ohne Steuern die Menge der Güterbündel, die sich der Konsument leisten kann, da der Konsum teurer wird. Die Abbildung 15.14 verdeutlicht dies.

Abbildung 15.14: *Zusatzlast einer speziellen Verbrauchsteuer*

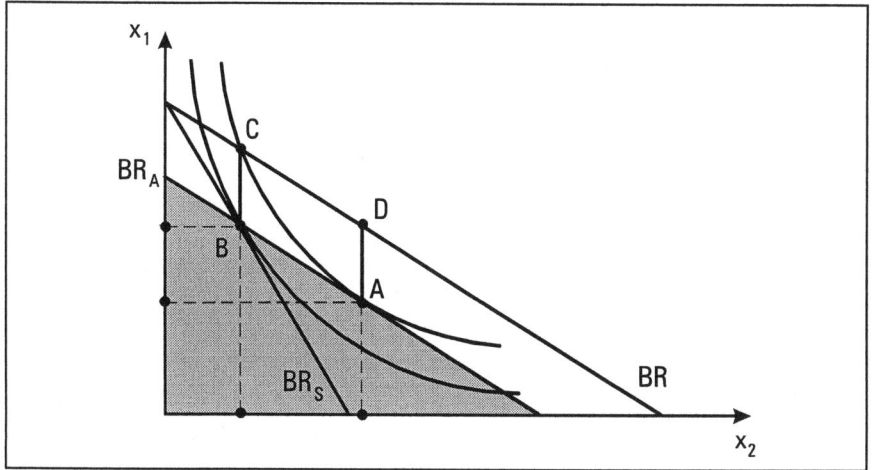

Unter der allgemeinen Verbrauchsteuer ist die Budgetrestriktion (BR_A) nun

$$(12) \qquad Y = p_1(1 + \tau)x_1 + p_2(1 + \tau)x_2$$

und hat sich damit gegenüber der steuerfreien Welt (*BR*) parallel nach unten verschoben.

Eine spezielle Verbrauchsteuer bewirkt eine Drehung der Budgetgeraden nach innen, da das unbesteuerte Gut unverändert zum alten Preis erworben werden kann. Die Budgetrestriktion (BR_S) lautet in diesem Fall

$$(13) \qquad Y = p_1 x_1 + p_2(1 + \tau_2)x_2.$$

Wie aber beurteilt der Steuerzahler die beiden Steuern? Zunächst einmal wird er sich bei jeder Steuer nutzenmaximal an die neuen Preise anpassen, d.h. den jeweils optimalen Verbrauchsplan realisieren. Wir haben die Budgetgeraden in der Abbildung 15.14 gerade so verschoben (d.h. entsprechend hohe Steuersätze angenommen), dass dies bei der allgemeinen Verbrauchsteuer der Punkt A und bei der speziellen Verbrauchsteuer der Punkt B ist. Anhand der Indifferenzkurven können wir erkennen, dass das Individuum den Verbrauchsplan A dem Verbrauchsplan B vorzieht. Wie aber sieht es mit dem Steueraufkommen aus? Wir können das Steueraufkommen in der benutzten Abbildung darstellen. Dazu bedienen wir uns eines kleinen Kunstgriffs. Wir messen das Steueraufkommen in Einheiten des ersten Gutes, das bei der speziellen Verbrauchsteuer unbesteuert bleibt. Wenn der Konsument gemäß Verbrauchsplan B konsumiert, dann beansprucht er gerade die vertikale Differenz zwischen der Budgetrestriktion vor Besteuerung, BR, und der Budgetrestriktion nach Besteuerung, BR_S, vom ersten Gut **nicht** für sich, sondern überlässt es (unfreiwillig) dem Staat. Diese Strecke (BC) ist das Steueraufkommen in Einheiten des ersten Gutes unter der speziellen Verbrauchsteuer. Aus den gleichen Überlegungen folgt, dass unter der allgemeinen Verbrauchsteuer das Steueraufkommen gleich AD und damit auch – wie durch einfachen Vergleich der Länge der Strecken zu erkennen ist – gleich BC. Mit anderen Worten: Das Steueraufkommen ist bei beiden Steuerarten gleich.

Da der Staat in beiden Fällen das gleiche Steueraufkommen erhält, der Steuerzahler aber unter der allgemeinen Verbrauchsteuer einen größeren Nutzen erzielt als unter der speziellen Verbrauchsteuer, ist offensichtlich die allgemeine Verbrauchsteuer eine effizientere Steuer als die spezielle Verbrauchsteuer. Man sagt auch: Die spezielle Steuer ruft eine **Zusatzlast** (auch **Excess burden** genannt) hervor, da der Steuerzahler nicht nur das Steueraufkommen erbringen, sondern auch noch einen vermeidbaren Nutzenverlust in Kauf nehmen muss.

Was ist die ökonomische Ursache für die Zusatzlast der Steuer? Die Steuer ist gerade deshalb mit einer Zusatzlast verbunden, weil sie das Preisverhältnis zwischen den Gütern für die Konsumenten verändert. Die spezielle Steuer treibt einen Keil zwischen das Güterpreisverhältnis für die Produzenten und das Güterpreisverhältnis für die Konsumenten. Wir sprechen daher auch von einer **verzerrenden Steuer**. Da aber, wie wir bereits wissen, das Güterpreisverhältnis der Konsumenten gleich dem Nutzenpreis (Grenzrate der Substitution) und das Preisverhältnis der Produzenten gleich dem Kostenpreis (Grenzrate der Transformation) ist, stimmen Grenzrate der Substitution und Grenzrate der Transformation nicht mehr überein. Damit kann kein Pareto-Optimum mehr vorliegen.

Die allgemeine Verbrauchsteuer treibt, zumindest im Rahmen unserer bisherigen Betrachtung, keinen Keil zwischen Nutzen- und Kostenpreis, ein Pareto-Optimum ist also weiterhin möglich. Preisverzerrungen rufen folglich allein deswegen eine Zusatzlast hervor, weil sie verhindern, dass die notwendigen Bedingungen für ein effizientes Wettbewerbsgleichgewicht erfüllt werden. Die Nachfrager kalkulieren nicht mehr mit den tatsächlichen volkswirtschaftlichen Opportunitätskosten.

Aus unseren bisherigen Überlegungen folgt, dass Zusatzlasten vermieden bzw. zumindest so klein wie möglich gehalten werden sollten und daher verzerrende Steuern zu meiden sind. Wenn wir unseren Horizont aber etwas erweitern, erkennen wir, dass nahezu jede Steuer verzerrend wirkt: die allgemeine Verbrauchsteuer und die Lohnsteuer beim Preisverhältnis von unbesteuerter Freizeit und besteuerten Konsumgütern (dem Reallohn), die Einkommensteuer darüber hinaus beim Preisverhältnis von morgigem und heutigem Konsum (dem Zins). Ganz zu vermeiden sind Verzerrungen also nicht; sie sollten aber genau gegeneinander abgewogen werden, um ein Steuersystem mit **minimalen Zusatz-lasten** zu finden, das gegebenenfalls aufgrund von Verteilungsaspekten noch weiter zu modifizieren ist.

Resümee: Neben dem Leistungsfähigkeitsprinzip, welches vorsieht, die Steuerlast entsprechend der Fähigkeit zur Leistung auf die Steuerpflichtigen zu verteilen, bietet sich auch das Äquivalenzprinzip, das die Steuer als eine Art Preis der öffentlichen Leistung betrachtet, als Leitlinie zur Gestaltung des Steuersystems an. Jeder steuerliche Eingriff in den Preismechanismus ist mit einer effizienzmindernden Verzerrung verbunden, die als Zusatzlast der Besteuerung bezeichnet wird. Diese zu minimieren, könnte ein Ziel der Ausgestaltung des Steuersystems sein.

Schlüsselwörter: Zwangsabgaben, Äquivalenzprinzip, Leistungsfähigkeitsprinzip, Horizontale Gerechtigkeit, Vertikale Gerechtigkeit, Steuertarif, Umverteilung, Zusatzlast, Excess burden, Verzerrende Steuer.

6. Schlussbemerkung

Welche allgemeinen Schlussfolgerungen können wir aus den grundlegenden Resultaten der Allokationstheorie ableiten?

In der marktwirtschaftlichen Wettbewerbsökonomie der westlichen Welt fallen dem Staat wichtige Funktionen zu. Er ist Hüter des Wettbewerbs, Reparaturbetrieb bei Marktstörungen und ebenso Garant einer gesellschaftlich als wünschenswert erachteten gerechten Einkommens- und Güterverteilung.

Eine staatliche Wirtschaftspolitik, die all diesen Zielvorstellungen gerecht werden will, kann keine Ad-hoc-Politik sein, sondern braucht eine verlässliche Richtschnur. Als diese kann die Wohlfahrtstheorie und ihre Grundidee von gesamtwirtschaftlicher Effizienz dienen, wenn Pareto-Optimalität als wirtschaftspolitische Norm gewählt worden ist. Ohne diesen theoretischen Referenzrahmen gibt es weder individuelle, staatliche, noch gesellschaftliche Rationalität. Obwohl das allokative Grundmodell zunächst abstrakt und realitätsfern erscheinen mag, bildet es neben der makroökonomischen Theorie den zweiten Grundpfeiler jeglicher wirtschaftspolitischer Analyse.

Dass Wettbewerbsgleichgewichte paretooptimal sind, wie es im ersten Hauptsatz der Wohlfahrtstheorie bewiesen wird, ist der Grundstein dafür, dass die nutzenmaximierenden Konsumenten und gewinnmaximierenden Produzenten ein Optimum erreichen. Dass der Staat notfalls in Fällen von Marktversagen die für einen funktionierenden Marktmechanismus notwendigen Rahmenbedingungen sicherstellen muss, ist dann eine logische Konsequenz.

Selbst dann, wenn die Gesellschaft andere als die über den Markt realisierten Distributionsziele verfolgt, und das ist der Inhalt des zweiten Hauptsatzes der Wohlfahrtstheorie, können diese Ziele wiederum über den Marktmechanismus, und das heißt ohne Zwang und staatliche Bevormundung, realisiert werden, falls der Staat die anfängliche Einkommens- und Güterverteilung zu diesem Zwecke geeignet korrigiert.

In dieser symbiotischen Beziehung zwischen marktwirtschaftlicher Freiheit und staatlicher Regelfixierung wie auch in ihrer subsidiären Hierarchie liegen die Wurzeln für den evolutorischen Erfolg marktwirtschaftlicher Wettbewerbsökonomien. Denn sie sind einerseits effizient und werden andererseits der Natur des Menschen gerecht.

Fragen und Aufgaben zum 15. Kapitel

1. Erläutern Sie ausführlich die drei Effizienzbedingungen, die für ein Paretooptimum bei vollständiger Konkurrenz erfüllt sein müssen. Diskutieren Sie in diesem Zusammenhang ausführlich die beiden Hauptsätze der Wohlfahrtstheorie?

2. Was ist der Unterschied zwischen Transformationskurve, Nutzenmöglichkeitskurve und Nutzengrenze?

3. Begründen Sie, warum im Fall unterschiedlicher Grenzraten der Substitution ein paretosuperiorer Tausch möglich ist.

4. Man erläutere das Konzept einer sozialen Wohlfahrtsfunktion.

5. In welcher Beziehung stehen Distributionsziele zur allokativen Effizienz?

6. Erläutern Sie die Konzepte der Konsumenten- und Produzentenrente.

7. Worin bestehen die Wohlfahrtsverluste im Falle monopolistischer Produktion?

8. Diskutieren Sie, inwieweit sich im Fall des "natürlichen Monopols" eine öffentliche Produktion rechtfertigen lässt? Sollen öffentliche Betriebe Gewinne erwirtschaften oder, dürfen sie es nicht?

9. Was sind die Charakteristika von Kollektivgütern? Wann versagt der Markt in der paretooptimalen Bereitstellung von Kollektivgütern? Müssen Kollektivgüter öffentlich produziert werden?

10. Verdeutlichen Sie anhand des SAMUELSON-Modells die Bedingungen für eine optimale Bereitstellung von Kollektivgütern.

11. Was versteht man unter einem LINDAHL-Gleichgewicht bei der Allokation von Kollektivgütern.

12. Was genau sind externe Effekte, und wo liegen die Gründe dafür, dass externe Effekte in der Regel zu suboptimalen Allokationen führen?

13. Verdeutlichen Sie das Allmendeproblem.

14. Durch welche Maßnahmen lassen sich externe Effekte internalisieren? Erläutern Sie hierbei das Konzept des COASE-Theorems. Welche Bedeutung hat das Verursacherprinzip in diesem Zusammenhang?

15. Worin besteht die Zusatzlast einer speziellen Verbrauchsteuer?

Literatur zum 15. Kapitel

Als finanzwissenschaftliche Standardlehrbücher empfehlen sich

Stiglitz, Joseph E.; Schönfelder, Bruno. Finanzwissenschaft. Zweite Auflage. R. Oldenbourg Verlag. München u.a.O. 1989.

Musgrave, Richard A.; Musgrave, Peggy B.; Kullmer, Lore. Die öffentlichen Finanzen in Theorie und Praxis. Band 1: Sechste Auflage. J. C. B. Mohr. Tübingen 1994. Band 2: Fünfte Auflage. J.C.B. Mohr. Tübingen 1993. Band 3: Vierte Auflage. J. C. B. Mohr. Tübingen 1992.

Immer noch ein hervorragendes Buch, gerade zur Theorie der externen Effekte, ist

Sohmen, Egon. Allokationstheorie und Wirtschaftspolitik. J.C.B. Mohr. Tübingen 1976.

Mit einem wichtigen Anwendungsgebiet der Theorie der externen Effekte, der Umweltökonomie, beschäftigen sich

Endres, Alfred. Umwelt- und Ressourcenökonomie. Wissenschaftliche Buchgesellschaft. Darmstadt 1985.

und

Weimann, Joachim. Umweltökonomik. Eine theoretische Einführung. Dritte Auflage. Springer Verlag. Berlin u.a.O. 1995.

Klassiker der Theorie der öffentlichen Güter und der Wohlfahrtstheorie sind

Lindahl, Erik. Die Gerechtigkeit der Besteuerung. Lund 1919.

Rawls, John. A Theory of Justice. Harvard University Press. Cambridge, Massachusetts 1971. (Deutsche Übersetzung: Eine Theorie der Gerechtigkeit. Achte Auflage. Suhrkamp Verlag. Frankfurt a.M. 1994.)

Samuelson, Paul A. The Pure Theory of Public Expenditure. In: Review of Economics and Statistics 36. S. 387-389. 1954.

INTERNATIONALE WIRTSCHAFT

Teil VI

Kapitel 16
Internationaler Handel

Kapitel 16 Internationaler Handel

1. Außenhandel und internationale Arbeitsteilung

> Warum kann es für ein Land günstiger sein, Güter zu importieren als sie selbst zu produzieren? Warum importieren Länder sogar Güter, die sie selber günstiger produzieren können? Warum werden manche Produkte von einem Land gleichzeitig exportiert und importiert?

Seit dem letzten Weltkrieg kann man eine fast kontinuierlich steigende Entwicklung des Welthandelsniveaus beobachten. Die Nationen der Welt sind durch Handelsbeziehungen sehr intensiv miteinander verflochten. Die Vorteile der Aufnahme von Außenhandelsbeziehungen führen in vielen Ländern zu Wohlstand und Wachstum. Man kann beobachten, dass sich einzelne Länder auf die Produktion bestimmter Güter spezialisieren und andere Güter lieber importiert werden. So kommen in Deutschland die meisten Kameras aus Japan, während andererseits Automobile mit großem Erfolg in alle Welt exportiert werden. Das Ergebnis ist eine **arbeitsteilige Weltwirtschaft**.

Warum kommt zwischen zwei Ländern Außenhandel zustande? Die Gründe dafür sind vielfältig. Der einfachste Grund ist, dass bestimmte Güter in einem Land **nicht verfügbar** sind, aber als Vorleistungs- oder Konsumgüter benötigt werden. So muss Deutschland zahlreiche Rohstoffe importieren, da sie nicht oder in zu geringer Menge im Lande existieren. Der nächste Grund für Handel sind **internationale Preisunterschiede**. Wenn ein Gut in einem Land zu absolut geringeren Kosten produziert werden kann, das andere Land ein anderes Gut günstiger produzieren kann und beide Güter in beiden Ländern gebraucht werden, dann werden die Länder Handelsbeziehungen aufnehmen. Dies soll an dem Zahlenbeispiel der Tabelle 16.1 (Fall 1) verdeutlicht werden. Man spricht hier von **absoluten Kostenvorteilen**. Land A wird Gut x exportieren, Land B das Gut y.

Auf DAVID RICARDO geht die Erkenntnis zurück, dass es auch sinnvoll sein kann, Handel zu treiben, wenn für ein Land keine absoluten Kostenvorteile existieren.

Land A produziert im Fall 2 beide Güter zu den niedrigsten Kosten. Land A hat sogar bei der Erzeugung des Gutes x einen besonders großen Kostenvorsprung, der Unterschied zwischen 3 und 9 Einheiten Arbeit ist verhältnismäßig größer als der Unterschied zwischen 30 und 40 Einheiten Arbeit. Dieser positive relative Kostenunterschied hat zur Folge, dass auch in diesem Fall Land A sich auf die Produktion von Gut x verlegen wird und Land B auf die Produktion des Gutes y. Man spricht hier von **komparativen Kostenvorteilen** des Landes A bezüglich der Produktion von x und des Landes B bezüglich y.

RICARDO verdeutlichte somit, dass Außenhandel vorteilhaft ist, wenn jedes Land sich auf die Produktion derjenigen Güter spezialisiert, für die es einen kompa-

rativen Vorteil besitzt und andere Güter importiert. Dieses Ergebnis ist als
RICARDO-Theorem in der Literatur bekannt.

Tabelle 16.1: *Komparative und absolute Kostenvorteile*

Fall 1:	Land A	Land B
Gut x	3	6
	Einheiten Arbeit	Einheiten Arbeit
Gut y	30	10
	Einheiten Arbeit	Einheiten Arbeit
Fall 2:	**Land A**	**Land B**
Gut x	3	9
	Einheiten Arbeit	Einheiten Arbeit
Gut y	30	40
	Einheiten Arbeit	Einheiten Arbeit

In einer zweiten wichtigen Ausrichtung der Außenhandelstheorie werden internationale Preisunterschiede bei **Autarkie** – so bezeichnet man Situationen ohne
Außenhandel – durch nationale Unterschiede in der Ausstattung mit Primärfakto-
ren erklärt. Nach dem **HECKSCHER-OHLIN-Theorem** werden solche Güter exportiert, deren Produktion besonders intensiv mit denjenigen Faktoren betrieben wird,
mit denen ein Land relativ reichlich ausgestattet ist.

Doch auch zwischen zwei Ländern, die zwei Produkte mit gleicher Technologie
bei identischer Faktorausstattung herstellen, kann Handel die Wohlfahrt steigern.
Dies ist dann der Fall, wenn sich die **Präferenzen der Konsumenten** beider Länder unterscheiden. Die Konsumenten des Landes *A* möchten viel Gut *x* und wenig
Gut *y* konsumieren, während für die Konsumenten des Landes *B* das Umgekehrte
gilt. Nehmen in der Produktion der beiden Güter die Grenzerträge mit zunehmendem Produktionsumfang ab, so kann durch eine von den Konsumwünschen abweichende Produktion mit gleichem Faktoreinsatz von beiden Gütern insgesamt eine
größere Menge produziert werden, d.h. die Wohlfahrt steigt durch geschickte An-
ordnung der Produktion. Dazu muss Land *A* weniger Gut *x* und mehr Gut *y* produzieren als es konsumieren möchte und Land *B* eine größere Menge Gut *x* und eine
kleinere Menge Gut *y* produzieren. Land *A* exportiert einen Teil seiner Produktion
von Gut *y* und importiert im Gegenzug einen Teil seines Bedarfes an Gut *x*.

Diese vier traditionellen Erklärungen für die Aufnahme von Handelsbeziehungen
können jedoch nicht alle Muster des Welthandels erklären. Wenn z.B. Japan
gleichzeitig Autos nach Deutschland exportiert und deutsche Autos importiert,
müssen andere Gründe dahinterstecken. Die moderne Außenhandelstheorie bietet
zunehmende Skalenerträge und unvollkommenen Wettbewerb als theoretische Begründung für solche Handelsstrukturen an. **Zunehmende Skalenerträge** liegen
vor, wenn die Stückkosten mit jeder weiteren produzierten Einheit sinken. Die
häufigste Ursache dieser **Kostendegression** sind hohe Fixkosten.

Die Konsequenz von positiven Skalenerträgen ist ein unvollkommener Wettbewerb, denn ein Monopolist könnte in diesem Fall den gesamten Markt am günstigsten bedienen. In der Praxis werden am Markt einige wenige Unternehmen überleben, von denen jedes eine spezielle Produktvariante anbietet. Jeder Anbieter ist Monopolist für diese Variante. Die Konsumenten bilden Präferenzen für bestimmte Varianten, die in ihren Augen zwar nicht beliebig austauschbar, aber doch substituierbar sind. Am inländischen Markt sind die Absatzmöglichkeiten beschränkt und wegen der zunehmenden Skalenerträge trifft dies auch für die Anzahl der angebotenen **Produktvarianten** zu.

Die Aufnahme von Handelsbeziehungen verbessert die ökonomische Situation der beiden Länder in zweierlei Hinsicht: Erstens wird ein größerer Markt geschaffen, so dass die Größenvorteile der Produktion genutzt und somit zu geringeren Preisen produziert werden kann. Zweitens wird sich jedes Land auf bestimmte Produktvarianten spezialisieren, bei denen es die Skalenerträge weiter ausschöpfen kann. Die aggregierte Konsummenge beider Länder wird also nach Aufnahme des Außenhandels mit geringerem Ressourceneinsatz produziert, wobei gleichzeitig die Zahl der verfügbaren Produktvarianten steigt. Beide Effekte steigern die Wohlfahrt beider Länder. Sowohl Japan als auch Deutschland profitieren von dem wechselseitigen Autoexport.

Dieser **intraindustrielle Handel** findet vor allem zwischen gleichmäßig entwickelten Ländern statt, während der **interindustrielle Handel**, der auf komparativen Kostenvorteilen beruht, oft zwischen Volkswirtschaften in unterschiedlichen Entwicklungsstadien abgewickelt wird.

Resümee: Aus demselben Grund, aus dem die binnenwirtschaftliche Arbeitsteilung den Handel zur Folge hat, erwächst aus der internationalen Arbeitsteilung der zwischenstaatliche Handel. Nicht allein aufgrund absoluter Kostenunterschiede, sondern auch aufgrund komparativer Kostenunterschiede, unterschiedlicher Faktorausstattungen, unterschiedlicher Präferenzen und der Ausnutzung von Größenvorteilen wird international gehandelt.

Schlüsselwörter: Absolute Kostenvorteile, Komparative Kostenvorteile, RICARDO-Theorem, Autarkie, HECKSCHER-OHLIN-Theorem, Skalenerträge, Intraindustrieller Handel.

2. Freihandel versus Protektionismus

Warum wird in den internationalen Handel eingegriffen? Wie kann man Handelshemmnisse abbauen, und wessen Aufgabe ist dies? Was wollen die Befürworter der strategischen Handelspolitik erreichen?

Internationale Arbeitsteilung mit der logischen Konsequenz weltweiter Handelsbeziehungen ist also vorteilhaft, da die Handelspartner auf diese Weise ihre Wohlfahrt steigern können. Deswegen ist weltweit ungehinderter Handel ein anzustrebendes Ideal.

In der politischen Praxis wird dieses Freihandelsideal jedoch nicht immer verfolgt. Was kann aber **Protektionismus** begründen? Was könnte ein Land dazu bewegen, vom wohlstandsfördernden **Freihandel** abzuweichen? Betrachten wir uns dazu eine Situation mit zwei Ländern, die einander freien Marktzugang gewähren und die gleichmäßig von diesen Handelspraktiken profitieren. Jedes einzelne der beiden Länder kann in der Regel seinen Wohlstand gegenüber der Freihandelssituation noch ein bisschen erhöhen, wenn es einen sogenannten **Optimalzoll** erhebt und damit Importgüter verteuert. Der Optimalzoll ist derjenige Zoll, der die nationale Wohlfahrt maximiert. Der Anreiz zur Erhebung dieses Zolls besteht jedoch für beide Länder. Wenn jedoch beide einen optimalen Zoll erheben, ist jedoch in keinem der beiden Länder die Wohlfahrt höher als im Freihandelsfall, sondern sie ist in beiden Ländern niedriger. Die Verfolgung rein nationaler Interessen führt also zu einer Verschlechterung gegenüber der Ausgangssituation. Die Lösung dieser Konfliktsituation von der Struktur eines uns schon bekannten **Gefangenendilemmas** besteht darin, dass beide Länder sich vertraglich verpflichten, keine Zölle zu erheben. Vereinbarungen über einen gegenseitigen Zollabbau bringen für die Branchen mit Importkonkurrenz in der Regel einen schärferen Wettbewerb mit sich, was die entsprechenden Interessengruppen verhindern möchten. Andererseits werden den Exportbranchen durch die Öffnung ausländischer Märkte neue Chancen eröffnet, so dass für die inländische Industrie kein Anlass besteht, solche Liberalisierungsabkommen grundsätzlich abzulehnen. Die Konsumenten sind ohnehin eindeutige Gewinner der Handelserleichterungen, da stärkerer Wettbewerb am Inlandsmarkt zu geringeren Preisen, einer größeren Auswahl und in der Regel höherer Produktqualität führt. Somit besteht für die Politik eine echte Chance, Vereinbarungen über den wechselseitigen Zollabbau im Inland durchzusetzen und so den Wohlstand zu steigern.

In der politischen Praxis wird das Freihandelsziel auf vielfältige Art verfolgt. Die größte Bedeutung hat in diesem Kontext das **General Agreement on Tariffs and Trade (GATT)** erlangt, dessen Ziel die weltweite Herstellung bzw. Aufrechterhaltung des Freihandels ist. Parallel zu den oft mühsamen multilateralen Verhandlungen über die Handelsbeziehungen, die seit 1995 unter dem Dach der GATT-Nachfolgerin **World Trade Organization (WTO)** stattfinden, bemühen sich auch einzelne Staaten oder Staatengruppen in bilateralen Verhandlungen um den Abbau bestehender Handelshemmnisse. Die wichtigsten Abkommen der letzten Jahre unter dem WTO-Dach betrafen die weltweite Liberalisierung der Telekommunikation und der Finanzdienstleistungen. Für die Zukunft steht die Diskussion über die Ausformung einer Weltwettbewerbsordnung bevor. Themen von besonderem Interesse sind die Liberalisierung des Agrarsektors, der Schutz des geistigen Eigentums (weltweite Urheberrechte) und ein **Codex für Direktinvestitionen**. Daneben haben sich in den letzten Jahren regionale **Freihandelszonen** entwickelt, deren Mitgliedsstaaten die Handelsaktivitäten untereinander nicht durch Zölle oder

andere Handelshemmnisse belasten. So gibt es z.B. in Europa ein Freihandelsabkommen zwischen den EU- und den EFTA-Staaten und in Nordamerika haben sich
die USA, Kanada und Mexiko zur **North American Free Trade Area (NAFTA)**
zusammengeschlossen.

Der von Brasilien, Argentinien, Paraguay und Uruguay 1991 gegründete gemeinsame südamerikanische Markt **Mercosur** steckt noch in den Kinderschuhen. Ge-
plant sind einheitliche Außenzölle sowie der freie Binnenverkehr von Waren,
Dienstleistungen, Personen und Kapital. Assoziierte Mitglieder sind mittlerweile
auch Chile und Bolivien.

Ein neues Argument im Lager der Protektionisten ist die **Strategische Handelspolitik**. Wie auch in der Neueren Handelstheorie geht es hier um Märkte mit unvoll-
ständigem Wettbewerb. Auf internationalen Märkten mit unvollkommener
Konkurrenz, d.h. auf Märkten mit nur wenigen Wettbewerbern, sind Extraprofite,
sogenannte **Renten**, zu erzielen. Die Verfechter einer Strategischen Handelspolitik
möchten durch Subventionierung der heimischen Anbieter einen möglichst großen
Teil der zu gewinnenden Renten ins Inland holen. Die Subventionierung macht die
Drohung des inländischen Anbieters, zu investieren und zu produzieren glaubwürdig, so dass die ausländischen Konkurrenten abgeschreckt werden und ein Angebot auf dem fraglichen Markt nicht mehr in Betracht ziehen. Wie bei jeder anderen
Form der Subventionierung birgt allerdings auch die Strategische Handelspolitik
die Gefahr eines Subventionswettlaufes in sich.

> *Resümee: Durch die Erhebung eines Optimalzolls kann ein Land seine eigene
> Wohlfahrt gegenüber einer Gewährung des freien Marktzugangs marginal
> erhöhen. Dieser Anreiz besteht jedoch für alle Länder, so dass dieses Wohl-
> fahrtsmaximum nie erreicht wird. Um den suboptimalen Zustand wechselseiti-
> ger Handelsbeschränkungen zu verhindern, müssen Freihandelsvereinbarun-
> gen in international bindenden Verträgen getroffen werden.*

Schlüsselwörter: Protektionismus, Freihandel, Optimalzoll, General Agreement
on Tariffs and Trade (GATT), World Trade Organization (WTO), Codex für Direktinvestitionen, Freihandelszonen, North American Free Trade Area (NAFTA),
Mercosur, Strategische Handelspolitik.

3. Instrumente protektionistischer Handelspolitik

> Zu welchen Mitteln kann ein Land greifen, das den internationalen Handel
> beschränken möchte? Wie behindern Länder ihren Kapitalverkehr?

Protektionistische Maßnahmen zielen darauf ab, Ergebnisse des freien Handels
bewusst zu verändern, um damit nationale Vorteile zu erzielen. Protektionistische
Maßnahmen sind als solche oft nicht unmittelbar zu erkennen, was es dann auch
schwierig macht, über den Abbau dieser Handelsbarrieren zu verhandeln. Zunächst

bieten sich zwei Bereiche an, in denen der Staat in den Handel eingreift: zum einen in den Verkehr von Gütern und Dienstleistungen und zum anderen in den internationalen Kapitalverkehr. Letzteres ist in der schärfsten denkbaren Form die Devisenbewirtschaftung.

Zunächst seien einmal die möglichen Maßnahmen im Einzelnen dargestellt. Die bekannteste Handelsschranke ist der **Zoll**. Zölle können auf die importierten Mengen- oder Werteinheiten erhoben werden. Ziel ist es, den Preis der importierten Güter zu erhöhen, um damit ihre Absatzmenge zu reduzieren. Da der Zoll jedoch direkt als Handelsschranke erkennbar ist, sieht er sich schnell der Kritik der betroffenen Exportländer ausgesetzt, die dann mit Retorsions-(Vergeltungs-)zöllen drohen können.

Nicht so unmittelbar als importbeschränkende Maßnahme zu erkennen sind **Subventionen** für Industrien, deren Güterproduktion mit Importgütern konkurriert. Vergibt der Staat eine Subvention pro Outputeinheit, so werden die Grenzkosten des Unternehmens verändert, was sich in einer Verschiebung der Angebotskurve um den Subventionssatz nach unten äußert. Dadurch kann die inländische Produktion erweitert und Importe können zurückgedrängt werden. Subventionen haben den Nachteil, dass sie das Staatsbudget belasten. Zudem besitzen sie eine große Bestandskraft und sind nur sehr schwer wieder abbaubar. Subventionen haben in der Bundesrepublik eine weite Verbreitung gefunden, die von den Werften über die Kohle bis in die Landwirtschaft reicht. Natürlich muss nicht jede Subvention auf das Zurückdrängen von Importen gerichtet sein.

Protektionistisch wirken auch **Maßnahmen im öffentlichen Auftragswesen**, die darauf gerichtet sind, inländische Firmen den ausländischen Anbietern vorzuziehen. Bei öffentlichen Ausschreibungen ist es häufig üblich, beispielsweise eine Baumaßnahme auch als strukturpolitische Maßnahme zu betrachten, die Arbeitsplätze sichern oder schaffen soll. Dadurch haben ausländische Anbieter häufig kaum eine Chance, den Zuschlag zu erhalten.

Die schwierigste Klasse der Importbeschränkungen sind die sogenannten **Nichttarifären Handelshemmnisse**. Zu diesen Nontariff barriers zählen neben mengenbezogenen Importbeschränkungen wie Importkontingenten und "freiwilligen" Exportbeschränkungen auch administrative Handelshemmnisse und Verpackungsvorschriften, Gesundheits-, Sicherheits- und Umweltstandards etc. Ein gutes Beispiel ist das Aufstellen von nationalen technischen Normen.

Hier werden häufig aus anderen Motiven sinnvolle Maßnahmen zu Handelsschranken. Der verbindliche Einbau von geregelten Katalysatoren in Autos zur Schadstoffreduzierung kann für ein Exportland, das diese Technologie nicht beherrscht, die Wirkung eines Exportverbots haben oder aber zu erheblichen Mehrkosten führen. Ob nun Schadstoffreduzierung oder Importbeschränkung das Ziel der technischen Norm ist, lässt sich im Einzelfall nur schwer feststellen und es erfordert intensive internationale Verhandlungen, technische Normen auf einen sinnvollen gemeinsamen Nenner zu bringen. Eines der Ziele der WTO ist es, alle nichttarifären Handelshemmnisse in Zölle umzuwandeln und diese dann schrittweise abzubauen.

Im Bereich der **Devisenbewirtschaftung** geht es häufig darum, den Abfluss von Kapital ins Ausland zu behindern. Wenn Kapital im Inland eingesetzt wird, so schafft es zusätzliche Einkommen und Arbeitsplätze, und darum erscheinen solche Maßnahmen zunächst sehr sinnvoll. Die Erfahrung mit Kapitalverkehrsbeschränkungen zeigt aber, dass sie einen sehr großen administrativen Aufwand erfordern und zum anderen ausländische Unternehmen nachhaltig davon abschrecken, im Inland zu investieren. Es wäre für ein ausländisches Unternehmen schließlich wenig verlockend, wenn es die im Ausland erzielten Gewinne nicht repatriieren (d.h. ins Heimatland zurückführen) kann.

Diese Aufzählung protektionistischer Maßnahmen ist keineswegs vollständig und soll nur einen Einblick in die Möglichkeiten der Eingriffe in den internationalen Handel geben.

Resümee: Es gibt zahlreiche Möglichkeiten, den internationalen Handel zu hemmen. Einige der Maßnahmen sind nicht unmittelbar als Handelsschranke erkennbar.

Schlüsselwörter: Zoll, Subventionen, Nichttarifäre Handelshemmnisse, Devisenbewirtschaftung.

4. Die Wirkung eines Zolls

Was sind die Wohlfahrts- und Verteilungseffekte von Zöllen? Warum ist der nationale Vorteil von Importzöllen eine Schimäre?

Im Folgenden soll exemplarisch die Wirkung einer protektionistischen Maßnahme am Beispiel eines **Zolles** verdeutlicht werden.

Für den Zwei-Länder-Fall lassen sich partialanalytisch die Wohlfahrtseffekte einer solchen Politik graphisch veranschaulichen.

Nehmen wir an, zwei **große Länder** wie Deutschland (D) und Frankreich (F) betreiben Handel mit einem Gut x, das in beiden Ländern unter den Bedingungen vollkommener Konkurrenz produziert und in beiden Ländern auch konsumiert wird.

Mit dem Attribut "groß" unterstellen wir, dass jedes Land durch eine Veränderung des Handelsvolumens den Preis von x im anderen Land beeinflussen kann. Transportkosten seien der Einfachheit halber vernachlässigt. Ferner habe das Gut x als eines von vielen auch keinen Einfluss auf den Wechselkurs zwischen den Währungen beider Länder. Dann können wir weiter vereinfachen und die Angebots- und

Nachfragefunktion bezüglich x in beiden Ländern von einem Preis P in einer einheitlichen Währung abhängig machen. Nennen wir diese Euro.

Abbildung 16.1: *Autarkiegleichgewicht bei zwei großen Ländern D und F*

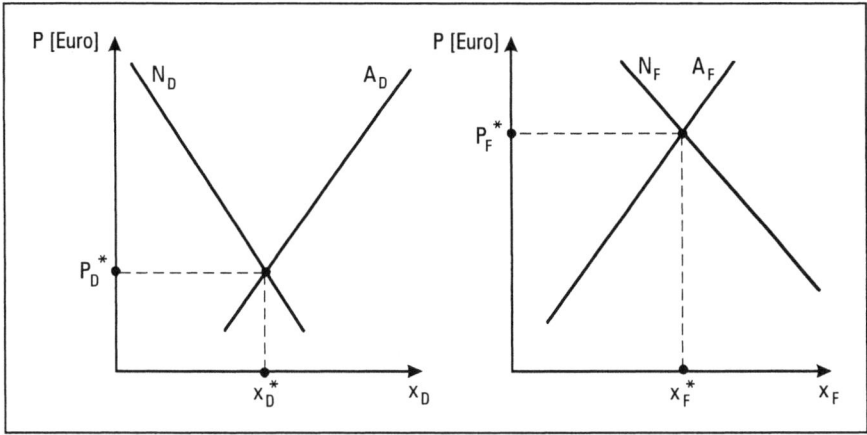

In der nun folgenden Analyse der Wohlfahrtseffekte einer Zoll-Maßnahme eines Landes wollen wir dreistufig vorgehen:

* Zuerst betrachten wir die Autarkie (ohne Handelsbeziehungen),

* dann die Freihandelssituation und schließlich

* die Wirkung eines Zolles.

Die unterschiedlichen Angebots- und Nachfragekurven in Abbildung 16.1 sind Ausdruck unterschiedlicher Konsumentenpräferenzen und Technologien in Deutschland und Frankreich mit dem Ergebnis, dass wegen $P_F^* > P_D^*$ das handelbare Gut x in Frankreich teurer als in Deutschland ist.

Das **Autarkie-Gleichgewicht** $\left(P_D^*, x_D^*\right), \left(P_F^*, x_F^*\right)$ liegt aber nicht im Interesse beider Länder, Handel lohnt sich, wie uns Abbildung 16.2 verdeutlicht.

Für die Produzenten in Deutschland besteht ein Anreiz nach Frankreich zu exportieren, da (ohne Transportkosten zu betrachten) die Stückerlöse in Frankreich höher sind. Zu dem in Frankreich markträumenden Preis von P_F^* gibt es in Deutschland ein Überschussangebot in Höhe von

$$(16.1) \qquad \ddot{U}AD = e_4 - e_1 > 0$$

und vice versa zu dem in Deutschland markträumenden Preis P_D^* in Frankreich eine Überschussnachfrage in Höhe von

(16.2) $\ddot{U}NF = i_4 - i_1 > 0.$

Bei einem Preis von P_{GG}^* gleichen sich mit

(16.3) $\ddot{U}AD = \ddot{U}NF$

das Überschussangebot und die Überschussnachfrage beider Länder aus. Oder mit anderen Worten: Der französische Import *Im* entspricht dem deutschen Export *Ex* des Gutes *x*. Beim Preis P_{GG}^* herrscht also ein **Gleichgewicht bei Freihandel** zwischen beiden Ländern. Gegenüber der Autarkielösung ist bei Freihandel das Gut *x* in Deutschland teurer und in Frankreich billiger geworden. Andererseits ist die Produktion von *x* in Deutschland gestiegen und in Frankreich gefallen.

Abbildung 16.2: *Gleichgewicht bei Freihandel zwischen zwei großen Ländern D und F*

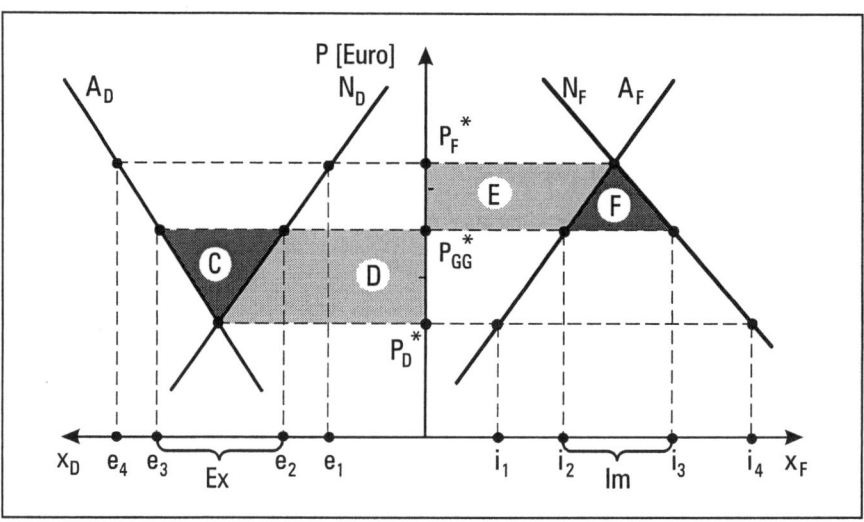

Die Konsumenten und Produzenten beider Länder werden also in gegensätzlicher Weise betroffen.

Um einen **Wohlfahrtsvergleich** zu machen, ziehen wir die Konzepte der Konsumenten- und Produzentenrente heran.

Im exportierenden Land Deutschland sinkt die **Konsumentenrente** um die Fläche D und steigt die **Produzentenrente** um $D + C$. Der Export führt also zu einer **Wohlfahrtsumverteilung** in Deutschland. Gewinner sind die Produzenten, Verlierer die Konsumenten.

Der Nettowohlfahrtsgewinn für das exportierende Land ist mit C dennoch positiv, da die Wohlfahrtsumverteilung durch inländische Transfers ausgeglichen werden könnte.

Für das importierende Land Frankreich steigt die Konsumentenrente um die Fläche $E + F$ und fällt die Produzentenrente um E. Der Import führt also auch in Frankreich zu einer Wohlfahrtsumverteilung. Gewinner sind aber hier die Konsumenten und Verlierer die Produzenten. Rechnet man wieder Gewinne gegen Verluste auf, bleibt auch im importierenden Land Frankreich ein Wohlfahrtsgewinn in Höhe von F.

Beide Länder profitieren also von Freihandel. Was kann ein Land unter diesen Umständen dazu bewegen, vom wohlstandsvermehrenden Freihandel abzuweichen? Diese Frage haben wir schon zu Beginn des Kapitels gestellt und damit beantwortet, dass es zusätzlich nationale Vorteile gibt, wenn ein Land Zölle auf Importe erhebt.

Das soll anhand von Abbildung 16.3 verdeutlicht werden.

Wir betrachten den Fall, dass Frankreich als importierendes Land auf Importe aus Deutschland einen Zoll in Höhe von z Euro pro Mengeneinheit erhebt (Mengenzoll).

Dies bewirkt im importierenden Land F einen Preisanstieg für das Gut x. Das wiederum stimuliert die inländische Produktion von x in F. Gleichzeitig geht aber die Nachfrage nach x in F zurück. Beide Effekte bewirken einen Rückgang der Importe aus Deutschland.

Wenn aber die deutschen Exporte sinken, führt die geringere Nachfrage nach x zu einem Preisrückgang im exportierenden Land D. Die Preise in Deutschland und Frankreich entwickeln sich solange gegenläufig, bis ein neues Handelsgleichgewicht mit

$$(16.4) \qquad\qquad P_F = P_D + z$$

und

$$(16.5) \qquad\qquad Ex' = Im'$$

erreicht ist.

Das Interessante an dieser Entwicklung ist, dass die anfängliche Verteuerung der Importe aus Deutschland zu Vorgängen geführt hat, die man als **Überwälzung** kennzeichnet. Die Verteuerung der Importe hat zu einer Verteuerung von x in Frankreich geführt, zugleich aber auch zu einer Verbilligung von x in Deutschland. Der Zollsatz z treibt einen "Keil" zwischen die deutschen und französischen Konsumentenpreise.

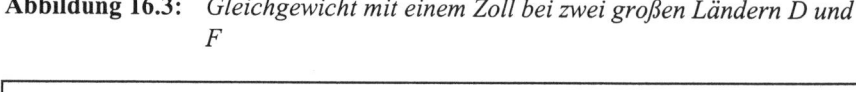

Abbildung 16.3: *Gleichgewicht mit einem Zoll bei zwei großen Ländern D und F*

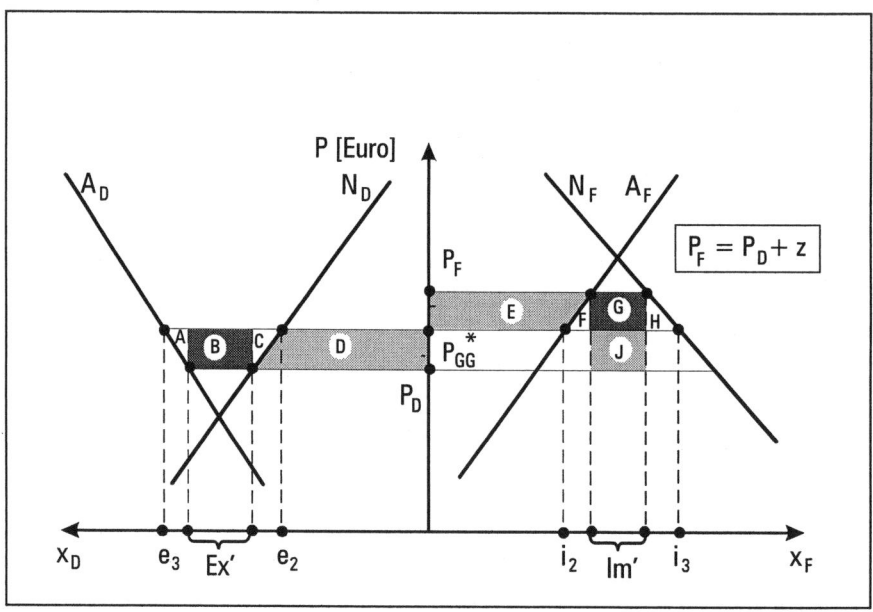

Unter **Verteilungsgesichtspunkten** sind die Konsumenten in Deutschland die Gewinner, denn deren Konsumentenrente erhöht sich um D, und die Konsumenten in Frankreich die Verlierer, denn deren Konsumentenrente vermindert sich um $E + F + G + H$.

Umgekehrtes gilt für die Produzenten. Deren Produzentenrente in Deutschland vermindert sich um $A + B + C + D$, während die der französischen Produzenten um E steigt.

Betrachtet man jedoch die **nationale Wohlfahrt,** indem man Konsumenten- und Produzentenrentenveränderungen gegeneinander aufrechnet, so ergibt sich ein anderes Bild.

Ganz eindeutig sinkt im **exportierenden Land** Deutschland die Wohlfahrt, da die Produzentenrentenverluste um $A + B + C$ die Konsumentenrentengewinne übersteigen.

Für das **importierende Land** Frankreich kann ein Wohlfahrtsgewinn festgestellt werden. Dies ist genau dann der Fall, wenn gilt

$$(16.6) \qquad\qquad J > F + H.$$

Dies setzt allerdings voraus, dass auch das Importzollaufkommen in Höhe von $G + J$ den Konsumentenrentenverlusten von $E + F + G + H$ gegengerechnet wird.

Das wiederum ist genauso plausibel wie die Annahme, dass die Produzentenrentengewinne in Höhe von E an die Verlierer umverteilt werden können.

Ein dritter Aspekt soll abschließend noch betrachtet werden, und zwar die Entwicklung der gemeinsamen Wohlfahrt beider Länder, oder verallgemeinert der **Weltwohlfahrt**. Diese Betrachtung setzt analog der nationalen Wohlfahrtsbetrachtung voraus, dass Verluste des einen Landes gegen Gewinne des anderen Landes aufgerechnet werden können.

Hier ist das Ergebnis ganz eindeutig: Zölle helfen zwar dem importierenden Land. Sie schaden aber dem exportierenden Land mehr als sie dem importierenden Land nützen. Der gesamte Wohlfahrtsverlust entspricht, wie man aus Abbildung 16.3 erkennen kann, der Flächensumme *(A + C) + (F + H)*. Dieser Wohlfahrtsverlust setzt sich wie folgt zusammen: *(A + B + C) + (F + G + H)* abzüglich dem Steueraufkommen *(G + J)* aus dem Importzoll (wobei gilt, dass *J* gleich *B* ist). Anzumerken wäre hier, dass sich das Steueraufkommen wohlfahrtssteigernd auswirkt, da es – analog zur Konsumenten- und Produzentenrente – eine "Staatsrente" darstellt.

Was ist die Quintessenz dieser graphischen Analyse? Zum einen, dass importierende Länder von Zöllen profitieren und exportierende Länder darunter leiden.

Zum anderen, dass die durch Zölle bewirkten Preisverzerrungen zu weltwirtschaftlichen Fehlallokationen der Ressourcen führen, da in der Summe die Verluste die Gewinne übersteigen. Zum dritten aber: Da die Argumentation symmetrisch für beide Länder *F* und *D* gilt, wäre es national auch für Deutschland von Vorteil, bei denjenigen Gütern *x*, die aus Frankreich importiert werden, einen Importzoll zu erheben.

Im Ergebnis würden sich beide Länder dadurch schaden. Und es liegt im gegenseitigen Interesse, dies durch vertragliche Abmachungen zu verhindern. Dieser für das Gefangenen-Dilemma typische **Rationalitätskonflikt** ist also der Schlüssel zum Verständnis der Bemühungen, weltweiten Freihandel vertraglich zu gewährleisten.

Eine ganz andere Argumentation der Begründung von Zöllen soll am Schluss nicht unerwähnt bleiben.

Das sogenannte **Schutzzollargument** beruht darauf, zum Schutz inländischer Branchen vor ausländischer Konkurrenz zur Sicherung von Arbeitsplätzen Zölle zu erheben. Dies mag vernünftig klingen, hat aber den großen Nachteil, dass den betroffenen Unternehmen der Rationalisierungsdruck genommen wird, da die ausländische Konkurrenz durch den Zoll verteuert wird. Es hat den weiteren Nachteil, dass – wie wir eben in der graphischen Analyse gesehen haben – inländische Konsumenten höhere Preise zahlen müssen und die höheren Produzentenrenten oder das Zollaufkommen in der Praxis kaum den Konsumenten zugute kommt.

Nahe verwandt zu dem Zollargument ist die Idee, dass junge Industrien zunächst einen Schutz brauchen, bis sie sich so entwickelt haben, dass sie der ausländischen Konkurrenz gewachsen sind. Hier spricht man von **Erziehungszöllen.** Wenn in einer Branche große Skaleneffekte zu erwarten sind oder große Fixkostenblöcke eine große Produktionsmenge erforderlich machen, können solche Erziehungszölle sinnvoll sein. Für viele Staaten spielt aber der reine fiskalische Aspekt, das **Einnahmenargument,** die entscheidende Rolle. Zölle erscheinen eben als eine einfache Möglichkeit, zu Staatseinnahmen zu kommen.

> *Resümee: Die Vor- und Nachteile nationaler und internationaler Art von Zöllen lassen sich über Konsumenten- und Produzentenrenten messen. Das importierende Land erzielt Wohlfahrtsgewinne, während das exportierende Land Verluste erleidet. Da die Verluste die Gewinne überwiegen, führt eine Zollerhebung immer zu einer internationalen Fehlallokation der Ressourcen. Neben Wohlfahrtsbetrachtungen müssen auch Verteilungsgesichtspunkte beachtet werden.*

Schlüsselwörter: Autarkiegleichgewicht, Gleichgewicht bei Freihandel, Wohlfahrtsvergleich, Konsumentenrente, Produzentenrente, Wohlfahrtsumverteilung, Überwälzung, Weltwohlfahrt, Rationalitätskonflikt, Schutzzollargument, Erziehungszölle.

5. Schlussbemerkung

In diesem Kapitel wurde dargestellt, wie alle Länder von der Aufnahme internationaler Handelsbeziehungen profitieren können. Die Vorteile können in der Ausschöpfung der seit RICARDO bekannten komparativen Kostenvorteile bestehen, aber auch in positiven Skalenerträgen, wie sie die neue Außenhandelstheorie beschreibt, begründet sein. Dennoch sehen nicht alle Regierungen den freien Außenhandel als vorteilhaft an; sie versuchen durch die Errichtung von Handelsschranken inländische Branchen vor Importkonkurrenz zu schützen. Oft sind die Interessen der bedrohten Branchen – meist nur wenige große Betriebe – gut gebündelt und werden gegenüber maßgeblichen Politikern massiv vertreten, während auf der Konsumentenseite die Vorteile aus einem freieren Handel weit verstreut anfallen und daher eine effektive Interessenvertretung schwer durchführbar ist. Dies führt dazu, dass nach fast 50 Jahren internationaler Bemühungen um Handelsliberalisierung im Rahmen des GATT und diverser regionaler Abkommen in etlichen Branchen noch immer erhebliche Handelsbeschränkungen bestehen, deren Abbau nur sehr langsam vorangetrieben wird. Zudem ist seit geraumer Zeit ein Trend zu nichttarifären Handelshemmnissen zu beobachten, die oft schwer als solche zu identifizieren sind und über deren Abbau noch schwieriger zu verhandeln ist als über den Abbau von Zöllen.

Fragen und Aufgaben zum 16. Kapitel

1. Nehmen Sie kritisch Stellung zu der These, ein Land sollte seine Außenhandelsbeziehungen auf das Nötigste begrenzen und nur Güter importieren, die es selbst nicht herstellen kann.

2. Diskutieren Sie die These, dass der Staat junge Industrien oder strukturschwache Industrien durch Zölle vor der internationalen Konkurrenz schützen sollte.

3. Nennen Sie für die nachfolgenden Branchen mögliche Instrumente einer protektionistischen Handelspolitik, und versuchen Sie herauszufinden, warum diese Branchen in Deutschland geschützt sind.

   a) Landwirtschaft

   b) Kohle

   c) Schiffswerften.

4. Erläutern Sie, weshalb es ausgehend von einer Freihandelssituation bei der Erhebung eines Mengenzolls im importierenden Land zu einer Verbilligung des entsprechenden Gutes im Exportland kommt.

5. *Aufgabe:

   Der Staat vergebe an eine Industrie, deren Produkte mit Importgütern konkurrieren, eine Subvention s je Outputeinheit. Arbeiten Sie graphisch die Effizienz- und Verteilungseffekte dieser Maßnahme heraus.

Literatur zum 16. Kapitel

Besonders empfehlenswert ist das internationale Standardlehrbuch

Krugman, Paul R.; Obstfeld, Maurice. International Economics - Theory and Policy. Fifth edition. Addison-Wesley Verlag. Reading, Mass. u.a.O. 2000.

oder auch

Obstfeld, Maurice; Rogoff, Kenneth. Foundations of International Macroeconomics. MIT Press. Cambridge, Massachusetts 1996.

Im deutschen Sprachraum bieten die folgenden Lehrbücher gute Darstellungen

Siebert, Horst. Außenwirtschaft. Sechste Auflage. Fischer Verlag. Stuttgart 1994.

Dieckheuer, Gustav. Internationale Wirtschaftsbeziehungen. Vierte Auflage. R. Oldenbourg Verlag. München u.a.O. 1998.

Rose, Klaus; Sauernheimer, Karlhans. Theorie der Außenwirtschaft. Dreizehnte Auflage. Vahlen Verlag. München u.a.O. 1999.

Kapitel 17 Monetäre Außenwirtschaftsbeziehungen

Kapitel 17 Monetäre Außenwirtschaftsbeziehungen

1. Flexible und feste Wechselkurse

> Welche Faktoren bestimmen die Höhe eines Wechselkurses? Welche Vor- und Nachteile haben feste und flexible Wechselkurse? Welche Erfahrungen gibt es mit verschiedenen Wechselkurssystemen?

Nahezu jedes Land besitzt eine eigene Währung. Ausländische Banknoten und Münzen werden dabei **Sorten** genannt, während man unter **Devisen** bei ausländischen Banken gehaltene Einlagen und Geldmarktpapiere versteht. Das Wertverhältnis, das zwischen zwei Währungen besteht, nennt man den **Wechselkurs**. Er bringt zum Ausdruck, zu welchem Preis die eigene nationale Geldeinheit gegen eine andere Währung gehandelt werden kann. Wird die ausländische Währung im Nenner, die inländische im Zähler geschrieben, so spricht man von **Preisnotierung**. Diese gibt an, wieviel beispielsweise ein Dollar gemessen in Euro kostet. Dahingegen steht bei der **Mengennotierung** die ausländische Währung im Zähler, die inländische im Nenner. Sie drückt somit aus, wie viele Dollars man für einen Euro erhält.

In einem **flexiblen Wechselkurssystem** überlässt man die Kursbildung am Devisenmarkt dem freien Spiel der Kräfte, sprich: Nachfrage und Angebot. Für diesen Prozess der freien Preisbildung hat sich der Begriff **Floating** eingebürgert. Die sich ergebende Höhe des Wechselkurses wird dabei durch viele verschiedene Faktoren bestimmt. Üblicherweise unterscheidet man zwischen lang-, mittel- und kurzfristigen Ansätzen, die die Höhe des Wechselkurses anhand von Preisen, Einkommen sowie Erwartungen über Wechselkursschwankungen und Zinssätzen zu erklären versuchen.

Die **Kaufkraftparitätentheorie** will langfristige Höhe des Wechselkurses erklären und zieht dazu die Preisniveaus von In- und Ausland heran. Der **absoluten Version** dieser Theorie zufolge ist die Kaufkraft zweier Währungen in zwei verschiedenen Ländern gleich. Demnach müsste beispielsweise eine bestimmte CD in Euroland genau so viele Euro kosten, wie man zunächst in US-Dollar eintauschen müsste, um die gleiche CD in den USA zum dort gültigen Preis zu kaufen. Das Preisniveau im Ausland entspricht somit nach der Umrechnung mit Hilfe des relevanten Wechselkurses dem Preisniveau im Inland. Die Höhe des Wechselkurses wird folglich durch das Preisniveauverhältnis zwischen In- und Ausland bestimmt. Die Kaufkraftparitätentheorie in ihrer absoluten Version hat jedoch kaum Gültigkeit, da sie von sehr stark einschränkenden Annahmen ausgeht. So setzt sie einen vollkommenen Weltmarkt mit homogenen Gütern und ohne Transportkosten voraus. Zudem vernachlässigt sie die Existenz von rein nationalen, nicht handelbaren Gütern wie Dienstleistungen oder Immobilien, die zwar das jeweilige Preisniveau beeinflussen, aber keine Anpassungsreaktion des Wechselkurses verursachen.

In ihrer **relativen Version** beschäftigt sich die Kaufkraftparitätentheorie nicht mit der absoluten Höhe des Wechselkurses, sondern vielmehr mit seiner Veränderung aufgrund von Änderungen der Preisniveaus. Die langfristige Entwicklung des Wechselkurses wird vor allem dann zuverlässig beschrieben, wenn die Kaufkraftentwicklung zweier Länder stark voneinander abweicht. Zwischen zwei Zeitpunkten entspricht die Änderung des Wechselkurses dann der Änderung des relativen Preisniveaus. So verlieren die Währungen von Hochinflationsländern gegenüber stabilen Währungen kontinuierlich an Wert, d.h. sie werden abgewertet.

Das britische Magazin "The Economist" wendet die Kaufkraftparitätentheorie seit Jahren an, um eine Über- oder Unterbewertung von Währungen abzuschätzen. Der Dollarpreis eines auf der ganzen Welt in der gleichen Qualität angebotenen Produkts – ein Big Mac von McDonald's – wird mit dem Dollarbetrag verglichen, der aufgewandt werden muss, um den Big Mac nach Kauf der jeweiligen Währung zum lokalen Preis bezahlen zu können. Ist der für den Kauf im Ausland aufzuwendende Dollarbetrag beispielsweise höher als der Preis in den USA, so ist die jeweilige Währung gegenüber dem Dollar zu teuer, d.h. überbewertet. Diese **"Burgernomics"**-Untersuchung ergab im April 1995 z.B. ein Überbewertung des Schweizer Frankens, des japanischen Yen und der dänischen Krone von 100 Prozent und mehr. Dagegen waren der Hongkongdollar und der chinesische Yuan stark unterbewertet.

Die eher mittelfristig orientierte **Einkommenstheorie** stellt die Entwicklung des Realeinkommens in den Mittelpunkt ihrer Analyse. Eine Erhöhung des Realeinkommens im Inland führt zu einer Expansion der Nachfrage im Inland. Ein Teil dieser Gesamtnachfrage ist die ebenfalls einkommensabhängige Nachfrage nach Importgütern. Wenn konstante Exporte unterstellt werden, dann verursacht diese Erhöhung der Importnachfrage ein Leistungsbilanzdefizit, was zur Folge hat, dass die Nachfrage nach Devisen steigt und die Währung des Inlandes abgewertet wird. Umgekehrt kommt es bei einer Erhöhung der Importnachfrage des Auslands zu einer Aufwertung der inländischen Währung.

Auch die **Erwartungen** bezüglich des zukünftigen Wechselkurses können die aktuelle Höhe des Wechselkurses mitbestimmen. Erwarten viele Marktteilnehmer z.B. eine Abwertung des Dollars, werden sie ihre Dollar verkaufen und sich in anderen Währungen engagieren, um Abwertungsverluste zu vermeiden. Die Folge der Abwertungserwartung ist dann ein stark steigendes Angebot an Dollar, welches nur zu sinkendem Preis, d.h. Wechselkurs am Markt untergebracht werden kann. Allein die Erwartung eines niedrigeren Kurses drückt somit bereits den Kurs.

Unter dem Begriff **Finanzmarkttheorie** werden die Portfolio- und die Zinsparitätentheorie als kurzfristige Ansätze zur Erklärung der Entwicklung des Wechselkurses zusammengefasst. Die **Portfoliotheorie** (Asset-market-approach) geht von heterogenen internationalen Zinstiteln aus, bei denen die Anlagen keine perfekten Substitute sind. Sie versucht die Entwicklung des Wechselkurses durch die Vorgänge auf den Märkten für Vermögenstitel zu bestimmen. So führen Änderungen der Geldmenge oder des Auslandszinssatzes dazu, dass die Vermögensbesitzer die Struktur ihres Portfolios den neuen Gegebenheiten anzupassen, was Zins- und Wechselkursänderungen mit sich bringt.

Der **Zinsparitätentheorie** zufolge stellt sich der Wechselkurs so ein, dass die erwartete Rendite einer Geldanlage im Inland genau der erwarteten Rendite einer Geldanlage im Ausland ist. Sie geht davon aus, dass die Anlagen perfekte Substitute darstellen und die Bedingungen eines vollkommenen internationalen Kapitalmarkts erfüllt sind. Die Rendite einer Auslandsanlage setzt sich zusammen aus der Verzinsung im Ausland und dem während der Anlagedauer erwarteten prozentualen Aufwertungsgewinn bzw. Abwertungsverlust der Auslandswährung. Falls eine Dollaranlage eine höhere Rendite erwarten lässt als eine DM-Anlage mit gleicher Laufzeit und gleichem Risiko, werden die Kapitalanleger ihr Geld in die USA transferieren. Dadurch steigt die Nachfrage nach Dollar, was nach den bekannten Gesetzen von Angebot und Nachfrage zu einem höheren Wechselkurs führt. Der gestiegene Wechselkurs bedeutet ein Sinken der Rendite der Dollaranlage aufgrund der Vorwegnahme der erwarteten Aufwertungsgewinne bzw. Erhöhung der zu erwartenden Abwertungsverluste. Der internationale Ausgleich der Renditen wird damit über die Wechselkursanpassung wieder hergestellt.

Wechselkurse in einem flexiblen Wechselkurssystem variieren stark im Zeitablauf. Diese **Volatilität** kann teilweise mit der **Theorie der überschießenden Wechselkurse** erklärt werden, die kurz- und langfristige Erklärungsansätze zur Bestimmung des Wechselkurses zu verbinden versucht. Kommt es im Inland zu einer Geldmengenerhöhung, so steigt das inländische Preisniveau bei Geltung der Quantitätstheorie langfristig proportional an. Wenn wir das Kaufkraftparitätentheorem unterstellen, dann bringt diese Preisniveauerhöhung ein Ansteigen des langfristigen Wechselkurses mit sich. Allerdings passen sich die Preise auf dem Gütermarkt nur allmählich an die erhöhte Geldmenge an. Der Finanzmarkt reagiert jedoch unmittelbar und kurzfristig auf die Geldmengenerhöhung, was bei zunächst gegebenem Preisniveau zu einer Senkung des Zinssatzes führt, um das erhöhte Geldangebot zu absorbieren. Nach der Zinsparitätentheorie steigt der Wechselkurs bei sinkendem Inlandszins unmittelbar an und zwar auf ein höheres als das langfristig erwartete Niveau. Von diesem zu hohen Niveau aus passt er sich nach und nach dem langfristig erwarteten Wert an. Die hohe Volatilität des Wechselkurses ist somit zum Teil eine Folge der unterschiedlichen Reaktionsgeschwindigkeiten von Güter- und Finanzmärkten.

So frei, wie es zunächst den Anschein hat, sind die Wechselkurse zwischen den Ländern jedoch nicht. Meist haben die Zentralbanken eine Vorstellung von einem "vernünftigen" Wechselkurs. Um große, durch Spekulation dominierte Kursschwankungen zu verhindern, wird die Politik des kontrollierten (schmutzigen) **Floatings** angewendet. Das bedeutet, dass die Zentralbanken bei großen Wechselkursänderungen mit Devisenkäufen oder -verkäufen in den Kapitalmarkt eingreifen. Eine Verpflichtung zum Eingriff besteht jedoch nicht.

In der Vergangenheit sind die Erfahrungen mit den faktisch flexiblen Wechselkursen ungünstig gewesen. Vor allem zwischen den beiden Weltkriegen hat der internationale Zahlungsverkehr nur wenige stabile Zeitabschnitte gekannt. Das Fluktuieren der Wechselkurse führte zu Währungsspekulationen und erschwerte die Planung und Abwicklung internationaler Geschäfte, so dass das Welthandelsvolumen zurückging.

Die ungünstigen Erfahrungen mit faktisch flexiblen Wechselkursen haben nach dem Zweiten Weltkrieg dazu geführt, dass man zunächst zu **fixen Wechselkursen** überging. In diesem System können nationale Währungen zu festen Kursen gehandelt werden.

Die Kursverhältnisse – man spricht auch von **Paritäten** – wurden im Jahre 1944 auf der **Konferenz von Bretton Woods** (USA) festgesetzt. Bei dieser Gelegenheit wurden auch der **Internationale Währungsfonds (IWF)** mit Sitz in Washington, D.C. und die **Bank für Internationalen Zahlungsausgleich (BIZ)** mit Sitz in Basel gegründet. Die erste Institution wurde ins Leben gerufen, um die Währungen der angeschlossenen Länder nach dem Krieg auf eine dauerhafte Basis, nämlich Gold und Dollar zu gründen. Der IWF kann im Bedarfsfalle die von den Mitgliedern des Fonds eingebrachten Gelder den Ländern mit Zahlungsschwierigkeiten zur Verfügung stellen. Aufgabe der BIZ dagegen ist es, langfristige Kredite zu geben.

Der Ausdruck "fixe Wechselkurse" bedeutet nicht, dass der Wechselkurs nicht schwanken kann. Der Kurs einer Währung kann sich innerhalb einer gewissen Marge ober- oder unterhalb des abgesprochenen Kurses bewegen. Sobald diese Marge verlassen wird, muss interveniert werden, um den Kurs zu erhalten.

Um die in Bretton Woods vereinbarten Wechselkurse verteidigen zu können, waren die beteiligten Länder (mit Ausnahme der USA) verpflichtet, am Devisenmarkt zu intervenieren. Für Länder, die nur geringe oder keine Währungsreserven hatten, wurden 1967 auf der Jahrestagung des IWF **Ziehungsrechte** geschaffen. Mitgliedsländer des IWF bekamen mit diesen Ziehungsrechten das Recht, sich Devisen zu beschaffen. Diese allgemeinen Ziehungsrechte sind später mehrfach erweitert worden. 1969 wurden vom IWF die **Sonderziehungsrechte (SZR)** als künstliches Reservemedium geschaffen, da man die internationale Liquidität gefährdet sah. SZR werden im Wert durch einen Währungskorb mit den Währungen der wichtigsten Exportnationen bestimmt. SZR können für Zahlungen zwischen dem IWF und seinen Mitgliedsländern und für den Erwerb von konvertiblen Devisen verwendet werden. Damit sind SZR zu einem zusätzlichen internationalen Zahlungsmittel geworden. Wenn durch Interventionen der Wechselkurs nicht innerhalb einer bestimmten Schwankungsbreite verteidigt werden konnte und fundamentale Zahlungsbilanzschwierigkeiten vorlagen, konnte auch eine Wechselkursanpassung vorgenommen werden. Da durch Systeme fester Wechselkurse die Ökonomien starr miteinander verbunden sind, war das weltweite System fester

Wechselkurse zum Scheitern verurteilt; der IWF und die BIZ blieben jedoch bis heute bestehen.

Eine besondere Form eines festen Wechselkurssystems ist die **Währungsunion**, bei der die beteiligten Staaten ihre eigenen Währungen zu Gunsten einer Gemeinschaftswährung aufgeben. Durch den damit verbundenen Wegfall der entsprechenden Devisenmärkte wird das Problem vermieden, die einmal festgelegten Wechselkurse, wie z.B. im Bretton Woods System, durch Interventionen verteidigen zu müssen. Auf der anderen Seite setzt ein solches System ein hohes Maß an Vertrauen und Zusammenarbeit der Institutionen der beteiligten Nationen voraus, da Binnen- und Außenwert der Gemeinschaftswährung von der Leistungsfähigkeit und dem Leistungswillen aller Teilnehmer bestimmt werden.

Mit Beginn der dritten Stufe der **Europäischen Wirtschafts- und Währungsunion (EWWU)** am 1. Januar 1999 gingen die nationalen Währungen von 11 Mitgliedsländern der Europäischen Gemeinschaft (Belgien, Deutschland, Finnland, Frankreich, Irland, Italien, Luxemburg, Niederlande, Österreich, Portugal und Spanien) im **Euro** als gemeinsamer und eigenständiger Währung auf. Allerdings gibt es den Euro für eine Übergangszeit von 3 Jahren nur in Form von Buchgeld; die Ausgabe von Euro-Banknoten und -Münzen erfolgt erst ab dem 1. Januar 2002. Spätestens bis zum 30. Juni 2002 soll dann die EWWU vollendet sein. Ab diesem Zeitpunkt verlieren die nationalen Banknoten und Münzen ihre Gültigkeit als alleiniges gesetzliches Zahlungsmittel.

Der Weg zum Euro als Gemeinschaftswährung begann am 13. März 1979 mit der Schaffung des **Europäischen Währungssystems (EWS)** durch Frankreich, Belgien, Bundesrepublik Deutschland, Dänemark, Irland, Italien, Luxemburg, die Niederlande und Spanien. Hierbei schrieben die beteiligten Länder im Rahmen eines Abkommens über den Wechselkursmechanismus (WKM), die Wechselkurse mit einer Bandbreite fest und verpflichteten sich zur Intervention auf dem Devisenmarkt, wenn die Bandbreitengrenze verletzt wird. Ein solches System wird **Mischwechselkurssystem** genannt; es ist flexibel gegenüber dem Ausland und fest innerhalb des Systems selbst. Als Reserve- und Transaktionsmedium wurde damals die **European Currency Unit (ECU)** geschaffen, die wie das SZR auf der Basis eines Währungskorbes berechnet wird. Der ECU wurde zum 1. Januar 1999 durch den Euro im Verhältnis 1:1 abgelöst.

Für die verbleibenden 4 Länder (Dänemark, Griechenland, Großbritannien und Schweden), die den Euro zunächst nicht einführten, besteht die Möglichkeit zur Teilnahme am sogenannten Wechselkursmechanismus II (WKM II), um ihre Währungen an den Euro anzubinden und sich auf die volle Integration in den Euro Währungsraum vorzubereiten. Wegen der zum Teil negativen Erfahrungen mit dem alten WKM wurde der WKM II flexibler ausgestalten, um insbesondere das vorrangige Ziel der Notenbanken, die Preisstabilität, nicht durch übermäßige Devisenmarktinterventionen zu gefährden.

Wie sind solche Abkommen über feste Wechselkurse zu beurteilen? Gibt es eine optimale Größe für einen Währungsraum? Auch hierzu gibt es theoretische Überlegungen. In Ländern, deren Währungen fest aneinander gebunden sind, bestehen für die Politik weniger Möglichkeiten, Rezessionen oder ausgeprägte Boomphasen abzufedern. Eine eigenständige Geldpolitik kann bei fester Bindung an andere Währungen nicht durchgeführt werden. Eine expansive Geldpolitik, die die Geldmenge mit dem Ziel sinkender Zinsen ausweitet, kann bei flexiblen Wechselkursen zur Überwindung einer rezessiven Phase beitragen. Nach einer Zinssenkung wird jedoch Kapital aus inländischen Anlagen abgezogen und im Ausland höherverzinslich angelegt werden. Bei festen Wechselkursen muss die dem Geldabfluss folgende Abwertung der inländischen Währung durch Stützungskäufe verhindert werden. Die Notenbank verkauft Fremdwährung gegen Landeswährung und reduziert auf diese Weise die gerade ausgeweitete Geldmenge solange, bis die monetäre Expansion vollständig aufgezehrt worden ist. Geldpolitik ist also in Festkurssystemen wirkungslos. Die Länder, die sich einem Festkurssystem anschließen, müssen auf eine Variable der Stabilisierungspolitik verzichten. Dieser Verzicht ist um so problemloser zu bewältigen, je stärker die betroffenen Länder durch Austausch von Gütern und Produktionsfaktoren verflochten sind. Intensive Handelsbeziehungen, hohe Mobilität der Arbeitskräfte und mobiles Kapital sind wesentliche Voraussetzungen für einen reibungslos funktionierenden Währungsverbund.

Wo liegen die Vorteile eines Festkurssystems? Die wirtschaftlichen Akteure in den beteiligten Ländern haben eine sichere Kalkulationsgrundlage für ihre internationalen Aktivitäten. Besonders für langfristiges Engagement, z.B. bei Direktinvestitionen oder langfristigen Lieferverträgen, ist dies von entscheidender Bedeutung. Kosten der Konvertierung entfallen. Die Vorteile einer engen Währungsanbindung sind offensichtlich ebenfalls um so größer, wenn die betroffenen Ländern enge wirtschaftliche Beziehungen pflegen.

Die **Theorie des optimalen Währungsraumes** folgert daraus, dass ein Festkurssystem für zwei oder mehr Länder nur dann vorteilhaft ist, wenn sie intensiven Austausch von Gütern und Produktionsfaktoren betreiben. Dies gilt natürlich in noch größerem Maße bei einer Währungsunion, da hier die Möglichkeit eines Realignments als letzte Rettung bei ökonomischen Verwerfungen der beteiligten Länder entfällt.

Resümee: Grundsätzlich sind zwei Währungssysteme möglich, entweder mit festen oder flexiblen Wechselkursen. In einem System fester Wechselkurse werden die Kurse mit einer Bandbreite fixiert, und die Zentralbanken sind zu Interventionen verpflichtet, wenn der Wechselkurs in Gefahr gerät. Feste Wechselkurssysteme sind nur zwischen Ländern sinnvoll, die enge wirtschaftliche Beziehungen unterhalten. In einem System flexibler Wechselkurse bildet sich der Wechselkurs auf einem Markt für Devisen, auf dem durch Devisenangebot und -nachfrage der Kurs bestimmt wird.

Schlüsselwörter: Sorten, Devisen, Wechselkurs, Preisnotierung, Mengennotierung, Flexibler Wechselkurs, Kaufkraftparitätentheorie, Burgernomics, Einkommenstheorie, Portfoliotheorie, Zinsparitätentheorie, Volatilität, Theorie der überschießenden Wechselkurse, Floating, Fixe Wechselkurse, Paritäten, Konferenz von Bretton Woods, Internationaler Währungsfonds (IWF), Bank für Internationalen Zahlungsausgleich (BIZ), Ziehungsrechte, Sonderziehungsrechte, Währungsunion, Europäische Wirtschafts- und Währungsunion (EWWU), Euro, Europäisches Währungssystem (EWS), Mischwechselkurssystem, European Currency Unit (ECU), Theorie des optimalen Währungsraumes.

2. Die Zahlungsbilanz

> Was wird in der Zahlungsbilanz wie erfasst? Was verbirgt sich hinter den einzelnen Salden, und wie hängen diese zusammen? Was ist ein Zahlungsbilanzungleichgewicht?

Wirtschaftliche Transaktionen, die im Laufe eines Jahres zwischen Inländern (Gebietsansässigen) und Ausländern (Gebietsfremden) stattfinden, werden in der **Zahlungsbilanz** erfasst. Die Zahlungsbilanz ist also eine **Stromrechnung** und nicht, wie der Name "Bilanz" vermuten lässt, eine **Bestandsrechnung**, in der Bestände zu bestimmten Zeitpunkten festgehalten werden. Jede wirtschaftliche Transaktion zwischen In- und Ausländern wird nach dem Prinzip der doppelten Buchführung erfasst, d.h. mit gleichem Wert sowohl auf der "Haben-Seite" wie auch auf der "Soll-Seite" der Zahlungsbilanz eingetragen. Dabei werden gleichartige Transaktionen in **Teilbilanzen** oder Kategorien zusammengefasst. Aus dem Prinzip der doppelten Buchführung folgt, dass die Zahlungsbilanz theoretisch immer ausgeglichen sein muss, d.h., dass sich die Salden der einzelnen Teilbilanzen immer zu null addieren. Unter einem **Saldo** versteht man die Differenz aus empfangenen und geleisteten Zahlungen der dieser Teilbilanz zugeordneten Transaktionen. Ist dieser Saldo positiv, d.h. die Differenz größer null, spricht man von einem **Überschuss** oder einer **aktiven Teilbilanz**. Bei einem negativen Saldo spricht man von einem **Defizit** oder einen **passiven Teilbilanz**. Ist der Saldo null, so ist die Teilbilanz ausgeglichen.

Die Zahlungsbilanz der Bundesrepublik Deutschland wird von der Deutschen Bundesbank und vom Statistischen Bundesamt für eigene Belange und externe Nutzer erstellt. So liefert die Zahlungsbilanz wichtige Informationen für die Geld- und Währungspolitik sowie für die übrige Wirtschaftspolitik; des Weiteren finden die Ergebnisse der Zahlungsbilanz Verwendung in den Volkswirtschaftlichen Gesamtrechnungen (VGR).

Tabelle 17.1 zeigt in schematischer Darstellung die Teilbilanzen der Zahlungsbilanz: die Leistungsbilanz (LB), den Saldo der Vermögensübertragungen (SV), die Kapitalbilanz (KB) und die Devisenbilanz (DB).

In der **Leistungsbilanz (LB)** sollen die Größen erfasst werden, die Einfluss auf Einkommen und Verbrauch des Landes haben. Sie umfasst deshalb die Handelsbilanz (Saldo aus Warenausfuhr und Wareneinfuhr), die Dienstleistungsbilanz, die Kategorie Erwerbs- und Vermögenseinkommen und die laufenden Übertragungen. Der Saldo der ersten drei Posten wird auch **Außenbeitrag** genannt.

Tabelle 17.1: *Schema der Zahlungsbilanz*

	S Zahlungsbilanz H	
	(Empfangene Zahlungen)	(Geleistete Zahlungen)
LB	Warenausfuhr (Export)	Wareneinfuhr (Import)
	Dienstleistungsverkäufe	Dienstleistungskäufe
	Erwerbs- u. Vermögens-einkommen	Erwerbs- u. Vermögens-einkommen
	Laufende Übertragungen	Laufende Übertragungen
SV	Vermögensübertragungen (einmalig)	Vermögensübertragungen (einmalig)
KB	Kapitalimport (Zunahme der Verbindlichkeiten gegenüber dem bzw. Abnahme von Forderungen an das Ausland)	Kapitalexport (Zunahme von Forderungen an das bzw. Abnahme von Verbindlichkeiten gegenüber dem Ausland)
DB	Abnahme der zentralen Gold- und Devisenreserven	Zunahme der zentralen Gold- und Devisenreserven

Die **Handelsbilanz** verzeichnet die Ein- und Ausfuhr von Gütern. In Deutschland übertrifft der Wert der Ausfuhr von Waren (Exportwert) praktisch zu jeder Zeit den der Einfuhr von Waren (Importwert). Wie aus Tabelle 17.2 zu sehen ist, überstieg die Ausfuhr von Waren die Einfuhr 1999 wertmäßig um einen Betrag von 63,8 Mrd. Euro. Abbildung 17.1 zeigt ferner, dass der Saldo der deutschen Handelsbilanz bis Ende der achtziger Jahre stets angestiegen ist und 1990 gleichauf mit dem Handelsbilanzüberschuss Japans lag. Die Finanzierung der Deutschen Einheit führte 1991 zu einer Warenumlenkung in die neuen Bundesländer. Daraus ist das vorübergehend starke Absacken des Handelsbilanzüberschusses für die alten Bundesländer zu erklären. In den Folgejahren ist der Handelsbilanzsaldo wieder angestiegen und hat inzwischen sogar das Niveau vor der Wiedervereinigung übertroffen.

Tabelle 17.2:   *Die Zahlungsbilanz der Bundesrepublik Deutschland für das Jahr*
                    1999 (in Mrd. Euro)

Teilbilanzen / Positionen	Salden
I. Leistungsbilanz	
1. Handelsbilanz (Außenhandel)	63,8
2. Dienstleistungsbilanz	-40,8
3. Erwerbs- und Vermögenseinkommen	-11,9
4. Laufende Übertragungen	-25,7
Saldo der Leistungsbilanz[1]	**-19,6**
II. Saldo der Vermögensübertragungen	**-0,1**
III. Kapitalbilanz[2]	
1. Direktinvestitionen	-43,6
2. Portfolioinvestitionen (Wertpapieranlagen)	-11,9
4. Finanzderivate	1,9
3. Kreditverkehr[3]	33,1
Saldo der Kapitalbilanz	**-20,6**
IV. Veränderung der Währungsreserven zu Transaktionswerten[4] **(Devisenbilanz)**	**12,5**
V. Restposten[5]	**27,8**

[1] Enthält auch die Ergänzungen zum Warenverkehr
[2] Nettokapitalexport (-)
[3] Einschl. Bundesbank sowie sonstige öffentliche und private Kapitalanlagen
[4] Ohne Sonderziehungsrechte-Zuteilung und bewertungsbed. Veränderungen
[5] Saldo der statistisch nicht aufgliederbaren Transaktionen.

Quelle: Deutsche Bundesbank (2000), Die deutsche Zahlungsbilanz im Jahre
1999, Monatsbericht März 2000, S. 60.

In der **Dienstleistungsbilanz** werden unter anderem der Tourismus und Verkehrs-
leistungen (Luftfahrt, Schifffahrt) erfasst. Der Urlaub eines deutschen Touristen in
Spanien ist danach ein spanischer Dienstleistungsexport (bzw. ein deutscher
Dienstleistungsimport) und der Transport einer dänischen Fracht auf einem
deutschen Schiff ist ein deutscher Dienstleistungsexport. Die große Reiselust der
Bundesbürger führt in der Regel dazu, dass der Saldo der Dienstleistungsbilanz

negativ ist. Im Jahr 1999 überstiegen die Dienstleistungskäufe der Bundesbürger die Dienstleistungsverkäufe wertmäßig um 40,8 Mrd. Euro, wie Tabelle 17.2 zeigt.

Die in der Rubrik Kapitalerträge und Einkommen aus unselbständiger Arbeit zusammengefassten Transaktionen werden wegen ihrer besonderen Rolle seit 1995 nicht mehr in der Dienstleistungsbilanz erfasst, sondern bilden als **"Erwerbs- und Vermögenseinkommen"** eine neue Kategorie in der Leistungsbilanz. Transaktionen, die in dieser Teilbilanz erfasst werden, sind z.B. Zinszahlungen deutscher Banken für Auslandskredite, Kapitalertragszahlungen aus Wertpapierbesitz oder grenzüberschreitende Erwerbseinkommen.

Die **laufenden Übertragungen** bilden den letzten Posten der Leistungsbilanz. Hier werden regelmäßig an das Ausland geleistete bzw. vom Ausland empfangene Transfers wie z.B. Renten und EU-Abgaben erfasst, für die wegen der Einseitigkeit der Transaktion sonst keine Möglichkeit zur Gegenbuchung bestünde. Der größte Anteil des traditionellen Defizits entfällt auf den deutschen Netto-Beitrag zum EU-Haushalt; das Defizit 1999 betrug 25,7 Mrd. Euro, der Netto-Beitrag zum EU-Haushalt 13,5 Mrd. Euro. Weitere laufende Übertragungen sind Heimüberweisungen ausländischer Arbeitnehmer sowie Renten und Pensionszahlungen an das Ausland.

Übertragungen mit einmaligem Charakter, wie z.B. Erbschaften und Schenkungen, werden in einer eigenen Teilbilanz **Vermögensübertragungen** (Saldo Vermögensübertragungen SV) erfasst, um den besonderen Charakter dieser Transaktionen zu berücksichtigen. Sie zeichnen sich im Sinne der Zahlungsbilanzstatistik dadurch aus, dass sie keinen unmittelbaren Einfluss auf Einkommen und Verbrauch eines Landes in der betrachteten Periode haben und deshalb nicht mehr zur Leistungsbilanz gerechnet werden. Mittelbar kann eine Veränderung der Vermögensstruktur allerdings eine Änderung des Nachfrageverhaltens bewirken.

Saldo aus Leistungsbilanz und Saldo aus Vermögensübertragungen zusammen lassen die transaktionsbedingte Veränderung des deutschen Nettoauslandsvermögens erkennen. Diese auch als **Nettoauslandsposition** bezeichnete Größe gibt die Änderung der Höhe des Auslandsvermögens bzw. der Auslandsverschuldung an. Die Bundesrepublik hat durch jahrelange hohe Leistungsbilanzüberschüsse ein sehr hohes Nettoauslandsvermögen akkumuliert, welches durch die Leistungsbilanzdefizite seit der deutschen Wiedervereinigung langsam abgebaut wird.

In der **Kapitalbilanz (KB)** werden die Änderung von Forderungen und Verbindlichkeiten gegenüber dem Ausland zusammengefasst. Kapitalimporte (Kapitalexporte) sind dabei Transaktionen, die entweder zu einer Zunahme der Verbindlichkeiten (Forderungen) gegenüber dem Ausland oder zu einer Abnahme der Forderungen (Verbindlichkeiten) an das Ausland führen. Kapitaltransaktionen werden funktional unterteilt in: **Portfolioinvestitionen** (z.B. Wertpapieranlagen), **Direktinvestitionen** (z.B. Beteiligungen an Unternehmungen, Handel von Immobilien), **Finanzderivate** und **Kreditverkehr** (z.B. Lieferung auf Ziel) zwischen In- und Ausland.

Abbildung 17.1:   *Internationale Handelsbilanzsalden*

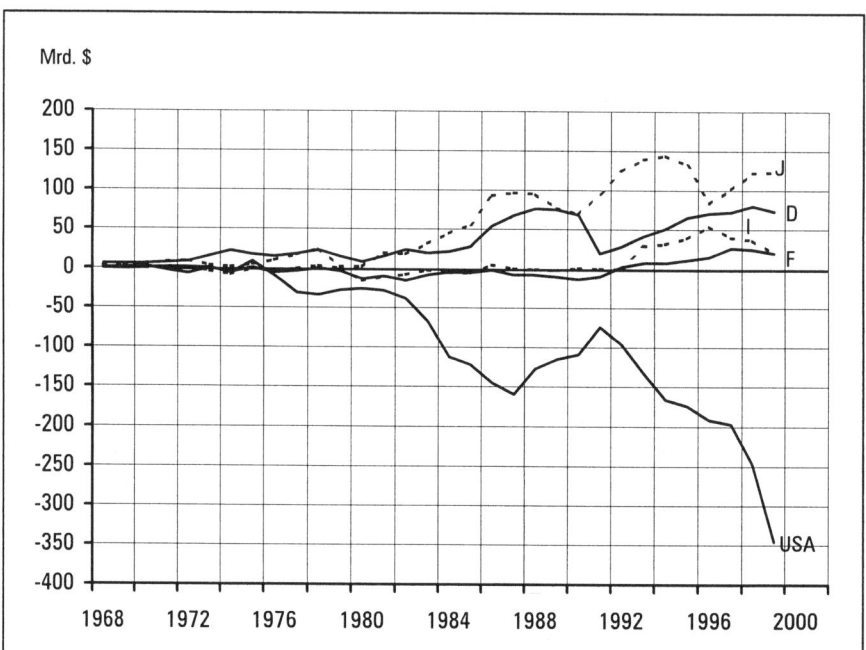

Quelle: SVR (2000), Jahresgutachten 2000/2001.

Innerhalb der Kapitalbilanz können autonome und induzierte Transaktionen unterschieden werden. Induzierte Transaktionen sind Gegenbuchungen zur Leistungsbilanz bzw. zu den Vermögensübertragungen und verändern die Nettoposition gegenüber dem Ausland. Autonome Transaktionen hingegen sind reine Finanztransaktionen, bei denen Buchung und Gegenbuchung in der Kapitalbilanz erfolgt und die Nettoposition gegenüber dem Ausland unverändert bleibt. Eine induzierte Transaktion liegt beispielsweise vor, wenn ein deutscher Importeur japanische Autos auf Ziel kauft. Diese Transaktion wird auf der Haben-Seite der Zahlungsbilanz als Wareneinfuhr und auf der Soll-Seite als Kapitalimport verbucht; die Nettoposition gegenüber dem Ausland verschlechtert sich, da sich der Leistungsbilanzsaldo vermindert. Als Beispiel für eine autonome Transaktion lässt sich der Kauf von Bundesanleihen durch eine amerikanische Fondsgesellschaft anführen. Auf der einen Seite stellt diese Transaktion einen Kapitalimport dar, da die Verbindlichkeiten, verbrieft in der Anleihe, gegenüber dem Ausland zunehmen. Andererseits muss die Fondsgesellschaft eine Gegenleistung erbringen, d.h. für die Anleihe bezahlen. Wird die Bezahlung in Devisen getätigt, so schlägt sich diese Transaktion in der Devisenbilanz nieder. Nimmt die Fondsgesellschaft hingegen einen Kredit bei einer deutschen Geschäftsbank auf, erfolgt die Gegenbuchung in der Rubrik Kreditverkehr der Kapitalbilanz. In beiden Fällen erhöhen sich die

Forderungen des Inlandes an das Ausland, da auch Devisenbestände als Forderungen gegen das Ausland begriffen werden können.

Die Kapitalbilanz schloss 1999 mit einem Defizit von 20,6 Mrd. Euro ab, wie aus Tabelle 17.2 ersichtlich ist. Ein solches Defizit bezeichnet man als **Nettokapitalexport**. Per Saldo haben die Forderungen (Verbindlichkeiten) an das (gegenüber dem) Ausland zugenommen (abgenommen).

In der **Devisenbilanz (DB)** werden die Veränderungen der Währungsreserven der Bundesbank erfasst. Der Saldo der Devisenbilanz wird übrigens im Sprachgebrauch oft etwas ungenau als **Zahlungsbilanzsaldo** bezeichnet. Ein Zahlungsbilanzungleichgewicht liegt demnach vor, wenn der Saldo der Devisenbilanz größer oder kleiner null ist. Diese Terminologie ist deshalb ungenau, weil eigentlich nicht die Zahlungsbilanz, sondern nur eine oder mehrere ihrer Teilbilanzen einen Saldo ungleich null ausweisen können.

Die Salden aus Devisenbilanz, Kapitalbilanz, der Leistungsbilanz und den Vermögensübertragungen bilden den Saldo der Zahlungsbilanz, der theoretisch stets ausgeglichen ist. Wegen statistischer Ermittlungsfehler und institutioneller Schwierigkeiten bei der Erfassung ist zum buchungstechnischen Ausgleich ein sogenannter **Restposten** notwendig. Das positive Vorzeichen des Restpostens in der Zahlungsbilanz 1999 bedeutet, dass entweder die Zahlungsausgänge im Leistungs- und Kapitalverkehr per saldo zu hoch oder die Zahlungseingänge zu niedrig ausgewiesen wurden. Dem zusammengefassten Saldo aus Leistungsbilanz und Vermögensübertragungen steht somit ein Nettokapitalimport, bereinigt um den Restposten und Devisenbilanz, in gleicher Höhe gegenüber. In anderen Worten: Unter der Annahme, dass die im Restposten zusammengefassten Transaktionen den Leistungsbilanzsaldo nicht beeinflussen nahm im Verlauf des Jahres 1999 die Nettoposition Deutschlands gegenüber dem Ausland um 19,7 Mrd. Euro ab.

> *Resümee: Die Zahlungsbilanz gibt eine systematische Übersicht über die Transaktionen wirtschaftlicher Art, die ein Land im Laufe eines Jahres mit dem Ausland abwickelt. Die Zahlungsbilanz wird in vier Teilbilanzen unterteilt, die zusammen im buchhalterischen Sinne immer im Gleichgewicht sind. Für das materielle Gleichgewicht ist der Saldo der Leistungsbilanz und der Kapitalbilanz von besonderem Interesse.*

Keywords: Zahlungsbilanz, Handelsbilanz, Dienstleistungsbilanz, Außenbeitrag, Leistungsbilanz, Nettoauslandsposition, Kapitalbilanz, Portfolioinvestitionen, Direktinvestitionen, Gold- und Devisenbilanz, Nettokapitalexport, Zahlungsbilanzungleichgewicht.

3. Ursachen von Zahlungsbilanzungleichgewichten

Wie kommen Ungleichgewichte in Leistungsbilanz und Kapitalverkehrsbilanz zustande? Welche Rolle spielen die internationalen Zinssätze und die Erwartungen bezüglich der Währungsentwicklung? Welche Rolle spielen Preisniveau und Volkseinkommen? Mit welchen besonderen Problemen sind in diesem Zusammenhang die Entwicklungsländer konfrontiert?

Bei der Betrachtung des Schemas zur Zahlungsbilanz wird deutlich, dass es zwei Bereiche gibt, in denen die Ursachen für Zahlungsbilanzschwierigkeiten liegen können: die Leistungsbilanz und die Kapitalverkehrsbilanz. Wenn sich c.p. eine dieser beiden Bilanzen verändert, entstehen im System fester Wechselkurs bei vorherigem Zahlungsbilanzgleichgewicht Defizite oder Überschüsse in der Devisenbilanz der Notenbank. Im System freier Wechselkurse hingegen stellt sich der Wechselkurs als Marktpreis der Devisen so ein, dass die angebotene Menge an Devisen immer gleich der nachgefragten Menge ist und insofern kein Zahlungsbilanzungleichgewicht entsteht. Nichtsdestotrotz bedeuten flexible Wechselkurse nicht, dass es keine Salden in den Teilbilanzen gibt. Vielmehr gleichen sich die Salden der Leistungsbilanz, der Vermögensübertragungen und der Kapitalverkehrsbilanz in der Summe aus. Im Folgenden soll auf Ursachen eingegangen werden, die für die Veränderungen der Salden in den jeweiligen Teilbilanzen sorgen. Die vom Wechselkurssystem abhängigen Mechanismen, die den formalen Ausgleich der Zahlungsbilanz wiederherstellen, sollen hingegen vernachlässigt werden.

Die **Leistungsbilanz** kann sich durch unterschiedliche Preisentwicklungen verändern. Wenn das inländische Preisniveau stärker steigt als das ausländische, werden bei zunächst konstantem Wechselkurs ausländische Güter relativ billiger, was die Importnachfrage des Inlandes erhöht und die Exportmöglichkeiten verschlechtert. Dadurch würde sich der Saldo der Leistungsbilanz verschlechtern.

Nicht an der Produktivitätssteigerung der Arbeit orientierte Lohnerhöhungen können einen ähnlichen Effekt auslösen. Höhere Einkommen erhöhen auch die Nachfrage nach Importgütern, da ein Teil des zusätzlichen Einkommens für Importgüter ausgegeben wird. Da jedoch die inländische Wirtschaft nicht ebenso viele Güter zusätzlich produziert, wie zusätzlich nachgefragt werden, stehen weniger Güter für zusätzlichen Export zur Verfügung. Somit würden die Exporte schwächer steigen als die Importe, was zu einer unausgeglichenen Leistungsbilanz führt.

Fortschreitender technischer Wandel kann ebenfalls zu strukturellen Ungleichgewichten der Leistungsbilanz führen. Durch Verschiebung der inländischen Produktion in neue Gebiete ändert sich auch das Güterbündel, das ein Land auf dem Exportmarkt anbieten kann. Solch ein Wandel kann zu temporären Ungleichgewichten der Leistungsbilanz führen.

In der **Kapitalverkehrsbilanz** geht es um internationale Kapitalbewegungen (Finanzströme). Hier werden – wie oben bereits erwähnt – Portfolioinvestitionen, Direktinvestitionen, Finanz- und Handelskredite erfasst. Als Direktinvestitionen werden Kapitalbewegungen verstanden, die eine Beteiligung an ausländischen Unternehmen zum Ziel haben und langfristig im Ausland verbleiben sollen. So war es für zahlreiche ausländische Unternehmen interessant, nach der Vereinigung Deutschlands in diesen neuen großen Markt verstärkt zu investieren. Diese verstärkten Kapitalimporte aus dem Ausland verändern die Kapitalverkehrsbilanz. Eine andere Ursache für internationale Kapitalbewegungen besteht in unterschiedlichen internationalen Zinsniveaus, da diese eine verstärkte Kreditvergabe an Hochzinsländer nachsichziehen. Wenn zum Beispiel die USA zur Finanzierung von Haushaltsdefiziten und zur Finanzierung von Investitionen ausländisches Kapital benötigen, da die inländische Sparquote sehr niedrig ist, so müssen sie hohe Zinsen anbieten, die das ausländische Kapital ins Land locken. Dies führt in anderen Staaten wie Deutschland zu verstärkten Kapitalexporten. Im System flexibler Wechselkurse legen viele Anleger ihr Geld in einer ausländischen Währung an, wenn Aufwertungen dieser Währung erwartet werden. Die Anleger wollen Wechselkursgewinne erzielen. Wechselkurserwartungen führen also ebenfalls zu verstärkten Kapitalbewegungen und verändern die Kapitalverkehrsbilanz.

Ein weiteres Problem, das dem statistischen Zugriff teilweise entgeht, ist im Zusammenhang mit Entwicklungsländern zu nennen. Befürchtungen von rapiden Preisanstiegen, Angst vor drastischen Steuererhöhungen zur Haushaltsfinanzierung oder politische Umstürze führen dazu, dass die Kapitalanleger ihr Vermögen in ausländische Währungen transferieren. Dieses Phänomen ist als **Kapitalflucht** bekannt. Durch die Kapitalflucht werden häufig destabilisierende Effekte in einer Ökonomie erst ausgelöst oder verstärkt, denn ein starker Kapitalabfluss über verdeckte Kanäle erzwingt radikale, staatliche Maßnahmen, die dann zu Härten an anderen Stellen führen. Anders als bei anderen Kapitalbewegungen ist bei Kapitalflucht Angst um das Vermögen der Auslöser der Kapitalbewegungen. Dieses Argument kennt man auch als **Safe-haven-Argument**.

Wie bereits gesagt, ist die Zahlungsbilanz nicht bereits dadurch unausgeglichen, dass die Leistungsbilanz oder die Kapitalverkehrsbilanz im Ungleichgewicht ist. Ein Defizit in der Leistungsbilanz kann z. B. durch einen Überschuss der Kapitalverkehrsbilanz (Nettokapitalimporte) kompensiert werden. Dieser Sachverhalt führt jedoch zum Aufbau einer Schuldnerposition gegenüber dem Ausland. Streng genommen müsste man die Vermögensübertragungen in den bisherigen Betrachtungen mit berücksichtigen. Da sie jedoch nicht dauerhaft sind und häufig freiwilligen Charakter haben, bleiben sie hier außen vor.

> *Resümee: Zahlungsbilanzungleichgewichte können c.p. durch Veränderungen der Leistungsbilanz oder der Kapitalverkehrsbilanz entstehen. Leistungsbilanzänderungen können durch zu starke Einkommensentwicklungen, unterschiedliche Preisentwicklungen oder durch Strukturwandel entstehen. Der Kapitalverkehrsbilanzsaldo kann sich durch verstärkte Direktinvestitionen, internationale Zinsdifferenzen, Spekulation oder einsetzende Kapitalflucht verändern.*

Schlüsselwörter: Kapitalflucht, Safe-haven-Argument.

4. Leistungsbilanzreaktionen auf Wechselkursänderungen

> Wie entstehen Import- und Exportmärkte? Wie hängt das Güterangebot auf diesen Märkten vom Wechselkurs ab? Wie wirkt sich eine Änderung des Wechselkurses auf die Import- und Exportmärkte aus? Wie schlägt sich der Gesamteffekt in der Leistungsbilanz nieder?

Wenn ein Land Handelsbeziehungen zum Ausland unterhält, so ist die Höhe der Im- und Exporte auch durch den Wechselkurs bestimmt. Bei einem gegebenen Wechselkurs wird somit eine **Aufwertung** der heimischen Währung zu einem größeren Angebot an Importgütern führen, da die ausländischen Güter nun für das Inland billiger geworden sind. Auf der anderen Seite aber wird ein deutscher Automobilhersteller, der ein Auto vorher zum Preis von DM 30 Tausend (also bei einem Wechselkurs von $w_0 = 2,00$ (DM/US\$) zu 15 Tausend \$) anbieten konnte, nach DM-Aufwertung ($w_0 > w_1$) das gleiche Auto bei einem Wechselkurs von $w_1 = 1,50$ nun zu 20 Tausend \$ anbieten.

Die Graphiken sollen das Entstehen von Im- und Exportmärkten verdeutlichen. Wenn der Handel auf Grund von Preisunterschieden zustande kommen soll, so ist es sinnvoll, Angebot und Nachfrage nur von solchen Gütern zu betrachten, die international gehandelt werden. Hier werden der nationale Markt und der internationale Markt getrennt. Zunächst soll in der Abbildung 17.2 und 17.3 das Entstehen des nationalen Exportangebots und der nationalen Importnachfrage auf dem internationalen Markt erklärt werden. Auf dem nationalen Markt für Exportgüter existiert zu einem Preis p_0 ein Gleichgewicht. Für alle Preise, die größer als p_0 sind, existiert ein **Angebotsüberhang**. Dieser Angebotsüberhang steht als Exportangebot zur Verfügung. Als Punkt, an dem das Exportangebot null ist, ist der Gleichgewichtspreis des nationalen Marktes gegeben. Für alle höheren Preise ist die Strecke des Angebotsüberhangs in den Quadranten des Exportgütermarktes zu übertragen (beispielhaft die Strecke *AB*).

Ganz analog entsteht die Nachfrage nach Importen. Wenn ein Preis p_0 existiert, zu dem Angebot und Nachfrage ausgeglichen sind, so ist für alle niedrigeren Preise ein **Nachfrageüberhang** auf dem Importgütermarkt vorhanden. Dieser Nachfrageüberhang macht sich auf dem internationalen Markt als Importgüternachfrage bemerkbar. Ausdrücklich sei darauf hingewiesen, dass die Nachfrage und das Angebot auf dem nationalen Importgütermarkt sich von dem Angebot und der Nachfrage auf dem nationalen Exportgütermarkt unterscheiden, da hier unterschiedliche Güter vorliegen.

Abbildung 17.2:   **Abbildung 17.3:**

Exportangebot Ex^a   *Importnachfrage Im^n*

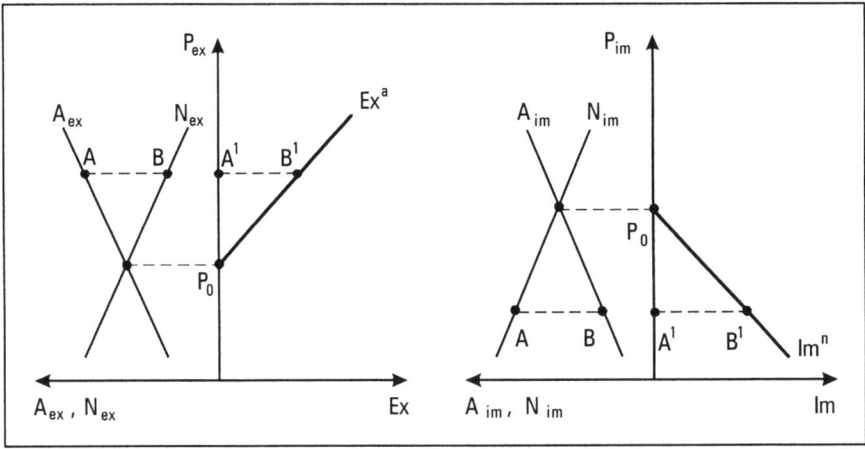

Wenden wir uns wieder dem Markt für Exportgüter zu. Die Erklärung der Exportgüternachfrage ist etwas komplizierter, da hier ein Drei-Quadranten-Schema verwendet werden muss. Im Quadranten *III* der Abbildung 17.4 sieht man den internationalen Markt für Exportgüter mit einem Gleichgewicht in p_0. Der Quadrant *II* zeigt die Umrechnung des nationalen Preises über den Wechselkurs zum internationalen Exportgütermarkt. Steigt der Wechselkurs, so nimmt die Steigung der Wechselkursgeraden zu.

Ist das Preisniveau kleiner als p_0, dann liegt auf dem internationalen Exportgütermarkt ein Nachfrageüberhang vor. Wie die Überschussnachfrage auf dem heimischen Markt als Nachfrage nach Exportgütern wirksam wird, hängt von der Höhe des Wechselkurses ab. Der durch die Strecke *AB* dargestellte Nachfrageüberhang wird bei dem Wechselkurs w_0 zu einem niedrigeren inländischen Preis nachgefragt als bei dem höheren Wechselkurs w_1. Eine **Abwertung** der inländischen Währung, d.h. eine Erhöhung des Wechselkurses, führt zu einer Drehung der Exportgüternachfrage nach außen. Dabei ist zu beachten, dass $P_{ex}[DM] = \omega P_{ex}^{au}[\$]$ gilt, d.h. der ausländische Preis (in \$) für das Exportgut wird mit Hilfe des Wechselkurses umgerechnet in den inländischen Preis (in DM).

Abbildung 17.4:   *Exportgüternachfrage Ex^n*

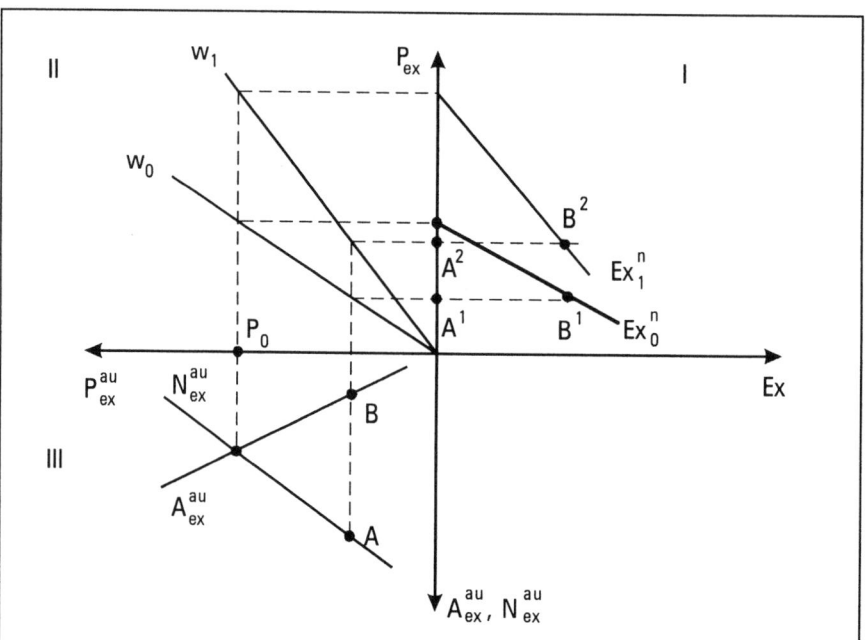

Analog kann das Importgüterangebot erklärt werden. In Abbildung 17.5 ist zu sehen, dass ein Anstieg des internationalen Preisniveaus über p_0, den internationalen Gleichgewichtspreis, hinaus zu einem internationalen Angebotsüberschuss führt, der sich in einem durch den Wechselkurs beeinflussten Importgüterangebot auf dem inländischen Importgütermarkt äußert.

Wir wollen uns jetzt der Frage zuwenden, welche Wirkung eine **Abwertung** der heimischen Währung auf die Leistungsbilanz hat. Hierbei gilt es zu untersuchen, welche Wirkungen von Wechselkursänderungen auf den Export- und Importwert ausgehen. Hierzu betrachten wir eine graphische Analyse der Märkte, für die bereits die Angebots- und Nachfragebedingungen analysiert wurden. Dabei ist wiederum zu beachten, dass $P_{im}[DM] = \omega\, P_{im}^{au}[\$]$ gilt, d.h. der ausländische Preis (in \$) für das Importgut wird mit Hilfe des Wechselkurses umgerechnet in den inländischen Preis (in DM).

Wir vereinfachen die Argumentation, indem wir in der Anfangssituation ein Leistungsbilanzgleichgewicht annehmen. In der Abbildung 17.6 ist der Exportgütermarkt dargestellt. Wie wir wissen, äußert sich eine Abwertung in einer Drehung der Exportnachfrage nach außen. Durch den Vergleich der Flächen $P_{ex_0}, A_0, Ex_0, 0$ und $P_{ex_1}, A_1, Ex_1, 0$ kann man leicht erkennen, dass die exportierten Mengen und

der Exportwert eindeutig zunehmen, gleich wie steil die Kurve der Exportnachfrage ist.

Abbildung 17.5: *Importgüterangebot Im^a*

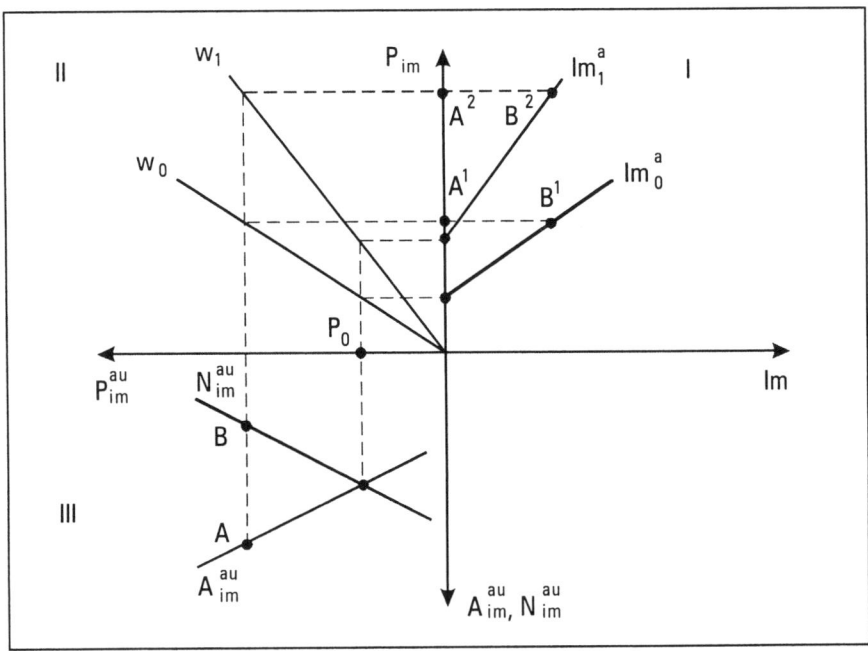

Abbildung 17.6: *Exportgütermarkt*

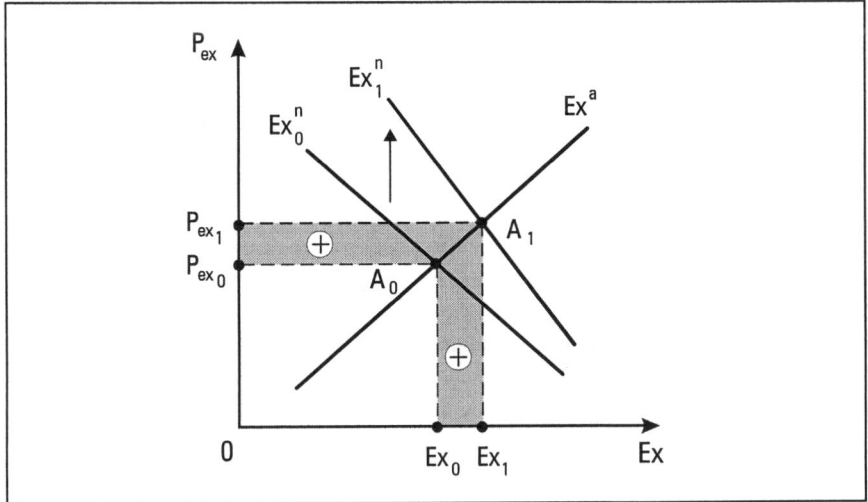

Die Erklärung lässt sich wie folgt herleiten. Durch die Abwertung wird das heimische Gut für die ausländischen Nachfrager nun billiger, weshalb die ausländische (Import)Nachfrage ausgeweitet wird. Durch die Nachfrageausweitung kommt es ebenfalls zu einem Anstieg des Preises, so dass der Exportwert (in heimischer Währung) eindeutig zunimmt.

Abbildung 17.7:   *Importgütermarkt*

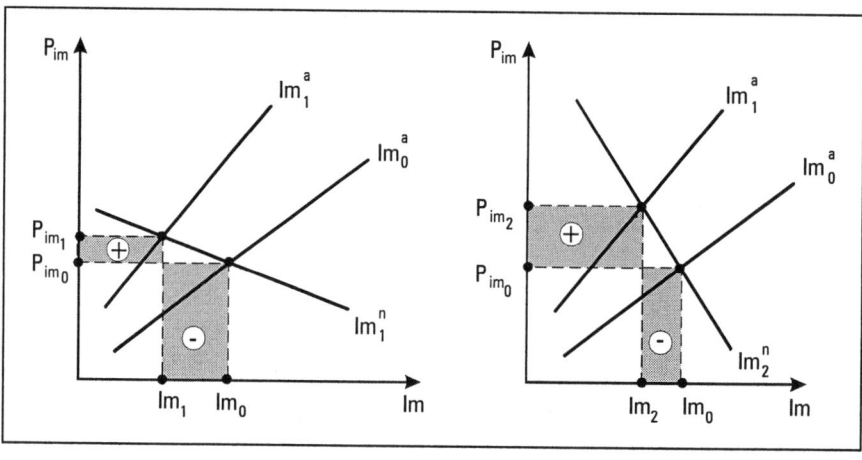

Schwieriger ist die Situation auf dem Importmarkt. Auf dem Importmarkt führt die Abwertung zu einer Verteuerung der ausländischen Güter. Die Abwertung führt daher zu einer Drehung und Verschiebung des Importangebots nach oben (siehe Abbildung 17.7). Die Erklärung ist folgende: Aufgrund der Abwertung werden die Importgüter nun für das Inland teurer, weshalb die inländische Importnachfrage abnimmt (importwertmindernder Mengeneffekt). Andererseits gibt es auch einen importwerterhöhenden Preiseffekt, da der Preis des ausländischen Gutes (aufgrund der Abwertung) in heimischer Währung angestiegen ist. Welcher Effekt nun dominiert, ist abhängig von der Preiselastizität der inländischen Importnachfrage. Mit Im_1 und Im_2 sind zwei verschiedene Importnachfragekurven eingetragen, bei denen man durch Vergleich der schraffierten Flächen sehen kann, dass trotz eindeutiger Reaktion der Importmenge (negativer Mengeneffekt), der Importwert steigen, fallen oder gleich bleiben kann. Unterstellt man z.B. eine ausreichend hohe Preiselastizität, so dominiert der importwertmindernde Mengeneffekt. Da in diesem Fall der Importwert sinkt, und der Exportwert ja bekanntlich eindeutig steigt, ergibt sich – da annahmegemäß von einem Leistungsbilanzgleichgewicht ausgegangen wird – ein Leistungsbilanzüberschuss. Dieser Fall wird als "normale" Reaktion angesehen, da eine Abwertung – was gleichzusetzen ist mit einem relativen Preisvorteil gegenüber dem Ausland – zu einer Verbesserung der Leistungsbilanz führt.

Grundsätzlich ist jedoch nicht eindeutig bestimmbar, ob eine Abwertung der heimischen Währung zu einer Verbesserung oder Verschlechterung der Leistungsbilanz führt.

Beispielhaft sei die Situation eines Landes aufgezeigt, wie sie typisch für bestimmte **Entwicklungsländer** ist. Auf dem Importgütermarkt verläuft die Nachfragekurve sehr steil, da Entwicklungsländer Vorleistungsgüter und industrielle Endprodukte nicht selbst erstellen können und sie deshalb importieren müssen. Man kann von einem hohen Grad von Importabhängigkeit sprechen. Auf dem Exportgütermarkt ist die Situation häufig dadurch gekennzeichnet, dass auf dem Weltmarkt eine große Sättigung oder hohe Substitutionskonkurrenz existiert (z.B. bei Kaffee, Reis, billigen Uhren, Radios). Dadurch führen Preissenkungen eines Entwicklungslandes nur zu einer geringen zusätzlichen Nachfrage. Das Importangebot ist durch eine relativ flache Kurve gekennzeichnet, da die Veränderungen der Importe eines in der Regel kleinen Entwicklungslandes nur geringen Einfluss haben. Diese Situation ist in Abbildung 17.8 dargestellt.

Abbildung 17.8: *Fall eines Entwicklungslandes*

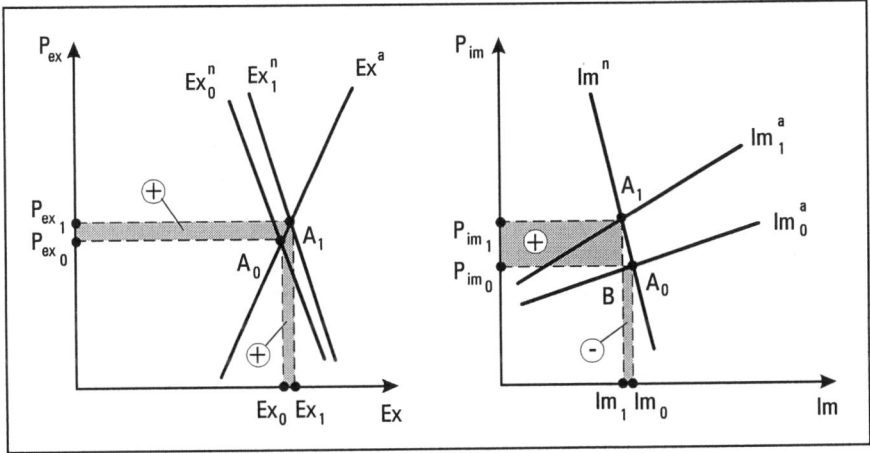

Durch Vergleich der Flächen, die die Zunahme des Exportwertes und die Zunahme des Importwertes darstellen (Saldo Importwert = Fläche $P_{im_0}, P_{im_1}, A_1, B$ minus Fläche Im_0, Im_1, B, A_0) sieht man, dass eine Abwertung mit großer Wahrscheinlichkeit – aufgrund der sehr geringen Preiselastizität der inländischen Importnachfrage – nicht zu einer Verbesserung der Leistungsbilanz führt.

> *Resümee: Für ein Land kann man Export- und Importmärkte trennen, wobei auf jedem dieser Märkte andere Güterbündel gehandelt werden. Wechselkursänderungen beeinflussen auf dem Importmarkt das Importangebot und auf dem Exportmarkt die Exportnachfrage. Eine Abwertung führt bei normaler Exportangebotsfunktion zu einer Vergrößerung des Exportwertes (eindeutig), beim Importgütermarkt ist die Reaktion nicht eindeutig. Entwicklungsländer können typischerweise nicht mit einer Verbesserung der Leistungsbilanz durch eine Abwertung rechnen.*

Schlüsselwörter: Aufwertung, Angebotsüberhang, Nachfrageüberhang, Abwertung, Entwicklungsländer.

5. Die Terms of Trade

> Was versteht man unter Terms of Trade? Sagen Terms of Trade etwas über die Wettbewerbsposition eines Landes aus?

Die Aufnahme von internationalen Handelsbeziehungen bedeutet, dass ein Land in den Wettbewerb um Güter und Faktoren mit anderen Ländern tritt. Als Indikator dafür, wie sich ein Land im internationalen Wettbewerb behauptet, werden oft die **Terms of Trade** *(ToT)* herangezogen. Diese geben das reale Austauschverhältnis zwischen den exportierten und den importierten Gütern eines Landes an. Im einfachsten Fall mit nur einem exportierten Gut und einem importierten Gut wird damit ausgedrückt, wie viele importierte Güter für ein Exportgut erworben werden können.

Da in der Realität ein Land mit einer Vielzahl an Gütern handelt und sich gleichzeitig die Austauschverhältnisse zwischen den exportierten und importierten Gütern ständig ändern, behilft man sich in der Praxis mit dem prozentualen Verhältnis aus Exportgüterpreisniveau und Importgüterpreisniveau. Darin sind neben den Preisveränderungen der Güter auch die Veränderungen der Anteile enthalten, den die betreffenden Güter am Außenhandel haben. Die Importpreise werden dabei unter Einbeziehung des Wechselkurses ω in die nationale Währung umgerechnet. Somit zeigen die *ToT* an, wie viele Mengeneinheiten an Importgütern ein Land für eine Mengeneinheit Exportgüter erhält:

$$ToT = \frac{\text{Preisindex der Exportgüter}}{\text{Preisindex der Importgüter}} \cdot 100 = \frac{P_{ex}[€]}{\omega P_{im}[\$]} \cdot 100 \,.$$

Von einer Verbesserung der Wettbewerbssituation eines Landes wird gesprochen, wenn die *ToT* steigen und damit mehr Importgüter für eine Einheit Exportgut erworben werden können. So wird in Abbildung 17.9 gezeigt, dass die *ToT* Deutschlands seit Anfang der achtziger Jahre stetig gestiegen sind und sich die deutsche Wettbewerbsposition somit kontinuierlich verbessert hat. Da der Wechselkurs durch die Umrechnung der internationalen Importgüterpreise in die *ToT* eingeht und die Höhe des Wechselkurses nicht nur durch den Verkehr von Gütern und Dienstleistungen bestimmt ist, deuten aus Wechselkursänderungen resultierende *ToT*-Änderungen nicht zwingend auf eine Veränderung der Wettbewerbsposition eines Landes hin. Ansonsten spiegeln die Veränderungen der *ToT* durchaus die Entwicklung der Wettbewerbsposition eines Landes wider.

Abbildung 17.9: *Import- und Exportpreisindices in Deutschland*

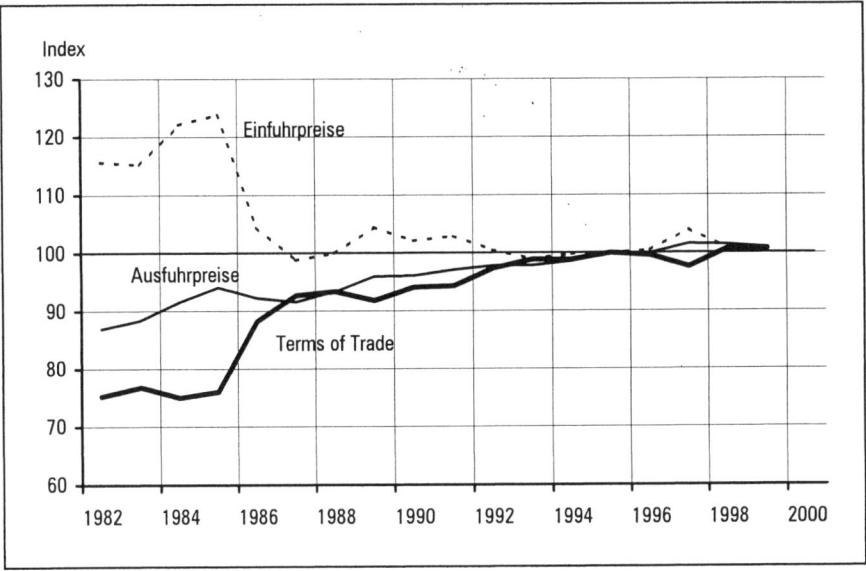

Quelle: SVR (2000), Jahresgutachten 2000/2001 und ältere Gutachten.

Am Beispiel der Verschlechterung der *ToT* durch einen starken Ölpreisanstieg soll dies kurz veranschaulicht werden. Eine Verschlechterung bedeutet, dass eine Volkswirtschaft für den Kauf der gleichen Menge Importgüter mehr an Exportgüter absetzen muss und dass dabei die teureren Importe die Binnennachfrage durch einen Kaufkraftentzug schmälern können. Denn ist die Verschlechterung der *ToT* durch einen Preisanstieg unentbehrlicher, ausländischer Vorleistungsimporte wie z.B. Öl eingetreten, dann können sich für Länder, deren Exportkraft mangels konkurrenzfähiger Produkte zu schwach ist, spürbare Wohlstandseinbußen ergeben. Das andere Land indes, welches das unentbehrliche und damit preisunelastische Gut anzubieten hat, kann dank der veränderten Tauschverhältnisse ein größeres Stück der weltweit produzierten Güter und Dienstleistungen kaufen.

Resümee: Mit den ToT wird das Tauschverhältnis von Gütern und Dienstleistungen im Außenhandel bezeichnet. Die ToT zeigen an, wie viel Importe ein Land mit einer Einheit seiner Exportprodukte erwerben kann. Bei Preisveränderung unentbehrlicher, international handelbarer Güter, sind die ToT ein relevanter Indikator für die Veränderung der Wettbewerbssituation eines Landes.

Schlüsselwörter: Terms of Trade.

6. Internationaler Konjunkturzusammenhang

Wie wirkt sich die konjunkturelle Lage des Inlands auf das Ausland aus, wenn die beiden Volkswirtschaften verflochten sind? Wie hängt die Konjunkturübertragung vom Wechselkursregime ab? Was versteht man unter der Lokomotivfunktion, die große Länder in rezessiven Zeiten übernehmen sollen?

Länder, die Handelsbeziehungen mit anderen Ländern unterhalten, sind damit automatisch in die Weltkonjunktur eingebunden. Veränderungen der wirtschaftlichen Aktivität in einem Land führen auch zu Reaktionen in anderen Ländern. Solche Konjunkturzusammenhänge sind um so bedeutender, je stärker ein Land in das Weltwirtschaftssystem integriert ist. Für die europäischen Nationen, bei denen der Außenhandel einen großen Teil der wirtschaftlichen Aktivität ausmacht, gilt dieser Zusammenhang besonders stark. Die Übertragungsmöglichkeiten sind vom jeweiligen Wechselkurssystem abhängig.

Bei festen Wechselkursen wirken Preiszusammenhänge, unterschiedliche Zinssätze und Einkommensveränderungen besonders stark. Durch die Interventionspflicht der Zentralbanken kann sich auch die Geldmenge verändern.

Bei flexiblen Wechselkursen entfallen die Wirkungen aus einer Geldmengenveränderung, da die Zentralbank am Devisenmarkt nicht eingreifen muss. Im System flexibler Wechselkurse gehen über Wechselkursänderungen Impulse auf ausländische Ökonomien aus. Grundsätzlich kommt es unabhängig vom Wechselkursregime zu Konjunkturübertragungen. Die meisten Wissenschaftler denken jedoch, dass feste Wechselkurse zu stärkeren Abhängigkeiten führen. Beispielhaft seien nur einige internationale Zusammenhänge aufgezeigt, die das Problem verdeutlichen sollen.

Was geschieht, wenn in einem Land eine autonome Erhöhung der inländischen Investitionen erfolgt. Wenn man jetzt den Kapitalverkehr und das Wechselkursregime außer Acht lässt, so ergibt sich folgender Zusammenhang: Die Erhöhung der inländischen Investitionen löst einen positiven Einkommenseffekt aus. Die Wirtschaftssubjekte werden einen Teil des zusätzlichen Einkommens für Importgüter ausgeben. Für das Ausland ergeben sich hieraus zusätzliche Exportmöglichkeiten, die ihrerseits positive Einkommenseffekte und damit steigende Importnachfrage induzieren. Dies wirkt auf das Inland zurück. Im Inland steigt das Volkseinkommen also stärker als bei Vernachlässigung der Rückwirkungen und auch im Ausland steigt das Volkseinkommen. Dieser Zusammenhang gibt immer wieder Anlass zu der Forderung, dass in einer Rezession bedeutende Welthandelsländer durch aktiven Politikeinsatz eine **Lokomotivfunktion** für die Weltkonjunktur übernehmen sollen. Man kann zeigen, dass dieses scheinbar so einfache Kochrezept nicht zwingend funktioniert.

Um zu zeigen, dass in einem System mit festen Wechselkursen **Politikkoordination** wichtig ist, sei folgendes Beispiel gegeben. Im Inland führt die Zentralbank eine expansive Geldpolitik durch. Aus der IS-LM-Analyse in Kapitel 11 ist bekannt, dass die Rechtsverschiebung der LM-Kurve bei normaler IS-Kurve zu Zinssenkungen führt. Wenn der internationale Kapitalverkehr auf Zinsänderungen reagiert, so wird die Veränderung der Zinsdifferenz zu einer Verschlechterung der Kapitalverkehrsbilanz führen. Wenn beispielsweise die Zinsen im In- und Ausland vorher gleich hoch waren, so wären sie nach der geldpolitischen Maßnahme im Inland niedriger. Kapitalanleger würden dann ihr Geld vermehrt im Ausland anlegen, wo die Rentabilität höher ist. Von dem zusätzlichen Einkommen, das durch die Geldpolitik entsteht, wird ein Teil für Importgüter ausgegeben, was zu einer Verschlechterung der Leistungsbilanz führt. Die gesamte Zahlungsbilanz kommt in den Defizitbereich. Die inländische Währung gerät unter Abwertungsdruck, so dass die Zentralbank durch Auflösung von Devisenreserven inländische Währung vom Markt nehmen muss. Dies führt jedoch zu einer Expansion der ausländischen Geldmenge und sinkenden Zinsen. Im Ausland kann dieser Effekt jedoch unerwünscht sein, weil z.B. Preissteigerungen befürchtet werden. Ebenso kann gezeigt werden, dass Fiskalpolitik zu Übertragungen führt. Unter bestimmten zusätzlichen Annahmen kann man zeigen, dass auch bei flexiblen Wechselkursen Übertragungen möglich sind.

Derartige **internationale Preisübertragungen** sind unerwünscht. Früher nahm man an, dass man durch flexible Wechselkurse solche Preisübertragungen verhindern kann. Jedoch hat die genauere Analyse ergeben, dass eine solche Behauptung nur unter sehr unrealistischen Annahmen gehalten werden kann. Da die Übertragungen bei festen Wechselkursen direkter sind, werden sie daran beispielhaft aufgezeigt. Wenn im Inland eine starke Preisentwicklung einsetzt, werden inländische Güter teurer. Dies wird die Inländer in der Regel dazu bringen, mehr Importgüter aus dem preisstabilen Ausland zu importieren. Daraus folgt für das Ausland eine verstärkte Exportnachfrage auf dem heimischen Markt. Diese verstärkte gesamtwirtschaftliche Nachfrage trifft auf ein konstantes Angebot und somit werden auch im Ausland Preiseffekte eintreten, wenn das gesamtwirtschaftliche Angebot nicht unendlich preiselastisch ist (waagerechte Angebotskurve, möglich bei großen Lagerbeständen und unausgelasteten Kapazitäten). Wie bereits erkennbar, wird durch die inländische Preisentwicklung die Leistungsbilanz verschlechtert, was c.p. zu einer Verschlechterung der Zahlungsbilanz führt. Der hierdurch hervorgerufene Abwertungsdruck verpflichtet die Zentralbank zur Intervention. Langfristig führen unkontrollierte Preisentwicklungen zu Gegenmaßnahmen des Auslandes wie z.B. Handelsbeschränkungen, welche den internationalen Handel nachhaltig schädigen. Wenn die Unternehmen des Auslandes eine Kalkulation für die Preisermittlung verwenden, die sich an den Kosten orientiert (z.B. die bekannte Preis = Grenzkosten-Regel), können inländische Preisimpulse auch dann übertragen werden, wenn Exporte des Inlandes als Vorleistungsgüter in die ausländische Produktion fließen und nicht durch ausländische Vorleistungsgüter ersetzt werden können. Solche Vorleistungsgüter des Inlandes würden teurer und bei Verwendung einer Preiskalkulation, die sich an den Kosten orientiert, würden dann auch die ausländischen Preise steigen. Dieser Preiseffekt wäre durch Handelsbeschränkungen nicht zu beseitigen.

Die hier aufgezeigten Übertragungen stellen nur einen kleinen Ausschnitt der möglichen Übertragungswege dar. Für ausführliche Darstellungen sei auf die angegebene Literatur verwiesen.

> ***Resümee:*** *Länder, die am internationalen Handel teilnehmen, werden auch von Veränderungen der Weltkonjunktur betroffen. Konjunkturübertragungen können über das Zinsniveau, die Preisentwicklung oder die Einkommensentwicklung auf andere Länder einwirken.*

Schlüsselwörter: Lokomotivfunktion, Internationale Preisübertragungen.

7. Die Makroökonomische Bilanzgleichung

> Wie erweitert man die bekannte Ex-Post-Identität S = I für eine offene Volkswirtschaft? Was hat der Leistungsbilanzsaldo mit dem Budgetdefizit und der inländischen Ersparnis zu tun? Wie wirkt in einer offenen Volkswirtschaft der Multiplikatoreffekt?

Das Nettonationaleinkommen für eine **geschlossene Volkswirtschaft** mit staatlicher Aktivität beträgt $W = C + I + G$. Hierdurch entsteht ein Volkseinkommen Y, das gleich W ist und auf C, S und T verteilt wird. Da wir nun Beziehungen mit dem Ausland in unsere Analyse eingeführt haben, müssen wir unsere Darstellung in Bezug auf Entstehung und Verwendung des Volkseinkommens den neuen Gegebenheiten anpassen. Es geht hierbei um zwei neue makroökonomische Größen, nämlich den Strom der exportierten Güter und Dienste Ex und den Strom der importierten Güter und Dienste Im.

Das Produktionsergebnis besteht nun nicht nur aus den Beträgen von C, I und G, sondern auch aus dem Export. Zu der Summe aus Konsum, Investition und Staatsausgaben müssen wir deshalb noch den Export addieren. Zur Berechnung des Nettonationaleinkommens haben wir aber von diesem Betrag den Wert der Einfuhr abzuziehen, weil in einer **offenen Volkswirtschaft** die aus dem Ausland eingeführten Güter und Dienste bereits in C, I, G und Ex enthalten sind. Und zwar sind einerseits die Importe aus dem Ausland als Vorleistungsimporte im Wert der im Inland produzierten Güter und andererseits als Fertigwarenimporte in C, I und G enthalten. Die Einfuhr stellt den Teil der Beträge von C, I, G und Ex dar, der vom Ausland beigesteuert wird. In einer offenen Volkswirtschaft wird ein Teil der Wertschöpfung vom Ausland erwirtschaftet. Für die Entstehung des Volkseinkommens in einer offenen Wirtschaft erhalten wir also die folgenden Gleichungen:

(1) $$W = C + I + G + Ex - Im.$$

Das Volkseinkommen Y wird für C, T und S verwendet, so dass auch gilt:

(2) $$Y = C + S + T.$$

Aus den beiden Identitäten folgt nun nicht mehr die Ex-post-Identität $S = I$ (ohne staatliche Aktivität) oder $S = I + (G - T)$ (mit staatlicher Aktivität), sondern die **Kreislaufidentität für eine offene Volkswirtschaft mit staatlicher Aktivität**

(3) $$S = I + (G - T) + (Ex - Im),$$

die auch als **makroökonomische Bilanzgleichung** bezeichnet wird.

Ist das staatliche Budget ausgeglichen, indem die Steuereinnahmen den Ausgaben entsprechen, und ist zugleich der Saldo der Leistungsbilanz gleich null, so reduziert sich Gleichung (3) auf die schon bekannte elementare Kreislaufidentität $S = I$. Gleichung (3) ist also eine Verallgemeinerung der beiden bisher betrachteten Kreislaufidentitäten.

Diese allgemeine Version ist sehr aufschlussreich. Zeigt sie doch, dass es durchaus mit dem Gütermarktgleichgewicht einer Volkswirtschaft vereinbar ist, wenn sowohl das staatliche Budget wie der Leistungsbilanzsaldo unausgeglichen sind.

Allein entscheidend ist, dass die inländischen Ersparnisse S ausreichen, die Summe aus inländischen Investitionen I, Budgetdefizit $G - T$ und Leistungsbilanzsaldo $Ex - Im$ zu finanzieren.

Aus (3) lässt sich auch das Paradox erklären, dass Staaten wie die USA sich gleichzeitig Haushaltsdefizite und Leistungsbilanzdefizite **(Zwillingsdefizite)** leisten können, ohne dass zusätzliche inländische Ersparnis benötigt oder auf Investitionen verzichtet wird. Die Erklärung ist einfach: Leistungsbilanzdefizite sind in der Logik der Kreislaufidentität nichts anderes als vom Ausland zur Verfügung gestellte Ersparnisse. Denn in der Höhe der Differenz $Im - Ex > 0$ wird der inländische Güterverzehr durch gleich hohen Güterverzicht des Auslandes alimentiert. Anhand der Abbildung 17.10 lässt sich erkennen, dass sich die jeweiligen Finanzierungssalden der jeweiligen Sektoren (Haushalte, Staat und Ausland) – wie wir bereits aus Kapitel 13, Gleichung 7 wissen – zu Null addieren.

Abbildung 17.10: *Kreislaufidentität in der offenen Volkswirtschaft*

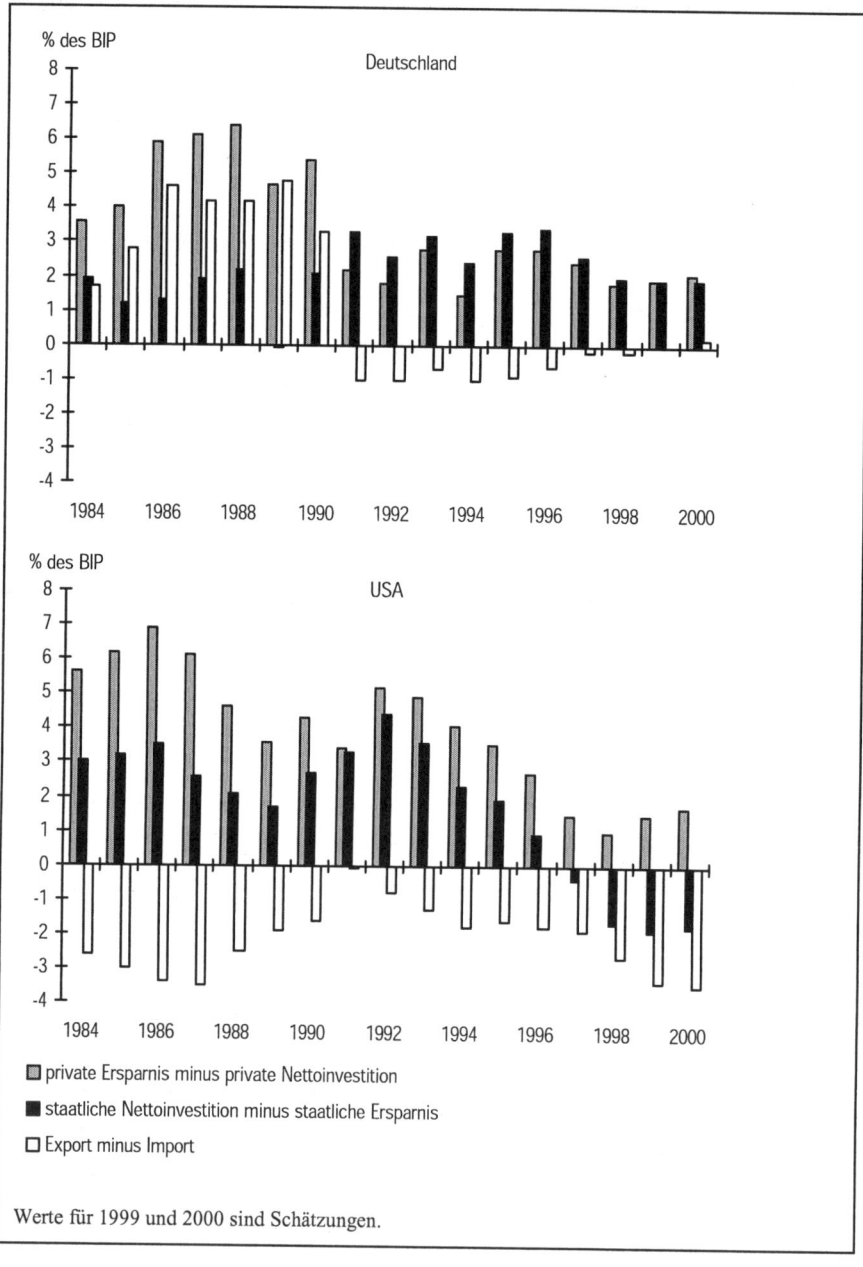

Wir fragen uns nun wieder, in welcher Höhe ein Volkseinkommen entsteht, wenn wir von einer gegebenen Produktionskapazität ausgehen und die effektive Nachfrage die Höhe des Volkseinkommens bestimmt. Zu diesem Zweck werden wir annehmen, dass die Investitionen, die Staatsausgaben und der Export autonom bestimmt sind, d.h. unabhängig von der Höhe des Volkseinkommens vorhanden sind. Der Einfachheit halber unterstellen wir also:

$$(4) \qquad\qquad I = I_0,$$

$$(5) \qquad\qquad G = G_0,$$

$$(6) \qquad\qquad Ex = Ex_0.$$

Weiter gehen wir davon aus, dass die Einfuhr einen konstanten Bruchteil des verfügbaren Volkseinkommens ausmacht, mit anderen Worten, dass *Im* proportional mit $(Y - T)$ verbunden ist. Diese Annahme macht Sinn, wenn man davon ausgeht, dass Endprodukte (statt Vorleistungen) importiert werden. Der konstante Bruchteil heißt marginale Importquote m, so dass also die Gleichung für die Einfuhr lautet:

$$(7) \qquad\qquad Im = M_0 + m(Y - T)$$

Das ganze KEYNESsche Modell lautet dann wie folgt:

$$(8) \qquad\qquad Y = C + I + G + Ex - Im,$$

$$(9) \qquad\qquad C = c(Y - T) + C_0,$$

$$(10) \qquad\qquad I = I_0,$$

$$(11) \qquad\qquad G = G_0,$$

$$(12) \qquad\qquad Ex = Ex_0,$$

$$(13) \qquad\qquad Im = M_0 + m(Y - T),$$

$$(14) \qquad\qquad T = \tau Y.$$

(8) stellt die bereits bekannte Gleichgewichtsbedingung in modifizierter Form dar. Für das gleichgewichtige Volkseinkommen Y^* erhalten wir nun

$$(15) \qquad\qquad Y^* = \frac{I_0 + G_0 + Ex_0 - M_0 + C_0}{1 - (c - m)(1 - \tau)}.$$

Setzen wir G_0, Ex_0, τ und m gleich Null, dann erhalten wir den bereits in Kapitel 7 für Y^* bestimmten Gleichgewichtswert. Wenn die autonomen Investitionen, die autonomen Staatsausgaben, der autonome Export oder der autonome Konsum erhöht wird, dann steigt das gleichgewichtige Volkseinkommen Y^* um mehr als die primäre Zunahme. Dies ist der **Multiplikatoreffekt**. Im einfachen Modell des Kapitels 7 ist der Ausgaben-Multiplikator durch $k_0 = 1/(1 - c)$ bestimmt. Der um staatliche Aktivität erweiterte ist dagegen durch $k_1 = 1/(1 - c)(1 - \tau))$ bestimmt, während in einer offenen Volkswirtschaft gilt

$$(16) \qquad k_2 = \frac{1}{1 - (c - m)(1 - \tau)}.$$

Der Multiplikator ist also jeweils kleiner geworden.

> **Resümee:** *Das KEYNESsche Modell zur Erklärung der Höhe des Volkseinkommens beschreibt nun auch die Beziehungen zum Ausland; die marginale Importquote geht mit in das Modell ein.*

Schlüsselwörter: Geschlossene Volkswirtschaft, Offene Volkswirtschaft, Kreislaufidentität für eine offene Volkswirtschaft, Makroökonomische Bilanzgleichung, Zwillingsdefizite, Multiplikatoreffekt.

8. Schlussbemerkung

Außenhandel ist eine Quelle nationalen Wohlstands. Gehandelt wird aber in Preisen. Preise werden in nationalen Währungen ausgedrückt. Die Entwicklung des Wertverhältnisses zwischen zwei Währungen, aber auch des Wechselkurses beeinflusst den Umfang wie den Wert des Außenhandels. Anpassungen des Wechselkurses können als Puffer dienen, die unterschiedliche Entwicklung der wirtschaftlichen Leistungsfähigkeit von Staaten auszugleichen. Dennoch kann es in einem optimalen Währungsraum von Vorteil sein, eine einheitliche Währung zu haben. Europa ist auf dem Wege dahin.

Fragen und Aufgaben zum 17. Kapitel

1. Diskutieren Sie die Vor- und Nachteile innerhalb eines festen und flexiblen Wechselkurssystems.

2. Wenn ein Land einen positiven Handelsbilanzsaldo hat, wie kann dann die Zahlungsbilanz doch noch ausgeglichen sein? Nennen Sie Möglichkeiten.

3. Diskutieren und beurteilen Sie die Entwicklungen der Handelsbilanz in den 80er und 90er Jahren in der Bundesrepublik.

4. Welche Wirkungen sind durch eine Aufwertung der DM für die deutschen Ex- und Importpreise zu erwarten, und was kann über die Veränderung von Mengen und Werten gesagt werden?

5. *Aufgabe:

    Untersuchen Sie die Auswirkung einer Abwertung für ein Land, dessen Importnachfragen und dessen Exportangebot völlig preiselastisch ist. Ist hier eine eindeutige Aussage für die Leistungsbilanz ableitbar, wenn die anderen Kurven einen normalen Verlauf haben?

6. Erläutern Sie, inwieweit die Terms of Trade als ein Indikator für die relative internationale Wettbewerbsfähigkeit dienen können.

7. *Aufgabe:

    Diskutieren Sie die Auswirkungen von möglichen Maßnahmen, die ein Land gegen unerwünschte Konjunkturübertragungen schützen sollen.

8. Für eine Volkswirtschaft gelten folgende Beziehungen:

$$C = (2/3)(Y - T) + 40$$

$$I = 50$$

$$G = 30$$

$$T = (1/10)Y$$

$$Ex = 20.$$

a) Bestimmen Sie das Gleichgewicht dieses Modells, indem das Volkseinkommen mit der Summe der Ausgaben gleichgesetzt wird.

b) Wie lautet der Ausgaben-Multiplikator des Modells?

c) Wenn G von 30 auf 40 steigt, ändert sich Y. Wie groß ist diese Änderung, wenn es sich um eine dauernde Erhöhung handelt.

d) Man vergleiche den Multiplikatoreffekt zusätzlicher Ausgaben für offene und geschlossene Volkswirtschaften. Was ist die ökonomische Logik für die unterschiedliche Wirkung?

Literatur zum 17. Kapitel

Zur Analyse der monetären Beziehungen empfiehlt sich neben der in Kapitel 16 angegebenen englischsprachigen Literatur insbesondere die Lektüre von

Jarchow, Hans-Joachim; Rühmann, Peter. Monetäre Außenwirtschaft. Zwei Bände. Fünfte Auflage. Verlag Vandenhoeck und Ruprecht. Göttingen 1999.

Ebenfalls gute Darstellungen finden sich bei

Dieckheuer, Gustav. Internationale Wirtschaftsbeziehungen. Vierte Auflage. R. Oldenbourg Verlag. München u.a.O. 1998.

Rose, Klaus; Sauernheimer, Karlhans. Theorie der Außenwirtschaft. Dreizehnte Auflage. Vahlen Verlag. München u.a.O. 1999.

Sowie in der englischsprachigen Literatur z.B. bei

Krugman, Paul R.; Obstfeld, Maurice. International Economics - Theory and Policy. Fifth edition. Addison-Wesley Verlag. Reading, Mass. u.a.O. 2000.

Kapitel 18
Internationale Zusammenarbeit

Kapitel 18 Internationale Zusammenarbeit

1. Integration, Wettbewerb und Koordination

> Warum sind Koordination und Wettbewerb kein Widerspruch? Was hat beides mit Wohlfahrtsmaximierung zu tun? Warum ist zwischenstaatliche Kooperation notwendig?

Die achtziger und neunziger Jahre waren durch ökonomisch höchst bedeutsame Entwicklungsprozesse gekennzeichnet. Zum einen ist die **Transformation** sozialistischer Volkswirtschaften der Länder Mittel- und Osteuropas in marktwirtschaftliche Wettbewerbsökonomien zu beobachten.

Zum anderen erleben wir die Evolution des Integrationsgedankens in der zunehmenden **Integration** der Wettbewerbswirtschaften der Länder Westeuropas und den Übergang zu wettbewerbswirtschaftlichen Koordinationsökonomien.

Man könnte nun meinen, dass hierin ein gewisses Paradoxon liegt. Die evolutorisch siegreiche Idee, die auf dezentraler marktwirtschaftlicher Entscheidungsfindung beruht und auf den demokratischen Individualismus setzt, nimmt auf dem Wege der europäischen Integration immer mehr Elemente zentralbürokratischer Entscheidungsfindung auf. Im politischen Sprachgebrauch wird häufiger **Harmonisierung** als **Wettbewerb** verwandt.

Wo liegt die Logik dieser Entwicklung, muss man sich fragen, wenn man weiß, dass freie Märkte, individuelle Souveränität und unreglementierter Wettbewerb den Erfolg unseres Wirtschaftssystems ausgemacht haben. Gilt das, was "im Kleinen" – innerstaatlich – richtig war, "im Großen" – zwischenstaatlich – nicht mehr oder nur eingeschränkt? Wäre nicht z.B. zwischenstaatlicher Wettbewerb der Steuersysteme und nicht deren zentralgeplante und koordinierte Angleichung die Antwort auf die Lehren der Vergangenheit? Worin kann ein Grund liegen für den zwischenstaatlichen Koordinationsbedarf, der in marktwirtschaftlichen Wettbewerbsökonomien gerade überflüssig, ja sogar schädlich und wohlfahrtsmindernd war?

Auf einen kurzen Nenner gebracht liegt er darin, dass kein Markt mit einer Vielzahl von Akteuren existiert: Im zwischenstaatlichen Wettbewerb ist die Menge der Akteure klein. Somit ist das allokationstheoretische Konzept vollständigen Wettbewerbs auf vollkommenen Märkten hier als Modell ungeeignet. Damit geben uns auch die daraus ablesbaren Erkenntnisse keine hilfreichen Handlungsanweisungen zur zwischenstaatlichen Wohlfahrtsmaximierung.

Wir brauchen einen anderen methodischen Ansatz, der Raum schafft für Verhandlungen und Absprachen. Diesen liefert uns die ökonomische **Spieltheorie**. Am Beispiel des **Gefangenendilemmas**, das wir im sechsten Kapitel vorgestellt haben, lässt sich die Grundstruktur unseres Problems verdeutlichen. Denn es zeigt sehr gut, wie im Falle von zwei Akteuren (Staaten) eine individuelle – oder übertragen - einzelstaatliche Wohlfahrtsmaximierung ohne Koordination und Absprachen zu paretoinferioren Lösungen führt, d.h. beide Akteure (Staaten) im Ergebnis schlechter stellt.

Die Struktur dieses Problems kann man also unmittelbar auf den uns interessierenden Mehr-Länder-Fall übertragen. Damit ist folgende These begründet:

These 1: Einzelstaatliche Wohlfahrtsmaximierung unter souveränen Staaten macht zwischenstaatliche Koordination notwendig.   □

Für das Gefangenendilemma haben wir gezeigt, dass Abweichungen von Vereinbarungen nur verhindert werden können, falls bindende Absprachen mit Durchsetzbarkeit von Strafkosten geschlossen werden können.

Übertragen auf unseren Mehr-Länder-Fall können wir also eine weitere These formulieren:

These 2: Wohlfahrtsmaximierung bei zwischenstaatlicher Koordination verlangt ein übergeordnetes Rechtssystem mit Vertragsschutz.   □

Also ist **Koordination** und rechtlich verbürgter supranationaler **Vertragsschutz** eine zentrale Voraussetzung für Wohlfahrtsgewinne zwischenstaatlicher Integrationsprozesse. Damit ist unser anfangs formuliertes Paradoxon aufgelöst: Koordination und Wettbewerb sind im Ablauf der Europäischen Integration kein Widerspruch. Beide Prinzipien sind notwendig im Integrationsprozess. Dies bedeutet aber nicht, dass Koordination ein Freibrief für jede Form von Regulierung durch Harmonisierung darstellt. So kann das Koordinationsargument wohl nicht dafür als Begründung herangezogen werden, dass "Zollgrenzen in Amtsstuben verlegt werden", wie es eine der Begleiterscheinungen der bisherigen Steuerharmonisierung der EG ist. Ein vernünftiges Grundprinzip wäre hier sicherlich, soweit wie möglich auf **Wettbewerb als Entdeckungsverfahren** zu vertrauen, und dem Wettbewerb der Währungen, der Steuer- und Sozialsysteme und anderer Bereiche soviel Raum und Zeit wie möglich zu lassen und nicht durch politische Vorgaben oder bürokratische Eigendynamik einen Pseudohandlungsbedarf zu erzeugen.

Resümee: Koordination und Harmonisierung auf der einen Seite und Wettbewerb und Deregulierung auf der anderen Seite stellen im Bereich supranationaler Wohlfahrtsmaximierung unter souveränen Staaten keine Gegensatzpaare dar. Beide Prinzipien sind notwendige Komponenten zwischenstaatlicher ökonomischer Integrationsprozesse.

Schlüsselwörter: Transformation, Integration, Harmonisierung, Wettbewerb, Spieltheorie, Gefangenendilemma, Koordination, Vertragsschutz, Wettbewerb als Entdeckungsverfahren.

2. Europäische Union

> Welche Ziele verfolgt die Europäische Union? Wie ist der europäische Integrationsprozess abgelaufen? Was hat es mit der Europäischen Wirtschafts- und Währungsunion auf sich? Auf welchen Gebieten ist die EU tätig? Wie finanziert sich die EU?

Die in Europa wichtigste Organisation ist die **Europäische Union (EU)**, die aus drei Teilgemeinschaften entstanden ist: der seit 1951 bestehenden **Europäischen Gemeinschaft für Kohle und Stahl (EGKS)**, der **Europäischen Atomgemeinschaft (Euratom)** und der **Europäischen Wirtschaftsgemeinschaft (EWG)**. Die beiden letztgenannten Gemeinschaften wurden im Rahmen der **Römischen Verträge** im Jahr 1957 gegründet.

Derzeit sind 15 Staaten Europas Mitglied der EU. Neben den sechs Gründungsmitgliedern Frankreich, Deutschland, Italien, Niederlande, Belgien und Luxemburg sind 1973 Dänemark, Großbritannien und Irland im Zuge der ersten Norderweiterung beigetreten. 1981 trat Griechenland der EU bei, gefolgt von Spanien und Portugal im Jahr 1986. Im Rahmen der zweiten Norderweiterung entschlossen sich Österreich, Finnland und Schweden zum Beitritt. Seit dem Zusammenbruch des ehemaligen Ostblocks bemühen sich zahlreiche Transformationsstaaten um eine Aufnahme in die EU. Bevor wir jedoch auf die Problematik der EU-Osterweiterung eingehen, stellen wir die Ziele der EU dar und skizzieren den bisherigen Integrationsprozess.

Auch wenn in der aktuellen Diskussion wirtschaftliche Ziele der EU häufig im Vordergrund stehen, so darf nicht übersehen werden, dass das eigentliche Gründungsziel politischer Natur war. Die Mitglieder der ersten Stunde strebten die Einbindung Deutschlands in eine internationale Gemeinschaft an, um den Frieden zu sichern und die Wiederbelebung eines unruhigen Machtzentrums in Europa zu verhindern. Zudem sollten die ökonomischen Vorteile eines gemeinsamen europäischen Marktes realisiert werden, die in der optimalen Ausnutzung von Standortvorteilen durch internationale Arbeitsteilung und in der Erzielung von Skalenvorteilen aufgrund größerer Absatzmärkte bei geringeren Transaktionskosten liegen. So ist bereits im EWG-Vertrag das Ziel formuliert, einen einheitlichen Wirtschaftsraum zu schaffen, der einen als **vier Freiheiten** bezeichneten völlig freien Austausch von Waren, Personen, Dienstleistungen und Kapital ermöglicht.

Um auf die Integrationsstufe eines **Binnenmarktes** mit den genannten vier Freiheiten gelangen zu können, mussten erst einmal die nötigen Voraussetzungen hergestellt werden. Mit dem Inkrafttreten der **Zollunion** im Jahr 1968 wurden interne Handelsbeschränkungen in Form von Zöllen abgeschafft und die Erhebung einheitlicher Außenzölle festgelegt. Wenn man sich auch über das Ziel eines gemeinsamen Marktes einig war, so fehlten dennoch genaue Regelungen, wie dieser Binnenmarkt zu realisieren sei. Im Rahmen der **Einheitlichen Europäischen Akte**, die 1987 als Zusatzvertrag zu den Gründungsverträgen in Kraft trat und den Integrationsprozess weiter vorantrieb, wurde diese Lücke mit dem sogenannten **Weißbuch zur Vollendung des Binnenmarkts** geschlossen. Darin werden knapp 300 Maßnahmen aufgelistet, die dem Abbau von nichttarifären Handelsschranken dienen. Die „Binnenmarktbibel" befasst sich somit mit materiellen, technischen und steuerlichen Schranken, die die Realisierung der vier Freiheiten behindern. Die Einheitliche Europäische Akte legte neben der Verwirklichung des Binnenmarkts bis 1992 den Willen zur Schaffung einer Europäischen Union fest. Diese Integrationsstufe einer **Wirtschaftsunion** umfasst nicht nur einen Binnenmarkt, sondern zudem eine Harmonisierung aller Bereiche der Wirtschaftspolitik, d.h. beispielsweise eine gemeinsame Ordnungs- und Strukturpolitik.

Am 7. Februar 1992 wurde im **Maastrichter Vertrag** die weitere Integration der EU-Staaten zu einer **Europäischen Wirtschafts- und Währungsunion (EWWU)** beschlossen. Die Währungsunion, d.h. die Verwirklichung eines einheitlichen Währungsraums verbunden mit einer Koordination der nationalen Geld- und Fiskalpolitiken, basierte auf dem bereits seit 1979 existierenden **Europäischen Währungssystem (EWS)**. Dabei handelt es sich um ein System fester Leitkurse mit Bandbreiten, das eine stabile Währungsordnung in Europa garantieren soll. Gemäß dem Vertrag von Maastricht ist die Währungsunion in drei Stufen zu realisieren. In der seit 1. Juli 1990 bis Anfang 1994 laufenden **ersten Stufe** war jedes Mitglied verpflichtet, die Beschränkung des freien Kapitalverkehrs aufzuheben und Programme zur Gewährleistung einer dauerhaften Konvergenz aufzustellen. Am 1. Januar 1994 begann die **zweite Stufe** der EWWU, in der sich die Mitgliedsstaaten verstärkt um die Konvergenz ihrer Volkswirtschaften bemühen mussten. Weitere wichtige Ziele der zweiten Stufe waren die Schaffung von Voraussetzungen für die Unabhängigkeit der nationalen Zentralbanken sowie die Einrichtung eines **Europäischen Währungsinstitutes (EWI)**. Dieses Institut mit Sitz in Frankfurt am Main bereitete die Schaffung eines **Europäischen Systems der Zentralbanken (ESZB)** vor.

Der für einen Erfolg der Währungsunion notwendige wirtschaftliche Gleichlauf der Volkswirtschaften wurde anhand der im Maastrichter Vertrag und dem ergänzenden Protokoll festgelegten **Konvergenzkriterien** beurteilt. Die an der EWWU teilnehmenden Länder mussten sich demnach auszeichnen durch:

- **hohe Preisstabilität**: Die Inflationsrate darf um nicht mehr als 1,5 Prozentpunkte über derjenigen der drei preisstabilsten EU-Länder liegen,

- **niedrige Zinsen**: Der Zins für langfristige Staatsanleihen darf nicht mehr als zwei Prozentpunkte über dem Durchschnittszins der drei preisstabilsten Länder liegen,

- **Währungsstabilität**: Die Währung muss seit mindestens zwei Jahren die normalen Bandbreiten des EWS ohne starke Spannungen und Abwertungen eingehalten haben,

- **Haushaltsdisziplin**: Das öffentliche Gesamtdefizit darf nicht mehr als 3 Prozent des Bruttoinlandsprodukts und der Stand der gesamten öffentlichen Verschuldung nicht mehr als 60 Prozent des Bruttoinlandsprodukts betragen.

Die Erfüllung dieser Kriterien war die Voraussetzung für die Aufnahme in die dritte Stufe der EWWU. Sie stellt jedoch keine einmalige Aufgabe dar, sondern verpflichtet vielmehr zu dauerhafter Konvergenz. Denn nur wenn sich alle Mitgliedsländer durch eine starke Annäherung ihrer Volkswirtschaften auszeichnen, ist der Erfolg der EWWU gesichert. Da in einer Währungsunion der Wechselkurs als Anpassungsmechanismus entfällt, besteht bei ungenügender wirtschaftlicher Integration der Volkswirtschaften die Gefahr, dass wirtschaftlich schwächere Regionen dauerhaft durch Transferleistungen unterstützt werden müssen. Um die Bedeutung der Einhaltung der Konvergenzkriterien zu unterstreichen, wurden Vereinbarungen über Sanktionsmechanismen bei einer Verletzung der Konvergenzkriterien getroffen. Allerdings sind insbesondere die konkret festgelegten Fiskalkriterien von Anfang an stark kritisiert worden, zumal aufgrund von gewissen Formulierungen im Vertrag von Maastricht auch bei deren Nichterfüllung in Ausnahmefällen trotzdem die Teilnahme an der EWWU möglich ist. Dadurch ergab sich die paradoxe Situation, dass die festgelegten Kriterien gleichzeitig als zu hart und zu weich empfunden wurden.

Am 1. Januar 1999 trat die **dritte Stufe** der im Maastrichter Vertrag beschlossenen Europäischen Wirtschafts- und Währungsunion in Kraft. Elf Mitgliedsländer qualifizierten sich zu diesem Zeitpunkt für die Aufnahme in die letzte Stufe der EWWU. Griechenland wird ab 1. Januar 2001 Mitglied der EWWU, wohingegen Schweden, Großbritannien und Dänemark aus eigenem Wunsch der Eurozone vorläufig noch nicht beigetreten sind. Obwohl Italien und Belgien die geforderten Kriterien nicht erfüllten, sondern lediglich positive Entwicklungstendenzen und -prognosen aufwiesen, qualifizierten sie sich für die letzte Stufe der EWWU. Dies verdeutlicht, dass die Aufnahme nicht nur von ökonomischen Kriterien abhängig war, sondern vielmehr dem politischen Prozess unterlag. Es wäre daher kaum denkbar gewesen, die beiden Gründungsmitglieder von der weiteren Integration – wenn auch nur zeitweise – auszuschließen.

Die Aufnahme in die dritte Stufe bedeutet, dass in allen qualifizierten Mitgliedsländern die einheitliche Währung **Euro** eingeführt wird, zunächst als Recheneinheit, ab dem 1. Januar 2002 schließlich als alleiniges Zahlungsmittel, welches die nationalen Währungen in den Mitgliedsländern ersetzt. Für dieses **Euroland** wird die Geldpolitik zentral durch die nach dem deutschen Modell geformte und politisch unabhängige **Europäische Zentralbank (EZB)** gesteuert und durch die nationalen Zentralbanken verwirklicht. Dabei ist die EZB zur Sicherung der Preisstabilität der zukünftigen Währung Euro verpflichtet. Innerhalb der Organe der EU wurde ein **Wirtschafts- und Finanzausschuss (ECOFIN)** gegründet, der sich mit wirtschaftspolitischen Fragen auf europäischem Niveau auseinandersetzen und eine Harmonisierung auch auf der fiskalpolitischen Ebene bewirken soll.

Das Projekt EWWU wird von vielen – insbesondere von US-amerikanischen Ökonomen – mit Skepsis betrachtet, denn die Voraussetzungen für einen gut funktionierenden Währungsraum dieser Größe waren zu Beginn der Währungsunion in Europa nicht im notwendigen Ausmaß erfüllt. In Abschnitt 17.1 wurden als Kriterien für einen optimalen Währungsraum die in Europa zweifellos vorhandene Kapitalmobilität neben einer Mobilität der Arbeitskräfte und einer dichten Handelsverflechtung der beteiligten Staaten genannt. Unter den Experten gehen die Meinungen auseinander, ob diese Voraussetzungen in Europa tatsächlich gegeben sind. Auch das Sprachproblem ist ein anderes gewichtiges Argument. So sind zur Zeit etwa ein Drittel aller EU-Angestellten als Übersetzer oder Dolmetscher tätig.

Beschäftigte sich der Maastrichter Vertrag vorrangig mit der Realisierung der EWWU, so geht es im **Amsterdamer Vertrag**, der 1999 in Kraft getretenen ist, primär um die weitere Festigung der EU. Dabei wird in diesem Falle die politische Dimension der EU angesprochen, sowohl was ihre gemeinsame Interessenvertretung gegenüber dem Rest der Welt – z.B. in Fragen der Außen- und Sicherheitspolitik, durch Schaffung eines EU-Repräsentanten auf höchster Ebene – angeht, als auch die Grund- und Bürgerrechte der Europäer betreffend. Zudem wurden einige Ansätze zu einer von allen Beteiligten als notwendig angesehenen Strukturreform der EU-Organe vorgebracht, welche die politische Handlungsfähigkeit auch bei einer Erweiterung der EU erhalten bzw. verbessern soll. Zu nennen wäre die Idee der „konzentrischen Kreise", d.h. Gruppen von Ländern, die – entgegen dem ansonsten in prinzipiellen Fragen geltenden **Einstimmigkeitsprinzip** – als Vorreiter der Integration untereinander weitergehende Regelungen vereinbaren könnten.

Der beherrschende Themenkomplex der nächsten Jahre dürfte allerdings der Plan der Erweiterung der EU in Richtung Mittel- und Osteuropa sein **(Osterweiterung)**, für die sich in zwei Gruppen bereits zehn Länder beworben haben. Die fortgeschrittene Gruppe rechnet mit einer (gemeinsamen) Aufnahme zur Mitte des aktuellen Jahrzehnts, allerdings sind Prognosen dieser Art nicht nur von der politischen und ökonomischen Entwicklung der Länder, sondern eben auch von der Schaffung der strukturellen und finanziellen Voraussetzungen durch die EU abhängig.

Als letztes wichtiges Dokument sei die 1999 in Köln beschlossene **Agenda 2000** erwähnt, welche die langfristige Mittelverwendung und den korrespondierenden Finanzbedarf zum Inhalt hat. Trotz der expliziten Einplanung von Mitteln für die Osterweiterung kann sie kaum als Reformwerk bezeichnet werden, ein solches scheitert weiterhin an den nationalen Sonderwünschen der Länder.

Mit dem Voranschreiten des Integrationsprozesses haben sich auch die Aufgaben der EU ständig erweitert. War sie zu Beginn hauptsächlich in der Agrar-, Verkehrs-, Wettbewerbs- und Wirtschaftspolitik aktiv, so kamen nach und nach neue Aufgaben hinzu, beispielsweise in der Umwelt-, Sozial-, Regional-, Forschungs- und Technologiepolitik.

Die finanzielle Förderung schwächerer Regionen über die **Strukturfonds** hat sich beispielsweise von 1988 bis 2000 mit einem Anstieg auf über 35 Prozent des EU-Haushalts mehr als verdoppelt. Mit rund 41 Milliarden Euro ist dies der zweitgrößte Ausgabenposten nach dem für die Gemeinsame Agrarpolitik. Diese Mittel fließen zu großen Teilen in die Länder Spanien, Griechenland und Portugal. Doch auch die Neuen Bundesländer gehören zu den strukturschwachen Empfängerregionen. Die Wirksamkeit dieser Strukturfonds ist durchaus umstritten, nicht nur weil auch recht erfolgreiche Länder an der weitergehenden Bezuschussung ihrer Haushalte interessiert sind, sondern auch weil sie – genau wie die Töpfe der Gemeinsamen Agrarpolitik – ein immenses Betrugspotential darstellen. Immer wieder auftretende Fälle dieser Art veranlassten die EU, eine eigene **Behörde zur Betrugsuntersuchung (OLAF)** einzurichten.

Die Ausgaben für die **Gemeinsame Agrarpolitik** machen den größten Teil der Gesamtausgaben in der Europäischen Union aus: 1999 lag dieser Anteil bei rund 47 Prozent (oder 41 Milliarden Euro). Für 2000 ist ein Anteil von 45 Prozent (oder rund 41,5 Milliarden Euro) angesetzt.

Finanziert werden die Agrarmarktausgaben durch den 1962 gegründeten **Europäischen Ausgleichs- und Garantiefonds für Landwirtschaft, Abteilung Garantie (EAGFL-Garantie)**. Der Fonds verfügt über keine eigene Finanzautonomie und Rechtsfähigkeit; er gehört deshalb dem Haushalt der Gemeinschaft an. Die vorrangigen Ziele des Garantie-Fonds bestehen in der Sicherung der Einkommen in der Landwirtschaft und der Stabilisierung der aufgrund von Ernteschwankungen instabilen Preisen auf den Agrarmärkten.

Auch in der auf dem **Kölner EU-Gipfel** 1999 beschlossenen Agenda 2000 sind keine durchgreifenden Reformen bezüglich der Mittelverwendung und der Subventionskürzungen erreicht worden, obschon allen Beteiligten bewusst ist, dass mit Beibehaltung des bisherigen Systems die Finanzierung der Osterweiterung unmöglich gemacht wird. Die Marktordnungen mit ihren Preisen weit über dem Weltmarktniveau haben dazu geführt, dass in den achtziger Jahren enorme Nahrungsmittelüberschüsse produziert wurden und dann von der (damaligen) EG aufgekauft wurden. Ohne die Gemeinsame Agrarpolitik wäre die EU ein Nettoimporteur von Lebensmitteln; wegen der auf die Phase der Überschussproduktion eingeleiteten Exportsubventionierung ist die EU nun Nettoexporteur. Die Politik umfangreicher Exportsubventionen bei gleichzeitiger Abschottung der Agrarmärkte ist eine auch in den USA und Japan geübte Praxis. In der **Uruguay-Runde** des GATT hat man sich auf einen Abbau der Agrarsubventionen um ungefähr ein

Drittel in den nächsten Jahren geeinigt, woraus auch für den strapazierten EU-Haushalt eine Entlastung resultieren könnte.

Die Finanzierung des EU-Haushalts erfolgt hauptsächlich aus **Eigenmitteln**. Dazu gehören die **Zölle**, die an den Außengrenzen der EU erhoben werden, die **Agrarabschöpfungen**, ein Teil der nationalen **Mehrwertsteuereinnahmen** und ein **direkter Beitrag** der Mitgliedsstaaten. Der nach diesen Einnahmen noch ungedeckte Anteil des EU-Haushalts wird von den Mitgliedsländern je n ach Anteil des einzelstaatlichen BNE am gesamten BNE in der EU berechnet. Die Bundesrepublik leistet regelmäßig den größten Beitrag zum EU-Haushalt. 1995 wurden rund 41 Milliarden DM überwiesen. Da Deutschland wegen seiner starken Wirtschaftskraft regelmäßig nur wenige Zahlungen aus den Fonds der EU erhält, wird immer wieder gefordert, den Beitrag des größten Nettozahlers zu senken. Wichtigster Nettozahler in den neunziger Jahren war Deutschland, gefolgt von den Niederlanden mit einem deutlichen Abstand. Die Gegenüberstellung von Zahlungen und Rückflüssen ist jedoch nicht ganz korrekt, denn aus der wirtschaftlichen und politischen Integration entstehen Vorteile, die zwar schwer zu quantifizieren sind, das Bild vom größten Nettozahler Deutschland allerdings relativieren.

In der EU werden zunehmend nationale Kompetenzen auf supranationale EU-Organe übertragen. So existiert bereits ein **Europäisches Parlament**, ein **Europäischer Gerichtshof** und der **Ministerrat**, der als wesentliches Organ die wichtigsten Entscheidungen trifft.

Eine immer größere Rolle spielt die **Europäische Investitionsbank (EIB)**, die als "Hausbank" der Mitgliedsstaaten fungiert und einen beträchtlichen Teil der Integrationskosten finanziert. Allein 1995 wurden Anleihen im Wert von über 20 Milliarden ECU vergeben. Das jährliche Kreditvolumen der EIB ist seit 1993 größer als das der Weltbank.

Bei den Außenbeziehungen der EU ist das Abkommen von Lomé bedeutsam, das den AKP-Staaten (dies sind 68 Staaten Afrikas, der Karibik und der Pazifikregion) eine Präferenz beim Handel mit der EU einräumt. Das 1989 unterzeichnete Lomé-IV-Abkommen, das im Gegensatz zu seinen auf fünf Jahre angelegten Vorgängern eine Laufzeit von zehn Jahren hat, soll den Zugang für Produkte der AKP-Staaten zu den Märkten der EU erleichtern und zur Exporterlösstabilisierung (STABEX) der AKP-Staaten beitragen. Bei Exporterlösausfällen können Ausgleichszahlungen aus **STABEX** erfolgen, die nach Lomé IV grundsätzlich nicht mehr zurückgezahlt werden müssen. Das Finanzvolumen beträgt für die ersten fünf Jahre knapp 25 Milliarden DM.

Zu erwähnen sind auch die vielfältigen Hilfen, welche die EU zur Unterstützung von Entwicklungs- und Transformationsländern bereitstellt. Für die Länder Mittel- und Osteuropas ist vor allem das **PHARE-Programm** zu nennen, das u.a. auch die potentiellen Beitrittskandidaten für ihre zukünftige Mitgliedschaft rüsten soll.

Als Reaktion auf die Römischen Verträge wurde 1960 die **European Free Trade Association (EFTA)** auf britische Initiative hin gegründet. Ihre Mitglieder Finnland, Schweden, Norwegen, Schweiz, Österreich, Island und Großbritannien verpflichteten sich zur Förderung des wirtschaftlichen Wachstums und zur Beseitigung der Handelsbarrieren bei nichtagrarischen Gütern. Die Schaffung einer Freihandelszone war stets das Hauptziel der EFTA, sie strebte im Gegensatz zur EU keine höhere Integrationsstufen an. Im Laufe der Zeit ist die Mehrzahl der EFTA-Mitglieder der EU beigetreten; dennoch regeln im 1994 in Kraft getretenen **Vertrag über den Europäischen Wirtschaftsraum (EWR)** EU und EFTA ihr Verhältnis zueinander. Darin erklärt sich die EFTA bereit, die im Weißbuch zur Vollendung des Binnenmarktes festgelegten Maßnahmen fast vollständig innerhalb eines bestimmten Zeitrahmens umzusetzen. Der EWR schafft somit gewissermaßen einen Quasi-Binnenmarkt zwischen EU- und EFTA-Ländern, denn es sind zwar alle vier Freiheiten realisiert, jedoch stellen die EFTA-Länder noch immer eine Freihandelszone dar, ohne das für eine Zollunion nötige Element eines gemeinsamen Zolltarifs gegenüber Drittländern.

> *Resümee: Die Europäische Union treibt die wirtschaftliche und politische Integration Europas voran. Zu diesem Zweck wurde im Maastrichter Vertrag die Realisierung einer Europäischen Wirtschafts- und Währungsunion festgelegt. Die EU finanziert sich aus Beiträgen der Mitgliedsstaaten und verausgabt diese vornehmlich für finanzielle Unterstützungen an die wirtschaftlich schwächeren Regionen sowie für die Gemeinsame Agrarpolitik.*

Schlüsselwörter: Europäische Union (EU), Europäische Gemeinschaft für Kohle und Stahl (EGKS), Europäische Atomgemeinschaft (Euratom), Europäische Wirtschaftsgemeinschaft (EWG), Römische Verträge, Vier Freiheiten, Binnenmarkt, Zollunion, Einheitliche Europäische Akte, Weißbuch zur Vollendung des Binnenmarktes, Wirtschaftsunion, Maastrichter Vertrag, Europäische Wirtschafts- und Währungsunion (EWWU), Europäisches Währungssystem (EWS), Europäisches Währungsinstitut (EWI), Europäisches System der Zentralbanken (ESZB), Konvergenzkriterien, Euro, Euroland, Europäische Zentralbank (EZB), Wirtschafts- und Finanzausschuss (ECOFIN), Amsterdamer Vertrag, Einstimmigkeitsprinzip, Osterweiterung, Agenda 2000, Strukturfonds, Behörde zur Betrugsuntersuchung (OLAF), Gemeinsame Agrarpolitik, Europäischen Ausgleichs- und Garantiefonds für Landwirtschaft, Abteilung Garantie (EAGFL-Garantie), Kölner EU-Gipfel, Uruguay-Runde, Eigenmittel, Zölle, Agrarabschöpfungen, Mehrwertsteuereinnahmen, Direkter Beitrag, Europäisches Parlament, Europäischer Gerichtshof, Ministerrat, Europäische Investitionsbank (EIB), Lomé-IV-Abkommen, STABEX, PHARE-Programm, European Free Trade Association (EFTA), Vertrag über den Europäischen Wirtschaftsraum (EWR).

3. Internationale Organisationen

> In welchen internationalen Organisationen findet die wirtschaftliche Zusammenarbeit statt? Welches sind ihre zentralen Aufgaben?

Vor allem seit dem Zweiten Weltkrieg sind die Nationen der Welt bemüht, in internationalen Verhandlungen die nationalen Außenwirtschaftspolitiken aufeinander abzustimmen. Durch solche Verhandlungen können Handelsbeziehungen intensiviert und damit der Wohlstand der Nationen verbessert werden. Viele Länder haben sich, damit für die Verträge ein großer gemeinsamer Rahmen existiert, in Organisationen zusammengeschlossen.

Auf einer internationalen Konferenz in Bretton Woods, New Hampshire, USA (das Konferenzhotel in idyllischer Lage ist heute noch im alten Stil erhalten und einen Besuch wert) wurde 1944 eine Vereinbarung über **Wechselkursstabilisierung** erzielt. Die Mitgliedsstaaten verpflichteten sich, ihre Währung gegenüber Dollar und Gold stabil zu halten. Ziel war es, dadurch das Risiko internationaler Transaktionen zu vermindern und so zu einer Stimulierung des Welthandels beizutragen. Das sogenannte **Bretton-Woods-System** war ab 1945 26 Jahre mehr oder weniger in Kraft, bis 1971 die Einsicht Oberhand gewann, dass auch Währungen dem Marktmechanismus gehorchen müssen.

Aus dem System von Bretton Woods sind mit dem **Internationalen Währungsfonds (IWF)** und der **Weltbank** zwei Organisationen („die Schwestern von Bretton Woods") erhalten geblieben, denen bis heute eine große Bedeutung zukommt.

Der IWF – der im internationalen Sprachgebrauch besser unter dem Namen **International Monetary Fund (IMF)** bekannt ist – wurde mit Sitz in Washington, D.C. 1947 gegründet.

Ziel des IWF ist es, kurzfristige Zahlungsbilanzstörungen auszugleichen und so das internationale Wechselkurssystem zu stabilisieren. Dazu wird der Fonds mit Mitteln durch die einzelnen Mitgliedsstaaten ausgestattet, die im Bedarfsfall Ländern mit Zahlungsbilanzschwierigkeiten ausgeliehen werden.

Der Fondsanteil wurde über eine Quote, die sich an volkswirtschaftlichen Daten orientiert, für die einzelnen Länder bestimmt. Daraus wurde auch der Umfang der **Ziehungsrechte** bei Zahlungsbilanzschwierigkeiten bestimmt. Später wurden die Ziehungsrechte um **Sonderfazilitäten** erweitert, was insbesondere den Entwicklungsländern die Möglichkeit verschaffte, internationales Kapital zu beziehen. So wurde 1988 eine erweiterte **Strukturanpassungsfazilität** für besonders arme Entwicklungsländer geschaffen. Die Möglichkeit, eine solche Fazilität in Anspruch zu nehmen, ist für viele Dritte-Welt-Staaten mit Auflagen durch den IWF versehen, die eine produktive Verwendung des Kapitals sicherstellen sollen.

Die Gründung der Weltbank, die ihren Sitz ebenfalls in Washington, D.C. hat, wurde zusammen mit der Errichtung des IWF beschlossen. Die Weltbank ist heute Teil der **Weltbankgruppe**, die unter ihrem Dach drei internationale Finanzorganisationen beherbergt:

- die **International Bank for Reconstruction and Development (IBRD)**, im deutschen auch als **Weltbank** geläufig,

- die **International Development Association (IDA)** und

- die **International Finance Corporation (IFC)**.

Aufgabe aller drei Organisationen ist es, insbesondere die Entwicklung in Entwicklungsländern zu stimulieren. Dabei gibt es zwischen den drei Organisationen eine Aufgabenteilung.

Die Weltbank stellt langfristiges Kapital zur Verfügung, die IDA versorgt hochverschuldete Entwicklungsländer mit Kapital zu "weicheren" Bedingungen als sie der Kapitalmarkt normalerweise verlangen würde, und die IFC versucht durch Unterstützungsmaßnahmen privates Kapital in die Entwicklungsländer zu lenken, um Kapitalmärkte zu entwickeln und die Investitionstätigkeit anzuregen.

Insgesamt werden die negativen Wirkungen des Protektionismus als so gewichtig angesehen, dass man seit vielen Jahren bemüht ist, tarifäre und nicht tarifäre Handelsschranken abzubauen. So wurde bereits 1947 das **General Agreement on Tariffs and Trade (GATT)** von 23 Staaten unterzeichnet, das sich zum Ziel gesetzt hat, Zölle abzubauen, Handelshemmnisse abzuschaffen und die Unterzeichnerstaaten zur Nichtdiskriminierung zu verpflichten, was heißt, dass Handelsvorteile, die einem Staat gewährt werden, grundsätzlich allen Unterzeichnerstaaten zu gewähren sind. Zahlreiche Ausnahmeregelungen erlauben jedoch immer wieder Abweichungen von den Zielen des GATT.

Zunächst handelte es sich bei dem GATT nur um ein multilaterales Handelsabkommen. Es hat jedoch später den Rang einer Sonderorganisation der UN bekommen. Die größten Erfolge hat das GATT im Bereich der Zollreduktion zu verzeichnen. Die **Kennedy-Runde** (Abschluss 1967) erreichte eine Zollreduktion seitens der Industrieländer um ca. 35 Prozent. Später wurden die Verhandlungen in der **Tokio-Runde** (bis 1979) fortgesetzt, in der es wiederum zu Zollsenkungen für Industriegüter kam. Besondere Schwierigkeiten machen jedoch die nicht tarifären Handelshemmnisse. Solche Handelshemmnisse sind nach den Grundsätzen des GATT zwar eigentlich verboten. Da das Vertragswerk jedoch zahlreiche Ausnahmen zulässt, sind Handelshemmnisse aber weiterhin weltweit verbreitet. Die Liberalisierung des Handels mit landwirtschaftlichen Erzeugnissen sowie die Abstimmung von Normen waren Hauptziele der **Uruguay-Runde**, die 1986 in Uruguay eröffnet und 1993 abgeschlossen wurde.

Des Weiteren wurden zusätzlich zum GATT ein Abkommen über den internationalen Handel mit Dienstleistungen (GATS) und eines über den Schutz geistiger Eigentumsrechte (TRIPS) geschlossen. Diese drei großen und einige

Eigentumsrechte (TRIPS) geschlossen. Diese drei großen und einige kleinere Abkommen sind seit Januar 1995 unter dem Dach der **World Trade Organization (WTO)** zusammengefasst. Ziel der WTO ist die Entwicklung eines integrierten, funktionsfähigen und dauerhaften multilateralen Handelssystems. Daneben verfolgt die WTO das Ziel des "Sustainable development", worunter Schutz und Erhaltung der Umwelt verstanden wird, sowie die Förderung der ökonomischen Entwicklung der Entwicklungsländer. Maßnahmen zur Zielerreichung sind die Eliminierung von Diskriminierung durch das Prinzip der Meistbegünstigung und der Gleichstellung von In- und Ausländern, ferner die Reziprozität, die Eliminierung von Handelsbehinderung und die Konsensbildung zwischen WTO-Mitgliedern durch den Grundsatz „one man-one vote".

Diese Sonderorganisation der Vereinten Nationen hat zur Zeit 134 Mitglieder (davon drei Viertel Entwicklungs- und Reformländer), ihren Bestimmungen unterliegen 90 Prozent des internationalen Handels mit Gütern und Dienstleistungen. Eine wichtige Funktion ist die Konsensbildung in den Reihen der Mitglieder, da bei Abstimmungen jedem Land unabhängig von anderen Faktoren eine Stimme zusteht; eine andere ist die Streitbeilegung mit Hilfe eines Schiedsgerichts, dessen Bedeutung angesichts der fortschreitenden weltweiten Handelsströme ständig zunimmt (Beispiele sind unter anderem die Auseinandersetzungen zwischen den Handelsmächten USA und EU). Trotz ihres möglichen Beitrags zu einer gerechteren Weltwirtschaftsordnung ist die Rolle der WTO umstritten. Während ihre Befürworter auf die einheitlichen Bedingungen und die polyzentrische Ausrichtung weisen, erklären ihre Gegner sie zu einem Unterdrückungsinstrument der westlichen Industriestaaten und bekämpfen diesen Repräsentanten der Globalisierung mit allen ihnen zur Verfügung stehenden Mitteln. Die Entscheidungen der nächsten Jahre werden zeigen, ob sie ihre Möglichkeiten als wirklich unabhängige supranationale Organisation zugunsten einer weiteren Verminderung von Handelsschranken (vor allem in den für die Entwicklungsländer zentralen Bereichen Textilien und landwirtschaftliche Erzeugnisse) und Subventionen wahrnehmen kann. Darüber hinaus könnte eine einheitliche Rechtsordnung ein Ende der bilateralen Abkommen bedeuten, in denen oft die relative Machtposition eines Landes den Ausschlag gibt. Wirklichen Freihandel nach dem ricardianischen Vorbild wird es aber auch in absehbarer Zukunft nicht geben. Somit wurde die ursprünglich als dritte Bretton-Woods-Organisation geplante Welthandelsorganisation mit 48 Jahren Verspätung gegründet.

Neben der WTO gibt es unter dem Dach der UNO eine weitere Welthandelsorganisation, die **United Nations Conference on Trade and Development (UNCTAD)**, die im Jahr 1964 als ständiges Organ der UN-Vollversammlung gegründet wurde. Es bestand zwar schon eine Organisation für die Probleme des Welthandels. Aber die Entwicklungsländer und Staatshandelsländer sahen wegen der starken Konzentration des GATT auf den Abbau von Handelshemmnissen dieses Organ nicht als geeignetes Forum für ihre spezifischen Interessen.

Die **Organisation for European Economic Cooperation (OEEC)** war zunächst
eine europäische Angelegenheit. Diese Organisation entstand 1947, um die
amerikanische Hilfe über den **MARSHALL-Plan** in die richtigen Bahnen zu leiten.
17 europäische Länder waren anfangs dieser Vereinigung angeschlossen. Im Laufe
der Jahre verlegte die OEEC den Schwerpunkt ihrer Arbeit auf die Liberalisierung
des europäischen Handels- und Zahlungsverkehrs. Im Jahre 1961 wurde die OEEC
zur **Organisation for Economic Cooperation and Development (OECD)**. Neben den nichtkommunistischen europäischen Ländern traten auch die Vereinigten
Staaten und Kanada bei. Im Jahre 1963 ist sogar Japan Mitglied geworden. Und
heute sind es mit 29 Mitgliedern nahezu alle westlichen Industrienationen. Die
jüngsten Mitglieder sind Mexiko, Süd-Korea und die Tschechische Republik. Der
Akzent in der Zielsetzung ist in Richtung auf Hilfe für in der Entwicklung zurück-
gebliebene Gebiete und Erweiterung des Welthandelsvolumens verschoben.

Die OECD hat sich im Lauf der Zeit zur Spitzenorganisation der westlichen
Industrienationen entwickelt, die durch eigene Forschung ökonomische Probleme
(insbesondere Probleme der Entwicklungsländer, Verschuldungsprobleme, Umweltprobleme) auf internationaler Ebene lösen möchte. Die OECD versucht Ent-
wicklungsprogramme, Währungs- und Konjunkturpolitiken und handelsfördernde
Maßnahmen über einen 14 Mitglieder umfassenden Rat zu koordinieren. Die
ökonomischen Forschungen und die Erfassung von statistischen Daten durch die
Fachausschüsse gelten als wichtiger Beitrag für die wissenschaftliche Analyse der
weltwirtschaftlichen Probleme.

Im Rahmen der Verschuldungsprobleme von Entwicklungsländern haben zwei
informelle Organisationen an Bedeutung gewonnen. Im **Pariser Club** findet das
Krisenmanagement der westlichen Industrienationen statt. Die Höhe der Verschuldung führt immer wieder zu Zahlungsschwierigkeiten seitens der verschuldeten
Staaten. Im Pariser Club wird versucht, die ökonomischen Auswirkungen der
Krise beherrschbar zu machen und über Abstimmungen der Regierungen der Gläu-
bigerstaaten zu für die Schuldnerstaaten tragbaren Lösungen zu kommen. Im
sogenannten **Londoner Club**, einem informellen Zusammenschluss internationaler
Großbanken, wird mit analoger Zielsetzung wie auf den Ebenen der Regierungen
im Pariser Club versucht, durch international abgestimmte Umschuldungsaktionen
die Schuldenkrise der Entwicklungsländer in den Griff zu bekommen.

---

*Resümee: Zur Entwicklung des internationalen Handels sind zahlreiche Orga-
nisationen entstanden. Einige dieser Organisationen wollen in erster Linie den
Entwicklungsländern bei der Lösung ihrer wirtschaftlichen Probleme helfen.*

Schlüsselwörter: Wechselkursstabilisierung, Bretton-Woods-System, Internationaler Währungsfonds (IWF), Weltbank, IMF, Ziehungsrechte, Strukturanpassungsfazilität, Weltbankgruppe, International Bank for Reconstruction and Development
(IBRD), International Development Association (IDA), International Finance
Corporation (IFC), General Agreement on Tariffs and Trade (GATT), Kennedy-

Runde, Tokio-Runde, Uruguay-Runde, World Trade Organization (WTO), United Nations Conference on Trade and Development (UNCTAD),Organisation for European Economic Cooperation (OEEC), MARSHALL-Plan, Organisation for Economic Cooperation and Development (OECD), Pariser Club, Londoner Club.

4. Entwicklungsländer

> Wie wird der Entwicklungsstand eines Landes gemessen? Welche Merkmale sind charakteristisch für Entwicklungsländer? Was sind mögliche Ursachen für Entwicklungsdefizite? Wie sieht eine erfolgreiche Entwicklungspolitik aus? Inwieweit wird Entwicklungshilfe geleistet?

Zur Zeit leben etwa fünf Milliarden Menschen in sogenannten Entwicklungsländern. Diesen rund 83 Prozent der Weltbevölkerung stehen jedoch lediglich 20 Prozent des Bruttonationaleinkommens (BNE) der Welt zur Verfügung. Allein diese Gegenüberstellung verdeutlicht, dass der Wohlstand der Gesellschaften auf der Welt sehr ungleich verteilt ist und dass eine Auseinandersetzung mit entwicklungspolitischen Fragestellungen von zentraler Bedeutung für die Weltgemeinschaft ist.

Die betroffenen Länder werden als „Süden", „Dritte Welt" oder „Entwicklungsländer" bezeichnet, wobei der Begriff „Entwicklungsländer" international am gebräuchlichsten ist. Die rein geographische Abgrenzung in „Norden" und **„Süden"** ist einerseits ungenau, da sich wohlhabende und arme Länder sowohl im Süden als auch im Norden der Welt befinden. Andererseits legt dieser Ausdruck fälschlicherweise die Vorstellung nahe, dass allein die geographische Lage eines Landes über Reichtum oder Armut entscheidet.

Der Ausdruck **„Dritte Welt"** wurde in den fünfziger Jahren, d.h. zu Zeiten des Kalten Krieges, geprägt und bezeichnete zunächst Länder, die im Gegensatz zur Ersten Welt (kapitalistische Länder) und zur Zweiten Welt (sozialistische Länder) blockfrei waren. Erst mit den zunehmenden Unterschieden in der wirtschaftlichen Entwicklung wurde der Begriff im Laufe der Jahre auf alle Entwicklungsländer ausgedehnt. Trotz Beendigung des Kalten Krieges wird diese Bezeichnung weiter verwendet, da sie eine relativ wertneutrale Zuordnung der Länder erlaubt.

Auch wenn sich der Begriff **„Entwicklungsländer"** immer mehr durchsetzt, so ist er dennoch problematisch. Denn aufgrund seiner fehlenden Wertneutralität wird er häufig in abwertender Weise mit Rückständigkeit und Unterentwicklung in Verbindung gebracht. Diese Bezeichnung sollte vielmehr die Frage aufwerfen, was unter Entwicklung zu verstehen ist und ob die wohlhabenden Staaten vor dem Hintergrund ihrer z.B. ökologischen Probleme tatsächlich allenthalben als Vorbilder für Entwicklung angesehen werden können.

Bereitet bereits die Bezeichnung von Entwicklungsländern Schwierigkeiten, so ist die Entscheidung, ob ein Land zur Gruppe der Entwicklungsländer gerechnet werden soll, ein noch komplizierteres Unterfangen. Dabei spielen unterschiedliche Aspekte wie die Messbarkeit von Merkmalen, Prestige und politische Akzeptanz eine Rolle. Nicht zu vernachlässigen sind materielle Interessen. Denn häufig kann ein Land nur in den Genus internationaler Hilfe kommen, wenn es der Gruppe der Entwicklungsländer zugeordnet wird. So vergibt die International Development Association (IDA) Kredite lediglich an die im Folgenden erläuterte Gruppe der Low-Income-Countries.

Um den Entwicklungsstand – und damit auch die Förderungswürdigkeit – eines Landes zu messen, greift die Weltbank auf das **Pro-Kopf-Einkommen** als Indikator zurück. Dabei unterscheidet sie zwischen Ländern mit niedrigem, mittlerem und hohem Einkommen. Diese Einteilung ist deshalb von großer Relevanz, da sie vielen internationalen Entwicklungsorganisationen als Leitfaden dient. Im Weltentwicklungsbericht (2000) benennt die Weltbank, bezogen auf das Jahr 1998,

- 63 **Low-Income-Countries (LIC)** mit einem jährlichen Pro-Kopf-Einkommen von maximal 760 US Dollar,

- 94 **Middle-Income-Countries (MIC)** mit einem jährlichen Pro-Kopf-Einkommen zwischen 761 US Dollar und 9360 US Dollar und

- 54 **High-Income-Countries (HIC)** mit einem jährlichen Pro-Kopf-Einkommen von über 9361 US Dollar.

Diese lediglich auf einem Kriterium basierende Zuordnung ist nicht zu unrecht großer Kritik ausgesetzt. Zum einen berücksichtigt sie nicht, dass gerade in ärmeren Ländern viele ökonomische Aktivitäten nicht in offiziellen Statistiken erfasst werden. So spielen in solchen Ländern die **Subsistenzwirtschaft** und die **Schattenwirtschaft** eine große Rolle. Zum anderen gibt auch der Durchschnittswert keinen Aufschluss über die **Einkommensverteilung** innerhalb eines Staates.

Aufbauend auf dieser Kritik stellte das **UN-Development Program (UNDP)** 1990 den **Human Development Index (HDI)** vor, der den Stand menschlicher Entwicklung anhand von drei Kriterien misst. Neben dem Lebensstandard, der als Pro-Kopf-Einkommen in realer Kaufkraft gemessen wird, geht dabei auch das Bildungsniveau und die Lebenserwartung in die Berechnung ein.

Innerhalb der Gruppe der Entwicklungsländer werden die am wenigsten entwickelten Länder durch die Bildung der Gruppe der **Least Developed Countries (LLDC)** von den anderen Entwicklungsländern abgegrenzt. Oftmals werden diese Staaten unter dem Begriff „Vierte Welt" zusammengefasst. Auch in diesem Fall bilden mehrere Kriterien die Grundlage zur Messung des Entwicklungsstandes. Zusätzlich zu den HDI-Kriterien wird ein **Index der wirtschaftlichen Diversifizierung** berechnet, der u.a. den Anteil der Industrie am BIP und die Zahl der Beschäftigten in diesem Sektor sowie die Exportorientierung der Wirtschaft berücksichtigt. Da den LLDC Sonderkonditionen und bevorzugte Behandlung bei Entwicklungsprojekten eingeräumt werden, hat es sich im Laufe der Jahre als politisch schwieriger erwiesen, ein Land von der Liste zu streichen als neue Länder

in die Liste aufzunehmen. Interessanterweise können nur Länder mit einer Bevöl-
kerungszahl von unter 75 Millionen in die Gruppe der LLDC aufgenommen
werden. Dadurch sind Indien und China von vornherein ausgeschlossen, obwohl
Schätzungen davon ausgehen, dass allein in Indien mindestens so viele absolut
Arme leben wie in den LLDC insgesamt. Als absolut arm werden Menschen
bezeichnet, die unter entwürdigenden Lebensbedingungen leiden und nicht einmal
die grundlegendsten menschlichen Existenzbedürfnisse befriedigen können.

Abbildung 18.1: *Bruttonationaleinkommen pro Kopf einiger Länder im Jahr
1998 (in US Dollar)*

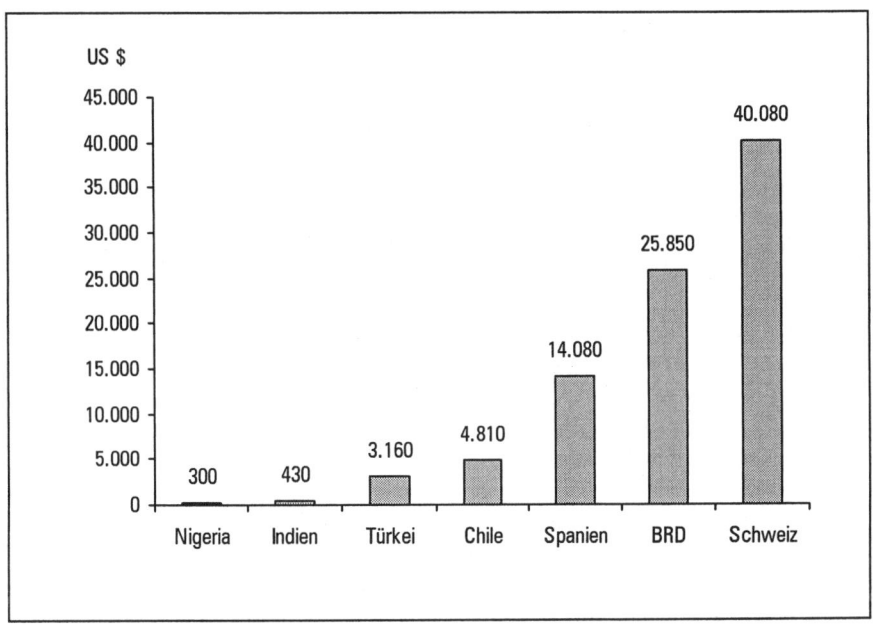

Quelle: Statistisches Bundesamt (2000), Statistisches Jahrbuch für das Ausland
2000.

Die vorgestellten Abgrenzungen berücksichtigen lediglich einige wenige Kriterien
zur Einordnung eines Staates in die Gruppe der Entwicklungsländer. Es gibt
allerdings eine Fülle von weiteren Merkmalen und Problembereichen, die für
Entwicklungsländer charakteristisch sind. So sind aus ökonomischer Sicht eine
niedrige Spar- und Investitionstätigkeit, mangelndes technologisches Know-how,
Dominanz des Primärsektors, unzureichende Infrastruktur, Dominanz weniger
Exportprodukte und eine hohe Auslandsverschuldung zu nennen. Die wesentlichen
sozialen Merkmale werden durch die Kalorienaufnahme pro Tag, Gesundheits-
mängel und unzureichende medizinische Versorgung, Anteil des Analphabetismus
unter der erwachsenen Bevölkerung und hohes Bevölkerungswachstum repräsentiert. In den letzten Jahren finden auch immer mehr soziokulturelle Merkmale

Berücksichtigung. So werden geringe soziale Mobilität, Benachteiligung von Frauen und das Vorherrschen traditionaler Verhaltensmuster als typisch für Entwicklungsländer angesehen. Schließlich sind politische Merkmale wie ein autoritärer und schwacher Staat, Menschenrechtsverletzungen und gewaltsam ausgetragene Konflikte sowie hohe Rüstungsausgaben nicht zu vernachlässigen.

Aus den genannten Merkmalen und Problembereichen wollen wir im Folgenden genauer auf die hohe Auslandsverschuldung und die Auswirkungen von AIDS eingehen, da diese beiden Problembereiche eine besonders große Rolle in der aktuellen entwicklungspolitischen Diskussion spielen.

Die gesamte Auslandsverschuldung aller Entwicklungsländer belief sich 1998 auf 2465 Milliarden US Dollar. Im Zeitraum von 1970 bis 1982 hat sie sich von etwa 85 Milliarden US Dollar auf 850 Milliarden US-Dollar verzehnfacht. Jedoch erst mit dem Ausbruch der **Schuldenkrise** im Jahr 1982, als Mexiko der internationalen Gemeinschaft seine Zahlungsunfähigkeit bekannt gab, wurde den westlichen Industrieländern das **Problem der hohen Auslandsverschuldung** vieler Entwicklungsländer wirklich bewusst. Das Eingeständnis Mexikos und anderer lateinamerikanischer Staaten schürte die Angst eines Zusammenbruchs des internationalen Finanzsystems aufgrund des starken Engagements westlicher Gläubigerbanken in den betroffenen Entwicklungsländern.

Festzuhalten ist, dass Auslandsverschuldung an sich noch keinen ausschließlich negativ zu bewertenden Sachverhalt darstellt. Denn Entwicklungsländer sind häufig auf den Zustrom von Kapital angewiesen, um die zu geringe Kapitalbildung im Inland auszugleichen. Allerdings muss das im Ausland aufgenommene Kapital effizient, d.h. zur Finanzierung von Investitionen, eingesetzt werden. Nur so ist es dem Entwicklungsland möglich, den durch die Kreditaufnahme anfallenden Schuldendienst, der sich aus Zins und Tilgung zusammensetzt, zu erfüllen. Problematisch ist eine Auslandsverschuldung somit erst dann, wenn die Kreditverwendung eine zu geringe Produktivität aufweist, um den Schuldendienst finanzieren zu können. Ein wesentlicher Teil der Verschuldungsprobleme der Entwicklungsländer ist hausgemacht, denn oftmals werden die Kredite ineffizient für Prestigeprojekte oder Rüstungsausgaben verwendet, die keinen investiven Charakter aufweisen. Zudem verschlingen ausufernde Staatsapparate und Staatsunternehmen große Teile des aufgenommenen Kapitals. **Korruption** und **Kapitalflucht** verschlimmern diese Situation zusätzlich.

Es sind jedoch nicht die Entwicklungsländer allein, die die hohe Auslandsverschuldung zu verantworten haben. Auch die Leichtfertigkeit der Banken bei der Kreditvergabe sowie die Vereinbarung variabler Zinssätze, die den Schuldendienst bei steigenden Zinssätzen in die Höhe treibt, spielten eine gewichtige Rolle. Des Weiteren darf man die Veränderung der weltwirtschaftlichen Rahmenbedingungen nicht vernachlässigen. So litten die Entwicklungsländer in besonderem Maße unter dem Preisverfall für Rohstoffe und den beiden **Ölpreisschocks** in den siebziger Jahren.

Der Ausbruch der Schuldenkrise kann als Beginn internationaler Überlegungen zur Lösung der Verschuldungsproblematik der Entwicklungsländer angesehen werden. Seitdem wurden immer neue Lösungsstrategien entwickelt, wie z.b. verschiedene Techniken der Umschuldung, die Vergabe neuer Kredite zu vorteilhafteren Konditionen und ein genereller oder an bestimmte Bedingungen gebundener Schuldenerlass. Letztlich bleiben aber alle diese Maßnahmen ein Kurieren am Symptom. Nötig ist vielmehr ein Bekämpfen der Ursachen der hohen Auslandsverschuldung. Dabei sind neben den Entwicklungsländern, die durch Eigenanstrengungen wirtschaftspolitischer Fehlentwicklungen beheben müssen, auch die Industrieländer gefragt, die durch Aufhebung protektionistischer Maßnahmen gegenüber landwirtschaftlichen Produkten den Entwicklungsländern bessere Exportmöglichkeiten bieten können. So belastet beispielsweise die EU den Import von weiterverarbeiteten Rohstoffen wie geröstetem Kaffee mit Zöllen, während unbehandelte Rohstoffe von dieser Maßnahme verschont bleiben. Dies schmälert nicht nur die möglichen Exporterlöse der Entwicklungsländer, sondern führt auch dazu, dass sie keinen Anreiz haben, vor Ort Strukturen zur Bearbeitung ihrer Exportprodukte aufzubauen.

Während man sich bereits seit Beginn der achtziger Jahre mit den Konsequenzen einer hohen Auslandsverschuldung für die Entwicklung eines Landes beschäftigt, rücken die Auswirkungen der Immunschwächekrankheit **Aids** erst seit wenigen Jahren ins Blickfeld der internationalen Gemeinschaft. Mehr als 90 Prozent aller HIV-Infizierten weltweit leben in Entwicklungsländern. Da hauptsächlich junge Erwachsene in der produktivsten Zeit ihres Arbeitslebens betroffen sind, wird die Immunschwächekrankheit laut **UNAIDS** vor allem in Afrika zu einer der größten Bedrohungen für die wirtschaftliche Entwicklung. Beispielsweise ist in Simbabwe bereits ein Viertel der Bevölkerung HIV-positiv, was nicht nur das Wirtschaftswachstum des Landes stark beeinträchtigt, sondern die Lebenserwartung von über 50 Jahren 1997 auf voraussichtlich 40 Jahre 2005 senken wird. Nach Angaben von UNDP hat Aids die Entwicklungsfortschritte der letzten Jahrzehnte weitgehend zerstört, denn zahlreiche afrikanische Staaten sind durch die Auswirkungen der Seuche auf den Entwicklungsstand der sechziger Jahre zurückgefallen.

Bislang haben wir uns darauf beschränkt, spezifische Merkmale und Probleme von Entwicklungsländern vorzustellen. Wie kann es aber überhaupt zu den großen wirtschaftlichen Unterschieden zwischen verschiedenen Staaten kommen, d.h. welche Ursachen für die Entwicklungsdefizite maßgebliche. Die Suche nach **Ursachen für Entwicklungsdefizite** wird nicht aus reinem Selbstzweck durchgeführt, vielmehr dient sie als Basis für eine zielgerichtete Entwicklungspolitik. Denn erst, wenn eine Diagnose vorliegt, kann eine adäquate und damit eher erfolgversprechende Therapie ausgearbeitet werden. Worin die ausschlaggebenden Gründe liegen, darüber wird bis heute sehr kontrovers diskutiert. Weitgehend einig ist man sich jedoch, dass es keine monokausalen Erklärungsansätze gibt und dass auf jedes Entwicklungsland ein anderes Ursachenbündel zutrifft.

Grundsätzlich lassen sich drei Ursachenkomplexe unterscheiden, die im Folgenden kurz erläutert werden. Einige Wissenschaftler glauben, dass **natürliche Gegebenheiten** die Hauptursache sind, sie machen daher Rohstoffmangel sowie ungünstige klimatische Verhältnisse für Entwicklungsdefizite verantwortlich. Im Gegensatz dazu sehen andere das Verhalten der Bevölkerung als ausschlaggebend an. Dies lässt sich als **endogener Erklärungsansatz** bezeichnen. Hohes Bevölkerungswachstum, Kapitalmangel aufgrund von Kapitalflucht und geringer Spareigung sowie eine stark an Traditionen ausgerichtete Werteordnung spielen dabei die Hauptrolle bei der Erklärung von Entwicklungsunterschieden. Kritiker dieser Ansicht verweisen hingegen auf die Relevanz **exogener Erklärungsansätze**. In ihren Augen haben das Kolonialzeitalter, die Weltwirtschaftsordnung und die bis heute bestehenden Abhängigkeiten der Entwicklungsländer von ihren ehemaligen Kolonialmächten (Neokolonialismus) die Entwicklungsdefizite verursacht.

Die **Entwicklungspolitik und -strategien** haben sich im Laufe der Jahrzehnte stark gewandelt. Die sechziger Jahre, die erste sogenannte Entwicklungsdekade, wurden von einer stark ökonomisch akzentuierten Wachstumsstrategie geprägt. Als größtes Entwicklungshindernis sah man den Kapitalmangel an, der durch massive Kapitalzufuhr von seiten der Industrieländer überwunden werden sollte. Man ging des Weiteren davon aus, dass Wirtschaftswachstum automatisch Entwicklung nach sich zöge und Verbesserungen nicht nur einer kleinen Elite zugute kämen, sondern allmählich auch für die ärmeren Bevölkerungsschichten spürbar werden würde. Somit wurden im Vertrauen auf das Durchsickern wirtschaftlichen Wohlstands zu den absolut Armen **(Trickle-Down-Effekt)** hauptsächlich Infrastruktur- und Industrieprojekte gefördert. Dieser „Marshall-Plan für die Entwicklungsländer" brachte allerdings nicht die gewünschten Ergebnisse, so dass man dazu überging, die Strategie um gesellschaftliche und politische Komponenten zu erweitern.

Auf die starke Ungleichheit der Einkommensverteilung reagierte man schließlich Mitte der siebziger Jahre mit der Ausarbeitung der sogenannten **Grundbedürfnisstrategie**, die direkt bei den absolut Armen ansetzte und nicht mit einem Trickle-Down-Effekt rechnete. Dieser Ansatz stellte eine Kombination aus ökonomischen und sozialen Elementen dar und hatte die Befriedigung der elementaren Bedürfnisse der ärmsten Bevölkerungsschichten zum Ziel. Mit Hilfe dieser Strategie sollten die notwendigen Grundlagen für eine weitergehende Entwicklung gelegt werden. Jedoch stieß die Umsetzung dieses Konzepts auf zahlreiche Hindernisse vor Ort. Zudem begegneten die Entwicklungsländer ihr äußerst misstrauisch, da sie darin sowohl eine Behinderung eigener Programme zur Industrialisierung als auch ein Ablenkungsmanöver der Industrieländer von Strukturreformen des internationalen Wirtschaftssystems sahen.

Im Laufe der achtziger Jahre änderte sich das Verhältnis zwischen Entwicklungs- und Industrieländern. Es wuchs die Einsicht, dass die Ländergruppen nicht in einem hierarchischen, sondern vielmehr in einem **partnerschaftlichen Verhältnis** zueinander stehen. Dazu trug sicherlich die Erkenntnis bei, dass zahlreiche, vor allem ökologische Probleme lediglich auf globaler und nicht nationaler Ebene lösbar sind und somit alle Staaten eine Art Schicksalsgemeinschaft bilden, die durch ein gemeinsames Überlebensinteresse gekennzeichnet ist. Zudem klagten die Entwicklungsländer ihr Recht auf eine selbstbestimmte, ihren jeweiligen Bedürfnissen angepasste Entwicklung ein.

In den neunziger Jahren widmete sich die öffentliche Aufmerksamkeit weniger dem Nord-Süd-Konflikt als vielmehr den aus dem Zusammenbruch des sogenannten Ostblocks hervorgegangenen Transformationsländern. Dennoch wandelte sich die Entwicklungsstrategie auch in diesem Jahrzehnt und versuchte nun die Hilfe zur Selbsthilfe zu leisten. Dabei ist man allmählich davon abgegangen, lediglich staatliche Institutionen zu fördern und konzentriert sich nunmehr vor allem auf private Träger und Selbsthilfeorganisationen, die Kleinunternehmer oftmals viel wirkungsvoller unterstützen können als es große staatliche Einrichtungen vermögen. Durch die Vergabe sogenannter **Mikrokredite** sollen besonders privatwirtschaftliche und mittelständische Strukturen gefördert werden.

Wie erfolgreich die Entwicklungspolitik der vergangenen Jahrzehnte war, lässt sich sicherlich nicht allgemein klären, sondern nur für jedes Land als Einzelfall betrachtet. Das Beispiel der vier kleinen **Tigerstaaten** Südostasiens macht sicherlich Hoffnung, Auf der anderen Seite gibt es Staaten wie Mosambik, dessen enorme Anstrengungen durch eine verheerende Überschwemmungskatastrophe förmlich weggespült wurden und das sich deshalb in seiner Entwicklung um Jahre zurückgeworfen findet. Bei einigen Indikatoren wurden bedeutende Verbesserungen erreicht. So ist beispielsweise die **Lebenserwartung** in den letzten Jahrzehnten stark gestiegen. Lag sie 1950 beispielsweise in Asien ohne China und Indien bei 44 Jahren, so liegt sie nun bei 64 Jahren. Auch bei der **Alphabetisierung** der erwachsenen Bevölkerung wurden Fortschritte erzielt, dennoch waren 1997 in den LIC 22 Prozent der Männer und 42 Prozent der Frauen Analphabeten. Allen Fortschritten zum Trotz zieht der Weltentwicklungsbericht (1999) des UNDP eine insgesamt ernüchternde Bilanz. So hat sich die **Einkommenskluft** zwischen dem reichsten und dem ärmsten Fünftel der Weltbevölkerung beträchtlich vergrößert. Lautete das Verhältnis 1960 noch 30 zu 1, so beträgt es heute 74 zu 1. Noch drastischer drückt ein anderer Vergleich die unterschiedlichen Lebensverhältnisse aus. Danach verfügen die drei reichsten Menschen der Welt über ein Vermögen, das größer ist als das BIP aller LLDC mit ihren 600 Millionen Einwohnern zusammen.

Auch wenn die Entwicklungspolitik der vergangenen Jahrzehnte nur bedingt erfolgreich war, leisten dennoch zahlreiche Industieländer aus unterschiedlichen Motiven **Entwicklungshilfe**. Dabei spielen neben einer ethisch begründeten Solidarität mit den Entwicklungsländern auch Wiedergutmachung für die Ausbeutung durch die Kolonialmächte sowie außenpolitische Sicherheits-interessen eine Rolle. Die Entwicklungshilfe kann anhand von verschiedenen Kriterien klassifiziert werden. Nach Art der Träger wird zwischen öffentlicher und privater Entwicklungshilfe unterschieden, nach Anzahl der beteiligten Geberländer zwischen bilateraler und multilateraler. Zudem wird sie je nach Art der Hilfsleistung in **Finanzielle Zusammenarbeit (FZ)** und **Technische Zusammenarbeit (TZ)** unterteilt.

Abbildung 18.2: *Entwicklungshilfezahlungen der Industrienationen 1991 und 1998 (in Prozent des BIP)*

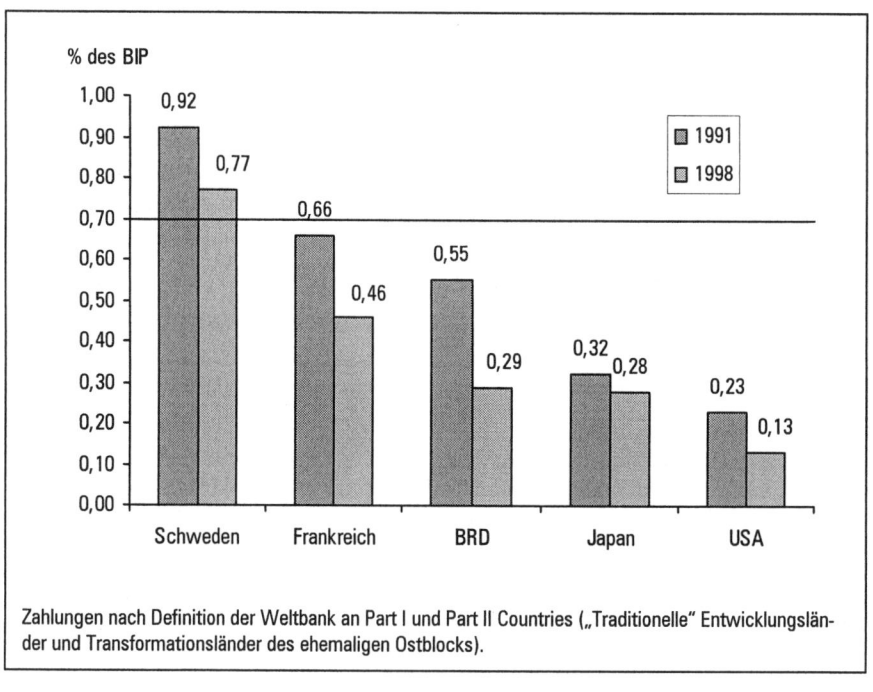

Zahlungen nach Definition der Weltbank an Part I und Part II Countries („Traditionelle" Entwicklungsländer und Transformationsländer des ehemaligen Ostblocks).

Quelle: World Bank (1998, 2000), World Development Indicators, Statistisches Bundesamt (2000), Statistisches Jahrbuch für das Ausland 2000.

Die OECD hat mit Hilfe ihres Entwicklungshilfeausschusses **(Development Assistance Committee - DAC)** Bewertungskriterien aufgestellt, anhand derer die Höhe der Entwicklungshilfe der einzelnen Industrieländer gemessen wird. Als öffentliche Entwicklungshilfe **(Official Development Assistance - ODA)** werden dabei lediglich Leistungen akzeptiert, die der wirtschaftlichen und sozialen Entwicklung der Empfängerländer dienen und ein Zuschusselement von mindestens 25 Prozent aufweisen. Im Jahr 1970 legten die UN die Zielvorgabe fest, dass jedes Industrieland 0,7 Prozent seines Bruttonationaleinkommens jährlich für öffentliche Entwicklungshilfe zur Verfügung stellen soll. In Abbildung 18.2 haben wir das BNE durch den gebräuchlicheren Indikator Bruttoinlandsprodukt (BIP) ersetzt.

Lediglich die skandinavischen Länder, allen voran Schweden, erfüllen diese Selbstverpflichtung regelmäßig. Dahingegen hat die Bereitschaft, öffentliche Entwicklungshilfe zu leisten, im Zeitraum von 1991 bis 1998 insgesamt abgenommen, obwohl sie bereits Anfang der neunziger Jahre unter der Marke von 0,7 Prozent lag. Deutschland liegt im Vergleich zu den anderen DAC-Staaten mit einer ODA von 0,29 Prozent des BIP im hinteren Feld. Schlusslicht bilden die USA, deren Hilfe sich von 0,23 Prozent im betrachteten Zeitraum auf 0,13 Prozent abgesenkt, d.h. beinahe halbiert hat.

Doch selbst wenn alle Staaten ihrer Selbstverpflichtung nachkämen, würden sich die Lebensverhältnisse auf der Welt kaum angleichen denn letztlich ist Entwicklungshilfe allein nicht ausreichend. Vielmehr ist eine Veränderung der internationalen Wirtschaftsbeziehungen, der politischen, wirtschaftlichen und gesellschaftlichen Strukturen in den Entwicklungsländern, aber auch in den Industrieländern, vonnöten.

> *Resümee: Nach wie vor dient das Pro-Kopf-Einkommen als wesentlicher Indikator für den Entwicklungsstand eines Landes, obwohl eine Vielzahl von Merkmalen charakteristisch für Entwicklungsländer sind. Da es eine Fülle von möglichen Ursachen für die Entwicklungsdefizite eines Landes gibt, müssen jeweils spezielle Strategien zur Unterstützung eines Landes ausgearbeitet werden. Auch wenn sich mittlerweile die Einsicht durchgesetzt hat, dass alle Staaten dieser Welt – ob arm oder reich – eine Schicksalsgemeinschaft mit gemeinsamen Interessen bilden, kommen die Industrieländer ihrer Selbstverpflichtung zur Unterstützung der Entwicklungsländer nicht in ausreichendem Maße nach.*

Schlüsselwörter: Süden, Dritte Welt, Entwicklungsländer, Pro-Kopf-Einkommen, Low-Income-Countries (LIC), Middle-Income-Countries (MIC), High-Income-Countries (HIC), Subsistenzwirtschaft, Schattenwirtschaft, UN-Development-Program (UNDP), Human Development Index (HDI), Least Developed Countries (LLDC), Vierte Welt, Schuldenkrise, Korruption, Kapitalflucht, Ölpreisschocks, Aids, UNAIDS, Ursachen für Entwicklungsdefizite, Entwicklungspolitik, Trickle-Down-Effekt, Grundbedürfnisstrategie, Mikrokredite, Tigerstaaten, Entwicklungshilfe, Finanzielle Zusammenarbeit (FZ), Technische Zusammenarbeit (TZ), Development Assistance Committee (DAC), Official Development Assistance (ODA).

5. Schlussbemerkung

In diesem Kapitel haben wir die Betrachtungen internationaler Wirtschaftsbeziehungen mit einer Darstellung der internationalen Zusammenarbeit abgeschlossen. Die Europäische Union steht im Zentrum der wirtschaftlichen Außenbeziehungen Deutschlands. Im Prozess der Vertiefung dieser europäischen Zusammenarbeit – zum Zwecke zwischenstaatlicher Wohlfahrtsmaximierung – erwiesen sich in der spieltheoretischen Analyse sowohl Wettbewerb als auch Koordination als zwei notwendige und einander nicht widersprechende Handlungsmaximen. Dennoch wird in Europa derzeit mehr auf Harmonisierung denn auf Wettbewerb gesetzt. Der Wettbewerb der Währungen wird mit Beginn der dritten Stufe der Europäischen Wirtschafts- und Währungsunion ausgeschaltet werden, der Wettbewerb der Steuersysteme soll durch weitere Harmonisierungen beschränkt werden, und eine erfolgreiche gemeinsame Geldpolitik schließt eine autonome Finanzpolitik der beteiligten Länder praktisch aus.

Der europäische Einigungsprozess hat in den letzten Jahren den Blick für die Bedeutung der internationalen Zusammenarbeit mit den Staaten außerhalb Europas etwas versperrt. Vielerorts werden zum Beispiel die Staaten Asiens nur als gefährliche Konkurrenz betrachtet und dabei die Chancen übersehen, die deren fortschreitende Entwicklung bietet. Sie sind nicht nur mögliche Zuliefer- und Absatzländer für die europäischen Staaten, sondern könnten nach der schon in Ansätzen erkennbaren Aufgabe ihrer bislang eher zögerlichen Haltung zu einer treibenden Kraft einer weiteren Liberalisierung der weltweiten Wirtschaftsbeziehungen werden. "Mehr Wohlstand für alle" bekäme dann eine ganz neue Bedeutung.

Doch die erfolgreiche Entwicklung der **Tigerstaaten** darf nicht darüber hinweg täuschen, dass die Mehrzahl der Staaten – vor allem in Afrika – und auch ein Großteil der Weltbevölkerung von einer wirtschaftlich günstigen Entwicklung zum Teil weiter als je zuvor entfernt ist. In Afrika reicht das sehr wohl vorhandene Wirtschaftswachstum bei anhaltend hohem Bevölkerungswachstum noch immer nicht aus, das Pro-Kopf-Einkommen und damit die Wohlfahrt zu steigern. Ein Schritt auf dem Weg zu einer günstigeren wirtschaftlichen Entwicklung ist sicher der Abbau protektionistischer Handelsbeschränkungen seitens der Industrieländer.

Politiken, die darauf abzielen, ökonomische Vorteile nur zugunsten eines Landes auszunutzen, führen zu Retorsionsmaßnahmen der Länder, die um ihre Vorteile gebracht werden. Entwicklungsländer, die von dem Wohlverhalten der Erste-Welt-Länder stark abhängig sind, haben i.d.R. keine oder nur geringe Vergeltungsmacht. Sie sind deswegen besonders auf internationale Kooperation angewiesen. Die hohe Verschuldung der Dritten Welt hat jedoch dazu geführt, dass diese Länder eine Gegenmacht in den Händen halten, mit der sie den internationalen Kapitalverkehr und die Weltkonjunktur schädigen könnten. Die Einstellung des Schuldendienstes großer hochverschuldeter Länder könnte auch zu Reaktionen in den Industrieländern führen. Dies hat den Druck zur Kooperation ebenso verstärkt wie die Erkenntnis, dass durch den Umweltverbrauch in der Dritten Welt in Form externer Effekte negative Wirkungen auch für die Erste Welt zu erwarten sind. Ein zunehmender Wille zu kooperativen Strategien ist also sehr wahrscheinlich.

Fragen und Aufgaben zum 18. Kapitel

1. Auf welche Weise kann der Wettbewerb in der EU durch zunehmende Integration zu- oder abnehmen?

2. *Aufgabe:

    Diskutieren Sie, ob die Konvergenzkriterien des Maastrichter Vertrages geeignet sind, den Grad wirtschaftlichen Gleichlaufs zu messen.

3. Welche zentrale Idee liegt dem GATT zugrunde?

4. *Aufgabe:

    Wie beurteilen Sie die Verhandlungen und Ergebnisse des GATT für die Erste und für die Dritte Welt?

5. Diskutieren Sie kritisch mögliche Auswirkungen eines Schuldenerlasses gegenüber einem Entwicklungsland.

6. Warum müssen Entwicklungsländer sich über den IWF oder die Weltbankgruppe ihre Devisen beschaffen?

Literatur zum 18. Kapitel

Einen Überblick über die Institutionen der internationalen Kooperation bieten neben vielen anderen

Jarchow, Hans-Joachim; Rühmann, Peter. Monetäre Außenwirtschaft. Zwei Bände. Fünfte Auflage. Verlag Vandenhoeck und Ruprecht. Göttingen 1999.

und

Deutsche Bundesbank. Internationale Organisationen und Gremien im Bereich von Währung und Wirtschaft. Vierte Auflage. 1992.

Mit entwicklungspolitischen Fragestellungen befassen sich z.B.

Bundesministerium für Wirtschaftliche Zusammenarbeit und Entwicklung (BMZ). Journalistenhandbuch Entwicklungspolitik. Berlin. Jährlich.

Nohlen, Dieter (Hrsg.). Handbuch der Dritten Welt.. Band 1. Dritte Auflage. Dietz Verlag. Bonn. 1992.

Nohlen, Dieter; Axtmann, Dirk (Hrsg.). Lexikon Dritte Welt. Rohwolt Verlag. Reinbeck bei Hamburg. 2000.

World Bank. World Development Report. Washington, D.C. Jährlich.

Als wichtigste Zahlenwerke für entwicklungspolitische Fragen sind anzuführen:

World Bank. World Bank Atlas. Washington, D.C. Jährlich.

World Bank. World Development Indicators. Washington, D.C. Jährlich.

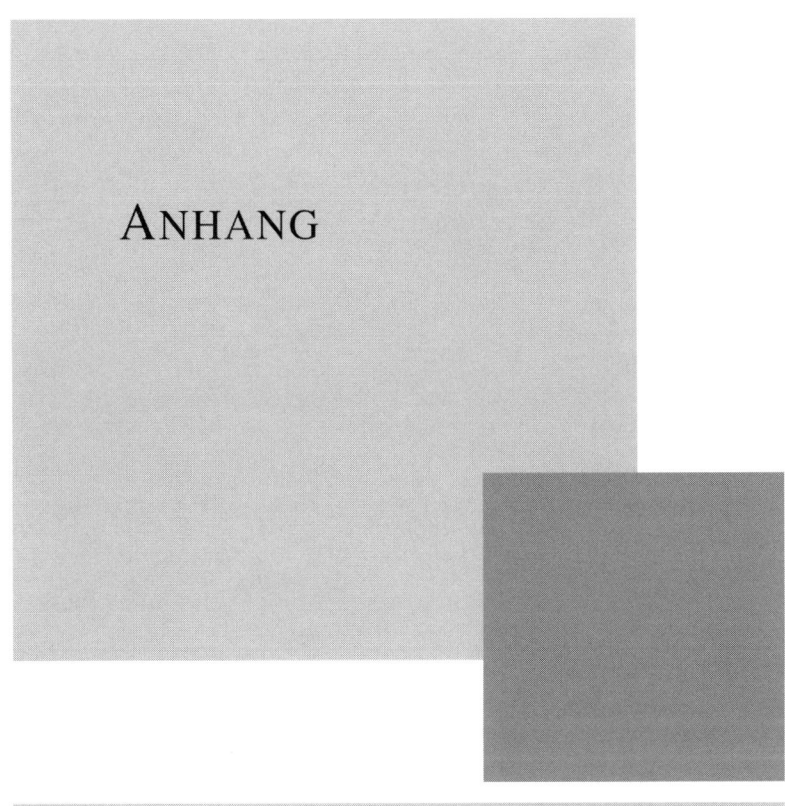

ANHANG

Glossar, Lösungshinweise zu den Fragen und Aufgaben,
Abbildungsverzeichnis, Tabellenverzeichnis, Literaturverzeichnis
Verzeichnis der Nobelpreisträger für Ökonomie, Namensverzeichnis,
Sachregister

Glossar

Kapitel 1 Was ist Volkswirtschaftslehre?

Güter, Mittel, die ein Bedürfnis erzeugen und befriedigen können.

Knappe Güter, sind nur begrenzt verfügbar, wobei die Knappheit in der Regel durch den Preis widergespiegelt wird.

Knappheit, die Spannung, die zwischen Bedürfnis und Bedürfnisbefriedigung besteht, wenn ein Bedürfnis nicht vollständig befriedigt werden kann.

Nutzen, Indikator für Bedürfnisbefriedigung bzw. Wertschätzung von (stofflichen und nicht stofflichen) Gütern bei einzelnen Wirtschaftssubjekte.

Wohlfahrt, Indikator für Bedürfnisbefriedigung bzw. das Wohlbefinden von Individuen bzw. einer Gesellschaft.

Wirtschaftssubjekte (bzw. Wirtschaftsakteure), Unternehmen, Haushalte, Staat und Ausland.

Koordinationsproblem, entsteht durch die Vielzahl der Wahlentscheidungen, die bezüglich der drei grundlegenden Fragestellungen „Was?" (Produktionsstruktur), „Wie?" (Faktorallokation) und „Für wen?" (Verteilung) getroffen werden.

Effiziente Allokation, das Koordinationsproblem wird im Sinne des Pareto-Kriteriums in optimaler Weise gelöst.

PARETO-Kriterium, die Wohlfahrt einer Gruppe von Individuen steigt, wenn sich mindestens ein Individuum verbessert, ohne dass ein anderes Individuum sich verschlechtert. Das Kriterium kann der Wirtschaftspolitik zugrundegelegt werden.

PARETOoptimal (bzw. PARETOeffizient), eine Allokation ist genau dann bestmöglich, wenn es keine andere Allokation gibt, bei der ein Wirtschaftssubjekt besser gestellt werden könnte, ohne dass ein anderes Wirtschaftssubjekt schlechter gestellt wird.

Marktwirtschaft, eine Wirtschaftsordnung, in der die Konsum- und Produktionspläne dezentral, autonom und unabhängig voneinander über den Preismechanismus koordiniert werden.

Zentralverwaltungswirtschaft, über einen zentralen Plan einer zentralen Planungsbehörde wird festgelegt, welche Güter in welchen Mengen produziert und an wen sie verteilt werden sollen, auch Zentralplanwirtschaft genannt.

Volkswirtschaftslehre, die Wissenschaft, die sich mit der Erklärung derjenigen Wahlhandlungen befasst, die aus der Knappheit und alternativen Verwendbarkeit von Ressourcen und Gütern erwachsen.

Mikroökonomie, befasst sich mit einzelwirtschaftlichen Sachverhalten.

Makroökonomie, betrachtet die volkswirtschaftlichen Aggregate einer Ökonomie.

Erster Methodenstreit, um die Jahrhundertwende geführter Streit um die richtige Methode der Erkenntnis: Induktion oder Deduktion.

Induktion, die wissenschaftliche Methode, bei der aufgrund einzelner Beobachtungen Rückschlüsse auf allgemeine Gesetzmäßigkeiten gezogen werden (d.h. vom Einzelfall zum Allgemeinen).

Deduktion, die wissenschaftliche Methode, bei der aus allgemeinen Grundsätzen einzelne Erscheinungen abgeleitet werden (d.h. vom Allgemeinen zum Einzelfall).

Theorie, Erklärungsmuster, das versucht, ein stark vereinfachtes Bild der Realität wiederzugeben, indem sie wenige, aber relevante Ursache-Wirkungszusammenhänge aufzeigt.

Modell, quantifizierte Theorie.

Abstraktion, Reduktion auf ausgewählte relevante Aspekte der Realität.

Hypothese, aus induktivem Faktensammeln formuliert man eine für denkbar gehaltene Beziehung zwischen Ereignis und auslösendem Faktor.

Ceteris-paribus-Bedingung, Klausel, die "alles übrige" unverändert lässt.

Statik, Analyse, bei der die Zeit keine Bedeutung hat.

Dynamik, man betrachtet den Weg der Anpassung von einem Zustand zu einem anderen.

Ex-post-Analyse, Analyse mit Vergangenheitswerten.

Ex-ante-Analyse, Analyse mit Zukunftswerten.

Partialanalyse, isolierte Betrachtung eines Problemausschnittes (z.B. einzelner Markt), Anwendung der Ceteris-paribus-Bedingung.

Totalanalyse, Versuch, alle relevanten Variablen und ihre Zusammenhänge zu erfassen, Ausschluss der Ceteris-paribus-Bedingung.

Marginalanalyse, Anwendung der Techniken der klassischen mathematischen Optimierungstheorie auf ökonomische Entscheidungsprobleme.

Gleichgewicht, ökonomische Konstellation, bei der die Wirtschaftssubjekte keinen Anlass mehr haben, Änderungen der optimierten Wahlhandlungen vorzunehmen.

Bedarf, Summe aller Bedürfnisse.

Nachfrage, der am Markt geäußerte Bedarf.

Konsum, Kauf der Güter durch die Konsumenten, stiftet Nutzen.

Produktion, Einsatz und Kombination von Produktionsfaktoren mit dem Ziel, Güter zu erstellen.

Produktionsfaktoren, Umwelt, Arbeit und Kapital sind die volkswirtschaftlichen Produktionsfaktoren.

Kapitalstock, die Gesamtheit des Produktionsfaktors Kapital in einer Ökonomie.

Sparen, bedeutet Konsumverzicht und setzt Ressourcen zu Investitions- und Produktionszwecken frei.

Investition, Einsatz von Ressourcen zum Zwecke der Erhaltung und/oder Erweiterung des bisherigen Kapitalstocks.

Technischer Fortschritt, zunehmendes technisches Wissen, in welcher Weise die Produktionsfaktoren am besten einzusetzen sind.

Produktionsfunktion, mengenmäßige Input-Output Beziehung.

Vorleistungsgut, Output einer Produktionsstufe wird als Input der nächsten Stufe eingesetzt (Mehrstufigkeit des Produktionsprozesses).

Bruttonationaleinkommen (BNE), Wert aller in einer Periode produzierten Güter abzüglich dem Wert der Vorleistungsgüter, gilt als Maß der Leistungsfähigkeit einer Volkswirtschaft.

Wirtschaftswachstum, Wachstum des BSP, durch technischen Fortschritt und Quantität und Qualität der Produktionsfaktoren und Institutionen determiniert.

Arbeitsproduktivität, Produktion pro eingesetzter Arbeit.

Arbeitsteilung, betriebsinterne, überbetriebliche oder internationale Spezialisierung; erhöht die Arbeitsproduktivität, erzeugt aber Koordinations- und Verteilungsprobleme.

Konjunktur, zyklische Schwankungen des realen Bruttosozialproduktes.

Tausch, der Austausch von Gütern als Folge der Arbeitsteilung in Form Güter gegen Güter oder Güter gegen Geld.

Preismechanismus, dezentrales Koordinierungsinstrument in marktwirtschaftlich organisierten Ökonomien, bringt Angebot von Gütern und Nachfrage nach Gütern zum Ausgleich.

Marktmacht, ist der Grund für einen geringen Wettbewerbsgrad auf einem Markt.

Prinzip der Konsumentensouveränität, Anpassung der Produktionsstruktur an die Konsumentenwünsche.

Allokation, Aufteilung von Faktoren und Gütern.

Marktunvollkommenheit, Marktmacht, externe Effekte und öffentliche Güter verhindern effiziente Allokation.

Externe Effekte, nicht über marktmäßige Kontrakte abgegoltene Nutzungen von Gütern oder Faktoren oder Schädigungen durch diese.

Öffentliche Güter (Kollektivgüter), sind gekennzeichnet durch Nichtausschließbarkeit und Nichtrivalität im Konsum.

Distributionsziel, Schaffung einer gerechten Verteilung des Einkommens in einer Volkswirtschaft.

Stabilisierungsziel, Glättung der konjunkturbedingten Schwankungen des Bruttosozialproduktes.

Außenwirtschaftliches Gleichgewicht, Einzahlungen für Exportgüter (an das Ausland verkaufte Güter) und Auszahlungen für Importgüter (vom Ausland bezogene Güter) halten sich die Waage.

Magisches Viereck, Preisniveaustabilität, Vollbeschäftigung, angemessenes und stetiges Wirtschaftswachstum und außenwirtschaftliches Gleichgewicht.

Soziale Marktwirtschaft, Marktwirtschaft mit vom Staat vorgegebenen sozialen Regeln, verbindet die Prinzipien der Leistungs- und Bedarfsgerechtigkeit.

Offene Volkswirtschaft (bzw. Außenwirtschaft), berücksichtigt Verflechtungen einer nationalen Volkswirtschaft mit dem Ausland.

Export, Güter- und Dienstleistungsausfuhr.

Import, Güter- und Dienstleistungseinfuhr.

Offenheitsgrad, Indikator für das Ausmaß der nationalen Verflechtungen einer Volkswirtschaft mit dem Welthandel (Anteil der Güterexporte und –importe am BSP).

Internationale Arbeitsteilung, aufgrund von Kostenunterschieden auf der Angebotsseite und Verfügbarkeit von Gütern und Produktdifferenzierung auf der Nachfrageseite, führt zu nationalen Produktivitätssteigerungen.

Kapitel 2 Volkswirtschaftliche Ideengeschichte

Ökonomische Schulen, wirtschaftswissenschaftliche Denkrichtungen, die sich beispielsweise durch spezielle methodische Vorgehensweisen oder unterschiedliche ökonomische Auffassungen voneinander abgrenzen.

Nominalismus, Unabhängigkeit des Geldes von seiner stofflichen Substanz, relevant ist demnach nur die Tauschfunktion des Geldes.

Metallismus, auch Geld hat einen Tauschwert, das trifft vor allem bei Goldmünzen zu.

Kanonisches Zinsverbot, mittelalterliches Verbot, Geld gegen Zins zu verleihen.

Bullionismus, englische Ausprägung des Merkantilismus, die zum Ziel hat, durch Exporte möglichst viel Edelmetall ins Land zu bringen.

COLBERTismus, französische Ausprägung des Merkantilismus.

Kameralismus, deutsche Ausprägung des Merkantilismus.

Finanzwissenschaft, beschäftigt sich mit der Rolle des Staates in einer Ökonomie: Festlegen institutioneller und rechtlicher Rahmenbedingungen (z.B. Eigentumsrechte) und Untersuchung staatlicher Maßnahmen bezüglich der Ziele Allokation, Distribution und Stabilisierung.

Ordre naturel, natürliche Ordnung, nach der die Gesellschaft nach Meinung der Physiokraten funktionieren soll.

Ordre positif, dient den zeitbedingten und vorübergehenden Bedürfnissen der Menschen, sie soll sich dem Ordre naturel annähern.

Tableau économique, geschlossene Konzeption einer Volkswirtschaft nach QUESNAY, die die Geldströme zwischen den verschiedenen Sektoren abbildet.

Volkswirtschaftliche Gesamtrechnung, stellt ein geschlossenes Buchhaltungssystem dar, in dem die Ergebnisse der wirtschaftlichen Aktivitäten einer Volkswirtschaft für eine abgelaufene Periode dargestellt werden.

Invisible hand, von SMITH eingeführter Begriff, mit dem er versucht, die Preisfindung zwischen Verkäufer und Käufer zu beschreiben.

Natürlicher Preis, ergibt sich aus der Bewertung der zur Produktion eines Gutes aufgewandten Arbeitszeit mit dem Lohnsatz.

Gebrauchswert, die Nützlichkeit eines Gutes für eine bestimmte Person.

Tauschwert, gibt als relativer Preis das Austauschverhältnis von Gütern mit anderen Gütern oder mit Geld an.

Arbeitswert, ist der natürliche Preis eines Gutes.

Objektivistische Wertlehre, von den Klassikern bis MARX vertretene Auffassung, dass sich der Wert einer Ware aus ihren Produktionskosten bestimmt.

Bevölkerungsgesetz, formuliert einen Zusammenhang zwischen Bevölkerungswachstum und Nahrungsmittelangebot.

Differentialrententheorie, klassische Theorie der Einkommensverteilung nach RICARDO.

Funktionelle Einkommensverteilung, die Einkommensverteilung bezogen auf die Produktionsfaktoren.

Arbeitswerttheorie, gemäß dieser Theorie, die von den Klassikern und von MARX vertreten wurde, ergeben sich die Werte der Güter aus dem zu ihrer Herstellung notwendigen Arbeitseinsatz. Diese Theorie existiert in ihrer relativen sowie in ihrer absoluten Form.

Komparative Kostenvorteile, bestehen aufgrund unterschiedlicher Produktivitäten in der Produktion. Auch wenn Länder über eine generelle Kostenüberlegenheit verfügen, kann eine Spezialisierung auf die Produktion, in der nur ein komparativer Vorteil herrscht, wohlfahrtssteigernd sein.

SAYsches Gesetz, besagt, dass sich jedes Angebot seine eigene Nachfrage schafft.

Quantitätstheorie, behandelt den Zusammenhang zwischen Geldangebot und Preisniveau. Nach ihr muss bei einer Geldangebotsausweitung langfristig auch das Preisniveau im gleichen Ausmaß steigen.

Proletarische Revolution, erfolgt laut MARX historisch zwangsläufig als Antwort auf die "Ausbeutung" der proletarischen Klasse.

MARXsche Ausbeutungstheorie, bedeutet, dass der Kapitalist sich den Mehrwert aneignet, den der Arbeiter erstellt.

Industrielle Reservearmee, ist ein Überschussangebot an Arbeitskräften, das hauptsächlich durch die Rationalisierungsmaßnahmen der Kapitalisten entsteht.

Profitrate, ist nach MARX das Verhältnis zwischen Mehrwert und eingesetzten und bewerteten Produktionsfaktoren.

Zusammenbruchsthese, Aussage von MARX, nach der der Kapitalismus aufgrund von "Gesetzmäßigkeiten" zusammenbrechen wird.

Marginalismus, bezeichnet analytische Verfahren insbesondere der Neoklassik, mit denen untersucht wird, wie sich eine Größe ändert, wenn sich eine andere oder mehrere Größen um einen marginalen Betrag ändern.

Grenznutzen, zusätzlicher Nutzen bei einer marginalen Erhöhung der Ausgaben für Konsumgüter.

Subjektive Wertlehre, nach ihr bemißt sich der Wert eines Gutes nach der subjektiven Wertschätzung der Individuen, also nach dem Nutzen, den ein Gut stiftet.

Grenznutzenschule, wissenschaftliche Richtung, bei der die Betonung der subjektiven Wertschätzung, d.h. des Nutzens, im Mittelpunkt steht.

Klassisches Wertparadox, die klassische Lehre kann nicht erklären, wie sich ein hoher Preis eines Gutes mit geringem Gebrauchswert ergibt.

WALRASianischer Auktionator, personifizierte Instanz, die Angebot und Nachfrage zum Ausgleich bringt und den gleichgewichtigen Preis ermittelt.

Tâtonnement-Prozess, Interpretation des Marktmechanismus als Auktionsverfahren.

Grenzproduktivitätstheorie, neoklassische Theorie zur Einkommensverteilung.

Natürlicher Zins, entspricht der Nettoertragsrate des physischen Kapitals.

Geldzins, Zins für aufgenommene Kredite auf dem Kapitalmarkt.

WICKSELLscher Prozess, beschreibt kumulative Entwicklungen im Wirtschaftsprozess, die bei Abweichungen des natürlichen Zinses vom Geldzins auftreten und die konjunkturelle Entwicklung beeinflussen.

Dynamischer Unternehmer, auf SCHUMPETER rückführbarer Begriff für Unternehmer, die die Dynamik des Kapitalismus begründen.

Pioniergewinne, entstehen dadurch, dass Unternehmen Innovationen auf dem Markt als erste durchsetzen.

Evolutorische Ökonomik, wirtschaftstheoretische Lehrmeinung, die basierend auf SCHUMPETER das Wirtschaftsgeschehen als Prozess begreift, in dem Wandel und Dynamik im Vordergrund stehen.

Ordnungspolitik, rechtlich-organisatorische Maßnahmen, durch die der Wirtschaftspolitiker die längerfristigen Rahmenbedingungen für den Wirtschaftsprozess setzt.

Wettbewerbspolitik, Gesamtheit der staatlichen Maßnahmen, die der Erhaltung und/oder Förderung des Wettbewerbs dienen sollen.

Ordoliberalismus, Ausrichtung der neoliberalen Konzeption, in der der Staat die Voraussetzungen für einen freien Wettbewerb und dessen Funktionsfähigkeit zu schaffen hat.

Weltwirtschaftskrise, Bezeichnung für einen wirtschaftlichen Zusammenbruch in großen Teilen der Weltwirtschaft.

Wertaufbewahrungsfunktion, Funktion des Geldes, nicht nur als Tauschmittel, sondern auch als Wertaufbewahrungsmittel zu dienen.

Liquiditätspräferenz, Neigung der Wirtschaftssubjekte, liquide Mittel zu halten.

Effektive Nachfrage, Nachfrage, die die Auslastung der Produktionskapazität bestimmt.

Multiplikatorprozess, zeigt an, um wieviel das Einkommen steigt bzw. sinkt, wenn sich die Nachfrage verändert.

Unterbeschäftigungsgleichgewicht, bezeichnet Arbeitslosigkeit mit Beharrungsvermögen im Allgemeinen KEYNESianischen Modell.

Globalsteuerung, wirtschaftspolitische Konzeption, wonach ökonomische Staatsaktivität sich auf die Beeinflussung makroökonomischer Größen wie Investitionen, Konsum- oder Spartätigkeit beschränkt.

Deficit spending, kreditfinanzierte staatliche Konsum- und Investitionsausgaben.

IS-LM-Konzept, ermöglicht die graphische und analytische Beschreibung und Analyse des simultanen Gleichgewichtes am Güter- und Geldmarkt.

Neoklassische Synthese, verbindet die KEYNESsche an der effektiven Nachfrage ausgerichtete Denktradition mit der mikroökonomischen Fundierung der Angebotsseite einer Ökonomie.

Neue KEYNESianische Makroökonomik, makroökonomische Gedankenschule, die sich vor allem in der mit dem Monetarismus geführten Debatte über die Existenz einer Alternative zwischen Inflation und Arbeitslosigkeit herausgebildet hat.

PostKEYNESianismus, volkswirtschaftliche Theorien, die eine Weiterentwicklung des Ansatzes von KEYNES darstellen. Ihre Vertreter sehen KEYNES' ursprünglichen Beitrag als nicht vereinbar mit der neoklassischen Lehre.

Lag, Zeit, die vom Erkennen der wirtschaftlichen Problemlage bis zum Einsatz des Instrumentariums und bis zu dessen Wirkung vergeht.

Monetarismus, Lehre, die insbesondere aus der Kritik der geldtheoretischen Auffassung der KEYNESschen Lehre entstanden ist.

Monetaristische Gegenrevolution, Antwort der Monetaristen auf das in der ökonomischen Theorie vorherrschende KEYNESianische Denken in den fünfziger Jahren.

Permanente Einkommenshypothese, Annahme FRIEDMANs, dass der Konsum nicht wie bei KEYNES vom laufenden, sondern vom permanenten Einkommen abhängt.

Neue Klassische Makroökonomie, makroökonomische Gedankenschule, die viele wirtschaftspolitische Ansichten mit dem Monetarismus teilt und in der rationale Erwartungsbildungen in den Vordergrund gerückt werden.

Stagflation, bezeichnet das simultane Auftreten anhaltender Arbeitslosigkeit und hoher Inflationsraten.

Angebotsökonomik, theoretisches Konzept, das die Bedeutung der Angebotsseite hervorhebt.

LAFFER-Kurve, grafische Darstellung der Beziehung zwischen Steuersatz und Steueraufkommen in Form einer nach unten geöffneten Parabel.

REAGANomics, Wirtschaftspolitik in den achtziger Jahren unter dem US-Präsidenten REAGAN, die stark von den Gedanken der Angebotsökonomik geprägt war.

THATCHERismus, Wirtschaftspolitik unter der britischen Premierministerin, britisches Analogon zu Reagonomics.

Kapitel 3 Theorie des Haushalts

Budgetrestriktion, Begrenztheit der Ausgaben durch das Einkommen.

Haushalt, fällt als Konsument Konsumentscheidungen zum Zweck der Bedürfnisbefriedigung und als Arbeitnehmer Arbeitsangebotsentscheidungen.

Robinson-Crusoe-Ökonomie, fiktive Ökonomie, in der alle Produktions- und Verbrauchsentscheidungen von einem Haushalt getroffen werden.

Unternehmung/Unternehmen, fällt Produktions- und Arbeitsnachfrageentscheidungen i.d.R. zum Zweck der Gewinnmaximierung.

Markt, Ort der Koordination der Pläne von Haushalten und Unternehmungen.

Preis, spiegelt Knappheit wider und fungiert als Steuerungsinstrument für ökonomische Entscheidungen auf Märkten.

Preismechanismus, Angebots- und Nachfrageentscheidungen der Wirtschaftssubjekte werden so angepaßt, dass ein Ausgleich von Angebot und Nachfrage erreicht, d.h. der Markt geräumt wird.

Konsum, Güterverbrauch des Haushalts.

Sparen, intertemporale Verbrauchsentscheidung des Haushalts durch Verzicht auf Gegenwartskonsum.

Konsumplan, Kombination der Güterverbrauchswünsche des Haushalts.

Budgetmenge, geometrischer Ort aller finanzierbaren Konsumpläne des Haushalts.

Budgetgerade, Budgetmenge, bei der das Einkommen voll verausgabt wird.

Präferenzordnung, nutzenmäßige Bewertung alternativer Konsumgüterbündel des Haushalts.

Indifferenzkurve, geometrischer Ort aller Güterkombinationen gleichen Nutzens für den Konsumenten.

Nutzenindex, Nutzenwert der Güterkombinationen einer Indifferenzkurve.

Nutzenfunktion, funktionale Zuordnung alternativ konsumierbarer Gütermengen zu Nutzenindizes.

Ordinale Nutzentheorie, nur die Rangfolge von Nutzenindizes und nicht deren Werte sind ökonomisch relevant.

Kardinale Nutzentheorie, auch der Abstand von Indifferenzkurven wird als ökonomisch relevant angesehen.

Grenzrate der Substitution, die relative Wertschätzung eines Gutes, ausgedrückt in Einheiten eines anderen Gutes, entspricht (dem Betrag) der Steigung der Indifferenzkurve.

Nutzenpreis, entspricht als Zahlungsbereitschaft der Konsumenten der Grenzrate der Substitution.

Optimaler Konsumplan, Konsumplan mit maximalem Nutzen, wird auch als Haushaltsgleichgewicht bezeichnet.

Kostenpreis, relative Kosten des Kaufs eines Gutes, gemessen in dem dazu notwendigen Verzicht auf ein anderes Gut, entspricht (dem Betrag) der Steigung der Budgetgerade.

Mengenanpasser, der Preis wird als nicht veränderbar betrachtet, die ökonomischen Wahlhandlungen beziehen sich nur auf Mengen.

Realeinkommen, Güterpaket, das mit dem nominalen Einkommen gekauft werden kann.

Einkommenseffekt, Konsumplanänderung durch Einkommensänderung bei konstanten Preisen.

Substitutionseffekt, Konsumplanänderung durch Preisänderung bei gleichem Nutzenniveau.

Einkommens-Konsum-Kurve, der geometrische Ort aller optimalen Konsumpläne bei zwei Gütern, wenn das Einkommen variiert wird, wird auch ENGEL-Kurve genannt.

Superiore Güter, Güter, die bei steigendem Einkommen mehr nachgefragt werden.

Inferiore Güter, Güter, die bei steigendem Einkommen in geringerer Menge nachgefragt werden.

Einkommensnachfragekurve, geometrischer Ort des optimalen Konsumplans eines Gutes, wenn bei konstanten Preisen das Einkommen variiert wird.

Nachfragefunktion, funktionale Beziehung zwischen Preis und nachgefragter Menge des betreffenden Gutes.

Nachfragekurve, geometrischer Ort einer Nachfragefunktion.

Allgemeine Nachfragefunktion, funktionale Beziehung zwischen der Nachfrage nach einem Gut und allen Güterpreisen sowie dem Einkommen.

Gesamtnachfragekurve, entsteht bei Individualgütern aus der horizontalen Aggregation über die Nachfragekurven aller Konsumenten eines Gutes.

Lohnsatz, Preis für eine eingesetzte Arbeitseinheit.

Opportunitätskosten, hier: Kosten des durch Freizeit entgangenen Arbeitseinkommens, werden auch als Kosten der Freizeit bezeichnet.

Reallohnsatz, das Verhältnis von Lohnsatz und Güterpreis.

Arbeitsangebotskurve, geometrischer Ort der Beziehung zwischen der vom Haushalt angebotenen Arbeit und dem Preis der Arbeit.

Allgemeine Arbeitsangebotsfunktion, von allen Güterpreisen und dem Lohnsatz abhängiges Arbeitsangebot eines Haushalts.

Erstes GOSSENsches Gesetz, der Grenznutzen eines Gutes sinkt mit steigendem Konsum dieses Gutes.

Zweites GOSSENsches Gesetz, im Haushaltsgleichgewicht entspricht das Verhältnis zweier Grenznutzen dem Verhältnis der entsprechenden Güterpreise.

LAGRANGE-Multiplikatoren, mit ihrer Hilfe lassen sich Optimierungsprobleme analytisch lösen.

Elastizität, Grad der Reaktion einer abhängigen Variablen auf Änderung einer unabhängigen Variablen; die Preiselastizität der Nachfrage gibt an, um wieviel Prozent die Nachfrage sinkt, wenn der Preis um ein Prozent steigt.

Kapitel 4 Theorie der Unternehmung

Produktionsplan, Kombination von Input- und Outputmengen.

Effiziente Produktionspläne, liegen auf dem oberen Rand aller möglichen Produktionspläne und werden Produktionsfunktionen genannt.

Ertragsgesetz, spezielle Produktionsfunktion mit zunächst zunehmendem, dann abnehmendem Grenzertrag pro Faktor.

Grenzertrag, marginale Ertragsänderung bei marginalem Faktormehreinsatz.

Durchschnittsertrag, Quotient aus physischem Gesamtertrag und eingesetzten Arbeitskräften.

Partielle Produktionselastizität, prozentualer Produktionsanstieg bei einprozentigem Faktormehreinsatz eines Faktors.

Kosten, variable Kosten variieren mit der Produktionsmenge und den Faktorpreisen, fixe Kosten sind davon unabhängig.

Lohnsumme, Multiplikation der Anzahl der Arbeiter, die benötigt werden, eine bestimmte Quantität des Endproduktes herzustellen, mit ihrem Lohn.

Kostenfunktion, Kosten als Funktion des Outputs.

Grenzkosten, marginale Zusatzkosten bei marginaler Outputsteigerung.

Optimaler Produktionsplan, ist die gewinnmaximale Kombination von Input- und Outputmengen.

Outputregel, bestimmt den optimalen Produktionsplan, wenn die Grenzkosten den Grenzerlösen entsprechen.

Angebotsfunktion, Zuordnung von Preis und optimaler Outputmenge.

Grenzerlöskurve, entspricht bei Mengenanpassung der horizontalen Preisgerade, da eine zusätzliche Outputsteigerung einen zusätzlichen Erlös in Höhe des gegebenen Preises bietet.

Gesamtangebotskurve, entsteht aus der horizontalen Aggregation der Angebotskurven aller Anbieter auf einem Markt.

Faktornachfragefunktion, wird aus der Inputregel durch Variation der Inputpreise abgeleitet.

Isogewinnkurve, geometrischer Ort gleicher Gewinne in der Faktor-Output-Ebene.

Grenzproduktivität, marginale Ertragsänderung bei marginalem Mehreinsatz eines Faktors.

Inputregel, bestimmt den gewinnmaximalen Faktoreinsatz.

Wertgrenzprodukt, marginale Erlösänderung bei marginalem Mehreinsatz eines Faktors.

Arbeitsnachfragefunktion, Zusammenhang zwischen dem Faktorpreis und der von den Unternehmungen gewünschten Arbeitsmenge.

Gesamtnachfragefunktion nach Arbeit, entsteht aus der horizontalen Aggregation der Arbeitsnachfragekurven aller Produzenten.

Preis-gleich-Grenzkosten-Regel, gewinnmaximale Strategie eines Mengenanpassers.

Kapitel 5 Das Marktgleichgewicht bei Mengenanpassung

Gleichgewichtspreis, Preis, bei dem die gesamte nachgefragte Menge gerade der gesamten angebotenen Menge entspricht.

Homogenes Gut, qualitätsidentische Güter auf einem Markt im subjektiven Sinne (z.B. in den Augen der Konsumenten).

Vollkommener Markt, ein Markt, auf dem ein homogenes Gut gehandelt wird und der transparent in dem Sinne ist, dass alle relevanten Marktinformationen allen Marktteilnehmern kostenlos zur Verfügung stehen.

Vollkommene Konkurrenz, sehr viele Anbieter und Nachfrager operieren auf einem vollkommenen Markt.

Marktgleichgewicht, Angebot gleich Nachfrage.

Allgemeine Gleichgewichtstheorie, neoklassische Theorie, deren Hauptthema die Existenz eines Gleichgewichtspreises sowie die Eindeutigkeit eines allgemeinen Gleichgewichtes, d.h. eines Gleichgewichtes auf allen Märkten, im Preis– und Mengensystem ist.

Angebotsüberschuss, auf einem Markt ist die angebotene Menge eines Gutes größer als die nachgefragte.

Nachfrageüberschuss, auf einem Markt ist die nachgefragte Menge eines Gutes größer als die angebotene.

Verhaltensfunktionen, geben die funktionale Beziehung zwischen einer abhängigen und einer oder mehreren unabhängigen Variablen an.

Endogene Variablen, sind die Größen, die innerhalb eines Modells erklärt werden.

Exogene Variablen, sind die Größen, die innerhalb eines Modells gegeben sind und aus denen die endogenen Variablen erklärt werden.

Preiselastizität der Nachfrage, ist das Verhältnis der prozentualen Änderung der nachgefragten Gütermenge zur prozentualen Preisänderung.

Höchstpreispolitik, staatliche Preisfestsetzung, bei der zum Schutz des Verbrauchers ein Höchstpreis festgelegt wird.

Mindestpreispolitik, staatliche Preisfestsetzung, bei der zum Schutz der Produzenten ein Mindestpreis festgelegt wird.

Kapitel 6 Das Marktgleichgewicht bei Preisstrategie

Monopolistische Konkurrenz, unvollkommener Markt mit monopolistischem Angebot gleichartiger Güter durch mehrere Anbieter.

Monopol, Marktform, bei der der Absatz eines Anbieters ausschließlich von dessen eigenem Preis abhängt.

Oligopol, Marktform, bei der der Absatz eines jeden Anbieters nicht ausschließlich von seinem eigenen Preis abhängt, sondern auch von denen seiner Konkurrenten.

Preis-Absatz-Funktion, Haushaltsnachfrage bei alternativen, vom Monopolisten gesetzten Preisen.

COURNOTscher Punkt, ist "Angebotsfunktion" des Monopolisten und stellt dessen gewinnmaximale Preis-Mengen-Kombination dar.

Contestable Markets, Theorie, die plausibel macht, dass auch im Monopolfall Annäherungen an die kompetitive Marktlösung stattfinden. Dies gilt umso mehr, je geringer die Markteintritts- und Marktaustrittshemmnisse sind, mit denen sich potentielle neue Anbieter konfrontiert sehen.

Dyopol, Angebotsoligopol mit zwei Anbietern.

Reaktionskurven, geben jene individuellen Angebotsmengen an, mit denen der entsprechende Anbieter für gegebene Angebotsmengen des anderen Anbieters seinen Gewinn maximiert.

COURNOT-NASH-Gleichgewicht, Schnittpunkt der Reaktionskurven.

Spieltheorie, Theorie ökonomischer Wahlhandlungen bei strategischem Verhalten.

Marketing-Mix, Unternehmenspolitik, die den simultanen Einsatz von Produkt-, Preis-, Distributions- und Kommunikationspolitik derart abstimmt, dass sich eine optimale Kombination im Hinblick auf die verfolgten Marketingziele ergibt.

Kartell, begrenzt oder regelt zwischenbetriebliche Konkurrenz.

Industrieökonomie, beschäftigt sich mit dem Studium von Marktverhalten auf Märkten mit wenigen Anbietern.

NASH-Gleichgewicht, Allokation, in der kein Wirtschaftssubjekt Veranlassung zur Abweichung hat, da es auf die besten Strategien aller anderen Wirtschaftssubjekte die beste Antwort gewählt hat.

Gefangenendilemma, wohl bekannteste Spiel- bzw. Entscheidungssituation der Spieltheorie.

Paretoinferior, Allokation, bei der sich mindestens noch ein Wirtschaftssubjekt besser stellen kann, ohne dass ein anderes schlechter gestellt wird.

Dominante Strategie, optimale Strategie, die die Spieler unabhängig davon bestimmen können, was die Mitspieler tun.

Kooperative Spiele, Spiele, bei denen bindende Absprachen mit Durchsetzbarkeit von Strafkosten geschlossen werden.

Superspiele, Spiele, bei denen im Prinzip die gleiche Entscheidungssituation unendlich wiederholt wird.

Trigger-Strategie, Androhung zukünftiger Nicht-Zusammenarbeit bei Abweichen des Kartellpartners von der Vereinbarung.

Endlich wiederholte Spiele, Spiele, bei denen die gleiche Entscheidungssituation endlich wiederholt wird.

Backward-Induktion, Berechnung spieltheoretischer Gleichgewichte von hinten her, d.h. von der Endperiode zur Anfangsperiode.

Gesetz gegen Wettbewerbsbeschränkungen, bundesdeutsches Gesetz, das darauf abzielt, den Wettbewerb auf einem ausreichenden Niveau zu halten.

Verbotsprinzip, verbietet wettbewerbsmindernde Verträge und Beschlüsse zwischen Unternehmen.

Bundeskartellamt, staatliche Institution, die mit der Durchsetzung des Verbotsprinzips in der Praxis beauftragt ist.

EU-Wettbewerbsrecht, dem deutschen Recht übergeordnetes Wettbewerbsrecht, über dessen Einhaltung die EU-Wettbewerbskommission wacht .

Vertikale Preisbindung, der Erzeuger setzt den Endverkaufspreis fest.

Kapitel 7 Die Güter und der Gütermarkt

Geschlossene Volkswirtschaft, theoretisches Konzept einer Volkswirtschaft ohne wirtschaftliche Verflechtungen mit dem Ausland.

Güterkreislauf, Faktor- und Güterbeziehungen zwischen den Konsumenten und Produzenten.

Pol, im Kreislaufschaubild zusammengefasste Sektoren gleichartiger ökonomischer Aktivitäten.

Kreislaufaxiom, für jeden Pol ist die Summe der ein- und ausgehenden Ströme gleich.

Stationäre Wirtschaft, ohne Ausbau des Kapitalstocks.

Evolutionäre Wirtschaft, hier wird in den Ausbau des Kapitalstocks investiert.

Bruttoinvestition, Summe aller produzierten und nichtkonsumierten Güter.

Nettoinvestition, Bruttoinvestition abzüglich produktionsbedingtem Verschleiß der Abschreibung.

Volkseinkommen, Summe von Löhnen und Gehältern, Pacht und Mieten, sowie Zinsen und Gewinnen.

Nationaleinkommen, der Wert der in einem Jahr (von den Inländern) produzierten Güter und Dienstleistungen, abzüglich der Vorleistungen. Schon in Kap. 1 erklärt.

Bruttowertschöpfung, Differenz zwischen dem Wert der Produktion und dem Wert der Vorleistungen, ist in einer geschlossenen Volkswirtschaft ohne Staat identisch mit Bruttoinlandsprodukt (BIP) und Bruttonationaleinkommen (BNE).

Nettowertschöpfung, Bruttowertschöpfung abzüglich Abschreibung, ist in einer geschlossenen Volkswirtschaft ohne Staat identisch mit Nettoinlandsprodukt (NIP) und Nettonationaleinkommen (NNE).

Volkswirtschaftliche Gesamtrechnungen (VGR), stellen ein geschlossenes Buchhaltungssystem dar, das auf kreislauftheoretischen Erkenntnissen aufbaut und in dem die Ergebnisse der wirtschaftlichen Aktivitäten einer Volkswirtschaft für eine abgelaufene Periode berechnet werden.

Einkommenskonto, stellt innerhalb der VGR das Konto der Haushalte dar.

Produktionskonto, stellt innerhalb der VGR das Konto der Unternehmungen dar, wobei auf der linken Seite die Güterentstehung und auf der rechten die Güterverwendung steht.

Ersatzinvestition, Ersatz für den verschlissenen Teil des Kapitals, wertmäßig gleich den Abschreibungen.

Erweiterungsinvestitionen, Investitionen zu Erweiterungszwecken, die es möglich machen, in Zukunft ein höheres Sozialprodukt zu erzeugen.

Sparen, der Teil des Einkommens, der nicht konsumiert wird.

Volkswirtschaftliche Ersparnis, Summe der Ersparnisse der Haushalte, Unternehmungen und des Staates.

Vermögensänderungskonto, bringt die Veränderungen des Kapitalstocks zum Ausdruck.

Entstehungsrechnung, Methode zur Berechnung des Sozialproduktes, bei der die Wertschöpfung an den Orten der Produktion gemessen wird.

Verwendungsrechnung, Methode zur Berechnung des Sozialproduktes, bei der das Nationaleinkommen entsprechend seines Verwendungszwecks in privaten Konsum, staatlichen Konsum, Investitionen und Außenbeitrag aufgeteilt wird.

Verteilungsrechnung, Methode zur Berechnung des Sozialproduktes, bei der das Nationaleinkommen nach den Einkommensarten in Einkommen aus unselbständiger Arbeit und Einkommen aus Unternehmertätigkeit und Vermögen aufgegliedert wird.

Effektive Nachfrage, tatsächlich am Markt geäußerte Nachfrage, bestimmt die Auslastung der Produktionskapazität.

Nachfragemodell, Grundmodell der KEYNESschen Theorie, bei der die Produktion von der Absatzseite her begrenzt ist.

Konsumfunktion, makroökonomische Verhaltenshypothese, welche besagt, dass der Konsum vom Einkommen abhängt.

Konsumquote, marginale K. ist die marginale Veränderung des Konsums bezogen auf marginale Einkommensänderungen; durchschnittliche K. ist die Relation von Konsum zu Einkommen.

Sparquote, Komplement zur Konsumquote.

Gleichgewicht auf dem Gütermarkt, im Nachfragemodell, wenn die Produktion mit der effektiven Nachfrage übereinstimmt, auch Nachfragegleichgewicht genannt.

Komparativ-statische Analyse, Vergleich alternativer Gleichgewichtssituationen.

Elementarer Multiplikator, multiplikative Erhöhung des Volkseinkommens bei Erhöhung der autonomen Ausgaben im Nachfragemodell.

Multiplikatoranalyse, Untersuchung des Multiplikators, um das Verhältnis zwischen der Erhöhung exogener Variablen und des Volkseinkommens zu ermitteln.

Totales Differential, lineare Approximation der Variation eines Funktionswertes.

Grenzleistungsfähigkeit des Kapitals, Ertragsrate des Sachkapitals.

IS-Kurve, Kurve der Gütermarktgleichgewichte gemäß I = S.

Opportunitätskosten, in der Produktion der Nettoverlust durch Verzicht auf eine alternative Nutzung der Ressourcen (= Verzichtskosten).

Preisniveau, gewogenes arithmetisches Mittel der Güterpreise.

Arbeitsproduktivität, ist das Verhältnis von erzeugter Gütermenge zu der dafür eingesetzten Beschäftigungsmenge.

Preisindex, Verhältniszahl für die Veränderung des Preisniveaus mit Basis gleich 100 Prozent.

Index für Lebenshaltung, Indikator für die Kosten der Lebenshaltung.

Kapitel 8 Das Geld und der Geldmarkt

Naturalwirtschaft, Tauschvorgänge werden ohne Geld vollzogen, indem Ware gegen Ware getauscht wird.

Wertaufbewahrungsfunktion, Vermögen über die Zeit hinweg in höchster Liquidität aufzubewahren.

Goldumlaufwährung, älteste Form der Goldwährung, bei der Goldmünzen als Transaktionsmittel dienen.

Goldkernwährung, Währungssystem, bei dem der Goldbestand der Zentralbank einen bestimmten Prozentsatz der vorhandenen Geldmenge ausmacht.

Devisen, ausländische Zahlungsmittel.

Geldpolitik, Bereich der Wirtschaftspolitik, der auf die volkswirtschaftliche Wirkung geldwirtschaftlicher Maßnahmen abzielt.

Europäische Zentralbank (EZB), Nachfolgerin des Europäischen Währungsinstitutes (EWI) mit Sitz in Frankfurt a.M., trägt Gesamtverantwortung für Aufgaben des Eurosystems.

Eurosystem, setzt sich zusammen aus den rechtlich selbständigen nationalen Zentralbanken des Euro-Währungsraums und der rechtlich selbständigen EZB.

EZB-Rat, ist das zentrale Entscheidungsorgan des Eurosystems.

Europäische Währungsunion, Vorläufer des Euro-Währungsraums, dem mit dem Beitritt Griechenlands zum 1. Januar 2001 12 Länder angehören.

Euro, Einheitliche Währung in der Europäischen Union, gilt spätestens ab 01. Juli 2002 als alleiniges gesetzliches Zahlungsmittel im Euroraum.

Euroraum, Euro-Währungsraum.

Europäisches System der Zentralbanken (ESZB), besteht aus der EZB und den nationalen Zentralbanken aller, auch der sich nicht am Euro beteiligenden EU-Mitgliedsstaaten, legt einheitliche Geldpolitik fest, regelt Versorgung mit Devisen.

Konvergenzkriterien, sind im Vertrag von Maastricht 1992 eingeführt worden.

Mindestreserve, von der Zentralbank festgelegter Anteil an den Verbindlichkeiten des Banksektors, welcher (verzinslich) bei der Zentralbank hinterlegt werden muss.

Giralgeld, auch Buchgeld genannt, wird vom Bankensystem im bargeldlosen Zahlungsverkehr geschaffen.

Sichteinlagen, Einlagen, die jederzeit (auf Sicht) in gesetzliche Zahlungsmittel umgetauscht werden können.

Geldmenge, auch Geldvolumen genannt, beinhaltet Bargeld und Sichteinlagen der Nichtbanken, wird in M1, M2, M3 unterschieden.

Geldbasis, unverzinsliche Verbindlichkeiten der Zentralbank.

Geldschöpfungsmultiplikator, wird auch als Kreditmultiplikator bezeichnet, führt zur Giralgeldausweitung durch Kreditausgabe der Überschussreserve.

Überschussreserve, frei verfügbarer Bestand an Zentralbankgeld nach Abzug der Mindestreserve.

Inflation, Geldentwertung durch Preisanstieg.

Geldangebot, Geldmenge, die aus den Geldmarktaktivitäten der Zentralbank und den Geschäftsbanken resultiert.

Geldmarktmodell, zeigt, auf welche Weise das Geldangebot entsteht.

Geldangebotsfunktion, fasst die Bestimmungsgründe des Geldangebotes funktional zusammen.

Geldnachfrage, Geldhaltung durch Haushalte und Unternehmungen.

Transaktionskasse, Geldhaltung zur Zahlung von mit Sicherheit auftretenden Transaktionen.

Vorsichtskasse, Geldbeträge, die für unvorhergesehene Vorfälle bereitgehalten werden.

Effektive Verzinsung, die auf den Kurswert eines Wertpapiers bezogene Zinszahlung.

Spekulationskasse, Kassenhaltung, die aus Spekulation mit einem Geldbestand auf Wertpapiermärkten resultiert.

Geldnachfragefunktion, nach KEYNES durch das Transaktions-, Vorsichts- und Spekulationskassenverhalten bestimmt.

Geldmarkt, fiktiver Markt für Geldangebot und Geldnachfrage.

LM-Kurve, Kurve der Geldmarktgleichgewichte (gemäß Geldangebot gleich Geldnachfrage).

KEYNESscher Bereich, der LM-Kurve, Bereich mit hoher Zinselastizität der Geldnachfrage.

Klassischer Bereich, der LM-Kurve, Bereich mit niedriger Zinselastizität, im Extremfall Unabhängigkeit vom Zins.

Geldpolitische Instrumente, Durchführung von Offenmarktgeschäften, Bereitstellung ständiger Fazilitäten, Festlegung der Mindestreservesätze.

Offenmarktpolitik, An- und Verkauf festverzinslicher Wertpapiere durch die Zentralbank, führt zu einer Geldmengenänderung durch Geldbasisvermehrung.

Ständige Fazilitäten, von dem ESZB zur Verfügung gestellte Kreditmöglichkeiten.

Mengentenderverfahren, festgelegter Zinssatz und variables Angebot an Zentralbankgeld.

Mengentenderverfahren, festgelegtes Zuteilungsvolumen und variabler Zinssatz aus Geboten der Geschäftsbanken.

Leitzinssätze, Mindestbietungssatz der Hauptrefinanzierungsgeschäfte, Zinssatz für die Spitzenrefinanzierungsfazilität und Zinssatz für die Einlagefazilität.

Kapitel 9   Gleichgewicht auf dem Güter- und Geldmarkt: Das IS-LM-Modell

IS-LM-Modell, Modell mit interdependentem Geld- und Gütermarkt.

Nachfragemultiplikator (im IS-LM-Modell), berücksichtigt im Gegensatz zum elementaren Multiplikator auch die kontraktiven Rückwirkungen über Zinserhöhungen.

Makroökonomische Güternachfragekurve, das Gleichgewicht im IS-LM-Modell bei Variationen des Preisniveaus.

Makroökonomische Güterangebotskurve, bildet das Güterangebot bei Variation des Preisniveaus ab, das sich über den Arbeitsmarkt und die makroökonomische Produktionsfunktion bildet.

Stromgleichgewicht, Gleichgewicht in einem ökonomischen Modell mit pro Zeiteinheit definierten Stromvariablen, z.B. das Gütermarktgleichgewicht.

Bestandsgleichgewicht, Gleichgewicht bei Beständen, die von einer Referenzperiode unabhängig sind und zu einem Zeitpunkt gemessen werden, wie z.B. das Geldmarktgleichgewicht.

Kapitel 10 Der Arbeitsmarkt: Theorie und Evidenz

Arbeitsmarkt, fiktiver Markt für einen homogenen Faktor Arbeit, auf welchem das Arbeitsangebot der Haushalte und die Arbeitsnachfrage der Unternehmen zusammengeführt werden.

Arbeitskräftepotenzial, Anzahl der Personen, die dem Arbeitsmarkt zur Verfügung stehen.

Arbeitskräftebedarf, Anzahl der Arbeitskräfte, die eine Volkswirtschaft benötigt.

Arbeitslosigkeit, Angebotsüberschuss an Arbeit.

Lohnstruktur, Spektrum unterschiedlicher Lohnsätze z.B. aufgrund unterschiedlicher Arbeitsqualitäten.

Lohnquote, Anteil der Löhne und Gehälter am Volkseinkommen.

Lohndrift, übertarifliche Entlohnung.

Segmentierung, Aufteilung des Gesamtmarktes nach bestimmten Kriterien in Marktsegmente, die hinsichtlich bestimmter Merkmale (für den Arbeitsmarkt z.B. sozioökonomische Kriterien wie Einkommen, Schulausbildung oder Beruf) in sich möglichst ähnlich (homogen) und untereinander möglichst unähnlich (heterogen) sein sollen.

Segmentierung, gewinnmaximale Beziehung zwischen Reallohnsatz und Arbeitsnachfrage der Unternehmungen, fallender Verlauf aufgrund des Gesetzes vom abnehmenden Grenzertrag bei Mehreinsatz des Produktionsfaktors Arbeit.

Arbeitsangebotsfunktion, nutzenmaximales Angebot an Arbeit durch die Haushalte, in Abhängigkeit von dem Reallohnsatz bei Freiheit von Geldillusion.

Arbeitsmarktgleichgewicht, Schnittpunkt der Arbeitsnachfrage- und der Arbeitsangebotsfunktion.

Freiheit von Geldillusion, nicht das nominale Arbeitseinkommen, sondern dessen Kaufkraft bestimmt die Arbeitsmarktentscheidungen.

Asymmetrische Informationen, auf dem Arbeitsmarkt, wenn Arbeitsanbieter und –nachfrager unterschiedlich gut informiert sind, z.B. über die tatsächlichen Preise, die Arbeitsplatzbedingungen oder die Qualifikationen der Arbeitsanbieter.

Rationale Erwartungen, alle an ökonomischen Entscheidungen Beteiligte kennen die "wahre" ökonomische Modellstruktur und können sich nicht systematisch irren, Abweichungen sind nur durch stochastische Störungen bedingt.

Adaptive Erwartungen, Prognosen berücksichtigen den Erwartungsirrtum der Vergangenheit zu einem immer festen Prozentsatz.

Kapitel 11 Das allgemeine KEYNESianische Modell: Die neoklassische Synthese

Neoklassische Synthese, verbindet die KEYNESsche an der effektiven Nachfrage ausgerichtete Denktradition mit der mikroökonomischen Fundierung der Angebotsseite einer Ökonomie.

Vollbeschäftigungsgleichgewicht, Gleichgewicht auf Güter-, Geld- und Arbeitsmarkt.

Kürzere Marktseite, die kürzere Marktseite bestimmt die tatsächlichen Transaktionen auf einem Markt, die lange Marktseite passt sich an.

KEYNES-Effekt, Kausalbeziehung zwischen Preisniveauänderung und realen Gütermarkteffekten.

Investitionsfalle, zinsunelastische Investitionen verhindern die Wirksamkeit des KEYNES-Effektes, ist damit Ursache für ein Unterbeschäftigungsgleichgewicht.

Liquiditätsfalle, Geldmarktrigiditäten, wie z.b. eine vollkommen zinselastische Geldnachfrage, sind Ursache für ein Unterbeschäftigungsgleichgewicht.

Unterbeschäftigungsgleichgewicht, bezeichnet Arbeitslosigkeit mit Beharrungsvermögen im Allgemeinen KEYNESianischen Modell.

PIGOU-Effekt, vermögensabhängige Konsumnachfrage wirkt gegen ein Gleichgewicht bei Unterbeschäftigung.

Makroökonomische Güterangebotsfunktion, Beziehung zwischen gewinnmaximalem Güterangebot und variablem Preisniveau im Modell der neoklassischen Synthese.

Beschäftigungsfallen, Investitions- und Liquiditätsfalle sowie Preis- und Lohnsatzrigidität.

Budgetdefizit des Staates, Differenz zwischen Ausgaben und Einnahmen.

Staatsausgabenmultiplikator, Wirkung zusätzlicher Staatsausgaben auf das Volkseinkommen.

HAAVELMO-Theorem, steuerfinanzierte Staatsausgabenprogramme erhöhen das Inlandsprodukt im Ausmaß der Staatsausgabenerhöhung.

Fiskalpolitik, setzt an staatlichen Ausgaben und Einnahmen an.

Crowding-out, Hypothese, die besagt, dass durch eine kreditfinanzierte Ausweitung der Staatsnachfrage die private (Investitions-)Nachfrage, z.B. aufgrund der durch die Kreditfinanzierung induzierten Zinserhöhungen, in gleichem oder vergrößertem Umfang verdrängt wird.

Deficit-spending, kreditfinanzierte staatliche Ausgabenprogramme zum Zwecke der ökonomischen Expansion.

Kontrazyklische Fiskalpolitik, staatliches Gegensteuern derart, dass kontraktive und expansive Konjunkturen der Volkswirtschaft bewusst geglättet werden sollen.

Monetaristische Theorie, weist dem SAYschen Gesetz (s.u.) eine zentrale Rolle zu und hat als Erklärungsziel Inflationseffekte.

Theorie der rationalen Erwartungen, beruht auf der MUTHschen Hypothese rationaler Erwartungen und sieht für staatliche Wirtschaftspolitik keine Notwendigkeit.

Policy-mix, kombinierter Einsatz von Fiskal- und Geldpolitik.

Klassik, ökonomische Denkschule des 18. Jahrhunderts, die durch Vertrauen auf das Harmonieprinzip der Invisible hand gekennzeichnet ist.

Invisible hand, ein von A. SMITH geprägter Begriff für die markträumende Wirksamkeit des autonomen Preismechanismus.

Neoklassik, baut auf der Klassik auf und weist dem Marginalprinzip eine entscheidende Rolle für ökonomische Wahlhandlungen zu.

KEYNESsche Theorie, makroökonomische Theorie, die auf ökonomischen Aggregaten aufbaut und in der effektiven Nachfrage den Schlüssel für die Erklärung von Arbeitslosigkeit sieht.

SAYsches Gesetz, das Angebot schafft sich seine eigene Nachfrage.

Cambridge-Gleichung, das Geldangebot einer Volkswirtschaft ist dem Produkt von realem Transaktionsvolumen, Preisniveau und Kassenhaltungsdauer gleich.

Quantitätsgleichung, Interpretation der Cambridge-Gleichung mit Betonung der Rolle der Umlaufgeschwindigkeit des Geldes.

Kapitel 12 Zentrale makroökonomische Fragestellungen: Theorie und Empirie

Konsumentenpreise, die von Konsumenten gezahlten Preise, beinhalten auch die indirekten Steuern.

Produzentenpreise, die vom Produzenten verlangten Preise, sind gesamtwirtschaftlich um die vom Staat an Unternehmungen gezahlten Subventionen zu niedrig.

Bruttoinlandsprodukt, Wertschöpfung des Inlandes und nicht wie beim BSP, der Inländer.

Technischer Fortschritt, Ausweitung der Produktionsmöglichkeiten bei gegebener Ausstattung mit Produktionsfaktoren aufgrund erhöhten technischen Wissens etc.

Konjunkturelle Arbeitslosigkeit, liegt in zyklisch unzureichender effektiver Nachfrage begründet.

Strukturelle Arbeitslosigkeit, ist durch Störungen auf der Angebotsseite, d.h. bei Arbeitsangebot und/oder -nachfrage, bedingt.

Nachfragedefizit, unzureichende effektive Nachfrage.

Boomphase, Phase hoher Auslastung des Produktionspotenzials, auch als Hochkonjunktur bezeichnet.

Rezession, Phase rückläufiger Nachfrage und Unterauslastung des Produktionspotenzials.

Eurosklerose, ökonomische Stagnation in Europa als Gegensatz zu dynamisch expandierenden Ländern Nordamerikas und des asiatischen Raums.

Verdeckte Arbeitslosigkeit, Arbeitslosigkeit am Arbeitsplatz.

Arbeitslosenquote, Anteil der Arbeitslosen an den abhängigen Erwerbspersonen (beschäftigte Arbeitnehmer und Arbeitslose).

Sucharbeitslosigkeit, Arbeitslosigkeit im statistischen Schnitt von Erfassungsperioden aufgrund von Arbeitsplatzwechseln.

Preisindex für die Lebenshaltung, in den Statistiken der VGR ein Preisindex, der mit einem Warenkorb bestimmte Verbrauchsgewohnheiten berücksichtigt.

Inflationstheorien, monetäre und güterwirtschaftliche, werden zur Analyse von Inflationsursachen verwandt.

Cost-push-Inflation, durch Kostenanstieg induziert.

Demand-pull-Inflation, durch Nachfragesteigerung ausgelöst.

PHILLIPS-Kurve, Kurve für Trade-off zwischen Vollbeschäftigung und stabilem Preisniveau.

Zielkonflikt, gleichzeitige Zielerreichung ausgeschlossen, es gibt einen Trade-off zwischen Zielen wie Vollbeschäftigung und stabilem Preisniveau.

Funktionelle Einkommensverteilung, Verteilung auf die am Produktionsprozess beteiligten volkswirtschaftlichen Produktionsfaktoren.

Personelle Einkommensverteilung, Verteilung auf sozioökonomische Personengruppen oder Haushalte.

Querverteilung, eine Person bzw. eine Personengruppe bezieht gleichzeitig Einkommen aus unterschiedlichen Quellen (z.B. Lohn- und Zinseinkommen), d.h. aus unterschiedlichen Einkommensarten aufgrund des Anbietens von unterschiedlichen Produktionsfaktoren.

Arbeitseinkommensquote, vom Sachverständigenrat verwandtes Konzept, das von der Lohnquote abweicht, indem kalkulatorischer Unternehmerlohn die Gewinne und damit die Gewinnquote verringert.

Bereinigte Lohnquote, berücksichtigt in der Lohnquote die Veränderung des Anteils der Unselbständigen an der Erwerbsbevölkerung.

LORENZ-Kurve, Kurve der kumulierten Haushaltseinkommen (in Prozenten gemessen), stellt die personelle Einkommensverteilung dar.

GINI-Koeffizient, ein Maß für die Abweichung von der Gleichverteilung.

Primärverteilung, die sich durch den Marktprozess ergebende Einkommensverteilung.

Sekundärverteilung, die sich nach Umverteilung durch staatliche Politik ergebende Verteilung.

Kapitel 13 Die Funktion des Staates in der Volkswirtschaft

Umweltzertifikate, handelbare Rechte für Umweltnutzung,

Mixed economy, Volkswirtschaft, in welcher die Eingriffe des Staates in den marktwirtschaftlichen Wirtschaftsprozess bedeutend sind.

Soziale Marktwirtschaft, stellt den Versuch dar, die Vorteile der Marktwirtschaft bei Absicherung gegenüber ihrer Nachteile zu nutzen.

Staatlicher Sektor, Abgrenzung der staatlichen Aktivität im Wirtschaftsablauf nach der VGR oder der Finanzstatistik.

Staatsverbrauch, staatlicher oder öffentlicher Konsum.

PARETO-Prinzip, Kriterium zum Vergleich alternativer Allokationen, das in wohlfahrtstheoretischer Anwendungen der Wirtschaftspolitik normativ verwendet werden kann, aber in der Theorie zunächst nur als Prinzip zur Ordnung von Allokationen dient.

Individualgut, mit Rivalität im Konsum.

Kollektivgut, ohne Rivalität im Konsum.

Free-rider-Verhalten, Verschleierung der eigenen Präferenzen, in der Hoffnung, am Kollektivgut kostenlos partizipieren zu können.

Nichtanwendbarkeit des Ausschlussprinzips, nichtzahlende Konsumenten können nicht ausgeschlossen werden, z.B. weil Ausschluss nicht möglich oder zu teuer ist.

Allmende, Gemeineigentum ohne individuelle Eigentumsrechte.

Adverse Selektion, auf asymmetrischer Information beruhende Auswahl schlechter Risiken.

Moral-hazard-Effekt, Abnahme der Vorsorgebereitschaft bei Vollversicherung eines Versicherungsteilnehmers.

Meritorische Güter, setzen eine Meta-Nutzenfunktion des Staates voraus, da sie eine individuell unzureichende Bewertung erfahren.

POPITZsches Gesetz, der Anziehungskraft des größten Budgets innerhalb einer föderativen Finanzstruktur.

Volkswirtschaftliche Gesamtrechnungen (VGR), Gesamtheit der statistischen Erfassung intersektoraler Geldströme in einer Volkswirtschaft.

Staat, in den VGR definiert als die Gebietskörperschaften und die Sozialversicherungen.

Unternehmen, in der VGR definiert als Institutionen, die vorwiegend Waren und Dienstleistungen produzieren bzw. erbringen und diese gegen spezielles Entgelt mit Gewinnabsicht verkaufen.

Private Haushalte, in den VGR definiert als alle Institutionen, die auf dem Markt in erster Linie als Anbieter von Arbeitskraft, als letzte Käufer von Ver- und Gebrauchsgütern und als Anleger von Ersparnissen auftreten.

Finanzstatistik, statistische Erfassung der Finanzen des Bundes, der Länder, der Gemeinden und anderer dem öffentlichen Bereich zuzuordnenden Institutionen.

Bruttounternehmen, zählen nach der Finanzstatistik zum staatlichen Sektor.

Nettounternehmen, die nur mit Überschüssen oder Defiziten in den öffentlichen Haushalt eingehen, zählen nicht zum staatlichen Sektor.

Indirekte Steuern, in den VGR definiert als alle Steuern und ähnliche Abgaben, die der Staat bei den Produzenten erhebt und die bei der Gewinnermittlung abzugsfähig sind.

Direkte Steuern, in der VGR definiert als vom Staat erhobene Steuern, die das Einkommen derjenigen Wirtschaftssubjekte belasten, die diese Abgaben zu leisten haben.

Kreislaufidentität, die Finanzierungssalden in einer Volkswirtschaft addieren sich über alle Sektoren zu Null.

Haushaltsdefizit, die Differenz zwischen Ausgaben und Einnahmen, die in der Höhe dem Finanzierungssaldo entspricht.

Gesamtwirtschaftliche Kreislaufgleichung, in einer offenen Volkswirtschaft gilt, dass die privaten Ersparnisse die Nettoinvestitionen der Unternehmen, das Haushaltsdefizit des Staates und den Außenbeitrag finanzieren.

Öffentlicher Konsum, siehe Staatsverbrauch.

Bundesbankgewinne, sie umfassen im Wesentlichen die Differenz zwischen den Produktionskosten und dem Wert des Geldes, sowie die Zinserträge aufgrund von Kreditvergabe. Sie werden an den Bundeshaushalt abgeführt.

Wirtschaftspolitik, die zielgerichtete Beeinflussung des Wirtschaftssystems mit Hilfe staatlich kontrollierbarer Instrumente und Regelungen.

Strukturpolitik, Wirtschaftspolitik, die überwiegend auf der Angebotsseite ansetzt.

Gesamtwirtschaftliches Gleichgewicht, Verwirklichung der Ziele der Wirtschaftspolitik nach § 1 StWG (Stabilitäts- und Wachstumsgesetz) und einer gerechten Verteilung von Einkommen und Gütern.

Budgetpolitik, Variation von Art und Umfang der Staatseinnahmen und –ausgaben.

Konzertierte Aktion, abgestimmtes Handeln und Konsens zwischen Arbeitgeber- und Arbeitnehmerorganisation.

Kapital 14 Der Staatshaushalt

Finanzverfassung, regelt in Abschnitt X GG in den Artikeln 104a bis 115 die Beziehungen zwischen Bund und nachgeordneten Körperschaften.

Subsidiarität, Prinzip, nach dem alle Aufgaben soweit wie möglich von den nachgeordneten Körperschaften erfüllt werden, Prinzip der Verantwortung "von unten nach oben".

Gemeinschaftsaufgaben, nach Art. 91a GG gemeinsame Aufgaben von Bund und Ländern.

Finanzhoheit, ist Steuergesetzgebungskompetenz nach Artikel 115 GG.

Ertragshoheit, regelt nach Artikel 106 GG die Verteilung des Steueraufkommens auf Bund, Länder und Gemeinden.

Finanzausgleich, horizontaler F. zwischen gleichrangigen und vertikaler F. zwischen unterschiedlichen Körperschaften.

Verwaltungshoheit, nach Artikel 108 GG die Regelung der Steuerverwaltung.

Budget, Haushaltsplan des Staates.

Haushaltsgesetz, stellt vor Beginn eines Rechnungsjahres den Haushaltsplan fest, nach § 1 BHO kann ein Haushaltsplan wahlweise für ein oder für zwei Rechnungsjahre als Doppelhaushalt festgestellt werden.

Einzelplan, jede oberste Bundesbehörde verfügt über einen eigenen Einzelplan, in welchem die Einnahmen, Ausgaben und Verpflichtungsermächtigungen einer Haushaltsperiode veranschlagt sind.

Gesamtplan, fasst die nach Einzelplänen geordneten Einnahmen und Ausgaben in verschiedenen Übersichten zusammen.

Haushaltsübersicht, enthält nach Einzelplänen zusammengefasste Einnahmen, Ausgaben und Verpflichtungsermächtigungen.

Finanzierungsübersicht, verdeutlicht Nettokreditaufnahme zur Finanzierung der Ausgaben.

Kreditfinanzierungsplan, verdeutlicht Art und Weise der Finanzierung des Defizits.

Kapitel, oberstes Gliederungssystem für Einzelpläne.

Titel, die nächste Unterteilung von Kapiteln.

Gruppierungsplan, gliedert in Hauptgruppen nach volkswirtschaftlichen Einnahme- und Ausgabekategorien.

Finanzplan, eine mehrjährige Finanzplanung von fünf Jahren ist nach §§ 9, 14 StWG für die Haushaltswirtschaft des Bundes und der Länder vorgeschrieben.

Budgetzyklus, vier Phasen des Haushaltskreislaufs: Entwurf, Gesetzgebung, Ausführung, Kontrolle.

Öffentliche Betriebe, staatliche Produktion von Gütern und Dienstleistungen.

Subventionen, nach dem alle zwei Jahre erscheinenden Subventionsbericht der Bundesregierung zählen dazu Finanzhilfen und Steuervergünstigungen für Unternehmungen und Haushalte.

Staatsquote, Anteil der Staatsausgaben aller öffentlichen Körperschaften (Gebietskörperschaften und Sozialversicherung) am BIP.

WAGNERsches Gesetz, säkular zunehmende Staatstätigkeit und damit verbundene Zunahme der Staatsausgaben.

Sozialbudget, Teilbudget, das alle Ausgaben und Einnahmen der sozialen Sicherung in der BR Deutschland umfasst.

Finanzierungssaldo, Differenz zwischen der Summe der Ausgaben und der Einnahmen.

Steuern, monetäre Zwangsabgaben ohne Anspruch auf Gegenleistung.

Gebühren, werden für tatsächlich in Anspruch genommene Leistungen an den Staat entrichtet.

Beiträge, werden von potentiellen Nutzern erhoben, unabhängig davon, ob die in Aussicht gestellten Leistungen beansprucht worden sind.

Volkswirtschaftliche Steuerquote, Anteil der Steuern am BIP.

Abgabenquote, Anteil der Steuern, Gebühren und Beiträge am BIP.

Einkommensteuertarif, Gegenüberstellung von zu versteuerndem Einkommen und darauf zu zahlender Steuer.

Grenzsteuersatz, marginaler Steuersatz, der die Grenzbelastung des Zusatzeinkommens angibt.

Splitting, Wahlmöglichkeit im deutschen Einkommensteuerrecht, auf das hälftige Haushaltseinkommen die doppelte Einkommensteuer zu zahlen.

Existenzminimum, Geldbetrag, der im Durchschnitt zur Finanzierung eines menschenwürdigen Lebens in Deutschland als ausreichend angesehen wird.

Knickstelle, unterbricht den linearen Verlauf des Grenzsatzanstiegs im deutschen Einkommensteuertarif.

Nettokreditaufnahme, ergibt sich aus dem Finanzierungssaldo (abzüglich der Einnahmen aus dem Münzregal beim Bund).

Münzregal, das Recht, Münzen zu prägen und in Umlauf zu bringen (liegt in Deutschland beim Bund).

Notenmonopol, das Recht, Banknoten zu drucken und in Umlauf zu bringen (liegt in Deutschland bei der Deutschen Bundesbank).

European Recovery Program (ERP), Sondervermögen des Bundes, aus Mitteln des nach dem 2. Weltkrieg durchgeführten Marshall-Plans gebildet.

Kreditabwicklungsfonds (KAF), dienen zur Aufnahme der Schulden der DDR-Regierung.

Fonds „Deutsche Einheit", gebildet zur Bündelung der Staatsleistungen zum Aufbau der Neuen Länder.

Treuhandanstalt, Organisation, welche zur Privatisierung der staatlichen Betriebe in der DDR gegründet wurde.

Schuldenquote, Anteil der Staatsverschuldung am BIP.

Investive Ausgaben, werden in der Finanzstatistik für den Bundeshaushalt ausgewiesen und umfassen alle Ausgaben, die nach dem Gruppierungsplan als Investitionen charakterisiert sind.

Intertemporales Äquivalenzprinzip, Kosten und Nutzen von Staatsausgaben sollen intertemporal gerecht verteilt werden, an zukunftswirksamen Ausgaben sollen sich auch spätere Nutznießer beteiligen.

Kapitel 15 Staat, Effizienz und Wohlfahrt

Marktversagen, Märkte allokieren nicht mehr effizient, wenn Annahmen der vollkommenen Konkurrenz nicht gelten.

Effizienz, am PARETO-Prinzip ausgerichtetes Entscheidungskriterium "mehr Nutzen ist besser als weniger".

Kompetitive Ökonomie, Volkswirtschaft bei vollkommener Konkurrenz.

Allgemeines Gleichgewicht, gleichgewichtige Allokation von Faktoren und Gütern bei vollkommener Konkurrenz.

Allokation, Aufteilung von Faktoren und Gütern.

Edgeworth-Box, verdeutlicht Tauschmöglichkeiten und Tauschoptima bei fester Anfangsausstattung von Gütern oder Faktoren.

Kontraktkurve, Menge der Tauschoptima.

Grenzrate der Substitution im Tausch (GRS), Verhältnis der Grenznutzen zweier Güter für ein Individuum.

Nutzenmöglichkeitskurve, (Utility possibility curve), Übertragung der Kontraktkurve in den Nutzenraum.

Isoquante, geometrischer Ort von Faktormengenkombinationen, die zu gleichem Output führen.

Grenzrate der technischen Substitution (GRTS), die Ersetzbarkeit eines Faktors durch einen anderen Faktor, entspricht (dem Betrag) der Steigung der Isoquante.

Transformationskurve, geometrischer Ort der Produktionsmöglichkeiten zweier Güter bei effizientem Faktoreinsatz.

Grenzrate der Transformation (GRT), entspricht dem relativen Kostenpreis eines Gutes; drückt die volkswirtschaftlichem Opportunitätskosten eines Gutes in Einheiten eines anderen Gutes bei effizientem Faktoreinsatz aus.

Effizienz im Tausch, individuelle GRS im Tausch stimmen überein.

Effizienz in der Faktorallokation, GRTS stimmen in allen Produktionsbereichen überein.

Effizienz in der Abstimmung von Produktion und Konsum, alle GRS im Tausch stimmen mit der auf dieselben Güter bezogenen GRT überein.

Nutzengrenze (Utility frontier), Umhüllende aller Nutzenmöglichkeitskurven bei unterschiedlichen Produktionsniveaus.

Distributionsziel, Verteilungsziel des Staates.

Allokationstheorie (Paretianische Wohlfahrtstheorie), beschäftigt sich mit paretooptimaler Allokation von Gütern und Faktoren.

Wohlfahrtstheorie, umfasst die Allokationstheorie und erweitert sie durch die Einbeziehung normativer (Verteilungs-) Kriterien.

Optimum Optimorum, PARETOoptimum, als Maximum der Wohlfahrtsfunktion.

Hauptsätze der Wohlfahrtstheorie,
(1) Jedes Wettbewerbsgleichgewicht ist paretooptimal.
(2) Jedes PARETOoptimum kann nach Umverteilung der Anfangsausstattung als Wettbewerbsgleichgewicht realisiert werden.

Konsumentenrente, Fläche unterhalb der Nachfragekurve und oberhalb der Preisgerade.

Produzentenrente, Fläche unterhalb der Preisgerade und oberhalb der Grenzkostenkurve.

Natürliches Monopol, die TDK-Kurve fällt und liegt oberhalb der Grenzkostenkurve.

Nicht-Rivalität im Konsum, der Nutzen keines Konsumenten dieses Gutes verändert sich, wenn ein weiterer Nutzer hinzukommt.

Kollektivgut, ist durch Nicht-Rivalität im Konsum gekennzeichnet.

SAMUELSON-Bedingung, charakterisiert die effiziente Bereitstellung von Kollektivgütern.

Vertikale Addition, von Nachfragekurven bei Kollektivgütern.

LINDAHL-Gleichgewicht, paretooptimales Angebot an Kollektivgütern, bei dem der Nutzenpreis dem Zahlpreis des Nachfragers (Konsumentenpreis) entspricht.

Externe Effekte, nicht über marktmäßige Kontrakte abgegoltene Nutzungen von Gütern oder Faktoren oder Schädigungen durch diese.

Rationalitätsfalle, individuelle und gesellschaftliche Rationalität widersprechen sich.

Internalisierung externer Effekte, Maßnahmen, die dafür sorgen, dass Auswirkungen auf Andere in das Entscheidungskalkül einbezogen werden.

Allmende-Problem, ineffiziente Ausbeutung einer in der Nutzung rivalen Ressource, für die exklusive Eigentumsrechte nicht definiert sind; Problem der externen Effekte.

COASE-Theorem, Internalisierung externer Effekte durch private Verhandlung.

Äquivalenzprinzip, die Verteilung der Zahllast folgt der Verteilung des Nutzens.

Leistungsfähigkeitsprinzip, die Verteilung der Zahllast folgt der Fähigkeit zur Zahlung.

Zusatzlast (Excess burden), über die mit dem Steueraufkommen notwendigerweise verbundene Belastung der Steuerzahler hinausgehende Last durch verzerrende Steuern.

Verzerrende Steuer, schlägt einen Keil zwischen Konsumenten- und Produzentenpreis.

Kapitel 16 Internationaler Handel

Absolute Kostenvorteile, liegen vor, wenn ein Land ein Gut zu geringeren Kosten als andere Länder produzieren kann.

Komparative Kostenvorteile, begründen Wohlfahrtsgewinne durch Außenhandel. (s. Kapitel 2)

RICARDO-Theorem, begründet Wohlfahrtsgewinne durch Außenhandel bei komparativen Kostenvorteilen.

Autarkie, Situation ohne Außenhandel.

HECKSCHER-OHLIN-Theorem, begründet Wohlfahrtsgewinne durch Außenhandel bei unterschiedlicher Faktorausstattung.

Skalenerträge, relative Outputänderungen bei Erhöhung des Faktoreinsatzes aller Faktoren.

Intraindustrieller Handel, findet zwischen gleichmäßig entwickelten Ländern mit verschiedenen Varianten eines Produktes statt.

Protektionismus, staatliche Eingriffe in Handelsbeziehungen, um vermeintliche Vorteile für das Inland zu erzielen.

Freihandel, findet zwischen Staaten statt, die keine Handelsbarrieren errichtet haben.

Optimalzoll, ist der Zoll, der die nationale Wohlfahrt maximiert.

General Agreement on Tariffs and Trade (GATT), ist ein Abkommen zur Durchsetzung von Freihandel.

World Trade Organization (WTO), Nachfolgeorganisation des GATT, seit Januar 1995.

North American Free Trade Area (NAFTA), Freihandelsabkommen zwischen den USA, Kanada und Mexiko.

Strategische Handelspolitik, betreiben einige Staaten, um die auf internationalen Märkten mit unvollkommenem Wettbewerb zu erzielenden Renten ins Inland zu holen.

Zoll, ist eine pro Mengen- oder pro Werteinheit eines importierten Gutes erhobene Steuer des Importlandes.

Nichttarifäre Handelshemmnisse, sind alle Maßnahmen, die den Handel behindern, mit Ausnahme des Zolls.

Devisenbewirtschaftung, soll den Kapitalabfluss begrenzen.

Schutzzollargument, Zoll zur Sicherung nationaler Arbeitsplätze.

Erziehungszoll, Schutz zur Entwicklung nationaler Volkswirtschaften.

Kapitel 17 Monetäre Außenwirtschaftsbeziehungen

Wechselkurs, gibt den Preis an, zu dem eine Währung gegen eine andere Währung getauscht werden kann.

Kaufkraftparitätentheorie, besagt, dass sich der Wechselkurs so einstellt, dass ein Gut an zwei verschiedenen Orten der Welt stets gleich viel kosten wird.

Zinsparitätentheorie, lässt einen Wechselkurs erwarten, zu dem sich Renditen vergleichbarer Anlagen international ausgleichen.

Floaten, Zentralbanken greifen mit Devisenkäufen oder -verkäufen in den Kapitalmarkt ein.

Paritäten, feste Wechselkurse.

Realignment, Neufestsetzung der Wechselkurse.

Sonderziehungsrechte (SZR), Kunstwährung des IWF, Agglomerat nationaler Währungen.

European Currency Unit (ECU), Reserve- und Transaktionsmedium im Europäischen Währungssystem.

Theorie des optimalen Währungsraumes, Theorie über Vorteilhaftigkeit von Festkurssystemen.

Zahlungsbilanz, Systematik aller Verflechtungen einer nationalen Volkswirtschaft mit dem Ausland.

Handelsbilanz, der Teil der Zahlungsbilanz, der die Ein- und Ausfuhr von Gütern gegenüberstellt.

Dienstleistungsbilanz, der Teil der Zahlungsbilanz, der Dienstleistungen gegenüberstellt.

Außenbeitrag, Saldo aus Handels- und Dienstleistungsbilanz.

Leistungsbilanz, Summe von Handels- und Dienstleistungsbilanz und laufenden Übertragungen.

Nettoauslandsposition, Saldo aus Leistungsbilanz und Vermögensübertragungen, gibt transaktionsbedingte Veränderung des deutschen Nettoauslandsvermögens an.

Kapitalverkehrsbilanz, misst Kapitalströme und stellt zusammen mit der Gold- und Devisenbilanz den Ausgleich der Zahlungsbilanz sicher.

Portfolioinvestitionen, Wertpapieranlagen im Ausland.

Direktinvestitionen, Unternehmensbeteiligungen im Ausland.

Gold- und Devisenbilanz, Änderung der Nettoauslandsaktiva der Deutschen Bundesbank.

Nettokapitalexport, Defizit in der Kapitalverkehrsbilanz.

Kapitalflucht, Übertragung von Vermögen in ausländische Währung.

Safe-haven-Argument, Begründung für Kapitalflucht.

Auf-, Abwertung, Verbesserung, Verschlechterung der Währungsparität.

Terms of Trade (ToT), Verhältnis von Export- zu Importpreisen in nationaler Währung.

Lokomotivfunktion, sollen große Länder in rezessiven Zeiten übernehmen, indem sie eine expansive Fiskalpolitik betreiben, um die Weltkonjunktur anzukurbeln.

Internationale Preisübertragungen, führen zu Preissteigerungen bei Handelspartnern.

Offene Volkswirtschaft, theoretisches Konzept einer Volkswirtschaft unter Berücksichtigung von Auslandsverpflichtungen.

Kreislaufidentität für eine offene Volkswirtschaft, Ex-post-Identität von Sparen mit Investitionen, Budgetdefizit des Staates und Leistungsbilanzüberschuss.

Makroökonomische Bilanzgleichung, stellt Kreislaufidentität dar.

Zwillingsdefizite, gleichzeitiges Auftreten von Budget- und Leistungsbilanzdefizit.

Kapitel 18 Internationale Zusammenarbeit

Integration, in Bezug auf die Außenwirtschaft sind das alle Maßnahmen, die dem Abbau von Behinderungen eines freien Wirtschaftsverkehrs dienen.

Koordination, abgestimmtes Verhalten zwischen Akteuren, um effiziente Ergebnisse zu erreichen.

Europäische Union (EU), Nachfolgerin der EG seit dem 1. November 1993, deren Ziele die Vollendung der Wirtschafts- und Währungsunion wie auch die Fortentwicklung zur Politischen Union sind.

Römische Verträge, Gründungsverträge der Europäischen Wirtschaftsgemeinschaft und der Europäischen Atomgemeinschaft vom 25. März 1957.

Europäisches Währungssystem (EWS), währungspolitische Zusammenarbeit in der EG bzw. EU seit 1979 mit dem Ziel, eine Zone der Währungsstabilität mit Hilfe fester, aber anpassungsfähiger Wechselkurse zu errichten.

Vier Freiheiten, ungehinderte Bewegung von Waren, Personen, Dienstleistungen und Kapital innerhalb des Europäischen Binnenmarktes.

Maastrichter Vertrag, Vertrag über die EU vom 7. Februar 1992, der grundlegende Entscheidungen zur Errichtung einer Wirtschafts- und Währungsunion und zur Politischen Union beinhaltet.

Europäische Wirtschafts- und Währungsunion (EWWU), einheitlicher Wirtschaftsraum in Europa mit dem Ziel, Handelshemmnisse vollständig zu beseitigen, die Wirtschaftspolitik abzustimmen und eine gemeinsame Währung zu schaffen.

Konvergenzkriterien, dienen der Annäherung der Mitgliedsstaaten in puncto Preisstabilität, Haushaltsdisziplin, Zinshöhe und Wechselkursstabilität.

Sie sind Voraussetzungen für den Übergang in die Endstufe der EWWU.

Europäisches Währungsinstitut (EWI), hat die Aufgabe, die Koordinierung der geldpolitischen Zusammenarbeit zu stärken und die Endstufe der EWWU vorzubereiten.

Europäische Investitionsbank (EIB), 1958 errichtetes, rechtlich selbständiges Kreditinstitut mit der Aufgabe, zur Entwicklung des gemeinsamen Marktes durch Gewährung von Krediten an die Mitgliedsstaaten beizutragen.

Strukturfonds, stellen finanzielle Mittel für die weniger weit entwickelten EU-Länder bereit, mit denen der wirtschaftliche Aufholprozess beschleunigt werden soll.

Gemeinsame Agrarpolitik, der EU, absorbiert einen Großteil des EU-Budgets, stabilisiert die Preise für landwirtschaftliche Produkte weit über dem Weltmarktniveau und gilt bei liberalen Ökonomen als ein Meisterstück planwirtschaftlicher Aktivität.

Bretton-Woods-System, Abkommen zur Errichtung des Internationalen Währungsfonds und der Weltbank vom Juli 1944.

Internationaler Währungsfonds (IWF), wurde zur Stabilisierung des internationalen Währungssystems gegründet, vergibt befristete Kredite zur Überbrückung von Zahlungsbilanzstörungen an einzelne Staaten.

Weltbank, International Bank for Reconstruction and Development (IBRD), soll Entwicklungsländern Kapital für die wirtschaftliche Entwicklung zur Verfügung stellen.

Strukturanpassungsfazilität, Entwicklungshilfe in Form von Kapitalbeschaffung für Entwicklungsländer mit der Auflage, dass eine produktive Verwendung des Kapitals sichergestellt wird.

United Nations Conference on Trade and Development (UNCTAD), Organ der Vereinten Nationen, deren Hauptaufgaben unter anderem die Liberalisierung der Weltwirtschaft durch Zollerleichterungen und die Entwicklungshilfe sind.

Organisation for Economic Cooperation and Development (OECD), Organisation (der führenden Industrieländer) für wirtschaftliche Zusammenarbeit und Entwicklung(shilfe).

Pariser Club, Zusammenschluss der westlichen Industrienationen zu einer Gläubigerorganisation, um sich bei Zahlungsproblemen verschuldeter Staaten gegenseitig zu unterstützen.

Entwicklungsländer, Länder, deren Bevölkerung unter extremen Mangelbedingungen zu leiden hat.

Pro-Kopf-Einkommen, Indikator für den Grad an sozialem und ökonomischem Mangel.

Bevölkerungswachstum, ist zentraler Bestimmungsfaktor der wirtschaftlichen Entwicklung in vielen Entwicklungsländern.

Finanzielle Zusammenarbeit (FZ), wird mit der Technischen Zusammenarbeit als Entwicklungshilfe bezeichnet.

Official Development Assistance (ODA), offizielle Entwicklungshilfe der OECD- und OPEC-Staaten.

Entwicklungshilfeausschuss (DAC), Komitee der OECD- und OPEC-Staaten, das zur Entwicklungshilfe eingesetzt ist.

Schuldenkrise, Zahlungsschwierigkeiten vieler Entwicklungsländer in den 80er Jahren.

Lösungshinweise zu den Fragen und Aufgaben

Kapitel 1 Was ist Volkswirtschaftslehre?

zu 1:

- Die Darstellung des Knappheitsproblems als Grundtatbestand aller ökonomischer Wahlhandlungen äußerst sich in zweierlei Hinsicht: Zum einen in der Knappheit der zur Produktion zur Verfügung stehenden Ressourcen und zum anderen in der Knappheit der verfügbaren Güter.

- Die betroffenen Wirtschaftsakteure lassen sich nach einer gängigen und an den typischen Wahlhandlungen orientierten Systematik unterscheiden in Unternehmen, Haushalte, Staat und Ausland.

- (inländische und ausländische) Unternehmen: Die Wahlhandlungen der Unternehmen werden eingeschränkt durch die Knappheit der Ressourcen. Die fortschreitende nationale und internationale Arbeitsteilung ist dementsprechend als Ergebnis von Wahlhandlungen bei Knappheit zu interpretieren.

- (inländische und ausländische) Haushalte: Die Wahlhandlungen der Haushalte werden eingeschränkt durch die Knappheit der verfügbaren Güter.

- Staat: Das Problem der Ressourcenknappheit äußert sich bei der Produktion von "staatlichen" Gütern (z.B. Dienstleistungen). Des Weiteren tritt das Problem der Güterknappheit beim "staatlichen" Konsum auf (z.B. Nachfrage nach Büromaterial).

zu 2:

- Die Volkswirtschaftslehre hat sich mit den drei grundlegenden Fragestellungen Was, Wie und Für Wen soll produziert werden und dem sich daraus ergebenden Koordinationsproblem auseinanderzusetzen.

- Der Preismechanismus ist das entscheidende Koordinationsinstrument in marktwirtschaftlich organisierten Ökonomien.

- Bei der Darstellung der Koordinierungsfunktion des Preises sollten die Wirkungsweise des Preismechanismus und die Anpassungsprozesse über den Preis aufgezeigt werden. Des Weiteren sollte zusätzlich die Koordinierungsfunktion des Preises bezüglich der Faktorallokation, der Produktionsstruktur und der Verteilungsfrage erläutert werden. Abschließend sollte betont werden, dass letztendlich jede Produktion auf den Konsum gerichtet ist (vgl. Abschnitt 3 und das Prinzip der Konsumentensouveränität).

zu 3:

- Das Festlegen eines institutionellen und rechtlichen Rahmens, und hier insbesondere die Determinierung und der Schutz der Eigentumsrechte und das Sicherstellen eines funktionsfähigen Geldsystems, ist eine der wichtigsten Aufgaben des Staates, da dies eine entscheidende Voraussetzung für das Funktionieren von Märkten darstellt (vgl. Abschnitt 4).

- Das Oberziel staatlichen Handelns sollte stets die Maximierung der gesamtwirtschaftlichen Wohlfahrt sein. Hieraus leiten sich wiederum die Ziele der Wirtschaftspolitik (Allokation, Distribution und Stabilisierung) ab. Hierbei ist zu beachten, dass zwischen den vom Staat verfolgten wirtschaftspolitischen Zielen Allokation, Distribution und Stabilisierung sehr häufig Zielkonflikte existieren.

- Bei der Darstellung des Allokationszieles sollte das staatliche Eingreifen bei Marktunvollkommenheiten erläutert werden. Beim Distributionsziel sollten Gerechtigkeitsüberlegungen staatlicher Instanzen und die soziale Erfordernis staatlichen Handelns mit einbezogen werden, wobei auch die dem Staat zur Verfügung stehenden Instrumente der Einkommensverteilung und -umverteilung kurz angesprochen werden sollten. In Bezug auf das Stabilisierungsziel sollten die Zielbereiche der Stabilisierungspolitik (Preisniveaustabilität, Vollbeschäftigung, stetiges und angemessenes Wachstum und ein außenwirtschaftliches Gleichgewicht) und mögliche staatliche Instrumente zur Zielerreichung aufgezeigt werden.

Kapitel 2 Volkswirtschaftliche Ideengeschichte

zu 2:

- Grundsätzlich gibt es in der Zeit der Antike bis zur Reformation keine reinen Ökonomen. Philosophen und Theologen nahmen zu wirtschaftlichen Einzelfragen Stellung. Die Behandlung ökonomischer Fragestellungen erfolgt in Verbindung mit anderen Wissenschaften. Es geht bei den Lehren der Philosophen der Antike als auch der Scholastiker vor allem um die "Verträglichkeit" der Ökonomie mit anderen gesellschaftlichen Fragestellungen bzw. Wertvorstellungen. Nach Aristoteles sei beispielsweise Handel verwerflich, sofern er die Allgemeinheit oder einen Schwächeren schädigt. Diese normative Grundhaltung wird auch an der Frage nach der Bildung eines "gerechten" Preises sichtbar, die sowohl die Gelehrten der Antike als auch den Scholastiker THOMAS VON AQUIN interessiert. In diesem Zusammenhang steht auch die Einstellung gegenüber des Verlangens eines Zinses. Die Scholastiker übernehmen dabei die Argumentation von ARISTOTELES über die "Unfruchtbarkeit" des Geldes und führen das kanonische Zinsverbot ein. Durch die Reformatoren entsteht dann ein Bruch im ökonomischen Denken. Ökonomische und christliche Lehren werden jetzt mehr voneinander getrennt. Vor allem der Reformator CALVIN schafft eine Wende in der Frage über den Zins. Seiner Meinung nach darf ein Kaufmann, der sein Geld in einem anderen Wirtschaftszweig anlegt und auch hier einen Ertrag erwartet, Zinsen fordern.

zu 4:

- Beide Seiten, sowohl die Merkantilisten als auch RICARDO, dachten bei ihren Überlegungen über den Außenhandel an die Förderung der Wohlfahrt eines Landes. Doch während RICARDO die Verbesserung der Wohlfahrt aller am Handel beteiligten Länder in den Vordergrund rückt, versuchen die Merkantilisten den Nutzen einer jeweiligen Nation zu maximieren. Diese Ansichten führen zu unterschiedlichen wirtschaftspolitischen Empfehlungen. Folgt man den Gedankengängen des Klassikers RICARDO, so würde man für die Etablierung eines unbeschränkten Handels plädieren. Die Merkantilisten hingegen, die zwar sehr früh die Bedeutung des internationalen Handels für die Wohlfahrt eines Landes erkannt haben, rücken die Begriffe Exportsubventionen und Importzölle bzw. Importbeschränkungen in den Vordergrund. Die merkantilistische Handelspolitik zielt demnach darauf ab, möglichst große Handelsbilanzüberschüsse zu produzieren, während der unbeschränkte Außenhandel RICARDOs zu einer ausgeglichenen Handelsbilanz führen würde.

zu 7:

- Akzeptiert man das Existenzminimum als ein festgelegtes Versorgungsniveau, so könnten die von SMITH postulierten Wohlstandssteigerungen durch Arbeitsteilung nach einer Zeitverzögerung zu einem Anstieg des Bevölkerungswachstums gemäß der Bevölkerungstheorie von MALTHUS führen. Die Wohlstandssteigerungen pro Kopf würden dann durch den Bevölkerungsanstieg kompensiert und es gäbe keine Steigerung des durchschnittlichen Wohlstandes. Eine Steigerung des Pro-Kopf-Wohlstandes wäre aber möglich, wenn man den Begriff des Existenzminimums weiter fasst und ihn als kulturelles Existenzminimum begreift. So könnte das minimale Versorgungsniveau mit Hilfe zunehmender betrieblicher Arbeitsteilung durchaus steigen, ohne dass damit die Lohntheorie des natürlichen Preises außer Kraft gesetzt werden würde.

zu 10:

- Die Neoklassik knüpft grundsätzlich an die Ideen von ADAM SMITH an, d.h. dass die Individuen in ihrem Verhalten vom Eigeninteresse geleitet werden und dass das Ergebnis, das aus solchem Verhalten resultiert, von der Ausnahme der externen Effekte abgesehen für alle Beteiligten optimal in Bezug auf die individuelle Wohlfahrt ist.

zu 11:

- Das grundlegend Neue der Grenznutzenschule ist die Einbringung des marginalistischen Kalküls in die ökonomische Theorie. Damit gelingt der Durchbruch zur subjektivistischen Wertlehre, in der der relative Tauschwert der Güter, d.h. ihre Austauschmengen und damit ihr Preisverhältnis, aus den Gebrauchswerten der zuletzt verbrauchten Gütermengen hergeleitet wird. Jetzt kann also die Nutzeneinschätzung der Individuen, d.h. die Nachfrageseite, Ursache und Bestimmungsgrund für den Wert und den Tauschwert eines Gutes werden. Die Preistheorie hat damit eine wesentliche Fortentwicklung erfahren. Auch ist die Übertragung des Grenznutzengedanken auf die Produktionsseite, die sich in den Begriffen wie Wertgrenzprodukt oder Grenzproduktivität ausdrückt, für die weitere Theoriebildung von Bedeutung. Das marginalistische Kalkül hat die Voraussetzung dafür geschaffen, das Problem der Maximierung unter Nebenbedingungen in die ökonomische Theorie einzuführen und zu lösen. Dabei geht es um die Lösung des Knappheitsproblems, d.h. um die Frage, welche Alternative ein in seinen Handlungsmöglichkeiten beschränktes Individuum wählt, um seinen Nutzen oder seinen Gewinn zu maximieren. Beispielsweise wird in der Haushaltstheorie gezeigt, dass ein durch sein Einkommen und durch die Marktpreise beschränkter Haushalt solange Güter nachfragt, bis sich die Grenznutzen jeder zusätzlichen Geldeinheit, die für die jeweiligen Güter ausgegeben wird, gerade entsprechen.

zu 15:

• Das Neue in der KEYNESianischen Betrachtung der Dinge ist die Einbeziehung der effektiven Nachfrage. KEYNES beschreibt mit ihrer Hilfe, weshalb es zu Gleichgewichten ohne Räumung der Märkte kommen kann, die die Neoklassik nicht oder nur mit dem Hinweis auf etwaige Marktunvollkommenheiten erklären kann. Der gravierende Unterschied zwischen beiden Auffassungen ist die Zinsabhängigkeit der Geldnachfrage. Während KEYNES dem Geld eine über die täglich zu tätigenden Transaktionen hinausgehende Wertaufbewahrungsfunktion zumisst und die Geldnachfrage somit als zinselastisch ansieht, glauben die Neoklassiker, dass Geld ganz unabhängig vom herrschenden Marktzins nachgefragt wird. Dadurch kann in gewissen Fällen eine geringere Nachfrage entstehen, die der Produktion, bei der alle Produktionsfaktoren eingesetzt werden, nicht kompatibel ist.

Kapitel 3 Theorie des Haushalts

zu 1:

• Die Konsummöglichkeiten eines Haushaltes sind bei gegebenen Güterpreisen der finanziellen Restriktion des Einkommens, der Budgetrestriktion, unterworfen. Die Budgetrestriktion wird graphisch durch die Budgetgerade ausgedrückt. Die Budgetgerade (vgl. Abb. 3.1) ist der geometrische Ort aller Konsumpläne, bei denen das gesamte Einkommen voll verausgabt wird. Alle Punkte oberhalb dieser Geraden sind mit dem gegebenen Einkommen eines Haushaltes nicht finanzierbar.

zu 2:

* Eine Indifferenzkurve (vgl. Abb. 3.2) ist der geometrische Ort aller Güterkombinationen, die denselben Nutzen stiften, d.h. bei einer Bewegung auf einer Indifferenzkurve ist der Konsument indifferent zwischen den einzelnen
Güterbündeln. Der positive Wert der Steigung der Indifferenzkurve (Absolut-
betrag) heißt Grenzrate der Substitution (GRS) und entspricht dem Verhältnis
der Grenznutzen der beiden betrachteten Güter, d.h. die GRS gibt die marginale Zahlungsbereitschaft für das eine Gut in Einheiten des anderen Gutes
bzw. das Austauschverhältnis der Güter an. Die Konvexität der Indifferenzkurven ergibt sich aus der Eigenschaft der abnehmenden Grenzrate der Substitution: Je mehr ein Konsument von einem Gut A besitzt, desto geringer wird –
aufgrund der Annahme des abnehmenden Grenznutzens – bei einem Mehrkonsum des Gutes A der Nutzenzuwachs. Dies impliziert, dass bei einem
Mehrverbrauch des Gutes A um jeweils eine Einheit die zum Nutzenausgleich
erforderliche Minderverbrauchsmenge des anderen Gutes abnimmt (vgl. Abb.
3.2); der Nutzenpreis des Gutes A sinkt. Die Annahme der Konvexität von Indifferenzkurven führt dazu, dass die Lösung für den optimalen Verbrauchsplan (Tangentiallösung; vgl. Aufgabe 3) eindeutig ist, und es zu keiner Rand-
lösung kommt.

zu 3:

* Aufgrund der Nichtsättigungsannahme wird der Haushalt eine Güterkombination auf und nicht unterhalb der Budgetgeraden realisieren. Welcher Punkt auf
der Budgetgeraden optimal ist, hängt von den Präferenzen des Haushalts ab.
Da der Haushalt versucht, die Indifferenzkurve mit dem höchsten Nutzenindex
zu erreichen, ist der Tangentialpunkt der Budgetgerade mit einer Indifferenzkurve optimal. Denn würden sich Budgetgerade und Indifferenzkurve schneiden, gäbe es andere Punkte auf der Budgetgeraden, die vom Haushalt finanzierbar sind und auf einer Indifferenzkurve mit einem höheren Nutzenniveau
liegen. Im Tangentialpunkt sind die Steigung der Budgetgeraden (Güterpreisverhältnis) und die Steigung der Indifferenzkurve (Grenzrate der Substitution = Verhältnis der Grenznutzen) gleich (vgl. Abb. 3.4), es gilt also:

$$\frac{u_{x_1}(x_1, x_2)}{u_{x_2}(x_1, x_2)} = \frac{p_1}{p_2}.$$

zu 4:

* Der Grenznutzen eines Gutes drückt aus, um wie viele Einheiten der Nutzen
steigt, wenn das Individuum eine weitere Einheit des betreffenden Gutes konsumiert. Im optimalen Konsumplan wird das Individuum sein Budget so auf die
verschiedenen Verwendungen aufteilen, dass die letzte jeweils für das entsprechende Gut verausgabte Deutsche Mark bzw. der letzte Pfennig den gleichen
Nutzen stiftet. Man sagt auch, dass im optimalen Konsumplan der Grenznutzen

des Geldes in allen Verwendungen gleich ist. Wäre der Grenznutzen des Geldes für ein bestimmtes Gut A höher als für das Gut B, so würde der Haushalt seinen Konsum des Gutes A ausweiten, und den Konsum des Gutes B einschränken, so dass sich bei unterstelltem abnehmenden Grenznutzen bei Mehrkonsum eines Gutes der Grenznutzen des Geldes für die beiden Güter A und B angleichen würde.

zu 5:

- Bei einer Einkommenserhöhung verschiebt sich die Budgetgerade parallel nach außen, d.h. das Preisverhältnis der beiden Güter bleibt unverändert. Es tritt daher nur der Einkommenseffekt auf. Handelt es sich um normale bzw. superiore Güter, so nimmt die Nachfrage nach beiden Gütern mit steigendem Einkommen zu. Die Einkommens-Konsumkurve stellt die optimale Konsumentscheidung bei konstanten Preisen und variierendem Einkommen dar (vgl. Abb. 3.6).

- Bei der Änderung eines Preises kommt es zu einer Drehung der Budgetgeraden, das Preisverhältnis der beiden Güter verändert sich, so dass ein Einkommens- und ein Substitutionseffekt auftritt. Der Substitutionseffekt gibt an, in welchem Ausmaß das relativ teurer gewordene Gut durch das relativ billiger gewordene Gut substituiert wird. Sinkt der Preis und nimmt die nachgefragte Menge zu, so handelt es sich um ein gewöhnliches Gut. Die Preis-Konsumkurve gibt die optimalen Güterbündel bei einem konstanten Einkommen und einem variierenden Preis eines Gutes an (vgl. Abb. 3.5).

zu 6:

- Die individuelle Nachfragekurve ist die zweidimensionale geometrische Darstellung der individuellen Nachfragefunktion. Diese gibt für alle möglichen Preis-Einkommens-Kombinationen an, welche Mengen des entsprechenden Gutes das Individuum kaufen möchte und daher nachfragt. Sie ergibt sich aus der Zusammenfassung aller optimalen Konsumpläne. Im zweidimensionalen graphischen Schaubild wird auf der Ordinate (der vertikalen Achse) der Preis des Gutes und auf der Abszisse (der horizontalen Achse) die Menge des Gutes abgetragen (vgl. Abb. 3.7). Die Gesamtnachfragekurve beschreibt den gleichen Zusammenhang für die Summe der Nachfrager auf dem Markt. Sie kann bei privaten Gütern durch horizontale Aggregation der individuellen Nachfragekurven bestimmt werden (vgl. Abb. 3.8).

- Eine Bewegung auf der Kurve beschreibt, wie sich die Nachfrage ändert, wenn sich der auf der Ordinate abgetragene Preis ändert. Zu einer Verschiebung der Nachfragekurve kommt es, wenn weitere exogene Variablen, wie andere Preise oder das Einkommen (die sogenannten Lageparameter), sich verändern (vgl. hierzu auch die Ausführungen in Kap. 5 zu Abb. 5.2).

zu 7:

- Die Bestimmung des optimalen Arbeitsangebotes erfolgt analog zu der des optimalen Konsumplans. Das Gut Freizeit wird hierbei als Konsumgut angesehen, dessen Preis der entgangene Arbeitslohn ist (da man beim Konsum einer zusätzlichen Stunde Freizeit auf die Zahlung des Reallohnsatzes verzichtet). Der Tangentialpunkt zwischen der Budgetgerade und einer Indifferenzkurve kennzeichnet die optimale Kombination aus dem Gut X und Freizeit (vgl. Abb. 3.9) und damit indirekt das optimale Arbeitsangebot (da gilt: Gesamtes Zeitbudget = Arbeitszeit + Freizeit). Erhöht sich der Reallohnsatz (die Steigung der Budgetgeraden entspricht dem Reallohnsatz), so erhöhen sich die Opportunitätskosten der Freizeit, da man beim Konsum einer zusätzlichen Stunde Freizeit auf die Zahlung des Reallohnsatzes verzichtet. Ist Freizeit ein normales Gut, so wird bei einem steigenden Preis für Freizeit (dies entspricht einem steigenden Reallohnsatz) weniger Freizeit nachgefragt, so dass das Arbeitsangebot mit steigendem Reallohnsatz steigt (vgl. Abb. 3.10).

zu 8:

- vgl. die angegebene Literatur zur Theorie des Haushaltes in Kap. 3 (z.B. Schumann, Meyer und Ströbele oder Varian) zu genaueren Ausführungen.

Kapitel 4 Theorie der Unternehmung

zu 1:

- Steigt der Gesamtertrag bei Mehreinsatz der Produktionsfaktoren überproportional, so steigen die (variablen) Kosten der Produktion bei Mehrproduktion unterproportional, da für eine Mehrproduktion ein unterproportionaler Mehreinsatz an Produktionsfaktoren notwendig ist (linker Bereich der Abb. 4.3 und Abb. 4.4). Steigt der Gesamtertrag bei Mehreinsatz der Produktionsfaktoren unterproportional, so steigen die (variablen) Kosten der Produktion bei Mehrproduktion überproportional, da für eine Mehrproduktion ein überproportionaler Mehreinsatz an Produktionsfaktoren notwendig ist (rechter Bereich der Abb. 4.3 und Abb. 4.4).

zu 2:

- Da Unternehmen in aller Regel Gewinnmaximierung anstreben, ist die optimale Produktionsmenge jene, die den Gewinn als Differenz zwischen Erlösen und Kosten der Produktion maximiert. Gemäß der Outputregel müssen im Optimum die Grenzkosten dem Grenzerlös – dieser entspricht bei unterstellter Mengenanpassung dem Marktpreis – entsprechen (vgl. Abb. 4.10). Außerdem muss der Schnittpunkt von Grenzkosten und Preis auf dem aufsteigenden Ast der Grenzkostenkurve liegen (genauer: der positive Ast der Grenzkostenkurve oberhalb des Schnittpunktes zwischen der Grenzkostenkurve und der durchschnittlichen variablen Kostenkurve; vgl. Abb. 4.11), da ansonsten ein Gewinnminimum realisiert wird.

- Die Inputregel bestimmt die gewinnmaximale Produktion mit Hilfe des optimalen Faktoreinsatzes. Dazu wird die Gewinngleichung als Funktion der Faktoreinsätze geschrieben und partiell abgeleitet. Aus den Bedingungen erster Ordnung folgt die Inputregel: Faktorpreis gleich Wertgrenzprodukt (vgl. Abb. 4.13 mit Erläuterungen). Bei Verwendung der Outputregel wird die Gewinnfunktion dagegen in Abhängigkeit von der Outputmenge formuliert, wodurch sich die Gleichheit von Grenzerlös und Grenzkosten ergibt. Bei Mengenanpassung entsprechen sich Grenzerlös und Preis, so dass ebenfalls gilt: Preis gleich Grenzkosten (vgl. Abb. 4.10).

- Nach der Inputregel liegt ein Gewinnmaximum vor, wenn der Faktorpreis gleich dem Wertgrenzprodukt ist. Nach Umformung dieser Gleichung wird ersichtlich, dass damit der Produktpreis der mit dem Faktorpreis bewertete Grenzverbrauch ist. Der Grenzverbrauch gibt an, wieviel Einsatz des jeweiligen Produktionsfaktors notwendig ist, um eine marginale Einheit Mehroutput zu produzieren. Insofern ist der Produktpreis also auch hier wie bei der Outputregel gleich den Grenzkosten, da der mit dem Faktorpreis bewertete Grenzverbrauch nichts anderes als die Grenzkosten darstellt.

zu 3:

- Bei einem u-förmigen Verlauf der Grenzkostenkurve (vgl. Abb. 4.7) kann es zwei Outputniveaus geben, die der Bedingung Preis gleich Grenzkosten genügen (vgl. Abb. 4.10). Der Punkt, auf dem fallenden Teil der Grenzkurve realisiert, impliziert ein Gewinnminimum. Bei einer Outputerhöhung würden die Kosten jeder zusätzlichen Outputeinheit fallen und – da der Marktpreis für alle Einheiten gleichbleibt – der Gewinn steigen. Umgekehrt verhält es sich auf dem aufsteigenden Ast der Grenzkostenkurve. Eine weitere Erhöhung des Outputs würde höhere zusätzliche Kosten verursachen, die nicht durch den Erlös kompensiert werden könnten, und der Gewinn würde sinken. Die hinreichende Bedingung für ein Gewinnmaximum lautet daher, dass die zweite Ableitung der Gewinnfunktion nach der Outputmenge negativ ist.

zu 4:

- Die Angebotsfunktion fällt mit dem positiven Ast der Grenzkostenfunktion zusammen, der oberhalb des Schnittpunkts mit der durchschnittlichen variablen Kostenfunktion liegt (vgl. Abb. 4.11). Die Gesamtangebotsfunktion ermittelt sich aus der horizontalen Aggregation der Angebotsfunktionen aller Unternehmungen (vgl. Abb. 4.12).

- Eine Bewegung auf der Gesamtangebotsfunktion beschreibt, wie sich das Angebot ändert, wenn sich der auf der Ordinate abgetragene Preis ändert (vgl. Abb. 4.11). Zu einer Verschiebung der Gesamtangebotsfunktion kommt es, wenn weitere exogene Variablen wie der Stand der Technik oder die Preise für die eingesetzten Produktionsfaktoren (die sogenannten Lageparameter) sich verändern (vgl. hierzu auch die Ausführungen in Kap. 5 zu Abb. 5.2).

zu 5:

* Die Angebotsfunktion fällt mit dem Teil der Grenzkostenfunktion zusammen, der oberhalb des Schnittpunkts mit der durchschnittlichen variablen Kostenfunktion liegt, und nicht nur mit dem Teil, der oberhalb des Schnittpunkts mit der durchschnittlichen Gesamtkostenfunktion liegt. Grund hierfür ist, dass das Unternehmen auch in dem Fall weiterproduzieren wird, wenn zwar Verluste gemacht werden, doch ein Teil der Fixkosten noch getragen wird (vgl. Abb. 4.11). Ist der Preis jedoch geringer als das Minimum der durchschnittlichen variablen Kosten, wird nichts produziert, da die Stillegung zu geringeren Verlusten führt als die Weiterproduktion.

zu 6:

* vgl. die angegebene Literatur zur Theorie der Unternehmung in Kap. 4 (z.B. Schumann, Meyer und Ströbele oder Varian) zu genaueren Ausführungen.

Kapitel 5 Das Marktgleichgewicht bei Mengenanpassung

zu 1:

* Ein Mengenanpasser nimmt die Preise als gegeben hin und passt sich optimal mit den von ihm nachgefragten und angebotenen Güter- und Faktormengen an die vorgegeben Preise an (in der angelsächsischen Literatur spricht man daher auch vom 'Price taker'). Mengenanpassung ist das Ergebnis einer atomistischen Marktstruktur (sehr viele Anbieter, sehr viele Nachfrager), bei der die vom einzelnen Wirtschaftssubjekt nachgefragten bzw. angebotenen Mengen im Verhältnis zur Marktnachfrage oder dem Marktangebot verschwindend gering sind, so dass das einzelne Wirtschaftssubjekt keinen Einfluss auf den Preis hat. Da das einzelne Wirtschaftssubjekt keine Chance hat, den Marktpreis zu beeinflussen, wird der Preis als Datum angenommen. Dies gilt um so mehr, als dass aufgrund der unterstellten vollkommenen Markttransparenz und der Abwesenheit von persönlichen, sachlichen und räumlichen Präferenzen das Gesetz des einheitlichen (unterschiedslosen) Marktpreises gilt.

zu 2:

* Ein Marktgleichgewicht herrscht, wenn die Angebots- und Nachfrageplanungen miteinander kompatibel sind. In dezentral organisierten Ökonomien werden viele voneinander unabhängige Unternehmens- und Haushaltspläne (Annahme: vollständige Konkurrenz) über den Preismechanismus aufeinander abgestimmt, so dass es zu einer Vereinbarkeit aller Pläne bei einem für alle gleichen einheitlichen Marktpreis kommt. Graphisch entspricht dies dem Schnittpunkt zwischen der Angebots- und Nachfragekurve (vgl. Abb. 5.1).

zu 3:

- Die Preisanpassung erfolgt gedanklich durch eine Koordinationsinstanz, die in der Ökonomie auch WALRASianischer Auktionator genannt wird. Während sich die Wirtschaftssubjekte an die vorgegebenen Preise halten, koordiniert diese Instanz die Angebots- und Nachfragepläne, indem solange Preise ausgerufen werden bis die Pläne der Wirtschaftssubjekte kompatibel sind.

- Geht man beispielsweise von einem Preis aus, der geringer als der Gleichgewichtspreis ist, so können zwar die Anbieter ihre Pläne verwirklichen, manche Nachfrager werden dagegen leer ausgehen. Sie sind dann bereit, einen höheren Preis zu zahlen. Bei einem höheren Preis kann etwa durch Zustrom neuer Anbieter mehr angeboten werden, während die Konsumenten teilweise ihre Nachfrage reduzieren. Auf diese Weise kann der Anpassungsprozess zum Gleichgewichtspreis stattfinden. Die Anpassung an den Gleichgewichtspreis bei einem Überschussangebot erfolgt analog.

zu 4:

- Eine Kurvenverschiebung wird verursacht durch eine Änderung der **exogenen** Einflussgrößen (vgl. Abb. 5.2). Bei der Nachfragekurve (zur Herleitung der Nachfragekurve vergleiche Kap. 3, Frage 5) sind das zum Beispiel das Einkommen oder die Preise aller anderen Güter (Veränderung der Budgetrestriktion) oder die Anzahl der Konsumenten, die dieses Gut nachfragen (Veränderung der Lage bei horizontaler Aggregation). Beispiele für die exogenen Größen, die die Angebotskurve (zur Herleitung der Angebotskurve vergleiche Kap. 4, Frage 4) verschieben, sind Technologieänderungen (Veränderung der Produktionsfunktion), die Preise der Produktionsmittel (Veränderung der Kostenfunktion) oder die Anzahl der Anbieter (Veränderung der Lage bei horizontaler Aggregation).

- Bewegungen auf der jeweiligen Kurve kommen durch Veränderungen der **endogenen** Einflussgrößen zustande, also bei einer Preisänderung des betrachteten Gutes.

zu 5:

- vgl. Kap. 5, Abschnitt 3.

zu 6:

- a) Bei dem Gleichgewichtspreis gleichen sich die angebotene Menge und die nachgefragte Menge eines Gutes genau aus und der Markt ist geräumt. Da der staatlich festgelegte Preis aber über dem Gleichgewichtspreis liegt, ist das Angebot größer und die Nachfrage geringer als im Gleichgewicht, so dass ein Überschussangebot entsteht (vgl. zur Darstellungsweise eines staatlichen Eingriffes die Abb. 5.5 im Fall einer Überschussnachfrage, falls der staatliche Mindestpreis unterhalb des Gleichgewichtspreises liegt).

* b) Der staatliche Eingriff soll zu einer prozentualen Nachfragereduzierung von 50% führen. Bei einer Preiselastizität von ε =-2,5 (konstant) muss daher der Preis um 20% steigen, so dass als Mindestpreis 1,80DM festgelegt werden müssen.

zu 7:

* Die Ableitung einer Funktion gibt deren Steigung an. Soweit man nur Aussagen über das Vorzeichen der Reagibilität einer abhängigen Variablen (z.B. die nachgefragte Menge nach einem Gut) bei Veränderung einer unabhängigen Variablen (z.b. des Preises dieses Gutes) machen will, kann man sich auf die Ableitungen beschränken. Die Größe der Steigung sagt aber ansonsten recht wenig aus, da sie von den jeweils gewählten Maßeinheiten abhängt (z.B. Gut in kg oder in g). Elastizitäten sind dagegen dimensionslos, d.h. unabhängig von Maßeinheiten, und somit meist aussagekräftiger.

* Eine Funktion heißt dann (un-)elastisch, wenn die prozentuale Änderung der abhängigen Variablen (kleiner) größer ist als die prozentuale Änderung der unabhängigen Variablen. Sie heißt dann vollkommen elastisch, wenn die prozentuale Änderung der abhängigen Variablen betragsmäßig unendlich groß wird bei Variation der unabhängigen Variablen um ein Prozent. Als vollkommen unelastisch wird sie bezeichnet, falls die prozentuale Änderung der abhängigen Variablen gleich Null ist, d.h. wenn beispielsweise die nachgefragte Menge auf Preisänderungen überhaupt nicht reagiert.

zu 8:

* vgl. die angegebene Literatur zum Marktgleichgewicht bei Mengenanpassung in Kap. 5 (z.B. Schumann, Meyer und Ströbele oder Varian) zu genaueren Ausführungen.

Kapitel 6 Das Marktgleichgewicht bei Preisstrategie

zu 1:

* Wenn auf einem Markt nur ein Anbieter existiert, dann ist es sehr unwahrscheinlich, dass dieser den Preis als gegeben annimmt. Er würde statt dessen seinen Einfluss auf den Preis erkennen und jenes Output- oder Preisniveau wählen, das seinen Gewinn maximiert. Er kann aber Preis und Output nicht unabhängig voneinander wählen. Wählt er einen hohen Preis, dann werden die Konsumenten nur eine geringe Menge nachfragen. Hieraus wird deutlich, dass das Nachfrageverhalten der Konsumenten die Entscheidungsmöglichkeiten des Monopolisten beschränkt.

zu 2:

- Der Monopolist kann maximal die Menge absetzen, bei der die PAF die Abszisse schneidet. Diese Menge wird Sättigungsmenge genannt, da er selbst bei einem Preis von Null nicht mehr absetzen kann. Der Erlös als Produkt aus Preis und Menge wird an dieser Stelle Null betragen, da der Monopolist zwar die maximale Menge, aber nur zu einem Preis von Null verkauft. Am Schnittpunkt der PAF mit der Ordinate hingegen wird er einen maximalen Preis verlangen, aber die nachgefragte Menge sinkt auf Null, so dass auch hier der Erlös Null betragen wird. Die Erlösfunktion ergibt geometrisch eine Glockenform im Preis-Mengen-Diagramm. Das Erlösmaximum ist genau an der Stelle, bei der die Kurvensteigung Null beträgt, somit die Grenzerlöskurve die Abszisse schneidet. Aus der glockenförmigen Erlösfunktion folgt dann, dass die Grenzerlösfunktion die Abszisse genau am halben Abszissenabschnitt der PAF schneidet.

- Formal gilt: Auf der PAF kann jeweils für eine gegebene Gütermenge der Güterpreis abgelesen werden; es gilt $p(x) = a - bx$ (p = Güterpreis, a = Ordinatenabschnitt, $-b$ = Steigung der PAF, x = Gütermenge). Der Erlös ist das Produkt aus Preis und Menge; es gilt $E = p(x)x = (a - bx)x$. Somit ergibt sich für die Grenzerlösfunktion $GE = a - 2bx$. Man erkennt, dass die Grenzerlösfunktion den gleichen Ordinatenabschnitt wie die PAF hat, nämlich a, und dass die Steigung doppelt so groß ist wie bei der PAF, nämlich $-2b$, weshalb die Grenzerlösfunktion die Abszisse genau am halben Abszissenabschnitt der PAF schneidet.

zu 3:

- Selbst auf monopolistischen Märkten kann sich der Monopolist der Konkurrenz vieler anderer Anbieter gegenübersehen. Das ist dann der Fall, wenn sein produziertes Gut viele Substitute hat.

- Allein die Bedrohung, dass potentielle Anbieter bei überdurchschnittlichen Gewinnmöglichkeiten in den Markt eintreten, kann den Monopolisten dazu veranlassen, seine Produkte zu vergleichbaren Preisen wie bei vollständiger Konkurrenz zu verkaufen. In diesem Fall kann der Monopolist seine scheinbar existierende Marktmacht nicht ausnützen. Bestehen indes hohe Marktzutrittsschranken, so kann er mögliche Konkurrenten vom Markt fernhalten und Monopolgewinne einstreichen.

- Andererseits können auf einem Markt viele Anbieter für ein Gut existieren, und es kann trotzdem hohe Marktmacht vorliegen. Dies liegt dann vor, wenn die produzierten Güter nicht homogen sind und die Konsumenten räumliche, zeitliche oder sachliche Präferenzen für verschiedene Güter haben. Diese Marktform ist als monopolistische Konkurrenz bekannt.

zu 4:

- Gemeinsamkeiten:

  - Gewinnmaximierung

  - Optimum bei Grenzkosten = Grenzerlös

- Unterschiede:

Konkurrenz	Monopol
Viele Anbieter, die keine Marktmacht haben und ihre Produktionsmenge an den gegebenen Marktpreis anpassen	Ein Anbieter beherrscht den Markt und beeinflusst durch sein Verhalten den Preis und die abgesetzte Menge eines Gutes
Angebotsfunktion	Preis-Absatz-Funktion
Preis = Grenzkosten	Preis > Grenzkosten
Optimaler Preis	Höherer Preis als bei Konkurrenz
Optimale Menge	Geringere Menge als bei Konkurrenz

zu 5:

- zu a) vgl. Kap. 6, Abschnitt 3; zu b) vgl. Kap. 6, Abschnitt 2 zur Preiselastizität.

zu 6a:

- vgl. die angegebene Literatur zur Mikroökonomik in Kap. 5 (z.B. Schumann, Meyer und Ströbele).

zu 6b:

- vgl. hierzu Kap. 15, Abschnitt 2, die Fragen und Aufgaben zu Kap. 15 sowie die Literaturangaben zu 6a.

zu 7:

- Marktstruktur: wenige Anbieter, viele Nachfrager.

- Reaktionskurve im Duopolfall (zwei Anbieter) = gewinnmaximale individuelle Angebotsmenge eines Duopolisten bei gegebener Angebotsmenge des anderen Duopolisten.

- COURNOT-NASH-Gleichgewicht = Nehmen beide Duopolisten die vom Konkurrenten angebotene Menge als gegeben an, so ergibt sich das COURNOT-NASH-Gleichgewicht (erwartungskompatibles Gleichgewicht) als Schnittpunkt der Reaktionskurven der beiden Duopolisten (vgl. Abb. 6.2).

- vgl. die angegebene Literatur zur Mikroökonomik in Kap. 5 (z.B. Schumann, Meyer und Ströbele oder Varian) zu genaueren Ausführungen zur Marktstruktur des Oligopols.

zu 8:

- Wegen der strategischen Interaktionen zwischen den verschiedenen Oligopolisten existieren hier keine einfachen Entscheidungsregeln zur Herleitung des optimalen Produktionsplans. Die strategischen Interaktionen werden dabei auch maßgeblich davon beeinflusst, über welchen Informationsstand die Akteure verfügen. Verfügen sie beispielsweise über unvollständige Information in Bezug auf Charakteristika der Mitspieler oder über imperfekte Information aufgrund nicht beobachtbarer gegenwärtiger oder vergangener Handlungen der anderen, so ist die Spieltheorie ein vorzügliches Instrumentarium, Ergebnisse solcher Interaktionen zu prognostizieren.

- Darüber hinaus hängt das Ergebnis oligopolistischer Spielsituationen auch ganz davon ab, wer seine Menge (bzw. den Preis oder die Produktqualität) zuerst festlegt bzw., in der Formulierung der Spieltheorie, wer den ersten Zug macht.

- Dass die Aktionsparameter der Oligopolisten zwischen Preis und Menge wechseln können, macht die Oligopoltheorie zudem nicht einfacher. So existieren aufgrund der verschiedenen Annahmen über die Aktionsparameter der Oligopolisten und aufgrund der unterschiedlich unterstellten Reaktionen von Konkurrenten auf Aktionen der anderen unterschiedliche Oligopolmodelle. Mit Hilfe von Spielbäumen aus der Spieltheorie lassen sich dabei auch sehr komplexe Situationen verständlich machen.

zu 9a:

- vgl. die angegebene Literatur zur Mikroökonomik in Kap. 5 (z.B. Schumann, Meyer und Ströbele oder Varian) sowie die weiterführenden Literaturangaben in Kapitel 6 zur Spieltheorie zu genaueren Ausführungen zu den verschiedenen Reaktionsmöglichkeiten von Oligopolisten (z.B. Preis-, Qualität-, Mengenwettbewerbsverhalten, STACKELBERG-Führerverhalten etc.).

zu 9b:

- vgl. die angegebene Literatur zur Mikroökonomik in Kap. 5 (z.B. Schumann, Meyer und Ströbele oder Varian).

zu 9c:

- Im Oligopol sehen sich die Unternehmen einer gemeinschaftlichen Preis-Absatz-Funktion gegenüber, d.h. der Marktpreis wird zwar von der eigenen Angebotsmenge wesentlich beeinflusst, hängt jedoch auch von den Mengen der Mitanbieter ab. Setzt man diese Preis-Absatz-Funktion

$$p = p(x) \, , \, x = \sum_{i=1}^{n} x_i$$

in die Erlösfunktion des i-ten Anbieters, so erhält man unter Berücksichtigung seiner Kostenfunktion seine Gewinnfunktion

$$G_i = p(x)x_i - K_i(x_i).$$

- Die Optimierung erfolgt durch Ableiten der Gewinnfunktion nach x_i und Nullsetzen dieser partiellen Ableitung:

$$\frac{dG_i}{dx_i} = 0 = p(x) + p'(x)\left[\sum_{j \neq i} \frac{dx_j}{dx_i} + 1\right] \cdot x_i - K_i'(x_i) \, .$$

- Bei COURNOT-Verhalten wird unterstellt, dass nach Meinung des i-ten Produzenten eine Erhöhung seiner Angebotsmenge die Gesamtangebotsmenge im gleichen Ausmaß erhöht, d.h. die Angebotsmenge der Konkurrenten als gegeben angesehen wird. Das bedeutet algebraisch:

$$\frac{dx_j}{dx_i} = 0 \qquad\qquad \text{für } j \neq i.$$

- Die Optimalbedingung für das Unternehmen i, bei der die Grenzerlöse gleich den Grenzkosten sein müssen, wird dann zu

$$p(x) + p'(x)x_i = K'_i(x_i).$$

- Löst man diese Optimalbedingung nach x_i auf, so erhält man die Reaktionsfunktion des i-ten Anbieters. Sie gibt die optimale eigene Ausbringungsmenge an bei jeder Ausbringungsmenge der anderen.

zu 10:

- vgl. die Ausführungen in Kap. 6, Abschnitt 5 zur Stabilität von Kooperation (z.B. Kartellabsprachen) im Fall des Oligopols sowie die Ausführungen in Kap. 6, Abschnitt 6 zur Glaubwürdigkeit von Drohungen im Falle eines möglichen Markteintritts.

zu 11:

- Ein wesentlicher Beitrag der Spieltheorie ist es, zu zeigen, in welch starkem Maße die jeweilige Lösung eines Spiels von den konkreten Spielregeln und damit von den konkreten institutionellen Rahmenbedingungen abhängt. Dies zeigt umso mehr, wie wichtig es bei ökonomischen Fragestellungen ist, die geeignete Spielform bzw. allgemeiner die Problemstellung in adäquater Weise als Spiel zu modellieren, um darauf aufbauend adäquate Lösungen für spezifische institutionelle Rahmenbedingungen abzuleiten. Adäquate Einflussgrößen bzw.

detaillierte institutionelle Rahmenbedingungen wie z.B. die Reihenfolge der Spielzüge der jeweiligen Spieler, die Anzahl der Wiederholungen eines Spiels (Planungshorizont), die Größe der Spieler etc. müssen daher Berücksichtigung finden, wenn konkrete spieltheoretische Antworten auf ökonomische Problemstellungen abgeleitet werden sollen.

zu 12:

- Die Notwendigkeit einer internationalen Wettbewerbspolitik kann man z.B. damit begründen, dass Exportkartelle häufig vom allgemeinen Kartellverbot der Einzelstaaten ausgenommen werden, da diese den heimischen Wettbewerb nicht beeinträchtigen und zumeist die Grundlage für eine marktbeherrschende Stellung auf den Auslandsmärkten sind. Ebenso verschaffen z.B. staatliche Subventionierungen des Exportsektors nationale Vorteile, was zu einem suboptimalen Ergebnis für alle Länder führt (Gefangenendilemma), da andere Länder darauf genauso reagieren. Andererseits kann bei international operierenden Unternehmen wirksames Eingreifen der nationalen Kartellbehörden dadurch geschwächt werden, dass es Zuständigkeitsprobleme gibt; eine internationale Koordination kann hier helfen.

Kapitel 7 Die Güter und der Gütermarkt

zu 1:

- Die Wertschöpfung ist ganz allgemein der Wertbildungsprozess im Unternehmen aufgrund des Einsatzes und der Kombination von Produktionsfaktoren. Dabei unterscheidet sich die Brutto- von der Nettowertschöpfung in unserer Darstellung in Höhe der Abschreibungen. Würde man den Staat mit in die Betrachtung einbeziehen, so müsste man von der Bruttowertschöpfung die indirekten Steuern abziehen und die Subventionen hinzuzählen, um die Nettowertschöpfung zu erhalten. Die Differenz um die Höhe der Abschreibungen macht auch den Unterschied zwischen den Brutto- und den Nettoinvestitionen aus. Da die Nettowertschöpfung auch als Nettonationaleinkommen und die Bruttowertschöpfung als Bruttonationaleinkommen bezeichnet werden, wird deutlich, dass die Unterscheidungen nur in der (Nicht-)Einbeziehung des produktionsbedingten Verschleißes, also der Abschreibungen, liegt.

zu 2:

- Wenn ein Haushalt nicht sein gesamtes Einkommen konsumiert, ergibt die Differenz zwischen Einkommen und Konsum die Ersparnis des Haushalts. Ersparnis bedeutet also zunächst Konsumverzicht der Haushalte. Diese Ersparnis wird dann über den Kapitalmarkt den Unternehmen zu Investitionszwecken zur Verfügung gestellt, wodurch sich die zukünftigen Produktionsmöglichkeiten erhöhen und damit ein höherer Konsum für den Haushalt in der nächsten Periode erreicht werden kann. Der Haushalt konsumiert also insgesamt (über die Zeit hinweg betrachtet) nicht weniger, sondern das Sparen verschiebt seinen Konsum in die Zukunft.

zu 3:

- vgl. Kap. 7, Abschnitt 1.

- Die Identitätsgleichungen lassen sich aus dem Kreislaufschema gemäß dem Kreislaufaxiom ableiten. Danach gilt im Gleichgewicht (ex-post), dass das Volkseinkommen der Summe aus Konsum und Ersparnis bzw. der Summe aus Konsum und Investitionen entsprechen muss und daraus folgt die Übereinstimmung von Ersparnis und Investitionen im Gleichgewicht. Mit diesen Zusammenhängen kann aber die genaue Höhe der einzelnen Größen nicht bestimmt werden. Mit Verhaltensgleichungen (ex-ante), also der Konsum- oder der Sparfunktion, ist dies andererseits möglich. Mit ihrer Hilfe lassen sich zu jeder Einkommenshöhe Konsum und Ersparnis genau berechnen.

zu 4:

- Die totale Wertsteigerung einer Produktion lässt sich aus dem Unterschied zwischen Marktwert des produzierten Gutes und dem Wert der angesetzten Roh- und Hilfsstoffe ermitteln. Die Unternehmung erzeugt auf dem Wege der Kombination der Produktionsfaktoren eine Anzahl von Gütern. Addiert man für alle Güter die totalen Wertsteigerungen, d.h. die Bruttowertschöpfungen, so erhält man das Bruttonationaleinkommen. Produziert eine Unternehmung allein Güter, die an Haushalte geliefert werden, so entspricht der Wert des Bruttonationaleinkommens dem des Volkseinkommens, das die Summe der Entlohnungen ist. Um die Summe der Faktoreinkommen, d.h. die Wertschöpfung eines Betriebes, zu erhalten, muss man daneben noch die Ersatzinvestitionen berücksichtigen. Reduziert man die Bruttowertschöpfung eines Betriebes um die Ersatzinvestitionen, die wertmäßig gleich den Abschreibungen sind, so ergibt sich daraus sein Beitrag zum Volkseinkommen. Wenn man hingegen die Summe der Faktoreinkommen eines Betriebes weiß, so hat man damit schon seinen Beitrag zum Volkseinkommen.

zu 5:

- vgl. zur Vorgehensweise Kap. 7, Abschnitt 2.

zu 6:

Haushalte

Konsum	200	Löhne und Gehälter	140
Sparen	70	Zinsen	30
		Miete und Pacht	30
		Gewinn	70
Summe	270	Summe	270

Unternehmungen

Abschreibungen	30	Konsumgüter	200
Löhne und Gehälter	140	Nettoinvestitionen	70
Zinsen	30	Ersatzinvestitionen	30
Miete und Pacht	30		
Gewinn	70		
Summe	300	Summe	300

Vermögensänderung

Bruttoinvestitionen	100	Abschreibungen	30
		Sparen	70
Summe	100	Summe	100

zu 7:

- Die IS-Kurve gibt das Gütermarktgleichgewicht bei verschiedenen Zins-Einkommens-Konstellationen an. Dabei wird die makroökonomische Identität der Übereinstimmung von Investitionen und Ersparnis sowie die negative Zinsabhängigkeit der Investitionen und die positive Einkommensabhängigkeit der Ersparnisse berücksichtigt. Bei zinsunelastischen Investitionen nimmt die IS-Kurve einen senkrechten Verlauf an, da nun die Nachfrage völlig unabhängig von der Höhe des Zinses ist.

- Ein Anstieg der Staatsausgaben führt zu einer Rechtverschiebung der IS-Kurve, da Staatsausgaben die effektive Nachfrage ($Y^d = C + I + G$) erhöhen und damit expansiv wirken. Bei jedem beliebigen Zinssatz r ist das Einkommen Y dann höher.

zu 8:

- vgl. zur Vorgehensweise Kap. 7, Abschnitt 3.

zu 9:

a) Das Volkseinkommen beträgt 16 Milliarden DM.

b) Es wären dann 200 Tausend Menschen ohne Arbeit.

c) Der Staat müßte seine nachfragewirksamen Ausgaben um eine Milliarde DM erhöhen, um das Nachfragegleichgewicht bei Vollbeschäftigung zu erreichen.

Kapitel 8 Das Geld und der Geldmarkt

zu 1:

- Im Gegensatz zu einer Naturalwirtschaft in der Güter gegen Güter getauscht werden, hat Geld in einer arbeitsteiligen Ökonomie drei Funktionen: Es vereinfacht Transaktionen (Tauschmittelfunktion), es macht Güter und Leistungen wertmäßig miteinander vergleichbar (Geld als Recheneinheit) und ermöglicht die zeitliche Trennung von Kauf- und Verkaufsakt (Wertaufbewahrungsfunktion). Geld muss dabei verschiedene Eigenschaften aufweisen: Es muss teilbar, homogen, haltbar und nicht beliebig vermehrbar sein.

zu 3:

- Die Überschussreserve ergibt sich durch Abzug der Mindestreserve von der Barreserve und beträgt 8 Millionen Einheiten. Bei einem Reservesatz von 20 Prozent und einer Kassenhaltungsneigung der Individuen von 10 Prozent ist der Geldschöpfungsmultiplikator:

$$\mu = 1 / \left(1-(1-\rho)(1-\kappa)\right) = 1 / \left(1-(1-0{,}2)(1-0{,}1)\right) = 3,57\,.$$

  Die gesamte Geldschöpfung beträgt damit $\Delta M_g = 3{,}57 \Delta \ddot{U} = 28{,}57$ Millionen Einheiten.

zu 4:

- Aus den drei Kassenhaltungsmotiven lassen sich die Vor- und Nachteile von Geld als Wertaufbewahrungsfunktion ableiten. Die Vorteile einer Kassenhaltung liegen dabei in der Möglichkeit mit Geld jederzeit Zahlungsverpflichtungen aus einem vorhandenen Zahlungsmittelbestand leisten zu können, ohne dabei verzinsliche Vermögensbestände auflösen zu müssen. Zahlungsverpflichtungen lassen sich dabei in mit Sicherheit erwartete Transaktionen (Transaktionskasse) sowie in unvorhergesehene Transaktionen (Vorsichtskasse) unterscheiden. Die Kosten der Kassenhaltung bestehen darin, dass das Wirtschaftssubjekt auf alternativ erzielbare Zinseinkünfte verzichten muss. Das sind die sogenannten Opportunitätskosten der Geldhaltung.

zu 5:

- Es besteht ein negativer Zusammenhang. Wenn ein festverzinsliches Wertpapier eine Verzinsung von 10 Prozent auf den Nennwert verspricht und der Marktzins auf weit weniger als 10 Prozent fällt, wird dieses Wertpapier äußerst lukrativ. Die Folge wird sein, dass der Kurswert des Wertpapiers steigt und sich eine marktgerechte Rendite gibt. Über die Veränderung der Kurswerte erfolgt demnach die Renditeanpassung.

zu 8:

- Die LM-Kurve ist der geometrische Ort aller Zins-Einkommens-Kombinationen, bei denen der Geldmarkt im Gleichgewicht ist, also Geldangebot *(M/P)* = Geldnachfrage *(L(Y, r))* gilt. Es kommt zu einer Linksverschiebung der LM-Kurve, wenn das reale Geldangebot verringert wird. Als Ursache dafür sind einer Erhöhung des Preisniveaus sowie der Einsatz geldpolitischer Instrumente der Europäischen Zentralbank, wie z.B. die Erhöhung des Mindestreservesatzes oder kontraktive Offenmarktpolitik, zu nennen. Eine Rechtsverschiebung der LM-Kurve ergibt sich analog bei einer Preisniveausenkung bzw. Ausdehnung der nominalen Geldmenge, wenn also das reale Geldangebot zunimmt.

zu 9:

- Die Zinselastizität der Geldnachfrage gibt an, um wieviel Prozent sich die Geldnachfrage bei einer einprozentigen Erhöhung des Zinses verändert. In der (Neo-)Klassik wird davon ausgegangen, dass Geldhaltung, die über den zu den täglichen Transaktionen notwendigen Bedarf hinausgeht, irrational sei, da Geld gegenüber allen anderen Anlagemöglichkeiten keinen Zinsertrag abwirft. Somit wäre die Geldnachfrage hier absolut zinsunelastisch und die LM-Kurve hätte einen vertikalen Verlauf. Nimmt die Zinselastizität hingegen einen sehr großen Wert an, d.h. ist die Geldnachfrage sehr zinselastisch, so wirken beispielsweise Zinserhöhungen sehr stark dämpfend auf die Geldnachfrage. Die LM-Kurve hat dann einen horizontalen Verlauf, d.h. dass z.B. bei einer Erhöhung des Einkommens der Zins nur ganz geringfügig ansteigen muss, um die wegen des Transaktionsmotivs gestiegene Geldnachfrage wieder zu senken. Das ist der KEYNESianische Bereich der LM-Kurve.

zu 10:

- Um den drohenden Verlust ihrer Einlagen bei den konkursgefährdeten Großbanken zu vermeiden, werden die Kunden diese als Bargeld aus den betreffenden Banken abziehen. Durch den geringeren Bestand an Buchgeld sinkt die Möglichkeit des Bankensystems zur Geldschöpfung, und das Geldangebot geht zurück. Im Zins-Einkommen-Diagramm drückt sich das durch eine Linksverschiebung der LM-Kurve aus, da bei gleichbleibendem Volkseinkommen nur ein gestiegener Zins die Geldnachfrage mit dem gesunkenen Geldangebot wieder in Einklang bringt.

Kapitel 9 Gleichgewicht auf dem Güter- und Geldmarkt: Das IS-LM-Modell

zu 1:

- Betrachtet man die IS-Kurve, so führt z.B. ein fallender Zinssatz zu einem Anstieg der Investitionen. Damit ein Gütermarktgleichgewicht gegeben ist, müssen auch die Ersparnisse steigen. Das kann aber nur bei einem gleichzeitigen Anstieg des Realeinkommens erfolgen. Die IS-Kurve hat demnach einen fallenden Verlauf. Bei der LM-Kurve geht ein Anstieg des Realeinkommens mit einem Anstieg der Geldnachfrage einher. Um diese bei gleichbleibendem realem Geldangebot wieder zu reduzieren, müssen die Opportunitätskosten der Geldhaltung steigen, d.h. der Marktzins muss steigen, um ein Geldmarktgleichgewicht zu garantieren. Die LM-Kurve hat also einen steigenden Verlauf.

zu 2:

- Durch die Geldmengenerhöhung entsteht ein Ungleichgewicht auf dem Geldmarkt (Überschussangebot). Bei gleichbleibendem Realeinkommen werden die Wirtschaftssubjekte versuchen, die überschüssigen liquiden Mittel durch den Kauf von Wertpapieren abzubauen. Die dadurch induzierte Überschussnachfrage bewirkt, dass die Kurse steigen bzw. der Marktzins fällt (Annahme: festverzinsliche Wertpapiere). Mit fallendem Zins wird die Geldnachfrage ansteigen und das Überschussangebot wird abgebaut. Der Anpassungsprozess läuft also über die Veränderung des Marktzinssatzes und nicht etwa über eine Veränderung des Realeinkommens.

zu 3:

- Beim elementaren Multiplikator im Gütermarkt werden keine Rückwirkungen auf den Geld- und Wertpapiermarkt betrachtet. Bei einer exogenen Nachfrageerhöhung und einem darauf folgenden Anstieg des Realeinkommens steigt auch die Geldnachfrage wegen des Transaktionsmotivs, so dass bei einem konstanten Geldangebot ein simultanes Gleichgewicht auf allen Märkten erst mit Hilfe eines Anstiegs des Marktzinssatzes erfolgen kann. Das wiederum bewirkt einen Rückgang der privaten Investitionsnachfrage, so dass der ursprünglich positive Effekt der Nachfrageerhöhung teilweise kompensiert wird, d.h. der Multiplikatoreffekt geringer ausfällt.

zu 4:

- Stellen Sie zunächst die Sparfunktion und die Investitionen graphisch dar, wobei auf der Abszisse das Volkseinkommen Y und auf der Ordinate die Ersparnis S und die Investitionen I abgetragen werden. Die Sparfunktion ist eine Gerade mit positiver Steigung, während die Investitionen horizontal verlaufen. Erhöht sich z.B. die Konsumquote, so impliziert dies eine geringere Sparquote, so dass die Sparfunktion nun einen flacheren Verlauf hat. Zwei Extremfälle können ausgemacht werden: entweder ein höheres gleichgewichtiges Einkommen bei konstantem Zinssatz oder ein konstantes Gleichgewichtseinkommen bei höherem Zinssatz und damit niedrigeren Investitionen. Überträgt man diese Zusammenhänge in ein r-Y-Diagramm, so führt der Anstieg der Konsumquote zu einer Rechtsverschiebung der IS-Kurve.

zu 5:

- Die makroökonomische Güternachfragekurve ist der geometrische Ort von Geld- und Gütermarktgleichgewichten bei unterschiedlichen Preis-Einkommens-Konstellationen. Graphisch lässt sie sich durch eine Verschiebung der LM-Kurve auf der IS-Kurve ableiten. So ergibt sich z.B. bei einer Preisniveausenkung ein erhöhtes Geldangebot, das wiederum zu einer Senkung des Marktzinses führt und damit die Investitionsnachfrage anregt. Die Preissenkung hat also einen Anstieg der effektiven Nachfrage zur Folge. Wenn die Investitionen nunmehr zinsunelastisch sind, wird dieser Mechanismus unterbrochen. Eine Preissenkung hat dann keinen positiven Nachfrageeffekt und die Güternachfragekurve verläuft in diesem Fall gleich wie die IS-Kurve vertikal.

zu 6a:

- Das gesamtwirtschaftliche Gleichgewicht lässt sich ableiten, indem die Gleichung des Gütermarktgleichgewichtes gebildet wird und mit der Gleichung des Geldmarktgleichgewichtes gleichgesetzt wird. Das Gütermarktgleichgewicht wird dabei durch

$$Y = cY + C_0 + I_r r + I_0$$

bestimmt. Da das Preisniveau annahmegemäß eine konstante Größe darstellt, können wir $P = 1$ setzen und haben mit M^r die reale Geldmenge als Quotient zwischen Geldmenge und Preisniveau. Das Geldmarktgleichgewicht wird dann durch

$$M^r = L_Y Y + L_r r$$

bestimmt. Löst man die Gleichung des Gütermarktgleichgewichtes bzw. des Geldmarktgleichgewichtes nach dem Zinssatz auf, dann erhält man den funktionalen Zusammenhang der IS-Kurve bzw. der LM-Kurve. Durch Einsetzen und Auflösen nach Y erhält man das gesamtwirtschaftliche Gleichgewicht

$$Y = \frac{1}{1 - c + I_r L_Y / L_r} (C_0 + I_0 + I_r M^r / L_r).$$

zu 6b:

- Durch Einführung von Staatsausgaben G erhöht sich die gesamtwirtschaftliche Nachfrage, so dass die Gleichung des Gütermarktgleichgewichtes zu

$$Y = cY + C_0 + I_r r + I_0 + G$$

verändert wird. Im Klammerausdruck der Gleichung des gesamtwirtschaftlichen Gleichgewichtes wird demnach die Größe G hinzuaddiert. Den Effekt einer Staatsausgabenveränderung auf das gleichgewichtige Volkseinkommen erhalten wir durch Differentiation des gleichgewichtigen Volkseinkommens nach G. Das Ergebnis ist der Staatsausgabenmultiplikator des IS-LM-Modells

$$\frac{dY}{dG} = \frac{1}{1 - c + I_r L_Y / L_r}.$$

zu 6c:

- Der elementare Gütermarktmultiplikator ergibt sich aus der Ableitung des gleichgewichtigen Volkseinkommens auf dem Gütermarkt nach den Staatsausgaben. Er gibt also die Wirkung nachfrageerhöhender Staatsausgaben auf das Volkseinkommen an ,ohne Berücksichtigung des Geldmarktes und dadurch auch ohne Berücksichtigung der Wirkung auf den Zins. Der elementare Gütermarktmultiplikator ist mit $1/(1-c)$ größer als der Multiplikator des gesamtwirtschaftlichen Gleichgewichtes, da die expansive Wirkung von Staatsausgaben durch den dadurch induzierten Zinsanstieg abgeschwächt wird (Crowding-Out). Im Vergleich zum reinen Gütermarktgleichgewicht ist das gesamtwirtschaftliche Gleichgewicht gekennzeichnet durch einen höheren Zinssatz und ein niedrigeres Volkseinkommen. Formal gilt: Unter den oben gemachten Annahmen wird der Term $I_r L_Y / L_r$ des Multiplikators des IS-LM-Modells positiv; damit wird der gesamte Bruch kleiner als $1/(1-c)$.

Kapitel 10 Der Arbeitsmarkt: Theorie und Evidenz

zu 1:

- Die starke Dynamik des Arbeitsmarktes führt zu einer Vielzahl von Suchprozessen, sowohl von seiten der Arbeitsanbieter als auch der Arbeitsnachfrager. Daher benötigt das Zusammenspiel von Angebot und Nachfrage auf dem Arbeitsmarkt Zeit und ist nicht perfekt (Mismatch). Mögliche Gründe für einen derartigen Mismatch sind unvollständige Informationen, unterschiedliche Qualifikationsprofile oder aber die Immobilität des Produktionsfaktors Arbeit.

- Die deutsche Arbeitsmarktstruktur ist durch ein bilaterales Monopol gekennzeichnet. Dies kann zu erheblichen Ineffizienzen führen, so z.B. im Lohnbil-
  dungsprozess ("inflexible Lohnstruktur" aufgrund von Marktmacht).

zu 2:

- Zunächst werden auf dem Arbeitsmarkt durch den Ausgleich von Arbeitsangebot und -nachfrage der gleichgewichtige Reallohn und die Beschäftigung festgelegt (Anm.: Es wird ein vollkommener Arbeitsmarkt mit flexiblen Löhnen
  unterstellt). Aufgrund des kurzfristig konstanten Kapitaleinsatzes, bestimmt allein das Beschäftigungsniveau die Produktionshöhe und damit das gesamtwirtschaftliche Güterangebot. Die Güterangebotsfunktion Y^s gibt den Zusammenhang zwischen Preisniveau und Güterangebot an. Da sich der Nominallohn bei
  Preisänderungen sofort anpaßt, bleibt der Reallohn konstant. Damit ist aber das
  Beschäftigungsniveau und damit bei gegebenem Kapitalstock auch das Güterangebot konstant, d.h. das Güterangebot ist nicht vom Preisniveau abhängig, so
  dass die Güterangebotsfunktion senkrecht verläuft (vgl. Abb. 10.3).

zu 3:

- Unter der Voraussetzung der vollkommenen Konkurrenz wäre auf dem Arbeitsmarkt die Vollbeschäftigung gesichert. Dies würde bedeuten, dass ein derartiger "idealer" Arbeitsmarkt durch folgende Charakteristika gekennzeichnet
  wäre: Vollständige Information (Markttransparenz), flexible Preise (Güterpreise und Löhne), atomistische Marktstruktur, Unternehmer (Arbeitsnachfrager)
  als Gewinnmaximierer und Haushalte (Arbeitsanbieter) als Nutzenmaximierer,
  keine Präferenzen, keine Markteintrittsschranken, homogene Produktionsfaktoren und Güter, vollkommene Faktormobilität.

- Die Annahme vollständiger Information bei vollkommener Konkurrenz ist
  zentral für die Sicherung eines Vollbeschäftigungsgleichgewichtes. Unvollständige Informationen z.B. bezüglich des Reallohnes (aufgrund falscher Preiserwartungen), der Arbeitsbedingungen, der offenen Stellen (Markttransparenz)
  oder aber der Qualifikationsprofile usw. führen zu ineffizienten Entschei-
  dungsprozessen der Arbeitsmarktteilnehmer und damit zu Ungleichgewichten
  auf dem Arbeitsmarkt. So können falsche Preiserwartungen beispielsweise zu
  realen Effekten auf die Produktion führen, da der Reallohn falsch antizipiert
  wird.

zu 4:

- a) Die sechziger und die frühen siebziger Jahre waren durch Vollbeschäftigung
  gekennzeichnet. Seit Mitte der siebziger Jahre ist allerdings eine stetige Zunahme der Arbeitslosigkeit zu konstatieren. Die derzeit hohe und persistente
  Arbeitslosigkeit ist überwiegend struktureller Art.

- b) Die derzeit hohe Arbeitslosigkeit ist möglicherweise auf Lohnstarrheiten
  und eine inflexible Lohnsstruktur aufgrund von Ineffizienzen im Lohnbil-

dungsprozess (aufgrund der Marktstruktur des bilateralen Monopols) zurückzuführen. Auch die zunehmende "Dynamik der Weltmärkte" führt zu kürzeren Produktlebenszyklen und beschleunigt daher den ständigen Strukturwandel und dadurch auch die Dynamik des Arbeitsmarktes. Dies wiederum erhöht die Zahl der Suchprozesse und damit den Mismatch ("Sucharbeitslosigkeit"). Ebenso ist zu konstatieren, dass die Produktion zunehmend riskanter wird, da sich sowohl die Technologie als auch die Bedürfnisse der Konsumenten immer schneller wandeln; dies kann zu unterlassener Produktion und somit zu Arbeitslosigkeit führen. Des Weiteren können die Immobilität des Produktionsfaktors Arbeit z.B. in regionaler Hinsicht sowie institutionelle Hemmnisse (z.B. ineffiziente Bürokratie) den Strukturwandel erschweren mit der Folge von Arbeitslosigkeit. Letztendlich können auch konjunkturelle Faktoren wie z.B. eine zu geringe effektive Nachfrage oder aber (technologische) Angebotsschocks (technischer Wandel) eine zunehmende Arbeitslosigkeit fördern.

Kapitel 11 Das allgemeine KEYNESianische Modell: Die neoklassische Synthese

zu 1:

- Die KEYNESianische Theorie (nicht zu verwechseln mit der KEYNESschen Theorie) wird auch als neoklassische Synthese bezeichnet, da sie Elemente der neoklassischen Theorie (Angebotssektor: Arbeitsmarkt und Produktionsfunktion) mit denen der "General Theory" von KEYNES (Nachfragesektor: IS-LM-Modell) verbindet. Im Allgemeinen KEYNESianischen Modell bleiben die Ergebnisse des klassisch-neoklassischen Modells hinsichtlich Beschäftigung und Produktion erhalten, d.h. in beiden Modellen wird das allgemeine Gleichgewicht bei Vollbeschäftigung erreicht. Während die Klassiker und Neoklassiker allerdings davon ausgehen, dass es eine langfristige Konvergenz zum allgemeinen Vollbeschäftigungsgleichgewicht gibt, existiert im Modellrahmen der neoklassischen Synthese die Möglichkeit stabiler Unterbeschäftigungsgleichgewichte, die durch Imperfektionen erklärt werden können.

zu 2:

- Vollbeschäftigung herrscht im Allgemeinen KEYNESianischen Modell genau dann, falls die Annahmen der vollständigen Konkurrenz (vgl. Kapitel 10, Frage 2) erfüllt sind. Der Transmissionsmechanismus zwischen Güterangebot und -nachfrage via gesamtwirtschaftliches Preisniveau funktioniert dann reibungslos, d.h. der KEYNES-Effekt (vgl. Kap. 11, Aufgabe 3) ist an keiner Stelle unterbrochen.

- Bei einer zinsunelastischen Investitionsnachfrage (Investitionsfalle), einer vollkommen zinselastischen Geldnachfrage (Liquiditätsfalle) sowie rigiden Preisen ist der KEYNES-Effekt (jeweils an unterschiedlichen Stellen) unterbrochen, d.h. Unterbeschäftigungsgleichgewichte mit Beharrungsvermögen sind möglich (sofern dem PIGOU-Effekt keine große quantitative Bedeutung zuteil wird).

zu 3:

• Durch den KEYNES-Effekt wird ein indirekter Zusammenhang zwischen Güternachfrage und Preisniveau beschrieben. Preisniveausenkungen und der damit verbundene Anstieg des realen Geldangebotes M/P führen zu einem Anstieg der Wertpapiernachfrage. Dies induziert einen Anstieg des Kurswertes, wodurch – bei unterstellten festverzinslichen Wertpapieren – der Zins sinkt. Aufgrund der inversen Beziehung zwischen Zinssatz und Investitionsnachfrage, steigt diese und erhöht damit gleichzeitig die effektive Nachfrage auf dem Gütermarkt. Der KEYNES-Effekt wirkt nur im Allgemeinen Modell, d. h. wenn keine Imperfektionen vorliegen.

zu 4:

• Sind Konsum und Ersparnis nicht nur einkommens- sondern auch vermögensabhängig, so tritt der PIGOU-Effekt auf: Veränderungen der Realkasse wirken sich auf die beiden Größen aus. Bei steigender Geldmenge oder sinkendem Preisniveau steigt das Realvermögen der Haushalte, so dass insbesondere der Konsum der Haushalte zunimmt. Aufgrund der höheren effektiven Nachfrage verschiebt sich die IS-Kurve nach rechts, so dass sich zu jedem Zinssatz ein höheres Einkommen einstellt. Dieser Prozess dauert solange an, bis $Y^d = Y^*$ gilt und damit ein Vollbeschäftigungsgleichgewicht erreicht ist. D.h. der PIGOU-Effekt verhindert ein stabiles Unterbeschäftigungsgleichgewicht bei einer Investitions- oder Liquiditätsfalle.

zu 5:

• Bei Vorliegen von Beschäftigungsfallen (Investitions- und Liquiditätsfalle, rigide Nominallöhne) greift eine staatliche Fiskalpolitik, wobei die expansive Wirkung auf die effektive Nachfrage bei kreditfinanzierten Staatsausgaben (aufgrund eines größeren Staatsausgabenmultiplikators) größer ist als bei steuerfinanzierten Staatsausgaben (HAAVELMO-Theorem).

• Die Geldpolitik ist bei Vorliegen einer Investitions- oder Liquiditätsfalle unwirksam zur Beseitigung der Beschäftigungsfallen. Hingegen ist die Geldpolitik wirksam bei Vorliegen eines Unterbeschäftigungsgleichgewichtes bei rigiden Nominallöhnen.

• Ein Policy-mix (vgl. Kap. 11, Aufgabe 7) bei ausgeglichenem staatlichen Budget wirkt ebenfalls beschäftigungswirksam.

zu 6:

• Das HAAVELMO-Theorem findet Anwendung bei der Steuerfinanzierung von Staatsausgaben. Es beschreibt die expansive Wirkung marginal ausgeglichener

Budgets. Werden zusätzliche Staatsausgaben ($dG > 0$) ausschließlich mit Hilfe einer Steuererhöhung ($dT > 0$) finanziert, so gilt $dG = dT$ und das Budgetdefizit verändert sich nicht: $dD = dG - dT = 0$. Aus der Darstellung des Gütermarktgleichgewichts mit Staatsaktivität folgt durch totale Differentiation und unter der Annahme $dG = dT$: $dY/dG = 1$.

- Der Staatsausgabenmultiplikator bei Steuerfinanzierung ist gleich Eins, d. h. eine Erhöhung der Staatsausgaben um eine Einheit erhöht die aggregierte Güternachfrage ebenfalls um eine Einheit. Die dazu notwendige Steuererhöhung führt aber gleichzeitig zu einem Rückgang der Konsumnachfrage der Haushalte, die allerdings aufgrund der marginalen Konsumneigung der Haushalte – wegen $c < 1$ – um weniger als eine Einheit fällt. Es tritt demnach ein positiver Nettoeffekt auf (d.h. die gesamte effektive Nachfrage $Y^d = C + I + G$ steigt), da der Staat im Gegensatz zu den Haushalten nicht spart und eine marginale Ausgabenquote von Eins hat.

zu 7:

- Unter Policy-mix wird der kombinierte Einsatz von Geld- und Fiskalpolitik verstanden. Folgende Effekte können dabei auftreten: Eine Erhöhung der Staatsausgaben bewirkt eine Rechtsverschiebung der IS-Kurve. Die damit verbundene Erhöhung von Y reicht allerdings nicht aus, um die gesamten Staatsausgaben zu finanzieren ($dG > dT$). Das entstehende Defizit kann dann über eine staatliche Geldschöpfung finanziert werden. Die Geldmengenausweitung bewirkt eine Rechtsverschiebung der LM-Kurve, so dass Y ansteigt. Dadurch steigen wiederum die Steuereinnahmen an, so dass sich ein Gleichgewicht ohne Defizit einstellen kann (vgl. Abb. 11.9).

zu 8:

- Klassik/Neoklassik: Der Preismechanismus sorgt immer für einen Ausgleich zwischen Angebot und Nachfrage (Invisible hand, Harmonieprinzip). Zentral ist das SAYsche Gesetz, das besagt, dass sich jedes Angebot seine Nachfrage schafft, d.h. der Konsum paßt sich an die Produktion an. KEYNES: Die Produktion paßt sich an die effektive Nachfrage an.

- Klassik/Neoklassik: Der Lohn wird fast ausschließlich als Kostenfaktor betrachtet. KEYNES: Der Lohn besitzt zwar Kostencharakter, ist aber zugleich auch Einkommen, das die effektive Nachfrage erhöht (Ambivalenz des Lohnes).

- Klassik/Neoklassik: Das Investitionsverhalten ist zinsabhängig. KEYNES: Das Investitionsverhalten ist zwar zumeist zinsabhängig, von zentraler Bedeutung sind aber auch die unternehmerischen Erwartungen (z.B. über zukünftige Erträge).

- Klassik/Neoklassik: Das Sparen und der Konsum sind vom Zins abhängig. Das Sparen ist außerordentlich wertvoll, da es automatisch Investitionen induziert.

Zentral für die Klassik/Neoklassik ist auch die Zinstheorie der Klassiker, die Cambridge-Gleichung (die als Spezialfall der KEYNESschen Liquiditätstheorie interpretierbar ist) und die Quantitätsgleichung. KEYNES: Das Sparen und der Konsum sind mehr vom Volkseinkommen abhängig. Das Sparen bedeutet gleichzeitig auch Konsumverzicht und mindert daher die effektive Nachfrage. Die Investitionen sind stark von den unternehmerischen Erwartungen abhängig. Zentral ist auch die Liquiditätspräferenztheorie von KEYNES.

- Die Klassik/Neoklassik postuliert einen Minimalstaat, der sich auf die Festlegung des rechtlichen und institutionellen Rahmens beschränken sollte. Bei KEYNES spielt der Staat eine sehr wichtige Rolle als "Stabilisator" ("antizyklische Fiskalpolitik"), d.h. der Staat sollte aktiv in den Wirtschaftsprozess eingreifen.

Kapitel 12 Zentrale makroökonomische Fragen: Theorie und Empirie

zu 1:

- vgl. Glossar zu Kap. 12.

- Die **Lohnquote** gibt den Anteil der Bruttoeinkommen aus unselbständiger Arbeit am Volkseinkommen an. Der restliche Teil des Volkseinkommens entfällt auf die Gewinnquote, also der Anteil der Einkommen aus Unternehmertätigkeit und Vermögen am Volkseinkommen.

- Die **bereinigte Lohnquote** berücksichtigt den steigenden Anteil an Unselbständigen bei der Ermittlung der relativen Verteilungsposition der unselbständig Beschäftigten.

- Die Lohn- und Gewinnquote sind nicht besonders aussagekräftig beim Vergleich der Einkommensposition der beiden Gruppen der Erwerbsbevölkerung, da einerseits unselbständig Beschäftigte auch Gewinneinkommen aus Vermögen, Mieten etc. erhalten und andererseits die selbständig Beschäftigten nicht nur Gewinneinkommen erzielen, sondern auch kalkulatorische Arbeitseinkommen. Bei der Gegenüberstellung von Arbeits- und Nichtarbeitseinkommen wird daher die **Arbeitseinkommensquote** verwendet, in die der Unternehmerlohn mit eingeht.

zu 2:

- Sowohl die Quantität und als auch die Qualität der volkswirtschaftlichen Produktionsfaktoren Arbeit, Kapital und Boden, sowie die technische Entwicklung sind die entscheidenden (angebotstheoretischen) Determinanten zur Bestimmung der Produktionskapazität.

- Die Auslastung der Produktionskapazität wird entscheidend durch die effektive Nachfrage, d.h. durch Nachfragefaktoren, determiniert (Unterkonsumtionstheorie).

zu 3:

- Es gibt beispielsweise erhebliche sektorale und regionale Unterschiede bezüglich des Wirtschaftswachstums, der Qualifikationsprofile der Arbeiter, der Nachfragestrukturen der Konsumenten, der Arbeitslosenquoten, des Zugangs- und Verbleibrisikos in Arbeitslosigkeit. Aus diesen Gründen muss eine erfolgreiche wirtschaftspolitische Diagnose und Therapie von Arbeitslosigkeit sektorale und regionale Unterschiede berücksichtigen.

zu 4:

- (Monetäre) Quantitätstheorie: Die Geldmengenentwicklung ist die entscheidende Determinante für die Inflationsrate.

- KEYNESianische Inflationstheorien: Das Preisniveau ergibt sich aus dem Zusammenspiel von gesamtwirtschaftlichem Angebot (Cost-push-Inflation: Kostenerhöhungen bewirken Preiserhöhungen) und gesamtwirtschaftlicher Nachfrage (Demand-pull-Inflation: Nachfrageerhöhungen bewirken Preiserhöhungen).

zu 5:

- vgl. die angegebene weiterführende Literatur zu Kap. 12.

- Die empirische Arbeit nimmt in der Volkswirtschaftslehre einen hohen Stellenwert ein. Sie ist insbesondere wichtig, um die aus Theorien abgeleiteten Schlussfolgerungen auf ihre Relevanz für die wirtschaftliche Realität überprüfen zu können. Wichtiges empirisches volkswirtschaftliches Datenmaterial findet sich z.B. in: Statistisches Bundesamt (z.B. Statistische Jahrbücher), Sachverständigenrat (z.B. Jahresgutachten), Deutsche Bundesbank (Monatsberichte), OECD (Wirtschaftsausblick), Bundesministerien (für Finanzen, Umwelt, Arbeit usw.), Datenbanken der Wirtschaftsforschungsinstitute (z.B. Deutsches Institut für Wirtschaftsforschung, IFO-Institut, Rheinisch-Westfälisches Institut für Wirtschaftsforschung, Institut für Weltwirtschaft, HWWA-Institut für Wirtschaftsforschung-Hamburg). Einen einführenden Überblick zum Auffinden von nationalen und internationalen Datenquellen und zur Analyse von empirischem Datenmaterial findet sich in: **Heiler, Siegfried.** Deskriptive und explorative Datenanalyse. München 1994.

zu 6:

- vgl. die angegebene weiterführende Literatur zu Kap. 12. zu den speziellen Aspekten der Inflation (z.B. Pohl), und hier insbesondere die Ausführungen zur PHILLIPS-Kurve, die den möglichen Zielkonflikt zwischen Inflation und Beschäftigung problematisiert.

zu 7:

- Primärverteilung: Hierbei steht die Verteilung des Volkseinkommens, die sich aus dem Marktprozess heraus ergibt, im Vordergrund. Private und staatliche Umverteilungsprozesse werden nicht berücksichtigt.

- Sekundärverteilung: Hierbei steht die Verteilung des Volkseinkommens, die sich nach den privaten und staatlichen Umverteilungsprozessen ergibt, im Vordergrund.

- Funktionelle Einkommensverteilung: Hierbei steht die Verteilung des Volkseinkommens auf die am Produktionsprozess beteiligten Produktionsfaktoren im Vordergrund. Mögliche Indikatoren sind die (bereinigte) Lohn- und Gewinnquote und die Arbeitseinkommensquote (berücksichtigt Querverteilungen).

- Personelle Einkommensverteilung: Hierbei steht die Verteilung des Volkseinkommens auf einzelne (sozioökonomische) Personengruppen oder Haushalte im Mittelpunkt. Mögliche Indikatoren sind der Verlauf der LORENZkurve und der GINI-Koeffizient.

- Mögliche weitere Verteilungskategorien sind z.B. die Güterverteilung, die intertemporale Verteilung, oder aber die regionale und sektorale Verteilung des Volkseinkommens.

zu 8:

- Inflation und Wachstum: Preisniveauänderungen führen zu Anpassungsprozessen (konjunkturelle Schwankungen), die möglicherweise negative Auswirkungen auf das Wachstum haben können. So erzeugen Inflationstendenzen Unsicherheiten und führen bei falschen Preiserwartungen zu suboptimalen Ressourcenallokationen, die wiederum das Wachstum negativ beeinflussen.

- Inflation und Einkommensverteilung: Preisniveauänderungen führen zu Veränderungen des realen Vermögensbestandes und Einkommens.

- Inflation und Beschäftigung: (Falsch antizipierte) Preisniveauveränderungen führen zu Veränderungen des (Vollbeschäftigungs-)Reallohnes und haben damit Auswirkungen auf das Arbeitsangebot und die Arbeitsnachfrage.

- Wachstum und Beschäftigung: Für viele Länder ist ein eindeutig positiver Zusammenhang erkennbar, d.h. höhere Wachstumsraten führen zu Mehrbeschäftigung.

- Wachstum und Einkommensverteilung: Ein verstärktes Wachstum erhöht das Volkseinkommen, das der Verteilung zur Verfügung steht. Obgleich z.B. der relative Anteil der Lohn- und Gewinnquote am Volkseinkommen unverändert bleiben kann (der relative Anteil kann sich durch das Wirtschaftswachstum aber auch verändern), führt das Wachstum zu einer absoluten Einkommenserhöhung der Lohn- und Gewinnempfänger.

- Beschäftigung und Einkommensverteilung: Beispielsweise verschlechtert eine hohe Arbeitslosigkeit die Einkommensposition der Arbeitslosen.

Kapitel 13 Die Funktion des Staates in der Volkswirtschaft

zu 1:

- vgl. Kap. 1, Abschnitt 7.

- Hauptcharakteristika der freien Marktwirtschaft: Konsumentensouveränität, Preismechanismus als Koordinations-, Sanktions- und Anreizinstrument (vgl. Kap. 5), Preis spiegelt die ökonomische Knappheiten wider, flexibles Preissystem gewährleistet Kompatibilität der Pläne der Wirtschaftssubjekte, leistungsgerechte Einkommensverteilung, Minimalstaat (z.B. Eigentumsrechte definieren).

- Hauptcharakteristika der Zentralplanwirtschaft: zentrale Planvorschriften einer staatlichen Planungsbehörde, zentrale Mengenplanung, Preis spiegelt **nicht** die ökonomische Knappheiten wider, Preismechanismus wirkt nicht als Koordinations-, Sanktions- und Anreizinstrument, Gleichverteilung wird angestrebt, Schwerfälligkeit bürokratischer Systeme.

- Mixed Economy: Mischung aus Zentralplanung und freier Marktwirtschaft.

zu 2:

- Im Stabilitäts- und Wachstumsgesetz von 1967 werden folgende Ziele genannt:

- Stabiles Preisniveau: Die Preise sollen im Vergleich zu einer Basisperiode nur wenig ansteigen. Wichtig dabei ist, dass nur langfristige Preissteigerungen als Inflation bezeichnet werden, während kurzfristige Veränderungen der Preise lediglich die Reaktionen von funktionierenden Märkten widerspiegeln.

- Hoher Beschäftigungsgrad: Das wesentliche Ziel ist hier die Vollbeschäftigung des Faktors Arbeit in der Volkswirtschaft. Angesichts eines flexiblen Arbeitsangebots ist die Festlegung der Vollbeschäftigungsmenge schwierig, und als praktisches wirtschaftspolitisches Ziel wird typischerweise eine niedrige Arbeitslosenquote angestrebt.

- Außenwirtschaftliches Gleichgewicht: Es ist nicht ganz klar, was genau unter diesem Ziel zu verstehen ist. In den meisten Fällen bezeichnet es eine ausgeglichene Leistungsbilanz eines Staates. In dieser Situation findet keine Veränderung der Nettoforderungsposition gegenüber dem Ausland statt.

- Angemessenes und stetiges Wachstum: Die Versorgung der Bevölkerung mit Gütern soll mit der Zeit ansteigen. Dabei gilt es zum einen die Mengen und zum anderen die Qualität der Güter zu erhöhen. Im Allgemeinen wird die Veränderung des realen Bruttonationaleinkommens zur Messung des wirtschaftlichen Wachstums gewählt. Häufig wird auch, unter dem Schlagwort eines qualitativen Wachstums, die Einbeziehung der Umweltverschmutzung in die Berechnung gefordert.

- Als weiteres wichtiges Ziel ist eine gerechte Einkommensverteilung zu nennen. Noch weniger als bei den anderen Zielen erscheint hier aber eine Quantifizierung als möglich. Allgemein lässt sich nur sagen, dass eine extreme Ungleichverteilung des Einkommens in einer Volkswirtschaft vermieden werden sollte.

- Tradeoffs zwischen einzelnen Zielen herausarbeiten (z.B. Tradeoff Inflation und Arbeitslosigkeit); vgl. hierzu die angegebene weiterführende Literatur zu Kap. 13.

zu 3:

- Wichtige Instrumente der Wirtschaftspolitik: Finanzpolitik, Geldpolitik, Außenwirtschaftspolitik, Wachstums- und Strukturpolitik, Einkommens-, Lohn- und Preispolitik (vgl. hierzu ausführlich die angegebene weiterführende Literatur zu Kap. 13).

zu 4:

- Private Güter zeichnen sich dadurch aus, dass bei ihnen Rivalität im Konsum und die Möglichkeit eines Ausschlusses vom Konsum vorliegt. Bei öffentlichen oder kollektiven Gütern sind diese Bedingungen verletzt. Nicht-Rivalität bedeutet, dass der Konsum eines Gutes durch einen Haushalt nicht den Konsum des gleichen Gutes durch einen anderen Haushalt beeinflusst. Nicht-Ausschluss macht deutlich, dass andere Haushalte nicht vom Konsum eines Gutes ausgeschlossen werden können, entweder weil dies technisch nicht möglich ist oder prohibitiv hohe Kosten verursachen würde.

- Free-rider-Problem: Aufgrund der obigen Eigenschaften von Kollektivgütern besteht für die Wirtschaftssubjekte ein Anreiz, ihre wahren Präferenzen zu verschleiern, falls sie an den Kosten beteiligt werden. In diesem Fall untertreiben die Wirtschaftssubjekte ihre Präferenzen in der Hoffnung, dass die anderen Wirtschaftssubjekte das Gut bereitstellen und bezahlen. Aufgrund der Nichtrivalität im Konsum und Nichtausschließbarkeit könnte man dann als Free-rider an diesem Gut partizipieren, ohne was dafür zu bezahlen. Da jedoch alle Wirtschaftssubjekte so denken, wird das Gut letztendlich nicht durch private Wirtschaftssubjekte bereitgestellt. Werden die Konsumenten nicht an den Kosten beteiligt, so werden die Konsumenten ihre wahren Präferenzen übertreiben, wenn sie dadurch eine Ausdehnung eines kostenlosen Angebotes erreichen können.

zu 5:

- Wenn auf die Einteilung von MUSGRAVE zurückgegriffen wird, dann gibt es drei Arten von Staatseingriffen: Aus allokativen, verteilungspolitischen und konjunkturellen Gründen. Im ersten Fall können die Märkte aufgrund verschiedener Probleme, z.B. externe Effekte, öffentliche Güter, natürliche Monopole, keine effiziente Produktion bereitstellen. Im zweiten Fall sind die Verteilungseffekte einer freien Marktwirtschaft gesellschaftlich unbefriedigend, z.B. hätten Behinderte keinen Anspruch auf Unterstützung. Schließlich kann der Staat durch einen Eingriff in das Wirtschaftsgeschehen größere Konjunkturausschläge verhindern. Allerdings ist zwischen dem theoretischen Potential eines Staatseingriffs und seinen praktischen Möglichkeiten zu unterscheiden (Stichwort Staatsversagen).

zu 6:

- Allokationseffizienz: Sind in einer Wirtschaft die Annahmen des Modells der vollkommenen Konkurrenz erfüllt, so ist das entstehende Gleichgewicht gemäß dem Ersten Hauptsatz der Wohlfahrtstheorie paretooptimal, d.h. effizient. Verschiedene Ursachen können jedoch dazu führen, dass das Marktergebnis ineffizient ist und der staatliche Eingriff zu einer Pareto-Verbesserung führen kann. Allokatives Marktversagen kann beispielsweise auftreten infolge der Existenz öffentlicher Güter, externer Effekte, fehlender Eigentumsrechte, Marktmacht und unvollständiger bzw. asymmetrischer Informationen.

- Kollektive Güter: Der Staat kann die Bereitstellung von öffentlichen Gütern übernehmen und die entstehenden Kosten durch allgemeine Steuern finanzieren.

- Asymmetrische Information: Der Staat kann versuchen, die Informationen zur Beurteilung unterschiedlicher Güter durch Anbieter und Nachfrager zu verbessern, z.B. Förderung unabhängiger Testzeitschriften, Beratungszentren, amtliche Überprüfungen etc.

- Externe Effekte: Mit Hilfe verschiedener Instrumente (z.B. Verboten, Umweltzertifikaten und Steuern) kann der Staat versuchen, die Kluft zwischen privaten und sozialen Kosten bzw. Nutzen zu schließen (vgl. Kap. 15, Aufgabe 14).

- Fehlende Eigentumsrechte: Durch die Einführung und Sicherung wohldefinierter Eigentumsrechte kann der Staat dieses Problem angehen.

zu 7:

- vgl. weiterführende Literatur zu Kap. 13 (z.B. MUSGRAVE, MUSGRAVE, KULLMER).

zu 8:

- Ein Sektor repräsentiert Wirtschaftssubjekte mit ähnlichen Verhaltensweisen.

- In der VGR werden die einzelnen Sektoren **Staat, Unternehmen** und **private Haushalte** und **private Organisationen ohne Erwerbszwecke** unterschieden und die intersektoralen Transaktionen stehen im Mittelpunkt (Beachte: die neue Sektorabgrenzungen in den ESVG; Kap. 13, Aufgabe 9). In der Finanzstatistik dagegen geht es um staatliche Aktivitäten und intrasektorale Transaktionen. Aufgrund dieser unterschiedlichen Abgrenzungen treten zwischen diesen beiden Konzepten sektorale, sachliche und zeitliche Abweichungen auf.

zu 9:

- Beschreibung der neuen Sektorenabgrenzung, veränderten Gliederung der Wirtschaftsbereiche und neuen Einkommensbegriffe.

- Bisherige Sektorenabgrenzung mit den dazugehörigen Wirtschaftssubjekten: a) Private Haushalte einschließlich Privater Organisationen ohne Erwerbszweck = Gemeinnützige Organisationen, Kirchen, Stiftungen, Vereine und Nichtselbständige; b) Unternehmen = Selbständige, Einzelunternehmer, Banken, Versicherungen, Pensionskassen, Kapital- und Personengesellschaften; c) Staat = Öffentliche Krankenhäuser, Staatliche Eigenbetriebe, Bund, Länder und Gemeinden sowie Sozialversicherungsträger; d) Übrige Welt = EU-Staaten, Drittländer, Internationale Organisationen.

- Neue Sektorenabgrenzung mit den dazugehörigen Wirtschaftssubjekten: a) Private Organisationen ohne Erwerbszweck = Gemeinnützige Organisationen, Kirchen, Stiftungen, Vereine; b) Private Haushalte = Nichtselbständige, Selbständige, Einzelunternehmer; c) Finanzielle Kapitalgesellschaften = Banken, Versicherungen, Pensionskassen; d) Nichtfinanzielle Kapitalgesellschaften = Kapital- und Personengesellschaften, Öffentliche Krankenhäuser, Staatliche Eigenbetriebe; c) Staat = Bund, Länder und Gemeinden sowie Sozialversicherungsträger; d) Übrige Welt = EU-Staaten, Drittländer, Internationale Organisationen.

- Alternativ zur Einteilung in Sektoren bietet das ESVG eine Einteilung der Volkswirtschaft in sechzig Wirtschaftsbereiche.

- Das Bruttonationaleinkommen entspricht dem früheren Bruttonationaleinkommen zu Marktpreisen, Sparen ersetzt den Begriff der Ersparnis, Konsumausgaben des Staates ersetzen den Begriff Staatsverbrauch, Konsumausgaben der privaten Haushalte ersetzen den Begriff privater Verbrauch.

- vgl. hierzu ausführlich das Wirtschaftsmagazin WISU (Das Wirtschaftsstudium), Heft 4/2000, S. 460 ff.

zu 10:

- vgl. Kap. 13, Abschnitt 3.

zu 11:

- Im Kreislaufdiagramm können die Finanzierungssalden der einzelnen Sektoren durch eine Gegenüberstellung der gesamten Einnahmen und Ausgaben abgeleitet werden. Wenn beispielsweise beim Staat die Differenz von Nettoinvestitionen und Ersparnis positiv (negativ) ist, dann liegt ein Haushaltsdefizit (Haushaltsüberschuss) vor.

- In der Summe müssen die Einnahmen und Ausgaben aller betrachteten Sektoren übereinstimmen (z.B. offene Volkswirtschaft: $FS_{Pr} + FS_{St} + FS_{Aus} = 0$), was jedoch nicht bedeuten muss, dass jeder Sektor seine Ausgaben durch eigene Einnahmen deckt.

zu 12:

- Es ist schwierig, den Verbrauch von Gütern durch den Staat zu bewerten. Unter Staatsverbrauch wird daher der Wert der unentgeltlich bereitgestellten Güter durch den Staat bezeichnet. Da in den meisten Fällen keine Marktpreise zur Bewertung dieser Güter zur Verfügung stehen, werden diese durch den Wert ihrer Inputfaktoren bewertet. Der Staatsverbrauch wird daher als Summe aus den Faktoreinkommen der beim Staat Beschäftigten, den Vorleistungskäufen des Staates bei den Unternehmungen und den Abschreibungen auf den öffentlichen Kapitalstock berechnet.

Kapitel 14 Der Staatshaushalt

zu 1:

- vgl. Glossar zu Kap. 14 sowie die angegebene weiterführende Literatur zu Kap. 13 zur Finanzwissenschaft..

- Gemäß Artikel 110 GG als gesetzliche Grundlage für den Haushaltsplan des Bundes sind alle Einnahmen und Ausgaben des Bundes in den Haushaltsplan einzustellen. Dieser wird für ein oder mehrere Rechnungsjahre vor Beginn des ersten Rechnungsjahres durch das Haushaltsgesetz festgestellt und ist dann vollzugsverbindlich. Der Haushaltsplan enthält die Einzelpläne jeder obersten Bundesbehörde sowie den Gesamtplan, der wiederum unterteilt wird in die Haushaltsübersicht, die Finanzierungsübersicht und den Kreditfinanzierungsplan. Ein Finanzierungsplan wird für den Zeitraum von fünf Jahren erstellt und enthält im Gegensatz zum Haushaltsplan nicht vollzugsverbindliche Schätzungen der Einnahmen und Ausgaben. Der Zusammenhang zwischen beiden Konzepten besteht darin, dass der Haushaltsplan das zweite Jahr des entsprechenden Finanzplanes ist.

zu 2:

- Zu den staatlichen Ebenen und deren konkrete Aufgaben vergleiche die angegebene weiterführende Literatur zu Kap. 13 zur Finanzwissenschaft.

- Der Grundsatz der Subsidiarität bezieht sich auf das Verhältnis des Staates zum Bürger und auf die Organisation eines föderalen Staates. Er besagt erstens, dass die Gemeinschaft oder der Staat nur dann eine Aufgabe übernehmen sollte, wenn der einzelne die Aufgabe nicht mehr sinnvoll wahrnehmen kann. Zweitens fordert er, dass eine übergeordnete staatliche Stelle (beispielsweise ein Bundesland) nur dann mit der Wahrnehmung einer Aufgabe betraut werden sollte, wenn die untergeordnete Ebene (etwa die Gemeinde) dazu nicht adäquat in der Lage ist.

zu 3:

- Es lassen sich zwei grundsätzliche Kategorien von Staatseinnahmen unterscheiden: Die Einnahmen der laufenden Rechnung und die Einnahmen aus Kapitalrechnung. Zu den Einnahmen der laufenden Rechnung gehören vor allem Steuern und steuerähnliche Abgaben und Einnahmen aus wirtschaftlicher Tätigkeit des Staates. Die zweite Kategorie besteht insbesondere aus Veräußerung von Sachvermögen und Beteiligungen sowie Kapitalrückflüssen.

- Die wichtigsten Einnahmeblöcke sind: Lohnsteuer, Umsatzsteuer, Verbrauchssteuern (z.B. Mineralölsteuer), Kreditaufnahme (z.B. Bundesanleihen, Bundesschatzbriefe).

- Die wichtigsten Ausgabenblöcke sind: Soziale Sicherung, Verteidigung, Verkehrs- und Nachrichtenwesen, Forschung, Bildung und Wissenschaft, Zinsen bzw. Schuldendienst.

zu 4:

- Ziel des Finanzausgleichs ist die Annäherung der Lebensverhältnisse im gesamten Bundesgebiet (Art. 106 Abs. 3 Ziffer 2 GG).

- Horizontaler Finanzausgleich: Finanzausgleich zwischen gleichrangigen Gebietskörperschaften (z.B. Länderfinanzausgleich, der angemessene Ausgleichsleistungen der finanzstarken an die finanzschwachen Länder leistet).

- Vertikaler Finanzausgleich: Finanzausgleich zwischen Gebietskörperschaften unterschiedlichen Ranges (z.B. Bundesergänzungszuweisungen, die der ergänzenden Deckung des allgemeinen Finanzbedarfs der leistungsschwachen Länder nach Durchführung des Länderfinanzausgleichs dienen).

zu 5:

- vgl. Glossar zu Kap. 14.

zu 6:

- Es bestehen eine Vielzahl von Interdependenzen zwischen den Zielen im StWG (Preisniveaustabilität, hoher Beschäftigungsstand, außenwirtschaftliches Gleichgewicht, gerechte Einkommensverteilung, angemessenes und stetiges Wachstum; vgl. Kap. 13, Aufgabe 2) und der Einnahme- und Ausgabenseite des Staatshaushalts. So führt z.B. ein hohes wirtschaftliches Wachstum in der Regel zu vermehrten Einnahmen (z.B. höheres Steueraufkommen) und zu geringeren Ausgaben (z.B. geringere Arbeitslosenunterstützungszahlungen); vergleiche hierzu ausführlich die angegebene weiterführende Literatur zu Kap. 13 zur Finanzwissenschaft.

zu 7:

- Das WAGNERsche Gesetz postuliert zunehmende Staatstätigkeiten im Zeitablauf; die empirische Relevanz ist aber eher als gering anzusehen (vergleiche hierzu ausführlich die angegebene weiterführende Literatur zu Kap. 13 zur Finanzwissenschaft).

zu 8:

- Direkte Steuern oder Besitzsteuern beziehen sich unmittelbar auf die wirtschaftliche Leistungsfähigkeit des Einzelnen. Sie umfassen die Steuern auf das Einkommen, das Vermögen und den privaten Verbrauch. Die wichtigste direkte Steuer ist die Lohnsteuer, aber auch bei der veranlagten Einkommensteuer, der Körperschaftsteuer, der Vermögen- und Grundsteuer und der Grunderwerbsteuer handelt es sich um direkte Steuern. Bei indirekten Steuern oder Kostensteuern geht es nicht um die wirtschaftliche Leistungsfähigkeit selbst, sondern um die Einkommensverwendung bzw. einen Vermögensverkehr. Die werden bei den Produzenten erhoben und sind bei der Gewinnermittlung abzugsfähig. Zu den indirekten Steuern zählen z.B. die Umsatz- und Verbrauchsteuern.

- Zu den verschiedenen Steuerreformen in Deutschland vergleiche die angegebene weiterführende Literatur zu Kap. 13 zur Finanzwissenschaft.

- Der Grenzsteuersatz gibt an, um welchen Betrag die Steuerschuld ansteigt, wenn das zu versteuernde Einkommen um eine Einheit (eine DM) steigt. Im deutschen Formeltarif 1996 des Einkommensteuerrechtes beispielsweise ist ein von 25,9 Prozent bis 53 Prozent kontinuierlich steigender Grenzsteuersatz festgelegt. In vielen Ländern gilt hingegen ein Stufentarif, bei dem der Grenzsteuersatz am Ende jeder Stufe sprunghaft ansteigt. Der Grenzsteuersatz ist für die Einkommensbezieher relevant, wenn sie vor der Entscheidung stehen, mehr zu leisten, also mehr zu arbeiten oder größeren Konsumverzicht zu üben. Denn vom Grenzsteuersatz hängt es ab, welchen Anteil des Mehrverdienstes der Steuerzahler für sich behalten kann.

zu 9:

- Der Artikel 115 GG verbietet dem Bund eine über die Ausgaben für Investitionen hinausgehende Neuverschuldung, es sei denn, die Verschuldung sei dazu bestimmt und geeignet, eine Störung des gesamtwirtschaftlichen Gleichgewichtes abzuwehren. Diese Regelung bürdet dem Bund eine Darlegungspflicht im Falle größerer Verschuldung auf. Wegen der Unbestimmtheit der in dem Grundgesetzartikel verwendeten Rechtsbegriffe und der Tatsache, dass von einer Störung des gesamtwirtschaftlichen Gleichgewichtes im Sinne des Stabilitätsgesetzes (Preisniveaustabilität, hoher Beschäftigungsstand, außenwirtschaftliches Gleichgewicht, gerechte Einkommensverteilung, angemessenes und stetiges Wachstum) eigentlich zu jeder Zeit gesprochen werden kann, schränkt der Schuldendeckel des Artikels 115 GG faktisch den Spielraum des Bundes in der Schuldenpolitik kaum ein.

zu 10:

- vgl. die angegebene weiterführende Literatur zu Kap. 13 zur Finanzwissenschaft.

Kapitel 15 Staat, Effizienz und Wohlfahrt

zu 1:

- Grundsätzliches zum paretooptimalen Wettbewerbsgleichgewicht: Unter einem
  Wettbewerbsgleichgewicht versteht man ein Preissystem mit für alle Wirtschaftssubjekte gleichen Preisen (Prinzip des einheitlichen Preises.
  Preis=Datum mit der Folge der Mengenanpassung der Wirtschaftssubjekte),
  welches bei privaten Gütern Angebot und Nachfrage in Übereinstimmung
  bringt. Voraussetzung für das Erreichen des Wettbewerbsgleichgewichts ist
  vollkommene Konkurrenz auf Güter- und Faktormärkten: sehr viele Anbieter
  und Nachfrager, keine Präferenzen, vollständige Markttransparenz.

- Effizienz im Tausch (1. Marginalbedingung), d.h es gilt $GRS_{A,B}^{R} = GRS_{A,B}^{F}$:
  Haushalte betreiben Nutzenmaximierung und orientieren sich am (für alle
  Haushalte, hier: R und F) vorgegebenen, einheitlichen Preissystem für die
  Konsumgüter A und B. Austausch von Konsumgütern, bis die GRS (Verhältnis
  der Grenznutzen) dem Preisverhältnis der Konsumgüter entspricht (optimaler
  Verbrauchsplan; vgl. Kap. 3).

- Effizienz in der Faktorallokation (2. Marginalbedingung), d.h es gilt
  $GRTS_{L,K}^{A} = GRTS_{L,K}^{B}$:

  Unternehmen betreiben Gewinnmaximierung und orientieren sich am (für alle
  Unternehmen) vorgegebenen, einheitlichen Preissystem für die Produktionsfaktoren und Güter. Austausch von Produktionsfaktoren, bis die GRTS (Verhältnis
  der Grenzproduktivitäten) dem Preisverhältnis der Produktionsfaktoren entspricht (optimaler Produktionsplan; vgl. Kap. 4).

- Effizienz in der Abstimmung von Produktion und Konsum, d.h. es gilt
  $GRS_{A,B}^{R}\left(= GRS_{A,B}^{F}\right) = p_A / p_B = GRT_{A,B}$ (Nutzenpreis=Kostenpreis):

  Da sich sowohl Haushalte als auch Unternehmen am vorgegebenen, einheitlichen (Konsumgüter)Preisverhältnis orientieren, wird auf allen Märkten Angebot und Nachfrage in Übereinstimmung gebracht.

- Erster Hauptsatz: Jedes Konkurrenz- bzw. Wettbewerbsgleichgewicht ist paretooptimal, d.h. der Markt sorgt über den Preismechanismus bei privaten Gütern von selbst für Effizienz. Die Koordination der Pläne bedarf also keiner
  zentralen Planung. Dies untermauert die Vorteilhaftigkeit marktwirtschaftli-

cher Wettbewerbsökonomien. Voraussetzungen für dieses Ergebnis: einheitliches, für die Wirtschaftssubjekte als Datum vorgegebenes Preissystem; Nutzenmaximierung der Haushalte; Gewinnmaximierung der Unternehmen; vollkommene Konkurrenz (d.h. keine Marktmacht, keine öffentlichen Gütern, keine externen Effekte).

- Zweiter Hauptsatz: Jedes Pareto-Optimum kann nach Umverteilung der Anfangsausstattung als Konkurrenz- bzw. Wettbewerbsgleichgewicht realisiert werden. Ausgangsproblem: Der erste Hauptsatz besagt, dass der Markt von selbst für Effizienz sorgt, d.h. bei gegebener Anfangsausstattung stellt sich von selbst ein pareto-optimales Wettbewerbsgleichgewicht ein. Der erste Hauptsatz sagt aber nichts darüber aus, ob dieses Wettbewerbsgleichgewicht aufgrund gesellschaftlicher Nutzenbewertungen (über eine soziale Wohlfahrtsfunktion; vgl. Kap. 15, Aufgabe 4) als Optimum Optimorum wünschenswert erscheint. Der zweite Hauptsatz besagt nun, dass der Staat über eine entsprechende Umverteilung (durch nicht verzerrende Pauschalsteuern) der Anfangsausstattungen jede mögliche paretooptimale Allokation als Wettbewerbsgleichgewicht erreichen kann; also auch das vom Staat gewünschte, das die gesamtwirtschaftliche Wohlfahrt maximiert. Das Distributionsziel kann also über den Markt erreicht werden.

zu 2:

- Die **Transformationskurve** zeigt die Produktionsmöglichkeiten bei effizientem Faktoreinsatz. Sie ergibt sich durch die Übertragung der Effizienzkurve in ein Zwei-Güter-Diagramm, d.h. jeder Punkt auf der Transformationskurve impliziert die Gleichheit der Grenzraten der technischen Substitution. Sie gibt die bei effizienter Produktion möglichen Outputkombinationen wieder (d.h. auf der Transformationskurve ist die 2. Marginalbedingung erfüllt). Sie spiegelt die Opportunitätskosten der Produktion wider. Der Verlauf hängt von den Faktorbeständen und der Gestalt der Produktionsfunktion ab. Die Steigung ist negativ.

- Die **Nutzenmöglichkeitenkurve** kennzeichnet dagegen die Nutzenverteilung zwischen den beiden Wirtschaftssubjekten bei effizientem Tausch. Sie wird gebildet durch die Übertragung der Kontraktkurve in ein Nutzendiagramm, d.h. entlang der Nutzenmöglichkeitenkurve stimmen die beiden Grenzraten der Substitution überein.

- Die Nutzenverteilung, die sich bei einem gesamtwirtschaftlichen Optimum ergibt, bei dem sowohl Tausch- als auch Faktorallokationseffizienz erreicht wird, wird durch die **Nutzengrenze** dargestellt. Die Nutzengrenze ergibt sich graphisch als Umhüllende der Nutzenmöglichkeitskurven. Punkte jenseits der Nutzengrenze lassen sich nicht realisieren. Allerdings lässt sich die Nutzengrenze unter bestimmten Bedingungen nach außen verschieben (z.B. durch technischen Fortschritt).

zu 3:

- Falls die Grenzraten der Substitution und damit die marginalen Zahlungsbereitschaften divergieren, ist ein Individuum bereit, für eine Einheit von Gut A mehr von Gut B herzugeben, als das andere Individuum benötigt, um für den Verlust dieser Einheit von Gut A entschädigt zu werden. Somit kann dieses Individuum durch Tausch besser gestellt werden, ohne dass sich das erste Individuum verschlechtert.

zu 4:

- Unter einer sozialen Wohlfahrtsfunktion versteht man die gesellschaftliche Bewertung individuellen Wohlbefindens. Hierbei stellt der individuelle Nutzen in der Regel eine Funktion des eigenen Konsumgüter(faktor)bündels dar (Ansatz von BERGSON-SAMUELSON). Bei diesem Konzept besteht insbesondere die Frage, wie die Gewichtung individueller Nutzen vorzunehmen ist. Je nach unterstellter Wohlfahrtsfunktion können die gewichteten individuellen Nutzen multiplikativ oder additiv miteinander verknüpft sein. Unterstellt man, dass eine soziale Wohlfahrtsfunktion gegeben ist, kann sowohl das Effizienz- wie das Gerechtigkeitsproblem (häufig eindeutig) gelöst werden (vgl. Abb. 15.6).

zu 5:

- vgl. die angegebene weiterführende Literatur zu Kap. 13 zur Finanzwissenschaft.

- Meist wird unterstellt, dass ein Tradeoff zwischen Effizienz und gerechter Verteilung existiert. So führt z.B. eine durch staatliche Wirtschaftspolitik induzierte Gleichverteilung dazu, dass die individuellen Leistungsanreize verschwinden, da sowohl die Leistungsstarken als auch die Leistungsschwachen gleich entlohnt werden. Andererseits können eine gerechte Einkommensverteilung und Effizienzaspekte in komplementärer Beziehung zueinander stehen; so kann z.B. eine gerechte Einkommensverteilung dazu führen, dass alle Individuen gleichmäßig in Aus- und Weiterbildung investieren können. Dies verbessert die Qualität des Produktionsfaktors Arbeit, was in der Regel wiederum positive Wirkungen auf das Wachstum einer Ökonomie hat.

zu 6:

- Die Konsumentenrente gibt jenen Betrag an, um den die Zahlungsbereitschaft der Konsumenten ihre Ausgaben übersteigt. Entsprechend wird mit der Produzentenrente gemessen, um welchen Betrag die Einnahmen der Produzenten ihre Kosten übersteigen. Bei vollständiger Konkurrenz entstehen diese Renten, weil einerseits Konsumenten für inframarginale Einheiten bereit wären, mehr zu zahlen und Produzenten inframarginale Einheiten kostengünstiger produzieren können, aber andererseits aufgrund des Gesetzes des einheitlichen Preises für marginale und inframarginale Einheiten der gleiche Preis gezahlt werden muss bzw. erlöst wird (vgl. Abb. 15.8 mit entsprechenden Erläuterungen).

zu 7:

- Ein Monopol verursacht Wohlfahrtsverluste, da der Monopolist die Produktion nicht soweit ausdehnt, dass Grenzkosten und marginale Zahlungsbereitschaft übereinstimmen, d.h. der Monopolpreis liegt oberhalb der Grenzkosten. Produktion und Konsum werden nicht effizient aufeinander abgestimmt, da der Monopolpreis höher und die produzierte Menge geringer ist als im Falle der vollkommenen Konkurrenz (vgl. Abb. 15.8).

zu 8:

- Zunehmende Skalenerträge oder hohe Fixkosten in der Produktion begünstigen das Entstehen von natürlichen Monopolen, da in diesem Fall die totale Durchschnittskostenkurve die PAF in ihrem fallenden Bereich schneidet. Natürliche Monopole sind durch fallende Grenzkosten gekennzeichnet, was damit ebenfalls fallende Durchschnittskosten impliziert (vgl. Abb. 15.9). Das führt dazu, dass das Angebot durch genau einen Anbieter effizient bereitgestellt wird.

- Problem eines natürlichen Monopols: Bei sinkenden Grenzkosten sind die Grenzkosten kleiner als Durchschnittskosten, d.h. die Durchschnittskosten-Kurve verläuft oberhalb der Grenzkosten-Kurve. Eine pareto-optimale Produktion entsprechend der Preis = Grenzkosten-Regel wäre mit Verlusten für das Unternehmen verbunden. D.h. bei Vorliegen eines natürlichen Monopols wird nicht nach der Preis = Grenzkosten-Regel verfahren, da diese Produktionsmenge x_k nur mit Verlusten hergestellt werden könnte. Nur mit Hilfe eines wirtschaftspolitischen Eingriffs, bei dem die dem privaten Monopolisten entstehenden Verluste durch Subventionen finanziert werden, oder bei öffentlicher Produktion wird die paretooptimale Menge x_k hergestellt.

- Bei einer Subventionierung ist allerdings zu beachten, dass die Einnahmenerzielung des Staates zur Subventionierung aufgrund der Notwendigkeit der Erhebung verzerrender Steuern mit einem **Excess burden** verbunden ist (vgl. Kap. 15, Aufgabe 15), der einen Teil der Paretogewinne eliminiert.

- Erwirtschaften öffentliche Unternehmen im Fall eines natürlichen Monopols einen Gewinn, so produzieren sie nicht entsprechend der pareto-optimalen Menge x_k (p=GK-Regel), d.h. sie produzieren nicht effizient.

zu 9:

- Nichttrivialität im Konsum = Nutzung eines öffentlichen Gutes durch ein Individuum mindert nicht dessen Nutzung durch andere Individuen.

- Nicht-Ausschließbarkeit = Keiner kann vom Konsum ausgeschlossen werden, da die Nutzung des öffentlichen Gutes (z.B. Landesverteidigung) keinen Kaufakt voraussetzt.

- Aufgrund der Nichttrivialität im Konsum gilt für Kollektivgüter, dass die Grenzkosten der Bereitstellung einer gegebenen Menge des öffentlichen Gutes für weitere Individuen gleich Null sind. Das Kollektivgut sollte also für alle potentiellen Nutzer bereitgestellt werden. Ein privater Anbieter müsste aber, um die Bereitstellung des Kollektivgutes finanzieren zu können, ein Entgelt von den Nutzern verlangen. Jene Nutzer, deren Zahlungsbereitschaft geringer als dieses Entgelt ist, würden von der Nutzung ausgeschlossen werden, obwohl es keine zusätzlichen Kosten verursacht, sie an der Nutzung teilhaben zu lassen. Dies ist ineffizient. Sind Individuen hingegen von der Nutzung des Kollektivgutes nur zu ineffizient hohen Kosten auszuschließen, dann wird es zu Schwarzfahrerverhalten (Free-rider-Verhalten) kommen. Zu wenige Konsumenten werden ihre tatsächliche Zahlungsbereitschaft freiwillig offenbaren. Da in diesem Fall der Anbieter den marginalen Vorteil nicht vereinnahmen kann, wird es zu einem ineffizient geringen Angebot kommen.

zu 10:

- Aufgrund der Nichtrivalität im Konsum muss ein Individuum nicht mehr die vollen Kosten für die Bereitstellung eines Kollektivgutes tragen, sondern alle beteiligten Individuen finanzieren dieses gemeinsam und zwar gemäß ihrer individuellen Zahlungsbereitschaft. Es gilt daher, dass die Summe der Grenzraten der Substitution gerade der Grenzrate der Transformation entsprechen muss (vgl. Abb. 15.10 mit entsprechenden Erläuterungen).

- Die SAMUELSON-Bedingung für die Paretoeffizienz bei der Bereitstellung öffentlicher Güter eröffnet bei Variation der vorgegebenen Indifferenzkurve für Freitag ein ganzes Spektrum an paretooptimalen Allokationen von privaten und öffentlichen Gütern.

zu 11:

- Bezogen auf das Problem der Vielzahl an pareto-optimalen Allokationen bei der SAMUELSON-Bedingung (vgl. Aufgabe 10) wäre eine Lösungsmöglichkeit zur Bestimmung des tatsächlichen Angebots des öffentlichen Gutes jene, durch Aggregation der individuellen Nachfragekurve (=Nutzenpreise der Zahlungsbereitschaft) eine **Gesamtnachfragekurve** abzuleiten (vgl. Abb. 15.11). Die Aggregation erfolgt bei öffentlichen Gütern durch **vertikale Addition** (Grund: Ein öffentliches Gut wird nichtrival genutzt, so dass die Summe der individuellen Zahlungsbereitschaften (Nutzenpreise) den aggregierten Nutzenpreis bzw. die aggregierte Nachfragekurve nach dem öffentlichen Gut z ausdrückt).

- Sind die Grenzkosten (GK) annahmegemäß konstant, so ergibt sich aus dem Schnittpunkt der aggregierten Nachfragekurve mit der GK-Kurve das optimale Angebot z* des öffentlichen Gutes. Sollen ferner die GK mit dem Schlüssel der individuellen Zahlungsbereitschaft t^1 und t^2 auf beide Nachfrager verteilt werden, so ist diese Lösung paretooptimal, da die Summe der individuellen Nutzenpreise die GK deckt (SAMUELSON-Bedingung). Dieses spezielle Pareto-Optimum enthält aber implizit ein zusätzliches **Distributionsziel** derart, dass jeder Nachfrager sich an den (Grenz-)Kosten gemäß seinem eigenen Nutzenpreis beteiligt (**LINDAHL-Gleichgewicht**).

zu 12:

- Ein (technologischer) externer Effekt ist die unmittelbare Auswirkung einer wirtschaftlichen Aktivität eines Wirtschaftssubjektes auf den Nutzen eines (anderen) Konsumenten oder die Produktion eines (anderen) Produzenten, ohne dass diese Auswirkungen über freiwillige Markttauschakte und Marktpreise entgolten werden.

- Da der Einzelne bei seinen Handlungen nicht die Auswirkungen auf andere Individuen berücksichtigt, fallen individuelle und kollektive Rationalität auseinander. Anstatt die sozialen Grenzkosten zu beachten, werden nur die individuellen privaten Grenzkosten einer Handlung in das Optimierungskalkül einbezogen, wodurch eine suboptimale Allokation resultiert. Der Markt versagt, da die individuellen Optimierungsregeln nicht den gesamtwirtschaftlichen entsprechen.

- Eine Internalisierung externer Effekte lässt sich beispielsweise durch die Zuweisung von Eigentumsrechten erreichen, weitere Möglichkeiten sind Besteuerung sowie Verhandlungslösungen.

zu 13:

- Allmende = Gut mit partieller Rivalität in der Nutzung (Grund: Ressourcenknappheit) und nicht-exklusiven Eigentumsrechten. Der Umstand, dass für die Nutzung der Allmende nichts bezahlt werden muss und es keine Zutrittsbeschränkungen gibt, führt zu einer übermäßigen Nutzung. Beispiele: Gemeindewiese, Fischteich eines Vereins, Ölvorkommen.

- Ein Allmende ist kein öffentliches Gut. Wegen der partiellen Rivalität in der Nutzung treten (neg.) externe Effekte auf, die zu einem Marktversagen führen.

- Individuell rationale Strategie (vgl. Abb. 15.2): Solange der erwartete Ertrag (Durchschnittertrag) pro Reuse die Kosten der Reuse übersteigt (**DE $\geq$ GK**), treten neue Fischer hinzu. Dieses Gleichgewicht GG ist paretoineffizient. Der Teich wird überfischt, denn die individuelle Rationalität des neu hinzukommenden Fischers lässt die Ertragseinbußen der anderen Fischer, die durch seinen Markteintritt entstehen, unberücksichtigt. Für diesen negativen externen Effekt muss keine Entschädigung gezahlt werden.

- Gesellschaftlich rationale Strategie: Der Markteintritt erfolgt solange, wie der Grenzertrag eines neu hinzukommenden Fischers die Grenzkosten (Preis einer Reuse) übersteigt (**GE $\geq$ GK**). Die paretooptimale Gleichgewichtsmenge M ist kleiner als die im Marktgleichgewicht GG bei individueller Optimierung (d.h. die individuelle Rationalität ist ungleich der kollektiven Rationalität).

- Mögliche Internalisierungsmaßnahmen: 1) Steuer in der Höhe der Differenz von DE und GK im Optimum M für ausgesetzte Reusen. 2) Allgemein lassen sich externe Effekte oft durch eine geeignete Ausgestaltung der Eigentumsrechte beheben (Formal bedeutet dies ein Übergang von der obigen „Durchschnittsbetrachtung" bei individueller Strategie zur Marginalanalyse, d.h. Grenzbetrachtung bei der gesellschaftlichen Strategie, bei der der externe Effekt internalisiert wird). Bsp.: Gemeindeeigentum in Privateigentum überführen.

zu 14:

- vgl. die angegebene weiterführende Literatur zu Kap. 13 zur Finanzwissenschaft.

- Die PIGOU-Steuer dient zur Korrektur externer Effekte, indem die privaten und gesamtwirtschaftlichen Grenzkosten zum Ausgleich gebracht werden. Die PIGOU-Steuer für jede produzierte Einheit gleicht die Differenz von sozialen und privaten Grenzkosten im Optimum aus. D.h. die PIGOU-Steuer veranlaßt den Verursacher, den externen Effekt in seinem Kostenkalkül zu berücksichtigen. Bei der PIGOU-Steuer gilt daher das Verursacherprinzip, d.h. der Verursacher des externen Effektes zahlt.

- Gebote und Verbote, d.h. es werden Mengenstandards festgelegt (z.B. jeder Produzent reduziert seine Menge um 10 Prozent). Gebote und Verbote sind inflexibel und ineffizient, da sie verhindern, dass sich die Wirtschaftssubjekte bei Geboten und Verboten nicht entsprechend ihrem Optimierungskalkül anpassen können.

- Das COASE-Theorem besagt, dass unabhängig von der Ausgangsverteilung der Eigentumsrechte externe Effekte durch Verhandlungen immer effizient internalisiert werden, falls die Eigentumsrechte eindeutig definiert und garantiert werden und Verhandlungen nicht mit prohibitiv hohen Transaktionskosten verbunden sind. Die Effizienzthese besagt: Sind Eigentumsrechte definiert, dann ist die Allokation des Marktes auch bei externen Effekten aufgrund von (internalisierenden) Kompensationszahlungen nach Verhandlungen effizient. Die Irrelevanzthese besagt: Effizienz wird unabhängig von der Verteilung der Eigentumsrechte erreicht, die Verteilung der Eigentumsrechte hat nur Einfluss auf die Verteilung der Ressourcen.

- Umweltzertifikate: Für abgegrenzte Regionen werden Verschmutzungsrechte bis zu einer fixierten Gesamthöhe vergeben. Die Vergabe durch den Staat kann kostenlos oder durch Verkauf (z.B. Versteigerung) erfolgen. (Beachte: Unterschiedliche Verteilungseffekte). Zertifikate können befristet oder unbefristet gewährt werden. Die Verschmutzungsrechte werden dann auf einem Lizenzmarkt gehandelt. Die Idee ist folgende (Übertragung des COASE-Theorems): Der Staat billigt den Produzenten eine bestimmte Menge an Emissionsausstoß zu, d.h. er definiert Eigentumsrechte (Beachte: Es gilt die Effizienz- und Irrelevanzthese analog wie beim COASE-Theorem). Je nach Grenzvorteil der Produktion haben die Produzenten unterschiedliche Zahlungsbereitschaften, wobei die Produzenten mit relativ hohem Grenzvorteil bereit sind, von den Produzenten mit relativ geringem Grenzvorteil Zertifikate abzukaufen. Über den Preismechanismus (Preis für das Umweltzertifikat) wird die Nachfrage nach Umweltzertifikaten und das Angebot an Umweltzertifikaten aufeinander abgestimmt. Die Produzenten werden dann jeweils die paretooptimalen Mengen produzieren.

zu 15:

• Die Erhebung einer speziellen Verbrauchsteuer ruft im Vergleich zu einer nicht-verzerrenden Steuer eine zusätzliche Belastung der Steuerzahler hervor, da diese sich unter einer nicht-verzerrenden Steuer besser stellen würden, selbst wenn diese Steuer den gleichen Betrag in die Kassen des Fiskus brächte. Der tiefere Grund für die Ineffizienz einer solchen Steuer, die ihren Ausdruck in der Zusatzlast findet, ist darin zu sehen, dass die verzerrende Steuer die Funktion der Preise, für alle Wirtschaftssubjekte die richtigen Knappheitssignale zu senden, beeinträchtigt. Die Konsumenten rechnen nicht mehr mit den tatsächlichen volkswirtschaftlichen Opportunitätskosten, wenn sie ihren Konsum auf besteuerte und nicht-besteuerte Güter aufteilen.

Kapitel 16 Internationaler Handel

zu 1:

Eine Diskussion sollte folgende Bereiche ansprechen:

• Die vollkommene Mobilität von Gütern und Faktoren sorgt für höhere Effizienz in der Volkswirtschaft, wenn die mikroökonomischen Optimalbedingungen im Tausch, in der Faktorallokation und in der Abstimmung zwischen Konsum und Produktion erfüllt sind. Neben diesen statischen Effekten sind dynamische Wirkungen aufgrund einer stärkeren Konkurrenz bei offenen Märkten zu erwarten. Auch kann durch eine Erweiterung der Märkte in größeren Stückzahlen produziert werden, wodurch sich Kostendegressionseffekte ergeben können. Für eine Bewertung der Wohlfahrtswirkungen sollte allerdings auch die zunehmende Abhängigkeit eines Staates vom internationalen Geschehen nicht unerwähnt bleiben (z.B internationaler Konjunkturzusammenhang). Außerdem ist es möglich, dass bestimmte Industrien nicht mehr rentabel in einem Land arbeiten können, und dass die daraus resultierenden Strukturveränderungen zu hohen Anpassungskosten (Arbeitslosigkeit, Verlust regionaler Identität etc.) führen werden.

zu 2:

- Das sogenannte Erziehungszollargument basiert auf der Idee, dass neue, junge Industrien (insbesondere in Entwicklungsländern) etwas Zeit brauchen, um auf den Weltmärkten konkurrieren zu können. Für eine gewisse Zeit sorgt ein Schutzzoll auf dem heimischen Markt dafür, dass Kostenvorteile der etablierten ausländischen Anbieter nicht zu einer Verdrängung der neuen inländischen Produzenten führen. Sind dann die heimischen Produzenten "erwachsen" geworden, d.h. konkurrenzfähig, dann kann der Schutzzoll aufgehoben werden und der Wettbewerb beginnen.

- Mit diesem Argument lassen sich nur temporäre Handelsbeschränkungen begründen. Oft ist aber festzustellen, dass keine echte Evaluierung darüber stattfindet, ob sich die junge Industrie auch vielversprechend entwickelt. Damit werden aus temporären Zöllen permanente Handels- und damit Wettbewerbsbeschränkungen. Diese sind mit der Idee des Erziehungszolls aber nicht mehr in Einklang zu bringen. Weiterhin verletzt das Argument eine effizienzorientierte mikroökonomische Sichtweise, denn danach sollte dort produziert werden, wo die komparativen Kostenvorteile liegen. Es ist aber unklar, wie stark das statische Effizienzargument bei der Bewertung eines dynamischen Prozesses gewichtet werden soll. Klar ist dagegen, dass während der Schutzzeit die heimischen Konsumenten höhere Preise in Kauf zu nehmen haben. Dieser Aspekt müsste in einer Berechnung der Wohlfahrtswirkungen auf jeden Fall berücksichtigt werden.

zu 3:

- vgl. die angegebene weiterführende Literatur zu Kap. 16.

- Wichtige Instrumente einer protektionistischen Handelspolitik sind: Zölle, Subventionierung inländischer Unternehmen bzw. Branchen, Vergabe öffentlicher Aufträge an inländische Unternehmen bzw. Branchen, nichttarifäre Handelshemmnisse (z.B. Importkontingente), bestimmte Formen der Devisenbewirtschaftung, die den Abfluss von inländischem Kapital ins Ausland behindern. Insbesondere wenn man die Instrumente einer protektionistischen Handelspolitik einer spieltheoretischen Analyse unterzieht, muss beachtet werden, dass das Ausland auf protektionistische Maßnahmen des Inlandes ebenfalls mit protektionistischen Gegenmaßnahmen reagiert (Gefangenendilemma, vgl. Kap. 6, Abschnitt 5 und 6).

zu 4:

- Der Gleichgewichtspreis bei Freihandel ist in beiden Ländern gleich. Wird nun ein Importzoll erhoben, führt dies zu einer Verteuerung des entsprechenden Gutes im Importland (vgl. Abb. 16.3). Gemäß dem (normalen) Verlauf der Angebots- und Nachfragekurve erhöht sich daher die inländische Produktion bzw. sinkt die inländische Nachfrage im Importland. Beide Effekte führen zu einer geringeren Importnachfrage und damit zu geringeren Exporten im Exportland, was zu einem geringeren Preis im Exportland führt. Die neuen Gleichgewichtspreise differieren um den Zollsatz z: $p_F = p_D + z$, der Zollsatz treibt damit einen Keil zwischen die Konsumentenpreise im importierenden und exportierenden Land. Der Gleichgewichtspreis im Exportland ist nun niedriger als bei Freihandel, da der Importzoll zu einem Rückgang der ausländischen Nachfrage geführt hat.

zu 5:

* vgl. die angegebene weiterführende Literatur zu Kap. 16 (z.B. Krugman, Obstfeld).

Kapitel 17 Monetäre Außenwirtschaftsbeziehungen

zu 1:

* Der wesentliche Vorteil fester Wechselkurse liegt darin, dass Transaktionskosten eingespart werden können, weil die Unsicherheit über Veränderungen der Wechselkurse zurückgeht. Damit fällt es den Unternehmen leichter ihre Einnahmen oder Ausgaben zu kalkulieren, da sie – wenn die Rechnung in ausländischer Währung ausgestellt wird – genau wissen, wie hoch der Betrag in eigener Währung sein wird. Dieser große Vorteil fester Wechselkurse wird dadurch abgeschwächt, dass die Finanzmärkte Instrumente zur Kurssicherung zur Verfügung stellen.

* Flexible Wechselkurse zeichnen sich dadurch aus, dass abweichende ökonomische Entwicklungen in den Volkswirtschaften durch eine Anpassung der Wechselkurse aufgefangen werden können. Wenn beispielsweise im Inland die Preise schneller steigen als im Ausland, dann können diese Veränderungen handelsneutral durch eine Abwertung der inländischen Währung ausgeglichen werden. Die Antwort auf die Frage nach den entscheidenden Determinanten von Wechselkursen ist aber umstritten, und es ist nicht sicher, in welchem Umfang Wechselkursveränderungen tatsächlich durch fundamental ökonomische Entwicklungen bedingt sind.

zu 2:

* Grundsätzlich gilt, dass die Zahlungsbilanz immer ausgeglichen ist, da sie nach dem Prinzip der doppelten Buchführung erstellt wird. Wenn die Handelsbilanz einen Überschuss aufweist, dann könnte beispielsweise bei einer ausgeglichenen Leistungsbilanz die Dienstleistungsbilanz ein korrespondierendes Defizit anzeigen. Es könnten aber auch die anderen Teilbilanzen (z.B. Kapitalbilanz und/oder Devisenbilanz) einen entsprechenden Saldo aufweisen, der dann die Zahlungsbilanz zum Ausgleich bringt.

zu 3:

- vgl. die angegebene weiterführende Literatur zu Kap. 17.

zu 4:

- Infolge der Aufwertung der DM werden die inländischen Güter für das Ausland teurer und die Exportgüternachfrage dreht sich nach innen (vgl. Abb. 17.4, 17.6). Es kommt zu einem geringeren Preis für das Exportgut und zu einer geringeren Menge, der Exportwert sinkt also eindeutig. Die Aufwertung führt andererseits zu einer Verbilligung der Importgüter, so dass sich das Importgüterangebot nach unten verschiebt. Analog zur Abwertung treten wiederum zwei gegenläufige Effekte auf: einerseits ein importwerterhöhender Mengeneffekt, da die Gleichgewichtsmenge gestiegen ist, und andererseits ein importwertmindernder Preiseffekt, da der Preis des ausländischen Gutes in heimischer Währung gesunken ist. Je nach Höhe der Preiselastizität der inländischen Importnachfrage ergibt sich ein positiver oder negativer Nettoeffekt.

zu 5:

- vgl. die angegebene weiterführende Literatur zu Kap. 17.

zu 6:

- Die Terms of Trade geben das Verhältnis der Exportpreise zu den Importpreisen jeweils in nationaler Währung an. Hierdurch kommt zum Ausdruck, wie viele Mengeneinheiten an Importgütern für eine Mengeneinheit Exportgut erworben werden kann.

- Steigen die Terms of Trade, so können mehr Importgüter für eine Mengeneinheit Exportgut erworben werden. Dies könnte ein Zeichen dafür sein, dass das Inland hochwertige international wettbewerbsfähige Güter anbietet, da trotz des hohen Preises inländischer Exportgüter die internationale Exportnachfrage nicht auf andere Länder ausweicht.

zu 7:

- vgl. die angegebene weiterführende Literatur zu Kap. 17.

zu 8:

- a) $Y = 250$; b) $k = 0,4$; c) $+25$ d) Die Wirkungen sind in einer offenen Volkswirtschaft normalerweise geringer, da ein Teil der zusätzlichen Staatsausgaben entweder direkt oder indirekt für ausländische Güter ausgegeben wird und damit nicht der Nachfrage nach inländischen Produkten zugute kommt. Ein direkter Abfluss ist gegeben, wenn der Staat z.B. Schulbusse in Frankreich kauft. Indirekt ist die Wirkungsminderung dann, wenn zwar die Staatsausgaben vollständig für inländische Güter ausgeben werden, aber die Konsumenten und Unternehmen ausländische Produkte als Fertigwaren oder Vorleistungen kaufen. In dieser Situation ist der Anfangseffekt einer staatlichen Ausgabenerhöhung in einer geschlossenen und offenen Volkswirtschaft gleich, aber in letzterer ist der Multiplikator geringer.

Kapitel 18 Internationale Zusammenarbeit

zu 1:

- Der Gemeinsame Europäische Markt führt zum einen zu einer besseren Allokation der Ressourcen durch den freien Verkehr von Gütern, Dienstleistungen und Produktionsfaktoren. Zum anderen nimmt der Wettbewerb zwischen den Volkswirtschaften bei einem Abbau von Handelsschranken zu, weshalb zusätzlich mit positiven dynamischen Wettbewerbseffekten zu rechnen ist. Gefahren für den Wettbewerb entstehen dann, wenn die Europäer ihre Märkte kollektiv gegenüber dem Rest der Welt abschotten, wie dies bereits bei Agrargütern der Fall ist. Auch könnte eine starke Harmonisierung dazu führen, dass Bereiche reglementiert werden, die besser dem Wettbewerb überlassen blieben. Beispielsweise gibt es Ökonomen, die den Wettbewerb zwischen Staaten, z.B. in der Steuerpolitik und in den bereitgestellten staatlichen Leistungen, für wichtig erachten.

zu 2:

- vgl. die angegebene weiterführende Literatur zu Kap. 16, 17 und 18.

zu 3:

- Dem GATT liegt die Vorstellung zugrunde, dass Freihandel allen Staaten der Welt Vorteile bringt. Zentral ist dabei die Idee, dass freiwilliger Tausch beide Seiten zufriedenstellen wird, da es ansonsten nicht zum Handel kommen würde. In der Sprache der Mikroökonomie ist das Ergebnis von Freihandel eine effiziente Produktion und Verteilung der Güter und Produktionsfaktoren in der Welt.

zu 4:

- vgl. die angegebene weiterführende Literatur zu Kap. 16, 17 und 18.

zu 5:

- vgl. die angegebene weiterführende Literatur zu Kap. 18 zum Schuldenerlass.

- Ein genereller Schuldenerlass reduziert unter Umständen die Anreize für die betroffenen Länder, strukturelle Maßnahmen durchzuführen, da sich diese Länder darauf verlassen, bei einer zu hohen Verschuldung in den Genuss eines Schuldenerlasses zu kommen; d.h. wirtschaftspolitisches Fehlverhalten wird ex post belohnt. Grundsätzliche Probleme bei einem generellen Schuldenerlass sind: wirtschaftspolitische Fehlleistungen, politischer Missbrauch durch die Hauptverantwortlichen, Kreditwürdigkeit des verschuldeten Landes wird verringert, so dass der Zugang zu internationalen Kapitalmärkten verschlechtert wird.

- Ein Schuldenerlass sollte daher stets an bestimmte Verpflichtungen gebunden sein. Z.B. kann ein Schuldenerlass nur dann gewährt werden, wenn das betreffende Land als Gegenleistung Investitionen in Infrastruktur oder Aus- und Weiterbildung durchführt, die ein langfristiges Wachstum des verschuldeten Landes begünstigen.

zu 6:

- Entwicklungsländer kommen wegen ihrer gering ausgeprägten Exportwirtschaft nur schwer an Devisen heran. Ihre eigene Währung wird aber oft nicht als Zahlungsmittel im internationalen Handel akzeptiert und ist nur bedingt konvertibel. Um Waren aus anderen Ländern zu beziehen, brauchen sie daher "harte" Devisen. Da die politische und ökonomische Situation oft instabil ist, zeigen sich private Kapitalanbieter entweder gar nicht oder nur bei einem sehr hohen Risikoaufschlag auf die Verzinsung bereit, Kapital zur Verfügung zu stellen. Die internationalen Organisationen Weltbank und IWF können dagegen ein höheres Risiko eingehen, da viele Länder sich an ihrer Finanzierung beteiligen und die Mittelvergabe auch als Beitrag zur wirtschaftlichen Entwicklung der Dritten Welt angesehen wird. Viele Kredite seitens dieser Organisationen werden daher zu den Marktzinsen vergeben, wie sie auch Industrieländer zu zahlen hätten. Der Risikoaufschlag für die Entwicklungsländer entfällt dann. Insbesondere die ODA stellt aber – für konkrete Projekte – auch Kredite mit einem unter dem Marktzinssatz liegenden Zins bereit.

Abbildungsverzeichnis

Tabellenverzeichnis

Literaturverzeichnis

Akerlof, George. The Market for Lemons: Quality Uncertainty and the Market Mechanism. In: Quarterly Journal of Economics 84. S. 488-500. 1970.

Albers, Willi u.a.A. Handwörterbuch der Wirtschaftswissenschaft (HdWW). G. Fischer Verlag u.a. Stuttgart u.a.O. 1988.

Assenmacher, Walter. Konjunkturtheorie. Achte Auflage. R. Oldenbourg Verlag. München u.a.O. 1998.

Barro, Robert J. Makroökonomie. Dritte Auflage. R. Oldenbourg Verlag. München u.a.O. 1992.

Barro, Robert J.; Sala-i-Martin, Xavier. Economic Growth. Mc Graw-Hill Verlag. New York 1995.

Barro, Robert J.; Grilli, Vittorio. Makroökonomie – europäische Perspektive - . R. Oldenbourg Verlag. München u.a.O. 1996.

Barro, Robert J.; Sala-i-Martin, Xavier. Wirtschaftswachstum. R. Oldenbourg Verlag. München u.a.O. 1998.

Baumol, William J.; Panzar, John C.; Willig, Robert D. Contestable Markets and the Theory of Industry Structure. Revised edition. Harcourt Brace Jovanovich Verlag u.a. San Diego u.a.O. 1988.

Begg, Daird K.H. The Rational Expectations Revolution in Macroeconomics, Theories and Evidence. Allan Verlag. Oxford 1982.

Bender, Dieter u.a.A. Vahlens Kompendium der Wirtschaftstheorie und Wirtschaftspolitik. Siebte Auflage. Vahlen Verlag. München 1999.

Berg, Hartmut. Wettbewerbspolitik. In: D. Bender u.a.A. Vahlens Kompendium der Wirtschaftstheorie und Wirtschaftspolitik. Band 2. Siebte Auflage. S. 299-362. Vahlen Verlag. München 1999.

Bergsten, C. Fred (Hrsg.). Global Economic Imbalances. Washington 1985.

Bleckmann, Albert. Europarecht. Siebte Auflage. Heymann Verlag. Köln u.a.O. 1997.

Blinder, Alan S.; Solow, Robert M. Does Fiscal Policy Matter? In: Journal of Public Economics 2. S. 319-337. 1973.

Borchardt, Knut (Hrsg.). Europäische Wirtschaftsgeschichte (Originalausgabe: The Fontana Economic History of Europe, Herausgegeben von Carlo M. Cipolla). Fünf Bände. Fischer Verlag. Stuttgart u.a.O. 1983-1986.

Böventer, Edwin von. Einführung in die Mikroökonomie. Neunte Auflage. R. Oldenbourg Verlag. München u.a.O. 1997.

Brandt, Karl. Geschichte der Volkswirtschaftslehre. Band 2. Vom Historismus bis zur Neoklassik. Haufe Verlag. Freiburg 1993.

Brümmerhoff, Dieter. Finanzwissenschaft. Siebte Auflage. R. Oldenbourg Verlag. München u.a.O. 1996.

Bundesanstalt für Arbeit (BfA). Institut für Arbeitsmarkt- und Berufsforschung Nürnberg. Mat. AB 2/ 1987.

Bundeshaushaltsordnung (BHO) vom 19. August 1969, BGBl I, S. 1284. Zuletzt geändert durch das Gesetz zur Änderung der BHO vom 22. Dezember 1997 (BGBl I, S. 3251).

Bundeshaushaltsplan für das Haushaltsjahr 1999. Zwei Bände. Bonn.

Bundesministerium der Finanzen (BMF). Bericht der Bundesregierung über die Entwicklung der Finanzhilfen des Bundes und der Steuervergünstigungen für die Jahre 1993 bis 1995 (Fünfzehnter Subventionsbericht). Bonn 1995.

Bundesministerium der Finanzen (BMF). Finanzbericht. Bonn. Jährlich.

Bundesministerium der Finanzen (BMF). Unsere Steuern von A – Z. Berlin 1999.

Bundesministerium der Finanzen (BMF). Gutachten zum Begriff der öffentlichen Investition - Abgrenzungen und Folgerungen im Hinblick auf Artikel 115 Grundgesetz. Erstattet vom Wissenschaftlichen Beirat beim BMF. In: Schriftenreihe des Bundesministeriums der Finanzen, Heft 29. Bonn 1980.

Bundesministerium für Wirtschaft (BMWi). Wirtschaft in Zahlen 99. Berlin 1999.

Bundesministerium für Wirtschaftliche Zusammenarbeit und Entwicklung (BMZ). Journalistenhandbuch Entwicklungspolitik. Berlin. Jährlich.

Cassel, Dieter. Inflation. In: D. Bender u.a.A. Vahlens Kompendium der Wirtschaftstheorie und Wirtschaftspolitik. Band 1. Siebte Auflage. S. 287-350. Vahlen Verlag. München 1999.

Chamberlin, Edward H. The Theory of Monopolistic Competition. Cambridge. 1933. Achte Auflage. Harvard University Press. Cambridge 1969.

Clark, John Bates. The Distribution of Wealth: A Theory of Wages, Interest and Profits. 1899. Kelley Verlag. Nachdruck New York 1927; 1965.

Cournot, Antoine A. Recherches sur les Principes Mathématiques de la Théorie des Richesses. Paris 1838. (Deutsche Übersetzung: Untersuchungen über die mathematischen Grundlagen der Theorie des Reichtums. Fischer Verlag. Jena 1924.)

Dauses, Manfred A. Handbuch des EU-Wirtschaftsrechts. Zweite Auflage. Beck Verlag. München 1998.

Debreu, Gérard. Theory of Value: An Axiomatic Analysis of Economic Equilibrium. Wiley Verlag. New York 1959. (Deutsche Ausgabe: Werttheorie: Eine axiomatische Analyse des ökonomischen Gleichgewichts. Springer Verlag. Berlin u.a.O. 1976.)

Deutsche Bundesbank. Die Deutsche Bundesbank, Geldpolitische Aufgaben und Instrumente. Stuttgart 1985.

Deutsche Bundesbank. Internationale Organisationen und Gremien im Bereich von Währung und Wirtschaft. Vierte Auflage. 1992.

Deutsche Bundesbank. Monatsbericht. Monatlich.

Deutsche Bundesbank. Zahlungsbilanzstatistik. Monatlich.

Deutscher Bundestag. Sozialbericht 1990. Drucksache 11/7527. Bonn 1990.

Deutscher Städtetag (Hrsg.). Statistisches Jahrbuch deutscher Städte. Köln. Jährlich.

Dieckheuer, Gustav. Internationale Wirtschaftsbeziehungen. Vierte Auflage. R. Oldenbourg Verlag. München u.a.O. 1998.

Dornbusch, Rudiger; Fischer, Stanley; Startz, Richard. Makroökonomik. Sechste Auflage. R. Oldenbourg Verlag. München u.a.O. 1995.

Eatwell, John u.a.A. The New Palgrave: A Dictionary of Economics. Macmillan Verlag. London u.a.O. 1987.

Ekelund, Robert B. Jr.; Hébert, Robert F. A History of Economic Theory and Method. Third Edition. Mc Graw-Hill Verlag. New York u.a.O. 1990.

Endres, Alfred. Umwelt- und Ressourcenökonomie. Wissenschaftliche Buchgesellschaft. Darmstadt 1985.

Europäische Union (EU). Eurostatistik. Luxemburg. Monatlich.

Fandel, Günter. Produktion I. Produktions- und Kostentheorie. Dritte Auflage. Springer Verlag. Berlin u.a.O. 1991.

Felderer, Bernhard; Homburg, Stefan. Makroökonomik und neue Makroökonomik. Siebte Auflage. Springer Verlag. Berlin u.a.O. 1999.

Food and Agriculture Organization (FAO). Production Yearbook. Rom. Jährlich.

Franz, Wolfgang. Arbeitsmarktökonomik. Vierte Auflage. Springer Verlag. Berlin u.a.O. 1999.

Franz, Wolfgang. Der Arbeitsmarkt. Eine ökonomische Analyse. BI-Taschenbuchverlag. Mannheim 1993.

Friedman, Milton. Die optimale Geldmenge. Verlag Moderne Industrie. München 1976.

Friedman, Milton. The Role of Monetary Policy. In: American Economic Review 58. S. 1-17. 1968.

Gabisch, Günter. Haushalte und Unternehmen. In: D. Bender u.a.A. Vahlens Kompendium der Wirtschaftstheorie und Wirtschaftspolitik. Band 2. Siebte Auflage. S. 1-61. Vahlen Verlag. München 1999.

Gabisch, Günter. Konjunktur und Wachstum. In: D. Bender u.a.A. Vahlens Kompendium der Wirtschaftstheorie und Wirtschaftspolitik. Band 1. Siebte Auflage. S. 351-415. Vahlen Verlag. München 1999.

Gesetz über den Bundesrechnungshof (Bundesrechnungshofgesetz - BRHG) vom 11. Juli 1985, BGBl I, S. 1445.

Gesetz über die Grundsätze des Haushaltsrechts des Bundes und der Länder (Haushaltsgrundsätzegesetz - HGrG) vom 19. August 1969, BGBl I, S. 1273. Zuletzt geändert durch das Gesetz zur Änderung des HGrG vom 22. Dezember 1997 (BGBl I, S. 3251).

Gesetz zur Förderung der Stabilität und des Wachstums der Wirtschaft (StWG) vom 8. Juni 1967, BGBl I, S. 582. Zuletzt geändert durch Art. 25 Zuständigkeitsanpassungsgesetz vom 18. März 1975 (BGBl I, S. 705).

Gibrat, Robert P. L. Les inégalités économiques. Paris 1931.

Gini, Corrado. Variabilità e mutabilità. Bologna 1912.

Grundgesetz für die BR Deutschland. BGBl I 1949, S. 1. In der Fassung des und 46. Gesetzes zur Änderung des Grundgesetzes vom 16. Juli 1998 (BGBl I, S. 1822).

Hamermesh, Daniel S. Labor Demand. Princeton University Press. Princeton 1993.

Hansmeyer, Karl-H.; Rürup, Bert. Staatswirtschaftliche Planungsinstrumente. Dritte Auflage. Werner Verlag. Düsseldorf 1984.

Heertje, Arnold. Economics and Technical Change. London 1977.

Heiler, Siegfried. Deskriptive und explorative Datenanalyse. R. Oldenbourg Verlag. München 1994.

Hesse, Helmut; Linde, Robert. Gesamtwirtschaftliche Produktionstheorie. Teile I und II. Physica-Verlag. Würzburg 1976.

Hicks, John R.. Mr. Keynes and the "Classics": A Suggested Interpretation. In: Econometrica 5. S. 147-159. 1937.

Holler, Manfred; Illing, Gerhard. Einführung in die Spieltheorie. Vierte Auflage. Springer Verlag. Berlin u.a.O 2000.

Hübl, Lothar. Wirtschaftskreislauf und Gesamtwirtschaftliches Rechnungswesen. In: D. Bender u.a.A. Vahlens Kompendium der Wirtschaftstheorie und Wirtschaftspolitik. Band 1. Siebte Auflage. S. 53 - 94. Vahlen Verlag. München 1999.

International Monetary Fund (IMF). International Financial Statistics. Washington, D.C. Vierteljährlich.

Issing, Otmar (Hrsg.). Geschichte der Nationalökonomie. Zweite Auflage. Vahlen Verlag. München 1988.

Issing, Otmar. Einführung in die Geldpolitik. Sechste Auflage. Vahlen Verlag. München 1996.

Jarchow, Hans-Joachim; Rühmann, Peter. Monetäre Außenwirtschaft. Zwei Bände. Fünfte Auflage. Verlag Vandenhoeck und Ruprecht. Göttingen 1999.

Kaldor, Nicholas. Alternative Theories of Distribution. In: Review of Economic Studies 23. S. 94-100. 1955.

Kath, Dietmar. Geld und Kredit. In: D. Bender u.a.A. Vahlens Kompendium der Wirtschaftstheorie und Wirtschaftspolitik. Band 1. Siebte Auflage. S. 187-235. Vahlen Verlag. München 1999.

Keynes, John M. A Treatise on Money. Band 1: The Pure Theory of Money. Band 2: The Applied Theory of Money. London 1930. (Deutsche Übersetzung: Vom Gelde. Verlag Duncker und Humblot. Berlin-Neukölln 1955.)

Keynes, John M. The General Theory of Employment, Interest and Money. 1936. Reprinted edition. Macmillan Verlag. London 1954. (Deutsche Übersetzung: Allgemeine Theorie der Beschäftigung, des Zinses und des Geldes. Fünfte Auflage. Verlag Duncker und Humblot. Berlin 1974.)

Killingsworth, Mark R. Labor Supply. Cambridge University Press. Cambridge 1983.

Konrad, Anton. Zahlungsbilanztheorie und Zahlungsbilanzpolitik. Vahlen Verlag. München 1979.

Krelle, Wilhelm. Produktionstheorie. J.C.B. Mohr. Tübingen 1969.

Kreps, David M. Mikroökonomische Theorie. Verlag Moderne Industrie u.a. Landsberg u.a.O. 1994.

Krugman, Paul R.; Obstfeld, Maurice. International Economics - Theory and Policy. Fifth edition. Addison-Wesley Verlag. Reading, Mass. u.a.O. 2000.

Külp, Bernhard. Verteilung - Theorie und Politik. Dritte Auflage. G. Fischer Verlag. Stuttgart u.a.O. 1994.

Landmann, Oliver. Keynes in der heutigen Wirtschaftstheorie. In: G. Bombach et al. (Hrsg.). Der KEYNESianismus I. Springer Verlag. Berlin 1976.

Layard, Richard; Nickell, Stephen; Jackman, Richard. Unemployment, Macroeconomic Performance and the Labour Market. Oxford University Press. Oxford 1991.

Lindahl, Erik. Die Gerechtigkeit der Besteuerung. Lund 1919.

Linde, Robert. Einführung in die Mikroökonomie. Dritte Auflage. Kohlhammer Verlag. Stuttgart u.a.O. 1996.

Lorenz, Max O. Methods for Measuring Concentration of Wealth. In: Journal of the American Statistical Association 9. S. 209-219. 1905.

Lucas, Jr., Robert E. Econometric Policy Evaluation: A Critique. Carnegie Rochester Conference on Public Policy 1. S. 19-46. Amsterdam 1976.

Malthus, Thomas R. An Essay on the Principle of Population. 1798. (Deutsche Übersetzung: Eine Abhandlung über das Bevölkerungsgesetz. Zweite unveränderte Auflage. 1925)

Mankiw, N. Gregory. Makroökonomik. Dritte Auflage. UTB für Wissenschaft. Stuttgart. 1998.

Marshall, Alfred. Principles of Economics. 1890. Nachdruck der achten Auflage. Macmillan Verlag. London 1979.

Marx, Karl. Das Kapital, Kritik der politischen Ökonomie. Hamburg. 1867. Nachdruck Berlin (Ost) 1974.

Maußner, Alfred. Konjunkturtheorie. Springer Verlag. Berlin u.a.O. 1994.

Maußner, Alfred; Klump, Rainer. Wachstumstheorie. Springer Verlag. Berlin u.a.O. 1996.

McGovern, Edmond. International Trade Regulation. Second Edition. Globefield Press. Exeter (England) 1986.

Meerhaeghe, Marcel A.G. van. International Economic Institutions. Fünfte Auflage. Kluwer Verlag. Dordrecht (Niederlande) 1987.

Mennel, Annemarie. Steuern in Europa, Amerika und Asien. Lose-Blatt-Sammlung. Zwei Bände. Verlag Neue Wirtschafts-Briefe. Herne u.a.O.

Meyer, Ulrich; Diekmann, Jochen. Arbeitsbuch zu den Grundzügen der mikroökonomischen Theorie. Springer Verlag. Vierte Auflage. Berlin u.a.O. 1995.

Musgrave, Richard A. The Theory of Public Finance. Mac Graw Hill Verlag. New York 1959 (deutsch: Musgrave, Richard A. Finanztheorie. Zweite Auflage. Tübingen 1974).

Musgrave, Richard A.; Musgrave, Peggy B.; Kullmer, Lore. Die öffentlichen Finanzen in Theorie und Praxis. Band 1: Sechste Auflage. J. C. B. Mohr. Tübingen 1994. Band 2: Fünfte Auflage. J.C.B. Mohr. Tübingen 1993. Band 3: Vierte Auflage. J. C. B. Mohr. Tübingen 1992.

Muth, John. F. Rational Expectations and the Theory of Price Movements. In: Econometrica 29. S. 315-335. 1961.

Nash, John F. Equilibrium Points in n-Person Games. In: Proceedings of the National Academy of Science. USA. Band 36. S. 48-49. 1950.

Nash, John F. Non-cooperative Games. In: Annals of Mathematics 54. S. 286-295. 1951.

Neumark, Fritz. Theorie und Praxis der Budgetgestaltung. In: Handbuch der Finanzwissenschaft. Band I. Zweite Auflage. S. 552-605. J.C.B. Mohr. Tübingen 1952.

Niehans, Jürg. Geschichte der Außenwirtschaftstheorie im Überblick. J.C.B. Mohr. Tübingen 1995.

Niehans, Jürg. Theorie des Geldes. Haupt Verlag. Bern u.a.O. 1980.

Nohlen, Dieter (Hrsg.). Handbuch der Dritten Welt.. Band 1. Dritte Auflage. Dietz Verlag. Bonn. 1992.

Nohlen, Dieter; Axtmann, Dirk (Hrsg.). Lexikon Dritte Welt. Rohwolt Verlag. Reinbeck bei Hamburg. 2000.

Obstfeld, Maurice; Rogoff, Kenneth. Foundations of International Macroeconomics. MIT Press. Cambridge, Massachusetts 1996.

Organisation for Economic Cooperation and Development (OECD). Economic Surveys (Länderanalysen). Paris. Monatlich. (Schweiz, Frankreich, BR Deutschland, Italien, Niederlande, Jugoslawien, Großbritannien, Türkei, Norwegen, Dänemark, Island, Irland, USA, Griechenland, Australien, Kanada) pro Monat ein Land.

Organisation for Economic Cooperation and Development (OECD). Wirtschaftsausblick. Halbjährlich.

Oser, Jacob; Brue, Stanley L. The Evolution of Economic Thought. Fourth Edition. Harcourt, Brace, Jovanovich Verlag. San Diego u.a.O. 1988.

Ott, Alfred E.; Winkel, Harald. Geschichte der theoretischen Volkswirtschaftslehre. Verlag Vandenhoeck und Ruprecht. Göttingen 1985.

Phillips, Alban W.H. The Relation between Unemployment and the Rate of Change of Money Wage Rates in the United Kingdom, 1861-1957. In: Economica 25. S. 283-299. 1958.

Pohl, Rüdiger. Theorie der Inflation. Vahlen Verlag. München 1981.

Ramser, Hans J. Verteilungstheorie. Springer Verlag. Berlin u.a.O. 1987.

Rawls, John. A Theory of Justice. Harvard University Press. Cambridge, Massachusetts 1971. (Deutsche Übersetzung: Eine Theorie der Gerechtigkeit. Achte Auflage. Suhrkamp Verlag. Frankfurt a.M. 1994.)

Ricardo, David. On the Principles of Political Economy and Taxation. 1817. Nachdruck der dritten Auflage. Murray Verlag. London 1924. (Deutsche Übersetzung: Grundsätze der politischen Ökonomie und der Besteuerung. Metropolis Verlag. Marburg 1994.)

Richter, Rudolf. Geldtheorie. Zweite Auflage. Springer Verlag. Berlin u.a.O. 1990.

Robinson, Joan Violet. The Economics of Imperfect Competition. 1933 Zweite Auflage. Macmillan Verlag. London 1976.

Rose, Klaus; Sauernheimer, Karlhans. Theorie der Außenwirtschaft. Dreizehnte Auflage. Vahlen Verlag. München u.a.O. 1999.

Rosen, Harvey S.; Windisch, Rupert. Finanzwissenschaft I. R. Oldenbourg Verlag. München u.a.O. 1992.

Rübel, Gerhard. Factors Determining External Debt: An Intertemporal Study. Springer Verlag. Berlin u.a.O. 1988.

Sachverständigenrat (SVR). Jahresgutachten des Sachverständigenrates zur Begutachtung der gesamtwirtschaftlichen Entwicklung. Metzler-Poeschel Verlag. Stuttgart. Jährlich.

Samuelson, Paul A. Foundations of Economic Analysis. Enlarged edition. Harvard University Press. Cambridge 1983.

Samuelson, Paul A. The Pure Theory of Public Expenditure. In: Review of Economics and Statistics 36. S. 387-389. 1954.

Schmitt-Rink, Gerhard; Bender, Dieter. Makroökonomie geschlossener und offener Volkswirtschaften. Zweite Auflage. Springer Verlag. Berlin u.a.O. 1992.

Schneider, Jürgen; Harbrecht, Wolfgang. Wirtschaftsordnung und Wirtschaftspolitik in Deutschland (1933-1993). Steiner Verlag. Stuttgart 1996.

Schumann, Jochen; Meyer, Ulrich; Ströbele, Wolfgang. Grundzüge der mikroökonomischen Theorie. Siebte Auflage. Springer Verlag. Berlin u.a.O. 1999.

Schumpeter, Joseph A. Epochen der Dogmen- und Methodengeschichte. Tübingen 1914.

Siebert, Horst. Außenwirtschaft. Sechste Auflage. Fischer Verlag. Stuttgart 1994.

Siebke, Jürgen. Preistheorie. In: D. Bender u.a.A. Vahlens Kompendium der Wirtschaftstheorie und Wirtschaftspolitik. Band 2. Siebte Auflage. S. 63-125. Vahlen Verlag. München 1999.

Siebke, Jürgen. Verteilung. In: D. Bender u.a.A. Vahlens Kompendium der Wirtschaftstheorie und Wirtschaftspolitik. Band 1. Siebte Auflage. S. 417-453. Vahlen Verlag. München 1999.

Smith, Adam. An Inquiry into the Nature and Causes of the Wealth of Nations. 1776. Nachdruck Oxford 1993. (Deutsche Übersetzung: Der Wohlstand der Nationen. Beck Verlag. München. 1974. Neu aus dem Englischen übertragen und mit einer Würdigung von Horst Claus Recktenwald.)

Sohmen, Egon. Allokationstheorie und Wirtschaftspolitik. J.C.B. Mohr. Tübingen 1976.

Stackelberg, Heinrich von. Grundlagen der theoretischen Volkswirtschaftslehre. Teil II Grundlagen der Makroökonomie. Zweite Auflage. J.C.B. Mohr. Tübingen 1951.

Stackelberg, Heinrich von. Marktform und Gleichgewicht. Wien u.a.O. 1934.

Stadermann, Hans-Joachim. Weltwirtschaft: Eine Einführung in eine monetäre Theorie internationaler Wirtschaftsbeziehungen. J.C.B. Mohr. Tübingen 1988.

Starbatty, Joachim (Hrsg.). Klassiker des ökonomischen Denkens. Erster Band. Von Platon bis Stuart Mill. Beck Verlag. München 1989.

Statistische Landesämter. Statistische Jahrbücher der Länder. Jeweils im Land. Jährlich.

Statistisches Bundesamt. Fachserie 18. Volkswirtschaftliche Gesamtrechnungen. Stuttgart. Jährlich.

Statistisches Bundesamt. Statistisches Jahrbuch für das Ausland. Stuttgart. Jährlich (seit 1989).

Statistisches Bundesamt. Statistisches Jahrbuch für die Bundesrepublik Deutschland. Stuttgart. Jährlich.

Stiglitz, Joseph E.; Schönfelder, Bruno. Finanzwissenschaft. Zweite Auflage. R. Oldenbourg Verlag. München u.a.O. 1989.

Tirole, Jean. The Theory of Industrial Organization. MIT Press. Cambridge 1988.

United Nations Conference on Trade and Development (UNCTAD). Handbook. New York. Jährlich.

Varian, Hal R. Grundzüge der Mikroökonomik. (Aus dem Amerikanischen von R. Buchegger). Vierte Auflage. R. Oldenbourg Verlag. München u.a.O. 1999.

Wagner, Adolf. Finanzwissenschaft, zweiter Teil. Theorie der Besteuerung, Gebührenlehre und allgemeine Steuerlehre. Zweite Auflage. Winter Verlag. Leipzig 1890.

Wagner, Norbert; Kaiser, Martin. Ökonomie der Entwicklungsländer. Dritte Auflage. Fischer Verlag. Stuttgart 1995.

Walras, Léon. Eléments d'économie politique pure; ou théorie de la richesse sociale. 1874. Nachdruck New York 1970.

Weimann, Joachim. Umweltökonomik. Eine theoretische Einführung. Dritte Auflage. Springer Verlag. Berlin u.a.O. 1995.

Wenzel, Heinz-Dieter. Defizitfinanzierung als Instrument einer zielorientierten Finanzpolitik. Eine dynamische Analyse. Nomos Verlags-Gesellschaft. Baden-Baden 1983.

Wenzel, Heinz-Dieter. Die ökonomische Rationalität von Art. 115 GG. In: Wirtschaftsdienst 12. S. 610-616. 1990.

Wenzel, Heinz-Dieter; Wiedenmann, Ralf. Tanzania's Economic Performance in the Eighties. Breitenbach Verlag. Saarbrücken u.a.O. 1989.

Westphal, Uwe. Makroökonomik: Theorie, Empirie und Politikanalyse. Zweite Auflage. Springer Verlag. Berlin u.a.O. 1994.

Wied-Nebbeling, Susanne. Markt- und Preistheorie. Dritte Auflage. Springer Verlag. Berlin u.a.O. 1997.

Winkel, Harald. Die Volkswirtschaftslehre der neueren Zeit, Dritte Auflage. Wissenschaftliche Buchgesellschaft. Darmstadt 1985.

World Bank. World Bank Atlas. Washington, D.C. Jährlich.

World Bank. World Development Indicators. Washington, D.C. Jährlich.

World Bank. World Development Report. Washington, D.C. Jährlich.

Verzeichnis der Nobelpreisträger für Ökonomie

Anlässlich ihres 300jährigen Bestehens 1969 stiftete die Schwedische Reichsbank den Nobel-Gedenkpreis für hervorragende Leistungen auf dem Gebiet der Wirtschaftswissenschaften u.a. mit der Begründung, dass Alfred Nobel, lebte er noch, angesichts der heutigen Bedeutung der Wirtschaftswissenschaften diese zweifellos in den Kreis der preiswürdigen Leistungen aufgenommen haben würde.

Nobel hatte in seinem Testament vom 27.11.1895 u.a. bestimmt, dass die jährlichen Zinsen seines Vermögens „als Preise denen zuerteilt werden, die im verflossenen Jahr der Menschheit den größten Nutzen gebracht haben". Und weiter: „Es ist mein ausdrücklicher Wille, dass bei der Preisverleihung keine Rücksicht auf die Zugehörigkeit zu irgendeiner Nation genommen wird, so dass der Würdigste den Preis erhält ...".

Der Nobel-Gedenkpreis für Wirtschaftswissenschaften wird in der jeweiligen Höhe der Nobelpreise vergeben; der Fond ist aber von dem der Nobel-Stiftung getrennt.

Gemäß den ergänzten Statuten der Nobel-Stiftung wird er zuerkannt von der Schwedischen Akademie der Wissenschaften in Stockholm und zusammen mit den drei naturwissenschaftlichen Nobelpreisen und dem für Literatur am 10. Dezember jeden Jahres, dem Todestag Nobels, durch den schwedischen König überreicht. Die Verleihung des Nobelpreises für Frieden erfolgt in Oslo.

Die Begründung für die Verleihung wird in der jeweiligen Verleihungsurkunde wie bei den anderen Nobelpreisen (außer dem für Frieden, für den keine Begründung erfolgt) in einem Satz zusammengefasst; eine ausführliche Würdigung und Darstellung der Verdienste enthält die Laudatio.

1969:
Ragnar Frisch (Norwegen) und **Jan Tinbergen** (Niederlande)
„Für Entwicklung und Anwendung dynamischer Modelle zur Analyse von Wirtschaftsprozessen"

1970:
Paul Samuelson (USA)

„Für wissenschaftliche Arbeiten, durch welche er eine statische und dynamische wirtschaftliche Theorie entwickelte und aktiv zur Hebung des Niveaus der Analyse in der Wirtschaftswissenschaft beitrug"

1971:
Simon Kuznets (USA)

„Für seine erfahrungsmäßig gefundenen Erklärungen von wirtschaftlichem Wachstum, welche zu neuen und vertieften Einsichten in die wirtschaftlichen und sozialen Strukturen und Entwicklungsprozesse führten"

1972:
John Hicks (Großbritannien) und **Kenneth Arrow** (USA)

„Für ihre bahnbrechenden Arbeiten zur allgemeinen Theorie des ökonomischen Gleichgewichts und zur Wohlfahrtstheorie"

1973:
Wassily Leontief (USA)

„Für die Ausarbeitung der Input-Output-Methode sowie für ihre Anwendung bei wichtigen wirtschaftlichen Problemen"

1974:
Gunnar Myrdal (Schweden) und **Friedrich von Hayek** (Österreich)

„Für ihre bahnbrechenden Arbeiten auf dem Gebiet der Geld- und Konjunkturpolitik und ihre tiefgründigen Analysen zur wechselseitigen Abhängigkeit von wirtschaftlichen, sozialen und institutionellen Verhältnissen"

1975:
Leonid Kantorowitsch (UDSSR) und **Tjalling Koopmans** (USA)

„Für ihren Beitrag zur Theorie der optimalen Ressourcen-Verwendung"

1976:
Milton Friedman (USA)

„Für seinen Beitrag zur Verbrauchsanalyse, zur Geldgeschichte und -theorie, sowie seine Klarlegung der Komplexität der Stabilisierungspolitik"

1977:
Bertil Ohlin (Schweden) und **James Meade** (Großbritannien)

„Für ihre bahnbrechenden Arbeiten auf dem Gebiet der Theorie des internationalen Handelns und der internationalen Kapitalbewegung"

1978:

Herbert Simon (USA)

„Für seine bahnbrechende Erforschung der Entscheidungsprozesse in Wirtschaftsorganisationen"

1979:

Theodore Schultz (USA) und **Arthur Lewis** (USA)

„Für ihre bahnbrechenden Arbeiten in der Erforschung der wirtschaftlichen Entwicklung, unter besonderer Berücksichtigung der Probleme der Entwicklungsländer"

1980:

Lawrence Klein (USA)

„Für die Konstruktion ökonometrischer Konjunkturmodelle und deren Verwendung bei Analysen der Wirtschaftspolitik"

1981:

James Tobin (USA)

„Für seine Analyse der Finanzmärkte und deren Auswirkungen auf Ausgabenbeschlüsse und damit auf Beschäftigung, Produktion und Preisentwicklung"

1982:

George Stigler (USA)

„Für seine bahnbrechenden Studien der Funktionsweise und der Strukturen von Märkten sowie der Ursachen und Wirkungen von Regelungen der öffentlichen Hand"

1983:

Gerard Debreu (USA)

„Für die Einführung neuer analytischer Methoden in die volkswirtschaftliche Theorie und für eine rigorose Neuformulierung der Theorie des allgemeinen Gleichgewichts der Märkte"

1984:

Richard Stone (Großbritannien)

„Für seine bahnbrechenden Leistungen bei der Entwicklung von volkswirtschaftlichen Gesamtrechnungssystemen, wodurch er die Grundlage empirischer Wirtschaftsanalyse radikal verbessert hat"

1985:
Franco Modigliani (USA)

„Für seine bahnbrechende Analyse über das Sparverhalten der Finanzmärkte"

1986:
James Buchanan (USA)

„Für die Entwicklung der kontrakttheoretischen und konstitutionellen Grundlagen der ökonomischen und politischen Beschlussfassung"

1987:
Robert Solow (USA)

„Für seine Arbeiten über wirtschaftliche Wachstumstheorien"

1988:
Maurice Allais (Frankreich)

„Für bahnbrechende Leistungen auf dem Gebiet der Theorie des Marktes und effektiver Ressourcen-Ausnutzung"

1989:
Trygve Haavelmo (Norwegen)

„Für seine Klärung der wahrscheinlichkeitstheoretischen Grundlagen ökonometrischer Methodik und seine Analyse simultaner ökonometrischer Strukturen"

1990:
Harry Markowitz (USA), **William Sharpe** (USA) und **Merton Miller** (USA)

„Pioniere in der Theorie der Finanzökonomie und Unternehmensfinanzierung"

1991:
Ronald Coase (Großbritannien/USA)

„Für eine radikale Erweiterung der wirtschaftlichen Mikrotheorie"

1992:
Gary Becker (USA)

„Für seine Verdienste um die Ausdehnung der mikroökonomischen Theorie auf einen weiten Bereich menschlichen Verhaltens und menschlicher Zusammenarbeit"

1993:

Robert Fogel (USA) und **Douglass North** (USA)

„Für die Erneuerung der wirtschaftshistorischen Forschung auf Grund der Verbindung von statistischen Methoden und historischer Theorie"

1994:

John Harsanyi (USA), **John Nash** (USA) und **Reinhard Selten** (Deutschland)

„Für ihre grundlegende Analyse des Gleichgewichts in nicht-kooperativer Spieltheorie"

1995:

Robert Lucas (USA)

„Für die Entwicklung und Anwendung der Hypothese rationaler Erwartungen und für seine grundlegende Veränderung der makroökonomischen Analyse und der Auffassung der Wirtschaftspolitik"

1996:

James Mirrlees (Großbritannien) und **William Vickrey** (Kanada)

„Für ihre grundlegenden Beiträge zur Theorie der wirtschaftlichen Anreize bei asymmetrischer Informationsverteilung"

1997:

Robert Merton (USA) und **Myron Scholes** (USA)

„Für ihre bahnbrechenden Forschungsergebnisse zur Bewertung von Finanzmarkt-Derivaten"

1998:

Amartya Sen (Indien)

„Für seine Beiträge zur Wohlfahrtsökonomie"

1999:

Robert Mundell (Kanada)

„Für seine Analyse der Geld- und Fiskalpolitik in verschiedenen Wechselkurssystemen und seine Analyse optimaler Währungsgebiete"

2000:

James J. Heckmann (USA) und **Daniel L. McFadden** (USA)

„James Heckmann für seinen Beitrag zur Entwicklungen der Methodik und Theorie der Stichproben. Daniel McFadden für seinen Beitrag zur Entwicklung der Methodik und Theorie der diskreten Wahlhandlungen"

Griechisches Alphabet

α	A	Alpha
β	B	Beta
γ	Γ	Gamma
δ	Δ	Delta
ε	E	Epsilon
ζ	Z	Zeta
η	H	Eta
ϑ	θ	Theta
ι	I	Iota
κ	K	Kappa
λ	Λ	Lambda
μ	M	Mü
ν	N	Nü
ξ	Ξ	Xi
ο	O	Omikron
π	Π	Pi
ρ	P	Rho
σ	Σ	Sigma
τ	T	Tau
υ	Y	Ypsilon
φ	Φ	Phi
χ	X	Chi
ψ	Ψ	Psi
ω	Ω	Omega

Verzeichnis nützlicher Internetadressen

Bund

Bundespräsident: www.bundespraesident.de

Bundesrat: www.bundesrat.de

Deutscher Bundestag: www.bundestag.de

Bundesregierung: www.bundesregierung.de

Bundeskanzler: www.bundeskanzler.de/index.html

Auswärtiges Amt: www.auswaertiges-amt.de

Finanzministerium: www.bundesfinanzministerium.de

Wirtschaftsministerium: www.bmwi.de

BM für wirtschaftliche Zusammenarbeit und Entwicklung: www.bmz.de

Bundesämter und Bundesanstalten:
www.grass-gis.de/bibliotheken/bundesaemter.html

Bundesamt für Finanzen: www.bff-online.de

Bundesamt für Arbeit: www.arbeitsamt.de

Bundesrechnungshof: www.bundesrechnungshof.de

Bundeskartellamt: www.bundeskartellamt.de

Bundeszentrale für politische Bildung: www.bpb.de

Deutsche Bundesbank: www.bundesbank.de

Deutsches Institut für Entwicklungspolitik (DIE): www.die-gdi.de

Kreditanstalt für Wiederaufbau: www.kfw.ded/index.html

Statistisches Bundesamt: www.statistik-bund.de

Statistische Landesämter: www.statistik.baden-wuerttemberg.de

Bundesgesetzblatt: www.bgbl.de

EU

DINO – Europa: www.dino-online.de/seiten/go08e.htm

Suchmaschine der EU: http://europa.eu.int/geninfo/query-de.htm

ABC der EU: http://europa.eu.int/abc-de.htm

Euro Informationszentrum: www.eic.de

Regierungen der EU-Staaten: http://europa.eu.int/en/gonline.html

Statistikämter europaweit:
http://europa.eu.int/en/comm/eurostat/Serven/part8/8al.htm

Institutionen der EU

Kommission: http://europa.eu.int/comm/index.htm

Generaldirektionen der Kommission: http://europa.eu.int/comm/dgs_de.htm

Presseabteilung: http://europa.eu.int/en/comm/spp/spp.html

Europäisches Parlament: www.europarl.eu.int/

Europäischer Gerichtshof: http://europa.eu.int/cj/de/index.htm

Europäische Bank für Wiederaufbau und Entwicklung (EBWE): www.ebrd.org

Europäische Investitionsbank (EIB): http://eib.eu.int

Europäische Zentralbank: www.ecb.int

Rechnungshof: www.eca.eu.int/deutsch/menude/htm

EUROSTAT: http://europa.eu.int/en/comm/eurostat/Servde/home.htm

Internationale Organisationen

Bank für int. Zahlungsausgleich (BIS): www.bis.org

Europäische Freihandelsassoziation (EFTA):
www.efta.int/structure/main/index.-html

G8-Informationszentrum: www.g7.utoronto.ca

Internationale Währungsfond (IMF): www.imf.org

Vereinte Nationen (UN): www.un.org

UN-Entwicklungsprogramm (UNDP): www.undp.org

UN- Konferenz zu Handel und Entwicklung (UNCTAD): www.unicc.org/unctad/

Weltbank: www.worldbank.org

Welthandelsorganisation (WTO): www.wto.org/

Embassy Web: www.embpage.org

Wirtschaft

Bund der Steuerzahler: www.steuerzahler.de

Deutsches Branchenbuch: www.branchenbuch.de

Auslandshandelskammern: www.ahk.de

Deutsches Verbände Forum: www.verbaende.com

Deutsche Wirtschaft: www.deutsche-wirtschaft.de

Bundesvereinigung Deutsche Arbeitgeberverbände: www.bda-online.de

Deutscher Industrie und Handelstag (DIHT): www.diht.de

Industrie- und Handelskammern: www.ihk.de

Wirtschaftsforschung

Institut der deutschen Wirtschaft Köln: www.iwkoeln.de

Institut für Weltwirtschaft Kiel: www.uni-kiel.de/ifW/

Institut für Wirtschaftsforschung Hamburg: www.hwwa.de

Institut für Wirtschaftsforschung: www.ifo.de

Zentrum für europäische Wirtschaftsforschung: www.zew.de

Dokumente, Datenbanken und Programme

Central Europe: www.centraleurope.com

Dokumente der EU: http://europa.eu.int/eclas/

EU - Statistik- und Wirtschaftsinfo:
www.wifak.uni-wuerzburg.de/elwis/econ/-econ.htm

PHARE: http://europa.eu.int/comm/dg1a/phare/index.htm

Statistische Ämter weltweit: http://stats.bls.gov/oreother.htm

Statistische Quellen weltweit: www.unece.org/stats/links.htm

Genios Wirtschaftsdatenbanken: www.genios.de

Sozialwirtschaftliche Datenarchive weltweit: www.nsd.uib.no/cessda/europe.html

Namensverzeichnis

Sachregister

Druck: Strauss Offsetdruck, Mörlenbach
Verarbeitung: Schäffer, Grünstadt